中国走向蓝水

张　炜◎著

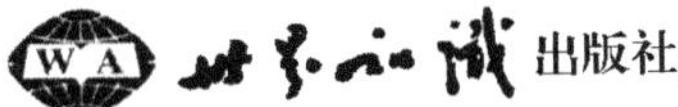

图书在版编目（CIP）数据

中国走向蓝水 / 张炜著. --北京：世界知识出版社，2022.9

ISBN 978-7-5012-6559-6

Ⅰ. ①中… Ⅱ. ①张… Ⅲ. ①中国军队—海军—文集 Ⅳ. ①E273-53

中国版本图书馆 CIP 数据核字（2022）第 154634 号

责任编辑　刘豫徽
责任出版　王勇刚
责任校对　张　琨

书　　名　中国走向蓝水
Zhongguo Zouxiang Lanshui
作　　者　张　炜

出版发行　世界知识出版社
地址邮编　北京市东城区干面胡同 51 号（100010）
网　　址　www. ishizhi. cn
投稿信箱　lyhbbi@ 163. com
电　　话　010-65265923（发行）　010-85119023（邮购）
经　　销　新华书店
印　　刷　北京虎彩文化传播有限公司
开本印张　710 毫米×1000 毫米　1/16　39¾印张
字　　数　493 千字
版次印次　2022 年 9 月第一版　2022 年 9 月第一次印刷
标准书号　ISBN 978-7-5012-6559-6
定　　价　168.00 元

序 言

《中国走向蓝水》，是原海军军事学术研究所研究员张炜同志的论文集，分为理论、实践、法理和历史四个篇章，选录了她公开发表的近50篇论文和文章。这本论文集以海洋、海权、海军为主线，集中研究探讨了国家和军队在新的历史时期更新海洋观念、创新海权理论，以及发展海洋事业、建设强大海军的探索与实践，很值得一读。

我们这一代海军人是中国走向蓝水、实施海洋强国战略、建设现代化海军的实践者和见证人。自投入海军之日起，我们就将海洋、海权、海军作为毕生事业融入了血液中，渗透到骨子里，不仅有着强烈的使命感、责任感，更有着难以割舍的眷恋和情怀，张炜就是我们这支队伍中的一员。她的理论文章个性鲜明、文笔干练、逻辑严密、表达准确，且具有可读性，实属难能可贵。可以说，这本论文集融入了作者的心血和汗水，展示了作者的能力和才华，更体现了作者对事业的追求与奋斗。

我感到最值得称道的是论文集具有三个显著特点。

一是具有时代性。论文发表时间从20世纪90年代初到21世纪的第二个10年，跨度接近30年。其间，苏联解体、东欧剧变，国际风云变幻，世界格局发生重大演变，新科学技术、新军事变革蓬勃兴起，催生新的战争样式和战争形态，机遇前所未有，挑战前所未有。我国紧紧抓住战略机遇期，推进改革开放，加快建设发展，综合实力空前增强。

与此同时，我们也积极应对来自海上方向的各种威胁和挑战，海上力量进入了一个快速发展的新时期，改革、开放、转型，由陆向海、由近向远、由机械化向信息化、由平台建设向体系建设全面推进。这本论文集记录了张炜同志对这一时期中国走向海洋、中国海军走向蓝水的认识进程，也从一个侧面真实反映了在这段历史中我们对“走向蓝水”相关问题的探索与研究。

二是具有创新性。论文研究成果涉及军事、历史、安全、法律和国际关系多个学科，从海洋的军事意义到中西海洋观之差异，从海上安全理论要义到现代化海军发展规律，从中国军事外交理论到美军非战争军事行动理论，从中国的历史文化到兵学传统，其研究理论基础扎实，值得称道，而在许多方面独到的见地和创新更值得褒扬。如20世纪90年代以来对甲午海战和中国近代化的研究，对西方海权和中国海洋文化传统的比较研究，对当代国际海军论坛以及海上军事安全合作等问题的研究，都具有比较深的造诣和前沿性。

三是具有实践性。张炜同志研究生毕业后就来到海军军事学术研究所，始终在一线研究岗位工作，书中对我国家海洋利益与海洋安全环境问题的研究，对海洋法问题的研究，对海上安全尤其是中美海上安全问题的研究都很有现实意义，对美军军事行动理论和条令法规的解读也具有特殊的实践意义。这是本论文集较为突出的特点及价值所在。

党的十八大以来，为实现“两个百年”的战略目标，以习近平同志为核心的党中央做出一系列重大战略部署，提出了“海洋强国”战略，并将其作为实现中华民族伟大复兴的重要组成部分，上升为国家的战略意志和战略决心。这是中华民族历史上面向海洋前所未有的一次战略觉醒，是中华民族自立于世界民族之林前所未有的一次重大战略抉择，意义非凡。实现中华民族伟大复兴，必须走“海洋强国”之路；

“构建人类命运共同体”、履行大国义务，必须走“海洋强国”之路；实施“一带一路”“走出去”战略，必须走“海洋强国”之路。而要实现“海洋强国”目标，就必须建设强大的、世界一流的海上力量，并使用这支力量“走向蓝水”去捍卫国家利益、维护世界和平。这是新时代的宏伟蓝图，值得我们为此庆幸，为此自豪，为此奋斗！

祝贺张炜同志的新书付梓出版。

丁一平

2019年1月28日

目　录

A篇　理论逻辑：必然走向蓝水

B篇　实践逻辑：必须走向蓝水

C 篇 法理逻辑：遵守与创制

D篇　历史逻辑：文化与传统

A篇　理论逻辑：必然走向蓝水

开篇语

地球表面由黄色陆地和蓝色海洋两部分组成，二者的物质存在形式和本质属性完全不同。人类从陆地走向海洋是一个征服蓝水空间的文化诗史，其必然性何在？中国走向蓝水有一个与西方决然不同的痛苦历程，其原因何在？当今世界各国围绕海洋产生的经济、政治、外交、军事问题千变万化却又不离其宗，其哲理性何在？本篇的答案是：自从国家产生，海洋、海权和海军就构成了特定的内在联系和不可逆转的理论逻辑。循此，人类必然走向蓝水，中国必然走向蓝水，因而其中所面临的所有机遇和挑战就成为永恒主题和国家责任。

海洋的军事意义与国家海上安全*

占地球表面积约 71%的海洋，是一个对人类发展和国家强盛有重要价值的战略空间。认识军事意义上的海洋，是认识海上军事安全及其特点规律的起点，也是提高全民族海洋观念、有效维护国家海上安全和建设海洋强国的重要视点。

一、海洋的军事意义

海洋是一个巨大的咸水水体，有其特定的物理和化学性能。海洋主要由洋、海、海湾、海峡等部分组成，海洋中的陆地是岛屿。海洋的军事意义和军事价值，由海洋的广阔、多维、连通、通透、多变等自然地理环境特性所派生。这些自然地理环境因素可以在战略、战役、战术各个层面对人类的军事活动及战争行为产生双重影响，既可能提供便利，也可能产生制约。

（一）海洋空间的军事意义

海洋是一个多维立体空间，包括海面、海水水体、海底、海水上

* 本文是 2012 年在首届海洋女科学家论坛上的学术报告，收录于中国海洋学会编《海洋科学前沿——首届海洋女科学家论坛论文集》，海洋出版社，2012，第 440 页。

空。现代科学技术的发展，使海洋获得了多维立体的空间意义，提供了海面、水下、空中、海底、太空等多层次、全方位的军事活动和海战场空间。而当代国际海洋法赋予军舰豁免权和领海无害通过权利，进一步增加了海洋空间的军事意义。

海洋表面是最先开发和最基本的海洋军事活动场所，水面舰艇是海洋军事活动的先驱者。由于科学技术的发展，特别是由于两次世界大战的战争实践，推动了潜艇、航母及其舰载机的发展，使海洋战场空间扩展到水下和海洋上空。海军是海洋军事活动和海战的主体，海洋的区域形态、水深、海底地形地貌、各种障碍物等自然地理条件始终对海上军事活动和海战产生制约和影响。比如，开阔的海域，适合舰艇机动，利于实现舰艇的兵力部署，难以被敌方封锁包围；但开阔的海域一般风浪较大，对舰艇行动有一定影响。而狭窄的海域，舰艇机动空间有限，易被敌方封锁；但防御一方可以利用海峡、水道等地理环境进行防御部署，且狭窄的海域一般风浪较小，利于舰艇避风锚泊。又比如，水面舰艇航行要考虑自身的舰艇吃水、预留一定的安全水深，防止搁浅，潜艇更是需要一定的水深才能下潜航行。海军的水雷、鱼雷等水中武器，也必须在一定的水深范围内使用。现代海战对于制海权的要求，使海洋上空具有了重要意义；而新军事变革对信息获取、海上精确打击和全维防护的需求，又使太空对海洋的军事意义大大提高。

简而言之，随着海军现代化武器装备的科技含量增加，海洋地理环境对海上军事活动的传统束缚在逐步减弱，但这种减弱只是量的改变，并没有发生本质的变化。驾驭海洋这一多维立体空间，灵活机动地运用海军兵力，在可能的海上军事对抗乃至战争中占据优势地位、克敌制胜，是世界各国海军的共同追求。

（二）海洋岛屿的军事意义

海洋岛屿是在海洋中四面环水、高潮时露出水面、自然形成的陆地。全球海洋中共有 5 万多个岛屿，面积小的不到 1 平方公里，最大的格陵兰岛面积 217 万平方公里。岛屿散布在海洋上，可以起到控制海洋交通线及其附近海域的作用，岛屿还可以屯驻大量兵力、建设各种军事基地，为海军舰艇在海上活动提供后勤保障，如西方一些殖民国家在 16 世纪后将太平洋上的许多岛屿掠为殖民地，作为其海洋交通线上的中转站和补给点。因此，岛屿的重要战略地位历来为各国所重视，成为海权争夺的重点。第二次世界大战的太平洋战场，以日本偷袭美国夏威夷群岛珍珠港开始，进而爆发了激烈的海上岛屿争夺战，日本几乎横扫了太平洋西部到印度洋一线的海上岛国，发动了太平洋战争。后来美军发动战略反攻也是以争夺太平洋上的日占岛屿为目标进行的，中途岛海战成为太平洋战场的转折点。之后，从阿留申群岛、所罗门群岛、马绍尔群岛、马里亚纳群岛、莱特岛，直至近日本本土的硫黄岛和冲绳岛，美日都展开了激烈的岛屿争夺战。

当今，美国作为世界上唯一的超级大国，它的海外基地大量建立在岛屿上，例如太平洋地区的夏威夷群岛、关岛、阿留申群岛、萨摩亚群岛、日本的本州岛和冲绳岛，印度洋的迪戈加西亚岛等。美国在太平洋最大的海军基地珍珠港就位于夏威夷群岛的瓦胡岛上。珍珠港特殊的地理位置，是确立美国在太平洋上的军事战略及兵力部署的一个重要依据，因为珍珠港不但是美国的一个重要海军基地和太平洋舰队的主要兵力集结地，并且还是美国“前沿防御”的关键支撑点。同样，美国部署在关岛、在冲绳的军事基地，也是出于这些岛屿的军事意义。

（三）海峡水道的军事意义

海峡是夹在两块陆地之间，两端连接两大海域的狭窄通道。世界上重要的海峡水道通常位于两个大陆或大陆与邻近的沿岸岛屿以及岛屿与岛屿之间。由于海峡沟通海洋的独特自然地理位置，海峡往往都是重要的交通水道。据统计，全世界有上千个大小海峡，其中可以用于航行的约有 130 个，而经常用于国际航行的主要海峡约有 40 多个。

海峡水道是海上交通线的咽喉，世界航运的大部分商船均要通过世界各地的海峡和水道，这些海峡水道同时也是海军行动的重要航道和战略要冲，具有重要的军事意义。20 世纪 80 年代，美国海军宣布在战时要有效控制影响其全球利益的 16 个至关重要的海峡和水道，包括阿拉斯加湾、朝鲜海峡、望加锡海峡、巽他海峡、马六甲海峡、红海南部的曼德海峡、北部的苏伊士运河、直布罗陀海峡、斯卡格拉克海峡、卡特加特海峡、格陵兰—冰岛—联合王国海峡、非洲以南和北美航道、波斯湾、霍尔木兹海峡、巴拿马运河、佛罗里达海峡。其中在东亚地区最重要的是马六甲海峡。马六甲海峡西连安达曼海，东通南海，是沟通太平洋与印度洋的最近航道，是连接欧、亚、非的海上交通枢纽，每天平均通过的大型商船有 200 多艘，油船也占到世界的 1/4，成为许多国家的经济命脉。马六甲海峡全长 1185 公里，最窄处仅 37 公里，非常适于平时的军事控制和战时封锁，因而历来为兵家必争之地。

（四）海洋水文要素的军事意义

海洋水文要素是构成和反映海水状态与海洋现象的基本物理要素，主要包括海水温度、盐度、深度三大静态要素，以及海流、海浪、潮汐三大动态要素，它们是与海军舰艇航行和作战关系最密切、对其影响最大的海洋要素。

海水温度是声音在海水中传播速度的决定因素，对舰艇声呐探测效果产生影响；海水盐度是潜艇下潜和定深航行的首要参数；海水深度是考虑舰艇航行安全性的重要指标。现代舰艇在使用声呐探测潜艇时，首先需要测量海区的水文、盐度等水文要素，才能发挥声呐装置的最大效能。海水中温度、盐度随着深度的不同而变化，这种变化通常是在某一个很薄、特定的深度范围内，即跃变层发生的急剧变化，而声呐发射的声波信号往往在跃变层上发生反射和折射，这使潜艇可以利用此物理特性改变潜航深度，躲避声呐搜索。

潮汐、潮流等水文要素对海军行动特别是登陆和抗登陆作战行动起着决定性影响。1949 年中国人民解放军在金门登陆战役中失利，原因之一就是未能掌握当地的潮汐，选择了错误的登陆时间，致使第一梯队上陆后因退潮导致登陆船只在金门岛滩头搁浅，无法返回接后续部队渡海增援，第一梯队受到敌优势兵力的攻击。

海浪和海流时刻影响着舰艇的航迹。在现代科学技术条件下，水面舰艇因拥有包括卫星定位等各种先进定位手段，可以自动修正海浪和海流对舰艇的影响，但潜艇水下隐蔽航行很大程度上还是要依靠自身的惯性导航系统定位，进行精确的海流修正，实现在海洋中远距离隐蔽航行，准确到达作战海域。舰艇正确利用海流还可以起到节省动力、隐蔽行踪的作用，如第二次世界大战期间，德国潜艇从大西洋进出地中海就巧妙地利用了直布罗陀海峡中的独特海流——从水面到 200 米深度海流由大西洋流入地中海，从 200 米至海底海流从地中海流向大西洋，据此，德国潜艇下潜到相应深度关掉动力，凭借海流进出地中海，成功避开了盟军的反潜搜索。

冷战后，作为信息时代海战场建设的重要组成部分，海军实力强的国家都在积极部署海洋调查船，如美国的四艘“胜利”级海洋声学监测船和日本的两艘“响”级海洋声学监测船，常年部署在太平洋和第一、第二岛链海域进行水声作战环境探测，以便更加准确地获得相关海洋水文要素。美国甚至宣称，全世界有600多艘潜艇在美、日的海洋声学环境监测船都有声学频谱特性的记录，一旦太平洋海域有潜艇噪声出现，美、日海军立即可以判定是哪个国家的哪一艘潜艇。

（五）海洋气象要素的军事意义

海洋气象要素是指在海面上出现的风、云、雨、雪、冷、暖、干、湿等各种自然现象。这些自然现象对海军舰艇、飞机等兵力、兵器在海上作战行动是有重大影响的。在19世纪之前的风帆战舰时代，气象条件特别是风向的影响是决定战争胜败的关键因素，战舰交战时能够抢先占据上风位置，就获得了决定性的机动能力，掌握了交战的主动权；而处于下风的战舰由于受逆风影响，机动能力受限，就必然处于被动地位。

恶劣天气对海上作战双方的行动都带来不同程度的影响，特别是台风等剧烈天气现象，从古至今就是海上舰船的最大敌人。1588年，西班牙的“无敌舰队”集结了130多艘舰船进攻英国，在双方都没有取得决定性胜利的情况下，“无敌舰队”只得返航西班牙，却在途中遇上大西洋的风暴，沉没和触礁的舰船有近60艘，风暴最后摧毁了西班牙的舰队。历史学家们认为，“无敌舰队”的惨败正是西班牙走向衰落的开始，而英国则乘胜去进行商业贸易、探险和开拓殖民地，从此走上崛起的道路。

现代条件下，海洋气象仍然对现代化的舰艇活动产生很大影响。各种舰艇只能在一定气象条件下安全航行，舰艇使用火炮、导弹、鱼雷等各种武器也要满足一定的气象要求。风暴潮引起的恶劣海况对舰艇起降各种飞机也带来极大的困难。尽管科学技术在进步，战争手段在发展，现代条件下的战争仍然不可忽视海上气象条件对海上军事行动的影响。掌握好海洋气象变化的规律并巧妙地加以利用，经常可以达到出奇制胜、以少胜多、以弱胜强的目的。

二、海洋的军事利用

海洋军事利用，是一个有意识、有目的的主观行为概念，是指利用海洋所进行的一切军事活动，既包括平时的军事活动，也包括战时的军事行动。

（一）海上军事部署

海上军事部署是各国为达成自己的海上战略目标所进行的海军兵力、舰艇武器装备、基地及各种保障设施的配置。一般来说，海上军事部署是依托海洋地理态势及海军基地实现的。海军基地主要是指依托自然条件与地理位置较好的海湾、大型岛屿和沿海地区等，建有港口、机场、仓库、工事、指挥通信、医院、维修和服务保障设施，供舰艇、飞机停泊与维修、部队训练、补给与休整、日常生活并支持海军作战行动之用的特定区域。有些国家还建有一些大型地下海军基地，包括舰艇停泊和修理的大型洞库和附属设施。比如，瑞典斯德哥尔摩的穆斯有建立在花岗岩洞穴中的世界上最大的地下海军基地，有地下指挥部，有可供大型军舰和潜艇掩蔽驻泊船坞，有可容纳几百架战斗机的地下飞机库，还有规模可观的军火库、野战医院、地下发电站、地下兵工厂、地下档案库等，并全部具有防核攻击能力。又如，夏威夷珍珠港是美军在太平洋的最大海军基地，面积 89 平方公里，由 3 个深入陆地的海湾组成，仅一窄口与大洋相通；湾内水深，通航水域面积 26 平方公里；港内码头林立，可以同时停泊包括航母在内的舰艇 500 余艘。一直以来，夏威夷是美国海军水面舰艇和潜艇最重要的母港，还拥有大量的海军航空兵部队、海军陆战部队和后勤保障部队，并且设立有美国太平洋舰队司令部以及太平洋舰队的潜艇、航空兵、后勤等司令部和第 3 舰队司令部。海上军事部署还有动态部署的概念。如美军在亚太围绕“不稳定弧”实施弧形部署，除了军事基地外，主要通过其海上舰艇和飞机平时的海上军事行动，以及对危机的快速反应和机动能力实现。

作为国家行为，海洋军事利用及海上军事部署反映了一个国家的战略思想和企图实现的海上战略态势。如美国实施全球战略，其海军必须进行全球性的海上军事部署。20 世纪 50 年代，美国以苏联和中国等社会主义国家为冷战对手，便利用从阿留申群岛、经日本列岛、琉球群岛，中接台湾岛，南至菲律宾、大巽他群岛的东亚海上链形岛屿带的海上自然地理态势，以军事同盟为基础，形成了第一岛链弧形（新月形）的海上军事部署。冷战结束后，美国仍旧认为从东北亚到中东有一条“不稳定弧”，于是仍旧延续着围绕这一“不稳定弧”实施海上军事部署的基本态势。在这其中，海上军事部署调整也是一种重要形式。比如，2010 年以来，随着美国战略东移进程，美军不断大动作地调整在亚太地区的军事部署。根据 2012 年 1 月美国奥巴马总统亲自公布的《维持美国的全球领导地位：21 世纪国防的优先任务》新军事战略报告，美国国防部长在 6 月举行的新加坡亚洲安全会议上正式披露了其军事部署调整计划：到 2020 年，美国海军 60%的力量将驻扎在亚太地区，在新加坡部署濒海战斗舰，将驻冲绳的部分美军迁至关岛，在关岛部署最先进的海空兵力，在澳大利亚达尔文港部署海军陆战队等，[①]用这些行动向国际社会释放美国在亚太地区实施“再平衡”战略的信号。

（二）战时海上军事行动

传统的军事活动主要是以战争形式表现的海上武力对抗。公元前5世纪，波斯帝国试图征服希腊城邦国家的战争，经历了从陆上到海上的激烈对抗。公元前480年的萨拉米斯海战，成为整个波希战争的转折点，也成为历史上由于海上作战而影响了历史进程的战役。此战，希腊人根据萨拉米斯海峡的地理特点，以300多艘战舰对抗波斯1000多艘战舰的庞大舰队，使用灵活机动的战术，大获全胜。希腊从此进入全面反攻，最终打败了波斯人，取得地中海的霸权，奠定了西方文明的基础。公元前264至前146年，在迦太基与古罗马之间的三次布匿（罗马人称迦太基人为“布匿”，故名）战争中，罗马人凭借制海权取得了胜利，建立了一个东起小亚细亚、西至大西洋沿岸的罗马帝国。从15世纪开始，以葡萄牙、西班牙为前驱先路，掀起了一个引起世界历史进程巨变的大航海时代，称为“地理大发现”。16—17世纪，英国海军先是击败了西班牙的“无敌舰队”，继而与荷兰进行了三次海上战争，最后经过18世纪的“七年战争”，打败了法国及其同盟，使大英帝国赢得了半个世界并获得了无与伦比的海洋霸权。

20世纪上半叶的两次世界大战，把海洋军事利用，特别是战争运用推向了顶点。无论是大舰巨炮的对决，还是无限制潜艇战；无论是德国与盟军对抗的大西洋封锁和反封锁作战，还是航母大显神通的太平洋战争，都充分说明了海洋的军事价值和海洋在国家整体战略中的重大作

---

① 《美国在亚太的军事部署步步为营》，2012年8月20日，来源：新华网，人民网，http://world.people.com.cn/n/2012/0820/c157278-18780200.html，访问日期：2020年3月18日。

用。人类在海洋空间进行的战争军事活动已经成为人类社会发展史上重要的组成部分。

20 世纪 90 年代后，随着信息技术的发展，现代战争形态向陆、海、空、天、电五维空间的一体化联合作战转变，但海洋军事利用及作为海战场的价值并没有降低。被称为 2.5 次世界大战的海湾战争，仅美国海军就部署了 6 个航母战斗群、2 艘战列舰、7 艘可发射巡航导弹在内的潜艇在内 165 艘各类舰艇，以及 455 舰载机和海军陆战队的 240 架飞机组成的空中打击力量，① 海军在海上封锁、空中打击、登陆作战、战略海运等过程中全程参与，发挥了重要作用。此后科索沃、阿富汗、伊拉克等战争，都证明了这一点。

（三）平时海上军事行动

平时的军事活动，指在和平时期非武力对抗的海上军事力量活动，也称为非战争军事行动，包括平时海上的战备执勤、训练演习、武器实验、情报收集、护航、支援执法，以及出访、联合军事演习、海上联合反恐、共同打击海上犯罪、海上人道主义救援、海上灾难救助军事合作行动等，其中既有和平行动，也有威慑行动和低强度对抗行动。

一国平时的海上军事行动是国家展示实力、进行战争准备、维护国家海上安全必不可少的活动，这种军事行动大多以潜在的威胁为目标，以非对抗或低强度对抗的兵力运用为手段，遵守国际法和接触国家的国内法，控制兵力运用的形式和强度，为国家的经济、政治、外交和军事目标服务。近年来，国家间的海上军事交流与合作发展迅速，各国通过共同的反海盗护航、海上联合军事演习、海上灾难救助、人道主义救援

---

① 美国防部编《海湾战争》上卷，军事科学院外军部译，军事科学出版社，1992，第 265、第 235 页。

等各种军事外交和军事合作行动，促进国家间的军事互信，增进国家间的友好关系，对维护海上安全起到积极的作用。

必须提出的是，《联合国海洋法公约》生效后，海洋在国际法意义上被区分为内水、领海、毗连区、专属经济区和大陆架、用于国际航行的海峡、群岛水域、公海、国际海底等部分，其中35.8%以上的海域与沿海国的权利发生了联系，产生了海洋主权和管辖权的诸多争议、对海洋航行自由的不同理解等问题，给海洋的平时军事利用增加了复杂因素。由于海洋科学技术的发展和在军事领域中的应用，将海洋军事利用推进到一个新的高度，而《联合国海洋法公约》对海洋军事利用却少有规范和法条，以至于这一范畴成为一个“灰色地带”。20世纪90年代以后，中美、中日在专属经济区军事利用中频频发生的争论和纠纷，就突出反映了这一点。

（四）海洋战场建设

海洋地理、水文、气象等自然条件，国家、人口、社会情况等人文条件，战场工程建设、作战物资储备等战场建设情况，构成了对海洋作战活动有影响的海洋战场环境。海洋战场建设就是对相关的海洋战场环境进行数据搜集、规划和准备。加强海洋战场建设是打赢海战的基础保证。在信息化时代，数字化战场建设是未来海洋战场建设的重要方向。所谓“数字化战场”，就是指覆盖整个作战空间，由通信系统、指挥控制系统、情报传输系统等组成的能实时提供大量信息的综合系统。通过该系统，能实时获取、交换和使用数字化信息，及时满足各级指军官、战斗人员和战斗保障人员的信息需要。

美军的海洋战场建设处于世界领先水平，其硬件建设如海军后勤保障基地已经遍布全球，软件方面如对海洋环境的测量、调查也非常全面，范围从近海直到远洋，包括其他国家的近海海域，调查内容覆盖地理、水文、气象、水深、底质、海洋生物和水声传播等诸多方面。平时美军投入大量兵力在全球各主要海域进行海洋环境数据的搜集，并对搜集的数据整理、编辑进入相关数据库，战时这些数据库对兵力行动、武器使用、战术运用等方面，将会产生至关重要的决胜作用。也正因如此，美国的高性能军事侦察机、海军调查船在世界各沿海国的专属经济区进行抵近侦察及海洋调查活动，开展军事演习，布设水下监听设备等，其合法性受到许多沿海国家的反对和质疑。

三、国家海上军事安全

在传统的安全观念中，国家海上安全就是海上军事安全，因为传统的国家海洋威胁就是军事威胁。但在现代社会，国家海上安全概念大大拓展，广义上是指海洋方向上的国家安全利益不受外来军事威胁的状态，由此也分解出狭义上的国家海上军事安全，主要是指国家海上军事力量的军事航行安全和作战行动的安全。

（一）海上军事航行安全

海上军事安全的首要表现是海上军用舰船和飞机的航行安全。海军是以海洋为主要活动空间，海军主战兵力行动机动范围广、远离陆岸航行在海上，复杂的水文气象条件，复杂的武器装备技术构成，使海上军事活动充满航行安全风险，包括军用舰艇和飞机在海面、水下及其上空的碰撞、搁浅、火灾、爆炸、污染等事故，甚至失事。比如，自核潜艇问世以来，各类事故不断发生，1963 年美国海军长尾鲨级核潜艇沉没事故，造成 129 名官兵死亡；2008 年俄罗斯海军“库尔斯克号”核潜艇的爆炸沉没，导致 118 名艇员全部罹难，举世震惊。

客观上看，影响舰船和飞机航行安全的因素主要包括环境因素、技术因素和人为因素三方面。环境因素是指海洋地理、水文、气象、水域等自然条件；技术因素是指舰机自身装备性能、适航能力、指挥通信等技术手段等客观物质条件；人为因素主要是舰机指挥和操纵人员的能力素质、操作水平，甚至是责任心等原因，都可能造成航行事故。

然而，从主观上看，由于海上军事力量承担着维护国家安全的使命和任务，即使是在执行平时的战备执勤任务、远航训练、军事演习中，也会有一些低强度的对抗行动，如近海的侦察反侦察、监视反监视、威慑反威慑等，也会带来航行安全风险。

（二）海上作战行动安全

作战行动安全，就是在军事冲突以及战争情况下的海上军事力量安全的状态，是在以武力使用为模式的战时行动中，追求自己一方军事力量安全、最大限度地打击敌对一方军事力量的目标，通俗地说，就是“保存自己、消灭敌人”，进而为国家提供海上方向的安全保障。

获取海上作战行动安全的基本条件是力量优势，保持强大的海上军事力量优势才能保证海上作战行动安全，这是千百年来海上战争中各国追求自身海上力量安全乃至国家海上安全的基本信条。从实践上看，军事力量占绝对优势的一方往往可以对敌方施加决定性的打击，摧毁敌方的攻击力量，而不必过多担心其反击，这种相对的海上军事安全，是在敌我双方力量存在较大差异的条件下获得的。如 1990 年的海湾战争中，美军就是凭借绝对优势的军事力量在对伊拉克的海上封锁和海空打击行动中，以极其微弱的己方损失保持了相对的海上军事安全，迅速打赢了战争。

（三）海上军事安全与国家海上安全

当今世界，国家海上安全是综合性的安全，涉及政治、经济、军事等各个方面，但其中最尖锐、最根本、最核心的仍是军事问题，海上军事安全在国家海上安全中仍旧占据重要地位。其一，海上安全问题有领土、领海及海域划界之争，也有海洋自然资源之争，大量矛盾聚焦于海洋领域，容易产生海上军事冲突；其二，霸权主义和强权政治还存在，依赖武力和武力威胁的观念还存在，战争手段是其干涉别国内政的主要手段；其三，军事手段也仍旧是各国普遍采用的解决海上矛盾争端的重要手段，各国都在紧追新军事变革趋势，大力发展海上军事力量。因此可以说，海上军事安全既是国家海上安全的第一道防线，也是最终解决国家海上安全问题的最后一道防线。冷战时期，美苏的战略竞争在海上安全领域表现十分突出。1962 年的古巴导弹危机，使苏联深刻认识到了“国家海上威力”的地位和作用，从而在制定导弹核战略的同时，优先发展战略导弹核潜艇和攻击性核潜艇，苏联海军迅速与美国海军形成力量抗衡，进而迫使美国推动双方防止海上意外事件和预防危险军事活动的谈判，从而不但获得了海上军事行动的安全，也有效维护了国家海上安全。

进入 21 世纪，海洋的战略地位进一步提高，海洋及其海上战略通道进一步成为地缘政治的重要因素。尤其是随着中国的崛起和美国亚太“再平衡”战略的实施，中国周边海洋权益之争与美国因素相加，使中国国家海洋方向安全的重要性和严峻性日益突出，海上军事安全与国家安全的联系也更加紧密。因此，从地缘经济利益出发，考虑国家的地缘政治关系，对国家海上安全进行整体战略筹划，特别是地缘战略意义上的筹划，已经风行世界，成为海洋国家必然的战略选择。这一理论的核心是对相关海域的强力控制，而落脚点和手段是发展具有领先科学技术的优势海军，这仍将是相当长的一个历史时期国家海上安全的基本运行机理。如果说有不同的话，就是发展和运用海军的理性程度更高，方式更加灵活。除了战争运用之外，海上威慑、海军合作、军事外交，以及军事训练、武器试验等灵活多样的非战争方式，也将越来越多地被使用。

按照这一逻辑，中国的海上军事安全、中国的国家海上安全，中国海军的发展和运用有极其重要的担当。为此，必须建设一支与履行我军历史使命要求相适应的强大的人民海军。而在中国现代化海军的发展过程中，与国家海洋发展战略和安全战略的互动是必不可少的。

国家海上安全理论要义*

安全研究，既是一个理论问题，也是一个实践问题。换句话说，以主权国家为行为主体的安全理论研究是由不安全的实践问题导引的。从理论上讲，海洋的本质属性与陆地不同，它必然导致海上安全实践和安全理论具有一些不同于陆上安全的特殊性，而全球化对海洋及海上安全的依赖，又强化了海上安全的特性。

一、国家海上安全基本概念

国家海上安全是国家安全的一部分，是濒海国家海上方向的安全。从客观上看，国家海上安全是一种状态，表现为国家海上方向的活动、权利和利益不受外部威胁；从主观上看，国家海上安全是一种感受，表现为国家主体（主要是政府和人民）不存在外部威胁的紧张感受。国家海上安全的最高境界，表现为国家能够在和平、安宁的状态下，确保其海上方向生存和发展利益的实现。因此，国家海上安全也可以诠释为海上方向国家利益的安全，或简称为国家海上利益安全。

作为一个理论概念，国家海上安全有其特定的概念性界定。

---

* 本文发表于《中国军事科学》2007 年第 3 期，第 84 页。

国家海上安全的行为主体是国家。国家海上安全是濒海国家领陆安全在海上方向的延伸，关乎国家的兴衰成败、生死存亡，是国家层次的安全考虑，包括政治、经济、外交、军事、科技、文化等全部领域战略运筹。国家是海上安全的行为主体，国家从根本上主导和支配国家海上安全实践，不论这一实践发生在哪一个具体的领域，是国内的还是国外的；国家调动一切国家所有之资源和手段实现海上安全，不论这些资源和手段是政治的还是经济的，从属于政府的还是军队的，物质的还是非物质的；国家负责处理国与国之间的海上安全问题，任何行为的实施体，不论是军事还是外交，本质上都是国家的代表。

国家海上安全的作用空间是海上。国家海上安全是相对国家“领陆”安全而言的，但国家海上安全却不等于“领海”安全；国家海上安全的一切问题围绕“海洋”发生，但海上安全却也不等于海洋安全。国家海上安全的“海上”，是一个全方位的地理空间。首先，“海上”包括领海。根据现代国际海洋法，领海是国家领土的海上部分，“沿海国的主权及于领海的上空、水体及其海床和底土”，领海与国家陆地领土一样神圣。其次，“海上”包括海洋。海洋是地球表面上广阔连续水体的总称，远离大陆的海洋中心部分称为“洋”，位于大洋和陆地之间的边缘水域称为“海”。由于近代以来海洋作为世界贸易通道的经济作用，由于现代科学技术发现了海洋资源宝库的物质属性，使国家的生存和发展利益都与海洋息息相关，是国家海上安全必须包括的作用空间。再次，“海上”包括国家沿海岸线的陆地、海岛。由于沿海地区的港口是国家海上贸易的起点，沿海岸线地区是国家的一线陆地海防，海岛是国家海中的领土。最后，“海上”还包括海洋上空、海洋水体、海洋底土等，甚至外延至太空和电磁空间。这是因为海洋连接各国的通达性，各国海陆分布的不均衡性，硕大无比空间的机动性，使海洋成为一个战略空间，现代科学技术又给予了人类在海洋上进行国家间政治竞争和军事较量的手段。因此，概而言之，国家海上安全之“海上”，是与国家一切海洋活动和国家海上安全利益有关的全方位地理空间，并外延至相关的物理空间。

国家海上安全的理论范畴是安全。国家海上安全的主要研究对象，包括国家海上安全环境、海上安全战略、海上安全政策、海上安全观念、海上安全体系和机制，以及国家海上安全机理和规律等。鉴于国家海上安全研究以“海上”为地理和物理空间范围，其海上航行和人命安全、海上交通安全、海上通道安全、海洋资源安全、海洋环境安全等，则是海上安全研究之更独特的内涵和研究对象。但作为最主要、最核心、最具政治性和目的性的理论范畴是国家海上安全战略研究，是国家实现（获取）海上安全的战略指导规律及其政策的研究。从学科分类上看，安全战略是战略学的二级学科，而国家海上安全战略是国家安全战略的海上部分，必然涉及国家安全战略、国际安全战略、地缘战略、海洋战略、军事战略、海军战略等广泛的战略领域。然而，国家海上安全战略研究重点不在于传统战略研究所揭示战争规律、战争指导规律和战略演进规律等内容，而是借助这些研究，揭示实现（获取）国家海上安全的基本规律，战争与和平的转换规律，以及如何指导这种转换的规律。可以这样说，本原的战略研究重点是战争规律和战争指导规律，而安全研究则进行反向思维，重点研究避免战争、实现和平的规律。海上安全研究亦然，只不过侧重海上。

国家海上安全研究是一个边缘学科，学科的交叉性特别强。第一，国家海上安全与国际政治学研究交叉。海洋是一个战略空间，国家海上安全研究揭示海上方向各种力量在不同的情况下分化与组合、竞争与合作、矛盾与斗争、冲突与事变等现象及其本质，以及相关的国际矛盾、地缘政治、国际格局、战争原因、和平基础等。第二，国家海上安全与国际关系学研究交叉。由于海洋的开放性和国际性，国家海上安全研究超越国家界限的各种社会关系及其变化，包括与海上安全问题相关的政治、经济、军事、外交、文化、宗教、政党、民族、地域、集团、思想意识形态，以及相关国际关系的变化、影响国际关系变化的主要因素、保持正常国际关系的基础、国际海上安全合作的条件等。第三，国家海上安全与海洋军事学研究交叉。海洋具有独特的自然属性和社会属性，海洋军事活动客观上必然受到其自然属性的制约，需要海洋学，特别是海洋军事学方面的研究支撑。第四，国家海上安全与国际法学研究交叉。国家海上安全研究的空间范围是全球性的，一国的安全必须以国际安全为条件，而国际安全又要以国际规约为条件，因此国际法，特别是国际海洋法律制度的研究必然渗透于国家海上安全之中，并且具有特别重要的意义。

二、国家海上安全的逻辑起点和理论机理

国家海上安全的一切问题围绕“海洋”发生。抽象地看，海洋与陆地同具有人类劳动对象的性质，这决定了国家海上安全问题有与国家陆地上的安全问题基本一致的发展过程和理论逻辑；但具体分析，国家海上安全的基本内容、安全方式、安全机理等又与陆上安全有诸多不同，其根本原因在于海洋在本质上有与陆地完全不同的自然属性和社会属性。因此，海洋的本质属性，是国家海上安全理论的逻辑起点，它从根本上规定了国家海上安全与陆上完全不同的理论机理。

（一）海洋是一个巨大的水体，其物质存在的形式与陆地根本不同

海洋是一个浩瀚、无休止运动着的咸水水体，这是海洋最本质的自然属性。

海洋浩瀚，它覆盖了地球表面积约71%，总面积约为3.6亿平方公里，海水总体积约13亿立方米，占地球总水量的97%，[①] 是一个巨大的咸水水体。海洋的平均深度约3800米，地处北太平洋的马里亚纳海沟是当今所知最深的海沟，最深处为11,000多米。相比之下，约占地球表面29%的陆地面积要渺小得多，在地壳起伏变动的作用下，实际上成为露出海面、被海水包围的大小“岛屿”。

海洋无休止运动，波浪、潮汐、温差、海流、盐差、风暴等特殊的水文气象活动，是海洋特殊的物理、化学等自然属性的反映。海洋由洋和海组成：洋，一般远离大陆，面积广阔，水深超过3000米，有独立的风、潮汐和洋流系统，水文要素变化小，比较稳定，面积占海洋总面积的89%，被分为太平洋、大西洋、印度洋和北冰洋四大洋；海，紧靠陆地，面积小而水浅，风、潮汐、海流受陆地影响大，水文要素有明显的季节性变化，面积占海洋总面积的11%，海可分为位于大陆之间的地中海或陆间海，位于大陆边缘的边缘海。

海洋的物质存在形式，决定了海洋是人类生存“第二空间”的基本地位。陆地可以供人类“脚踏实地”地运动和停留，支持、承受人类基本的生存活动，建立国家，发展社会活动；而海洋可以成为人类短时间的活动空间，却不能成为永久的生活空间。海洋只能供人类有条件

① 国家海洋局海洋发展战略研究所课题组：《中国海洋发展报告》，海洋出版社，2007，第19页。

的滞留，这个条件是要有水上承载能力的船和有驾驭能力的人。因此，没有建立在海面上的国家，人类的海洋活动必须依托陆地，陆地无可替代地成为人类的第一生存空间。一般情况下，人类本能地要钟情于陆地，追求最基本的生存需求；只有在陆地不能满足其基本需求，或有更高需求的时候，才去开拓海洋。道理很简单，开拓利用海洋比开拓利用陆地困难得多。

（二）海洋有丰富的资源，但资源形式和获取方式与陆地完全不同

现代科学已经证明，海洋是一个巨大的资源宝库。海洋资源大致可分为海洋生物资源、矿产资源、化学资源、海洋能源、水资源和空间资源。

海洋生物资源。世界海洋的生物种类繁多，可知的海洋动物有 16 万—20 万种，海洋植物 1 万多种。其中约有 1.6 万种鱼类，2 万种甲壳类，6 万余种软体类动物。海洋渔业占全球渔业产量的 90%，世界渔业资源总可捕量 2 亿—3 亿吨，实际捕捞量不足 1 亿吨。[①] 随着海洋农牧化技术的逐渐成熟，许多近海及滩涂成为“蓝色牧场”，正在成为人类巨大的食品基地。此外，海洋生物的药用开发也发展迅速，已被确认有药用价值的海洋生物达到 1000 多种，[②] 亦有广阔的发展前景。

海洋矿产资源。海底蕴藏有丰富的油气资源和天然气水合物资源。根据专家估算，世界海洋石油蕴藏量为 1000 多亿吨，已探明的储量为 200 亿吨；海洋天然气储量为 140 万亿立方米，已探明储量约 80 万亿立

① 国家海洋局海洋发展战略研究所课题组：《中国海洋发展报告》，海洋出版社，2007，第 1 页。

② 同上书，第 20 页。

方米。而新发现的天然气水合物（即可燃冰）资源量估计相当于全球现有石化资源的两倍，将是有极大开发潜力的新一代清洁能源。在深海海底区域，富含铜、镍、钴、锰等金属的多金属结核极具战略价值，总量约 3 万亿吨，有商业开采潜力的资源达 750 亿吨。进入 21 世纪，又陆续发现了富钴结壳和热液多金属硫化物等资源，推测钴资源总量约 10 亿吨。[①]

海水资源和海水化学资源。海水占地球总水量的 97%，其中 96. 5%是淡水，3. 5%是溶解的无机盐。如果解决了海水淡化问题，人类就有几乎取之不尽、用之不竭的水资源。食盐则是人类基本的生活必需品，20 世纪末，各国从海水中提取盐已经达到 6000 万吨。海水中所含化学元素的种类几乎囊括元素周期表，可提取的化学元素达到 80 多种，其中镁、溴、铀、钾的提炼都已经进入了工业性生产。尽管化学元素在海水中的浓度不高，但总量巨大。据计算，1000 吨海水中，含有 23 吨食盐，3 吨氢氧化镁，4 吨芒硝，0. 5 吨钾，65 公斤溴，26 公斤硼，170 克锂，2 克铀。[②]

海洋能资源。所谓海洋能，主要是指潮汐、海浪、海流、温差能、盐度差能等，是来自海洋本身、可再生的、取之不尽用之不竭的能源。这些潮汐能、海浪能、海流能、温度差能、盐度差能中，可供开发利用的总量在 1500 亿千瓦以上，相当于 21 世纪初全世界发电量的十几倍。[③]

海洋空间资源。海洋空间包括了水面、水中、海底和相应的天空，人类在取其“渔盐之利，舟楫之便”的生产生活方面的利用大大拓展，

① 国家海洋局海洋发展战略研究所课题组：《中国海洋发展报告》，海洋出版社，2007，第 1 页。

② 叶向东：《人类未来的希望——蓝色星空》，中国经济出版社，2004，第 27—28 页。

③ 国家海洋局海洋发展战略研究所课题组：《中国海洋发展报告》，海洋出版社，2007，第 2 页。

如海底矿产资源的开发，水面交通运输的利用等。有统计说，进入 21 世纪以来，世界海运量年平均增长率维持在 4.4%左右。[①] 此外，开凿海底隧道，建设人工岛屿、海上城市，开发海上作业、旅游等场所都在迅速发展，而随着海洋工程和信息技术的发展进程，海洋军事利用及太空利用的概念也在不断拓展，海洋空间的开发利用前景还相当广阔。

综上所述，海洋是一个广阔无垠的资源宝库，几乎包罗了人类生存和发展所需要的全部资源。但海洋资源形式与又陆地有所不同，它们或存在于海水之中，或深藏在巨大的水体之下，大部分具有间接获取性。即使是最简单的“渔盐之利”和“舟楫之便”，也需要人类用智慧去创造条件才能获得，而对其他海洋资源的认识和获取，更需要比较高级的“物化智慧”。因此开发海洋需要条件，这些条件即是人类征服海洋的科学技术支撑，这些也都不是在生产力和社会发展的初级阶段所能够完成的。

（三）海洋是连接陆地的水上公路，其社会经济属性与陆地有本质区别

海洋连接陆地的功能，人类很早就认识到了，对其“舟楫之便”的利用，也很早就开始了。因为人类海洋活动所需要的工具最基本、最主要的是船舶，其原料与生产完全出自人类所生活的陆地。于是，人类早期的海洋实践、认识及其智慧，首先物化于船，尤其是用于“舟楫之便”的船。这是一个自然的过程，但这一步的迈出，人类就将海洋与陆地完全不同的社会经济属性开发了出来——作为方便、廉价的水上公路，海洋不直接产生财富却可以通过跨海越洋的商品流通带来财富！

---

① 国家海洋局海洋发展战略研究所课题组：《中国海洋发展报告》，海洋出版社，2007，第 2 页。

社会越发展，海洋经济越发达，这一特征就表现得越鲜明。因为，海上贸易、海洋经济具有天然的商品经济属性，它与陆上春华秋实的农耕文明完全不同，后者遵循的是自然经济规律，前者遵循的是商品经济规律。而商品经济所带来的财富增殖，是远远高于自然经济的。

客观上，海洋在世界交通方面所具有的优势无与伦比。同样，社会越发展，这一优势就越突出。第一，海洋之大，陆地无可比拟。海洋占地表面积 71%之多，陆地仅占不到 29%，海洋将陆地分割包围形成“大岛”。第二，海洋之通，陆地无可比拟。海洋覆盖面广，四通八达，自然障碍少，而陆地则有高山、沟壑、沙漠等阻隔，具有区域间断性。第三，海洋航行之自由，陆地无可比拟。原始的海洋没有国界限制，现代的海洋仍旧存在大面积的公海，加上国际法的“无害通过”制度，使之使用自由度大，可以依法畅行无阻。第四，海运交通价格低廉，陆地无可比拟。海运交通运量大，不受货种限制，成本却很低。除必要的港口和地面导航设施外，海运交通主要依靠海洋实现，海上航路是“天赐”，无须耗资开辟，也无须耗资维修。因此，即使是在现代社会，尽管各种运输手段都在发展，但发展最快的仍旧是海运交通。原因也很简单，海洋运输的费效比高。

海洋本来是一个相对独立的空间。但是，由于海洋的世界连通性，使人类与海洋发生了密切的关系，使沿海毗邻的国家和隔海相望的国家发生了密切的关系，从而使海洋与陆地一样，成为人类社会的生存发展空间的一部分。也是人类，使海洋依托于陆地，服务于陆地，作用于陆地，使海洋有了社会价值，有了国家意义。不可抗拒的历史逻辑是，海洋也像陆地一样有了安全问题，海上安全进入了国家视野。

（四）海洋与陆地的关系千差万别，海洋空间的归属意义与陆地不同

海洋是人类交往的重要途径和联系纽带。当人类无法跨越海洋时，海洋分割了陆地、分离了人类；而随着人类社会的进步，海洋又把分割的陆地联结在一起，把人类相对分散、隔绝的社会活动联系了起来。进入私有制和阶级社会后，人类的社会活动就具有了集团性特点及其对占有陆域、画地为牢的特点，使陆上自然空间呈现着各自的归属性，从而诞生了国家。在相当长的历史时期内，人类为了争夺和占领陆地自然空间而厮杀，进行国家与国家之间的战争。这些战争，包括近代以来越过大洋对遥远国度领土的占领——如英国，通过海洋占领了大于其本土100多倍的海外殖民地——但都不包括海洋本身。后来提出的领海问题，及至20世纪80年代确立的毗连区、专属经济区和大陆架制度，涉及了海洋归属问题，但还是没有绕过国家领陆。因为，海洋本身是一个水体，过于巨大且难以驾驭，海洋的国家归属只能是控制意义上的归属，而不可能是占领意义上的归属。并且，海洋的任何部分都具有非专属性质，即使现代海洋法意义上的国家领海，也要有条件的给予他国“无害通过”的航行自由权利。

具体到每一个国家，由于海洋和陆地分布的不均衡，各国陆地与海洋的关系是千差万别的。当人类将海洋与陆地联系在一起考虑国家安全问题的时候，这些千差万别的关系就成为各种地缘战略的要素，对它们进行分门别类的排列组合，人们的视野就比运筹陆地问题大得多了。人们不是从陆地看海洋，而是从海洋看陆地，既关注陆地上占据重要地理位置的“点”，也要看到海上连接这些“点”的“线”，进而看到海洋和陆地的“面”，以国家利益为核心，将整个世界作为研究对象，运筹

国家战略和军事战略。马汉的海权理论，就是纵横于海洋和陆地之间的国家海上战略经典。他指出，海权有赖于商业和海上贸易，但“海路与陆路不同”，“海上航行的距离较远也比较危险……在海上常常会遭到敌人围攻”，[①] 因而海权“不仅包括用武力控制海洋或其任何一部分的海上军事力量的发展，而且还包括一支军事舰队源于和赖以存在的平时贸易和海运的发展”。他认为，商品生产、海上航运和占领殖民地，这三者可以“找到决定濒海国家历史和政策的关键”。[②] 这说明，关于海洋空间的归属得失，人们的战略思维是沿着另一个方向、另一条思路发展的，既看重国家在海洋空间范围内的各种实际利益，更看重实现国家海上利益的海洋空间条件、地缘政治环境、地缘经济利益、航路航线的安全状况等。诚然，今天的时代已经完全不同于马汉之资本主义拓殖时代，但以武力控制、实现海洋空间归属意义的战略思路本质上并没有改变。

三、国家海上安全的主要特性及规律性

由于海洋本质属性的规定性，也由于时代的发展和社会的进步，国家海上安全在具有国家安全一般性质的同时，也日益表现出一些自身特性和规律性。

（一）国家海上安全是国家陆上安全的扩展，主要是发展安全

海洋的自然属性，决定了人类生存对于海洋的依存程度明显低于陆

① A. T. 马汉：《海权对历史的影响（1660—1783）》，安常荣、成忠勤译，解放军出版社，1998，第28页。

② 同上书，第29页。

地，对海洋开发利用的难度又明显高于陆地。一般地说，人类总是先开发陆地，后认识海洋。当陆上活动发展到一定程度、需要更大范围的活动和更高程度的发展时，或陆上资源相对匮乏至不能满足人类需要时，人类才可能加快开发利用海洋的步伐，国家海上安全问题方才露出水面。因此，国家海上安全是国家陆上安全的拓展，更多的是由国家发展需求导致的，是发展层面的安全，而非基本生存层面的安全。

应当指出的是，海洋不可能取代陆地作为第一生存空间的地位，而陆地也不可能取代海洋作为人类不可或缺发展空间的地位。因为，陆地资源是有限的，陆地资源又处于先开发的地位。今天，随着陆地资源的过度开发，人类生存所必需的许多资源已经或接近告罄，包括水资源。而海洋本身对于人类社会有巨大的价值是一个客观事实，只不过认识海洋的价值、充分利用海洋的价值需要时间。随着科学技术的进步和社会的发展，特别是近代工业革命以来，人类对海洋资源、海上交通的价值的认识在不断前进，对海洋空间、地缘政治意义的认识也在不断前进，海洋日益成为现代国家，尤其是大国必不可少的发展空间。从一定意义上说，当代的发展安全就是生存安全，而最有发展希望的和开拓意义的空间，已经转向海洋。

（二）国家海上安全伴随经济全球化进程，必然动态地拓展安全边界

为商品流通、经贸活动提供海上通道，是海洋最本质的社会经济属性之一。15 世纪以后，地理大发现把陆地与海洋连接在了一起，也开启了经济全球化的大门。当时的海上强国葡萄牙、西班牙、荷兰、英国，纷纷驱动大量商船走向世界各地，开拓殖民地，掠夺财富，开始了资本的原始积累。“资产阶级，由于开拓了世界市场，使一切国家的生

产和消费都成为世界性的了”,[1] 为了保证商船在海上的安全，为了殖民地的占领，他们在商船上加载武装，后来干脆建立海军用以护航，充当开拓殖民地的先锋。于是，国家传统的陆地安全边界就这样拓展到海上，沿着航线动态地延伸，直至目的地。因此，国家海上安全问题是伴随着全球化、首先是经济全球化的发展而产生的，作为国家海上方向的安全保障，它直接保障的是国家为贸易目的的海上航行安全，保障国家为贸易目的的海外市场占领，保障的是国家包括海外在内的经济利益的实现。

国家海上安全是随着世界的全球化进程而凸显的问题。今天，世界的经济全球化已经大大发展了。而经济全球化越发展，世界各国通过海上而进行的贸易活动就越发达。根据世界贸易组织统计，2010 年，世界主要国家货物进出口总额已经达到 307, 930 亿美元，至少 80%以上要通过海洋实现，尤其是石油等战略物资。世界各国的利益空间都在通过海洋向海外发展，安全空间的相应拓展是为必然。事实上，进入 20 世纪的后半叶，传统国家安全的时空性已经被经济全球化的快速发展突破了，这一突破，首先表现在海上。因此，作为一个政治范畴的概念，国家海上安全建立了新的国家安全时空机理，国家海上安全不仅包括国家的位置空间，也包括国家的利益空间，国家在海上方向的利益所到之处将是国家无形的海上利益安全边界。

（三）国家海上安全的地缘政治意义突出，核心是海上战略控制

海洋联系的必然性，连通的便利性，利益的重叠性，以及公海的存

① 中共中央马克思恩格斯列宁斯大林著作编译局编《马克思恩格斯选集》第 1 卷，人民出版社，1974，第 254—255 页。

在和国际法对各种海洋区域的定义，都赋予了海洋以复杂的国际空间的属性。按照冷战结束前的统计，全世界约有 160 多个国家，除了 30 多个内陆国家外，就是与海洋相连的国家，海洋国家约占 81%。其中有 40 多个岛国，90 多个濒海国家。[①] 如此众多的沿海国家，面临一个共同的海洋，必然会产生复杂的地缘关系，尤其是《联合国海洋法公约》1994 年 11 月 16 日正式生效后，意味占全球海洋总面积 35.8%的海域将作为沿海国的领海、专属经济区等划归沿海国管辖。这一重新分割，全世界大约有 400 处之多的海域需要与相邻相向国家重新划定地理上的"海上边界"，导致一系列新的矛盾和争议出现，这是其一。其二，地球陆海分布具有不规则性，用于海上贸易的航线和战略通道线的客观分布也千差万别，这使各个濒海国家所处的地理位置并不平等。而世界战略资源分布和各国经济发展的不平衡，致使战略物资必须按照一定方向和路线进行互补性流动，如，世界石油资源分布极不均衡，中东的储量占世界比例的 63.3%，产量位居世界第一，消费量却很低，成为主要的石油输出国。而经济规模和科技发展水平较高的美、欧、日、俄、中，则成为石油消费的主要国家和地区，这导致了以中东为起点的海上石油航线特别重要，而东向的马六甲、龙目、巽他、巴士、台湾海峡等，西向的苏伊士运河及相关的曼德海峡、红海等也便具有了战略通道的意义。进入 21 世纪，世界海上运输中石油、煤炭、铁矿石和粮食物资与日俱增，有统计说占到世界海运总量的 60%左右，这无疑提高了海上贸易航线和战略通道的战略地位。其三，由于存在公海，由于海上航行自由的法理，特别是由于世界各国经济、政治、军事实力及价值观念不同，使海洋的地缘政治意义得以强化。从军事的角度看，海洋最便利于大规模的兵力投送和后勤保障，人们将大片海洋收为己有不可能，但控

① 程广中：《地缘战略论》，国防大学出版社，1999，第 130 页。

制其中的一部分是可能的。特别是海上战略通道，往往是由多条重要航线交汇或战略航线必须经由的狭长小海域，是航线上的要点、咽喉之处，容易控制，也容易被封锁。而在战争中，控制重要的海上航线和战略通道对于海上作战力量的自由机动、减少作战能力的衰减、赢得宝贵的时间，从而或达成战略目的，或达成战役目的都具有决定性的意义。

由此可见，国家海上安全的地缘政治意义特别突出，它必须超越国家陆地边界，以国家海上利益所到之处的大视野，进行全球性的大战略运筹。尤其是，由于当今时代和国际法的限制，任何国家，包括最有海上地理优势的国家、最有海上实力的强势国家，都不可能任意占领新的海外他国属地，更不可能对其所需要的海域、航线、通道等实施占领，因而海上战略控制便成为各国地缘政治争夺的必有之意，如何实现海上战略控制则更加成为服务于国家的战略家们所孜孜追求的核心目标。

（四）国家海上安全主要依赖海上力量，发展和运用海军是必然选择

古希腊著名的历史学家修昔底德这样总结道：在早期的希腊，商业的发展，出现了城市。航海技术逐渐改进，海上贸易因而发展了起来，海军为保护商业、增加财富的有力工具。[①] 国家安全，无论是陆上还是海上，都必须诉诸力量。所不同的是，国家海上安全主要依赖海上力量，特别是海军。公元 5 世纪罗马人战胜迦太基，依靠其优势海军控制了海洋，取得三次“布匿战争”的胜利；16 世纪的西班牙，依靠其“无敌舰队”称雄海上，在世界各地巧取豪夺；17 世纪的荷兰，以无与伦比的“海上马车夫”开辟了遍及亚洲、非洲、美洲和大洋洲的殖民

① 修昔底德：《伯罗奔尼撒战争史》，谢德风译，商务印书馆，1960，《译者序言》第 2 页（并参见第 1 卷第 1 章）。

地，控制了海上航道和世界五分之四的贸易量；而后来居上的英国，也是通过大力发展皇家海军，经过三次英荷战争打败荷兰，又通过资产阶级革命，特别是蒸汽机为代表的工业革命，彻底打败拿破仑的大陆体系，获取海上霸权三个世纪，成为“日不落”帝国。这一段历史，美国人马汉用“海权”这一个词进行了高度的理论抽象，其核心是国家运用海军控制海洋。他说，“海权的历史，从广义上说，涉及了有益于使一个民族依靠海洋或利用海洋强大起来的所有事情。但是海权的历史主要是一部军事史”。[①] 简而言之，即是：随着商业和工业的发展，国家向海外拓展市场，要求军事控制海洋，而控制海洋需要发展海军和海外基地。他借助历史上海军强国的经验，认为国家平时应将海军“渗透到各海洋中去”，[②] 战时则依靠海军控制海上交通线等战略要地，认为“只有进攻而不是防御才能掌握海权”。[③] 他总结说，“海军战略的目的是平时和战时都要创建、支援和发展一个国家的海上力量”。[④] 这样，马汉的海权理论从地缘经济利益出发，考虑国家的地缘政治关系，对国家海上安全进行整体战略筹划，特别是地缘战略意义上的筹划，其核心是对相关海域的强力控制，而落脚点和手段是发展具有领先战术技术的优势海军。这一理论直接支撑了 20 世纪美国的崛起，迄今影响没有衰减。

今天，国家海上安全不再是单纯的军事意义上的安全，而是涉及政治、经济、科技、军事、文化、外交等各个领域；安全的手段也不仅仅是海军，而是需要政治、外交、经济、文化、法律等综合手段。然而，

---

① A. T. 马汉：《海权对历史的影响（1660—1783）》，安常荣、成忠勤译，解放军出版社，1998，第 1 页。

② 同上书，第 22 页。

③ 同上书，第 409 页。

④ 同上书，第 84 页。

冷战结束前长期统治世界的海洋军事控制传统思维难以动摇，国家安全的博弈性在海上表现特别突出，各国发展和运用海军实施海上战略控制的意识比以往任何时候都要强烈。从这个意义上说，海权已经不是那些传统海洋强国的专利，而是任何濒海国家都可以从本国实际出发实施的战略考虑。这仍将是相当长的一个历史时期内国家海上安全的基本运行机理。如果说有不同的话，就是发展和运用海军的理性程度更高，方式更加灵活。比如，发展战略导弹核潜艇和航空母舰，涉及导航、通信、水声、光学、电子、材料等300多个学科，融合了核技术、航空航天技术、导弹制导技术、水中兵器技术、电子技术、自动控制技术、超导技术、卫星导航、通信技术、微电子技术等大量高新技术和产品，可以将高技术海军装备的发展与综合国力的发展更紧密的结合。再比如，运用海军实现国家海上安全，可以采取海上威慑、海军合作、军事外交，以及军事训练、武器试验等更加灵活多样的非战争方式，为国家政治外交以及经济斗争提供支持。因此，今天世界各国海权的运用已经不可能照搬马汉时代的全部意义，而是借鉴其合理内核，在新的历史条件下进行“战争艺术”的创新。

（五）国家海上安全寓于开放的国际空间，国际秩序与国际合作至关重要

海洋是一个开放的国际空间。任何国家进入海洋，也就意味着进入了世界。尤其是在15世纪地理大发现以后，群雄逐鹿于海洋，试图把一部分人类共有的海洋转化为国家所有的海洋国土，国家间由海洋权利问题引发的矛盾日益激化，国家海上安全日益呼唤国际海洋秩序，人类开始了寻求海洋公平、建立共同海洋秩序的进程。海洋国土、海洋权益的确定和海战法律规范的确定完全不同于陆地。经过几百年的演变和发

展，特别是《联合国海洋法公约》签署以后，形成了以内水、领海、专属经济区、大陆架、公海和国际海底区域等基本海域制度为纵线，以海上航行与飞越、海洋资源开发与养护、海洋环境保护与保全、海洋科学研究和海洋争端解决等基本活动规则为横线构成的国际海洋法体系，明确了国家在不同法律地位的海域活动时的权利和义务，也确立了最权威的海上平时国际法。它与在一战和二战期间逐步完善并延续至今的、以《海牙公约》和《日内瓦公约》为代表的海上战争法体系和武装冲突法（人道法）体系，当然也包括不断发展的习惯法，共同构成了现行的国际海洋秩序。应当指出的是，当代国际海洋秩序是不同国家、主要是发达国家和发展中国家间的利益调和，仍旧还是西方国家主导并有利于发达国家的国际秩序。而根据主权平等的国际法原则，任何国家都有根据新的国际实践参与制订和发展新的国际法和国际海洋秩序的权利。因此，处于国际体系中的任何濒海国家，必须坚持权利和义务的统一，既把遵循现行国际海洋秩序作为义务，又应当仁不让地行使发展和创制新的国际法和国际秩序的权利，二者都不能偏废。

与此同时，随着全球化的发展，随着高度依存的世界体系的形成，国家海上安全问题必将比陆地安全问题活跃得多，且国家海上任何不安全问题通常都不是一个国家的问题，也不是单独一个国家所能解决的问题，因此，国家海上安全需要国际海洋秩序，国家间的双边和多边安全合作是必然的趋势。

试论西方海权与中国近代化的几个问题*

海权（Sea Power）是一个外来词语，中文版的英汉词典一般都释义为“海军强国、海上力量”，或“海军力量、制海权、海军强国”等。①

海权，是19世纪末美国人马汉创立的一个战略概念，多年来学术界对这一概念的解读多种多样。简而言之，海权是指一个国家利用和控制海洋的总体能力，核心是发展和运用海上力量特别是海军维护和获得国家海洋利益。

海权属于政治范畴，它集中体现在国家对控制海洋的暴力手段——海军的运用上。作为观念形态的海权理论（低级阶段为海权意识），则反映着国家对其海洋方向经济、政治利益的理性认识及其把握。因而，海权理论问题在形式上往往由海军战略提出，但实质上却是一个国家战略问题。

海权是历史的产物，它对资本主义的产生和发展影响尤为直接和深刻。从某种意义上说，西方国家率先完成近代化得益于海权，而中国近

---

* 本文收录于会议组委会编《成长中的新一代史学——1991年全国青年史学工作者学术会议论文集》下卷，陕西人民教育出版社，1995，第617页。

① 词典编写组：《新英汉词典》，上海译文出版社，1985，第1220页；郑易里等：《英华大词典》，商务印书馆，1984，第1249页。

代化的失败则失之于海权。

一、西方海权的勃兴与中国近代化的起步

作为人类认识对象的客观物质世界，占地球表面71%的海洋与陆地等同。受人们认识世界能力的制约，人们对国家海洋方向的利益（归根结底为经济利益）的认识一般晚于陆地。然而，一旦认识，战争——这个自私有制和国家产生便接踵而来的社会现象——也就结伴而行。因为，政治是经济的集中体现，战争是政治的继续，所以“常备陆军产生的原因，也同样成为常备海军产生的原因”。[①] 考古证明，公元前2500年左右，地中海的克里特岛成为最早的海上贸易中心。传说中的克里特国王米诺斯“是第一个组织海军的人。他控制了现在希腊海的大部分……建立了最早的殖民地”。[②] 公元前4世纪的古希腊历史学家修昔底德这样描绘了古代的海权实践，他指出，“希腊的海军，无论在较远的时代或较近的时期中……还是各海上强国势力的来源，它们为国家取得收入，是帝国的基础”。[③] 海权实践产生海权意识，公元前5世纪的希波战争中，雅典海军统帅地米斯托克利便宣称：雅典的将来“是在海上的”。[④] 其后，古罗马通过三次布匿战争，依托海上优势战胜了迦太基，成为最早海权实践的又一例证。特定的地理环境，使地中海成为海权生长的摇篮，腓尼基、迦太基、古希腊、古罗马……都由此而兴。

---

① 中国人民解放军军事科学院：《马克思恩格斯军事文集》第1卷，战士出版社，1981，第504页。

② 修昔底德：《伯罗奔尼撒战争史》，谢德风译，商务印书馆，1960，第4页。

③ 同上书，第14页。

④ 同上书，第66页。

15世纪开始的地理大发现，昭示天下海洋是一条连接各大陆的“流动的公路”。海洋为世界性的商品流通提供捷径，并可以迅速聚敛财富的优势也日益被认识。“这时展现在一切海洋国家面前的殖民事业的时代，也就是建立庞大的海军来保护刚刚开辟的殖民地以及殖民地贸易的时代，从此便开始了一个海战比任何时候更加频繁，海军武器的发展比任何时候更有效的时期”。[①] 海权身价倍增，大西洋沿岸的欧洲各国开始了“以地球为战场而进行的商业战争”。[②]

曾经一度跃葡萄牙之上而横行于世界的西班牙，其“无敌舰队”立下了汗马功劳。尼德兰能够脱离西班牙独立，靠的是“海上马车夫”所建立起的强大经济实力。而英国最初以羊毛经纪人的身份参与欧洲竞争时，成就并不显著。16世纪后，伴随圈地运动的兴起，亨利八世建立了归国家所有的常备海军，以新的姿态参与国际竞争，1588年英国海军击败了西班牙“无敌舰队”。英国资产阶级革命后，克伦威尔给予英国海军以特别的关注，认为“军舰最能显示一国的军力及对利益的关切。军舰可以采取主动或有利的行动……没有其他军事力量可以提供这种机动和弹性”。[③] 经过三次英荷战争，英国依赖海军实力彻底战胜了荷兰。在1756年到1763年的七年战争中，著名的“皮特计划”认为，英国的首要目的是夺取和保持加拿大、印度和加勒比海岛屿，建立并巩固一个世界帝国。其理论是“英国靠贸易而繁荣起来，帝国促进贸易，贸易创造财富，财富能够加强陆军和海军的实力”。[④] 这场战争显示了英国强烈的海权意识，皇家海军以无以相匹敌的制海权在大洋彼

① 中国人民解放军军事科学院编《马克思恩格斯军事文集》，战士出版社，1981，第504页。

② 马克思：《资本论》第1卷，中共中央马克思恩格斯列宁斯大林著作编译局译，人民出版社，1975，第819页。

③ 转引自刘赤忠《海洋与国防》，台北：“中央”文物供应社，1983（“中华民国”七十二年），第309页。

④ E. B. 波特：《海上实力》，马炳忠等译，海洋出版社，1990，第49页。

岸站稳了脚跟，实现了其战略目标。在 19 世纪对拿破仑的战争中，英国发挥海上优势冲破法国的“大陆封锁体系”，消除了问鼎世界霸权的最后一个障碍。“暴力造成占有，占有造成经济权力，所以，暴力=权力”，“是谁创造暴力？是军队”。[①] 在 15 世纪以来走向海洋的世界大潮中，在由经济利益而导致的西方各国运用“海上政治暴力”的竞争中，英国力登榜首，由此拥有了大于本土 100 多倍的极广大的殖民地，从而在资本的原始积累、资产阶级革命以及综合国力上独占鳌头。

1840 年中国在鸦片战争中遇到的对手，就是这样一个海权在握的英国，就是这样一个率先实现了资本主义近代化的世界霸主。

位于太平洋西岸、拥有 18,000 公里海岸线的中国，认识海洋、征服海洋的实践活动并不晚于西方。《尚书》说大禹“决九川距四海”，“四海会同”。[②] 春秋战国时期，濒海各诸侯国已建立起相当规模的舟师。公元前 485 年的吴齐黄海海战，早于希波萨拉米斯海战 5 年，是有文字记载的最早的海战。中国是指南针的发明国，并最早用于航海。1405 年，郑和第一次下西洋，早于哥伦布出发发现新大陆 87 年，举世闻名。但是，通观中国的海洋开发活动，海权意识极为贫弱，即使是郑和七下西洋，可见的目标也只是“耀兵异域，示中国富强”，[③] 见不到任何对海洋经济利益的追求。

马克思说：“外界自然条件在经济上可以分为两大类：生活资料的自然富源，例如土壤的肥力，鱼产丰富的水等等；劳动资料的自然富源，如奔腾的瀑布、可以航行的河流、森林、金属、煤炭等等。在文化

① 中国人民解放军军事科学院：《马克思恩格斯军事文集》第 1 卷，战士出版社，1981，第 37—39 页。

② 《尚书·虞夏书》，引自《今古文尚书全译》，江灏、钱宗武译注，贵州人民出版社，1990，第 57、第 88 页。

③ （清）张廷玉：《明史·列传》卷三百四。

初期，第一类自然富源具有决定性意义；在较高的发展阶段，第二类自然富源具有决定性意义。”[①] 显然，中国所始终依赖的是第一类自然富源，而西方走向海洋所着意开发的是第二类自然富源。马克思认为，“社会地控制自然力以便经济地加以利用……这种必要性在产业史上起着最有决定性的作用”，而“过于富饶的自然‘使人离不开自然的手，就像小孩子离不开引带一样’”。[②] 或许正是这样，东方文明古国没有像西方一样走上海权之路。16世纪中叶，当世界性的海洋大潮滚滚向前的时候，中国却实行了越来越严厉的“禁海”，有所谓“片板不许下海”之说。他们并不知道，其所“禁”的海洋商品经济必然要战胜他们所竭力维护的囿于大陆的自然经济。封建统治者在政治上要保持闭关自守，经济上要杜绝海外贸易，而军队则只能成为这种封建政治、经济的工具。所以，虽然明朝以来沿海建立了水师和卫、所，但从未带有海权性质。到了清初，水师的职责明定为“防守海口，缉私捕盗”，“巡哨洋面，捍卫海疆”。[③] 为了快速灵便查禁走私，清廷甚至下令将沿海战船“一律改小”，致使中国水师“仅能就近海巡查，不能放洋远出”。[④] 鸦片战争中，一个有着近90万常备军的泱泱大国，抵挡不住远涉重洋而来的一支几万人的英国远征军。中国不识海权，惨遭重创。

鸦片战争后，中国在英国船坚炮利的刺激下，直观地认识了西方海权。林则徐说，船炮为“防海必需之物”，“剿夷而不谋船炮水军，是自取败也”。[⑤] 道光皇帝认为，英军“恃其船坚炮利，横行海上”，清军

---

① 马克思：《资本论》第1卷，中共中央马克思恩格斯列宁斯大林著作编译局译，人民出版社，1975，第560页。

② 同上书，第561页。

③ （清）刘锦藻撰：《皇朝续文献通考》兵考。

④ （中华民国初年）清史馆赵尔巽主编《清史稿》兵志六。

⑤ 转引自王家俭：《中国近代海军史论集》，台北：文史哲出版社，1984（“中华民国”七十三年），第239—241页。

“无巨舰水师与之接战，其来不可拒，而其去不能追”[①] 是鸦片战争失败的原因。魏源提出“师夷之长技以制夷”的主张，他也认为，“夷之长技，一战舰，二火炮，三养兵练兵之法”。[②] 中国人将目光不约而同地集中在近代化的海军建设上。与资本主义发展的必然性一样，海权也有一个必然王国，不论自觉与否，都将受其左右。中国在西方海权的冲击下起步近代化，中国的近代化以海军近代化为嚆矢，当是一种历史的选择。

二、马汉的海权理论与中国近代化的失败

鸦片战争后20年，中国海军的近代化事业几无建树，直至19世纪60年代洋务运动兴起，方才得以进展。1860年，清廷设立奕䜣领衔的总理各国事务衙门。1861年，曾国藩支持奕䜣“购买外洋炮船，为今日救时之第一要务”[③] 的主张，奏请“陆续购买，据为己物”，以使英、法“渐失其所恃”。在奕䜣等人的倡导下，清廷最初企图买回一支近代化的海军舰队，尽管其初衷是为了剿灭太平天国，但亦不乏是对“庚申之变，创巨痛深”之外敌入侵的反应。阿思本舰队事件后，买舰失败，清廷内造舰呼声日高。左宗棠说，“欲防海之害而收其利，非整理水师。欲整理水师，非设局监造轮船不可”，[④] 并说，中国与外国“彼此同以大海为利，彼有所挟，我独无之，譬犹渡河，人操舟而我结筏；譬犹使马，人跨骏而我骑驴，可乎?”[⑤] 随后，李鸿章在上海筹建江南

① （清）《筹办夷务始末（道光朝）》卷五十四。

② （清）魏源：“筹海篇”，《海国图志》卷二。

③ 《曾国藩全集·奏稿三》，岳麓书社，1987，第1603页。

④ 《左宗棠全集·奏稿三》，岳麓书社，1989，第60页。

⑤ 同上书，第63页。

制造总局，左宗棠在福建创立福州船政局，中国近代化军事工业由此发端。

1874年，由日本侵犯台湾引发的海防大讨论，使清廷对“数千年来未有之变局”有了进一步的认识，海军近代化的要求更为迫切，清廷明发上谕“海防关系紧要，亟宜未雨绸缪，以为自强之计”，[①] 并决定每年拨款400万两银，发展南北洋海军。至1884年中法战争前，北洋海军拥有14艘舰船，南洋海军拥有17艘舰船，广东海军有大小轮船25艘，福建海军有11艘舰船，四洋海军初具规模，[②] 但除了15艘外购舰船，装备都比较落后。马江一战，福建海军遭到全军覆没的重创，清廷痛感海军实力仍不足以抵御海上入侵，遂于1885年下谕宣称：“惩前毖后，自以大治水师为主。”[③] 此后，清廷成立海军衙门，任命海军官员，购置铁甲巨舰……1888年北洋海军成军，中国有了一支真正称得上近代化的舰队。至甲午战争前，中国四支海军舰队共拥有大小军舰78艘，鱼雷艇24艘，总排水量8万吨。[④]

一时间，中国海军似乎有了步西方海权后尘的实力了，海军近代化所代表的中国近代化似乎有了长足进展，中西方近代化的差距似乎在缩小。其实不然。恩格斯说，“暴力本身的本源的东西是什么呢？是经济力量，是占有大工业这一强大的手段。以现代军舰为基础的海上政治暴力……正是取决于经济力量，即冶金工业的高度发展，对熟练技术人员和丰富煤矿的支配”。[⑤] 中国海军的近代化，是在不占有上述强大经济力量的前提下起步的，与西方国家相比较，呈现着一个逆向运动，必然

① 张侠、杨志本、罗澍伟等编《清末海军史料》，海洋出版社，1982，第12页。

② 吴杰章、苏小东等：《中国近代海军史》，解放军出版社，1989，第107—117页。

③ （清）《筹办夷务始末（同治朝）》卷九十三。

④ 吴杰章、苏小东等：《中国近代海军史》，解放军出版社，1989，第207页。

⑤ 中国人民解放军军事科学院：《马克思恩格斯军事文集》第1卷，战士出版社，1981，第20页。

受到经济条件的制约。然而，从此起步近代化虽然困难，但并非完全没有成功的可能。按照军事经济理论，军事对于经济具有反作用，这种反作用是通过政治权力（即国家权力）来实现的。纵观中国海军近代化的始终，没有这种完整的逆向运动，政治近代化严重滞后，表现在海洋方向，则是仍旧缺乏海权意识。

此时，西方对海权的认识产生了质的飞跃。1890 年，美国人 A. T. 马汉出版了他的成名之作《海权对历史的影响（1660—1783）》，1892 年和 1905 年又相继出版了《海权对法国革命和法兰西帝国的影响（1793—1812）》《海权与 1812 年战争的关系》，在“海权三部曲”及其 1911 年出版的《海军战略》中，马汉将 17 世纪以来资本主义的海洋实践从经济、政治、军事多视角加以整体的研究和概括，抽象出海权这一概念，确立了系统的海权理论。

马汉首先是将海洋作为“一块广阔的公共场所”和“进行商品交换和进攻敌国的一条公路加以总考虑”，[①] 他说，“贸易的愿望——其中包括用于贸易的商品的生产能力——是发展海权最重要的民族特性”。[②] 由于进行贸易的“海上航运漫长而危险”，便产生了占领“具有战略价值”的“殖民地和沿海上交通线的军事基地的需要”。[③] 他认为，保证航运和占领殖民地的支配力量，只能产生于“伟大的海军”，海军通过军事手段，必要时发动战争取得海洋控制权的根本目的，又在于保护贸易。“海军战争中的首要任务是控制海上交通区域，以确保使用本国的货船和运输船，同时使敌人不能使用这些船只”。[④] 因此，马汉定义的

① A. T. Mahan, *The Influence of Sea Power upon History (1660-1783)* (Boston: Little, Brown and Company, 1918), p. 25.

② Ibid., p. 53.

③ Ibid., p. 28.

④ E. B. 波特：《海上实力》，海洋出版社，1990，第 337 页。

海权不仅包括以武力控制海洋之海军，亦包括平时商业和航运，他的贸易、殖民地、海军三位一体相互联系、相互作用而不断发展的理论，从一个侧面揭示了资本主义产生和发展的一般规律。

马汉从海权发展的历史研究出发，指出“控制海洋是有历史意义的因素，而这是前人未曾理解和阐述过的”，[①] 它涉及了“使一个民族依靠或通过海洋成为伟大民族的所有事情”。[②] 他将海权提高到国家战略高度，从地理位置、自然结构、领土范围、人口数量、民族特性和政府性质六大要素上分析了对一个国家能否获得海权的影响，认为“获得了海权或控制了海上要冲的国家就掌握了历史的主动权”。[③]

马汉特别看好海军的作用。基于当时帝国主义时代大国军事竞争，尤其是海军竞争的特点，认为“国家的兴衰同它们成功发动战争（特别是海战）的几种能力有关”，“国家的强盛、繁荣、庄严和安全，是强大的海军从事占领和各种征服的副产品”。[④] 他还指出，“凡欲确保海权”，“唯一的条件是有一支强于任何可能敌国的舰队”。“一国海军的优势，对陆上和海上的大角逐都有巨大的和决定的影响。在战争的全局方面，海军一直是一个非常重要的，也许是最重要战略因素”。[⑤] 1911年，马汉出版了他的另一本名著——《海军战略》。

简而言之，马汉从国家战略和海军战略两个层次上阐明了海权的战略目标和具体运用的方法。为控制海洋而发展和运用海军，是其海权理论的核心。

---

① E. B. 波特：《海上实力》，海洋出版社，1990，第336页。

② A. T. Mahan, *The Influence of Sea Power upon History (1660-1783)* (Boston: Little, Brown and Company, 1918), p. 1.

③ 罗伯特·西格：《马汉》，刘学成等译，解放军出版社，1989，第194页。

④ 同上书，第194页。

⑤ A. T. Mahan, *The Influence of Sea Power upon History (1660-1783)* (Boston: Little, Brown and Company, 1918), p. 22；参见罗伯特·西格：《马汉》，刘学成等译，解放军出版社，1989，第545页。

马汉海权理论诞生以后，迅速在西方主要资本主义国家引起强烈反响。“伦敦把马汉捧为名人”，英国政府很快批准以“两强标准”发展海军。在德国，德皇威廉自称“不是在阅读”，而是在“吞噬”这“第一流的”“经典”，公开宣称“德国的未来在海上”。马汉的海权理论在一定意义上推动了美国的崛起。1898 年美西战争中，美国政府采纳了马汉的诸多建议，以急剧加强起来的海军，夺取了对加勒比海、巴拿马运河的控制权，将势力扩大到西太平洋，从西班牙手中割占了波多黎各、关岛和菲律宾，并在夏威夷、萨摩亚群岛上站住了脚跟。1900 年美国海军舰艇吨位上升到世界第 4 位，1914 年其海军实力已居世界第 3 位。[①] 随着军事实力的增长，美国更大胆地实施“门户开放”政策，将侵略扩张的触角进一步伸向亚洲，伸向中国……

日本是海权及海权理论的又一个受益国。日本原与中国面临同样落后挨打的窘境，并同时起步近代化，却走了与中国不同的道路。1868 年明治维新后，日本政府迅即确立“拓万里之波涛，布国威于四方”的战略目标。明治天皇在军务官（后为兵部省）“耀皇威于海外，非海军莫属”的奏折上批示道，“海军建设为当今第一急务，应从速奠定基础”。[②] 1874 年，羽翼未丰的日本便出兵侵略台湾，从中国索勒白银 50 万两；1879 年又出兵占据琉球，海军成为日本近代化的重要工具。马汉海权理论问世后，日本迅速将其书列为海军教科书，甚至企图直接聘任马汉为海军顾问。1894 年，日本在其挑起的中日甲午战争中，海军以强烈的制海权意识取胜，逼迫中国支付 23,000 万两巨额赔款。1905 年，日本又取胜俄国，成为后起的强国。

---

① 保罗·肯尼迪：《大国的兴衰：1500—2000 年的经济变迁与军事冲突》，王保存等译，求实出版社，1988，第 247 页。

② 外山三郎：《日本海军史》，龚建国、方希和译，解放军出版社，1988，第 19 页。

中国却正是在这一海权发展的重要时刻从近代化的顶峰跌落下来。1888 年后，清廷宁将海军经费挪用于建颐和园，也不再为海军购、造新舰，原因是他们认为中国海军“以之攻人尚不足，以之自守尚有余”。[①] 甲午战争中，立足于这种消极防御战略的清朝统治者根本不知海权理论为何物，处处被动，终酿甲午终天之恨。中国近代海军从此再无振兴之日，中国的近代化亦告彻底失败。

三、海权理论的合理内核与中国近代化失败的历史教训

马汉的海权理论，产生于资本主义走向帝国主义的 19 世纪末，有着强烈的阶级性和时代特征，它加速了帝国主义的形成。然而，马克思主义从来注重对前人理论成果的“扬弃”。马克思曾批评费尔巴哈对黑格尔哲学连同辩证法的全盘否定是“把洗澡盆里的脏水和孩子一起倒掉了”，列宁对资产阶级军事家克劳塞维茨“战争是政治的继续”的论断十分欣赏，认为深刻揭示了战争的本质。在马汉的海权理论产生的一个世纪中，褒贬不一，毁誉参半。笔者以为，在批判其作为资产阶级理论、服务于帝国主义的阶级本质的同时，应对其理论的合理内核加以肯定，从而认真吸取中国近代化失败的历史教训。

第一，海权理论是对前人海洋方向的社会实践的理性总结，代表了资本主义产生和自由发展时期先进的海洋观念，即追求海洋经济利益，并运用国家的海上政治暴力——海军来实现这一追求。

15 世纪开始的地理大发现，标志着人类对海洋认识的一次飞跃。

---

① （清）李鸿章：“覆奏海军统将折”（光绪二十年七月二十九日），《李文忠公全书・奏稿》（吴汝纶辑录）卷七十八，光绪乙巳四月金陵付梓戊申五月印行，第 53 页。本书引用的《李文忠公全书・奏稿》《李文忠公全书・朋僚函稿》《李文忠公全书・译署函稿》均使用该版本。——作者注

海洋为世界性的商品流通提供最方便的条件，认识并追求海洋的经济价值，无疑是先进的海洋观念。因为“商品流通是资本的起点。商品生产和发达的商品流通，即贸易，是资本产生的前提”。[①] 西方率先走向海洋的国家，就是通过海外贸易、占领殖民地而获取巨大的经济利益，进行资本原始积累的。诚然，海权的运用带来了殖民制度，这一制度虽以最残酷的暴力为基础，但却是先进生产力的代表。正如马克思评论鸦片战争时所说，“在这场决斗中，陈腐世界的代表是激于道义原则，而最现代社会的代表却是为了获得贱买贵卖的特权。——这的确是一种悲剧，甚至诗人的幻想也永远不敢创造这种离奇的悲剧题材”。[②] 西方主要资本主义国家就是这样“利用国家权利，也就是利用集中的有组织的暴力，来大力促进从封建生产方式向资本主义生产方式的转变过程，缩短过渡时间”，[③] 从而率先完成了资本主义近代化。

中国封建统治阶级的海洋观念落后，中国的近代化虽也着力发展近代海军，但从来不是海权意识的产物，不是建立在对海洋及其所产生的经济利益的认识和追求上的。在他们看来，“天朝物产丰盈，无所不有”，不需“藉外夷货物以通有无”，[④] 需要的只是闭关自守。这一闭关政策，仍以海洋为屏障，锁住了国门，禁锢了商品流通，放弃了生财之道，也阻滞了从明清以来缓慢发展的资本主义萌芽。

第二，海权理论揭示了当社会生产力发展到了海洋不再成为阻隔地将世界连成一气的时候，国家要兴盛，要强大，必须有立足于全球

---

① 马克思：《资本论》第 1 卷，中共中央马克思恩格斯列宁斯大林著作编译局译，人民出版社，1975，第 167 页。

② 中共中央马克思恩格斯列宁斯大林著作编译局编《马克思恩格斯选集》第 1 卷，人民出版社，1972，第 26 页。

③ 马克思：《资本论》第 1 卷，中共中央马克思恩格斯列宁斯大林著作编译局译，人民出版社，1975，第 819 页。

④ 《大清高宗纯皇帝实录》卷一四三五。

（不仅包括陆地，更应包括海洋）的战略考虑，发展海权应是国家战略的重要内容。近代以来，国家的兴衰之所以前所未有地与海权联系在一起，是因为海洋的利用较之陆地有更为广阔的前景。虽然此时还没有着眼于对海洋本身利用的认识，但就海洋用于商业贸易带来的巨大经济利益，就已足以对国家的兴衰产生举足轻重的影响。因而大国之兴兴之于海，欲兴之国必须将海洋纳入国家战略来考虑。

英法在 19 世纪初的较量中，拿破仑想以欧洲大陆封锁体系对付英国，而英国则发挥海上优势反封锁。英国以欧洲以外的海外殖民地贸易补充大陆封锁带来的损失，1804—1806 年，英国产品出口额为 3735 万英镑，1814—1816 年，增长到 4440 万英镑。[①] 拿破仑的大陆封锁未能窒息英国，反而加剧了法国经济的内向型，不堪战争重负，终归失败。俄国是一个内陆国家，彼得大帝为了争夺出海口，终身致力于发展海军。他认为，俄国需要的是水域，“凡是只有陆军的统治者，只能算有一只手。惟有同时兼有海军者才算双手俱全”。[②] 美国独立后的前一百年，眼界狭小，海军也主要用于防御外侵，海外活动充其量只是跟在其他强国之后要求“利益均沾”。马汉海权理论问世后，美国开始全方位地“向外看”，以两洋战略向外拓殖，迅速跻身强国之林。西方近代化的历程说明，从某种意义上说，海洋比陆地在国家战略中所处的地位更为重要。

中国近代化的全过程都缺乏对上述国际海洋形势的清醒认识，因而不可能正确把握国家的命运。虽然海军近代化成就一度显赫，却仍旧是在“只见陆地、不见海洋”的低层次、不完全的国家战略的指导之下，

---

① 保罗·肯尼迪：《大国的兴衰：1500—2000 年的经济变迁与军事冲突》，王保存等译，求实出版社，1989，第 158 页。

② 转引自谢·格·戈尔什科夫：《国家海上威力》，房方译，解放军出版社，1985，第 5 页。

从而不可能导致国家经济政治的全面振兴。

第三，海权理论客观反映了海洋社会实践活动中的军事与经济、政治的必然联系及其反作用，揭示了海军战略在国家战略中的地位和作用。

海权起源于国家对海洋的利用及由此带来的对海洋的控制需求。在阶级社会中，国家海洋经济利益的争夺必将导致政治争斗，政治争斗最终必将诉诸战争。事实上，控制是利用的前提，没有有效的控制海洋的手段就没有对海洋的有效利用。在西方近代化的进程中，主要资本主义国家都致力于发展控制海洋的海军，他们的海军战略，从来都是与国家的政治战略、经济战略同步的。为了适应对外商品贸易和海外拓殖的需要，海军战略都是外向型的，进攻型的。在走向“自由王国”的海权理论指导下的海军战略，则更具备远洋进攻型的特色。这使海军成为名副其实的“孕育着新社会的旧社会的助产婆”。而中国在海军近代化的过程中，根本违背海权理论的本质，将一个为资本主义近代化服务、以海洋为舞台的开放型的军种用于口岸防御，为封建主义闭关自守的国家战略服务，使海军战略受到严重束缚和制约，不可能具有强大的战斗力和生命力，也不可能导致军事经济的良性循环，有效地反作用于国家的经济和政治，从而也就不可能成为中国近代化的先声。

中西海洋观之历史差异*

——兼论人类对海洋的辩证认识过程

海洋约占地球表面积的71%，具有连接陆地、资源丰富等社会经济属性。人类对海洋本质属性的认识称为海洋观。

中国的海洋观同西方国家的海洋观从产生之日起便存在着差异，这一差异在近代社会日益扩大，进入现代社会则逐渐趋同。

人类海洋观的产生与发展是一个辩证认识运动过程。分析中西海洋观之历史差异对国家兴衰产生的深刻影响，揭示其认识运动规律，对于正确定位中华民族的现代海洋观，指导海洋军事实践，是很有意义的。

一、中西海洋观历史差异之形成

海洋观赖以形成的源泉是人们的海洋实践活动，这一活动的原始推动力是人类的生存需求。当人们从海洋中获取“渔盐之利”和“舟楫之便”的时候，便对海洋的本质属性有了一定的认识，产生了朴素的海洋观。中国与西方海洋观的产生都同样经历了这一过程。

然而，不同民族的海洋实践活动是在不同的自然地理环境中进行

* 本文发表于《中国军事科学》1995 年第 3 期，第 105 页。

的，它规定和制约着人们对海洋的需求程度，规定和制约着人们物质生活的生产方式，从而也使人们对海洋的感觉与概念、判断与推理等思维过程发生差异。从文明初始阶段考察，位于欧亚大陆东端的中国，陆上生存空间广大，黄河横贯东西源远流长，大片冲击平原地沃田肥，加上气候湿润，雨量充沛，适于农耕，于是，“耕而食，织而衣”组成了中华民族农耕文明的基调，对海洋的关注自然减弱。相比较而言，地中海沿岸的西方国家陆上自然地理环境的特点却是多山而少平原，土地贫瘠，春夏季少雨干旱，不适于农耕。但地中海却是一个几乎与大洋隔断、没有潮汐的“内海”，星罗棋布的大小岛屿，如同海上“驿站”，被称为天然的“航海学校”。可以这样说，航海民族钟情于海洋，最初也是出于土地无法满足生存需求的“自然选择”。

马克思提出人类发展两类“富源”的理论非常深刻。他指出，“外界自然条件在经济上可以分为两大类：生活资料的自然富源，例如土壤的肥力，鱼产丰富的水等等；劳动资料的自然富源，如奔腾的瀑布、可以航行的河流，森林、金属、煤炭等等”。[①] 按照马克思的分类，陆地上的土壤和水属于第一类自然富源，而作为航行依托的海洋，则属于第二类自然富源。二者的区别是，第一类自然富源是自然形成的生活资料，人类对它的利用受自然经济规律的支配，导引农耕文明；而第二类自然富源却“形成社会分工的自然基础”，“促使他们自己的需要、能力、劳动资料和劳动方式趋于多样化，社会地控制自然力以便经济地加以利用”，[②] 从而受到商品经济规律的支配，导引了商业文明。毫无疑问，养育中华民族的第一类自然富源是得天独厚的，这种过于富饶的自

① 马克思：《资本论》第 1 卷，中共中央马克思恩格斯列宁斯大林著作编译局译，人民出版社，1975，第 560 页。

② 同上书，第 561 页。

然条件，牵引着中华民族的文明走向，使它离不开也不需要离开陆地去依恋属于第二类自然富源的海洋。相反，地中海，沿岸的西方国家由于得不到第一类自然富源，便去寻找新的富源。他们找到了海洋，并以“社会地控制”海洋的自然力为手段，以“经济地”利用海洋为目的，由此建立人与海洋的关系，人与人的关系，构成其独特的经济结构和民族性格。存在决定意识。中国、西方不同的社会存在决定二者对海洋和陆地的认识发生了根本差异：陆主海从，是中国人的观点，实践上表现为重农主义；海主陆从，是西方人的观点，实践上表现为重商主义。就海洋观来说，中国对海洋价值的评估远远低于西方，海洋实践的热情自然也远远低于西方。

中西海洋观的差异一旦形成，便会对各自的海洋实践施加影响，并按照一定的思维定式，不断强化各自海洋观的基本内涵。古代中西方对海洋的认识运动呈现了异向发展的趋向。

古希腊是西方海洋文明的代表，如上所述，它的陆上自然条件不适于发展农耕，所以竭力利用三面环海的半岛地理环境，发展海上贸易。据考证，公元前2500年左右，克里特岛的东部地区已是一个海上贸易中心。公元前750—前550年，古希腊已在地中海至黑海沿岸建立了大约250个商贸货栈。到了克利伯里时代，古希腊最大的城邦国家雅典已经成为一个最好的、最能生利的贸易地点，人们这里贩卖产品，进而贩卖生产产品的劳动力，发展奴隶制经济，使地中海的贸易航道日益成为关系其国家及民族生存的航线。为控制海上通道，古希腊海军应运而生。最初，海军被运用于保护本国商船的航行安全、驱逐海盗。继而，运用其征服外邦，扩大领地，进行争夺海上霸权的战争。公元前5—前4世纪，雅典等城邦国家建立了提洛同盟，以300艘三桅大桨战舰的实力与波斯争霸。其海军统帅地米斯托克利力促雅典发展海上优势，“他是第一个敢于对雅典人说，他们的将来是在海上的”。[1] 在波希战争中，希腊成功地使用海军战胜了波斯。之后，其殖民市场遍及地中海沿岸。古希腊著名的历史学家修昔底德这样总结道：在早期的希腊，商业的发展，出现了城市。航海技术逐渐改进，海上贸易因而发展起来了，海军成为保护商业、增加财富的有力工具。[2] 因此，人们有理由相信，荷马史诗记载的特洛伊之战，实质上是一场为了控制赫勒斯湾海峡（今达达尼尔海峡）进而控制黑海贸易的战争。[3] 古希腊的海洋实践已明确揭示了西方海洋观的基本内涵。

——海洋经济观：以海洋为通道不断开辟海外市场，进行商业贸易和奴隶贸易，满足国家经济需求，增值财富，积累商业资本。

——海洋政治观：借助强有力的国家机器争取海上霸权，“主宰海洋”，占领殖民地，充当宗主国。

——海洋军事观：以海军为海洋争霸的支柱，积极运用其控制海洋商业通道，进行开拓市场和殖民地的战争。

毋庸置疑，西方海洋观以强烈的经济需求为核心，形成了以外向型为基本特征的海洋经济观点，与之相适应的海洋政治观和海洋军事观，则分别以扩张型和进攻型为基本特征。古希腊是这样，古罗马是这样，其后兴起的葡萄牙、西班牙、荷兰和英国，皆无一例外。

中国的海洋文明并不晚于地中海沿岸的西方国家。宁波河姆渡文化遗址出土的船桨，经测定为公元前 4800 年之物；公元前 2000 年左右的殷商文化遗存的海贝、象牙、鲸鱼骨以及刻有文字的龟甲骨，经考证来

---

① 修昔底德：《伯罗奔尼撒战争史》，谢德风译，商务印书馆，1960，“译者序言”第 2—19 页（并参见第 1 卷第 1 章）。

② 修昔底德：《伯罗奔尼撒战争史》，谢德风译，商务印书馆，1960，第 75 页。

③ E. B. 波特：《海上实力》，马炳忠等译，海洋出版社，1990，第 3 页。

源于马来半岛，均可与克里特文化比美。“海道出师始作俑于春秋时”，[①] 吴齐海战，也比波希战争中的萨拉米斯海战早五年。与古罗马帝国同时期的秦汉盛世，海上丝绸之路已西至印度、斯里兰卡，东至日本、朝鲜。但是，中国的这些海洋实践活动，并不是中华文明的主流，海洋经济在整个社会经济生活中处于从属地位，遍览中国古代的经济政策和官方言论，涉及海洋的极少，像管仲的“官山海”，桑弘羊的“盐铁论”，以至于宋代以后的市舶司、勘合贸易的定制，等等，虽也曾对社会经济的发展起过一定作用，但总体上倡导官营、限制私营，又是重农抑商经济思想的一种折射。中华民族的海洋经济观是以内向型为基本特征的，它从属于以农为本的经济观，同时也决定了中华民族以海洋为天然屏障、求得自我完善的封闭型海洋政治观。中国古代虽然也有过征讨邻国的跨海军事行动，但并不具有西方开拓贸易市场的海洋经济观点，只是为了达到四海“宾服”“归顺”的政治目的。中国统治者基本没有海外扩张意识，只是企望“邦畿千里”“四海来假”，他们追求布恩信、怀远人的大国风度，而不屑于“喻于利”的小人之举。中国历史上只有藩属国而没有殖民地便是个证明。由于没有海外进攻的军事需求，又决定了中华民族海洋军事观的防守型取向。从春秋战国时的吴越齐水军，到汉代楼船军，直至明代水师，中国始终没有形成独立的海军军种，水军水师只是陆上军事力量的补充。从这个意义上说，明太祖的海防与秦始皇的长城有着同等的陆上边防性质。

综上所述，古代的中国和西方，虽然对海洋的辩证认识运动都还处在比较低级的阶段，但海洋观差异的形成却意味着两种思维定式的不可逆转，它造成的巨大历史惯性，决定了中西海洋观在相当长久的历史时

---

① （清）顾栋高：《春秋大事表》卷八下，中华书局，1993，第966页。

期内南辕北辙地异向发展，进而也规定了两种文明的必然走向。

二、中西海洋观历史差异之扩大

15 世纪以前，鉴于生产力低下，即使是西方的海洋实践活动，也是被限制在一定的区域里。从整体上说，人类对海洋社会经济属性的认识还是片面的、局部的、表象的，中西海洋观的差异在各个实践领域尤其是在航海科学技术领域里的影响并不大。所以，在 15 世纪世界海洋的舞台上，演示了两个同样伟大的历史活剧：在中国谓之郑和下西洋，在西方谓之哥伦布和达·伽马的地理大发现。然而，由于中西海洋观各自不同的规定性，这两个历史事件恰恰成了中西海洋观历史差异迅速扩大的起点。

1405 年（明永乐三年）郑和第一次下西洋，至 1433 年（宣德八年）总共进行了七次，航迹覆盖了东南亚、印度洋、红海和非洲东海岸的 37 个国家和地区。郑和下西洋是以国家军队支持的官方远洋活动，每次都有 2 万人以上，其中大半是军人，并携带了大量物品。明朝开国以后，为了防止倭寇对东南沿海的骚扰，从洪武初年便实行了民间禁海政策，禁止百姓私自下海，后又罢市舶司，禁造双桅以上大海船，使中国与周边国家的贸易活动受到致命打击，其中也包括官方朝贡活动。据《明史》记载，“洪武初，诸蕃贡使不绝”，而至 1397 年（洪武三十年）则出现了“诸蕃久缺贡”[①] 的现象。好大喜功的永乐皇帝继位后，“欲威制万方，遣使四出招徕”，[②] 郑和出使西洋便是其中的一个方向。所以，郑和宝船每到一处，皆以朝贡贸易的形式，少量纳贡，广为“恩

① 《明成祖实录》卷二十七。
② （清）张廷玉：《明史·列传》卷三百四。

施”，厚往薄来，尽显“君临万方”、好善布施的大国威风。这种仁政、礼治式的“招抚”行动，既无经济索取目的，又无政治征服所求，自然也不可能引起军事冲突。所以，郑和七下西洋，只发生过三次武力冲突事件，其中两次是自卫性的，一次则是应苏门答剌（即现在苏门答腊）国王之请的“伐无道”之战。就郑和下西洋的技术评估及其规模而论，中国此时是大大超前于西方的。但是，在中华民族传统海洋观的反作用力下，中国从此走入一个误区。郑和以后，远洋航海活动戛然而止，禁海政策日趋严厉，至16世纪中叶的嘉靖年间达到高潮。中国本来已奏响了历史新纪元的序曲，然因观念之差，与这个亘古难逢的历史机遇失之交臂。

1492年，由西班牙国王资助的哥伦布穿过大西洋，到达了被误认为印度的美洲新大陆；1497年，葡萄牙国王派出达·伽马绕过非洲到达了真正的印度。他们都在寻找“印度”，因为传说中的印度遍地都是黄金和贵如黄金的香料。毫无疑问，西方远洋航海的第一面旗帜是财富。哥伦布临行前与西班牙国王达成的协议中最重要的两条，一是委任他为发现和夺得的一切海岛和陆地的首席执政者；二是将所有掠夺财富中的1/10留给自己，9/10献给国王。而达·伽马当年便从印度带回了航海成本60倍的利润。此后，麦哲伦环球航行之所以得到西班牙政府不遗余力的支持，正是垂涎于葡萄牙在非洲和“东印度群岛”殖民活动的利益丰厚而急于开辟新航路和殖民地。继而，一个地理大发现的狂潮席卷西方。16世纪初，葡萄牙每年运回本土的黄金已占世界总产量的1/10。1510—1550年，西班牙跨越大西洋的贸易额增长了七倍，至16世纪末，世界贵重金属开采量的83%都归属西班牙。经济上的争夺导致势力范围上的矛盾，葡西两国为此龃龉不已。1494年，由罗马教皇出面仲裁，在佛得角以西370里加（1里加≈6公里）处划线，葡西两国由此各向东西，分割了海洋航行权和地理发现权。1529 年，针对麦哲伦环球航行带来的新的利益之争，罗马教皇再次干预，在摩鹿加群岛以东 17 度处划线，解决两国对“东印度群岛”的争夺问题。当然，更多的争端是靠他们自己运用海上军事力量去解决的。地理大发现刺激了军事需求，海军受到了特别的关注。因为对殖民地掠夺性的征服需要海军，与强国间的争霸需要海军。迅速发展的海军当然是进攻型的。达·伽马在航海日记及其报告中记述了他们的舰队如何冲杀和摧毁沿途的阿拉伯舰队，为自己开辟道路。麦哲伦本人就是在血腥的拓殖征战中被愤怒的当地人所杀。为了保护环球航路，西班牙建起了实力强大的“无敌舰队”，一度支撑了其强国地位。这样，在地理大发现的实践中，西方海洋观率先发生了质变，它不仅全面揭示了海洋是连接陆地的“流动的公路”这一社会经济属性，证实了地圆假说，而且认识了如何利用这一属性去增值财富的手段，并形成了一个公式，这就是：贸易—殖民地—海军。这是一次历史性的飞跃，它意味着人类开始全面利用海洋通道，意味着人类从此有了将陆地与海洋联系起来思考的世界意识，也意味着历史新纪元的揭幕。正如马克思所说，“美洲的发现，绕过非洲的航行，给新兴的资产阶级开辟了新的活动场所”“使一切国家的生产和消费都成为世界性的了”，[①] 而正是“世界贸易和世界市场在十六世纪揭开了资本的近代生活史”，[②] 导致了商品流通的加速，进而导致工业产品超过生产力水平的需求，导致现代化生产和现代化交通工具的需求，从而产生了大工业、工业资本等一系列经济结构的变革。从这个意义上说，是西方海洋观帮助西方人抓住了这个历史机遇。

---

① 马克思：《资本论》第 1 卷，中共中央马克思恩格斯列宁斯大林著作编译局译，人民出版社，1975，第 167 页。

② 中共中央马克思恩格斯列宁斯大林著作编译局编《马克思恩格斯选集》第 1 卷，人民出版社，1972，第 252 页。

17 世纪以后，中国、西方对海洋的辩证认识运动呈现为两个不同的层次：西方海洋观发生了飞跃，已将视野扩展到全球；而中国仍旧将认识限制在以海洋为疆界的“九州”之中。中西海洋观的差异明显扩大，这种扩大了的差异对实践反作用的力度也明显加大，从而在国家行为中形成强烈的反差。

1640 年，英国爆发了资产阶级革命。作为一个商业和工场手工业日趋集中的岛国，尤其需要世界市场和世界贸易，也当然倍加瞩目于海上通道的控制。针对这时荷兰正以 15,000 艘商船控制着世界 4/5 的海上运输量的海上霸权，英国政府首脑克伦威尔充分认识到海军在保护国家海洋利益中的重要作用，上台伊始便利用政府的力量建设一支专业化的海军，建造专门的军舰，培养专业化的海军军人及其统帅，改进管理和训练，研究海军战术的发展和变化。他开启了一个“海战比以往任何时候更频繁、海军武器的发展比以往任何时候更有效的时期”。[①] 与葡、西、荷等早期殖民主义国家相比，英国的海洋观理性程度更强，如果说前者是在循着“贸易—殖民地—海军”这一源于实践作用力产生的公式，以经济需求为牵引，顺序地施加影响的话，后者则打破了这种顺序，能动地运用理性认识的反作用力，演化出又一个公式，这就是“海军—殖民地—贸易”，它以军事需求为牵引力，运用国家政权力量，利用工业资本的优势，大力发展海军，拓展殖民地，扩大贸易，然后再用增殖的资本进一步加强军事实力，由此形成了一个不断循环的实力增殖“三角”。1651 年，英国国会颁布了针对荷兰海上垄断贸易的《航海条例》，连续挑起了三次英荷战争，运用专业化的海军连败“海上马车夫”。18 世纪中叶，在英法互为主要对手的“七年战争”中，英国制订

① 中共中央马克思恩格斯列宁斯大林著作编译局编《马克思恩格斯选集》第 4 卷，人民出版社，1972，第 383—384 页。

了著名的“皮特计划”，“以建立并巩固一个世界帝国”为目标，不在欧洲大陆与法国决战，而利用海军优势在北美、西印度和加勒比海的法国殖民地进行外线作战。这一跨大洋的“围魏救赵”之举，第一个具有了以世界为整体筹划战争的战略意识，并以全胜的战绩说明，“海军优势在世界性战争中，具有向各地扩张的、不可抗拒的威力”。[①] 此后，英国积极运用工业革命的成果改进武器装备，战舰装备侧舷炮，使用蒸汽动力，并因此改变战术技术，建起世界一流的海军。英国在 19 世纪彻底击败了法国，占领了大于本土 100 多倍的海外殖民地，成为称霸世界的“日不落帝国”。

与这一时期汹涌澎湃的西方海洋大潮相反，中国的海岸线却显得非常沉寂。明嘉靖年间，对“迎贩私货”“交结番夷”“代番夷收买禁物”“揽造违式海船”等与海上贸易有关的事务“严定律例”，[②] 违法者“枭首示众，全家发边卫充军”。[③] 严厉的禁海政策措施不仅进一步严禁民间海上贸易，还导致官方贸易萎缩，以至于泛海东来的西班牙、葡萄牙、荷兰乃至英国殖民主义的商船，无一例外地被拒之门外。清王朝立国后，承袭明制禁海，甚至数颁迁海令，强令闽、粤、苏、浙沿海居民内迁 30—50 里。雍正五年的“上谕”这样说，“四民之业，士之外农为最贵，凡士工商贾，皆赖食于农，以故农为天下之本务，而工贾皆其末也”。[④] 1793 年，乾隆皇帝在答复英王乔治三世的敕书中声称，“天朝物产丰盈，无所不有，原不藉外夷货物以通有无”。[⑤] 可以这样说，中国人对海洋作用的认识，一开始就产生了错觉，形成了重陆轻海

① E. B. 波特：《海上实力》，马炳忠等译，海洋出版社，1990，第 63 页。
② 《明世宗实录》卷三十八。
③ 《皇朝世法录》卷七十五。
④ 《清实录》（雍正朝）卷五十七。
⑤ 《大清高宗纯皇帝实录》卷一四三五。

的偏识。这一偏识又不断进行着重农抑商的误导，沿着这样一个错误的思维逻辑越走越远。它严重地限制了中国人的眼界，使统治者们对世界的认识歪曲、片面，毫无根据地妄自尊大。更可悲的是，借助于日益巩固、完善的封建国家体制的干预，中华民族海洋观的内向、封闭、防守的特征不断得到强化。清朝初年，清政府为水师所订的明确职责为“防守海口，缉私捕盗”，“巡哨洋面，捍卫海疆”，[①] 其实质性的任务是禁止沿海洋面上中外的贸易走私活动。执行这种任务，只要求战船灵活便捷，于是下令沿海战船“一律改小”。至 19 世纪的鸦片战争前，中国的海洋经略能力不但远不能与西方相比，即使比较郑和时代亦不可同日而语。有统计说，1820 年，中国驶往东南亚的远航帆船只有 295 只，而且限制用双桅，载重不超过 500 石。[②] 清朝水师的战船也“仅能就近海巡查，不能放洋远出”。[③] 19 世纪中叶，当英国的坚船利炮出现在中国的海岸线时，在面对面的较量中，中国人看到了中西武器装备的巨大差异，战术技术的巨大差异，海军实力的巨大差异，却很少认识到这一切归根于肉眼所看不到的海洋观的巨大差异。

的确，作为劳动资料类富源的海洋，不像生活资料类富源的土地“春种一粒粟，秋收万颗籽”那样容易被认识，其社会经济属性的揭示需要社会条件。因为海洋连接陆地这一客观事实本身并不直接创造价值，须以商品流通和海洋交通工具为桥梁、在商品经济规律的作用下实现价值和价值增值。这是一个包含社会基本矛盾运动方方面面的复杂的历史过程，人们对它的认识自然不可能轻易参透。尤其对于中国这样一个以农为本，并背负着传统观念沉重包袱的国家来说，要进行海洋观的

① 《皇朝续文献通考》兵考。

② 田汝康：《中国帆船贸易与对外关系论集》，浙江人民出版社，1987，第 28 页。

③ 《皇朝续文献通考》兵考。

彻底转型更是困难的。况且，鸦片战争后，中国被西方以暴力纳入世界体系，客观上已完全不具备主动进军海洋的条件。即令是一些开通人士的开眼看世界，也只能是在一次又一次的被动挨打中，通过认识西方而重新认识自己，折射式地去调整海洋观。所以中国在海洋面前思想之困惑、步履之蹒跚是难以避免的。而此时西方已有了近代300年海洋实践成功经验之厚积和不断强化的海洋观念之厚积，进入了理论升华阶段。这一时期，中西海洋观的差异进一步扩大。

1890年，美国人A. T. 马汉出版了他的成名之作《海权对历史的影响（1660—1783）》，1892年和1905年又先后出版了《海权对法国革命与法兰西帝国的影响（1793—1812）》和《海权与1812年战争的关系》，1911年又出版了《海军战略》。在这些著述中，马汉从16世纪以来西方国家丰富的海洋实践出发，抽象出“海权”这个概念，建立了海权理论。他发现，“控制海洋是有历史意义的因素，而这是前人未曾理解和阐述过的”。[①] 马汉定义的海权，不仅包括以武力控制海洋之海军，也包括平时商业和航运，其核心是国家运用海上力量（主要是海军）控制海洋。他认为，海权起源于商业贸易，产生于保护航运和殖民地占领的国家海洋支配力量的需求，而这样的支配力量只能产生于海军。因此，“海军战争中的首要使命是控制海上交通区域……在与另一个拥有主力舰组成的强大舰队的海军强国发生冲突中，只有以自己更强大的舰队消灭或压制敌人舰队才能取得这样的控制权”。[②] 他强调，“在战争的全局方面，海军一直是一个非常重要的也许是最重要战略因素”。[③] 他还从地理位置、结构、领土范围、人口数量、民族特性、政

---

① E. B. 波特：《海上实力》，马炳忠等译，海洋出版社，1990，第336页。

② 同上书，第337页。

③ A. T. Mahan, *The Influence of Sea Power upon History* (*1660-1783*) (Boston: Little, Brown and Company, 1918), p. 22. 参见罗伯特·西格：《马汉》，刘学成等译，解放军出版社，1989，第545页。

府性质六个方面论述了影响国家海权发展的因素，认为，美国拥有成为全球性强国所需要的一切历史因素，美国政府只要提供领导、意志和能力去控制海洋，就能实现这个目标。这一理论直接影响了日后美国的国家政策，并且收到立竿见影的成效。到第一次世界大战前，美国的国民收入和人均收入均达到世界第一位，崛起为新兴的一流强国。马汉的海权理论，反映了在资本主义走向帝国主义的时代一些西方国家争夺海上霸权的思想，但也有“合理内核”。其一，它揭示了以商品经济为特征的海洋经济活动对生产力的发展、对国家兴衰的影响，也从一个侧面揭示了资本主义产生和发展的一般过程及其规律。其二，它揭示了当海洋不再成为阻隔而将世界联成一气的时候，国家要强盛，应当有着眼于全球的战略考虑，有包括陆地和海洋，集政治、经济、军事为一体的国家战略。其三，它反映了人类在海洋实践活动的一定阶段，军事与经济、政治之间的必然联系，揭示了利用海洋与控制海洋的辩证关系以及海军在其中的重要作用。海权理论将西方海洋观推向了一个更高的阶段。

19 世纪 90 年代，中国已经进行了 30 年的洋务运动，通过购、造海军舰船，建设了一支远东居首的近代化的海军，并一度制衡着远东局势。从表象上看，中国人的海洋观，至少是海洋军事观较先前有了大的进步。但是，清政府建设海军，只是为了军事“自强”，运用海军的基点是“斤斤自守”。对清政府制定政策有着决定性影响的李鸿章，说过一句影响很大的话：“我之造船本无驰骋域外之意，不过以守疆土，保和局而已。”[①] 北洋海军成军后，尽管清政府认识到“以之攻人尚不足”，但仍以“自守有余”而停止了海军发展。即使“自守”，也并非

① （清）李鸿章：《李文忠公全书·奏稿》卷十九，第 47 页。

以战为守，而仅寄希望于“作猛虎在山之势”。[①] 究其海洋观的本质，显然未脱旧窠。这样的一支海军在甲午战争中被高度西化的日本海军所打败，实不足为怪。当时的日本，不仅重蹈了西方实施海洋扩张迅速崛起的覆辙，而且敏感地捕捉到西方海洋观发展的最新代表——马汉的海权理论作指导。从这个角度而论，甲午中国战败及其此后半殖民地半封建化的进一步加深是中华民族千百年来传统海洋观的积弊所致，恐怕不算过分。

总而言之，近代中西海洋观差异的扩大，对西方的崛起和中国的衰落影响是深刻的。

三、中西海洋观差异之缩小及其新差异的思考

毛泽东在《矛盾论》中指出，人类的思维过程是不可能避免矛盾和差异的，这是因为人们的认识要受到各种“外部”客观条件的局限以及“内部”主观认识能力的局限。但是，就任何一个认识的全过程而言，人们的认识终究要受到认识客体内在规律的制约。因而，在一定阶段认识上的矛盾和差异，归根结底可以在人类“世代无穷的”“连续系列的”认识运动中解决。中国与西方海洋观的差异是历史性的，而海洋的本质属性和内在规律是客观存在的。人类对海洋的认识，或迟或早，或取捷径或走弯路，最终总要客观地走到一个大的方向上来，从而出现认识上的趋同。应当指出的是，中西海洋观差异之缩小是一个辩证否定的过程，它包括中西方之间碰撞、冲突、磨合的相互否定和中西方在各自实践中总结经验的自我否定。

① （清）李鸿章：“覆奏海军统将折”（光绪二十年七月二十九日），《李文忠公全书·奏稿》卷七十八，第53页。

20世纪以来，全球范围内连续发生了两次世界大战，海军以超常的速度发展，并在战争中尽显风流。这种竭力扩充海军实力并诉诸世界性战争，通过海洋争夺陆地，继而争霸世界的观念，从一个方面把马汉的海权理论推向了极端。战后，老牌的西方资本主义国家都元气大伤，新崛起的美国成为西方资本主义阵营的主要代表。就西方海洋观来说，两次世界大战中风行的海洋政治观和军事观，不仅为爱好和平、反对侵略扩张的世界人民所唾弃，也由参与战争的大部分西方国家做了不同程度的自我否定。战后联合国作为世界权威性的制衡机构的出现就是一证。世界进入现代社会，陆地上的角逐相对减弱，海洋争夺却在日益升温。原因是战后世界各国地理版图相对稳定，各民族、各地区相互依存的整体性更强，对海洋通道的依赖性更强。与此同时，受西方寻找新的发展空间需求的牵引，海洋本质上具有丰富资源的社会属性被越来越充分地揭示出来。1945年9月28日，美国总统杜鲁门发表了《美国关于大陆架底土和海床自然资源政策宣言》（简称《大陆架公告》），率先宣布“连接美国海岸、处于公海之下的大陆架底土和海床的自然资源归属于美国，并受其管辖和控制”，它标志着西方海洋观进入了一个新阶段，反映西方对海洋本质属性认识的新拓展。此后，对海洋本身的开发利用成为世界潮流。

第二次世界大战以后，中国也发生了翻天覆地的变化。中华人民共和国的成立，开创了中国历史的新纪元。为了反对帝国主义的侵略，毛泽东在新中国成立伊始就确立了“一定要建立强大的海军”的目标，新中国开始重新筹划海洋事业、海防事业。虽然，由于传统观念的惯性和面对帝国主义的封锁、扼制等因素，中华民族的海洋观还不可能立即从根本上改变，但历史毕竟掀开了新的一页。20世纪80年代后，在邓小平改革开放方针的指引下，中国人冲破思想禁锢，走向海洋，面向世界。中华民族终于能够遵循海洋本身的客观规律性，辩证地否定了自己海洋观中传统的落后的东西，在对海洋社会经济属性的认识方面，对海洋与国家经济、政治和军事相互关系的认识方面有了巨大的进步。就海洋经济观来说，中国正在逐步增强双向利用海洋的意识，即不仅利用海洋通道扩大世界性的商品流通、贸易交往，参与国际经济循环，而且逐步扩大海洋资源的开发利用；就海洋政治观来说，中国亦具有了以国际战略格局为背景，将陆地与海洋安全环境综合考虑的国家战略意识，以包括《联合国海洋法公约》在内的国际法为依据的“海洋国土”意识明显加强；就海洋军事观来说，树立了维护国家海洋安全环境和海洋权益的观念，贯彻积极防御的作战思想，加强了海军现代化建设。事实表明，中西海洋观的历史差异在缩小。

然而，事物对立统一的基本法则告诉我们，中西海洋观的趋同是相对的，差异则是绝对的。今天，中西海洋观之差异仍是多方面的。例如，对扩张型的海洋政治观，西方一些大国仍变相地坚持和发展，中国则坚决反对；西方一些大国的海洋军事观，是进攻型的，而中国的海洋军事观则以积极的近海防御为基本原则；就海洋经济观而言，中西方也不完全相同。中西方海洋观的这种差异，已不再证明不同民族对海洋认识的先进与落后，而主要是反映中西方在社会性质、国家政策和军事战略上的本质区别。按照认识的螺旋形上升规律，中西海洋观的历史差异已成为过去，现存的差异有其新内容，新的差异在更高的阶段上开始了新的认识运动。就某一阶段认识的两个过程而言，认识差异缩小或“趋同”代表着“从特殊到一般”的认识过程，而新的差异则代表着“从一般到特殊”的又一个过程。对于中华民族，如果说前一个认识和弥合差异的过程已经基本完成了的话，那么今后一个阶段的主要任务应当是：理性地、自觉地、科学地驾驭差异，创造新的观念和理论。

这里，十分重要的问题是如何把握中国特色，正确定位中华民族的现代海洋观。马克思主义告诉我们："历史不外是各个世代的依次交替。""历史的每一阶段都遇到有一定的物质结果、一定数量的生产力总和，人和自然以及人与人之间在历史上形成的关系，都遇到有前一代传给后一代的大量生产力、资金和环境，尽管一方面这些生产力、资金和环境为新一代所改变，但另一方面，它们也预先规定新的一代的生活条件，使它得到一定的发展和具有特殊的性质。"[①] 讲特色就不能回避传统。基于不同社会存在的传统的遗传力，是不同民族海洋观必然趋异的源泉，因而也是特色之所在。正确定位中华民族的海洋观，首先要认识传统。用辩证的发展的眼光看：西方传统的海洋观并不都是精华，中国传统的海洋观也并非全是糟粕。比如，中国海洋政治观和军事观中的非战原则、道义原则，将来未必不会被世界认同。正确定位中华民族的海洋观，还必须正视传统可能导致的两种发展取向。一是"走回去"，二是"走出来"。前者意味着传统的简单回归，后者则是在发展基础上对传统的升华，它意味着对西方海洋理论"扬弃"性的借鉴，对自身遗传瑕疵的科学性"变异"。中华民族海洋观的中国特色，不应是传统的中国特色，而是具有"科学遗传"和"科学变异"活力的中国特色。中华民族的现代海洋观将是理性地创造出与其他民族有差异的，而且是有科学差异的思想理论体系。坚冰已经打破，航道已经开辟。一个科学的中华民族的现代海洋观，必将引导我们驶向21世纪的海洋。

---

① 中共中央马克思恩格斯列宁斯大林著作编译局编《马克思恩格斯选集》第1卷，人民出版社，1972，第51、第43页。

亚太地区
海上军事安全合作的兴起及其影响*

世纪之交，亚太地区以对话合作为基本特征的新安全观念和新安全方式正在形成，海上安全合作呈异军突起之势，并向海上军事安全合作领域渗透，成为大国关系调整中引人注目的手段之一，并且有可能成为21世纪海上安全环境的主导因素。

海上军事安全合作属于军事外交范畴，它拓展了和平时期海军运用的领域，在未来实现国家安全战略目标方面将发挥不可替代的特殊作用。

面向21世纪，海上军事安全合作将给中国海军带来新的挑战和机遇，应当确立其应有的战略地位。

一、亚太地区海上安全环境的特点和发展趋势

世纪之交，亚太地区海上安全环境正在发生重要变化。传统安全观尚没有退出历史舞台，但新安全观和安全方式正在形成，地区海上军事安全合作显示出蓬勃发展的大趋势。

---

* 本文发表于《中国军事科学》1998年第3期，第104页。

（一）特点

亚太地区海上安全环境具有两面性特点。

其一，冷战时期依赖武力与武力威胁的传统安全观念和以美国主导的双边军事同盟为基础的安全方式仍在发展。冷战后，美国成为世界上唯一的超级大国，其依赖武力和武力威胁的传统安全观念依旧。在亚太地区美国保持着强大的前沿存在，并继续加强双边军事同盟。1996 年 4 月，美日发表《安全保障联合宣言》，1997 年 9 月，新的《日美防卫合作指针》问世，将美日军事同盟发展到一个新的阶段；1996 年 6 月，美澳发表《悉尼宣言》，重申美澳军事同盟的地位和作用；1995 年和 1996 年，美韩先后两次修改 20 世纪 70 年代的作战计划，强调攻势概念；1996 年 5 月，美国与菲律宾针对南海问题，在旧的《美菲共同防御条约》基础上制订了应急计划。同时，美国还与新、马、泰、印尼等东盟国家签署双边协议，取得某些军事基地设施的使用权和准入权，弥补失去菲律宾海空军事基地的缺憾。有统计说，冷战后美国每年在亚太地区的各种军事演习都有几十次甚至上百次，其中与盟国和东南亚国家的联合军事演习占相当比例，以显示军事存在，且明显增加了以干涉中国“武力攻台”和南海冲突为背景的演习。在冷战思维的影响下，亚太地区原有的海上热点问题仍旧存在，有些热点问题还在发展。由此带来的海军“逆裁军”现象特别突出。这些都构成了亚太地区海上安全环境的一个方面。

其二，以对话合作为基本特征的新安全观念和新安全方式正在形成，海上军事安全合作已经启动。亚太地区具有大国密集和利益交汇的特点，20 世纪 90 年代中期以来逐步形成中、美、俄、日和东盟五大有影响的力量。1994 年东盟地区论坛（ASEAN Regional Forum，ARF）成立，至 1998 年已发展到 21 个成员，除东盟国家外，包括中国、俄罗斯、日本、韩国、美国、加拿大、澳大利亚等亚太地区主要国家以及欧盟，几乎包括了昔日所有的“盟友”和“敌手”，成为亚太地区唯一就安全问题进行多边对话的官方论坛，代表了亚太地区出现的“通过对话增进相互信任，通过合作谋求共同安全”的新型安全观。当今亚太地区，各种双边和多边、官方和半官方乃至民间的安全对话极其活跃，每年达百次之多。它说明，亚太国家正在探索培育一种经济、政治、军事、外交相互促进的新的安全方式。

（二）发展趋势

在上述大背景下，亚太地区的海上安全合作呈现异军突起之势。20 世纪 90 年代后，亚太地区多边讨论海上安全合作问题的论坛日益增加、活动机制化，除东盟地区论坛外，官方论坛还有西太平洋海军论坛（Western Pacific Naval Symposium，WPNS），非官方论坛包括亚太圆桌会议（Asia-Pacific Roundtable）、东北亚合作对话会议（North-East Asia Cooperation Dialogue，NEACD）、亚太安全合作理事会（Council for Security Cooperation in the Asia Pacific，CSCAP）等，都涉及或提出了多边海上合作及海军合作的问题。随着军事外交地位的提高，双边海上军事安全对话与合作亦成为大国关系调整的手段之一。1994 年，中国与俄罗斯签署的《中俄关于预防危险军事活动的协定》，涉及并规范了相关海上安全问题的处置规则，成为中俄建立信任措施的一部分。1996 年，美俄在日本海开启了以“海上合作”命名的联合搜救演习，俄日实现了军舰互访，这些在双方国家关系改善方面起着重要作用。1997 年，中国海军舰艇出访美国本土，中美通过对话谈判顺利解决了香港回归后美舰继续进泊的问题。1998 年，《中华人民共和国国防部与美利坚合众国国防部关于建立加强海上军事安全磋商机制的协定》（简称《中美关于建立加强海上军事安全磋商机制的协定》签署。这些都是纳入中美双方国家外交战略大局的重要举措，格外引世人注目。

1994 年以来，亚太地区大国纷纷建立了各种伙伴关系：1994 年，俄美建立"战略伙伴关系"；1996 年，中俄建立"战略协作伙伴关系"；1997 年，中美建立"建设性战略伙伴关系"，俄日建立"相互信任伙伴关系"并宣布 2000 年前缔结和平条约。1997 年，东盟国家与中国开始举办领导人会议，接着又扩大到东盟与中、日、韩领导人会议，标志着东亚国家多边合作关系的新阶段。很显然，站在 21 世纪的门槛上，各国都在进行适应世界大势的战略调整，新旧安全观念和安全方式交替作用，你中有我，我中有你，相互斗争，尚没有绝对的胜负。但两相比较，尽管以军事同盟为基础的旧安全观念和安全方式仍在发展，地区热点和军备竞赛犹存，但发展势头明显受阻。1997 年，美日新的《防卫合作指针》一问世，立即遭到中国和亚太发展中国家的强烈谴责。美国从 1993 年发起东北亚合作对话会议，并企图以其"新太平洋共同体"构想，制衡与东盟国家主导的东盟地区论坛，然而经营数年收效甚微。面向 21 世纪，亚太地区安全对话与合作的形势还将继续发展，也必将对海上安全环境产生更为深刻的影响。究其原因：一是和平发展成为跨世纪的主流之势不会改变，加速发展的经济全球化，持续增长的全球贸易，日新月异的技术革命，使亚太各国在经济上的共同利益增加，相互依存度增强，特别是依靠海上交通、海洋资源发展经济的需求日益增长，谋求和平稳定的海上安全环境已是濒海国家的共同目标；二是多极化发展，一国主宰世界或地区事务已经没有可能，合作是必然的选择；三是战争已经不是解决争端的唯一手段，谋求对话与合作替代战争解决问题是可能的选择。

可以预见，未来海上军事安全合作前景广阔，并且有可能成为 21 世纪海上安全环境改善的一个主导性因素。

二、海上军事安全合作的渊源和本质特性

海上军事安全合作起源于冷战时期。20 世纪 90 年代中期以后，海上军事安全合作日益具有战略合作和军事外交特性，也是和平时期国家海上军事力量运用的一种特殊方式。

（一）渊源

现代意义的安全合作概念正式出现当指 1966 年 7 月华约组织政治协商会议宣言提出建立欧洲安全与合作会议建议的表述。其安全是指国家安全，合作是指军事合作。它有别于军事同盟，是国家间（包括朋友和敌手）从利益交汇点出发，通过建立双边或多边安全机制，在一定军事领域内达成协定或默契，从而实现共同安全的一种方式。

从渊源上考察，海上军事安全合作经历了三个发展阶段。

1962 年古巴导弹危机事件后，由美苏冷战和对抗引起的一系列海上事件使双方都产生了迫切的海上安全需求并开始谋求合作。美苏 1963 年达成《美利坚合众国政府与苏维埃社会主义共和国联盟政府关于建立直接通信联系的备忘录》（又简称“热线协定”）。1968 年双方开始进行海上协定的谈判，1972 年 5 月 25 日签署了《美利坚合众国政府与苏维埃社会主义共和国联盟政府关于防止公海及其上空意外事故的协定》（以下简称 1972 年《美苏关于防止海上意外事故的协定》），这是世界上第一个具有海上安全合作性质的协定，亦成为一个有相当影响力的海上安全模式，西方学者将这 10 年称为海上安全合作或海上建立

信任措施的“先导”。1989 年 6 月 12 日，美国与苏联进一步签署了《美利坚合众国政府与苏维埃社会主义共和国联盟政府关于预防危险军事活动的协定》（以下简称 1989 年《美苏关于预防危险军事活动的协定》），协定亦包括了规范双方海上军事活动的内容。这两个协定在海上安全问题上对国际社会产生了深远的影响。

1972 年 5 月，美苏就召开欧安会问题达成协议，欧洲安全合作正式启动。从 1975 年《赫尔辛基最后文件》开始，经 1986 年《斯德哥尔摩文件》和 20 世纪 90 年代初的两个《维也纳文件》，创立并逐步完善了欧安会模式，其典型的运作方式是在军事领域建立信任措施。欧安会关注的安全范围主要在陆上，但该模式对海上安全合作影响至深。在 20 世纪 80 年代后，海上安全合作问题受到了联合国的重视，从 1986 年开始，联合国裁军委员会每年就“统一关于海军军备和裁军的共同协议为目标”进行一次磋商。1990 年，在该委员会的倡导下，连续两次召开由 19 个国家参加的“关于在海上建立信任措施问题”的专家研讨会，讨论了海上建立信任措施的作用和目的、海洋法、海洋管理、海军兵力、可能的多边信任措施等广泛议题。它标志着国际社会从理论与实践上全面探索海上安全合作问题进程的启动。

20 世纪 90 年代中期以后，随着东盟地区论坛多边安全对话与合作的发展，海上安全合作扩大到政治、经济、军事、外交等各个领域，其中的海上军事安全合作基本仍以建立信任措施为核心内容，但合作领域已较前延伸，突出的特点是作为国家军事外交手段的运用。

上述三个渊源构成了世纪之交各种多边和双边海上军事安全合作理论和实践（包括建议）的基本内容。

其一，以 1972 年《美苏关于防止海上意外事故的协定》和 1989 年《美苏关于预防危险军事活动的协定》的模式为蓝本，在海上航行（飞行）的舰（机）安全问题上进行合作。主要包括：确定保证海上航行安全应遵循的国际法律、法规；建立舰机海上通信程序；避免海上危险军事行动，如，不用枪炮、导弹、鱼雷相互瞄准，不搞模拟攻击，不对驾驶台使用探照灯、激光等；商定发生海上意外事故的处置程序等。1986—1989 年，英国、法国、联邦德国、加拿大、意大利等国效仿 1972 年《美苏关于防止海上意外事故的协定》与苏联先后签署了内容相似的协定，1994 年俄日、俄韩也签署了这类协定。中国与俄罗斯签署的《中俄关于预防危险军事活动的协定》，则效仿了 1989 年《美苏关于预防危险军事活动的协定》的模式。

其二，嫁接欧安会模式，建立海上信任措施。主要包括：重大军事演习的通报和派观察员参观；提前通报主要的海军活动；交换武装力量和预算的军事情报；海上军备透明，武器登记；确定防止冲突，危机管理与和平解决争端的措施等。西太平洋海军论坛、美国与其亚太诸盟国提出的合作建议大都有此模式的影子。

其三，在兼容并包括上述内容的基础上，进一步扩大合作范围，如：海上搜寻救助和抢险救灾；反海盗、反走私；与海上军事安全有关的情报信息交换（海洋环境、水文气象、航道、海图等）；代表团互访和军舰互访；海军院校交流和海军军官培训；有关国防政策、战略思想、海上军事行动法等问题的研讨；建立共同的海上军事行动准则；建立海上军事安全磋商以及预防冲突的机制等。这些突出反映在近几年东盟地区论坛的诸多建议中。

（二）本质特性

其一，战略合作性质。海上军事安全合作起源于濒海国家的海上安全需求，它是国家在对整个国际形势进行战略判断和自身安全需求评估基础上的一种战略选择，因而是国家安全战略的一部分。合作双方或多方不论敌友，只要有战略需求，都可以合作。截至 1997 年，欧安会包括了欧洲 53 个成员（包括美国）；东盟地区论坛包括了亚太地区 21 个成员（包括欧盟）；西太平洋海军论坛也有 17 个国家，都包括昔日的朋友和敌手。面向 21 世纪，濒海国家的海上安全需求已经成为国家整个安全需求中的重要部分（或许是最重要的部分），在大国“战略伙伴热”的背景下，海上军事安全合作的战略合作特性表现更为突出。俄日实现军舰互访，美俄进行海上联合搜救演习，美国向中国提出“海上军事合作”的要求，都是例证。

其二，军事外交性质。海上军事安全合作是一个特殊的安全领域，其特殊性在于海洋作为交通要道的全球连通性质、海军所具有的国际性军种性质及其海上活动的机动性质。就现已开辟和正在酝酿开辟的海上安全合作的具体领域来看，主要关注点是在海上活动的海军舰艇、飞机的安全，同时注重运用海军加强国际交往活动。在和平时期，在现代社会，海上军事活动服务于国家经济政治外交利益和政策的职能越来越突出，未来海上军事安全合作的军事外交性质也将日益突出。以 20 世纪 90 年代中期以来的军舰互访为例，无论是中美、中国与东盟国家以及俄日之间，还是多国海军参加俄罗斯、印度尼西亚等国的海军纪念日活动，虽还不能说已经达成了海上军事安全合作，但交往中的合作姿态是肯定的，改善海上安全环境的目标是明确的，且这些活动都是出于国家的外交战略谋划，海军高层互访更是典型的军事外交活动。

其三，战略运用手段。如果以海军战略目标、兵力建设和兵力运用为海军战略的“三要素”，那么，海上军事安全合作属于海军兵力运用要素。它根据国家的海上安全需求，通过军事外交途径，采取海军对话、合作、相互交往等形式，或传递一种和平信息，或传递一种威慑信息，这种信息传递不仅作用于合作方，而且可能在更大范围内发生作用，从而实现国家安全战略的目标。它是和平时期海军战略运用的一种特殊手段，正在显示出其他手段所无法替代的优势。

三、亚太地区海上军事安全合作的影响

面向 21 世纪，亚太地区海上军事安全合作的大趋势不可逆转。这既使中国面临前所未有的挑战，也给中国创造了新的发展机遇。

（一）海上军事安全合作发展态势使中国面临新的挑战

美国奉行全球战略，在亚太地区有着强大的前沿存在。一方面，作为前沿存在的形式，美舰、机常年在中国近海活动，每年进入香港休整的舰船也在 50—70 艘次；另一方面，美国实施对华“接触”政策，积极与中国谋求海上军事安全合作，以弥补其安全构架的不足。与此同时，美国及其盟国主导的东北亚合作对话会议、西太平洋海军论坛，则突出了军备透明、联合军事演习、海上防事故以及多边海军合作等问题，甚至已经在美国国际海上力量研讨会上提出多边的《海上军事行动》条令草案，希图建立并主导亚太未来的海上军事安全合作的框架。

东盟国家主导的东盟地区论坛近年来发展也很迅速，并在积极推动多边海上安全合作进程，这也给中国海上安全环境带来一些新的需要考虑的因素。

（二）海上军事安全合作发展态势为中国维护海上安全利益创造了机遇

应当看到，21 世纪将是一个更加开放的国际社会，海上安全合作

已是大势所趋，只有参与其中，才能更好地维护国家的海上安全利益。参与海上军事安全合作，中国面临重大挑战，但同时也带来良好机遇。

世纪之交，新的世界政治经济秩序正在调整建立之中，多极化战略格局尚未最后定位，各种安全观既有相互斗争的一面，也有相互融合的一面。在亚太地区，东盟国家原来的集体安全正在向更大范围的共同安全、合作安全的方向发展；美国在坚持同盟安全的同时，也在谋求与中、俄等非同盟大国的双边军事安全合作，并谋求在多边安全合作领域发挥主导作用。而改革开放后中国的国际地位越来越高，又是新安全观的倡导者，应当说在安全合作问题上显示着有利的战略态势，并可以通过这一途径在国际舞台上发挥应有的作用，这也给海上安全合作、包括海上军事安全合作提供了广阔的发展空间和机遇。

党的十五大和九届人大进一步确立了中国经济发展的战略目标。21世纪，发展经济是中国的中心任务，发展经济有赖于海洋，发展经济需要一个长期稳定的周边海上安全环境。1994 年，钱其琛副总理在首次东盟地区论坛外长会议上就阐述了中国对亚太地区安全的三个基本目标：一是中国自身的稳定与繁荣；二是本地区的持久和平与安定的环境；三是在相互尊重和平等的基础上与各国开展对话与合作。在未来世纪，中国维护和平与发展的政策不会改变，国家安全战略的基本要求不会改变，军事外交的地位将进一步提高，海军发挥军种优势，将会为改善国家海上安全环境作出更大贡献。

四、结语

临近世纪之交，新的安全观念在光大，中国通过与印度、俄罗斯及中亚五国签署边界相互信任措施条约，使陆上安全形势得到明显改善，而周边的海洋安全形势仍有许多复杂因素，加强海上安全合作将是必要的战略选择。

古今中外，兵力运用历来有“伐兵”和“伐交”两手。面对 21 世纪的国际战略环境和亚太海上战略环境，“伐兵”固然不会消亡，但“伐交”的作用同样不可低估。海上军事安全合作是一种国际性的合作，是和平时期海上军事斗争的一种特殊形式，它必将要求提高中国海军在国际海域的活动能力，要求军事斗争准备更具国际化、现代化内涵。因此，海上军事安全合作应在海军战略理论中占有一席之地。

关于中国军事外交的理论探讨*

军事和外交同为历史范畴，两者与国家的产生和发展同生共长；军事和外交又同属政治范畴，它们是国家推行对外政策的两个非常重要的手段。一般说来，军事以暴力为基本特征，外交则以和平为主要特征，但二者往往相互融合、渗透，相辅相成，由此孕育了军事外交的生长。第二次世界大战后，特别是冷战以后，军事外交成为国际政治中的一个重要领域，但还没有形成一个相对独立的理论范畴。

但凡理论建树，实践是源泉，需求是动力。中华人民共和国成立以来，中国已经创造了丰富的军事外交实践；而 21 世纪中国的和平崛起，要求军事外交发挥更大作用。可以说，当前中国的军事外交实践和理论需求，已经在呼唤中国特色的军事外交理论，为此本文试图做一点探讨。

一、军事、外交与军事外交

军事与外交原本是两个不同领域、各自独立的社会科学概念。外交是“以主权国家为主体，通过正式代表国家的机构与人员的官方行为，

---

* 本文发表于《中国军事科学》2004 年第 3 期，第 27 页。

使用交涉、谈判和其他和平方式对外行使主权，处理国家关系和参与国际事务”。[①] 1997 年版《中国人民解放军军语》对军事这一概念的释义是，“一切与战争或军队直接相关的事项的统称。主要包括国防建设与军队建设、战争准备与战争实施”。

军事外交应兼有军事和外交两方面的相关功能，一身而二任焉。它泛指主权国家通过和平方式对国家之间的军事关系及其相关事务的处理，是一国从军事角度维护本国利益及实施对外政策的重要手段。军事外交是一个战略概念，它通过具体的、不同层次的对外军事交往活动（或称军事外交活动），实现国家的外交和军事战略目标。

军事外交的任务是根据国家利益、国家安全和国防战略的要求开展对外军事交往，和平性、军事性、国际性和战略性是其基本性质。现代社会的军事外交职能是（但不限于）：负责建立并发展同其他国家或国际组织的军事关系，与外国武装力量保持接触和联系，进行国际军事合作甚至军事结盟；作为国家的军事代表，派驻国家驻外使领馆或国际组织相关机构，负责军事方面的对外交涉和对外日常工作；有针对性地开展以军事为主要内容的外交活动，妥善处理国际双边、多边军事矛盾和争端，预防冲突或潜在冲突，为国家降低战争风险和损失；根据联合国安理会的要求，进行军控和裁军及其相关领域的谈判和磋商，为国际安全、维持和平行动作出贡献；参加与军事有关的国际规则、协议的创制、草拟和修订。除了专门军事外交人员的工作外，军事高层交往，军兵种交往，军事安全对话，军事技术交流，军援军贸，军事留学，海军舰艇互访，联合军事演习等不同层次的双边和多边对外军事交往活动，都具有军事外交的性质。

军事外交既是国家总体外交战略和政策的一部分，亦是国家军事战

① 鲁毅、黄金祺等：《外交学概论》，世界知识出版社，2000，第 5 页。

略和国防政策的一部分，实践上的交叉性决定了理论上的边缘性。军事外交理论是外交学、军事战略学、国际关系学、国际法学、社会学等诸学科的交叉和延伸，主要研究和探讨指导国家与国家、国际组织与国际组织、国家与国际组织之间在军事领域的交往实践，揭示国际军事关系的客观规律，总结出带有规律性、指导性的军事外交理论原则，指导军事外交政策的制定和调整，达到推行本国外交和军事政策、实现国家安全和利益的目的。

无论是实践还是理论，军事外交的发展既有历史的必然性，又有其现实的驱动力。

第一，外交与军事具有天然联系，外交首先起源于军事。苏联学者认为："外交出现于遥远的古代。氏族社会已经有了外交的萌芽。"① 英国学者说："即使在史前时期，一群野蛮人和另一群野蛮人在竟日战斗以后，有时也愿意谈判休战一时，以便收集伤者和掩埋死者。"② 严格意义上的外交是在奴隶制国家产生以后。无论是古代东方的中国、印度和埃及，还是西方的古希腊和古罗马，早期的外交活动大都产生于解决阶级、政治集团和国家间军事冲突和战争问题，大量运用于战前交涉、军事结盟，以及谈判缔结和平条约、建立战争规范等方面，外交从属于军事。中世纪中后期，特别是1648年欧洲30年战争结束后签署了《威斯特伐利亚和约》，使300多个封建国家摆脱了神圣罗马帝国的统治而独立，形成了主权国家为主体的国际社会，"战争与和平"这一国际关系的核心问题日益成为人类的理性活动。18世纪以后，随着资产阶级国家机器的建立和巩固，外交在世界事务中的地位提高，各主要资本主

---

① B. П. 波将金等编著：《外交史》上，史源译，刘丕坤校，生活·读书·新知三联书店，1979，第3页。

② 哈罗德·尼科松：《外交学》，眺伟译，世界知识出版社，1957，第25页。

义国家都建立了独立的外交机构，外交逐渐摆脱了从属于军事的地位，但外交以军事为后盾的特征非常明显，于是有“炮舰外交”之说。在第一、第二次世界大战中，世界性的军事同盟建立，使军事与外交的相互融合达到了更高的水平，深刻影响了战后的国际格局和国际秩序。

第二，外交和军事直接为国家政治服务，并同为国家主体及其意志的集中代表。在现代社会的各国国家实践中，国家元首是国家最高权力的代表，也往往是国家军事和外交的最高代表，军事和外交机构是国家对外政策制定和推行的基本支撑。美国宪法赋予美国总统以“武装部队总司令”和“头号外交家”等多种角色。[①] 中国与俄罗斯的现行体制也基本如此，中华人民共和国主席和俄罗斯总统同时都是国家武装力量的最高首脑，亦是当今国家外交的最高代表。这种在实践中发展起来的国家体制，说明了军事与外交对于国家安全贡献的内在联系和规律。因此，军事和外交虽各自运用“暴力”与“和平”的不同方式作用于不同领域，但二者目标高度一致，相辅相成，相互渗透，甚至你中有我、我中有你，不解之缘深矣。

第三，军事外交趋于相对独立是一战、二战以后，特别是随冷战后国际形势重大变化而快速发展。两次世界大战带来人类对战争与和平问题的痛思，《非战公约》《联合国宪章》等国际法问世，主权平等、和平解决国际争端及互不使用武力、不干涉别国内政等国际关系准则确立，随意发动战争成为非法，军事的传统战争功能受到限制，客观上拓展了军事外交的发展空间。各国国防部都担负军事对外交往任务，驻外使馆普遍设立武官处或派驻军事代表，正式代表国家及其国防部开展军事外交；联合国安理会及其军事参谋代表团直接为和平解决国际争端做

① 杰里尔·A. 罗塞蒂：《美国对外政策的政治学》，周启朋、傅耀祖等译，世界知识出版社，1997，第 26、第 32 页。

出努力；维和行动“把非暴力原则引进军事领域”，“在外交手段和军事手段的边缘之间发挥作用”；[①] 北约、华约、欧安会、西欧联盟等军事性质的国际组织，将军控和裁军作为谈判磋商的重要内容；等等。冷战以后，外交领域进一步扩大，方式进一步改变，外交不再是外交部和外事工作人员的独占领域，而是涉及政治、经济、军事各个领域，在各部门、各国际组织、跨国公司之间，甚至通过非政府组织进行。一些国际性的政治军事论坛，如东盟地区论坛、上海合作组织、慕尼黑安全会议、美国国际海上力量研讨会、新加坡亚洲安全会议（香格里拉对话会）、西太平洋海军论坛等，日益机制化地成为各国军队之间发展双边和多边关系的平台，“外交行动与暴力之间界限的模糊正是区分现代外交发展的显著特点之一”。[②]

在现代社会，军事外交服从和服务于国家政治、外交和军事战略的功能十分突出。国家的社会性质不同，对外政策不同，对军事外交的认知就不同，军事外交的目的和方式也不同。

在二战前的大约150多年的时间里，美国国务院一直是负责外交事务的主要机构，而战后，“国务院不再是行政部门中唯一的主要负责指导外交事务的机构了”，其成立了负责对外政策制定及其运行的国家安全委员会，最初的7个成员中，军方人士占4个（国防部长，陆、海、空军部长）。[③] 美国前国务卿克里斯托弗说，当今防务和外交“两者间的墙已经倒塌……军事官员认为外交不过是走过场的日子早就过去了”。他认为，二战后的北约“可能是有史以来军事和外交合作最成功

① 《联合国纪事》1989年中文版第6卷第1期，第30页。

② R. P. 巴斯顿：《现代外交》第二版，赵怀普、周启朋等译，世界知识出版社，2002，第12页。

③ 杰里尔·A. 罗塞蒂：《美国对外政策的政治学》，周启朋、傅耀祖等译，世界知识出版社，1997，第106—107页。

的范例”。美国本身在亚洲加强前沿存在和双边军事同盟，致力于建设新的地区安全合作对话框架，包括 1996 年 3 月在台湾问题上一面重申中美三个联合公报，一面派遣航母编队展示干涉决心，也都是军事和外交合作的范例。[①] 美国强调国家主导的“大外交”，没有明确提“军事外交”的概念，但冷战后由国防部和参谋长联席会议直接指挥和参与的与盟国和非盟国各种接触、交流与合作日益频繁，如军事高层互访、工作会晤、学术交流、军舰访问、军事前沿存在、联合军事演习、军备控制谈判等，并提出了将这些行动纳入其中的“非战争军事行动”理论，参联会及所属各联合司令部的战略规划和政策部门（J5），其基本职责之一就是“规划和管理国际项目”，军事外交早已是客观实践，是其“塑造”战略环境的重要部分。

英国是在国际社会率先建立“防务外交”概念的国家，2000 年，英国国防部正式推出了《防务外交》文件，认为在新的战略环境下，防止冲突与和平时期防务外交是其拓展防务活动的核心思想。为此，英国国防部积极推动各种形式的“主动的”防务外交活动，重点有三：武器控制和防扩散；双边安全合作；高层活动以下的联盟活动和与外军的军事协作项目。具体与上述美国“非战争军事行动”的有关内容基本相同，主要包括：国防教育，包括向海外学生提供机会到英国参加军事训练课程和语言培训；派遣各级文职和军事高官，以及舰艇、飞机和其他军事团体访问；派文职和军事顾问去外国工作；开展国际性军事对话、专门会议和研讨会以加强相互信任；多国联合军事演习等。[②] 作为最可靠的盟国，英国防务外交理论与冷战后美国的军事战略与政策调整

① 沃伦·克里斯托弗：《美国新外交：经济　防务　民主——美国前国务卿克里斯托弗回忆录》，苏广辉等译，新华出版社，1999，第 165—167 页。

② United Kingdom Ministry of Defence, *MOD Policy Paper 1-Defense Diplomacy 2000*, London.

是一致的，但其独树一帜，是加强英国在国际社会地位和影响的一种努力。

苏联曾是唯一能与美国进行军事对抗的超级大国，冷战后的俄罗斯仍具有除美国以外世界上最强大的军事力量。直至今天，涉及军事方面最重要的国家间、国家与国际组织间的协议，俄罗斯多有参加。如美俄1991年以来的三个《削减进攻性战略武器条约》《俄罗斯联邦与北约相互关系、合作和安全基本文件》、上海合作组织框架下的若干协定和联合宣言，与欧洲的一系列多边安全条约、协定、文件，以及中俄、美俄不同层次的双边军事合作协议，等等，说明俄罗斯的军事外交实践仍旧是世界上最活跃的。俄罗斯军事外交依据其国家对外政策如下：致力于建立多极国际关系体系；主张始终不渝地遵循《联合国宪章》的基本原则，反对以“人道主义干涉”和“主权有限”论绕开联合国安理会单方面采取武力行动；主张采取军事信任措施等途径加强地区安全，降低武力因素在国际关系中的作用等。[①]

此外，欧安会、欧洲联盟、西欧联盟、北约等若干欧洲多边安全组织，本身就具有军事外交意义。近年来，欧洲国家为了争取独立处置安全问题的主动权，积极磋商欧洲军团的组建。而日本为了取得政治大国地位，一再突破战后和平宪法，以参与国际维和行动、反恐、人道主义援助等名义向海外派兵，其自卫队的“下一代军官交流计划”覆盖五大洲27个国家。可见，军事外交已经成为现代社会各国及国际组织实现其政治和外交战略中不可分割的一部分。

---

① 参见《俄罗斯联邦对外政策构想》，转引自伊·伊万诺夫：《俄罗斯新外交：对外政策十年》，陈凤翔等译，附录，当代世界出版社，2002，第149—155页。

二、中华人民共和国军事外交的历史分期

中国有文字记载的军事外交活动在两千多年前就已经相当普遍。春秋战国时期，围绕战争与和平问题开“会”、结“盟”很多，如《春秋》记盟 105 起、记会 156 例，《左传》记盟 160 起，[①] 著名的“合纵连横”“完璧归赵”都是家喻户晓的军事外交典故。1840 年鸦片战争以后，中国被强行拉进世界体系，1860 年建立了“总理各国事务衙门”，但其后的军事和外交都屡战屡败，被迫与帝国主义签订了几十个不平等条约。十月革命一声炮响，给中国送来了马克思主义，中国共产党是在共产国际的直接指导下建立的。由于特定的历史条件，中国共产党在以武装斗争为主要任务的民主革命时期，特别是在世界反法西斯战争和战后雅尔塔体系等不同国际环境下，在处理与英美苏同盟国以及与社会主义苏联等复杂国际关系中，就有了丰富的外交实践，特别是军事外交实践。中华人民共和国成立后，中国开始有了基于主权国家总体外交一部分的军事外交。中华人民共和国军事外交的历史分期，根据国际形势和战略格局的变化、国家战略需求及其对外政策的调整、特别是根据不同时期军事战略赋予的任务，大致可分为五个时期。

（一）联苏抗美，奠定中华人民共和国军事外交的基础（1949—1955 年）

1949 年，在中华人民共和国建立之时，毛泽东根据当时的国际形势和国家利益的需要，先后提出了“另起炉灶”“打扫干净屋子再请

① 鲁毅、黄金祺等：《外交学概论》，世界知识出版社，2000，第 21 页。

客”和“一边倒”三项方针,[1] 其核心是废止国民党的国际关系“旧炉灶”,在中华人民共和国的基础上同各国另行建立外交关系,并“一边倒”地优先发展与苏联等社会主义国家的双边关系。1953 年底,周恩来在接见印度政府代表团时首次提出互相尊重领土主权、互不侵犯、互不干涉内政、平等互利、和平共处五项原则,并在 1954 年 6 月访问印度和缅甸的时候,分别写入中印、中缅两国的联合声明。三项方针与和平共处五项原则,构成了中华人民共和国独立自主和平外交政策,同时也奠定了中华人民共和国军事外交的理论基础和基本原则:一是以意识形态划线,联苏抗美;二是倡导和平共处五项原则,与被压迫民族建立统一战线。1954 年 9 月,第一届全国人民代表大会第一次会议决定设立国防委员会和国防部,中共中央决定成立中央军事委员会,毛泽东任国防委员会主席和中央军委主席,[2] 国防部外事工作机构正式建立,贯彻了党和国家一元化的领导体系。

根据“一边倒”的方针,中国首先与苏联为首的社会主义国家建立军事关系,陆续向苏联、波兰、捷克斯洛伐克、保加利亚、朝鲜、越南等社会主义国家派出武官,建立武官处,直接代表国家处理军事外交事务。1950 年 2 月,《中苏友好同盟互助条约》和相关协定签订。“双方保证共同尽力采取一切必要的措施”以制止侵略战争;一旦处于战争状态时,“缔约国另一方即尽其全力给予军事及其他援助”。[3] 两国军事关系迅速升温,军事合作积极展开。这一时期,苏联向中国派遣了大批军事专家和顾问,有偿转让了多项军事装备技术;中国则向苏联派遣了大批军事留学生,有力促进了建国初期的中国军队建设。此外,中国

① 裴坚章主编《中华人民共和国外交史》第 1 卷,世界知识出版社,1994,第2 页。
② 《当代中国军队的军事工作》上,中国社会科学出版社,1989,第 42 页。
③ 裴坚章主编《中华人民共和国外交史》第 1 卷,世界知识出版社,1994,第 390—391 页。

军队根据和平共处五项原则，积极发展了与印度、缅甸、印尼等周边中小国家的军事友好关系。

1950 年 6 月，朝鲜战争爆发。美国断然放弃“等待尘埃落定”的徘徊，派第七舰队和第十三航空队进入台湾海峡，公开支持国民党政权，干涉中国内政。中国政府决定抗美援朝。朝鲜战争结束后，美国仍旧把台湾当作“不沉的航空母舰”，妄图制造“两个中国”，1954 年双方订立“共同防御条约”。为打击美蒋结盟，军委决定“力量向前伸”，炮击金门，解放沿海岛屿直至解放台湾。抗美，成为这一时期中美军事关系的基调。

（二）反帝反修，支援亚非拉民族解放运动（1956—1969 年）

1956 年苏共二十大以后，中苏关系发生裂痕。1960 年，苏联撕毁合同，撤走专家，在国防建设特别是武器装备建设方面给中国军队造成了重大损失，双方军事关系基本断绝，中国与东欧国家的关系也受到了影响。60 年代以后，发展中国家的民族独立和不结盟运动形成高潮，国际形势呈现“大动荡、大分化、大改组”的特征，毛泽东明确提出反帝、反修“两条战线”和“两条统一战线”的思想,[①] 改变了“一边倒”的对外政策。

这一时期，中国确立了“积极防御”的军事战略方针，军事外交积极配合国家摆脱“两面出击”的困难局面，以支援亚非拉民族解放运动为重点展开工作，向越南、老挝、朝鲜、巴基斯坦、阿尔巴尼亚、坦桑尼亚、阿尔及利亚、古巴等国家派出军事专家或提供军事援助，特别是积极支援了越南人民的抗美救国的斗争，先后派出部队 32 万人，

① 王泰平主编《中华人民共和国外交史》第 2 卷，世界知识出版社，1998，第5 页。

无偿提供了武器装备和军用物资，帮助培训了军事指挥干部和专业技术人员。[①] 这些工作对于改变国际力量对比起了重要作用，为中华人民共和国的发展创造了国际空间。

这一时期的反帝斗争，还突出反映在台湾问题上。1958 年，毛泽东亲自指导了炮击金门作战行动，巧妙运用军事手段与政治、外交斗争相结合的策略，始终掌握着主动权，既打击了美蒋军事同盟，又挫败了美国当局制造“两个中国”的阴谋，同时支援了中东人民的民族解放运动。[②] 炮击金门作战充分体现了军事斗争服从于政治、外交斗争的原则，也创造了军事外交斗争的范例。60 年代中期以后，中苏边界多次发生军事冲突，反修斗争也逐渐升温，1969 年“珍宝岛事件”后，中国的军事战略重点北移。

（三）联美制苏，拓展与西方国家的军事关系（1970—1978 年）

进入 70 年代，美、苏、中形成了新的三角关系。苏联在中国边境地区陈兵百万，成为大于美国的主要威胁，中国军事战略方针准备与苏联“早打、大打、打核战争”；而美国在与苏联争霸的过程中力量优势逐渐下降，也需要借助中国日益增长的影响力。根据国际形势的变化，毛泽东提出了“一条线”和“一大片”的外交战略[③]建立从美国到日本、中国、巴基斯坦、伊朗、土耳其再到欧洲的一条线，团结周围国家，共同对付苏联的挑战。在这一理论以及共同战略利益的推动下，中美关系开始缓和。中国的军事外交从此摆脱了意识形态的束缚，积极发展与不同社会制度国家的军事关系。

---

① 《当代中国军队的军事工作》上，中国社会科学出版社，1989，第 69 页。

② 同上书，第 380、第 421 页。

③ 王泰平主编《中华人民共和国外交史》第 3 卷，世界知识出版社，1999，第 17 页。

20 世纪 70 年代，中国在恢复了在联合国的合法权利之后，向联合国军事参谋团派出常驻代表，并先后与意大利、加拿大、英国、奥地利、日本、西德、希腊、芬兰和比利时等西方国家建立了军事关系，与西方的军贸工作也逐渐开拓。与此同时，中国与发展中国家的军事关系也得到进一步发展，在发展中国家增设武官处，派出军事专家，增加来华的军事留学人员。

（四）对外开放，全方位推进军事外交（1979—1989 年）

党的十一届三中全会以后，中国共产党制订了“一个中心，两个基本点”基本政策。邓小平科学分析了国际形势，认为“和平和发展是当代世界的两大问题”，[①] 尽管“世界战争的危险还是存在的，但是世界和平力量的增长超过战争力量的增长”，由此做出了“在较长时间内不发生大规模世界战争是有可能的，维护世界和平是有希望的”[②] 战略判断。中国人民解放军裁军 100 万人，从准备大打、早打、打核战争转变到和平时期建设上来，军队建设指导思想也实施“两个转变”：从数量规模型向质量效能型转变，由人力密集型向科技密集型转变。在这一系列重大决策的指导下，和平时期军队建设的内涵不断拓展，军事外交全方位展开。

1980 年，中国开始参加国际军控和裁军谈判，向日内瓦裁军谈判会议派出代表团；1985 年，中国海军出访南亚三国，首次作为和平使者走出国门；1988 年，中国成为联合国维和行动特别委员会成员。中美关系在 1979 年实现正常化，特别是 1982 年“八一七公报”签署以

① 邓小平：《和平和发展是当代世界的两大问题》，《邓小平文选》第三卷，人民出版社，1993，第 104 页。

② 邓小平：《在军委扩大会议上的讲话》，《邓小平文选》第三卷，人民出版社，1993，第 127 页。

后，中美军事关系迅速达到了一个历史高峰，不同层次的军事交流频繁，推动了中国与西方国家乃至世界各国军事关系的全面发展。1979年至1989年，中国军队从美、英、法国引进了包括“黑鹰”“海豚”“超美洲豹”武装直升机和“海响尾蛇”导弹系统技术等一批当时很先进的武器装备技术。80年代中期以后，中苏边境裁军谈判取得进展，两国关系重新走向正常化。这一时期，中国对外军事关系在诸多领域取得突破。

（五）以“新安全观”为指导，开创军事外交新局面（20世纪90年代以来）

进入20世纪90年代，国际战略格局发生重大变化，国内台湾问题出现复杂局面。中国贯彻经济建设为中心和独立自主的和平外交政策，推行稳定周边战略，积极进行军事斗争准备。针对美国继续诉诸武力和武力威胁、干涉别国内政的冷战思维，中国政府提出了“平等、互信、互利、协作”为核心的“新安全观”，提出了推进世界多极化、建立国际政治经济新秩序和国际关系民主化等一系列主张，同时公开宣示在台湾问题上不承诺放弃使用武力。军事外交配合国家总体外交和新时期军事战略方针，出现空前活跃的局面。

首先，军事外交在大国外交的纵横捭阖中发挥重要作用。90年代初，在中国与西方国家关系低潮时期，中俄两国两军关系大发展，先后签订了在边境相互裁减军事力量、互不首先使用核武器和互相不将战略武器瞄准对方、预防危险军事活动等有关加强军事领域信任的若干协定，建立了中俄两军战略磋商机制。1996年以后，中美两国关系改善，建立了两国国防部长磋商机制和海上军事安全磋商机制，高层交往和不同层次的军事交流大大增加，其间还顺利解决了香港回归后美舰继续进泊问题以及中美撞机事件。而“9·11”事件后的反恐合作，更加拓展了大国军事外交的空间。

其次，军事外交致力于维护周边安全。贯彻“与邻为善、以邻为伴”的方针，中国的国防官员积极参加上海五国、东盟地区论坛、亚洲相互协作与信任措施会议、亚太安全理事会、东北亚安全对话合作会议、西太平洋海军论坛、亚太地区防务当局官员论坛等各种官方、非官方和军方的多边安全对话合作活动，发展同巴基斯坦、印度、朝鲜、韩国、泰国等周边国家的军事关系。据统计，仅2001—2002年，中国各级军事代表团应邀对东北亚、东南亚、南亚、中亚地区40个国家的军队进行了成功的访问，海军舰艇编队5次访问东南亚；2003年，中国与周边国家的军事交往项目，占全年军事交往总数的43%。[①]

再次，军事外交建树大国形象。1996年，中国首次发表了《中国的军控与裁军》白皮书，接着又于1998年、2000年和2002年发表了三个“国防白皮书”；中国军队三次单方面裁军，积极参与导弹及其技术控制等一系列重大国际军控谈判，认真履行《全面禁止核试验条约》《禁止化学武器公约》《禁止生物武器公约》《特定常规武器公约》等国际公约；中国自1990年首次向联合国维和行动派遣军事观察员，至2002年先后参加了10项联合国维和行动，共派出军事观察员、军事联络官、军事顾问和参谋军官650多人次，工程兵部队两批800人次。2002年1月，中国正式参加联合国维和行动第一级待命安排机制；[②] 2003年，中国军队与外军联合军事演习取得突破，先后举行了上海合作组织成员国军队多边联合反恐演习、中巴和中印海军的海上联合搜救

① 丁增义：《2003年我国军事外交工作全面回眸》，《解放军报》2003年12月29日，第11版。

② 中华人民共和国国务院新闻办公室：《2002年中国的国防》，《人民日报》2002年12月10日，第6版。

演习、15 国军事观察员观摩北京军区装甲旅纵深突击作战演习。[1] 这些在非传统安全领域进行的国际合作，树立了中国国防政策逐步开放、致力增加透明度和努力贯彻新安全观的大国形象。

最后，军事外交为军队现代化建设服务。目前，中国与俄罗斯、美国、英国、法国、德国、加拿大、澳大利亚、日本、巴基斯坦、哈萨克斯坦、泰国、南非等 10 多个国家建立了不同形式的、定期和不定期的安全防务磋商机制。[2]有统计说，20 世纪 90 年代以来的 10 年，中国军队邀请了五大洲的军队代表团组 2000 多个、数万人次访华，其中由外国国防部长、三军总司令、总参谋长和军兵种司令等率领的高级军事代表团占一半以上。中国军队共派出各类专业技术团组 800 多批，2 万多人次出国访问考察、合作研究，向美国、俄罗斯、英国、法国、德国等 20 多个国家的 70 多所院校派出了 1300 余名军事留学生。[3] 中国海军舰艇编队出访了 20 多个国家，实现了环球航行。军事外交为全方位推进中国与世界各国军队的交流与合作搭建了平台，努力为推进中国特色的新军事变革作贡献。

三、中国军事外交的主要特点和指导原则

截至 2004 年，中国与世界五大洲的 150 多个国家建立了军事关系，在驻 100 多个国家使馆中设立了武官处，有 85 个国家在驻华使馆中设

---

① 丁增义:《2003 年我国军事外交工作全面回眸》,《解放军报》2003 年 12 月 29 日，第 11 版。

② 韦伟:《创军事外交新局面——访国防部外办负责人》,《解放军报》2003 年 8 月 11 日，第 9 版。

③ 同上。

立武官处。[1] 军队领导人往来、专业技术人员交流、军舰互访、文体交流、国际和地区安全合作、军控履约、对外军事技术合作、人员培训、智力引进、参与联合国维和行动等，构成中国军事外交的领域。[2] 中国是一个社会主义国家，中国的社会制度、对外政策和文化传统决定了中国军事外交的特点和指导原则，主要是：

（一）坚持国家利益至上与维护全人类共同利益的统一

国家利益是一国在国际体系中生存发展的各项需求总和，维护国家利益，特别是主权安全和发展利益是军队的天职，也是中国军事外交最高目标和基本指导原则。1958 年，苏联向中国提出援建长波台和组建联合舰队的时候，毛泽东断然拒绝；20 世纪 80 年代，邓小平针对香港回归问题对英国首相说，“主权问题不是一个可以讨论的问题”。[3] 中国军事外交在强调国家利益至上原则的同时，把自己的国家利益与他国利益乃至全人类的共同利益统一起来。20 世纪 60 年代，中国在自己国家非常困难的情况下，高举国际主义大旗，向亚非拉争取民族独立的中、小国家提供了大量军事援助，与第三世界的发展中国家结下了深厚友情，成为中国重要的国际政治资源。在经济全球化时代，国家愈加不可能脱离国际社会而孤立存在。党的十六大指出，“中国外交政策的宗旨，是维护世界和平，促进共同发展”，从而为国际主义注入新的内涵。在推动建立公正合理的国际政治经济新秩序和国际关系民主化的进程中，实现国家利益与维护全人类共同利益的统一，将是中国军事外交

① 中华人民共和国国务院新闻办公室：《2004 年中国的国防》，《人民日报》2004 年 12 月 28 日，第 15 版。

② 韦伟：《创军事外交新局面——访国防部外办负责人》，《解放军报》2003 年 8 月 11 日，第 9 版。

③ 邓小平：《我们对香港问题的基本立场》，《邓小平文选》第三卷，第 12 页。

的必然选择和发展方向。

（二）独立自主的和平外交政策与积极防御的国防政策的统一

军事外交受国家外交战略和军事战略的统一指导。具体说来，一是必须贯彻中国独立自主的和平外交政策，把反对霸权主义、维护世界和平、发展各国友好合作和促进共同繁荣作为对外工作的根本目标；主张世界上所有国家一律平等，决不称霸；坚持独立自主处理国际事务；不依附任何国家，不结盟；在和平共处五项原则的基础上发展与世界各国的友好关系，不以社会制度和意识形态划线；把发展与第三世界国家的团结合作作为对外工作的基础；反对军备竞赛；坚持对外开放；遵循《联合国宪章》的宗旨和原则并支持根据宪章精神的活动；重视各国人民之间的交往。[①] 二是必须遵循中国的国防政策，保卫国家的主权、统一、领土完整和安全；独立自主地建设和巩固国防；贯彻积极防御的军事战略方针；加强现代化建设；服从和服务于国家经济建设大局；维护世界和平，反对侵略扩张。而将二者有机地统一起来，是指导中国军事外交的重要原则。

（三）“伐兵”与“伐交”功能的统一

军事的别称是武力和战争，“伐兵”作为军队的根本职能天经地义。然而，中国是礼仪之邦，“礼之用，和为贵”“先礼后兵”“不战而屈人之兵”是中国的传统文化和传统兵学的最高层次。中国古代给予军事外交很高的地位，是谓“上兵伐谋，其次伐交，其次伐兵，其下攻城”。15 世纪初，郑和率 27, 000 余人的舰队下西洋，和平访问 30 余个国家，开展具有军事外交意义睦邻的活动，与西方地理大发现时代的

① 刘华秋主编《军备控制与裁军手册》，国防工业出版社，2000，第 15—16 页。

掠夺、杀戮、占领形成鲜明对照。今天，中国军队按照中国政府提出的“新安全观”开展军事外交，“通过对话增加信任，通过合作求得安全”，集中体现了中国特色的传统兵学。军事外交立足于“伐交”，却不单纯于“伐交”。中国军队在维护国际和平、军控和裁军、维和行动中发挥大国作用，与周边国家增进相互信任化解矛盾，其军事效能不可低估；中国海军舰艇编队出访活动、开放与外军的联合军事演习，既是和平友好交往，又展示综合国力；而在军事技术和人才培养方面，军事外交为提高中国军队战斗力服务，功能也非“伐交”可以概全。在国际交往中，总是既有合作也有斗争，如有关台湾问题的交涉和斗争，就体现了军事战略上“伐兵”与“伐交”功能的统一。因此，理性地认识军事外交这一特殊战场的特殊作战，进行战略运筹，建立中国特色的军事外交理论，必将有利于军事斗争和国家安全。

（四）原则坚定性与策略灵活性的统一

中国人民解放军是中国共产党领导下的人民军队，马克思主义哲学的世界观和方法论是中国观察和处理一切问题的准则。实事求是，一切从实际出发，适时调整中国军事外交的目标、重点和任务，是中国军事外交的基本特点和规律。自中华人民共和国建立以来，国际形势发生了多次重大变化，特别是中、美、苏（俄）大三角关系的重大改变，以及与周边国家关系的调整，对中国军事外交的影响极大。坚持原则性，就是坚持党和国家对外工作的基本路线、方针和政策，在重大问题上坚定不移，寸步不让，但在具体问题的谈判和斗争中，则注重有理有利有节，登高望远，调整策略，表现灵活性，争取主动。近年来，中国正确处理了中美两军关系中的“撞机事件”，正确处理了与周边国家的海上争议问题，就是坚持了原则坚定性与策略灵活性的统一。军事外交是战略，也是艺术，更是科学，其要义在对于国家根本利益的认识和对复杂多变国际形势的把握及利用。

（五）遵守国际法与创制国际法的统一

从理论上看，参与创制国际规则，建立国际秩序，为国家利益服务，是外交的重要职责之一，也是军事外交的重要任务之一。中华人民共和国根据《联合国宪章》和现行国际法的基本原则创制的和平共处五项原则，就是遵守国际法与创制国际法相统一的突出代表。中国军事外交 60 多年来在参与国际军控与裁军、处理国际争端和军事合作的实践中，积极地遵循了现行的国际法原则和规则，认真履约；同时，也创制和参与创制了一系列双边和多边军事协定和具有军事内容的政府协定，如《中俄哈吉塔关于在边境地区加强军事领域信任的协定》，《中俄哈吉塔关于在边境地区相互裁减军事力量的协定》以及打击三股恶势力的联合声明，还有颇具影响力的《中美关于建立加强海上军事安全磋商机制的协定》，《中国—东盟南海各方行为宣言》等，立足于积极推进以“互信、互利、平等、协作”为核心的新安全观，为形成习惯法进而形成公正合理的国际新法规和新秩序做出努力。

1998 年，中央领导同志在全军外事工作会议和武官工作会议上说，军队外事工作和武官工作要发挥一往无前的革命精神，“把这种精神贯彻到军事外交工作和部队各项建设中去，为国防和军队现代化建设作出新的贡献”。[①] 当时的中央军委主要领导也撰文指出：“伴随新安全观的形成，军事外交日益受到各国的高度重视，并在改善国际环境中发挥着重要作用。”要求中国军队“从战略和全局的高度，积极稳妥地开展对外交流与合作，充分发挥军事外交的作用，为维护世界和地区的和平与

① 《江泽民会见全军外事和五官会议全体人员》，《人民日报》1998 年 8 月 29 日，第 1 版。

稳定，为创造有利于中国改革开放和社会主义现代化建设的安全环境，为加快中国国防和军队现代化建设作出新的更大的贡献”。[①] 进入 21 世纪，国际安全环境既呈现了和平与发展的主流趋势，也显示了影响和平与发展的不确定因素增加的复杂趋势。党的十六大确立了 21 世纪头 20 年“战略机遇期”的发展目标，但由于台湾问题，中国人民解放军同时面临严峻挑战。国家对军事的需求，包括对军事外交的需求分量日益加重。笔者以为，中国军事外交的发展，理论上急需建树，观念上还需更新。

其一，培育和建立中国特色的军事外交理论。在和平与发展成为主流的现代社会，军事理论正在沿着两个方向迅速发展：一是“战胜”理论，二是“不战而胜”理论。前者通过武器装备及作战理论的优势取胜；后者通过伐谋、伐交占领控制理论制高点获胜，军队的职能和运用方式因而有了很大改变，越来越多的军事外交活动已经成为军队战争运用职能的补充。军事外交在现代战争控制理论中占有重要地位，其“化干戈为玉帛”的战略目标和运用军事力量从事外交活动的方式，具有鲜明的特性和相对独立的范畴，其他任何领域不可替代。中国有中华民族优秀的兵学传统，有未来和平崛起的战略需求，特别是经过多年的发展，中国的军事外交已经有了比较完善的专门机构和为数可观的专门队伍，形成了专门的工作领域和运作方式，有了一定的宏观运筹和丰富的实践积累，进行理论抽象、培育和建立中国特色的军事外交理论，从而更加理性地指导中国军事外交活动的时机已经成熟。

其二，确立军事力量外交运用的意识。军事作为对外政策的手段，其作用有实战和非实战、显性和隐性功能两个层面。而军事外交历来运行于战争与和平之间，用非实战的形式发挥其隐性的功能。因此，军事

---

① 迟浩田：《我军对外交往活跃的一年》，《人民日报》1997 年 12 月 26 日，第 7 版。

外交是一个没有硝烟的战场，同样需要“运筹帷幄之中，决胜千里之外”，以高明的外交手段进行“不流血的战争”。今天，中国军事外交已不仅是在战争预防、环境塑造、谈判磋商方面发挥作用，而且直接参与兵力运用，如军舰访问，军事演习，维和行动以及前出威慑等，军事力量的外交运用已经成为新的很有前景的兵力运用方式，关键是强化外交运用的“作战”意识，更加主动的实施。

其三，理性地利用军事外交推动军队现代化建设。军事外交以实力为后盾，同样会产生牵引军队现代化建设的需求。军事外交是对外开放式的、与国际接轨式的、立足于威慑和控制功能发挥的兵力运用，无论是对武器装备还是人员素质的要求都很高。同时，军事外交直接引进和学习外国的先进技术战术，直接为军队的现代化建设服务。因此，应当自觉、理性地使军事外交融于军队现代化建设，成为一盘棋局，一池活水，达到良性循环，相得益彰。

论中国海军发展的战略机遇期*

党的十六大提出，21 世纪头 20 年，对我国来说，是一个必须紧紧抓住并且可以大有作为的重要战略机遇期。这是一个重要的战略判断。这个战略判断对于中国海军来说非常适用，也非常重要。国际国内的客观环境，为中国海军的发展提供了难得的机遇。

一、21 世纪头 20 年，中国的奋斗目标是全面建设小康社会。中国现代化程度越深，对海军发展的客观需求就越大

中国位于欧亚大陆板块的东端，太平洋西岸，有 18,000 公里的海岸线。但在历史上，中国长期以陆地疆域的安全为国家安全，海权思想薄弱，虽有明朝郑和下西洋的壮举，却终究没有发展成为一个拥有强大海上军事力量的海洋大国，以至于民族生存危机，国家积贫积弱。中华人民共和国成立以后，人民海军随着国家日益强大而不断发展，特别是 20 世纪 80 年代后，中国确立了以现代化为中心的发展目标，沿海地区率先对外开放，用了短短 20 年，国民生产总值翻两番，实现了中国现代化建设“三步走”战略的前两步目标，国泰民安。人民海军也从近

* 本文收录于《中国当代国防文库（2003—2004 卷）》，军事科学出版社，2004，第 175 页。

岸真正走向了近海。可以说，中国近代落伍源于封闭，中国现代化大踏步前进源于开放，二者都直接表现于中国人对海洋的认识和利用，其直接表现于海洋经济与海军建设锱铢必较、相辅相成的关系。

21 世纪是经济全球化的时代，国家的发展问题基本等同于生存问题，综合国力的竞争成为一个无硝烟的战场。海洋作为人类生存和可持续发展必需的第二生存空间，将成为世界各国的利益焦点和争夺热点，也使中国重大的国家利益越来越多的维系于海洋。1978 年，中国的海洋产值不到 80 亿，1980 年超过 100 亿元，2001 年跃升至 7234 亿元，海洋经济年平均增速达到 22%以上，连续 25 年总体上保持两位数增长势头，成为中国国民经济发展的亮点。[①] 1978 年，主要以海洋为通道的对外贸易总额不过 206 亿美元，而进入 21 世纪以来，根据海关统计，中国外贸总额 2000 年达 4742.9 亿美元，2001 年为 5096.5 亿美元，2002 年为 6207.7 亿美元，2003 年达到 8509.9 亿美元。[②] 中国是世界第三大石油进口国。2002 年，中国石油进口达 7185.2 万吨，比 2001 年增长 10.7%，进口量占消费需求的 29.8%。[③] 2003 年中国石油进口量创纪录达到 11,936 万吨，比 2002 年增长 33%。[④] 与此同时，中国的海外投资额、海外工作学习和移民的数量也在大幅度增长。可见，中国现代化越发展，对海洋的安全需求就越大，未来中国经济安全的维系，将突出体现在支撑经济可持续发展的海洋资源的保有和开发，对外贸易海上航运通道、石油航线、海上环境保护以及重大海外利益的安全。

中国是世界第一人口大国，资源相对匮乏，虽海岸线漫长，但当面海域呈半封闭型，归中国合法管辖的第二生存空间的“海洋国土”最

---

① 王曙光主编《海洋开发战略研究》，海洋出版社，2004，第 21 页。
② 参见国家统计局编《中国统计年鉴 2004》，中国统计出版社，2004，第 714 页。
③ 葛振华、刘增洁：《2002 年中国石油进出口状况》，《中国能源》2003 年第 3 期，第 34 页。
④ 刘增洁：《2002 年中国石油进出口状况分析》，《国土资源》2004 年第 2 期，第 55 页。

多不过300万平方公里，不能不谓之“寸海寸金”。从宏观上看，中国自然地理位置缺少优势：海防正面宽大，侧翼暴露；台湾处于中国海岸线中央位置，是重要的咽喉要道；海上相邻相向国家众，海洋权益争议多；周边海峡通道情况复杂，出海口少，特别是南海对中国中东的石油航路以及欧美、大洋洲航线至关重要，一旦失控，将扼制中国经济命脉和外向发展咽喉。可见，经济全球化和中国所处的地缘战略环境，中国当前的经济实力和发展模式，决定了海洋对中国生存和发展极为重要的意义。因此，建设一支与中国大国地位相适应的现代化海军，拥有海权，是未来中国崛起的必要条件，亦是中国现代化进程提出的必然需求。

国家经济实力是海军发展的物质基础。进入21世纪，中国国民经济继续高速发展，根据国家统计局统计（以人民币计算），2000年国内生产总值为89,468.1亿元，2001年为97,314.8亿元，2002年为105,172.3亿元，2003年为117,390.2亿元，年度增长率分别为8.5%、8.3%、9.1%、10%，[①] 超出世界平均水平一倍以上。海军的发展与国家经济发展需求的统一和正比性达到前所未有状态，中国面临着海军现代化与国家经济现代化协调发展、良性循环并快速跃升的战略机遇。

二、21世纪头20年，中国主要的安全威胁来自海上。受到军事斗争准备的需求牵引，海军优先发展是为必然

进入21世纪，中国陆地边疆的安全问题相对稳定，但海上方向的热点问题都没有解决。

台湾问题。陈水扁执政以后，台湾当局分裂祖国的威胁不断增长，

① 参见国家统计局编《中国统计年鉴2004》，中国统计出版社，2004，第53页。

公然提出海峡两岸“一边一国”论，鼓吹“公投立法”决定台湾前途，压缩中国和平统一的空间。台湾问题涉及美国，美国对台军售持续不断，并若明若暗的发展与台湾的准军事同盟关系，助长了“台独”势力的嚣张气焰。

南海问题。20 世纪 90 年代以来，中国与一些东盟国家关于南海领土和海洋权益的矛盾得到了有效控制。美国的插手、日本的“南下”和印度的“东进”都将加大南海问题的复杂性。

日本问题。中国与日本在钓鱼岛归属上存在严重争端。日本的《周边事态法》，将防御范围扩大至中国东海和南海广大海域；《日美相互提供物资和劳务协定》使其与美国全球军事行动绑在一起；《联合国维和行动合作法》直接支持其合法派兵参与海外军事行动；其 2001—2005 年“新防卫计划”突出海上自卫队的大型化和远程化建设，进一步发展，可能成为中国海上之近忧。

印度问题。20 世纪末，印度加速发展远程运载武器和远洋兵力，认为印度洋是“印度之洋”，且显现出东进亚太的战略意图。

美国问题。“9·11”事件后，美国一方面在反恐方面积极争取中国的合作，另一方面借反恐进行新的军事部署。在亚太地区，美通过强化双边军事同盟，实施导弹防御计划，向关岛部署进攻性武备，在东南亚诸国发展准军事基地，在海上形成新的弧形基地链。从根本上说，美国分化、西化和遏制中国崛起的基本政策不会改变，尤其是台湾问题的解决可能面临美国的强力干预。

由此可见，21 世纪前 20 年，中国国家安全的主要麻烦和问题来自海上，主要威胁方向在海上，发展海军是国防的必然选择。从近期看，台湾问题最重要也最危险，是国家安全的重中之重，也是军事斗争准备的当务之急。台湾问题是中国的核心利益，中国政府向全世界明确宣示

"不承诺放弃使用武力"，而为"打赢"进行军事斗争准备的作战需求，客观上为海军提供优先发展的机遇。与此同时，在高技术条件下，中国必须考虑美军可能的干预，而瞄准"反干预"的作战需求，中国海军作为高技术条件下主战兵力的发展必须有一个大的跃升。这无疑为海军的加速发展、优先发展提供了机遇。

三、21 世纪头 20 年，是中国特色军事变革的重要阶段。现代高技术战争形态和作战样式的改变，为海军跨越式发展明确了目标

20 世纪后半叶，以信息技术为核心的军事变革迅速发展，武备的数字智能化、C4ISR① 一体化和作战系统网络化，使现代战争表现为海、陆、空、天、电一体化，体系对体系、系统对系统的整体较量成为基本趋势，多军兵种联合作战成为基本作战样式，现代战争形态正在由机械化战争向信息化战争转变。这一客观存在，为中国海军进行军事变革，实施跨越式发展提供了机遇。

首先，高技术战争形态和作战样式并没有削弱海军兵力的作用，反而给海军提出了新的、更高的发展要求。由于作战空间的空前广大，海上兵力部署和兵力机动的优势日趋显现，因而绝大多数战争，如 20 世纪 90 年代以后发生的海湾、科索沃、阿富汗战争，海军兵力的运用都占据突出的地位。1991 年的海湾战争，美军共出动了 6 个航母战斗群；2003 年 3 月美国发动伊拉克战争，海军先后部署的航母战斗群再次达到 6 个，亦装备高精度的战斧巡航导弹和高性能舰载机，由网络化的作

① C4ISR 是指挥、控制、通信、计算机、情报及监视与侦察的英文单词的缩写——Command, Control, Communications, Computers, Intelligence, Surveillance and Reconnaissance。

战系统引导和指挥，是最先投入威慑、战争准备和实战的重要兵力。中国海军贯彻积极防御的军事战略，虽不需要循美国海军的轨迹发展，但美军的海军使用，毕竟提供了参照系。

其次，实现信息化将成为海军发展的方向和目标，已经十分明确。在美军的新军事变革中，海军是率先提出由“平台中心战”向“网络中心战”转型的军种，这与海军行动所依托的广阔战场环境和高技术的军种特点密切相关。“9・11”事件后，美军根据国际战略形势的变化，再次提出21世纪美军全面转型的问题，美海军提出“海上打击、海上盾牌、海上基地”三个新概念，其信息化作战能力将进入新一轮的跃升阶段。20世纪80年代以来，中国海军贯彻近海防御的战略思想，现代化建设有了很大的提高，已经开始了由机械化向信息化的转变。但目前海军机械化水平和信息化程度总体还不高，还面临机械化和信息化的双重任务。高技术海上作战的特点，海军装备的特点，海军在未来海上作战的使命任务，要求海军加快信息化，以信息化带动机械化，机械化促进信息化，实现跨越式发展，这无疑是巨大的牵引力。

最后，高起点的立足三军联合作战，将成为海军跨越式发展的重要方面。现代战争的高度一体化，使多军兵种联合作战成为基本样式。20世纪90年代的海湾战争后，特别是在世纪之交，美英加速了这一方面的改革。英国从1998年防务战略转变后，将各军种单独的参谋指挥学院合并成三军联合参谋指挥学院，改变培训体制，使参谋指挥人员一开始就进入联合作战的体系。20世纪90年代以来，美军陆续出版了上百种联合出版物，分别从战略、战役和战术层次阐述联合作战理论，是美军组织实施联合作战和联合训练的指导性文件。在指挥体制上，美军经过多次调整，形成了参谋长联席会议、战区/职能联合司令部（设有5个战区联合司令部和4个职能联合司令部）和视任务需要临时建立的联合特遣司令部的联合指挥体制。在训练上，美军成立了统管全军性联合训练的联合部队司令部，其中联合作战中心作为该司令部的重要业务部门和专设机构，负责联合演习保障、理论保障和技术保障。未来的海上军事斗争必将是高技术的三军联合的海上作战，这与现代高技术战争的全维性和一体化的要求相符合，而联合作战不仅对武器装备的发展，而且对部队的作战训练和部队建设都起着巨大的牵引作用。因此，以联合作战的思路谋划军事斗争准备和海军的发展，将使中国海军实现一个大的跨越。抓住这一机遇，将缩短海军与世界军事强国的差距，加快海军现代化进程。

四、21 世纪头 20 年，中国需要扩大对国际事务的影响并赢得良好的发展环境。在新安全观指导下，拓展海军非战争运用的前景广阔

进入 21 世纪，和平与发展仍旧是国际社会的主流，但战争的阴影挥之不去。“9・11” 事件打破了世界对新世纪和平的憧憬，随即而来阿富汗战争，特别是美国绕开联合国发动的伊拉克战争，使国际政治秩序面临严重的挑战。美国单边主义霸气上升，世界多极化趋势曲折发展，国际战略格局中不确定因素增加。然而，辩证地看，挑战同时也是机遇。“9・11” 事件后，美国改变了布什政府上台之初的对华强硬政策，寻求中国在反恐问题上的合作，中美关系明显得到改善，这对于稳定大国关系、遏制 “台独” 势力发展是有益的。美英绕开联合国发动的伊拉克战争，法、俄、德联合反对，西方大国阵营分化，全球反战浪潮高涨，呼唤新的国际秩序，美国单边主义的势头受到制约，这些都将转化为世界多极化的有利因素，关键在于如何把握。

亚太地区是美、中、俄、日、东盟五“极”的地缘战略交叉地区。作为亚太国家，中国贯彻独立自主的和平外交政策和防御性的国防政策，中国的成长是同地区的振兴联系在一起的，与周边国家的关系将直接影响中国的政治、经济和安全利益。国家为全面建成社会主义现代化强国营造良好的周边安全环境、扩大中国对地区乃至国际事务影响力的政治需求，也为中国海军提供了独特的发展机遇。

首先，亚太国家依托海洋连接地区经济，不能不格外关注海上安全。海军以海洋为主要活动空间，国际法赋予海军合法走出国门的权利。作为一个国际性军种，海军在处理国家海上安全问题方面具有得天独厚的优势。冷战结束后，亚太地区的安全合作迅速发展，海上军事安全合作最为抢眼。当前，海军论坛和安全对话、军舰互访、联合军事演习等海军非战争行动，以及国际反恐、反跨国犯罪、维和行动等非传统的战争行动，都成为国际海上军事安全合作的重要内容，形成中国海军外向发展的客观牵引力。

其次，中国明确提出了以“互信、互利、平等、协作”为核心的新安全观，海军在国家政治外交大政方针指导下初步参与了军事外交活动，如舰艇编队出访和接待来访，参与地区安全论坛和海军论坛活动，派员观摩多边联合军事演习，进行中美等双边和多边海上军事安全磋商，在院校开设国际培训班等，既宣传了中国的国防和军事外交政策，展示了中国改革开放的巨大成就，又震慑了“台独”等势力，取得了良好的安全效益。20 世纪 90 年代中期以来，中国在上海合作组织和东盟地区论坛积极推动非传统安全领域的合作，这必然伴随中国海军更多地参与多边安全合作，形成了中国海军外向发展的主观需求。比如，开展主动的双边联合军事演习已经提上了日程，这些实质性的海军合作要求中国海军发展与外军的联合作战能力，无疑将使中国海军运用再上一个新的台阶。

最后，进入 21 世纪，随着军事斗争中外交与合作要素的逐渐加强，中国海军面临主动走向世界的历史性机遇，更新战略思维、创新性的运用海军非战争行动以维护国家海上安全利益，将是海军的必然选择。可以认为，海军非战争运用是和平时期海上军事斗争的另类，“战场”极为广大，既存在于军事外交领域，也存在于各种“塑造”有利战略态势的军事行动中，是一种软战争、软战场和软作战行动。在新安全观的指导下，中国海军应积极适应非传统领域的海上军事合作和海军非战争行动的涉外性质，提高与外军的联合作战能力，使中国海军作战能力和建设有新的发展，同时与军事斗争准备和海军的跨越式发展形成良性互动。而中国海军致力于国际海上军事合作的积极姿态和活动，可与国家总体外交形成配合，压缩“台独”以及国际反华势力的空间，取得政治军事双重效益。因此，海军非战争运用的前景十分广阔，它必将成为海军充分发挥其维护和平作用，展示魅力的又一巨型舞台。

21 世纪头 20 年，是中国海军千载难逢的战略机遇期，关键是认识机遇，抓住机遇，并赢得发展。

美军非战争军事行动理论的兴起和“中止”*

20 世纪 90 年代初的海湾战争后，美军参谋长联席会议（以下简称“美参联会”）陆续颁布条令性质的系列联合出版物，① 至 2007 年达到 112 种。其中，以 1995 年颁布的《JP3-0 联合作战纲要》和《JP3-07 非战争军事行动联合纲要》为标志，美军确立了非战争军事行动理论的地位；2006 年 9 月，美参联会以新版《JP3-0 联合作战纲要》同时替代了上述两个纲要，停止使用非战争军事行动术语，在形式上“中止”了这一理论。何为美军的非战争军事行动理论？这一理论为何兴起、又为何“中止”？应如何看待和借鉴这一理论？本文试图做出回答。

一、美军非战争军事行动理论的兴起

一个理论在何时何地由何人创制，或许有其偶然性；但任何理论的

---

* 本文发表于《中国军事科学》2008 年第 3 期，第 31 页。

① 从 20 世纪 90 年代起，美军参谋长联席会议（US Joint Chiefs of Staff，JCS）陆续制定颁发了 7 个系列 100 多种联合出版物（Joint Pub，JP），成为美军联合作战理论的主要载体，并根据形势发展不断修订、更新。其中，作战系列（JP3）是这 7 个系列联合出版物中的核心内容。而在作战系列（JP3）出版物中，《JP3-0 联合作战纲要》扮演着顶层设计角色，也是本文聚焦的《JP3-07 非战争军事行动联合纲要》的指南。——作者注

产生，都有其历史必然性和历史性内涵，美军非战争军事行动理论也是如此。

（一）理论溯源

美军非战争军事行动理论产生的源头，可以追溯到冷战时期。

20 世纪两次世界大战，特别是二战，将人类相互残杀的战争手段发展到极致，代价惨重。二战造就了雅尔塔体系，但美国与苏联随即在东欧和亚洲国家政权的建立、从伊朗撤军，包括意识形态和社会制度等一系列问题上产生新的矛盾并逐渐走向对抗。1950 年，以杜鲁门政府 NSC-68 号文件为标志，美国政府决策对苏联实施“遏制战略”。一方面，美国不再回避美苏矛盾，突出以意识形态划线的斗争，组建军事同盟，迅速恢复军事力量，准备必要时对苏作战；另一方面，“遏制战略”的最高目标，又是“不战而胜”，即通过战争以外的一切手段，达到全面遏制苏联并最终瓦解之目标。这是冷战思维形成的标志，它把战略的定义“从为了达到战争的目的而运用战斗变成为了实现战争威慑而使用军事力量”，① 从而推出一种新的“非战争”的战争形式——冷战。此后，在长达 50 年时间里，特别是在越南战争后，美军越来越少地卷入大规模战争，而是限制战争规模，发展战争以外的军事行动，如建立军事同盟、实施前沿存在、加强威慑行动、谈判军备控制，还包括了和平演变，以最大限度收取和平红利。从理论上看，美军提出了许多新概念，如“有限战争”“低强度冲突”“小规模行动”“特种作战”“和平行动”，等等。作为一种战争思维和战争理论，冷战之“战”的本质并没有改变，即运用军事实力获取国家安全；但避“热”取

① 拉塞尔·F. 韦格利：《美国军事战略与政策史》，彭光谦、张孝林、赵汉生译，解放军出版社，1986，第 440 页。

“冷”，军事力量运用的形式有了很大改变，显示了其在战争行动以外强化军队职能的期望和追求。

20 世纪 90 年代后，国际战略格局发生了巨大变化。美国成为世界上唯一的超级大国，战略折冲余地大化，一些非传统的军事行动样式大量出现。如，1990 年的拉美扫毒行动、1990 年在利比里亚和 1991 年在索马里的两次非战斗人员撤离行动、1991 年对索马里的人道主义援救行动、1991 年对孟加拉国水灾的救灾行动等。与此同时，随着军事技术革命的发展，战争形态开始发生变化，传统的战争行动出现异化。尤其是 1991 年初的海湾战争，一方面展示了冷战后高技术战争速战速决的新特点，另一方面美军在战争前、战争中实施的威慑行动，如海上拦截行动、空中禁飞行动等，以及战后重建行动中，其军事力量运用的战略考虑和方式方法与以往战争已大大不同。

1991 年 11 月，在美国参谋长联席会议制定和颁发的第 1 号联合出版物《美国武装部队的联合作战》中，第一次使用了“非战争行动”（Operations Other Than War，OOTW）概念，指出：“非战争行动，包括除战争以外所有运用军事力量的军事行动。”“在所有非战争行动中，我们的目标同样是促进国家安全，捍卫国家利益。”这一出版物是美军最高军事首脑机关的正式文书，在当时拟编写的 75 种（后实际为 7 个系列 112 种）联合条令中位居第一，[①] 其官方性和权威性无以质疑，它标志着美军非战争行动理论的诞生。

（二）理论确立

海湾战争后的 1992 年，老布什政府在其《国家安全战略报告》中

① 参见霍凤鸣：《美军非战争军事行动评述》，《国防大学教学研究资料》1997 年第 23 期，第 8 页；赵小卓：《美军新版〈联合作战纲要〉研究》，《外国军事学术》2007 年第 2 期，第 1 页。

明确提出“将注重全球威胁转移到注重地区性挑战和机遇上来”的新安全政策；美国国防部长在随后的国防报告提出了冷战后新的军事战略概念——“地区防御战略”,[①] 美国国家安全战略和军事战略进入全面调整时期。克林顿政府执政后，美国现实主义和保守主义的政治哲学理念得到一定抑制，从而创造了非战争军事行动理论进一步确立和发展的大环境。

1993 年 6 月，美国陆军历经两年的磨砺推敲，推出了《FMl00－5 号野战条令作战纲要》，首次将战争和非战争行动并列为基本军事行动范畴。该“作战纲要”指出，美国谋求使用军队在和平时期、冲突期间和战争三种环境中实现战略目的，并将在和平时期和冲突期间的军事活动列为非战争行动。该纲要专辟“非战争行动”一章，比较全面、系统和创新性地论述了非战争行动的理论意义、原则、行动类型等。这一理论成果几乎全盘进入同年 9 月美参联会正式颁布的《JP3－0 号联合作战纲要》,[②] 从而成为美军非战争军事行动理论的先声。1994 年，美参联会在《JP1－02 国防部军事和相关术语词典》中列入“非战争军事行动”（Military Operations Other Than War，MOOTW）条目，其比原术语多了“军事”（Military）一词，成为一个有权威定义、规范的军事术语。[③]

1995 年，在克林顿政府以“参与和扩展”为新思路的国家安全战略指导下，美国防部和参联会进一步酝酿提出了“灵活与选择参与”的军事战略，重新审视军事力量的职能，明确赋予美军三大任务：平时

---

① 《美国国防部长 1993 财政年度国防报告》，军事科学院外国军事研究部译，军事科学出版社，1993，第 3—5 页。

② 参见霍凤鸣：《美军非战争军事行动评述》，《国防大学教学研究资料》1997 年第 23 期，第 8 页。

③ 美参联会：《JP1－02 国防部军事和相关术语词典》，参见 US JCS, *JP1－02 Department of Defense Dictionary Military and Associated Terms*，March 23, 1994, p. 283。

建设性参与；慑止侵略和防止冲突；投入战争并取得胜利。此间，非战争军事行动理论开始进入全面推进时期。1995年2月，美参联会重新修订的《JP3-0号联合作战纲要》出版，该纲要以战争和非战争军事行动为基本军事范畴，专门设立章节，从美军联合作战角度全面论述了非战争军事行动理论，还提出了在多国联合行动中实施非战争军事行动问题。[①] 1995年6月，美参联会颁布了《JP3-07非战争军事行动联合纲要》。作为一个专门条令，该纲要对非战争军事行动的概念、性质、范畴、类型、行动原则等作了详尽和权威阐述，如“非战争军事行动集中力量于防止战争、解决冲突和促进和平”。[②] 这两个“纲要”标志着美军非战争军事行动理论完成了条令化，并在作战理论层面完整确立了该理论的地位，可谓美军非战争军事行动理论发展的里程碑。1997年，美参联会将“非战争军事行动”列入其新版《联合条令百科》的词条。[③] 这些有关非战争军事行动基本理论的表述，一直延续到美参联会2001年版的《JP3-0联合作战纲要》中。

（三）理论要义

非战争军事行动理论的诞生，一度冲淡了传统军事理论殿堂的“血腥气”，善良的人们甚至把它当作了一种和平、非战的理论。然而，美军“非战争军事行动”并不等于“和平行动”，“非战争”也不等于“非战”！在讨论该理论要义之前，有必要罗列一下它的主要表述：

定义。非战争军事行动，是指在除战争以外的军事行动范畴内使用

---

① 美参联会：《JP3-0联合作战纲要》，参见 US JCS, *JP3-0 Doctrine for Joint Operation*, February 1, 1995, Executive Summary, p. vii, Chapter Ⅰ, pp. V1-V13。

② 美参联会：《JP3-07非战争军事行动联合纲要》，参见 US JCS, *JP3-07 Joint Doctrine for Military Operations Other Than War*, June 16, 1995, Chapter Ⅰ, pp. Ⅰ-1。

③ 美参联会：《联合条令百科》，参见 US JCS, *The Joint Doctrine Encyclopedia*, July 16, 1997, pp. 512-520。

军事力量的行动。这些军事行动能够被用于补充任何其他国家力量手段，可在战前、战中和战后发生。非战争军事行动可能涉及平时、危机和战时的战斗和非战斗行动。涉及战斗的非战争军事行动，可能具备许多与战争相同的特征，包括主动的战斗行动和使用大部分作战能力。①

按照《JP3-07 非战争军事行动联合纲要》的列表，美军军事行动的基本范畴包括战争和非战争军事行动两类。如表 1 所示。

表 1　军事行动范畴

<table>
<tr><th colspan="3">军事行动</th><th>美国总体目标</th><th>示例</th></tr>
<tr><td rowspan="3">战斗</td><td colspan="2">战争</td><td>战斗
并赢得战争</td><td>大规模战斗行动：
进攻/防御/封锁</td></tr>
<tr><td rowspan="2">非战斗</td><td rowspan="2">非战争军事行动</td><td>慑止战争
和解决冲突</td><td>强制和平/非战斗人员撤离行动
攻击/袭击/显示力量
反恐/维和/反叛乱</td></tr>
<tr><td>促进和平</td><td>反恐/救灾/构建和平
国家援助/民事支援/缉毒
非战斗人员撤离行动</td></tr>
</table>

资料来源：美参联会：《JP3-07 非战争军事行动联合纲要》，参见 US JCS, *JP3-07 Joint Doctrine for Military Operations Other Than War*, June 16, 1995, Chapter Ⅰ, pp. Ⅰ-2。

功能及特点。非战争军事行动的政治目标具有首要性，贯穿战略到战术的各个层次。在战略方面，其对国家安全的功能在于：实施威慑，使潜在敌手由于害怕失败、代价沉重或后果严重而不愿行动；前沿存在，显示承诺，带给盟国信心，加强地区稳定；危机反应，选择适当的非战争军事行动对潜在和现实威胁进行快速反应。②

---

① 美参联会：《JP3-07 非战争军事行动联合纲要》，参见 US JCS, *JP3-07 Joint Doctrine for Military Operations Other Than War*, June 16, 1995, Chapter Ⅰ, pp. Ⅰ-1。

② 美参联会：《JP3-07 非战争军事行动联合纲要》，参见 US JCS, *JP3-07 Joint Doctrine for Military Operations Other Than War*, June 16, 1995, Chapter Ⅰ, pp. Ⅰ-3.

行动类型。根据美参联会1995年的《JP3-07非战争军事行动联合纲要》，下列表2中16种为美军非战争军事行动的基本类型。

表2 非战争军事行动类型

• 军备控制	• 国家援助/支援反叛乱
• 打击恐怖主义	• 非战斗人员撤离行动
• 国防部支援反毒品行动	• 和平行动
• 制裁与海上拦截行动	• 保护海运
• 强制禁区行动	• 恢复行动
• 确保航行和飞行自由	• 显示武力行动
• 人道主义援助	• 打击与袭击
• 支持民政当局行动	• 支持叛乱行动

资料来源：美参联会：《JP3-07非战争军事行动联合纲要》，参见US JCS, *JP3-07 Joint Doctrine for Military Operations Other Than War*, June 16, 1995, Chapter Ⅲ, pp. Ⅲ-1。

行动原则。在1995年2月美参联会《JP3-0号联合作战纲要》中，为“非战争军事行动”制定了六条原则，即：目标、统一、安全、克制、坚持、合法性。[①] 其后的《JP3-07非战争军事行动联合纲要》则对这些原则做了以下的引申：(1) 目标。以一个明确界定的、决定性的和可以达到的目标指导每一次军事行动。(2) 统一。力求每一次行动都达到行动的统一。(3) 安全。永不让敌方获得军事、政治，或信息优势。(4) 克制。谨慎地使用适度的军事能力。(5) 坚持。准备运用适度的、持久的军事能力来支持战略目标。(6) 合法性。投入的部队必须维持行动的合法性，并在适用的情况下维持东道国政府的合法性。[②]

根据以上表述，可以对美军非战争军事行动的理论要义做如下

---

① 美参联会：《JP3-0联合作战纲要》，参见US JCS, *JP3-0 Doctrine for Joint Operations*, February 1, 1995, Chapter V, pp. V-2.

② 美参联会：《JP3-07非战争军事行动联合纲要》，参见US JCS, *JP3-07 Joint Doctrine for Military Operations Other Than War*, June 16, 1995, Chapter Ⅱ, pp. Ⅱ-6。

解释。

第一，美军“非战争军事行动”是一种作战行动。它与战争行动并列为基本军事范畴，被定义为“除战争以外的”军事行动，并能够在任何时候作为国家力量手段的补充，它适用于冷战后美军广泛的海外军事行动，特别是“人道主义干涉”等非传统军事行动。

第二，美军“非战争军事行动”与战争行动具有同样的政治性和战略性，但与传统的大规模、持续的战争行动不同的是，其主要针对非传统安全威胁，并尽量采取威慑行动、和平行动和有限战斗行动，去赢得国家目标或保护国家利益。

第三，美军“非战争军事行动”并不意味“非战”行动，它有战斗和非战斗两种形式，还有二者交替或同步使用的情况。其非但不排除战斗行动，还强调主动的战斗行动和使用大部分作战能力。其行动是作战，本身没有和平合作含义，并不包括“平时建设性参与”行动。

第四，美军“非战争军事行动”与战争行动没有绝对分界线，可能发生在任何时候，可能随时相互转化，可能在战争前实施，也可能在战争中进行、与战争行动并存。

第五，美军“非战争军事行动”主要是发生在海外及国际行动中，甚至涉及多国和跨国机构，因而必须考虑行动的合法、合作和联合问题。

可见，非战争军事行动理论并没有改变美军传统军事理论的本质，它是一种作战理论，是在新形势下为强化美军海外行动、争取合法性而进行的作战理论创新。

二、美军非战争军事行动理论的“中止”

美军非战争军事行动理论在产生和发展过程中始终存在一定歧见，

而“9·11”事件后美国家安全战略的改变和国防、军事战略的转型，直接导致了这一理论形式的“中止”。

（一）理论歧见

美军非战争军事行动理论是冷战后美军作战理论的一个重大变化，其着重应对的是20世纪90年代后美军在海外干涉行动中所进行的一系列战争以外的军事行动实践，特别是针对非传统安全威胁，以及非传统的军事行动，如强制和平、海上拦截、反恐怖主义、人道主义救援行动等。对此，美军内部意见并不统一，主要集中于两点：一是“非战争军事行动”的具体军事行动范畴。有的认为仅包括非传统安全领域的军事行动，有的则认为它应该包括战争以外的一切军事行动，如威慑、危机反应、安全合作等。二是“非战争军事行动”作为一个基本军事范畴可能产生的影响。有的认为根据非战争军事行动的新需求，应该相应调整部队结构、装备、条令以及训练，有的则认为非战争军事行动属于低强度冲突，不需要作上述调整；还有的担心关注和准备非战争军事行动可能影响到传统的战备训练。① 美国海军也曾不完全认同这一理论，认为海军“时刻在全球保持警惕”，从成立之初就在进行这类远征海外的“海上作战行动”，非战争军事行动不是新事物。在《美国国防部长1995财年国防报告》第七部分“例行的报告”中，美陆军部长和空军部长的报告都提出并强调了非战争军事行动的重要性，但海军部长却没有用这一新名词。② 其后，在美《海军作战纲要》中虽写入了非战争军事行动，但与威慑、前沿存在、海运、联合作战行动和战时行动相

① Jennifer Morrison Taw, *Operations Other Than War* (RAND Corporation, 1995), Foreword, pp. 1-3.

② 《美国国防部长1995财年国防报告》，军事科学院外军研究部译，军事科学出版社，1994，第343—346页。

并列，范围显然小得多。[①]

在战略层次，美国国防部这一时期的战略文件对非战争军事行动理论的认同度也不高。1993 年，美国国防部用了 7 个月时间，针对冷战后美国“失去了苏联威胁这一衡量国防的客观标准”，并“有很大的压力”要求削减国防预算等尖锐问题，形成了一个《防务全面审查报告》。这一堪称冷战后国防和军事战略新起点的重要战略文件，提出美国的武装力量规模主要针对 4 种威胁（新的核威胁、地区侵略、民主改革国家失败后的内乱、非传统安全问题）和取决于准备同时打赢两场大规模地区冲突，并以大规模地区冲突、海外军事存在、实施强制和平或干预行动的小规模冲突和危机、遏制大规模毁伤武器攻击等 4 种军事行动，作为评估军事力量结构方案合理性的基本类型。1994 年 1 月，美国防部在 1995 财年国防报告中，提到了上述《防务全面审查报告》中 4 种军事行动以外的“维持和平、人道主义援助和反恐怖主义”等其他类型的行动，但认为“这些活动不是决定总的军事力量结构的主要因素”。[②] 这些都与 1993 年 6 月美国陆军《FMl00-5 号野战条令作战纲要》和同年 9 月美参联会颁布《JP3-0 联合作战纲要》所确定的“战争”和“非战争行动”两个基本“军事范畴”明显不同。

1996 年，美参联会推出了《2010 年联合作战构想》。这份集中于创新作战理论和作战方式的“构想”，虽然涉及了上一年度颁发的《JP3-07 非战争军事行动联合纲要》中相关行动范畴，但却没有强调“非战争军事行动”，而是创造性地提出了体现信息时代特征的 4 项新

① 美国海军、海军陆战队：《海军作战纲要——美国海军第 1 号条令》（1994 年 3 月），海军指挥学院外军教研室译，海军指挥学院参考教材，2000，第 7—13 页。

② 《美国国防部长 1995 财年国防报告》，军事科学院外军研究部译，军事科学出版社，1994，第 17 页。

的作战原则：制敌机动、精确打击、全维保护和聚焦式后勤，突出强调美国“利益和政策的连续性可能大大高于变化”，强调“美军的首要任务是慑止冲突。但是如果慑止行动失败，就要为国家作战并取胜”。[①]这个构想凸显了美军传统战争思维的回归，特别是对信息化战争特点的把握和对美军“全谱优势”的强烈追求。

1997 年，美国国防部发布《四年防务审查报告》。这份战略文件评估了至 2015 年一段时期的全球安全环境，强调“世界仍充满了危险和不确定性”，美国面临“各种不同的地区性威胁”，可能出现一个地区性大国或是全球性的竞争对手（暗指俄罗斯和中国），还有包括大规模杀伤性武器扩散的传统威胁和跨国犯罪的非传统威胁。该报告提出了“塑造、反应、准备”的防务战略，[②] 其中涉及了大量非战争军事行动理论范畴的问题，但“非战争军事行动”这一词组仍旧没有出现在国防部这一重要的战略文件中。

上述战略文件尽管没有直接的论述不同意见，但美军非战争军事行动理论从确立之初就存在歧见、没有获得强势地位，更没有登上美军战略理论的殿堂，并且随着美国新干涉主义和新联合作战理论的发展逐渐呈现弱化趋势和悄然变化，是可以认定的。

（二）理论“中止”

在非战争军事行动理论发展的过程中，美军从不讳言其中的争论和歧见，正如美国兰德公司的研究报告所说，“对非战争军事行动理论的争论是有意义的，可最终导致形成一支平衡的军队。但美军迫切需要进

① 潘俊峰等编译：《备战 2020——美军 21 世纪初构想》，军事科学院外军研究部译，军事科学出版社，2001，第 96—97 页。

② 同上书，第 5—13 页。

行相应的调整，因为进行非战争军事行动不能等到争论结束后再进行。可以进行一些简单的调整，以有助于部队更好地应对非战争军事行动，同时也不会更多地牺牲战备工作”。[①] 因此，在 1995 年美参联会颁发新版《JP3-0 联合作战纲要》和《JP3-07 非战争军事行动联合纲要》后，美军非战争军事行动理论仍旧按照其理论逻辑在不断发展。

1996 年，美军启动了《多国作战联合条令》的编写，“非战争军事行动”的概念和理论开始走向海外，在美国各军种内也达成共识，空军、海军、太空运用、信息作战等分类条令中都陆续出现了这一术语及相关理论表述。在 1997 年召开的美国国际海上力量研讨会上，“海军非战争军事行动”成为一个讨论专题，参联会《多国作战联合条令》（草案）也在会上列入讨论程序。此后，这一理论逐渐得到一些美国以外国家的基本认可或部分认可。1998 年 9 月，北约修订再版了《AJP-01（A）北约联合作战条令》，对北约非战争军事行动作出定义，部分认同了美国划定的非战争军事行动范围，如和平支援行动、人道主义行动、搜寻与救援行动等，但有的则不认同，如对反暴乱、反恐怖主义、非战斗人员撤离、对民事当局的军事活动、禁毒、实施制裁行动等。2000 年 4 月，美参联会正式颁发《多国作战联合条令》，“非战争军事行动”成为其中专门的一章，并根据多国联合行动的特点，将行动类型概括为 12 种（反恐怖、国防部支持反毒品行动、强制实行制裁与海上拦截行动、强制建立禁区、确保航行和飞越自由、外国人道主义援助、国家援助和支持反暴动、非战斗人员撤离、和平行动、保护海运、显示武力行动、军备控制）。[②] 此后，不但英、法等西方国家接受了美军这一理论，

① Jennifer Morrison Taw, *Operations Other Than War* (RAND Corporation, 1995), Foreword, pp. 1-3.

② 美参联会：《多国作战联合条令》，军事科学院外军研究部译，军事科学出版社，2001，第 8—15 页。

世界一些发展中的大国，如中国、印度，也都关注到了美军的这一理论，研究评论和应用建议日益增多。

然而，2001年的“9·11”事件，改变了美国对国际和国家安全环境的基本判断，也改变了其安全战略和国防战略的走向。小布什政府在2001年9月20日推出的《美国国家安全战略报告》认为，美国面临的“最严重危险在于极端主义和技术的结合”，“出于常理和为了自卫，美国将在此类新的威胁完全形成之前对其采取行动”。随即，美国国防部也推出了新的《四年防务评估报告》，提出要“把制定防务计划的基础由过去一直占主导地位的‘基于威胁’模式转变为面向未来的‘基于能力’模式”，以“先发制人”的军事战略指导美军“转型”，新的国防战略已经远离了1997年提出的“塑造—反应—准备”的内容，而以“确保、阻止、威慑、击败”四个关键词来表达。[①] 于是，美军“探索新的作战理论和作战能力”等信息化条件下的强势战争思维明显占据上风，从而淹没了“非战争军事行动”这一理论形式生存和继续发展的环境。

2006年9月，美参联会新版《JP3-0联合作战纲要》对美军作战理论进行了多处重要修改。作为今后一段时期“指导美国武装部队在军事行动的范畴内实施联合作战的理论基础和基本原则”的“纲领性文件”，该纲要“修改了军事行动的范畴”，将“战争”和“非战争军事行动”两类军事行动范畴修改为“大规模作战行动和战役”“危机反应与有限应急行动”及“军事接触、安全合作和威慑行动”三大类，并明确指出：“将联合出版物《JP3-07非战争军事行动联合纲要》并入联合出版物《JP3-0联合作战纲要》，不再使用‘非战争军事行动’

① 米谢勒·弗卢努瓦编《2001年四年防务评估》，上海社会科学院国际战略研究中心编译，国防大学出版社，2003，《前言》，第7页。

这一术语及其缩写词（MOOTW）。”[①] 这一重大修改，标志着美军对非战争军事行动这一理论形式的中止。

（三）“中止”非“终止”

然而，进一步分析美参联会2006年新版《JP3-0联合作战纲要》，可以看出，美军“中止”的仅仅是非战争军事行动理论形式，并不等于这一理论实质上的寿终正寝。

其一，新版《JP3-0联合作战纲要》关于基本军事行动范畴修改，并没有取消非战争军事行动的内容。其中，“大规模作战行动和战役”替代了“战争”的行动范畴，“危机反应和有限应急行动”则替代了原来“非战争军事行动”的范畴，而专门表述的“军事接触、安全合作和威慑行动”，无疑更加扩大了非战争军事行动的范畴和内涵（见表3）。

表3 军事行动的范畴

←————→ 大规模作战行动和战役 / 危机反应和有限应急行动
军事接触、安全合作和威慑行动

资料来源：美参联会：《JP3-0联合作战纲要》，参见 US JCS, *JP3-0 Joint Operations*, September 17, 2006, Chapter Ⅰ, p. Ⅰ-8 。

从新版《JP3-0联合作战纲要》规定的20类具体军事行动类型来看，除了“大规模作战行动”和“国土防御”外，其他军事行动类型均为原来的“非战争军事行动”及其引申和完善，并体现了近年来最新的作战理论成果，如“后果管控”和“日常例行的军事活动”等。

① 美参联会：《JP3-0联合作战纲要》，参见 US JCS, *JP3-0 Joint Operations*, September 17, 2006, Preface, p. ⅲ。

可见，新版《JP3-0联合作战纲要》虽然从基本军事行动范畴上取消了“非战争军事行动”的类型，但就具体行动内容而言，并不是取消，而是“并入”（见表4）。

表4 军事行动的类型

• 大规模作战行动	• 支援叛乱行动
• 国土防御	• 反叛乱行动
• 民事支援	• 与恐怖主义战斗
• 打击	• 非战斗人员后送行动
• 袭击	• 恢复行动
• 显示武力	• 后果管控
• 实施制裁	• 国外人道主义援助
• 保护海运	• 国家援助
• 航行自由	• 军备控制和裁军
• 和平行动	• 日常例行的军事活动

资料来源：美参联会：《JP3-0联合作战纲要》，参见 US JCS, *JP3-0 Joint Operations*, September 17, 2006, Chapter Ⅰ, p. Ⅰ-7。

其二，新版《JP3-0联合作战纲要》关于联合作战行动原则的论述，纳入了非战争军事行动的三项核心原则。它指出，“联合作战条令是处于动态变化中的。尽管联合作战理论从开始就一直与历史上的九大战争原则保持着一致，但是不断丰富的遂行军事行动范围内所有任务的经验已经表明，另外三项原则也可以应用于联合作战行动。它们共同构成了……12项联合作战原则”。而这三项“其他原则”（见表5），无疑是非战争军事行动原则的三项最有新意、最核心、最反映其本质和特性的原则，这也证明新版《JP3-0联合作战纲要》“并入”了“非战争军事行动”的基本内容。

表 5　联合作战原则

战争的原则	其他原则
（1）目的 （2）进攻 （3）集中 （4）节约兵力 （5）机动 （6）统一指挥 （7）安全 （8）突然性 （9）简明性	（1）约束 （2）持久 （3）合法

资料来源：美参联会：《JP3-0 联合作战纲要》，参见 US JCS, *JP3-0 Joint Operations*, September 17, 2006, Chapter Ⅱ, pp. Ⅱ-2 。

上述两项内容，都是非战争军事行动的核心内容，都被完整保留下来。这说明，尽管新作战纲要的理论逻辑和表述方式改变了，但“非战争军事行动”所概括的军事行动范畴和作战原则并没有被废弃，这一理论被“中止”而非“终止”。从哲学的和历史的视角看，美军先是将非战争军事行动理论从传统作战理论中分离出来，在发展过程中又将其并入新的作战理论，显示了一个螺旋式上升轨迹。就非战争军事行动理论来说，它不是被弱化，而是被强化，因为它在新的历史条件下融入了美军整体作战理论。而这一理论今后是否会再次进入一个“合而又分”的新过程，理论上是可能的，但这不取决于哲学学理，而是历史机遇，因为它需要与美国国家安全战略和军事战略的发展相联系、相匹配。

三、如何看待美军的非战争军事行动理论

美军非战争军事行动理论从兴起到“中止”，前后仅 15 年，可谓命

运多舛。如何看待这一理论的兴起和“中止”？它有无理论价值和借鉴意义？它能否对未来的军事理论和实践继续产生影响？值得分析和探讨。

（一）一个有价值的理论

理论是对实践的解读和抽象。一个理论是否有价值，在于它是否正确认识解读了相关实践，并对其本质特点和规律进行了正确的理论抽象。非战争军事行动的理论价值，可以做如下评估。

首先，非战争军事行动理论正确认识和解读了冷战后国际形势的变化及其对传统军事行动的影响，具有历史的合理性。冷战后，由于苏联的解体，新的世界大战危险不复存在，直接用于大规模战争的传统军事行动的机会和意义也大大下降，而非传统安全威胁和非传统的军事行动却在大量涌现。特别是经济全球化使国家利益溢出不可避免，“军事介入”以维护国家利益和国际安全也就不可避免。美国认为，“这种军事介入不同于传统的战争行动，而是一种非战争军事行动。包括非战斗人员后撤、救灾、人道主义救援、维和、强制维和、反恐怖主义等”。于是，“美军就会面临着更新而且更复杂的挑战，需要对这种挑战进行评估，确认是否需要对条令、训练、装备以及部队结构进行调整以确保行动更为有效”。[①] 非战争军事行动理论就是在这样的背景下诞生的，应当说，尽管其理论初衷主要来自美国充当“世界领袖”的政治意愿、实施新干涉主义的军事行动需求，以及为冷战后美国继续保持强大的军力和军费提供支撑，但这一理论对冷战后国际形势的变化及其对传统军事行动影响的认识和解读是客观的、正确的，它为应对这一变化和指导新的军事实践创造了一个系统的、可操作的完整理论，并使这一理论从根本上具备了时代的和历史的合理内核。

---

① Jennifer Morrison Taw, *Operations Other Than War* (RAND Corporation, 1995), Foreword, pp. 1-3.

其次，非战争军事行动理论使军事行动摆脱了传统战争理论的整体捆绑，引导了军事和战争思维发展的新逻辑。在历史长河中，战争总是比非战争时期少得多，非战争军事行动并非一个新实践。然而，军队生来为打仗，军事行动与战争有天然因缘，千百年来人类从未挑战过这一天经地义的事实。非战争军事行动理论第一次将“军事行动”与“非战争”组合成一个新概念，揭示了这一本来就客观存在的军事实践，同时引入了一个新的理论逻辑：它让人们分类认识军事行动的意义，思考当代军事行为和军事理论可能的发展方向及趋势，评估“战争以外”军事行动的地位作用，并将美苏冷战时期发展起来的“有限战争”“低强度冲突”“和平行动”“安全合作”等理论推进到一个新阶段。这对于军事理论的发展而言，显然是很有意义的。

最后，非战争军事行动理论为在当代复杂国际环境下有效发挥军队职能提供了广阔的空间，同时为降低政治风险提供了新思路。冷战后，和平与发展成为时代主题，但战争危险依然存在。国际安全环境中充满复杂和不确定因素，致使以战争手段解决矛盾和冲突的政治风险大大提高，概率大大减少。如何定位军队职能，如何确定军队建设规模，如何有效发挥军队维护国家安全和国际安全的作用，是每一个国家军队建设面临的新问题。非战争军事行动理论的出现，为当代军队的进一步发展提供了新依据，为有效发挥军队职能提供了广阔空间，也为国家和军事当局正确运用军事力量，在维护国家安全利益的同时降低政治风险提供了新思路。

这些既是非战争军事行动理论的价值，也是该理论之所以兴起的基本原因。

（二）一个存在悖论的理论

与美军非战争军事行动理论兴起一样，该理论“中止”也有深刻的原因。其中最根本的，是该理论与美国主流战略思维和战略政策之间存在一定悖论，而极端的“9·11”事件所带来的形势突变又彰显了这一悖论，从而成为美军“中止”这一理论的直接原因。

美国的历史是一部扩张史，扩张性是美国战略思维的基本特点之一，但表现方式不尽相同。在美国国家安全战略和军事战略的选择上，历来有两条贯穿始终的主线，一是战略政策上孤立主义和干涉主义的争论，二是战略哲学上现实主义和理想主义的争论。简单说，在战略政策方面，孤立主义主张战略收缩，闭门发展；干涉主义主张战略进攻，加强国际社会参与。在战略哲学方面，现实主义和理想主义都具有扩张性和进攻性特征，但在战略目标和手段的选择上，现实主义以权力为目标，追求实力手段；理想主义以安全为目标，追求建立国际机制、国际法和国际组织并在其中充当领导。进入现代社会，这两条主线相互影响，总体上趋同性增加，但在不同时期国际国内形势、党派和个人因素的作用下，有不同的表现。由于美国战略思维的扩张性，决定了干涉主义是其战略和政策的主导倾向，也决定了无论是信奉理想主义还是现实主义的美国领导人，都要追求美国经济利益的最大化，都要争取美国在世界上的最高权力和领导地位，以及军事上的绝对优势。这是当代美国的主流战略思维和基本战略政策。①

冷战后，美国取得了“一超”独大的霸权地位。“美国的战略利益被定义得更加宽泛，不仅包括促进民主，还包括维护世界和平、人权和进行国际救助……既然美国比过去更愿意使用军事力量遂行不同于传统战争行动的作战行动，美军就应展开必要的部署，遂行人道主义救援、维和、强制和平，难民控制，非战斗人员后撤，国内防卫等行动”。②

① 参见许嘉：《美国战略思维研究》，军事科学出版社，2003，第69—80页。

② Jennifer Morrison Taw, *Operations Other Than War* (RAND Corporation, 1995), Foreword, pp. 1-3.

于是，美军非战争军事行动取得了基本军事范畴的地位。其一，一方面，它被定义为“除战争以外”的军事行动，给予人们无限的想象和发展空间，几乎包罗了“大规模作战行动”以外的全部军事行动，显然挤占了军队本原的战争功能空间；另一方面，它从理论上论证了美军作战任务的变化，大大降低了作战的强度，突出了特种作战的地位，并引发了对条令、训练、装备以及部队结构进行调整的舆论，以致在某种程度上改变了美军的传统形象，这显然与美国的主流战略思维和战略政策形成悖论。其二，当时美国国家安全战略和军事战略，以“参与和扩展”命名，对威胁的判断虽有改变但程度仍然很高，对作战手段的认定也一如既往没有改变，甚至“准备同时打赢两场大规模地区冲突”，其后又以信息化“全谱优势”为军队建设目标。[1] 而非战争军事行动的作战理论主要立足于非传统安全威胁，试图改变作战手段，以及相应的条令、装备和训练的设想，显然与战略理论之间形成悖论。这也或许是美国国防和军事战略始终没有对这一理论进行正面回应和认可的原因所在。其三，非战争军事行动理论作为一个新兴的理论，在运行的过程中受到实践的挑战，或者说与实践形成某种悖论。比如，“军事介入”行动并不都是非战争军事行动，如科索沃战争、伊拉克战争；应对有些非传统安全威胁也并非都是低强度冲突，如恐怖主义威胁、强制和平行动等。

更为重要的是，“9·11”事件的发生，使美国国家安全战略和军事战略思维迅速向传统回归，随即发生了阿富汗战争，“先发制人”战略确立。2001 年 12 月 11 日，小布什总统在美国查尔斯顿堡军校发表强硬讲话说：“冷战结束时，有些人认为，美国受到直接威胁的时代结束

① 《美国国防部长 1995 财年国防报告》，军事科学院外军研究部译，军事科学出版社，1994，第 17 页。

了；有人认为，我们的军队将用于海外作战——不是去赢得战争，而主要是去维持秩序与和平，去控制骚乱和种族冲突。他们错了。”他指出，为了赢得“反恐怖战争”的胜利，“美国必须再次改变我们的军事思维和作战方式”，实施新的军事打击，向恐怖活动及其支持者开战，因此“加速军事转型是美国当前的第一要务”。[①] 此后，美国国防部出台了一系列有关军事转型的战略文件，各军兵种都推出了其“转型路线图”，美军的战略理论和作战理论再次达到空前一致，而“中止”非战争军事行动理论也就是必然的了。

（三）一个需要“扬弃”的理论

非战争军事行动理论在20世纪90年代由美军推出有其历史的偶然性，但其中又蕴含着不容否认的历史必然性。一方面，它既是人类对20世纪两次世界大战、对战争及军队功能的反思，也是冷战实践中特别是核军备竞赛中军事威慑理论和战争控制理论的发展，更是冷战后和平与发展成为主题的时代产物，它直接反映了常规军在新形势下、在战争行动以外强化自身功能、谋求新发展的追求，具有历史的进步性和时代的同步性，它不应该，也不会由于美军的“中止”而终止。另一方面，它在美军中发生的理论悖论，可以通过理论的“扬弃”和发展完善去克服。事实上，它在世界各国的关注下正在发生着异化，或者说正在被修正。现在的问题是，如何使这种“扬弃”更加理性和科学。笔者以为，以下几点是重要的。

概念和范畴的认定。美军非战争军事行动“中止”的重要原因之一，是对非战争军事行动作为基本军事范畴的不认同，进而质疑

① 刘克俭：《新世纪美国军事转型计划——美军转型路线图文件汇编》，军事科学出版社，2003，第1—4页。

“除战争以外”的具体军事行动类型。事实上，二战以后，随着联合国及其《联合国宪章》的诞生，随意发动战争已经成为非法，采取战争手段顾虑重重；而冷战结束以后，和平与发展成为时代主题，战争概率更低，“9·11”事件也并没有改变这一现实。而非战争时期的延长既然是一个不争的事实，那么非战争军事行动的大量存在也就具有了客观性和合理性，应当对其基本概念和范畴给予认定：其基本概念是“除战争以外的军事行动”，其基本范畴包括应对非传统安全威胁的军事行动类型，同时也应包括应对传统安全威胁的军事行动类型，如例行性的军事行动、威慑、危机反应以及安全合作等。

地位和功能的辩证。美军非战争军事行动理论把这一行动定义为可以发生在战争前、战争中和战争后是正确的，问题是它没有成功解释非战争军事行动与战争行动之间的关系，以至于非战争军事行动挤压了军队的传统功能。事实上，两类行动作为基本军事范畴，是军队功能在不同作战环境中的不同形式，其本质是相同的，也是不须以数量论主次的。自阶级产生以来，战争与和平就是一对难以分解的矛盾，军队作为社会结构中不可或缺的一部分，基本功能从来都是应对战争，但同时也应对战争与和平的相互转化，非战争军事行动亦是如此。而今天之所以区分战争与非战争军事行动，是时代使然，形势使然，理性使然，政治使然，是为了在全球化时代发挥军队维护国家安全、应对共同威胁、维护世界和平的作用。从这一点说，它不需要重新考虑另一套军队结构、装备、条令、训练等，但需要补充相关内容。

作战理论与战略理论的接轨。美军非战争军事行动理论在作战理论层面上充分认识和关注了该类行动的政治性，但由于顶层战略理论的不匹配导致了理论悖论，这是美国军事传统和“9·11”事件后“先发制人”军事战略导致的必然结果。也正在于此，这一理论本应与最具国际性的海军相联系，却受到美国海军的怠慢而受到陆军的青睐。然而，非战争军事行动理论的价值在于它的时代性，在于它动摇了传统军事思维和战争思维，其自身理论逻辑呼唤另一类与之接轨的战略理论，包括当代军队的非战争运用理论，而唯此才能消除悖论，获取活力，这或许是任何一个信奉历史唯物主义、遵循历史规则的国家未来军事理论建树的重要内容之一。同时还应当看到，它要成为一个成熟理论，还有很长的路要走。

国际法与国际合作的拓展。美军非战争军事行动理论，主要目的是支撑冷战后美国新干涉主义的全球军事行动，但也一定程度上反映了在经济全球化大势下，国家（尤其是大国）常备军承担国际义务、走向国际化的历史进程。非战争军事行动理论要继续生存和发展，必须将国际军事合作行动与联合军事干涉行动区分开来，并根据新的国际实践发展国际法。比如，进入别国领土实施的非战争军事行动，仅有联合国在维和行动方面的法规已远远不够，建立与非战争军事行动，特别是国际非战争联合军事行动相适应的新的国际法规势在必行。

认识是一个过程。以上所论，只是笔者对美军非战争军事行动理论的一孔之见，难免疏漏或偏颇。期望引起讨论，期望认识深化，期望中国军队在借鉴该理论之时有一个坚实的研究基础。

中国特色海权理论研究发展历程[*]

19 世纪末 20 世纪初，美国人 A. T. 马汉推出了《海权对历史的影响（1660—1783）》等三部著作，此后又有《海军战略》等著作问世。一时间海权理论风靡西方国家，尤其是成为支撑美国崛起的重要理论。中国是一个传统的大陆国家，学界、政界对海权的认识长期游离在矛盾、犹豫、纠结甚至排斥之中。然而，随着中国改革开放的深入，海洋的战略地位扶摇而上，重新审视、"扬弃"这一曾对大国兴衰产生重要影响的理论，已是势所必然。

一、历史呼唤：当代中国海权理论研究的兴起

两次鸦片战争后，中国兴起了以军事自强为核心的洋务运动，一度将建设北洋海军放在了优先地位。1885 年，在驻德公使李凤苞节译的《海战新义》一书中，首次出现了"海权"这一概念的译法。1890 年，马汉第一部海权著作问世，很快被译成德、法、俄、日等文本，德皇威廉二世和日本天皇对这一理论的重视和运用，直接影响了这两个国家的海军发展和崛起进程。但直至 1900 年，由日本人剑潭钓徒翻译的《海

---

* 本文发表于《人民论坛学术前沿》2012 年第 7 期（上），第 28 页；由美国海军战争学院翻译并刊载于该院学报 *Naval War College Review*, Autumn 2015, p. 246。

上权力要素论》在上海的《亚东时报》上连载，马汉关于海权“六要素”的经典论述，方才第一次与中国读者见面。[1] 这当然与甲午战败、海军一蹶不振有关。辛亥革命前后，孙中山先生曾多次谈及中国海权问题，然无奈列强纷至，国势衰微，只留下了“伤心问东亚海权”的浩叹。

中华人民共和国建立后的一段时间，对帝国主义百年侵略的深痛、意识形态严重对抗的新创，都阻碍着西方这一理论的进入。1978 年，中国最权威学刊之一的《历史研究》发表了冯承柏、李元良《马汉的海上实力论》，认为该理论“为帝国主义制定了一幅依靠海上力量，夺取制海权，重新分割殖民地，争夺世界霸权的蓝图”。“它代表了垄断资产阶级的利益和要求，并从理论上和战略上论证了海上实力在争夺世界霸权中所占的地位和作用”。文章还批判了“二十世纪俄国的马汉”、苏联海军总司令谢·格·戈尔什科夫极力宣扬的“海洋霸权主义”，认为，它导引了苏联步当年老沙皇和美帝国主义的后尘，建设远洋进攻性海军，并使之成为“实现其控制海洋，夺取欧洲，称霸世界的反革命全球战略的重要力量”和以强凌弱的“凶恶工具”。[2] 文章代表了这一时期中国人对马汉海权理论的基本认识。

1978 年，党的十一届三中全会掀起了改革开放的大潮，中国人开始进入海洋、走向世界，开始理性地认识海洋与中华民族生存和发展的关系，海洋观发生了质的飞跃，同时也开始重新审视海权理论。1985 年，人民海军舰艇编队第一次走出国门出访，成为真正的“国际性军种”，而推展“近海防御”的战略思想，也成为中国海军发展的新方向。这导引了 20 世纪 90 年代后重新研究海权理论的热潮。

---

① 参见海军司令部该书编辑部编著：《近代中国海军》，海潮出版社，1994，第 1121 页。

② 冯承柏、李元良：《马汉的海上实力论》，《历史研究》1978 年第 2 期，第 73—79 页。

1991 年，海洋出版社出版了我国第一套《海洋意识》丛书，其中由张炜、许华所著的《海权与兴衰》，也就成为国内第一本公开出版的关于海权的论著。该书以马克思“两类自然富源”的理论为基础，从文化初期东西方自然地理环境的分析入手，从中国与西方文明历史对比的角度，论述了中国代表的陆地文明与地中海国家代表的海洋文明的不同性质，“前者以农为本，受自然经济规律的支配；后者则以商为本，受商品经济规律的支配”。指出海权产生的根源是海洋国家间由贸易开启的经济利益冲突。以海上贸易兴国的国家，需要控制海上通道，占领向往的市场，同时阻止他国的控制和占领。这是一种国家的权力要求，权力属于政治范畴，而政治是充满暴力的。于是，一些商船开始载上军队，随着船的职能专门化，海军诞生。因而在地中海、大西洋国家你更我替、此兴彼衰的背后，“隐藏着一把无形的巨剑——海权”。该书认为，“国家为着自身经济、政治利益的实现，运用海上力量（主要是海军）去控制海洋，便称之为海权”，它是基于几百年的争夺海洋控制权历史的分析，将海洋与国家的政治、经济、军事利益联系起来思考而抽象出来的一个概念；它并不注重研究海权本身，而是站在国家战略的角度研究海权的运用，具有国家最高层次战略理论的性质。辩证地看，马汉海权理论是以资本主义海权产生、发展为研究对象的，带有强烈的阶级性和时代特征，但具有“合理内核”：它正确认识与把握了资本主义产生与发展规律，它从国家战略高度考虑对海洋的利用和控制，从而对国家兴衰产生了巨大作用。①

1998 年，章示平所著《中国海权》由人民日报出版社出版。作者以强烈的忧患意识，纵古论今，认为，人类历史上曾经强盛和目前仍然强盛的国家和民族，都拥有过或者仍然拥有着海权。中华民族是世界上

① 张炜、许华：《海权与兴衰》，海洋出版社，1991，第 4、第 110 页。

最早走向海洋的民族，但“海权”对于中国人始终是一个陌生的字眼。该书认为，海权是一个历史范畴，其内涵随着人类社会的发展特别是海洋观的发展不断发生着变化，“用最简洁的语言说，海权就是海洋空间活动的自由权”。[①] 作者强调，对于一个海洋国家或者民族来说，拥有海权并不是目的，而只是一种手段，一种保证本国家、本民族生存与可持续发展不可或缺的手段。该书将海权区分为纯军事海权和综合性海权。军事海权是指交战一方在一定时间内对一定海洋区域的控制权；综合性海权包括政治、经济、军事各要素，是指一个国家在一定时间内在一定海洋区域的活动自由权。二者紧密联系，一个国家如果没有一定的综合国力，就不可能拥有军事海权；而没有一定的军事海权，也不可能拥有综合性海权。该书提出当今世界海权的四要素：海上武力、海上实体、海洋开发和海洋法制。

2000 年，海潮出版社隆重推出王生荣著《海洋大国与海权争夺》，该书以美国马汉“首创‘海权论’”、苏联戈尔什科夫“重塑‘国家海权’新概念”，以及美国莱曼[②]“对马汉‘海权’思想的复兴”为标题，进一步系统解读了“海权论”经典学说，系统研究和论述了西方海权发展的历史。[③] 在这本书中，作者对马汉海权的解读是：海权是一个重要的历史因素或历史过程；海权的经济基础是指对海洋的利用权益，即经济海权；海权的上层建筑是指对海洋控制的权势，即军事海权；海权的培育、生长和发展依赖于一个国家的地理位置，自然形态构成、领土范围、人口数量、国民性格和政府特征六大独特的地理要素。他认为，戈尔什科夫关于“开发世界海洋和保护国家利益，这两种手

① 章示平：《中国海权》，人民日报出版社，1998，第 228 页。
② 小约翰·莱曼，1981—1987 年任美国海军部长，著《制海权》。
③ 王生荣：《海洋大国与海权争夺》，海潮出版社，2000，第 25—60 页。

段有机构成的总和，便是海权。一定国家的海权，决定着利用海洋所具有的军事与经济价值而达到其目的之能力”的“国家海权”概念，要比马汉海权的概念包含更丰富的内涵。这本著作与章士平的《中国海权》有共同特点，就是对现代海权的深刻思考，认为中国必须发展海权，因为“21 世纪的世界，依然是人‘与狼共舞’”，[①]“未来的世界海洋仍然是海权的强国天下”。[②]

这一时期，有关海权论译著也陆续问世。如：苏联戈尔什科夫的《国家海上威力》、美国马汉的《海权对历史的影响（1660—1783）》和《海军战略》、马汉著作辑录《海权论》、美国莱曼的《制海权》等。国内有关海权问题的专著和涉及海权问题的论著也越来越多。如杨新华、时平的《中华海权与历史文化》，秦天、霍小勇的《中华海权史论》、刘一建的《制海权与海军战略》，陆儒德的《海洋·国家·海权》，还有海军司令部的《近代中国海军》、程广中的《地缘战略论》等，都对马汉的海权论进行了客观解读和评价。

这说明，随着中国改革开放的历史进程，越来越多的中国人的海洋意识在觉醒，越来越多的中国学人在思考中国的海权问题，这是历史的呼唤。

二、理论辩证：中国海权的性质

海权的英文原文为“sea power”。从翻译的角度，“sea power”可译为海上力量，海上实力，海上强国等。作为一个政治词汇、一个战略概念，译作海权或许最贴近马汉的原意。因为，用“sea”这个名词表

---

① 章示平：《中国海权》，人民日报出版社，1998，《前言》，第 3 页。
② 王生荣：《海洋大国与海权争夺》，海潮出版社，2000，第 338 页。

述海洋比较正式，马汉说他是经过深思熟虑后选用的，故意避开“maritime”这个通俗的形容词，为的是迫使人们注意并流行；而将“power”赋予“权力”的含义，比“力量”更具政治色彩。或许是“海权”这个概念过于政治化，或许是其“出身不好”，因而，尽管一部分中国人在强力呼唤中国海权，但另一部分中国人至今仍旧对它存有疑虑。进入21世纪，当中国和平崛起举世瞩目的时候，当中国国防现代化及海军现代化迅速发展的时候，当“中国威胁论”特别是“中国海军威胁论”在国际社会不断出现的时候，中国要不要发展海权的问题再次引起讨论。

2003年以来，以张文木为代表的“海权派”在中国文坛上格外引人注目。从《论中国海权》到《世界地缘政治体系中的中国国家安全利益分析》，从《制海权与大国兴衰的历史》到《大国崛起的逻辑》，发表了若干篇有关海权的论文和著作。作者认为，资源是地缘政治学说演绎的逻辑原点，围绕这一原点，人类对地理的控制手段经过了从制陆权到制海权的演变。因为工业革命出现以后，人类的生存和获取财富的生产方式发生了变化。一国经济的发展，已冲出国界并与世界市场和世界资源相互依存为一体。而与世界联系的最方便的载体就是海洋，最简捷的途径就是海上通道。在资本全球化时代，谁拥有强大的海军并有效地控制海上通道，谁就在国际利益分割中居优势地位。① 历史的事实是，贸易首先随炮舰而非随合同同行。任何一个贸易大国同时也都是海上力量大国。制海权问题即世界问题。今日之中国大局在于外面世界，有60%多的石油来自中东地区，庞大的贸易依托海外市场。而当今世界，光有法律而没有力量就得不到公正，要使法理上的属于中国的海洋

① 参见张文木：《世界地缘政治体系中的中国国家安全利益分析》，中国社会科学出版社，2012，第279—283页。

权利事实上属于中国，必须拥有强大的海上力量。而海军是国家海权扩展的重要手段。[①] 因此，为了适应经济全球化和国家谋求崛起的背景，适应国家利益和国家安全战略的需要，中国急需大力发展海权，建立一支包括航空母舰并拥有精确打击能力的强大海军。航母是制空、制海甚至包括制陆的三位一体的作战力量，本质上是国家作战力量的标志。没有这样一个强大的最具机动性质的海上作战平台，中国在国际上重大涉华事件中，就不会有实质性发言权利。[②]

与此同时，反对中国扩展海权的观点也不少。如，徐弃郁在《海权的误区与反思》一文中指出，当代人在海权问题上有四个误区：一是海权决定历史，其功能是独一无二的，现在仍是如此；二是全球化要求国家有更多的国际市场和资源，有了海权就可以为之提供安全保证；三是大国必须夺取海权，否则其发展是没有前途的；四是海上力量的发展可以分享霸权国的海权，这是与霸权国形成真正平等的“朋友关系”的基础。他认为，海权在历史上确实发挥了十分重要的作用，但不代表海权能够“决定”历史。海权功能的发挥是以历史的一定发展阶段为背景的，但从来不是独一无二的功能。他从一个后起大国的战略选择、地缘政治的制约性、综合国力的支撑力和与霸权大国冲突的风险等角度出发，主张要避免进入“海权误区”。[③]

2005 年，叶自成、慕新海在《国际政治研究》发表了《对中国海权发展战略的几点思考》。文章认为，仅有海上军事力量不能成为海权大国，西方传统的海权概念也不适应今天中国的海权发展。中国的海权

---

① 参见张文木：《世界地缘政治体系中的中国国家安全利益分析》，中国社会科学出版社，2012，第 208、第 214 页。

② 张文木：《世界地缘政治体系中的中国国家安全利益分析》，中国社会科学出版社，2012，第 259 页。

③ 徐弃郁：《海权的误区与反思》，《战略与管理》2003 年第 5 期，第 15—25 页。

即中国研究、开发、利用和控制海洋的能力和影响力。中国不太可能成为海权大国，甚至不可能成为海陆兼顾的大国，而只能定位为建设具有强大海权的陆权大国。[①] 2007 年，叶自成在《世界经济与政治》上再次发表《中国的和平发展：陆权的回归与发展》的论文。文章认为，如果中国不从称霸世界的军事战略眼光来看待地缘政治，那么结论就是应当陆权发展决定海权、空权、太空权和信息权。中国的和平发展，首先是陆权的发展，它从一定意义上说是陆权的回归。中国的和平发展，始终以中国的经济发展为主要取向，而不是以陆地空间控制权为主要目标。因此中国的和平发展又大大发展了陆权的概念。中国的和平发展是一种新的陆权观。包括以土为本、以人文本、以发展为本、以欧亚大陆为本，以综合为本。他认为，中国的陆权战略以中国内地本土建设为第一层次，并以欧亚大陆为中心，立足于欧亚大陆与欧俄印等发展战略性伙伴关系，同时睦邻为外交也是中国陆权发展的重大举措。他还指出，中国的陆权发展战略有利于缓解中国的崛起与美国战略性矛盾。[②]这两篇文章可以说是中国“陆权派”的代表之作。

上述争论，双方都以中国的和平发展、不称霸世界为基本前提，但战略选择的重点显然不同。

“海权派”的理论并不是马汉海权论的原始意义。张文木说，英文“sea power”表示的是“海上权力”而非“海上权利”。而中国海权是一种隶属于中国主权的海洋权利，而非海洋权力，更非海上霸权。中国的海权实践远没有达到追求海洋权力的阶段，而只是处于维护海洋权利的阶段。他还指出，中国的海权是目的和手段的统一，中国的海权概念

---

① 叶自成、慕新海：《对中国海权发展战略的几点思考》，《国际政治研究》2005 年第 3 期，第 5 页。

② 叶自成：《中国的和平发展：陆权的回归与发展》，《世界经济与政治》2007 年第 2 期，第 23—31 页。

应对包括从中国国家主权引申出来的“海洋权利”和实现与维护这种权利的“海上力量”两个部分，只是不包括西方霸权国家普遍争夺的“海洋权力”。[①] 中国海权的特性：一是国家统一进程与国家海权的实现进程相一致。二是特殊的地缘政治条件决定了中国海权属于有限海权的特点。三是中国海上军事力量发展是远期战略的上述有限性与近期策略上的无限性的统一。另一位“海权派”的学者刘中民说，从地缘政治的角度，中国一方面要考虑陆地安全环境改善为相对集中力量发展海权提供的战略可能性，另一方面更要从海疆安全面临的压力考虑海权发展的必要性；在发展海权与综合国力的关系上，不应如何盘算降低本来已经非常低的海军国防投入，而是应该寻找思路提高海洋经济的综合国力贡献率，进而为海权发展提供动力；在海权发展与中国和平崛起的关系上，中国海权的发展并不导致冲突并阻碍中国和平崛起。[②]

“陆权派”的理论也并不完全排斥中国应当发展海权。叶自成说，中国海权应当定义为：中国研究、开发、利用和一定程度上控制海洋的能力和影响力，并详细论述了如何“走出有中国特色的海权发展道路”的问题。[③] 他指出，中国的和平发展是一种新型陆权观。如果中国不从称霸世界的军事战略眼光来看待地缘政治，那么结论就是应当陆权发展决定海权、空权、太空权和信息权。[④] 徐弃郁也没有完全排斥海权的发展，他说，海权绝不仅仅是一个军事问题，而是事关国家安全与发展的大战略问题。从一个国家大战略的角度来看，不论海权的地位曾经多么

① 张文木：《论中国海权》，《中国海洋大学学报》2004 年第 6 期，第 87—88 页。

② 刘中民：《关于中国海权发展战略问题的若干思考》，《中国海洋大学学报》2004 年第 6 期，第 92—97 页。

③ 叶自成、慕新海：《对中国海权发展战略的几点思考》，《国际政治研究》2005 年第 3 期，第 11—12 页。

④ 刘中民：《关于中国海权发展战略问题的若干思考》，《中国海洋大学学报》2004 年第 6 期，第 92—97 页。

显赫，也只是实现大战略的一种手段。用一句话来概括，就是海权服务于战略，而不是战略服务于海权。①

2006 年，时事出版社出版的《亚洲区域合作路线图》一书，又提出了“海陆和合论”，认为，在经济全球化和区域一体化进程中，应提倡海洋国家与陆地国家和平与合作，“以和平方式管理和利用好国家间的地缘关系，以促进本国、本地区和全球的持久和平、安全、发展与繁荣”，实现“海陆和谐”，共同发展。②

在当今世界经济全球化不断发展、海洋的地位作用日益提高的大背景下，在中国改革开放进一步深入、对外贸易急剧增长、海外利益日渐增加的大背景下，争论中国是不是要发展海权的问题已经没有意义，这显然也不是论理双方追求的实质性问题。实质性的问题是中国海权的性质及其发展方向问题，是海权要不要作为中国国家战略的重大选项的问题。

这里，中国海权的性质显然是最根本的问题。今天的中国，发展海权作为中国国家战略的重大选项以支持中国的崛起是肯定的，但不可能重蹈马汉海权的覆辙。

其一，时代不同。马汉的海权理论是资本主义走向帝国主义时代的理论，“帝国主义就是战争”，因而马汉海权论具有国家以军事强力控制海洋、推动全球资本扩张并走向垄断的时代特征。但是，今天的时代已经是全球化时代，和平发展是时代主流，尽管美国作为世界上唯一的超级大国，仍旧奉行其海权的“原教旨”，但也不得不有所改变，因为经济的高度相互依存使任何国家都不愿意也不可能动辄使用武力，国家海上安全完全依靠战争和霸权获得的时代条件已不再。

其二，科学技术基础不同。马汉时代是机械化全面发展的时代，海

① 徐弃郁：《海权的误区与反思》，《战略与管理》2003 年第 5 期，第 15—25 页。

② 秦华荪：《亚洲区域合作路线图》，时事出版社，2006，第 262—267 页。

军由于其水面、空中、水下三位一体的特点，以及续航力大、作战半径大、全球投送能力强，成为时代的佼佼者。然而，在今天信息化时代，海军尽管仍旧保持这些优势，但已经不可能是绝对优势，太空的争夺、电磁空间的争夺，以及制信息权、制网络权的争夺，日益展示出新的态势，综合集成的作战概念已经主导了军事战略的决策，海权至上的技术基础已不再。

其三，文化传统不同。马汉海权理论以“权力”为核心，具备西方传统现实主义理论范式的特征，迄今仍在影响着美国国家安全和海上安全政策：发展海上力量（最重要的是海军）获得海权—控制海洋（最重要的是海上要道）—控制世界贸易—获得世界霸权。而中国兵学传统理论范式具有东方“和合”“和谐”以及和平、防御的基本特征，它不可能选择和照搬马汉进攻性质、霸权性质的海权模式。

其四，国家性质不同。马汉海权理论诞生于美国，之所以一直被西方资本主义国家奉若神明，有其国家性质、意识形态性质同一的必然性。今天的中国，是一个中国共产党领导下的社会主义大国，它决定了中国的对外战略和对外政策，决定了中国海权发展前提是“四个坚持”，在“和平共处五项原则”“新安全观”和构建“和谐世界”思想的指导下对这一文明成果进行“扬弃”，取其精华，去其糟粕。

中国不会重蹈马汉海权理论的覆辙，但中国需要反思历史上中国国家安全战略、海洋观和兵学传统中的保守、消极的一面。在一定意义上说，海权理论也是一个文明成果，中国需要借鉴它的合理部分，包括：它所揭示的一个基本规律——以商品经济为特征的海洋经济活动，对生产力发展和国家兴衰的影响；它所揭示的一个哲学方法——当海洋不再成为阻隔而将世界连成一气的时候，国家需要有着眼于全球的战略思维；它所揭示的一个重要事实——国家海上安全与国家经济、政治之间的必然联系，以及海军在其中的重要作用。列宁曾指出，“马克思主义这一革命无产阶级的思想体系赢得了历史性的意义，是因为它没有抛弃资产阶级时代最宝贵的成就，相反的却吸收和改造了两千多年来人类思想和文化发展中一切有价值的东西”。[①] 这也是我们对海权理论应取的态度。

三、历史选择：发展中国特色的海权

海权是一个国家战略和国家安全战略范畴的问题，但又不是其的全部，而是国家战略和国家安全战略的海上部分。国家对海权的认识和运用从来不简单的只是一个海洋空间范围内的事物，而是一个从陆地出发，经过海洋影响陆地的一个完整的决策和具体实施的过程。强调发展海权，不等于要重蹈西方大国的海上霸权道路；强调陆权回归，陆权为本，也不等于能够自然的和平发展，一个陆权国家同样也可以走霸权道路。事实上，任何国家都要以陆地为基础发展，任何国家也都不能忽视海权的客观存在。因此，人们不应该再去刻意地分离“陆权”和“海权”，而应该联系起来考量，统合起来运筹。

从实践上看，当代中国海权是国家综合国力和战略能力的一部分，是实现国家和平发展战略和国家海上安全的手段，具体物化于国家开发、利用、管理和控制海洋的战略规划、管理体制和海上力量之中，其中既有“硬实力”的部分，也有“软实力”的部分。中国的海权，应当主要由以下几个部分组成。

其一，国家海洋战略。海洋战略是国家对海洋方向政治、经济、军事、科技、法律、文化等各项事务的总体运筹，是国家权力的产物，也

① 中共中央马克思恩格斯列宁斯大林著作编译局：《列宁选集》第4卷，人民出版社，1972，第362页。

是国家海洋观和政府海洋认知程度的根本反映。国家海洋战略派生国家海洋发展战略和国家海洋安全战略，海洋发展战略主要表现为国家对海洋经济及其产业发展的总体运筹；海洋安全战略则是国家对其海洋方向安全事务的总体筹划和指导，也是国家政治、外交、军事、经济以及科技等领域在海洋方向安全构想的总和。

其二，政府海洋管理机制。海权的主体是国家，政府是国家权力的物化形式，因此政府海洋管理机制也应当是海权的构成部分，主要包括决策机制、立法机构、行政机构以及相关的协调机制。

其三，国家海上力量。它是国家海洋战略和海洋发展战略的具体实施者和保障者，是海权的主要支撑，包括民用的海上运输力量（商船队）、近海和远洋捕鱼船队、科学考察船队、海上资源勘探开发力量等；海上军事力量，主要是海军，也包括海上民兵预备役部队等；海上执法力量，包括海上交通、公安边防海警、海监、渔政、海关等力量。

进入 21 世纪的第二个 10 年，国家周边海洋安全环境出现新的变化，国家海上通道和海外利益的安全需求日益突出，国际社会对中国承担大国责任的要求也随着中国国力的增长与日俱增，致使中国海权的发展站在了新的历史起点上。今天，中国海监、渔政为维护国家近海海洋安全积极作为，中国海军根据联合国决议在亚丁湾和索马里海域的反海盗护航实现了常态化，“和平方舟”号医院船走向非洲、拉丁美洲第三世界国家开展医疗救护，战斗舰艇进入地中海为中国大规模的利比亚撤侨行动提供海上安全保障，中国具有远海行动能力的航母训练舰下水试航，“蛟龙”号创造了 7000 米的深潜纪录，等等。

今天，发展中国海权，不是一个主观因素，而是中国国家战略的重大选项，一个历史的选择。首先，在全球化时代，人类生存空间的发展极大地依赖海洋，中国崛起也将极大地依赖海洋，海上通道和海洋资源已经是国家可持续发展须臾不可离开的战略性空间，这决定了海权对中华民族伟大复兴的历史性影响，这个影响虽不具有绝对的决定性，但相对决定性是必须正视的。我们必须拓展安全战略的视野，立足全球，经略海洋。其次，中国国家利益的海上拓展与中国崛起进程同步，要求现代化海军提供海上安全保障，实施必要的、有限的海洋控制，要求建设与中国大国地位相适应的强大的海军。因为中国不能不面对世界新军事变革的大势，不能不面对当今国际社会“矛”与“盾”必须对应的铁律。

发展中国海权，必须有中国特色。其一，它是宏观的、高度集中的战略运筹，与中国和平发展、构建和谐世界的国家战略和对外战略高度一致；其二，它体现中国特色社会主义的核心价值，以马克思主义世界观方法论为指导，把中国国家利益与人类共同利益辩证统一起来；其三，它强调优先发展海洋经济和海上经济力量，发展开发和利用海洋资源的能力；其四，它主张重综合安全和合作安全，积极发展与濒海国家及海上通道国家的安全合作，综合运用政治、经济、外交、军事、科技、文化等多种手段，实现国家海上安全；其五，它体现积极防御的国防政策，以保障国家海上安全和国家经济利益为基本目标，强调对海上军事力量和准军事力量的有限运用，尤其是强调发展和平时期海上军事力量的战略运用方式，包括充当国家政治外交的工具，这必将是中国未来海权理论的重要内容，也必将是中国特色海权运用特色和亮点之所在。

总而言之，中国发展控制和管理海洋的能力，不仅是为了维护国家利益，也是为了维护世界和平，这是中国特色海权区别于一般海权的关键所在。发展中国海权，是发展国家运用海上力量开发利用海洋的过程，是维护国家利益和保障国家海上安全的过程，更是发展国家对海洋事务的战略管理及其管理海洋的能力和艺术强化的过程。

建设和谐海洋的时代意义和基本内涵*

2005 年 9 月，中国领导人在联合国成立 60 周年首脑会议上首次提出了“建设持久和平、共同繁荣的和谐世界”的中国理念；2009 年 4 月，在人民海军成立 60 周年纪念活动时，中国领导人进一步提出了“推动建设和谐海洋”的中国主张。建设和谐海洋是构建和谐世界的重要组成部分，也是未来中国维护国家海上安全、发挥大国作用、推动建立公正合理的海洋秩序的基础理念和战略构想，既是一个理论命题，也是一个实践命题。

一、建设和谐海洋的时代意义

进入 21 世纪以来，世界处于大变革、大调整之中。和平与发展仍然是时代主题，求和平、谋发展、促合作已经成为不可阻挡的时代潮流，但全球性挑战日益增多，新的安全威胁因素不断出现。在这样的背景下提出建设和谐海洋的中国主张，具有很强的时代意义。

第一，建设和谐海洋完全符合当今世界和平发展的时代主题。地球的表面是由陆地和海洋两部分组成的，海洋占其中的 71%。海洋具有两

* 本文收录于《亚太地区战略形势与和谐海洋建设：海洋研究中心成立大会暨学术研讨会论文集》，世界知识出版社，2012，第 131 页。

个最基本的社会属性，一是有丰富的资源，二是能够连通世界。当今世界，80%以上的国家、60%以上的人口濒临海洋，世界贸易的90%以上通过海洋实现。随着经济全球化的深入发展，海洋作为人类生存发展重要依托的作用日益突出，海洋安全问题也因此受到世界各国前所未有的重视。建设和谐海洋，在当今时代西方国家主导的海洋秩序和海洋安全理念的情况下，提出和倡导了一种新的世界观、新的世界秩序方案，认定没有和谐海洋就没有和谐世界，认定和谐海洋是和谐世界的应有之义，顺应了和平发展、和平合作的时代潮流，时代性特别鲜明。

第二，建设和谐海洋提出了一条世界各国和平发展共赢的可期途径。当今时代，和平发展是世界各国的共同期许，但当前的海洋安全环境并不和谐。霸权主义、强权政治和诉诸武力和武力威胁的新干涉主义还在发展，海洋秩序和海洋安全理念仍为西方国家主导，非传统安全威胁带来的新挑战不断增加。建设和谐海洋，将中国和平发展、建设和谐世界的理念和目标引入海上军事安全领域，拓展了在新的历史条件下各国军队加强海上安全合作、共同为维护世界和平作贡献的职能，指出了突出世界各国共同利益、有效化解利益矛盾、实现海洋共同安全的一种方式、一个途径，从而也使“和谐世界”“和谐海洋”这一美好理念和愿景具有了现实可期性。

第三，建设和谐海洋适应了中国国家利益拓展的时代需要。当今时代，中国国家利益在海洋方向加速拓展，海洋安全需求快速增长，中国海军走出去维护国家海外利益、与世界各国海上力量的合作不断扩大，成为中国崛起的重要标志，受到全球瞩目。提出和倡导建设和谐海洋，进一步诠释了中国构建和谐世界的目标和坚定不移走和平发展道路的基本立场，诠释了中国为保护国家海上安全利益、履行大国责任和发挥大国作用而运用海军的主要目的，对于增信释疑、塑造海上安全环境和维护战略机遇期具有重要意义，对于中国海军履行新的历史使命、应对多种安全威胁、完成多样化任务具有重要的战略指导意义。

二、建设和谐海洋主张的基本内涵

建设和谐海洋的主张，既有厚重的哲学内涵，也有深刻的政治内涵。

第一，和谐海洋主张是和谐世界主张的拓展，源于中国“和合”的哲学世界观和传统文化。考古发现，“和”与“合”二字最早出现在甲骨文和金文中，“和合”是主客观统一，是哲学存在的最高境界，其核心命题为“天人合一”。“天”指内有定数的自然，“人”指整体化了的社会，认为世界“本一”，社会各行为体关系“无一不与天合”。“和合”理念，认可世界的和谐本质，派生“以和为贵”的和平目标，表现在战争观方面，主张“后发制人”“慎战”“王道”，以“不战而屈人之兵”为军事战略的最高境界，努力追求人类和平的“大同”世界。这是中国传统的主流哲学思想和政治思想，与西方现实主义崇尚“权力”及武力的理论完全不同。因而，和谐世界及和谐海洋的主张，可谓中国的传统文化和哲学世界观的经典。

第二，建设和谐海洋的主张，包含中国建立公正合理的世界海洋新秩序的伟大抱负。二战后，联合国和《联合国宪章》的诞生，建立了“维护国际和平与安全”“制止侵略行为”和“发展国际间以尊重各国人民平等权利自决原则为基础的友好关系”等为宗旨的国际秩序，制定了“各成员国应以和平方式解决其国际争端，俾免危及国际和平、安全及正义”和“各成员国在其国际关系上不得使用武力威胁或武力，或以与联合国宗旨不符之任何其他方法，侵害任何会员国或国家之领土完整或政治独立”等国际关系基本原则。但直至今日，这一公平合理、和平安全的世界秩序并没有建立，海洋上亦充斥着霸权主义和强权政治，核心问题是不允许“差异”存在。和谐海洋理念，尊重世界的多样性，多元开放、宽厚包容，以“和而不同”模式建立公正合理的世界秩序。这是美好的理想，也是伟大的抱负。

第三，建设和谐海洋的主张，既包含了世界海洋安全的目标，也包含了实现这一目标的途径和手段。中国领导人指出，推动建设和谐海洋，是建设持久和平、共同繁荣的和谐世界的重要组成部分，是世界各国人民的美好愿望和共同追求。而以“持久和平、共同繁荣”为目标，必须坚持遵循《联合国宪章》《联合国海洋法公约》以及其他公认的国际关系准则，坚持谋求共同安全和共同发展，坚持尊重沿海国的主权和权益，坚持共同应对海上传统安全威胁和非传统安全威胁，寻求基于和平的多种途径和手段维护海上安全。中国重申，“将坚定不移地走和平发展道路”，“坚持防御性的国防政策”，“永远不称霸，不搞军事扩张和军备竞赛”，并特别强调要加强各国海军之间的交流，开展国际海上安全合作。这说明，和谐海洋主张，有根有基，有明确的目标，也有相应的手段和途径，是完整的、系统的，也是现实的。

第四，建设和谐海洋的主张，包含了中国崛起的国际政治战略和策略。当今世界，中国致力于建设和谐海洋面临很多现实困难：美国依旧奉行一超独霸、领导世界的价值理念，必然要遏制和围堵中国的崛起；中国周边岛礁主权和海洋划界方面有诸多不和谐因素难以化解；国家海上能源和贸易通道的安全、海外市场、资产和海外人员安全，以及因生态、环境引发的非传统安全问题不断增加等。面对这些难题，和谐海洋主张为中国坚持和平、合作、正义、公正的国际政治战略提供支持，同时强调基于和平的手段和途径，加强国际交流与合作，追求长远效益，标本兼治，也为中国逐步破解海上难题提供了战略和策略上的支持。

三、中国海军要为实现和谐海洋崇高目标发挥重要作用

毋庸置疑，和谐海洋应该是和平的海洋，安宁的海洋，繁荣的海洋，绿色的海洋，合作的海洋，共享的海洋。构建和谐海洋，就应当让海洋远离战争，免于海上犯罪行为的威胁，免遭生态环境的破坏，让人们在海上活动中和睦相处，让人类与海洋和谐共处，共享海洋事业发展进步的文明成果和无穷资源。中国领导人在人民海军建军60周年庆祝活动期间会见多国海军代表团团长时郑重宣告：中国海军将以更加开放、务实、合作的精神，积极参与国际海上安全合作，为实现和谐海洋这一崇高目标而不懈努力。为此，中国海军必须致力于理论和实践上的双向努力。

第一，加强理论研究。“和谐海洋”理念源于中国的传统文化，意境很深。作为一个志在践行并争取世界认同的理论，目前的研究论述还不够系统、不够深透。这一理论既然在中国海军的60周年庆典上问世，中国海军就应义不容辞承担起研究和光大这一理论的重任，应当致力于进一步论证建立“和谐海洋”思想理论体系，从政治、经济、社会、哲学、文化等各个方面丰富其理论内涵，着重于安全领域提出建设和谐海洋的目标、任务、政策和策略，同时身体力行，为建设“和谐海洋”谋划“路线图”，探索切实可行的国际海上安全合作的组织形式、运行模式和制度安排，推动和谐海洋逐步成为人类共同的价值追求和基本价值观念，即：成为一种俯仰万里、面向未来的世界眼光，风雨同舟、共生共存的价值追求，多元开放、宽厚包容的高尚情怀，变通融合、活力充沛的高超智慧，尊重科学、和平理性的文明传统，尊重自然、亲海敬

洋的优良习惯，以及共享共用、互惠互利的崇高理念。

第二，加强战略经营。建设和谐海洋，是海军的一项重大任务，为海军履行维护世界和平、促进共同发展的历史使命充实了重要内容。海军以海洋为主要活动空间，是和平时期能够成建制走出国门在世界大洋上执行任务的唯一军种，因而也是中国践行“和谐海洋”理念最重要的力量。当前，中国主要安全威胁来自海上，“建设和谐海洋”主张为中国海军参与海洋安全环境的战略经营，进一步拓展海军的战略运用，提供了手段和途径，展示了广阔的前景。面向未来，中国海军作为战略性、综合性、国际性军种，必将进一步深化与世界各国海军间的合作交流，在增信释疑，慑止战争，促进共同海洋价值观的形成和发展，为实现和谐海洋的全人类崇高目标而努力奋斗。

第三，锻造核心军事能力和非战争军事行动能力。当今世界并不安宁，和谐海洋亦不可能凭空而来、一蹴而就。推动建设和谐海洋需要力量，特别是包括海军力量的军事实力。从一定意义上说，实力和影响力成正比。因此，大力锻造应对多种安全威胁、完成多样化军事任务的能力，是中国海军履行建设和谐海洋的使命必然要求。中国海军应全面提高核心军事能力建设，为维护国家安全统一和海洋权益、为世界和地区和平稳定作出自己应有的贡献；同时，中国海军应大力提高非战争军事行动能力建设，在亚丁湾护航、人道主义救援、远航训练等常态化和经常性任务中，通过深化与世界各国海军间的务实性合作，不断增加国家影响力，不断为国际社会提供公共产品，推进公正合理国际海洋新秩序的建立。

亚太地区海洋竞争与合作*

20 世纪 80—90 年代以后，“亚太地区”的概念日益强化、泛化，以亚太经合组织（APEC）为代表，已经是一个包含 21 个经济体、28 亿人口的环太平洋的地区范围。进入 21 世纪第二个 10 年，又渐次出现了“印—太”地区概念，将印度洋与太平洋地区国家联系在一起。这种地区概念的发展变化，一方面说明在全球经济一体化的今天，开放的海洋把地球变小，世界各国联系更加紧密；另一方面说明亚太地区在世界经济发展与国际安全中的地位日益重要，开放的海洋把亚太地区放大，导致各种矛盾凸显而成为全球焦点。

一、海权重归亚太地缘政治舞台

20 世纪 90 年代以来，美苏两极格局解体、冷战结束，和平与发展的时代主题更加凸显，现代战争向信息化和陆海空天电一体化方向发展，单纯发展和运用海上军事力量、进行武力征服和武力威胁的传统海权理论一度被弱化了。但进入 21 世纪第二个 10 年，随着经济全球化对海洋前所未有的依赖和亚太地区成为世界经济发展的重要引擎，各大战

* 本文是军事科学院国防政策研究中心：《战略评估 2013 年（中英文版）》中的第二部分，2014 年 5 月正式发布。

略力量依托亚太、博弈亚太的趋势更加明显，亚太海洋，尤其是西太平洋和北印度洋濒海“边缘地带”成为热点地区，海洋、海军、海权问题也成为亚太各国重新审视的重大战略问题。

亚太海上通道的战略价值进一步提升。亚太地区海洋具有明显的边缘海的特征，林林总总的半岛、岛屿、海湾、海峡、水道，形成了众多具有地缘政治意义的海上战略通道。1986 年，美国海军提出需要控制的 16 个海上咽喉要道中的 8 个位于亚太地区，2002 年美国国防大学提出的 22 个全球海上咽喉要道中的一半位于亚太地区。当前，欧洲、北美等发达经济体与中国、印度、印度尼西亚等亚太新兴国家经济体的贸易联系与日俱增。有统计显示，全球一半以上的国际贸易运输经过亚太海域，经马六甲海峡进入南中国海的油轮数量是通过苏伊士运河的 3 倍、巴拿马运河的 5 倍。亚太新兴国家经济体的快速发展也依赖海上通道，其外贸进出口至少 80% 以上需要经过海上，能源的 50% 以上来自中东。2010 年，亚洲国家的海运装货量为 31. 91 亿吨，卸货量 38. 43 亿吨，分别占世界总量的 37. 9% 和 45. 9%。可以毫不夸张地说，亚太地区的经济活力来自海上，发展和安全维系于海上。传统海权的初始任务就是维护国家海上贸易安全和海外市场，而在这一任务被千百万倍放大的今天，亚太地缘政治舞台上的海权回归应不足为怪。

亚太海洋经济在地区国家发展中地位重要。1945 年 9 月 28 日，美国总统杜鲁门发表了《美国关于大陆架底土和海床自然资源政策宣言》(简称《大陆架公告》)，标志着人类对海洋利用的关注从海洋通道转向海洋本身。1992 年，世界环境与发展大会提出海洋是全球生命支持系统的一个基本组成部分和实现可持续发展的宝贵财富，海洋作为人类陆地资源接替区的功能日益被世界各国认识。进入 21 世纪，人类进入全面开发利用海洋的时代，海洋经济正在成为全球经济发展新的增长点，海洋石油天然气工业、濒海旅游业、海洋渔业、海洋交通运输业等四大支柱产业迅猛发展，海洋商业文明正在向海洋产业文明过渡。亚太国家大都濒海，海洋经济在整个地区经济发展中占据重要地位，其中东亚最为典型。在东亚地区，濒海 100 公里的地域内承载了地区国家近 77%的人口，为这些国家贡献了 40%—60%的国民生产总值；东亚云集着世界十大最繁忙港口中的 7 个，全球最大的 20 家班轮运输公司有 14 家，注册商船载重量占世界总量的 24. 4%；东亚是世界三大渔场之一，为世界贡献了年均 40%的渔获量和 80%以上的海水养殖产量；东亚是近年来世界濒海旅游业增加最快的地区，2010 年其旅游人次和旅游收入分别占亚太份额的 65. 4%和 54. 6%；东亚海上油气资源储量丰富，有“第二个波斯湾之称”，2010 年，仅东南亚濒海五国的石油和天然气产量就分别为 11, 010 万吨和 18, 570 万吨油当量，分别占世界总量的 3. 2%和 6. 5%。政治是经济的集中体现，亚太各国为海洋经济发展而聚焦于海洋安全，也是海权回归之必然所在。

亚太现代海权融入了新的时代特征。传统海权往往是超级大国的专利，地缘政治的“大棋局”也由超级大国去主导。而当今时代，经济全球化迅猛发展裹挟了全球大大小小濒海国家，新兴国家经济体在国际舞台上的作用份额增加，地区、次地区联合体也越来越多，加上亚太地区历史和现实发展中的特殊因素，尤其是东亚国家共处边缘海和相邻相近的特殊地缘条件，致使地区国家之间的地缘经济和政治关系复杂化，地区国家，无论是大国还是小国，维护国家海洋安全和发展利益的需求增加，发展海权及海军的战略选择也趋于普遍化，海权对西方大国的专属性已经不复存在。与此同时，亚太国家海上传统和非传统安全问题交织，自身安全发展与共同安全发展问题交织，各国有利益矛盾，更多的却是利益融合和共同利益。这决定了各国发展海权、海军必然融入新时代特征的现代性，它不可能是传统地缘政治理论、海权理论及其实践的复制，不可能以海权为手段去进行领土扩张以实现国家发展目标，也很难以单纯的海上诉诸武力和武力威胁的手段去争夺海洋霸权。因此，现代海权与传统海权既有相向的一面，也有相悖的一面。其主要区别在于：当今时代各国的海权及海军运用，大都是以维护国家海洋利益为目的，目标有限；大都是非战争军事行动，对抗性有限；且由于海盗、海上恐怖主义、特大自然灾害和环境灾害等非传统安全问题，相当多的海权、海军运用表现为国际合作。

2008 年国际金融危机以来，亚太地区进入深刻的调整期，力量格局、利益格局都发生了重大变化，这一调整还远没有结束。调整期容易产生不确定性，容易产生误读和误判，因此地区国家对于当前海权重归的性质需要冷静认识和处置，避免过度发展。可以断言，当今海权、海军发展必然受制于和平发展这一时代主题，必然表现为竞争与合作并举。

二、岛礁主权争端加剧亚太海洋竞争

亚太地区曾经历两次世界大战的劫难，造成了复杂的历史问题。根据《开罗宣言》和《波茨坦公告》建立的战后秩序，确定“日本之主权必将限于本州、北海道、九州、四国及吾人所决定其他小岛之内”等。但战后日本始终对这一领土裁决心存芥蒂，加之冷战期间美国的战略需求及美日建立军事同盟的因素，导致了中日钓鱼岛、俄日南千岛群岛（日称“北方四岛”）、韩日独岛（日称“竹岛”）等诸多海洋岛屿主权争端问题。

20 世纪七八十年代，亚太地区岛礁争端逐步显现，主要原因是历经近 10 年的第三次联合国海洋法会议及其在 1982 年通过的《联合国海洋法公约》（以下简称《公约》），极大提高了地区国家的海洋意识。《公约》确立了新的制度，使一个具有划界意义的岛屿可以派生约 1500 平方公里领海和约 43 万平方公里专属经济区，群岛水域则可以享受领海的部分权利等。巨大的海洋权益大大提高了岛礁的战略价值，为原有岛屿争端注入了新内容；而东亚地区国家相邻相向的特殊地缘条件以及特有的历史性权利问题，又增加了海域划界新问题，地区海洋争端更加复杂化。

2009 年，美国进行全球军事部署调整、加速战略重心向亚太地区转移，2010 年中国经济总量（GDP）首次超过日本跃居世界第二，这两大事件加深了地区焦虑，一些地区国家想利用大国间隙带来的机会，在中国将强未强之时解决历史遗留问题，这构成近年来地区岛礁主权争端急剧升温的直接推力，加剧了亚太地区的海洋竞争态势。

争端热点频出加剧地区紧张。2012 年，日本非法“购买”钓鱼岛。2013 年，中日钓鱼岛问题持续升温。日本连续炮制和炒作所谓“雷达照射事件”、Y-8 警戒机突破岛链事件、无人机临空事件，不仅强化海上保安厅对钓鱼岛海域的海空密集巡航，而且其海空自卫队对中国海军正常出入第一岛链的训练活动实施高强度跟踪、侦察、监视和干扰活动。日本拟定了钓鱼岛 12 海里警备保全法，允许自卫队和海上保安厅对进入水域的船只使用武器强制驱离，安倍甚至声称将击落中国进入钓鱼岛空域的无人机，并对中国划设的东海防空识别区着意进行强烈反应。这一系列做法，使中日海上公务船之间、中日海空军之间发生海上意外事件的风险骤增，也使中日关系降至建交以来的最低点。韩日独岛（日称“竹岛”）问题仍旧尖锐。韩日各自坚持拥有主权的主张，韩国建立了“独岛日”，韩国企业官方网站自 2013 年元旦起将“日本海”

更名为“东海”，韩国还在独岛附近海域进行防御演习，以显示其捍卫独岛主权的决心和能力。日本则对等反应，针锋相对建立了“竹岛日”，大肆举行纪念活动，并举行相应海上军事演习。日俄南千岛群岛（日称“北方四岛”）争端难见平复。日本虽在首次“2+2”会谈上刻意提出该问题，但俄坚持南千岛群岛（日称“北方四岛”）属于俄罗斯的既定立场，并投巨资强化南千岛群岛建设与防务，未来领土谈判很难有实质性进展。菲律宾于2013年1月将中菲南海争议正式提交国际仲裁，5月又在仁爱礁挑起事端，企图强化军事存在，侵占仁爱礁。

美国实际“选边站”加剧地区矛盾。2013年奥巴马政府开始其第二任期。尽管国务卿克里和国防部长哈格尔多次重申美国“再平衡”战略不针对中国，但“选边站”、制衡中国的举动仍旧很明显。在钓鱼岛问题上，美国不断做出强化美日军事同盟的动作，坚持钓鱼岛适用于《美日安保条约》立场，并加强针对钓鱼岛争端的兵力部署，与日本举行以登岛和夺岛作战为假想背景的大规模联合军事演习。在中国划设东海防空识别区后，美国在第一时间与日本站在一起宣布“不承认”，派B-52战略轰炸机不通报便进入中国防空识别区，实际上起到纵容、鼓励日本挑衅的作用。在中菲黄岩岛争端问题上，美国国务卿克里2013年4月会见菲外长时，公开表示支持菲律宾将南海争端提交国际仲裁，美、菲军方高层就有关组建专门的防御部队进行意向性沟通协调，5月，美航母战斗群在靠近菲律宾海域举行运输船掩护、守礁部队空中和海上支援、反舰攻击等科目的演练，8月，美菲就扩大美国在菲律宾军事存在的框架协议举行正式谈判，讨论增加美在菲驻军规模以及延长舰艇、飞机在菲停留期限等问题。美国国会还通过了针对东海和南海问题的决议案，追加部署12架“鱼鹰”偏转翼飞机抵达冲绳普天间机场，使美驻日“鱼鹰”总数达到24架，并向菲律宾提供“汉密尔顿”级巡逻舰等军事装备。这些实际“选边站”的做法，刺激了有关国家倚挟美自重、以武谋海的心态，加剧了矛盾，增大了对抗性因素。

地区国家竞相发展部署海空军事力量。日本重点发展攻防兼备、大型化、远洋化、信息化海上力量，以海基导弹防御系统和大型远洋舰艇为重点，艘均吨位已达到 4400 吨，仅次于美国。2013 年，满载排水量 2.7 万吨的 22DDH 直升机护卫舰首舰“出云”号下水，可搭载 14 架直升机、起降 MV-22“鱼鹰”偏转翼飞机，并具有起降 F-35B 的潜力。日本加强西南岛屿军事部署，在冲绳县的那霸基地和知念分屯基地提前部署 2 套“爱国者-3”反导系统，增加“P-1”型喷气式反潜巡逻机和“瑞龙”号潜艇等新型装备，在与那国岛建立军事基地，并加强两栖作战能力。东盟主要国家以大中型作战平台和水下作战力量为重点，加快海上力量的发展。越南海军采取从俄罗斯外购和引进技术自建的方式，已拥有 2 艘“猎豹”级和 5 艘“别佳”级护卫舰，引俄 6 艘“基洛”级柴电潜艇中的首艘已正式交付使用，并先后接收 8 架俄制苏-30 战机、3 架以色列制“盘旋者-2A”型无人机，海上综合作战能力明显提高。2013 年，菲律宾宣布 18 亿美元军购计划，将在未来 5 年采购包括 2 艘护卫舰、2 架反潜直升机、3 艘海岸巡逻快艇在内的海军装备。2013 年，印度尼西亚国防预算增幅为 18%，达 81 亿美元。其海军计划从英国采购 3 艘护卫舰，从荷兰采购 1 艘导弹护卫舰，向澳购买 5 架 C-130H“大力神”运输机、向俄购买 10 艘柴电潜艇。其空军从巴西、俄罗斯、美国、澳大利亚引进 30 多架高性能攻击型战斗机和大型运输机，海空力量发展十分迅速。

亚太海洋军事竞争加剧，增加了各国对地区和平稳定的担忧。特别值得关注的是，当前日本不断升级与邻国的岛礁争端，其真实意图是借机开拓通向“正常大国”之路，修改《和平宪法》，自由发展军力，获取集体自卫权。作为一个有军国主义传统的国家，这种挑战和否定二战秩序的做法，是非常危险的倾向。

三、亚太海洋安全合作总趋势不可逆转

在可以预见的未来发展中，和平与发展的时代主题不会改变，经济全球化的大趋势不会改变，这决定了亚太国家的经济联系和相互依赖关系将持续增强，共同利益必然大于利益矛盾，10+1、10+3、10+6、10+8机制的建立，就是地区国家作为利益共同体、安全共同体的突出体现。海洋的连通性和当今海上非传统安全威胁跨越国界、多方联动的特点，使任何国家都无法完全依靠自己的力量实现其海上安全的目标，地区海洋安全合作是必然的选择。2013 年，亚太地区有海洋竞争加剧的阴霾，也有海洋安全合作穿云破雾的发展，显示出地区海洋安全合作不可逆转的大趋势。

非传统安全领域合作明显深化。2013 年，美国、中国、俄罗斯、印度、日本、韩国、澳大利亚、马来西亚、泰国等亚太国家海军参与的亚丁湾和索马里海域的护航行动进一步发展，各国海军在信息共享、兵力协调和联合行动等操作层面的海上合作有效展开，交流与合作不断深化，打击海盗袭击，确保海上战略通道安全成为亚太海洋安全合作最务实、最有效的合作领域。9 月 29 日至 10 月 1 日，10+6 东盟防长扩大会议首次海上安全实兵演习在澳大利亚东部海域进行，多个国家海军以特混分队为单位参加演习，显示了地区各国海军合作进入注重提高应对非传统安全威胁的协同能力的实质性阶段。2013 年 6 月，东盟 10 国与中国、美国、俄罗斯、日本、韩国 5 国派出舰船和飞机在文莱斯里巴加湾市举行了首次人道主义援助救灾和军事医学联合演练，标志着地区国家

在海上人道主义救援减灾方面的合作全面展开。11 月，菲律宾遭受超强台风“海燕”袭击，造成重大人员和财产损失，美国、中国、俄罗斯、日本等亚太国家迅速派出海上军事力量开展紧急救援行动，显示了地区国家和平合作的良好精神。中国向菲律宾提供救灾物资和资金援助，并派出医疗队、“和平方舟”号医院船参加救援行动。

中美政治军事良性互动增强。长期以来，中美双方在美舰机频繁抵近中国近海、在专属经济区内高频度侦察的问题上有分歧，由此引起发生海上意外事件的担忧。2013 年，中美两国、两军关系发展取得了重要成果。6 月，中美两国元首在安纳伯格庄园的会谈中，达成了构建中美新型大国关系的重要共识，为中美两国关系健康发展确定了基调，有力地推动了两国防务部门和军队的交流与合作。8 月，中国国防部长常万全访美并达成 5 项共识，包括建立中美重大军事行动相互通报机制、2014 年中国海军受邀参加“环太平洋军演”、在夏威夷举行两军首次人道主义救援实兵演练等，海上安全合作成为重点。9 月，中美国国防部副部长级会晤讨论了中美军事行动相互通报机制以及公海海空军事行为准则等议题。两国海军之间的良性互动也明显增强。5 月，美国太平洋舰队司令哈尼上将访华，并参观南海舰队，美“夏洛”号导弹巡洋舰同期赴湛江访问。9 月，中国海军司令员吴胜利上将访美，提出两国海军应当扩大共同利益，增加共识，正视并缩小分歧，管控并避免危机，构建中美新型海军关系。中美海军在亚丁湾海域进行了联合反海盗演练，在夏威夷海域进行了海上联合搜救演习。两国海军还加强协调，推动西太平洋海军论坛各国对《海上意外相遇规则》（CUES）草案进行了进一步的讨论和修订，并取得了新的进展。中美两国海上安全互动成为影响亚太海上安全形势发展变化的关键因素。

南海安全合作形势积极向好。2013 年，中国坚持睦邻、安邻、富邻的周边外交政策，突出体现亲、诚、惠、容的理念，与东盟国家强化“命运共同体”的关系，破解南海局势持续紧张的状态。习近平主席说，要倡导包容的思想，强调亚太之大容得下大家共同发展，以更加开放的胸襟和更加积极的态度促进地区合作。10月，中国国家主席习近平和中国国务院总理李克强分别出访东盟诸国，提出要“携手建设更为紧密的中国—东盟命运共同体”，发展“中国—东盟海洋伙伴关系”等倡议，共同维护南海的安全稳定。在南海诸多国家双边关系中，中越关系实现了突破，两国领导人多次互访和接触，《中越联合声明》不回避矛盾，提出要积极探讨解决南海争端的过渡性办法，要利用现有机制，探索有效措施，管控好海上分歧，不采取使争端复杂化、扩大化的行动。双方决定在边界谈判代表团的框架下成立中越海上共同开发磋商工作组，积极推进北部湾湾口外海域共同开发取得实质性进展。2013年，“南海行为准则”（以下简称“准则”）的谈判也取得重要进展。8月，中国外交部部长王毅代表中国政府详细阐述了对“准则”的基本立场：合理预期，反对速成论；协商一致，寻求最广泛共识；排除干扰，努力为推进“准则”进程创造必要的条件与环境；循序渐进，协商确定制定“准则”的路线图，逐步推进。9月，中国与东盟国家在苏州举行落实《南海各方行为宣言》（以下简称《宣言》）的第六次高官会，各方首次就“准则”进行正式磋商，并同意根据“循序渐进、协商一致”的原则，扩大共识，缩小分歧，稳步推进谈判进程。会议决定授权落实《宣言》联合工作组就“准则”进行具体磋商，并同意成立名人专家小组。苏州高官会的成果标志着“准则”磋商进入了一个新的发展阶段，这将大大促进南海合作，有利于南海的和平稳定。

多年来，亚太地区始终保持着旺盛的经济活力和应对经济风险的能力，得益于和平，得益于合作，得益于通过和平合作带来的安全红利。

因此，地区国家既要正视所面临的尖锐问题和挑战，也不应有意渲染和放大这些挑战，尤其不应渲染和放大传统安全威胁和利益矛盾。因为所有双边的利益矛盾并不是当事双方国家关系的全部，就共同利益与利益矛盾比较，前者比后者更重要。

四、中国海洋安全挑战和机遇并存

进入 21 世纪第二个 10 年，中国周边海上问题集中爆发，中国面临的海洋发展和安全挑战骤然严峻。

国家发展方面的海洋安全挑战。从 1978 年中国确立了改革开放的总方针以来，经过 30 多年的发展，中国已经成为一个与海洋休戚相关的外向型国家。1980 年，中国进出口贸易总额仅 381.4 亿美元，至 2012 年达到 38,667.6 亿美元，90%左右通过海上运输实现；主要能源资源对外依存度高达 50%，其中约 45%来自中东，32.5%来自非洲，3.5%来自亚太，这使太平洋—印度洋海上交通线成为国家经济和社会发展的“生命线”。中国丰富的近海海洋资源是陆上资源的重要接替，远洋渔业、远洋运输、海洋和国际海底资源开发等海洋经济是国民经济新的增长点，预计 2030 年中国海洋产值将占 GDP 比重的 15%。中国海外投资迅速增长，海外机构、人员和资产遍布全球，截至 2012 年年底，中国境外资产总额已达 1.5 万亿美元，赴海外务工人员总数已超过 550 万人，国家海外经济安全和人员安全也越来越需要国家海上力量去维护。中国还在太平洋和印度洋获取了两块国际海底区域的采矿权，今后国际海洋公域的开发和安全等新问题也会不断出现。

国家主权和海洋权益方面的安全挑战。中国是一个海上方向地缘条件不利的国家。其一，中国与周边 8 个国家隔海相望，在专属经济区划界钓鱼岛、南海岛礁归属上存在争议。其中，中日钓鱼岛问题自 2012 年 9 月日本“购岛”以来不断发酵，海上执法对峙持续发展，东海划界和油气资源问题也很突出；2013 年菲律宾不顾中国方面的一再交涉，执意将中菲南海争议提交国际仲裁，在南海岛礁主权和海洋权益争端中不断挑战中国的底线。其二，中国当面的西太平洋海域横亘第一岛链，中国商船和军用船舶必须通过相关的海峡水道才能走向大洋，而美国的军事存在和同盟关系使问题更加复杂化。目前，中美在美舰机抵近中国近海、在专属经济区内侦察的合法性问题上分歧难以弥合，日本不断质疑中国海军进出第一岛链海峡水道、在第一岛链以外东海海域训练以及防空识别区的划设，存在发生海空意外事件的风险。

国家承担国际义务和应对非传统安全威胁的挑战。在经济全球化背景下，海上安全问题是全球性的。当前，海盗、恐怖主义、跨国犯罪、重大自然灾害、环境污染等非传统海上安全问题对地区安全的影响越来越突出。中国作为一个新兴大国，越来越认识到自己的国际责任，越来越认识到一个政治大国在国际事务中应有的作用和应尽的义务。2008 年以来，中国海军根据联合国决议派舰艇编队赴亚丁湾、索马里海域执行护航任务。2010 年以来，中国海军“和平方舟”号医院船赴亚洲、非洲、拉丁美洲地区开展了人道主义医疗援助行动。中国依据自身实力发展努力履行国际主义义务。比如，2004 年印度洋特大海啸、2013 年菲律宾“海燕”特大台风灾害救助等，都充分反映了中国海上综合力量在国际人道主义救援减灾中的作用。

中国要展开新一轮的改革开放，就一定要向海洋发展；中国要建设海洋强国，就一定要发展与国家地位相适应的现代化海上力量。这说明，中国的海权及海军发展面临重大机遇，关键在于正确应对挑战、将挑战转变为机遇。其中，把握海权发展目标和运用手段至关重要。

中国海权发展将服务于实现强国梦的既定目标。海权是指一个国家利用和控制海洋的综合能力，核心是发展和运用海上力量，特别是海军维护和获得国家海洋利益，因而体现的是国家战略选择和国家意志。中国历史上是一个海洋观念、海权观念薄弱的国家，主要是因为在国家利益结构中海洋利益需求小。而当今中国的国家安全与发展已经与海洋密不可分，必须陆海统筹、补充短板，重视海权及现代化海上力量的发展，使之服务于实现强国梦的既定目标。2013 年，中国海警正式成立，整合了国内海上执法力量，在维护东海和南海权益中发挥了重要作用。中国海军贯彻能打仗、打胜仗的战略要求，开展实战化海上军事训练和演练，正式服役后的“辽宁”号航空母舰也展开全方位的训练和实验，为维护国家主权安全和海洋权益做好军事斗争准备。

中国海权发展将以和平合作为主要手段。不同时代的海权内涵不完全相同，不同国家的海权需求和运用方式有很大差别。中国和平发展的国家战略和积极防御的军事战略，决定了中国发展海权及现代化海上力量、建设一支强大的海军的战略特色的防御性质。现阶段，海军注重提高近海综合作战能力，增强战略威慑与反击能力，发展远海合作与应对非传统安全威胁能力。但中国海权绝不是霸权，无论过去、现在和将来，无论中国海军如何强大，也绝不会争霸、扩张。中国人民对战争和动荡带来的苦难有着刻骨铭心的记忆，对和平有着坚持不懈的追求。中国以孙子兵法为代表的“慎战”“全胜”“不战而屈人之兵”的军事文化传统，以郑和下西洋为代表的“和平”精神，是中华民族军事价值观体系的重要内容。当代中国海军的建设和运用，将始终把维护国家主权和安全、保护人民利益放在高于一切的位置，坚持积极防御的军事战略。当代中国海权的发展，将以和平合作为主要手段。中国为维护国家发展利益和承担国际义务而必然发展的海权及其海上力量，不仅是中国的机遇，也将给世界带来发展机遇。

现代化海军发展一般规律之探讨*

规律是事物发展变化过程中固有、必然的联系，具有本质性、长期性、普遍性和客观性，不以人的主观意志为转移。综观世界各国现代化海军的发展，尽管情况千差万别，但都自觉不自觉地受到一些基本规律的支配，显示出特定逻辑走向。

一、海权驱动规律

海权驱动规律，就是指现代化海军发展的根本驱动力始终来源于国家对海洋的利益需求，并由此产生的对利用和控制海洋能力的必然追求的基本规律。虽然不同时代的海权内涵不尽相同，不同国家的海权需求有强有弱，但现代化海军发展归根结底是国家海权需求驱动的结果。

海洋最重要的社会属性之一，是它的世界连通性，利用海洋进行贸易，能够使商品在流通中增加价值。为了海上贸易的安全，最早是商船载上军队，以保护和控制海上通道，进而占领彼岸市场，保证商业利润的实现。后来，船的职能逐渐专门化，船的型号、建造也逐渐专门化，海军由此诞生。国家为着自身政治、经济利益的实现，运用海上力量

* 本文发表于《亚太安全与海洋研究》2017 年第 5 期，第 100 页。

（主要是海军）去控制海洋，控制海上通道，开辟殖民地并占领市场，同时阻止他国的控制和占领，由此产生了一种国家控制海洋的权力要求。权力属于政治范畴，而政治需要军事支撑，因而海权集中体现于海军的发展和运用。史书记载，公元前 4—前 3 世纪，地中海沿岸的古希腊、古罗马等城邦国家最先步入这一进程。随后，从地中海到大西洋，西班牙、葡萄牙、荷兰、英国、法国，直至美国，借助 15 世纪的地理大发现和后来工业革命浪潮，西方海洋国家循着海上贸易发展催生海权、海权驱动海军发展的基本规律，后来居上进入现代化发展轨道。现代化海军自然是这一时代海权派生的成果，而更重要的意义则是资本主义这一全新社会结构的发生发展，以及由此带来那些捷足先登的现代国家全面兴盛和强大。

19 世纪末，美国人马汉以独特的眼光研究和揭示了海上贸易与海军内在联系和相互促进的发展进程，抽象出海权的概念，创立了著名的海权理论。他指出，“生产，是交换产品所必需的；海运，是用来进行不断交换的；殖民地是促进和扩大海运活动的，并通过不断增加安全的据点来保护海运，在这三者中我们将会找到决定濒海国家历史和政策的关键”。[1] 这种“历史和政策的关键”，就是认识和运用海权。马汉特别看重海军在海权中的地位，认为平时之商业与航运需要有控制海洋的支配力量，这样的支配力量只能产生于伟大的海军，他说，“海军战略就是为了自身的目的，无论是平时还是战时，都要建立、维护和发展本国的海权”。[2] 他研究了几个世纪以来世界海权发展的历史，认为历史上强国地位的更替，实质是海权易手；具有世界大国的地位，都可以追溯

① A. T. 马汉：《海权对历史的影响（1660—1783）》，安常容、成忠勤译，解放军出版社，1998，第 29 页。

② 同上书，第 22 页。

到该国海上力量的崛起。他还提出了影响国家海权发展的六大要素：地理位置、自然结构、领土范围、人口数量、民族特性、政府性质，从而得出“海权的历史，从其广义来说，涉及了有益于使一个民族依靠海洋或利用海洋强大起来的所有事情”① 的结论。马汉的海权理论，是以资本主义产生、发展时代为背景的，自然有一定的局限性，但这一理论揭示了国家利益、海权需求和现代化海军发展之间的必然联系，又具有科学性。它直接引导了美国的崛起，并将其超级大国的优势一直保持至今。

东方国家与西方国家不同，尤其是以陆地文明为主的国家，对海洋、海权的需求比较低，认识也比较晚，因而错过了“地理大发现”开启的第一轮世界现代化浪潮，进而惨败于“坚船利炮”为代表的西方海权之下。进入 20 世纪下半叶，特别是进入 21 世纪，经济全球化使海洋的地位和作用空前提高，现代国家一旦加入世界经济大循环，其国家利益便迅速外向拓展，为保护国家利益和国家崛起而发展现代化海军便成为必然的、毫无例外的选择。这就是海权驱动规律，发展中国家认识它比西方发达国家要晚，但终究在认识它、遵循它。

进一步分析海权驱动规律，人们还可以看到，由于政治经济制度、地缘战略环境、国家安全战略和国家实力的不同，各个国家的海权诉求及其海军战略类型是不同的，主要区分为进攻型和防御型。各国的选择，主要取决于国家追求海权的政治和战略目的，它决定着国家现代化海军发展的动机和运用取向，也决定着现代化海军的发展目标和建设规模。进攻型海权诉求往往体现为追求海上霸权，意图以本国的海上实力操纵或控制世界海洋秩序，通过控制海洋实现全球性国家利益最大化，

① A. T. 马汉：《海权对历史的影响（1660—1783）》，安常容、成忠勤译，解放军出版社，1998，第 1 页。

因而必须以建设无以匹敌的现代化海军为目标。如，蒸汽机与大舰巨炮时代的英国海军、一战时期的德国海军、二战时期的日本海军、冷战时期的美国海军和苏联海军等。而防御型海权诉求强调维护本国应有的、合法的海洋权利和利益，注重在现代国际法体系框架下，以维护本国主权、领土完整和发展权为目的，构建与本国国力相称的海上力量，建设区域型或沿岸型海军，具有典型的自卫特征。大部分发展中国家的海军都属于此类海权诉求。实际上，这类海权诉求的出现，也打破了对传统“海权”的认识，其不再是少数国家所追求的无限高、大、上的“海上实力”，而是任何国家都可以按照自己“海上权力”之需进行有限发展的“海上权利”。历史发展到今天，尽管海权鼻祖的美国仍旧奉行不变的进攻诉求，但立足于防御诉求、构建与本国战略目标和国力相称的海上力量，正在成为现代化海军建设发展的一种普遍模式。可以说，海权驱动规律的内涵有了若干时代性变异。

历史证明，在世界现代化海军发展进程中，以获取霸权为目的、不遗余力发展和运用海军的，不仅存在道义问题，实践中还充满着战略风险，甚至给国家带来厄运。对海权的追求不能是无限的，适度则国兴，过度则国亡。二战时期的日本海军，采取脱离国情、国力的过度发展。有资料显示，日本在 1937 年全面发动侵略中国的战争时，其海权的扩展潜力已接近国力的极限，到太平洋战争爆发前日本国力已开始萎缩，而日本为了追求太平洋方向的海权仍错误地发动太平洋战争，结果遭到灭顶之灾，使其在明治维新以来所拥有的现代化海军建设成果毁于一旦。冷战时期，苏联盲目地与美国争夺海上霸权，其海军规模与美国海军不相上下，但苏联国民生产总值只相当于美国的三分之一，结果不堪重负，成为造成国家经济衰退、国家解体的重要原因之一。

由此可见，海权是成就现代化海军的重要驱动力，但脱离国力、国情的海权诉求也会给现代化海军建设带来无法挽回的损失。在现代化海军发展中，应科学寻求海权目标，既要充分发挥现代化海军对海权的核心支撑作用，使海军发展与国家实力、海洋权益拓展和海权构成相辅相成，又要把海权追求的合理性与国家能力的现实性有机统一起来，避免不切实际的盲目发展。

二、竞争发展规律

竞争发展，是指一国海军为了更快、更好地实现本国海军现代化建设目标或能够在战争中战胜对手，以某些利益攸关国家海军，或以邻近的相关国家海军为竞争对象而采取的发展行为和方式。竞争发展规律，就是世界各国现代化海军的发展总是竞相瞄准最先进的科学技术，总是以优势于其战略对手或假想敌的目标筹划发展，始终处于竞争状态，形成不断上升的波浪式发展的基本规律。

现代化海军的竞争发展，是由世界政治经济发展不平衡和海军在国家安全中的地位决定的。随着海军日益成为国家武装力量的重要组成部分，现代化海军发展进程的快慢和水平的高低，直接关系海上战争的胜负，关系国家的前途命运和荣辱兴衰。落后就要挨打，这是被历史反复证明的铁律，因而也是世界主要国家以竞争发展方式推动现代化海军发展的根本原因。从现代化海军发展的历史看，世界政治经济发展的不平衡，表现在世界各国科学技术、生产力发展的不平衡，以至于现代化海军始终要在这种不平衡中向前发展。一些生产力及科学技术处于领先地位的国家总是会谋求先发优势，挑起新一轮军事革命，率先启动海军现代化跃升的进程，而另一些国家则会因后发而暂时落后。然而，先进国家海军的这种优势总是相对的，且往往只能保持一个时期，后进国家也往往可能奋起直追，逐渐形成后发优势。近代以来，欧美各国海军一直处于领先地位，但到了 20 世纪初日本海军居上，其现代化水平就已经赶上甚至超过了一些欧洲海军强国。可见，这种发展的不平衡性，实际上为落后国家以竞争发展方式实现海军超越发展提供了可能。

竞争发展，首先，要有竞争的对象，至少需要两个或两个以上的竞争主体，通过针对性的比较来促进自身的发展；其次，竞争是一种行为或方法，它使现代化海军建设始终处于压力之中，推动建设水平不断升级；最后，不同竞争主体的竞争目的存在差异性，强国海军更趋向于确立或保持自身的优势地位，而其他国家海军则趋向于提升自身的能力，以实现对强国海军的抗衡或反击。

竞争发展的强度越高，现代化海军发展的投入就越大，发展速度也就越快。从竞争烈度上讲，现代化海军的竞争发展主要分为战时状态（包括战前、冷战状态）和平时（即和平时期）状态两种。一般来讲，竞争强度不同，对各国海军现代化发展产生的外在压力和动力也不同。战时状态无疑是促进海军现代化建设的巨大推动力。对手现代化程度造成的海上军事威胁越大，本国海军现代化的投入和建设规模就越大；威胁越具有现实性，本国现代化建设的节奏就越快；海军实力与对手或潜在对手的差距越大，本国海军现代化建设就越急迫。特别是当一个国家正在进行战争时，夺取战争胜利的渴望往往能排除一切阻挠加快海军现代化的各种阻力，在极短的时间内最大限度地实现快速发展。19 世纪末 20 世纪初，德国为了成为一个世界性强国，与英国争夺海外殖民地，向当时的“海上霸主”发起了冲击：1898 年和 1900 年，德国国会连续通过“海军法案”，大力扩建海军。[①] 1900 年德国海军的第二个造舰计划，提出要建设拥有 34 艘战列舰、11 艘重型巡洋舰、34 艘轻型巡洋舰

① 王生荣：《海洋大国与海权争夺》，海潮出版社，2000，第 113—115 页。

和100艘驱逐舰的庞大舰队。[①] 英国则迅速做出反应，考虑将其海军建设的“两强标准”（即“大英帝国的海军建设，必须至少同任何两个强国的海军力量之和相平衡”）提高到“三强标准”，使英国海军实力（主要按战列舰计算）超过其他三个最强海军国家的联合力量，[②] 并开始建造当时最先进的“无畏”级战列舰。1906年，德国国会通过第三个法案，决定今后一切新造战列舰必须都是“无畏”级的。[③] 1908年，英议会通过“两舰对一舰”方案，即德国每建造一艘新的“无畏”级战舰，英国就要建两艘，保持2∶1的优势。[④] 两国海军竞争达到了白热化。至一战前，德国迅速成长为海军强国，拥有了15艘“无畏”级战列舰、22艘准“无畏”级战列舰、5艘战斗巡洋舰、44艘轻型巡洋舰。[⑤]

相对战时状态来讲，和平时期竞争发展的强度相对要低些，受各方面的影响和制约也多些。和平时期的竞争更多地体现在技术上的竞争，即保持技术上的领先优势。特别是和平时期各国为了在军事变革中保持优势，往往通过加速科学技术的应用，不断更新武器装备，使自身水平保持在现代化的前列。这一点在第一次工业革命带来的军事变革以及当前的新军事变革中体现得尤为明显。

竞争模式是决定竞争结果的关键因素。竞争发展的模式主要分为对称式竞争、非对称式竞争和结构性竞争三种类型。所谓对称式竞争，是指国家在推进海军现代化过程中，坚持“你有我也有”，与竞争对手进行全要素比拼，此类竞争一般发生在海军现代化基础和潜力比较接近的

① 杨金森：《海洋强国兴衰史略》，海洋出版社，2007，第266页。
② 丁一平：《世界海军史》，海潮出版社，2000，第446页。
③ 杨金森：《海洋强国兴衰史略》，海洋出版社，2007，第267页。
④ 同上书，第268页。
⑤ 王生荣：《海洋大国与海权争夺》，海潮出版社，2000，第115页。

国家之间。比如，二战前夕英、法、德、日等国海军之间的竞争发展。非对称式竞争，一般发生在现代化基础和国力存在较大差距的国家之间，主要指整体实力处于弱势的国家在竞争中以“你无我有”为导向，把重点放在海军现代化的某些环节和要素上，力求以局部突破获得对竞争对手的整体优势或足以制胜的局部优势。比如，一战时德国海军突出发展潜艇、冷战时苏联海军突出发展核动力潜艇。结构性竞争，则是指竞争中把重点放在优化整个军事体系结构和主要兵力的建设上，主要通过提高体系运行效率来获得竞争优势。竞争模式不同，将在很大程度上影响现代化海军建设的整体发展布局和发展结果。

从总体上看，对称式竞争容易导致竞争者展开全面的军备竞赛，全面动员国家各种资源，结果是两国海军会形成高度相似的兵力结构，装备水平也会趋于接近。但从实践看，国力处于相对弱势的国家会为此付出更大的代价，而且最终仍难以获得相对于对手的全面优势。非对称式竞争不容易引发全面的军备竞赛，可促使竞争参与国有效利用、发挥自身资源和潜在优势，在创新装备技术、战役战术理论等方面实现突破，但也容易导致由于竞争参与国海军现代化的全面性、系统性不够，布局不够均衡。结构性竞争与对称式竞争、非对称式竞争相比，是费效比最高的一种竞争，可以使竞争国着眼于提高整体作战能力，统筹各方面的建设，合理分配资源投入，保持发展的可持续性。

竞争发展在竞争对象的选择上具有同类性。世界各国国情不同、国家利益不同、战略取向不同，海军现代化建设的水平和能力也不尽相同，一般情况下，国力相当、地缘政治关联密切、利益相关度高、比拼性强的国家更趋向于将对方选择为竞争对手。很难想象，一个小国会将一个超级大国作为竞争对象；而只有以发展水平相近、利益关联度高的国家为竞争对象，才会刺激竞争，竞争效果也才明显。以近代中日之间的海军竞争为例，中日地理位置靠近，地缘政治关联度高，19 世纪中叶两国都处在封建社会晚期，内有严重的社会危机，外遭西方势力的冲击，严重的民族危机成为中日两国统治者发动改革的契机，改革又成为两国现代化启动的先导，两国毫无例外地选择了发展现代化海军，从而成为直接的竞争对手。清政府以日本为假想敌投入巨资建立了北洋海军，特别是从德国买回的“定远”和“镇远”舰，排水量达 7300 多吨，堪称亚洲最先进的铁甲舰，并在 1886 年和 1891 年两次派遣舰队造访日本实施战略威慑，这极大地刺激了日本，北洋海军遂成为日本的竞争对象。此后，日本举全国之力发展海军，上至天皇下至公卿小吏纷纷捐款购买军舰，甚至向国民宣传即使“节约三餐为两餐，也要扩张海军”，遂使日本舰队在舰艇性能上迅速赶超北洋海军。

“暴力本身是一种经济力”，“现代的军舰不仅是现代大工业的产物，而且还是现代大工业的缩影，是一个浮在水上的工厂”。[①] 现代化海军的竞争发展，归根结底是国家经济实力的竞争、综合国力的竞争。一支真正的现代化海军是建立在整个国家的现代化基础之上的，它不是单纯军事领域的转型问题，不能脱离社会其他诸方面而单一突进。世界现代化海军发展进程告诉我们，现代化海军发展必须以综合国力为依托，现代化海军的质量根本取决于国家现代化的整体水平，取决于国家经济的整体实力，取决于国家科学技术和工业、信息产业水平，取决于全社会教育水平和国民素质的高低。

现代化海军的竞争发展是客观规律，没有不竞争的发展。但选择何种竞争模式、进行何种强度的竞争，取决于决策者的战略理性和智慧，也取决于国家战略及军事战略目标，这或许是遵循竞争发展规律时最重

---

① 中共中央马克思恩格斯列宁斯大林著作编译局：《马克思恩格斯全集》第 20 卷，人民出版社，1974，第 182—189 页。

要的主观因素，也是一个国家获取现代化海军正确发展的关键。

三、体系建设规律

体系建设，就是一个国家海军的建设发展不是孤立的，而是作为一个整体的系统发展。体系建设的基本规律，是指现代化海军的发展，总是呈现出一个构成要素相互联系、相互协调、同步建设的发展过程，任何一个要素的缺失或达不到既定要求，都会制约现代化海军建设的进程和水平。

武器装备均衡配套。海军武器装备体系十分复杂，陆上、空中、水面、水下等作战平台一应俱全，火炮、鱼雷、水雷和对空、对海、对陆各类导弹种类齐全，对武器装备发展的协调性要求非常高。此外，主战装备能否充分在作战中充分发挥效能，还取决于配套装备的规模、数量及其保障性能。一艘现代化军舰能机动多远，不仅要看其自身的最大航程，更要看保障船舶的综合保障能力；一枚反舰导弹能打多远，不仅要看其自身的射程，还要看侦察、引导装备的作用距离能不能覆盖这个射程。因此，整体协调、同步配套是海军武器装备现代化发展的基本规律，忽视这个规律往往会出现制约作战能力发挥的瓶颈。一般情况下，发达国家海军的资源较为充裕，装备建设底子好，均衡配套问题容易解决。比如，美国海军曾在 20 世纪 70 年代后期根据作战任务提出了 600 艘舰船的兵力规划，包括 15 个航母战斗群、4 个战列舰水面作战群、100 艘攻击潜艇、足够数量的弹道导弹潜艇、一定数量的运输突击梯队、10 个海上运输舰群,[①] 较好地体现了整体协调的原则，实现了战

① 海军装备论证研究中心科技部编译：《美国海上战略》，海军装备论证研究中心科技部，1986，第 68—69 页。

略、战役和战术运用的相互配套。发展中国家由于资金少、底子薄、经验少，装备建设容易出现失衡、脱节等现象，尤其需要科学制定规划，坚持按比例协调发展。比如，泰国海军虽倾力装备了“差克里·纳吕贝特”号航空母舰，却苦于无法解决预警飞机和护卫编队的区域防空导弹问题，这艘航母更多的时间只能停泊在港内，并没有形成应有的作战能力。

人与武器装备有机融合。人的素质是现代化海军发展的倍增器。列宁指出：“现代战争也同现代工业一样，必须有高质量的人才。没有具有主动精神的、自觉的陆海军士兵，要在现代战争中取胜是不可能的。”① 世界海军现代化的进程也表明，不管战争形态如何变化，人作为战争和现代化建设的决定性因素从未改变。可以这样讲，实现人与武器的最佳结合，始终是海军现代化建设的关键环节。人与武器装备发展的支撑、协调关系主要体现在：官兵只有拥有使用现代化武器、打赢战争的决心和信心，才能发挥驾驭高技术武器装备的主观能动性；官兵只有具备较高的战役战术水平，才能发挥武器装备的最大效能；官兵的人员规模及专业技术结构只有与海军武器装备体系结构相称，才能确保整个武器装备体系的有效运转。世界海军强国在现代化过程中都十分重视人的教育训练。19世纪中叶，英国海军在从风帆时代跨入蒸汽时代的关键时期，创建了布里塔尼亚皇家海军学院。第一次世界大战期间，美国海军高级将领威廉·索登·西姆斯从战争体验中感到官兵素质比现代化的舰艇更重要，战后情愿放弃高位而再次担任海军战争学院院长，并坚持“为了保持我们军官的培养水准，在必要时不惜将一艘军舰退出

① 中国人民解放军军事科学院编《列宁军事文集》，战士出版社，1981，第12页。

现役”的理念。[①] 二战结束后，靠人才求胜的理念已成为大多数海军强国现代化建设指导的主流取向。当面临经费资源有限的困境时，这些国家的海军往往倾向于通过控制装备规模来提升官兵素质。进入 21 世纪，信息化战争对人才提出了更高要求，人才的教育训练也更加受到重视，世界各国海军均开设了信息战课程和信息战参谋业务课程，加强信息战专家和信息技术人才的培养，坚持人才培养与装备现代化协调推进，坚持人才培养先行一步，确保先进的武器装备尽快形成战斗力。

编制体制协调发展。编制体制是海军军事体系结构的制度化和规范化，它的现代化是海军装备、人员、战役战术现代化的综合反映，对于海军形成综合作战能力具有重大影响。海军编制体制只有适应武器装备和作战方式的变化，不断进行适应性调整改革，才能有利于最大限度地释放海军的作战效能。在世界海军现代化发展史上，潜艇、飞机等海军武器装备的每一次重大突破、作战样式的每一次更新，都会引发编制体制的适应性改革和调整。比如，在第二次世界大战前，美国海军在拥有航母之后曾习惯性地将其纳入战列舰队序列，太平洋战争爆发后发现这种编制不利于航母作战效能的发挥，即迅速做出调整，组成以航空母舰为中心的任务编队，在实战中击败了日本海军联合舰队。又如，近代日本海军在实现武器装备现代化的基础上，迅速引进西方海军的体制编制进行调整改革，而清朝北洋海军虽然也进行了改革，但没有从根本上摆脱封建军事体制的整体束缚，极大地制约了作战能力的发挥。进入 21 世纪，随着新军事变革的深入发展和信息化武器装备的大量服役，海军的体制编制改革亦进入关键时期，主要变化是：增设新的部门，如统管信息化建设的部门、主管信息作战的网络司令部等；强化作战编组，将

① 约翰·B. 哈登道夫等：《水手和学者　美国海军战争学院百年史（1884—1984）》，海军指挥学院科研部编译，海军指挥学院，2009，第 129—130 页。

作战编组的行政管理和作战指挥权合一；将机械化条件下纵长垂直树状的指挥体制，改变为信息化条件下扁平网状的指挥体制；将海军的作战指挥，更多地融入联合作战指挥之中。应该讲，新一轮的体制编制调整改革并未结束和定型，还需要进一步地验证检验。需要指出的是，各国海军的体制编制受本国原有军事体制编制的影响较大，其调整改革往往需要较长的一段时期，同时还需要结合本国的军事制度来构建具有自身特点的体制编制。

海军建设本身的系统性、复杂性和现代战争体系对抗的特点都要求海军的现代化建设必须遵循系统科学的基本原理，坚持走体系发展的道路，按照“整体—部分—整体”的思路，从顶层设计入手，全面规划现代化建设的各个构成要素，从全局和整体上不断协调各构成要素的建设方向和目标，有机融合各构成要素的建设成果。可以这样讲，只有按照体系发展规律来建设发展海军，才能建成一支真正意义上的、具有可持续发展前景的现代化海军。

四、理论先导规律

理论先导，即是主动使用先进、成熟的理论指导现代化海军发展。理论先导规律，是在长期的海军建设和运用的实践中逐步摸索和总结出来的基本规律。现代社会，一个国家发展什么样的海军、如何运用海军，已经不再是一个感性的实践，而是一个理性的过程，它通过总结历史、透视现实、预测未来，通过提出新的概念和理论，改变人们思考战争的理念和方法，指出现代化发展的方向；通过设计新的建设思路和发展模式，指导海军发展并显著提高现代化建设的质量效益。

战略理论的先导作用。海军战略理论的先导功能主要表现在：分析借鉴国内外相关海军战略理论和战略运用的实践经验，探索世界海军现代化的共性规律和本国海军现代化的特殊规律，并运用上述规律分析本国海洋安全现实和长远利益的需求变化，指导制定海军战略，统筹推进现代化海军的发展。19 世纪 70 年代后，尤其是进入 19 世纪末 20 世纪初，英国出现了约翰·科洛姆、菲利普·科洛姆和朱利安·科贝特为代表的海军战略理论家，提出夺取和保持制海权的系统理论，以及国家层面的“海上战略”“有限战争”等新理论概念，将现代化海军的发展引入一个更高层次、更加理性的阶段。而美国海军理论家 A. T. 马汉在研究欧洲列强尤其是英法两国历史和海战史的基础上，创立了“海权论”，引领美国走向了海上强国之路，美国海军也一跃成为新的“海上霸主”。这些理论，不仅成为本国海军发展的理论先导，也成为德国、日本等后起海洋强国海军发展的理论瑰宝，也彰显了战略理论的先导地位日益突出，规律性日益显现。20 世纪 60 年代，苏联海军总司令、理论家谢·格·戈尔什科夫在总结世界各海上强国的历史经验以及苏联与美国争霸世界海洋实践的基础上，建立了“国家海上威力”理论，使苏联海军在短时间内迅速发展，取得了与美国海军对等的战略地位。可见，运用来源于实践的理论进一步牵引实践创新，以理论先行谋求竞争优势，在世界海军现代化发展过程中具有十分重要的作用。从某种意义上讲，现代化海军的军事竞争首先表现为理论创新的竞争，谁拥有了卓越的军事理论创新能力，谁就能在海军现代化的进程中和未来的海上军事斗争中把握战略主动权。

作战理论的先导作用。作战理论是为取得作战胜利而建立的系统化知识体系，它既是作战实践的理性升华，又随着武器装备的发展而不断更新。作战理论的指导作用，一方面体现在依据新式武器装备创新作战方法和样式，使武器装备的作战效能得到充分发挥；另一方面则体现为用全新的作战理论牵引武器装备的未来发展。19 世纪末，舰队决战理论的出现带动了战列舰的快速发展，而第一次世界大战期间德国无限制潜艇战的出现使潜艇的发展受到世界各国的重视。一战结束后，美国海军军官马上意识到，“大战中的教训代表过去而不是未来……人们只关注那些早已为人所知的原则问题，而这些连新手都能看出的原则是无法解决未来的问题的”。[①] 为此，美国海军战争学院进行了大量试验性、创造性的研究，提出了大规模战役中联合作战理论，从而为 20 多年后美国海军打赢太平洋战争提供了有力的理论支撑。冷战时期，苏联海军提出的“对岸为主”战略方针，将海军对陆地作战上升到战略地位，极大地牵引了战略导弹核潜艇的发展。冷战结束后，特别是在 20 世纪 90 年代后几场信息化条件下的局部战争的推动下，海军作战理论研究进入一个新的繁荣期，新思想、新观点层出不穷，作战理论、海军建设和战争实践相互牵引、相互促进的趋势更加明显。美国海军提出的“网络中心战”理论已经成为指导美军转型和作战的重要理论，而俄罗斯提出的“网络破袭战”则在科索沃战争和伊拉克战争中得到了验证：美航母舰载机在信息干扰下无法返回航母，美军一些精确制导弹药偏离目标，甚至引发美军战机误击英军装甲车辆的事件等。作战理论研究领域的较量，实际上已经成为敌对双方未来战场对抗的预演，是双方战略博弈的“寂静战场”。

建设理论的先导作用。建设理论主要研究海军建设自身的特点及其发展规律。一般来讲，海军现代化需要战略理论的牵引、作战理论的创新，同时也需要根据海军建设本身的特点规律和各国不同的国情军情发展建设理论，三者相得益彰，才能使海军现代化发展更加科学、更加全

① 约翰·B. 哈登道夫等：《水手和学者　美国海军战争学院百年史（1884—1984）》，海军指挥学院科研部编译，海军指挥学院，2009，第 147、第 148 页。

面。建设理论涉及海军的兵力结构、组织体系、教育训练、战场建设等多个方面，对于如何建设现代化海军具有重要的指导作用。苏联海军总司令戈尔什科夫根据苏联当时的情况和海军建设自身的特点规律，提出了重点均衡发展理论，即每个国家对海军兵力都有自己的特殊要求，要走自己的海军发展道路，必须区分轻重缓急，在一定历史时期优先发展能够最有效地完成海军主要任务的那些兵种，同时使其他兵力组成部分处于按比例发展的状态，由此带动苏联进入了全面发展的时期。进入21世纪，各国海军都纷纷抓紧构建符合自身需要的转型建设理论，美国海军提出了从"以网络为中心"向"以知识为中心"转变的理论；俄罗斯海军不采用美军追求大规模、全要素的发展模式，提出走重点建设、分阶段推进的道路；英、法、德等国海军在加强信息化建设的同时，提出加强远程投送能力、与美军联合作战的能力；印度海军提出要建设一支具有信息化作战能力的技术密集型海军，向"三维"型"蓝水海军"转变。海军建设理论的丰富与发展，在很大程度上为现代化海军建设的进一步细化和深化提供了理论支持。

历史证明，正确的军事理论能够引领一个国家的海军在新一轮的现代化浪潮中抢占先机，从而占领未来海上战争的制高点；而落后的军事理论往往会导致战略思想和作战理论滞后于时代发展而陷海军发展于被动地位。一支军事思想和理论缺乏先进性的海军，即使拥有一流的装备和人才，也难以拥有一流的战斗力。从实践上看，理论先导作用的发挥关键在创新。先进国家的海军之所以长期保持领先地位，除拥有雄厚国力基础和科技水平外，其强烈的创新意识和强大的创新能力功不可没。从根本上说，海军的现代化进程，实际上就是一个不断推出军事创新理论的过程。因此，遵循理论先导规律，自觉推出具有本国特色的创新理论，占据军事理论的高地，是现代化海军建设取得成功的要诀。

五、国际化发展规律

海军是以海洋为基本活动载体、以全球性的地理大发现为契机而大发展的，国际性是海军与生俱来的特质。马汉说，“惟有海军的活动范围具有国际性质”。[①] 国际化发展规律，就是任何一个国家的现代化海军发展，无论是有意也好、无意也罢，都会寓于国际社会之中，自觉不自觉地与国际接轨，与世界各国海军发生密切的联系，显示出国际化的发展道路，并将随着国家海军实力的发展而不断加深其国际化程度。

活动空间和任务属性的国际化。海军从诞生的那一天起，就是以海洋为主要活动空间，采取以军舰为基本载体的活动方式。海洋具有水体巨大、资源丰富、包围世界陆地的自然属性，海洋具有的世界性、人类共有性，决定了国家的海洋活动必然会依托陆地并越出本国陆地范围，从而也决定了海军在海洋上活动的国家行为性质。各国海军都要跨海越洋保护国家海上贸易安全，为国家海洋利益提供安全保障，必然会受到包括海洋在内的全球性或地区性地缘政治的影响，与他国海军发生联系以及任务交叉，既可能产生合作，也可能产生矛盾和冲突。海军任务属性的这种国际化，强化了海军的国际性特点，具备世界意识是对现代化海军的基本要求。

行动规范和海军制度的国际化。由于活动范围和任务属性的国际化，世界各国现代化海军在海上行动规范和军事制度的建立上就产生了相对的同一性和参照性。比如，世界海军在海洋上活动，为海上航行安全和国际交流而产生共同的通信、识别和交流方便的需求，使海军的军装、舰船、通信方式、礼仪、法规制度、战术技术等，很早就发展起来

① 艾·塞·马汉：《海军战略》，蔡鸿干、田常吉译，商务印书馆，1994，第21页。

并具有同一性。又比如，英国 1653 年颁布的《战斗中舰队良好队形教范》，是近代以来世界上第一个“海军战斗条令”，它率先制定了一套与当时武器装备相适应、具有绝对约束力的制度性规范，表现了其对海上作战运用和海军建设实践理性认识，成为世界海军发展国家海军条令法规的先驱。历史发展到今天，海军条令法规建设的概念已经大大被拓展了，如美国海军已经形成了情报、后勤、计划、作战行动、指挥控制等五大领域的条令体系，成为强大战斗力生成的制度保障。在此基础上，不但世界各国海军都在发展各自的条令法规，而且随着海军联盟与合作实践的发展，双边与多边海军行动的共同行为规范逐步发展起来，如北约的共同条令、非北约的联合行动条令、1972 年《美苏关于防止公海及其上空意外事故的协定》以及许多国家效仿签订的类似双边协定，特别是进入 21 世纪后西太平洋国家海军协商通过《西太平洋海军论坛海上意外相遇规则》的多边海上军事行动规则，以及根据《中美关于海空相遇安全行为准则谅解备忘录》谈判达成的中美《舰舰相遇安全行为准则》《空空相遇安全行为准则》等，都突出显现了国际化特点和发展规律，具有典型意义。

海战法海洋法适用的国际化。近代以来，尤其是地理大发现以来，人类的战争行为从陆地发展到海洋，规范战争行为的海洋法律制度应运而生并具有对各国海军的共同适用性。比如，在战争和武装冲突期间调整交战国或武装冲突各方、交战国与中立国之间在海洋或涉海事务方面之关系的规则和制度，关于使用作战武器和作战方法、禁止或限制使用的海上作战手段和作战方法等规则，在海战或海上武装冲突期间保护平民、遇船难者、伤病员和其他战争受难者的原则、规则和制度等。进入现代社会，规范海洋活动的平时法发展起来，如对海洋资源开发利用、海上航行和飞越、海洋科学研究和海洋环境保护等人类海洋活动进行规范和约束的海洋法律规则，包括极其重要的国际海事组织《1972 年国际海上避碰规则》和《国际信号规则》等，都要求各国海军共同遵守。特别是《联合国海洋法公约》规定了国家内水、领海、毗连区、专属经济区、大陆架、公海等各种不同的海域制度，各沿海国又建立了相关的国内法，对各国海军的海洋活动产生共同的影响。这种始于近代，及于当代的国际法制度的发展，也成为现代化海军发展国际化的重要内容。世界各国海军都必须受其规约，都必须不断跟踪和了解国际海洋法律制度的新发展，遵守并用好这些法律制度，为维护国际和地区安全、为维护国家安全作出贡献。

进入 21 世纪，世界海军的国际化程度明显加深，这使得开放合作成为一个具有重要时代价值的战略理念，进一步彰显了海军的国际化发展规律。尤其是在当今和平与发展为主题的时代，经济全球化和政治多极化深入发展，海洋丰富的资源性和开放的连通性被进一步认识和利用，世界通过越洋的贸易、能源、资本流动，越来越紧密地连成一个整体。与此同时，海洋的社会属性也更加突出，既交织着利益，也伴随着争夺。当人类日益认识到生存发展巨大困境的时候，各国都致力于利用《联合国海洋法公约》合法获取海洋管辖空间，并向深海、大洋、国际海底乃至极地拓展开发空间，海军维护国家海上经济、政治和军事安全的任务及空间大大拓展，手段也更加多样。海军在国际舞台上的行动直接体现国家战略意图和意志，海军以开放的、合作的海洋实践活动参与国际秩序的建立，掌握规制权及主导权，也成为大国海洋战略博弈的重要内容。海军为维护国家安全随时准备战争，但更多的是使用非战争手段、合作手段维护和平，尤其是海上非传统安全威胁的发展，各国海军越来越多地走出去、越走越远，在维护海上通道安全、打击海盗和恐怖主义等跨国犯罪、人道主义救灾减灾方面开放合作，成为一个不可逆转的大趋势。

综上，从近代“地理大发现”以后开启的海军现代化进程，尽管各海洋国家因地缘条件、文化传统、战略意识、国情国力等差别，发展有先有后，模式不尽相同，但兴衰更替之间显示出现代化海军发展的一般规律。规律本身是客观的，而对规律的认识和驾驭却是主观的，它决定了不同国家现代化海军的发展方向、运用方式，以及对国家兴衰产生影响的程度。因此，各海洋国家的决策者都应正确认识、运用和驾驭这些规律，不断推进、校正适合本国国情的现代化海军发展运用，理性设计并追求国家利益和海军发展效益的最大化。

B篇　实践逻辑：必须走向蓝水

开篇语

欧亚大陆东部，太平洋西岸，两条岛链横亘出海口。特殊地理位置及其文化传统，使中国在20世纪70年代末，才有了打开国门走向蓝水的自觉。中国拥抱海洋，中国走向蓝水，展开了中华民族伟大复兴的历史性画卷，而各种海上安全问题也接踵而至。中国必须走向蓝水，这是中国国家利益所在，安全利益所在；中国必须走向蓝水，谋求与五大洲四大洋的国家合作共赢，谋求用中国方式促进世界治理。

中国的国家海洋利益及安全需求*

利益是一切社会活动的根本动因。对国家利益及安全需求的认识，是国家和军队确定安全战略的出发点和归宿。国家海洋利益是国家利益的一部分，是研究和制定国家海洋安全战略和海军战略、实现国家海洋安全的基本依据。其利益构成主要包括：国家领土完整和领水主权安全、海洋权益的保有和保全、海上战略通道安全、海上经略活动安全等。

一、国家领土完整和主权安全

领土是国家存在的物质基础，包括领陆、领水、领空，是国家的核心利益及一部分海洋利益。中国的国家海洋安全利益，首先是从海上方向确保国家领土完整和主权安全。1958 年《中华人民共和国政府关于领海的声明》，对领土定义为“中国大陆及其沿海岛屿，和大陆及其沿海岛屿隔有公海的台湾及其周围各岛、澎湖列岛、东沙群岛、西沙群

* 本文原发表于张炜、冯梁主编《国家海上安全》（国家社会科学基金项目），海潮出版社，2008，第 385—409 页。该书获 2010 年第七届“中国人民解放军图书奖”，本文略有删减、修订。

岛、中沙群岛、南沙群岛以及其他属于中国的岛屿”。[①] 1992 年施行的《中华人民共和国领海及毗连区法》，进一步重申了中国的陆地领土构成，宣布“中华人民共和国陆地领土包括中华人民共和国大陆及其沿海岛屿、台湾及其包括钓鱼岛在内的附属各岛、澎湖列岛、东沙群岛、西沙群岛、中沙群岛、南沙群岛以及一切属于中华人民共和国的岛屿”。[②] 据此，国家领土和主权安全的主要标志如下。

国家陆上领土安全。中国是一个背陆面海的国家，有 960 万平方公里的陆地国土，18,000 公里的海岸线。中国近代历史上受到帝国主义 100 多年的欺侮和奴役，主权沦丧，成为一个半封建半殖民地的国家。毛泽东说，一百多年来帝国主义侵略中国大都是从海上来的。海洋是国家陆地领土的海上藩篱、海上防线，从海上方向保卫国家陆上领土完整，保卫国家主权和政权的安全，是包括国家海洋利益在内的整个国家民族的生存和发展利益。由于复杂的因素，中国的领土迄今还不完整，突出的是台湾问题。

沿海经济带安全。中国东部 11 个沿海省市承载了全国 40%的人口，也是国家大中城市、外资、进出口贸易的密集地。沿海主要港口形成了“长三角”“珠三角”“环渤海”三大港口群体布局，占全国港口的 38.8%，仅上海港的集装箱码头的运输量，2004 年就占到全国沿海集装箱运输量的 58%。[③] 2005 年，沿海 11 个省市 GDP 占同期全国的

---

① 《中华人民共和国政府关于领海的声明》，载国家海洋局政策法规和规划司编《中华人民共和国海洋法规选编》，海洋出版社，2001，第 3 页。

② 《中华人民共和国领海和毗连区法》第三条、第五条，参见国家海洋局政策法规和规划司编《中华人民共和国海洋法规选编》，海洋出版社，2001，第 7 页。

③ 国家海洋局海洋发展战略研究所课题组：《中国海洋发展报告》，海洋出版社，2007，第 205—208 页。

73.1%。[①] 可见，沿海经济带在促进国家经济可持续发展中作用重大。但沿海经济带暴露容易遭受攻击且破坏巨大，因而是国家海洋安全的重要内容。

国家所属岛屿安全。国家所属岛屿是国家神圣不可侵犯的海上领土，具有与陆地领土相同的法律地位。1982 年《联合国海洋公约》（以下简称《公约》）生效后，每个国家的所属岛屿都可以合法拥有 12 海里的领海、领空和底土的主权，并可以合法拥有领海外宽度为 12 海里的毗连区，部分岛屿还可拥有领海外自领海基线外推的 200 海里专属经济区和底土的管辖权，这大大提高了国家所属岛屿安全的意义。中国沿海岛屿情况复杂，日本在东海钓鱼岛不断采取措施，试图实际控制；南海诸岛自 20 世纪 70 年代以来，已经有 40 多个岛、礁、沙、滩被他国占领，[②] 严重影响国家海洋安全态势。

国家领水安全。国家领水由领海、内水组成，延伸至领水上空及其底土，国家拥有完全的排他性主权。1958 年中国政府关于领海的声明说，“中华人民共和国的领海宽度为 12 海里（浬）”。[③] 1992 年的《中华人民共和国领海及毗连区法》指出，“中华人民共和国的领海宽度从领海基线量起为 12 海里”，“对领海的主权及于领海上空、领海的海床及底土”。[④] 由领水安全延伸的安全问题，一是领海基线制度，《中华人民共和国领海及毗连区法》规定，“中国领海基线采用直线法划定，由

① 国家海洋局海洋发展战略研究所课题组：《中国海洋发展报告》，海洋出版社，2007，第 228 页。

② 同上书，第 83 页。

③ 《中华人民共和国政府关于领海的声明》，参见国家海洋局政策法规和规划司编《中华人民共和国海洋法规选编》，海洋出版社，2001，第 3 页。

④ 《中华人民共和国领海和毗连区法》第三条，参见国家海洋局政策法规和规划司编《中华人民共和国海洋法规选编》，海洋出版社，2001，第 7 页。

各相邻基点之间的直线连线组成”。[①] 1996 年中华人民共和国政府公布了大陆领海的部分基线和西沙群岛领海基线。[②] 领海基线制度是准确划分中国的内水、领海、毗连区、专属经济区和大陆架基础和起点，只有得到世界各国的承认和尊重，才能确保不出现争议和冲突。二是“领海无害通过制度”，其中最重要的安全问题在于外国军用船舶和航空器的无害通过中国领海的批准程序。《中华人民共和国领海和毗连区法》规定：“外国军用船舶进入中华人民共和国领海，须经中华人民共和国政府批准。”包括军用航空器在内的外国航空器，“必须根据该国政府与中华人民共和国签订的协定、协议，或者经中华人民共和国政府或者其授权的机关批准或接受，方可进入中华人民共和国领海上空”。[③]

二、国家海洋权益的维护

国家海洋权益是根据国际法及国际惯例，国家在海洋上可以行使的权利和享受的利益的总称。海洋权益中的权利是指在国家管辖海域范围内主权、主权权利、管辖权和管制权；利益则是这些权利派生的各种好处、恩惠。[④] 根据《公约》，中国对国家海洋权益的维护，主要包括以下方面。

海洋主权权利和管辖权。1998 年《中华人民共和国专属经济区和大陆架法》规定：中华人民共和国的专属经济区为领海以外并邻接领

① 《中华人民共和国领海和毗连区法》第三条，参见国家海洋局政策法规和规划司编《中华人民共和国海洋法规选编》，海洋出版社，2001，第 7 页。

② 《中华人民共和国政府关于中华人民共和国领海基线的声明》，参见国家海洋局政策法规和规划司编《中华人民共和国海洋法规选编》，海洋出版社，2001，第 4—6 页。

③ 《中华人民共和国领海和毗连区法》第六条、第十二条，参见国家海洋局政策法规和规划司编《中华人民共和国海洋法规选编》，海洋出版社，2001，第 8 页。

④ 王曙光主编《海洋开发战略研究》，海洋出版社，2004，第 35 页。

海的区域，从测算领海宽度的基线量起延至200海里；中华人民共和国的大陆架为领海以外依本国陆地领土的全部自然延伸，扩展到大陆边外缘的海底区域的海床和底土，如果从领海基线至大陆边外缘的距离不足200海里的延至200海里。中华人民共和国在专属经济区为勘查、开发、养护和管理海床上覆水域、海床及其底土的自然资源，以及进行其他经济性开发和勘查等活动，行使主权权利；对专属经济区的人工岛屿、设施、构筑物的建造、使用和海洋科学研究、海洋环境保护和保全，行使管辖权。中华人民共和国为勘查大陆架和开发大陆架的自然资源，对大陆架行使主权权利；对大陆架的人工岛屿、设施、构筑物的建造、使用和海洋科学研究、海洋环境保护和保全，行使管辖权；并拥有授权和管理为一切目的在大陆架进行钻探的专属管辖权。[①] 由于中国与相邻的8个海上邻国存在专属经济区和大陆架重叠及海洋划界争议，直接关系中国在这一海域行使海洋主权权利和管辖权的安全。而只有保证这一战略空间的安全，才能确保可持续开发的发展利益。为此，中国主张“在国际法的基础上按照公平原则以协议划定界限”。[②]

历史性权利。1982年《联合国海洋法公约》第10条、第15条对“历史性海湾”“历史性所有权”及“其他特殊情况”的划界处理做了规定。[③] 中国坚持在南海拥有历史性权利，因为中国是最早开发利用和

---

① 参见《中华人民共和国专属经济区和大陆架法》第二条、第三条、第四条，国家海洋局政策法规和规划司编《中华人民共和国海洋法规选编》，海洋出版社，2001，第10—11页。

② 参见《中华人民共和国专属经济区和大陆架法》第二条，国家海洋局政策法规和规划司编《中华人民共和国海洋法规选编》，海洋出版社，2001，第10页。

③ 《公约》第十条第6款规定：“上述规定不适用于所谓历史性海湾，也不适用于采用第七条所规定的直线基线法的任何情形。”《公约》第十五条“海岸相向或相邻国家间领海界限的划定”规定：“如果两国海岸彼此相向或相邻，两国中任何一国在彼此没有相反协议的情况下，均无权将其领海延伸至一条其每一点都同测算两国中每一国领海宽度的基线上最近各点距离相等的中间线以外。但如因历史性所有权或其他特殊情况而有必要按照与上述规定不同的方法划定两国领海的界限，则不适用上述规定。”

有效管辖南海的国家。中国人民发现命名开发利用南海诸岛的活动可以追溯到2000多年前，中国政府管辖南海的历史可以追溯至1000多年前。二战结束后，中国政府根据《开罗宣言》和《波茨坦公告》正式恢复对南海诸岛行使主权。1947年中国政府再次审定了南海诸岛的地理名称，1948年2月公开出版了《中华民国行政区域图》，并附绘制了南海断续线的《南海诸岛位置图》。新中国成立以后，中国政府对南海诸岛进行了持续有效的行政管辖。

军事利用等剩余权利。《公约》规定了军舰具有代表国家的法律地位，并享有外交豁免、紧追和登临等特殊权利。然而，对专属经济区和大陆架平时的军事利用权利及其军用舰艇飞机在这一海域的行为规范，《公约》没有明确规定。但《公约》第八十八条规定了“公海应只用于和平目的”，[①] 并在《公约》第五十八条中对其他国家在利用沿海国专属经济区的权利和义务做出规定，指出，“第八十八至第一一五条以及其他国际法有关规则，只要与本部分不相抵触，均适用于专属经济区”。[②] 同时，《公约》第五十六条规定，沿海国在专属经济区内根据本公约行使其权利和履行其义务时，“应适当顾及其他国家的权利和义务，并应以符合本公约的方式行事”。[③]《公约》第五十八条则对其他国家在专属经济区内根据本公约行使其权利和履行其义务也做出了“应适当顾及沿海国的权利和义务，并应遵守沿海国按照本公约的规定和其他国际法规则所制定的与本部分不相抵触的法律和规章”的明确规定。[④] 由此可见，根据现代国际法公认的基本原则，适用于专属经济区军事利用原则主要是：只用于和平目的；不进行武力威胁或使用武力；

① 《联合国海洋法公约》第八十八条，海洋出版社，1988，第73页。
② 《联合国海洋法公约》第五十八条，海洋出版社，1988，第55页。
③ 《联合国海洋法公约》第五十六条，海洋出版社，1988，第54页。
④ 《联合国海洋法公约》第五十八条，海洋出版社，1988，第55页。

相互“适当顾及”对方的权利和义务。就实践而言，不少沿海国家对其他国家在其专属经济区内进行相关军事活动的合法性问题持异议，中美之间就存在这样的争论。而国家海上安全问题往往由此而产生。

管辖海域以外的海洋权益。中国在公海享有国际法给予的各种公海自由权利，包括：航行和飞越自由、铺设海底电缆和管道的自由，建造人工岛和其他设施的自由、捕鱼自由和科学研究的自由。中国还有与世界所有国家一样，有权分享国际海底区域内的其他资源。作为深海大洋，中国在这些海域航行和开发等活动的安全需求是与日俱增的。

三、国家海上通道安全

改革开放以来，中国的经济持续发展，对外贸易高速增长，海上航运业日益繁荣，海上通道安全成为国家海上安全的重要内容。中国在太平洋海域的主要海上航线有：

东北亚航线。主要承载互补性非常强的对日本、韩国及俄罗斯远东的海上贸易，是距离最近和最重要的对外贸易航线。

太平洋北航线。经日本、阿留申群岛到达美国、加拿大及中美洲西海岸，是中国对北美贸易的主要航线。

太平洋南航线。经关岛、夏威夷群岛到美国西海岸和南美洲，近年由于中国与南美国家的铁、铜、石油贸易的增加，该航线的战略意义越来越大。

澳新航线。是中国最重要的铁矿石、天然气、和锰、铀等其他有色金属进口的重要航线。

东南亚航线。既是中国天然气、石油、橡胶、木材等重要物资的进口线，也是中国对东南亚诸国最重要的贸易航线，也是前出印度洋的必经之路。

西北欧航线。经东南亚、印度洋，绕过好望角，到达地中海，是中国与主要贸易伙伴的欧洲各国相联系的主要通道。

北印度洋航线。经南中国海出马六甲海峡，或出巽他、龙目、望加锡等海峡，至南亚诸国和波斯湾的航线，是中国石油、铁矿石等重要的大宗货物运输航线。

南印度洋航线。经东南亚、好望角至西非，还可延伸至南美，是中国从非洲进口石油和对非洲贸易的主要航线。也是中国铁矿石、铜、石油进口的重要补充和替代航线。

中印度洋航线。是中国前往中非各国东海岸的主要航线。

保证这些航线的安全，是国家海上安全最重要的课题。而在这些海上航线中，有一些重要的海峡，被称为海上咽喉要道。其中对中国海上运输影响比较大的海峡水道主要如下。

朝鲜海峡。位于朝鲜半岛与日本九州岛北岸、本州岛西岸之间，北连日本海，西南与东海相通，经济州海峡通黄海，东南方向可经濑户内海进入太平洋，是东北亚海上的交通要道，是东北亚地区的海上枢纽。历史上朝鲜海峡多次成为军事争夺的要地。

琉球群岛诸水道。琉球诸水道位于日本九州至中国台湾之间的海岛之间，有琉球群岛散布其间，群岛中间海峡、水道 20 多处，是东海与太平洋之间的直接通道，是中国商船和军用船舶东出太平洋的必经之路。

台湾海峡。在中国台湾地区和福建省之间，位于第一岛链中央位置，是连接太平洋和印度洋航线的重要国际通航海峡，也是从东北亚南下最便利的航线。在台湾和祖国大陆统一之前，台湾海峡是两岸军事对峙的区域，安全意义是多方面的。

巴士诸海峡。位于中国台湾南端与菲律宾之间，由巴士海峡、巴林塘海峡、巴布延海峡组成，又称“三巴海峡”。它们是沟通南海与太平洋的重要海峡，既是东南亚与东北亚往来要道，也是从中国东南沿海前往澳大利亚、美国和加拿大西海岸的必经之地。

巽他海峡。位于印度尼西亚爪哇海和苏门答腊岛之间，是连接爪哇海与印度洋的水道，是西北太平洋沿岸国家至东、西非洲和绕道好望角去欧洲的海上交通要冲。

龙目海峡。位于印度尼西亚的龙目岛和巴厘岛之间，是西太平洋地区通往印度洋的交通要道，也是新加坡至澳大利亚国际航线的主要通道之一。海峡水深，可通过20万吨以上的船舶，中国来往中东的巨型油轮多从该海峡通过。

望加锡海峡。位于印度尼西亚加里曼丹与苏拉威西岛之间，是通往南太平洋诸海的重要航道，有“东南亚的第二新加坡”之称，也是中国进入太平洋和印度洋的替代航线之一。

马六甲海峡。位于马来半岛和苏门答腊岛之间，是连接太平洋和印度洋的咽喉要道，印度尼西亚、马来西亚和新加坡是沿岸三国。海峡东连南海，西接安达曼海，是东亚与非洲、欧洲海上交通捷径。中国约90%的货物进口和80%的石油进口通过海洋运输实现，其中绝大部分要途经马六甲海峡。①

巴拿马运河。该运河大大缩短了大西洋和太平洋之间的航程，是仅次于苏伊士运河的一条重要的世界性咽喉要道，也是中国同美洲东海岸进行海上贸易的重要通道。

苏伊士运河。是欧、亚、非三大洲海上交通的战略枢纽，世界上最

① 国家海洋局海洋发展战略研究所课题组：《中国海洋发展报告》，海洋出版社，2007，第94页。

繁忙的运河，该运河既是西方国家进口石油、战略资源以及进出口贸易的重要通道，也是亚洲国家尤其是中国同欧洲进行贸易的主要水道。

霍尔木兹海峡。位于阿曼和伊朗之间，连接波斯湾和阿拉伯海，是世界上最重要的石油运输通道，也是中国与海湾的石油贸易的必经之地。

曼德海峡。位于吉布提、厄立特里亚和也门之间连接红海和阿拉伯海，被称为连接欧、亚、非三大洲的“水上走廊”，该海峡在经济和军事上与苏伊士运河有着同样重要的战略地位，中国与西亚国家和欧洲、非洲的一些贸易，要经过此海峡。

由于世界各国经济、政治、军事实力及价值观念不同，多国并用的海上航线和战略通道被赋予了地缘政治意义，也强化了它的军事战略意义。战争中，控制重要的海上航线和咽喉要道对于海上作战力量的自由机动、减少作战能力的衰减、赢得宝贵的时间都具有决定性的意义，因此历来为兵家必争之地，往往成为海上安全问题的焦点。

20 世纪 90 年代以来，中国经济持续发展，年平均增长率超过 8%，而对外贸易年均增长超过 16.8%，中国对贸易的依存度，从 1978 年的 10%提高到 2003 年的 60%，[①] 海上通道已经成为中国国民经济和社会发展的生命线，海上通道安全是国家发展安全的不可或缺的重要条件。

四、国家海上经略活动的安全

20 世纪 80 年代中期，随着中国改革开放的发展，中国人终于突破几千年重陆轻海的传统观念，有了国家运用政治、经济、军事、科技和

---

① 国家海洋局海洋发展战略研究所课题组：《中国海洋发展报告》，海洋出版社，2007，第 94 页。

外交等手段，对国家海洋方向的利益与安全进行协调一致的谋划和全方位建设和管理的“经略海洋”思想，保证这些海上经略活动本身的安全，如人身安全、财产安全、装备安全，以及活动动态过程的安全，是国家海上安全的重要内容。择其主要如下。

海上对外贸易活动安全。改革开放以来，中国积极发展外向型经济，开辟了通达世界 150 多个国家和地区的 1200 多个港口的远洋运输航线。2005 年，中国海洋交通运输业营运收入达 2940 亿元，增加值 1145 亿元。远洋运输洋集装箱 1396.15 标准箱，集装箱运输量 15,050 吨，分别比上年增长 15.6%和 34.6%。沿海港口完成货物吞吐量 30.1 亿吨，比上年增长 18.8%。其中上海港货物吞吐量完成 4.43 亿吨，跃居世界第一。[①] 如此巨大的海上贸易活动，海上航行安全问题至关重要。

海上渔业生产活动安全。中国近海共有渔业水域 280 多万平方公里，在黄海、东海、南海有许多重要的传统渔场。2005 年，海洋捕捞量 1453.3 万吨，其中远洋捕捞量 143.81 万吨。改革开放以来，中国远洋渔船队已经在世界三大洋开辟了渔场。根据《全国渔业发展第十一个五年规划》，未来中国远洋捕捞量将快速发展，预计 2010 年将达到 170 万吨，产值 115 亿元，年均增长分别为 6.9%和 5.3%。[②] 海上渔业活动的安全问题主要来自以下几个方面：一是不可预见的自然灾害。从事海洋捕捞的渔船相对比较小，抗击自然灾害的能力低，尤其是远洋捕捞。二是海洋权益争议问题。在近海海域，中国渔民在黄海、东海、南海一些传统渔场捕鱼被邻国驱赶，甚至抓捕、残杀。三是海盗、武装抢

---

① 国家海洋局海洋发展战略研究所课题组：《中国海洋发展报告》，海洋出版社，2007，第 118 页。

② 同上书，第 116、第 128 页。

劫等问题。

海洋资源开发活动安全。国家海洋资源开发，包括生物、矿物、化学、动力、热能和空间等资源的开发，包括在领海、专属经济区、大陆架的开发活动，也包括在公海和国际海底的开发活动。中国海洋资源优势转化为经济优势的潜力巨大，科技拉动海洋产业升级的前景十分广阔，而相关的安全问题也日益显现。以海洋油气开发为例，由于海洋权益争议，由于深海管控难度，海洋油气的平台、人员、油气田的安全问题都将日益凸显。

公海及海底开发活动安全。《公约》指出，“公海对所有国家开放”。[①] 改革开放以来，中国已经在许多方面展开了对公海的利用。一是利用其航行飞越权利，发展海洋运输业；二是利用其捕鱼自由权利，发展海洋渔业；三是利用其科学研究自由权利，开展海洋科学研究活动；四是利用铺设海底电缆和管道的权利，建立海底通信等设施；五是对于公海海底开始了深海矿区的开发活动。中国被联合国批准为深海采矿“先驱投资开发国”，在东北太平洋拥有一块 15 万平方公里的矿区。1999 年，中国获得其中 7.5 万平方公里的排他性开采权，并拥有永久性管辖权。这些开发活动，需要远距离的安全保障，尤其是高科技、高水平的海上搜寻和救助能力，以及应对海上意外事件乃至冲突的事件。

海外投资和公民安全。随着经济全球化的迅猛发展，资金、资源和生产在世界范围的配置和分工进一步细化和深入，中国的企业和国民也正在大量走向海外，在世界范围内谋求发展。中国的劳务输出和海外投资正在迅速增加。据中华人民共和国商务部统计，2006 年 1—12 月，中国对外直接投资（非金融类）161.3 亿美元，较去年同期增长 31.6%，截至 2006 年底，中国累计对外直接投资达到 733.3 亿美元，

① 《联合国海洋法公约》第八十七条，海洋出版社，1988，第 72 页。

投资区域从欧美、港澳等发达国家和地区，拓展到亚太、非洲、拉美等160多个国家和地区。[①] 2007年中国的对外直接投资（非金融类）则达到187.2亿美元，同比再增6.2%。[②] 中国对外承包工程也大量增加，2007年完成营业额406亿美元，同比增长35.3%；新签合同额776亿美元，同比增长17.6 %。2007年，中国对外劳务合作完成营业额67.7亿美元，同比增长26%；新签合同额67亿美元，同比增长28.1%；全年累计外派各类劳务人员37.2万人，2007年末在外劳务人员达74.3万人，较上年同期增加6.8万人。截至2007年底，我国对外劳务合作累计完成营业额478亿美元；合同额523亿美元；累计派出各类劳务人员419万人。[③] 因此，从发展来看，中国海外投资和公民人身安全等安全需求是难以估量的。

海上科研活动安全。一是海洋科学调查活动。改革开放以后，中国的海洋调查走向了面向经济建设主战场和世界海洋调查的大舞台，由平面向6000米以下的深海和外层空间立体扩展，有了自己的海洋观测卫星，调查区域从陆缘区向深海大洋扩展，派出的海洋调查船航迹遍及中国海，深入四大洋，为国家的经济发展和维护海洋权益服务。如2004年中国大洋协会组织的DY105-16航次的国际海底资源调查活动，历时115天；寻找新能源甲烷和天然气水合物（即可燃冰）的调查研究取得重要进展；7000米载人潜水器也完成了设计，进入本体研制和建造阶段，这些活动的安全风险极大。二是海洋科学考察活动安全。1984年，

① 参见《商务部：我国对外投资稳步发展　累计733.3亿美元》，中华人民共和国中央人民政府官网，http://www.gov.cn/gzdt/2007-01/25/content_507029.htm，访问日期：2020年2月27日。

② 参见《2007年我国非金融类对外直接投资统计快报》，中华人民共和国商务部对外投资和经济合作司官网，http://hzs.mofcom.gov.cn/aarticle/date/200801/20080105354369.html，访问日期：2020年2月27日。

③ 参见《商务部：我国对外投资稳步发展　累计733.3亿美元》，中华人民共和国中央人民政府官网，http://www.gov.cn/gzdt/2007-01/25/content_507029.htm，访问日期：2020年2月27日。

国家南极考察委员会、国家海洋局、中国人民解放军海军首次联合赴南极科学考察并建立长城站，跨越经差182度，纬差94度，往返航程22,900海里，经受了南极海域强大风暴、冰山和浮冰的考验。截至2007年，中国已经组织了22次南极科学考察。中国在北极也建立了考察站。还有对中国周边海域海洋地质、海洋资源种类种群的考察，以及海洋考古活动等，不仅有自然风险，还有海洋权益争议带来的安全风险。三是海上科学实验活动安全。1980年，中国首次由本土向南太平洋发射运载火箭，进行远程运载火箭的试验，海军承担了相关保障任务；1984年海军为了保障试验通信卫星的发射，从国内发射场到南太平洋卫星入轨位置长达6000公里的航区建立了若干个跟踪监测站，参加保障任务的海军J506远洋救生船，先后2次进入南太平洋，进行调查测量活动。这些大型实验活动，航程远，海域新，精确度要求高，涉及面广，安全保障需求大、难度高。

海上军事活动安全。在中国海军日益国际化进程中，作为一个“养兵千日，用兵千日”的军种，海上军事活动的安全也必定成为国家海上安全的重要内容之一。一是海上日常勤务活动安全。主要包括和平时期的海上巡逻、海上侦察、海上护航、海上救援等。其活动范围一般在近海，其目的是保卫国家领土（包括领水、领空）主权和安全，维护国家海洋权益。二是海上军事训练或武器装备试验活动安全。根据国际惯例和公海自由原则，国家在和平时期为保障海上军事安全而进行海上军事训练或武器装备试验等军事活动，可以在其领海、国家管辖海域、公海或兼跨这些海域一定范围内的海区及其空域进行。这些活动进行的海域、科目、战术背景、人员装备都有一定的复杂性。三是海上军事外交活动安全。自1985年中国海军首次派出舰艇编队出访以来，舰艇出访已经实现常态化，平均每年一到两次，出访国家已经覆盖了亚、非、欧、美、澳五大洲，航迹及至太平洋、大西洋和印度洋，并实现了环球航行。四是海上国际军事合作活动安全。中国海军越来越多地参与了人道主义救援行动、联合军事演习、与周边国家海军开展联合巡逻行动等海上国际军事合作活动。五是参与国际维和行动。中国自 1990 年以来派遣联合国维和人员，参与联合国维和行动，其中海军参与了向柬埔寨派遣工程兵部队的兵力投送等行动。这些海上军事活动日益增多，航程远，可能遇到各种各样的复杂情况和安全问题。

海上执法活动安全。海上执法力量可以分为武装和非武装两类，在中国分别归属海事、港监、海监、渔政、公安边防、海关等部门。其主要任务是维护海洋权益，维护海上渔业生产安全，维护海上交通安全，保护海洋环境，打击海上走私、贩毒、偷渡、海盗等跨国犯罪活动。这些海上执法活动也存在安全问题。

总之，随着中国的海洋利益在国家利益中的比例日益增大，中国的海洋利益及安全需求的内容和范围也在日益拓展，维护国家海洋发展利益和海洋安全利益的任务也日益艰巨，这是确定无疑的。因而中国海上力量必须走向蓝水，为国家海洋利益及海上活动提供安全保障。

香港的地缘优势不可替代*

从地缘战略理论发展的角度看，上个世纪之交，在西方资产阶级以全球为对象进行战略运筹的过程中，产生了“地缘政治学”；当此世纪之交，在世界战略格局大变动的背景下，“地缘经济学”跃跃欲试，叩响了理论殿堂的大门。本文试图将香港的“去”与“归”放进地缘战略理论的发展进程中去考察，进而思考21世纪香港未来发展的战略与策略。

一、地缘政治理论的发展与香港沦落的历史命运

地缘政治学说是国际政治现象制约于地理因素的理论。它伴随人类对本国家、本民族乃至整个世界生存环境逐渐深化的认识而产生和发展。从宏观上看，人类赖以生存的地球由陆地和海洋两部分组成，它构成人类认识世界的两个基本客体。

中世纪以前，东西方是一个相互隔绝、分散发展的世界。东西方民族从生存需要出发，在各自不同的地理环境中，选择了不同的生活方式和生产方式。于是，陆地自然条件好的东方民族率先发展自然经济，产

---

* 本文发表于《21世纪》1998年第2期，第21页。

生了一度辉煌的农业文明；而地中海沿岸陆地自然条件不好的西方民族则选择了以商品经济为特征的海洋文明。15 世纪末开始的地理大发现，揭示了海洋连通陆地的性质，大大拓展了人类的生存空间，从而带来了地缘政治思想的飞跃，其本质就是以全球为背景考虑自己民族、国家生存和发展的地域空间。于是，西方开始了持续三个多世纪的全球性殖民占领，也就是在这一背景下，香港的历史命运与英国发生了联系。

中国是一个陆地文明主导的国家。在封建统治者眼中，海洋从来不是一个生财之处，而是外来威胁的源头。对于香港，也不过认知为一个濒海的边陲小岛，对国家的经济、政治意义并不大。

英国是一个岛国，地理位置决定了其选择以商品经济为特征的海洋文明。17 世纪初，英国东印度公司开始绕过好望角向东，但主要还是在欧洲大陆和西半球拓殖。18 世纪，英国通过“七年战争”，通过实施“皮特计划”，在北美和加勒比地区战胜法国，在西印度群岛战胜西班牙，并在东方的印度次大陆战胜法、荷，标志着英国全球地缘政治思想走向成熟，并有了以全球为对象筹划战争的战略意识。美国独立战争后，英国开始将主要精力转向东半球，尤其是在印度次大陆确立了霸主地位后，便进一步将殖民触角伸向远东，企图在中国开辟港口贸易，并获得英国商人常年居住、具有司法权的一块租界或一个小岛，但均没有成功。直至鸦片战争前，英国还未在中国找到一块立足之地，有记载说，英国东印度公司的押货员，经过许多困难，才获得许可把船只驶进广州、厦门、宁波和舟山，或借助葡属澳门作为暂居地，对中国的贸易存在巨额逆差。因此，至 19 世纪中叶，在中国尽快攫取殖民地便成为英国朝野的急切呼声。

鸦片战争中英国占领香港，地缘政治思想十分鲜明：其一，香港可以成为英国进入远东地区进行贸易的良港，军事行动的前沿基地，商船和军舰停泊、补给基地；其二，香港所背靠的中国大陆，是一个巨大的市场和贸易伙伴；其三，香港生存和发展的条件好。

中国在156年前痛失香港，看起来是一个偶然的事件，但放到地缘政治理论的发展进程中去考察，则可以找到它的必然性。对于像中国这样一个以自给自足的自然经济为基础、封闭发展的封建国家来说，海洋并不重要，沿海地区及其岛屿也不重要，因此也便不可能认识香港的地缘优势。但对于英国来说，当其具有了以全球为对象进行战略运筹的意识以后，对海外殖民地的选择便具有了相应的地缘政治观点。同样一个香港，在英国政府眼中与中国政府是截然不同的。从17世纪到19世纪，英国已有了300余年资本主义商品经济发展的经验，尤其是运用其遍及全世界的殖民地进行全球贸易的经验，建立起一套以“贸易—殖民地—海军”为核心内容的经济、政治、军事一体化的运行机制。

从更深层次来看，反映在中国与英国政府对香港地缘政治因素认识上的差异，根本上是两种经济结构、两种社会形态的差距。而这一差距，又是在对世界的整体认识，对全球地缘认识的过程中产生的，尤其是对海洋认识的差距中产生的。从这一意义上说，由资本主义生产方式导引出的、以全球为对象的地缘政治理论是先进的；中国封建主义唯我独尊、闭关自守的政治思想是落后的。落后必然挨打，香港沦落的历史命运证明了这一点。

二、地缘经济理论的兴起与香港回归成为世纪末焦点之所在

事实上，地缘政治思想一开始就是以地缘经济思想为基础的。西方地理大发现的动因是地中海沿岸国家陆上资源贫瘠而需要到海外寻找新的资源地以弥补其自然地理的缺陷；美洲的发现被利用于淘金；向东南

亚诸岛国的拓殖开辟了重要的香料贸易；18 世纪英国占领印度次大陆是为了其棉纺织业的原料和市场……这种跨海越洋的世界性贸易比民族国家内部的商品流通范围显然要大得多，因而他们当然要先于陆上民族感知全球地缘经济的秘密，即通过世界性商品流通带来的价值增值比自然经济条件下的商品流通增值快得多。由于这一过程伴随暴力的征服，所以在相当长的一段时间里，地缘经济思想被发展迅速的地缘政治思想覆盖了、弱化了，但并非消失了，英国对香港的占领和经营就是一例。

英国占领香港，首先看中的是香港的地缘经济优势。在其经营香港的过程中，更表现出强烈的地缘经济意识。1841 年 6 月 7 日，即英军强占香港后不到 5 个月，就公开宣布香港为自由港，实行“自由放任”政策，允许各国商船自由进出香港，着力营造宽松良好的商贸和投资环境，招引八方客商。同时以香港为基地展开对中国的贸易和转口贸易。在长达 150 余年的时间里，香港实行的自由港政策获得了巨大成功。

20 世纪 70 年代后，香港的经济开始起飞。据 1972 年 1 月 24 日《新闻周刊》估算，英镑的近 1/2 的支撑力来自香港。据英国外交部 1975 年 12 月 9 日的报告，英国同香港的无形贸易每年盈余约为 2 亿、3 亿英镑或更多，足以弥补英国同香港的有形贸易逆差，而且还有剩余。由此可见，英国在经营香港的 100 多年中，利用香港的地缘经济优势，获取了巨大的经济利益。对于归还这只“会生金蛋的鹅”、这块“纯宝石”，当然是极不情愿的。1979 年初，英国外交大臣欧文提出了以“主权换治权”的方案；1982 年，当中英两国政府开始谈判的时候，英国首相撒切尔明确向中国打出了“经济牌”——她认为，香港现行制度运行良好，经济成绩骄人。如由中国代替英国管制，香港就会崩溃，经济繁荣不保，结果将是灾难性的。港英政府也在香港大力散布恐惧情绪，将香港经济表现不佳，股市下泻，港汇低跌，资金外流，都归咎于香港前景不明。很明显，英国政府不想放弃香港，目的当然不仅仅在于经济。但其不动一兵一卒，而以香港的经济前景相威胁，与40年代末中国大陆解放时的调兵遣将，甚至声称动用航母编队对抗中国武力解放香港的做法形成鲜明对照。在中英关于香港问题的22轮谈判中，核心问题都是保持香港的自由港地位、保持香港的繁荣和稳定。毋庸置疑，此时在评估香港的地位和作用时，地缘经济意义已大于地缘政治意义。

世纪末的香港，已在世界经济中确立了贸易、航运、金融、旅游和信息五大中心的地位。香港是世界贸易中心，1996年外贸进出口总额29,340亿港元，居世界第7位，人均贸易额46.6万美元，排名世界第二。香港有极为发达的航运业，1996年香港的集装箱吞吐量1330万个，连续五年位居世界第一；航空货运量年均150万吨，居世界第二。[①]香港的金融地位仅次于纽约、伦敦和东京，居世界第四位。1996年底，世界100家大银行中，有85家在港设有分支机构，银行总资产达79,059亿港元；至1996年底，香港的外汇储备为659亿美元，排名世界第七位，而人均外汇储备为1万多美元，仅次于新加坡，位居世界第二；香港还是世界四大金市之一，股市的最新排名为世界第六。[②] 总之，世纪末的香港，与世界与亚太国家的经济发生着千丝万缕的联系，尤其是在一些有影响力的国家中占据举足轻重的地位。完全可以这样说，香港的经济，牵一发而动全身，牵一发而动世界。这即是世纪末香港回归成为世界焦点之所在。

---

① 参见《世界经贸消息报》1997年6月24日，第1版。

② 参见路秀清：《香港为何能成为世界第三大金融中心》，《财金贸易》1997年第6期，第16页。

三、地缘战略与 21 世纪的香港

地理环境不能决定一切，但它作为战略决策中的一个重要因素是不能忽视的。一个国家所处地理环境是无法选择和难以改变的客观存在，但人们怎样有效地利用地理条件去筹划国家战略，去推动国家利益的实现，则是主观的。地缘政治也好，地缘经济也好，都是在一定历史条件下，根据地理因素的客观存在和影响，进行以全球为大背景的国家战略的谋划。地缘政治和地缘经济，二者相互依存，你中有我，我中有你。因此，准确地说，应称之为地缘战略。

鸦片战争后，中华民族在逐步走向世界中重新认识自己，重新认识世界，重新认识陆地和海洋的关系，全球战略意识逐渐觉醒，对香港地缘战略意义的认识也在不断进步。应当这样说，在清王朝覆灭后中国历届政府收回香港的努力中，我们看到的还是收回主权、收回领土这一类传统的、直线型的政治思想；但是，在中华人民共和国成立后，在毛泽东、邓小平两代领导核心所确定的香港政策中，我们则看到了中国共产党人战略运筹的大手笔。

1949 年广州解放后，人民解放军并非没有收回香港的能力，但毛泽东为首的中国共产党人却决定暂时不动香港。毛泽东认为，中国还有领土没有解放，台湾实际上就在美国的保护下，问题比较复杂。需要采取另一种较灵活的方式去解决，或者采用和平过渡的方式，这就要花较长的时间了。在这种情况下，急于解决香港、澳门的问题也就没有多大意义了，“相反，恐怕利用这两地的原来地位，特别是香港，对我们发展海外关系，进出口贸易更为有利些”。[①] 周恩来说，我们对香港的政

① 参见中央文献研究室编《毛泽东传（1893—1949）》，中央文献出版社，2004，第 1057 页。

策，是东西方斗争全局的战略部署的一部分，“不收回香港维持其资本主义英国占领不变……这在长期的全球战略中不是软弱，不是妥协，而是一种积极主动的进攻和斗争。概括起来说，这就是‘长期打算，充分利用’的方针”。[①] 1963 年 8 月 9 日，毛泽东在同索马里总理舍马克的谈话中说，香港有特殊情况，中英过去有条约关系，小部分是割让的，大部分是租借的，租期九十九年，还有三十四年才期满。“香港是通商要道，如果我们现在就控制它，对世界贸易、对我们同世界的贸易关系都不利”。因此，“我们暂时不准备动它”。[②] 毛泽东还在中华人民共和国成立之初提出对台（湾）、（香）港、澳（门）要“等待时机、和平方式”的方略，讲到可以允许这些地方保留资本主义制度与生活方式，也可以发展他们的资本主义经济等政策意见。1957 年，周恩来在香港工商界人士座谈会上说，香港是资本主义市场，不能社会主义化，也不应该社会主义化，香港按照资本主义制度办事对我国的社会主义建设有利。香港的主权早晚是要收回的，但是香港的企业家是我们的朋友，将来我们还要进行合作，港澳同胞不必为前途担心。[③] 实践证明，中国共产党的这些政策是极具前瞻性的，它考虑了香港的地理、经济和政治各方面的因素，考虑了国际形势的因素，成为新中国巩固发展和与西方斗争全局战略的一部分，具有鲜明的地缘战略思想，并创造了处理历史问题的新的实践。

20 世纪 70 年代末 80 年代初，中国政府将香港回归提上日程，邓小平明确提出了“一国两制”的战略构想。从地缘战略的角度看，这一战略构想既是毛泽东等第一代领导集体香港政策的继续，又是在新的历

---

① 参见胡长明：《大智周恩来》，中共党史出版社，2008，第 190 页。

② 参见中央文献研究室编《毛泽东年谱（1949—1976）》第 5 卷，中央文献出版社，2013，第 250 页。

③ 庄义逊主编《香港事典》，上海科学普及出版社，1994，第 427 页。

史条件下的一个伟大创举和实践。它体现了从香港的实际出发，确保香港的繁荣稳定，充分发挥和利用其地缘优势的思想，是中国成功恢复对香港行使主权并立足于21世纪未来发展唯一的和最佳的战略选择。

面对已经具有很强地缘优势的香港来说，进一步运用“一国两制”战略思想指导决策，驾驭发展，将是香港回归后中国政府面临的不可忽视的艰巨的任务。这里，运用地缘战略理论去认识21世纪的香港尤为重要。

第一，21世纪香港的地缘经济优势不可替代。世纪之交，预言家们的两个颇带地缘战略色彩的预言正在得到越来越多的认同：其一，“21世纪是亚太世纪”；其二，“21世纪是海洋世纪”。的确，20世纪80年代以来，当世界经济尤其是西方经济普遍萧条的时候，亚太地区始终保持着高增长率，部分国家持续高达两位数，亚太地区特别是东亚地区成为21世纪新的经济增长点已成定势。作为亚太经济中心和航运中心，香港得天独厚的地理位置无可替代，香港已获得的国际经济地位将继续成为其地缘经济优越的倍增器并不断发展。在临近回归的1996年，香港经济表现持续向好。全年本地生产总值约为1200亿港元，扣除价格变动因素实际增长4.7%。香港的整体出口（包括转口及香港产品出口）为13,980亿港元，实际增长5%，转口价值为11,860亿港元，实际增长8%。香港的进口总额为15,360亿元，实际增长4%。1996年，香港股票市场表现强劲。1月25日，恒生指数在23个月以来首次冲破11,000点。全年恒生指数大幅上升达34%，其中国企指数上升30%，上市公司市价总值上升48%达到34,760亿元，日成交额平均达57亿元，比1995年增加69%。[①] 可以肯定，只要香港经济持续向好的势头保持下去，21世纪香港的地缘经济优势不会改变。

① 赵蓉：《1996年香港经济概况》，《中国统计》1997年第6期，第39—41页。

第二，21世纪香港的地缘政治因素可能加强。政治是经济的集中体现。一个繁荣的香港背后，有多层次、多结构的经济关系；这些经济关系背后，又隐蔽着错综复杂的政治关系。香港回归所引起的世纪震动，源于为数众多的国家在香港巨大的经济利益，这些经济利益又不可避免地转化为政治利益。香港回归前，由于长期稳定的政策，融入西方一体的社会制度和香港的地缘政治因素大都被淹没在经济的海洋里；而香港回归后，其依附的中国毕竟是与西方有着不同社会制度、不同价值观的社会主义国家，尽管《中英联合声明》中强调了香港的保持原有的资本主义制度和生活方式、高度自治、原有法律和司法体制予以保留、《公民权利和政治权利国际公约》和《经济、社会与文化权利的国际公约》适用于香港的规定也将继续有效，但在相当长的一段时间，西方国家存在疑虑、冷眼观望，甚至从中作梗都是不可避免的。查尔斯王子代表英国女王参加香港回归仪式时说，在这一刻，香港将交还给中国。在“一国两制”的框架下，香港将继续拥有其明显的特征，继续成为世界上许多国家的重要国际伙伴。[①] 应该看到，随着英国的退出，国际上各种政治势力在香港尚需一段时间的重新排列组合，香港回归后，地缘政治因素仍将是复杂的，在一段时间里甚至将可能加强。

第三，香港对于21世纪中国的发展战略意义重大。中国改革开放以来的近20年，香港与祖国内地的关系已经到了相互依托、密不可分的程度。香港以其资本、管理和市场等优势，成为内地最重要的贸易伙伴和进出口市场，成为内地通向国际市场的主要桥梁，同时也是国际资本进军中国的最重要的渠道。1979—1995年，香港在内地投资达778亿

---

① 摘自查尔斯王子在香港回归仪式上的讲话英文稿：In a few moments, the UK's responsibilities will pass to the PRC. HK will thereby be restored to China and within the framework of “one country two systems”, it will continue to have a strong identity of its own, and be an important international partner for many countries in the world。

美元，占同期内地实际利用外商直接投资 1331.58 亿美元的 58.4%。内地也是香港的最大投资者之一，1996 年内地对香港的投资总额已达到 250 亿美元。[①] 香港对于 21 世纪中国经济发展的重要性由此可见一斑。

对于祖国的统一大业来说，香港的回归将对澳门和台湾的回归产生重要影响和垂范作用。20 世纪结束前，澳门回归已为既定之事，而台湾的回归还任重道远。的确，香港回归，只是走向“一国两制”的第一步，更重要的是以后每一步都能遵循基本法，保持香港的繁荣稳定，真正实现“一国两制”的目标，这对国家的政治战略来说是至关重要的。

从另外一方面来说，21 世纪的香港作为一个国际上普遍关注的展示中国形象的窗口，做好香港的文章，是中国做好国际文章的重要一笔。这是挑战，更是机遇，这亦是香港对于 21 世纪中国发展的战略意义之所在。

---

① 刘绍斌：《香港与内地的投资和贸易合作关系》，《经济问题探索》1997 年第 8 期，第 35—36 页。

美国海军战略思维的新动向*

——评第 15 届国际海上力量研讨会

1999 年 11 月 7—10 日，美国海军例行性地主办了第 15 届国际海上力量研讨会（ISS）。[①] 本届研讨会是在以美国为首的北约发动科索沃战争后进行的，与 1997 年第 14 届国际海上力量研讨会相比较，有一些特别值得关注的新动向。

一、国际海上力量研讨会建立和发展

国际海上力量研讨会由美国海军于 1969 年发起并主办，每两年举行一次，邀请各国海军首脑参加。参加本届会议的国家共 73 个，覆盖五大洲（其中美洲 20 个，欧洲 22 个，亚洲 18 个，非洲 11 个，大洋洲 2 个），有近 50 个国家的海军司令或参谋长以及几十个国家的海军学院院长与会，成为全球级别最高和规模最大的国际海军论坛。

国际海上力量研讨会通常在纽波特美国海军学院召开，美国海军部长、海军作战部长与会并做主旨和专题发言，海军、海军陆战队、海岸

* 本文发表于《现代军事》2000 年第 6 期，第 36 页。

① 国际海上力量研讨会（International Seapower Symposium，ISS）。

警卫队、各战区总部以及海军各舰队的主要官员参加会议，分别发言并参加小组讨论，美海军与会将官多达20余人。研讨会采取大会发言、小组讨论、地区委员会会议以及午餐会等形式，充分为各国与会人员提供讲坛，围绕会议主题阐明各自立场。

国际海上力量研讨会是一个讨论战略层次问题的海军论坛。如第14届国际海上力量研讨会的主题是“21世纪的海上力量与安全”；本届会议的主题是“海洋世界的海军战略”。值得关注的是，从第12届国际海上力量研讨会开始，美国海军动议讨论一个新的、基于指导多国海上联合行动的条令。本届会议期间，美国方面以“多国部队海上联合作战原则”为题目作了大会发言，首次组织了联合作战沙盘推演，并对具体的“交战规则”进行了研讨。

国际海上力量研讨会还推动建立了三个地区性的海军论坛：黑海—地中海海军论坛、西太平洋海军论坛和印度洋海军论坛，分别于国际海上力量研讨会休会年举行，并在翌年的国际海上力量研讨会上报告情况。实际上具有国际海上力量研讨会分论坛的性质。

经过30年的运作，特别是冷战后近10年的精心培育，国际海上力量研讨会已经形成比较完善的运作机制。举办国际海上力量研讨会成为美国向世界各国海军施加广泛影响，宣传其海军理论及政策、充当世界海军领袖并主导全球海上安全形势的重要战略举措之一。

二、21世纪美国海军战略理论的发展动向

1992年和1994年，根据冷战后国际战略形势的变化，美国海军两次实施战略调整。面向21世纪，美国国防部提出“塑造—反应—准备”的新军事战略，美参联会提出《2010年联合构想》的新作战理论。

据此，美国海军对其海军战略不断进行微调。最近两届国际海上力量研讨会讨论的问题和美国海军作战部长和海军部长的发言，反映出美国海军战略理论的一些发展动向：一是强调威胁的“全球化”和“海军对世界安全的独特贡献”，淡化国家主权，并以之作为美国海军奉行全球进攻型战略和实施“新干涉主义”的基本依据；二是宣扬超越国家海上安全需求及更新合作方式的必要性，努力推动由美国主导的各国海军在战略、政策、作战和技术等方面的合作；三是发展“非战争行动”理论，将前沿存在、军事同盟、维和行动、抢险救灾、反恐怖主义、海洋环保、国际海上执法等都纳入其中，以新思路拓展冷战后海军使用的空间；四是加紧制定多国海上联合军事行动的共同条令，明确“多国海上联合作战原则”，并进行了实战性的沙盘演练，以规范和控制各国的海上军事行动。

三、建立世界海军首脑的“战役集训”场所

冷战后，美国海军根据海湾战争的经验和冷战后的战略调整，明显转换了战略思维的角度，更加强化了“领导”意识，逐步将国际海上力量研讨会变成一个世界海军首脑“战役集训”的场所。1993 年，美国海军在第 12 届国际海上力量研讨会上提出讨论制定多国海上军事行动条令的动议；1995 年，在第 13 届国际海上力量研讨会上印发了《多国海上军事行动手册》的条令草案；1997 年，在第 14 届国际海上力量研讨会上则将印刷供讨论的文本《多国海上军事行动》（以下简称

《条令》[①]）散发给各国海军领导人；而在本届国际海上力量研讨会上，便进入了沙盘推演，可见推进之迅速。与此同时，美国海军还致力于为《条令》相配套的战术层次的条令建设，正在陆续编撰出版一套从北约移植过来、称之为《实验战术》的系列条令（以下简称《系列条令》），[②] 用以具体规范未来多国可能共同参与的多种作战行动。由此可见，美国避开《联合国宪章》的基本原则，通过自行制定《条令》和《系列条令》，[③] 意图将非传统盟友和非敌非友国家的海上军事行动都纳入美国主导的轨道，以法制化的条令、统一的行动及指挥通信程序，规范未来国际社会中的“人道主义干涉”“维和”等多国海上军事行动，并实现对世界海上力量的领导。本届国际海上力量研讨会讨论多国海上军事行动的交战规则并进行沙盘推演，表明美国出于新干涉主义的需要，急于将《条令》和《系列条令》付诸实施，把国际海上力量研讨会办成世界海军首脑的“战役集训”场所，推广、试验和完善《条令》和《系列条令》。今后，不能排除其进一步组织多国海上联合作战演习，以及运用于应对传统与非传统安全威胁的多国海上联合行动。

四、美国海军武力干预台海局势的可能性

本届国际海上力量研讨会的沙盘推演以武力干预台湾问题为想定，

① 美国海军条令司令部的《多国海上军事行动》，草案命名 Multinational Maritime Operations Doctrine Manual，即《多国海上军事行动手册》。1996年成文的出版物英文为 Multinational Maritime Operations，即《多国海上军事行动》。鉴于该文件具有的多国海上联合作战条令的性质，故简称为《条令》。

② 美国海军条令司令部：《实验战术》，是一套战术技术性的系列条令，为不同类型的军事行动及操作程序提供规范。《实验战术》美军简称“EXTAC”，从1000开始排序（如 EXTAC 1000，EXTAC 1001，EXTAC 1002……）。

③ 有关《条令》和《系列条令》的情况，可参见本书“C篇”：《美国〈多国海上军事行动〉条令和〈实验战术〉系列条令》。

针对性非常强。它进一步证明美国海军已将中国海军作为其未来的主要作战对象之一，并反映出一些新的动态：其一，首次在国际场合公开表明，一旦台海出现重大危机，美军有可能直接进行武力干预；其二，显示了其可能的干预方式是派出航母战斗群诉诸武力，甚至显示了进入中国领海、袭击中国内陆纵深目标的意向；其三，这种干预将争取其盟国的支持，采取多国海上联合作战的形式。

国际海上力量研讨会的运作，充分反映了美国海军的战略思维和动向，即以“全球化”理论为指导，通过倡导海军合作、制定与推行《多国海上军事行动》条令和《实验战术》系列条令以明确作战原则及涉及联合行动各种程序、进行沙盘推演等各种方式，可谓“明修栈道、暗度陈仓”，步步为营地实现其世界霸权的战略目标。

亚太地区
海上联合军事演习的发展趋势*

军事演习是军事训练的高级形式，是提高军队战斗力和保持战备水平的重要手段。冷战后，国际军事斗争方式发生了一系列深刻变化，海上联合军事演习（以下简称“海上联合军演”）成为新兴作战理论——非战争军事行动的重要形式，军事斗争与军事合作一身二任，显示出一些新的发展趋势。

一、美国主导地区海上联合军演，参与国家日益广泛

冷战结束后，随着苏联解体和东西方军事对抗程度的降低，美军在全世界举行双边及多边联合演习数量及其演习总量都在不断减少，但在亚太地区的联合军演、特别是海上联合军演的数量却在上升。有统计说，1999 年以来，美军的海上联合军事演习明显向亚太地区倾斜，占其全部海上联合军演的 70%以上，是在亚太地区举行海上联合军事演习最多的国家。

与冷战结束前不同的是，美国在亚太地区所进行的双边或多边海上

* 本文发表于《世界海军训练》2003 年第 4 期，第 24 页。

军事演习的国家已经不限于其传统盟国，而是积极扩充非盟国的参演国家、甚至不排除过去的敌对国家。如美泰“金色眼镜蛇”双边联合军演，2000 年纳入了新加坡，将这一演习发展为三边，2001 年进一步邀请了 9 个观察员国观摩演习，2002 年观摩国家更是创纪录地达到 18 个，包括了东亚、东南亚以及南亚的许多国家，中国、俄罗斯、越南首次受邀派出观察员观摩演习。2001 年，美国将美菲“肩并肩”、美泰新“金色眼镜蛇”和美澳加“双重突击”等演习整合成一个名为“协作挑战”的大规模区域性联合演习，并打破盟国与非盟国的界限，吸收更多的国家共同参与。这一年，借助西太平洋海军论坛的平台，美国与新加坡、印尼、日本、澳大利亚、法国、印度、马来西亚、俄罗斯、韩国、泰国等 16 个国家的海军及其观察员在新加坡附近海域举行了“反水雷”海上联合演习，旨在加强地区有关国家海军在扫雷技术、爆炸物处理和医疗保障方面的交流，提高各国海军、海事部门间的协同能力。在美国与东南亚国家如印尼、泰国、菲律宾等国联合举行的“卡拉特”系列演习中，也增加了部分多边演练科目。再如美国海军的“环太平洋”系列演习，自 1971 年起至 2002 年共举行了 18 次，最早参加国为美国、日本、英国、加拿大、澳大利亚 5 国，2002 年则增加了韩国、智利、秘鲁，成为 8 国联合军演，同时邀请一些国家派出观察员参与，增加演习的影响力。中国海军亦派观察员观摩了该演习。

显然，在上述海上联合军演中，美国海军具有主导性地位，更重要的是，美国在 20 世纪 90 年代中期以后所制订的多国海上联合军事行动条令和规则，在这些海上联合军演中得到使用和推广，是美军不仅主导着演习科目设计、演习的组织，而且在指挥和通信等战术技术层面也加强了实际主导性，这将逐渐美国以共同条令达成多国海上军事行动联合与协同的战略性设计。

二、非传统海上联合军演大幅增加，非战争军事行动地位提高

非传统海上联合军演，当前尚没有明确和统一的定义，主要是区别于传统的联合军演而言。传统的联合军演大多是两个或两个以上国家的军队为对付可能出现的入侵或战争，以主要敌手为作战对象进行的近于实战的联合训练，目的是提高部队在未来战争中的联合作战能力，具有很强的针对性、对抗性和同盟性。冷战时期美国及其盟国在东亚地区的海上联合军演大都属于这一类。冷战后的非传统海上联合军演则明显不同：一是联合军演主要是为了应对日渐突出的非传统安全问题，如恐怖主义、海盗、走私、贩毒等，以加强各国的合作为出发点，一般不以特定国家为明确的作战对象；二是进行一些与作战相关但非作战本身的演练，如海上扫雷、海上补给、潜艇救援等，对抗性较低；三是具有较浓厚的“人道主义”色彩，如地区维和、人道主义救援、海上搜索与救助、撤运侨民等。

2000 年，美军首次把人道主义救助演习课目加入“环太平洋”演习，设想在两个邻国兵戎相见时，第三国以国际组织的名义出动海军和陆战队前往，控制冲突升级，保证地区“稳定”，这是美军冷战后提出的非战争军事行动的一个典型模式，目的是进行“人道主义干涉行动”。而这一年的美泰新“金色眼镜蛇”演习也首次将强制实施和平、救助难民及非战斗人员撤运作为主要内容。美国与东盟国家联合举行的“肩并肩”“卡拉特”等演习也都增加了维持和平及人道主义救援科目。2000 年 8 月，俄罗斯发生“库尔斯克”号潜艇沉没事件，当年美、日、韩、新（加坡）等国首次联合举行了“太平洋抵达”潜艇救援演习，

其后成为年度性联合演习。2002 年，美国一改美菲“肩并肩”演习的例行内容，使之成为帮助菲律宾政府打击阿布沙耶夫武装的反恐演习。美泰“金色眼镜蛇 2002”联合军事演习发展为多国联合军演，也增加了反恐科目。由此可见，由美军定义的反恐、人道主义救助、维和、强制和平、非战斗人员撤离等非战争军事行动，地位大大提高，已经成为西太平洋地区非传统安全领域海上联合军演的重要内容。

非传统海上联合军演涉及内容广泛，立足于解决恐怖主义、海盗、走私贩毒等跨国犯罪问题，从而在一定程度上符合冷战后不同社会制度和意识形态国家之间希图通过加强合作达到共同安全的客观需要。因此，世界上越来越多的国家愿意使用联合军事演习的手段进行军事安全合作，解决跨国海上安全问题，同时威慑敌手，维护自己的安全利益。在东南亚地区，反海盗、反跨国犯罪等领域的合作得到有效的推进：2000 年以来，国际海事组织在新加坡举行了亚洲地区打击海盗会议，商讨合作应对海盗威胁；首届东盟陆军首脑会议一致同意制订新措施，加强在救灾和打击偷渡、贩毒等跨国犯罪方面的军事合作；日本建议亚洲各国海岸卫队共同研讨反海盗措施，建立日、韩、中、马来西亚、新加坡、印尼六国巡逻队联合进行反海盗巡逻；泰国与越南就进行海上联合巡逻问题达成共识，商定共同打击海盗、毒品和军火走私等跨国犯罪活动；新、马、印尼建立了三国海上联合巡逻部队，维持马六甲海峡等重点地区的航运安全，等等。

“9·11”事件后，海上反恐成为亚太地区的新热点。2002 年 2 月，亚太安全合作理事会海事合作工作组第 11 次会议草拟了《反对海上恐怖主义声明》，定义了海上恐怖主义的概念，提出了供亚太各国反对海上恐怖主义的措施。2002 年 8 月，美国与东盟成员国签署了一项反恐怖主义协议，并在东盟地区论坛等多边论坛提出多项合作反恐建议和措施。马来西亚、菲律宾、印度尼西亚三国也签署了反恐协议。可以预见，未来亚太地区将会有更多的国家，包括大国和中小国家，将采取以合作求安全的模式，更多地参加双边和多边的军事演习，提高本国在亚太地区的影响力，加大安全系数。而以打击海盗、反恐、打击偷渡、贩毒等跨国犯罪，以及人道主义救援、救灾等非传统海上联合军事演习，将是这些国家通过合作达成安全保障、维护安全利益的重要切入点，数量势必大大增加。

三、海上联合军事演习的功能趋于多样化，各国在利益交错中争取平衡

从当前和未来发展看，亚太地区越来越多的国家参与海上联合军事演习，各个国家国情不同、利益需求不同，参与演习的目的也不同。地区国家在利益交错中找平衡点、争取利益平衡，海上联合军演显示了功能多样化的发展趋势，主要有以下几个方面。

提高联合行动的协同能力和水平。军事演习的基本功能是综合性的提高作战能力，是军事训练的高级形式，通过有的实战模拟，分科目、按教程实施演练，提高各军兵种海上联合作战的协同能力，达成最接近实战的作战效能。一般来说，海上军事演习有图上、实兵，单方、对抗，战略、战役战术，一级、多级，示范性、教学性、试验性、考核性，单兵种、合（协）同等多种分类形式，这些演习科目都具有训练部队、提高实战能力、检验完善作战方案的功能，对于任何一个国家的海上兵力都是有益的、必需的。正是由于提高军事训练水平和联合行动协同能力，是各种海上联合军演最基本的功能，参演国家普遍需要发展和利用这一功能，因而导致地区各国的积极参演。当然，各国参与多国

海上联合演习，在加强联合行动和联合作战协同能力的同时，也还有增强感性认识、了解外军装备和战术技术情况、深入了解地区安全形势和地区国家军事关系的目的。

巩固和发展国家间的军事关系。国家间的军事关系是最敏感的关系，实质性的军事合作并不反映在战略层次，而是反映在战术技术层次，这使联合军事演习具有密切军事关系的强大功能。冷战期间，世界上基本只有军事同盟国之间的联合军事演习；而冷战后，随着应对非传统安全威胁的国际性、共同性任务需求的发展，传统同盟国之外的、非同盟国之间的双边和多边海上联合军演才发展起来。在亚太地区，同盟国之间海上联合军演仍旧具有巩固和发展同盟关系的功能是毋庸置疑的，而非盟国间的海上联合军演，发展军事合作关系的功能也越来越强。对于美国这样的海洋强国来说，通过海上联合军演将地区国家海上军事力量纳入其军事体系，与更多参演国家达成指挥、通信等关键领域的相互协同，可以为未来的多国干涉行动做准备，而且还具有推销军事设备、加深军事渗透的显著功能。而对于参演的弱国来说，海上联合军演所具有的学习和接受强国战术技术、提高本国作战水平和协同能力、提高本国海军的国际化程度的功能也颇具吸引力，因而参与的意愿也很强烈。比如美泰“金色眼镜蛇”演习，美军派出的参演人员达500多名，覆盖了演习指挥系统中从将军到士官的各个层次，与泰军形成了“一对一”的帮教关系，在实际训练中灌输美军的指挥方法、军事思想和价值观念，而泰军也从中获益良多，强化了双边军事关系。

加强安全合作应对共同威胁。亚太地区的大多数国家濒临海洋，地区的热点问题大都与海洋有关，尤其是在非传统安全领域，如恐怖主义、海盗、海上武装抢劫带来海上航行安全的需求，以及频繁发生的地震、海啸、飓风等海上自然灾害带来海上人道主义救援的需求，使海上联合军演在非传统安全领域加强安全合作的功能得到发展和加强，地区内各国海军都有积极参与这类海上安全合作的意愿。海军作为一个国际性军种，在进行海上安全合作上具有得天独厚的优势。基于此，美国在“9·11”事件后极力加强在亚太地区的海上联合军演，扩大参演国家，打破联合军演的传统科目，加进了大量海上非传统安全合作的演练，以大多数国家可以接受的方式，以先进的军事技术手段去增强以其为主导的军事影响的范围。这种方式有别于“北约”，但却是是一种实质性的安全合作，也美国构筑亚太地区“北约”的有效途径。美国通过举行海上联合军事演习，可能在各国认同的基础上制定共同行动条令，统一海上兵力行动的方式方法，指挥、通信和行动程序等，甚至制定地区安全原则，创制有关的国际法规。如美国正在大力推广的、具有规范地区海军海上联合行动性质的《实验战术》系列条令和西太平洋海军论坛的《海上意外相遇规则》。美国的目的和意图是明确的，但由于与亚太发展中国家具有利益交叉点，能够找到地区海上安全合作的利益平衡点，所以能够为亚太地区诸多国家接受，使地区海上安全合作得以加速推进。

显示军事存在和加强国家影响力。联合演习特别是实兵演习，是一种军事存在的形式，具有宣示政策、显示实力、施加影响的重要作用。冷战结束后，美国在亚太地区的实际军事部署规模有所缩小，采取举行联合军事演习的方式有利于加强其在亚太地区的军事存在，加强与亚太国家的军事合作关系，增强其在亚太地区的影响力。其他国家也一样，因为海上联合军事演习可以表达一国对地区事务的关注程度和参与解决相关事务的能力，但凡参演国家都可以利用这一功能宣示国家意志。如2001 年以来，日本、印度组织或参与了在南海海域的多国海上联合军演及联合训练，表达了两国在南海问题上的立场和积极介入南海事务的意愿。东盟国家也是如此，如印尼、马来西亚、新加坡三国建立马六甲海峡联合巡逻机制，进行相关海上联合军事演习，表明对作为马六甲海峡沿岸国的责任以及拒绝他国介入的立场。还有国家积极参加美国主导的海上联合军演，也具有增加本国军事存在、加强本国在地区事务中影响力的意图。

一般来讲，一个国家是否参与国际性联合军演、与那些国家进行联合军演，以及参与联合军演的类型、兵种、数量等选择，总体上取决于国家安全需求和军事需求。就国际社会而言，联合军事演习又是观察国际形势、地区形势以及一个国家战略取向的不可或缺、独特的视角。《2002年中国的国防》白皮书宣布，中国“将有选择地逐步参与非传统安全领域的多边联合军事演习”。这是中国国防政策的一个新的指向，意味着中国军队将进一步开放因而参与并组织海上联合军事演习也将是必然的。从长远看，中国海军积极参与非传统安全领域的双边和多边海上联合军演，有利于实践中国提出的以合作求安全的“新安全观”，增加中国的影响力；有利于中国军队向外军学习，提高国际化程度和国际合作能力；有利于营造和平稳定的周边安全环境，维护国家主权和海洋权益；有利于表明中国在重大安全问题上的原则立场，扩大中国的影响力，促进建立更加有利的国际新秩序。

美国“地区海上安全倡议”与马六甲海峡安全热点问题*

2004年3月以来，马六甲海峡安全问题成为亚太地区热点，美国的“地区海上安全倡议”（Regional Maritime Security Initiative）是这一热点问题形成的始作俑者，进一步显现了美国亚太安全战略调整的新动向。

一、美国“地区海上安全倡议”提出和马六甲海峡安全热点问题形成

2003年6月1日，美太平洋总部司令托马斯·法戈在新加坡“亚洲安全会议”上，提出了在亚太地区实施“地区海上安全倡议”的设想。该“倡议”以亚太地区海上主要威胁是恐怖主义、大规模杀伤性武器及其投送系统的扩散，以及恐怖分子与大规模杀伤性武器的结合为基本判断，倡导亚太地区国家加强海上安全合作，具体内容包括以下五点。

第一，利用先进技术，增强地区国家对海上安全环境的监测和情报

* 本文收录于中国南海研究院：《南海与中国的能源安全研讨会论文集》，2004，第110页。

共享，使对国际海域船只有关信息的掌控能够达到目前对飞机航行信息的掌控水平，以期尽早掌握海上任何异常活动的线索。

第二，针对海上威胁，建立各国的快速反应决策机制，制定标准的行动程序和各国合作应对威胁时的指挥和控制体制。

第三，参照海上缉毒和打击非法移民的做法，建设海上监视和拦截能力。

第四，各国建立海岸警卫部队，与港口保安部门和海军部队密切合作，消除安全漏洞，保障各国边界和领海的安全。

第五，除运用军事力量外，对付海上威胁还需要综合使用各种国家力量，加强各国政府部门间的合作，消除产生威胁的政治、社会和经济根源。

2004 年 3 月 31 日，法戈在美国国会作证时，将“地区海上安全倡议”与落实布什政府 2003 年提出的反恐和防扩散目标相联系，称“地区海上安全倡议”将先从马六甲海峡开始实施，考虑派遣新型的高速船，配备特种部队或海军陆战队，以实施有效的海上拦截。

该讲话首先在拥有马六甲海峡管辖权的三个沿岸国引起反响。新加坡积极支持美国军事介入马六甲海峡，并表示，“希望所有使用马六甲海峡的国家共同合作……为保证马六甲海峡的安全作出贡献”。但马来西亚和印度尼西亚表示强烈反对。马来西亚表示，马方十分重视海峡的航运安全（safety），但不希望外界过于强调反恐安全（security）。马六甲海峡不需要美国海军的保护，美国不应该借反恐名义干涉其他国家的事务。马外长哈米德指责美国借反恐之名，行在马六甲海峡驻军之实，其目的是控制这一海上通道。印尼外交部也发表声明，“马六甲海峡的安全应该由印度尼西亚和马来西亚负责。因此，我们不接受任何与这一事实不相符的政策或措施”。除海峡沿岸三国外，印度、日本、澳大利亚等国家也从各自国家利益出发参与炒作，马六甲海峡安全问题遂成为地区热点。

5 月 3 日，针对亚太国家，尤其是马六甲沿岸国对美国意图的强烈疑虑，法戈在加拿大召开的军事行动和军事法大会上进一步解释了“地区海上安全倡议”的内容，强调：（1）“地区海上安全倡议”是地区国家在自愿原则下结成的伙伴关系，不是条约或联盟；（2）“地区海上安全倡议”的目标主要是情报共享，以便早期获得威胁警告，使各国有能力在各自的领海内采取行动，达到共同安全，而不会导致海军舰队在太平洋上常规巡逻；（3）“地区海上安全倡议”不是对主权的挑战，共享情报或采取行动都是在主权框架内的自愿决定；（4）实施“地区海上安全倡议”将遵守现行国际法和国内法。

6 月初，美国国防部长唐纳德·亨利·拉姆斯菲尔德在出席新加坡亚洲安全会议期间，一方面称美国向马六甲海峡派兵的说法系“报道有误”，美国不会采取任何单边措施主导马六甲反恐，将尊重沿岸国对海峡的主权。另一方面，他又明确表示美国准备与地区国家商讨海上安全问题，希望美国部队能够尽快参与在东南亚抓捕恐怖分子的行动。

美国看起来是从原来的立场后退，但实际上完全没有改变推动“地区海上安全倡议”在马六甲海峡实施的初衷。7 月以来，在美国的主动倡导下，美国与印尼、马来西亚频频进行双边接触，以双边或三边的名义联合举办地区性研讨会，如两次马六甲海峡安全问题研讨会、一次东盟地区论坛海上安全工作组研讨会。美太平洋部队司令法戈还访问了马来西亚，美、日承诺协助马来西亚成立全国海事执法机构，提供特别训练等。由于美国的决心和有关各方的矛盾斗争，马六甲海峡安全问题呈现出复杂的发展前景和不确定性。

二、美国推进“地区海上安全倡议”战略意图

“9·11”事件后，美国加强了以反恐和防扩散为重要内容的国家安全战略和军事战略调整。从亚太地区看，美国在西部获得重大进展，通过阿富汗战争进入中亚地区，楔入了军事基地，并通过伊拉克战争颠覆了萨达姆政权，当前虽陷入战争困境，但毕竟拔去了眼中钉，大大改善了整个战略态势。在东部，美国以加强“动态”军队的快速反应能力为指导思想，进行军事部署调整，巩固与日、韩的军事联盟，增强关岛和夏威夷的部署能力，加快重返东南亚的步伐。“地区海上安全倡议”是地区海上安全合作的具体计划，但它集中反映了美国国家安全战略和亚太军事战略调整的基本意图和战略措施。

其一，“地区海上安全倡议”是美国全球反恐防扩散战略的一部分，体现了利用先进技术实施“先发制人”军事战略的精神。“9·11”事件后，特别是美国军舰在也门遭遇袭击后，美国加强了海上反恐怖措施，并进一步与防扩散问题相联系。美国首先在全球推动了新的《集装箱管理制度》，接着积极推动国际海事组织制定了《国际船舶和港口设施保安规则》，建立了对海上船舶进行全程监控管理的国际性法律制度。2003 年 5 月，美国进一步提出“防扩散安全倡议”，核心是突破现行国际法，在公海、包括参与合作国家的领水或群岛水域内，对海上可疑船舶和飞机进行拦截、登临检查，并没收非法武器或导弹技术。“地区海上安全倡议”与“防扩散安全倡议”是同出一辙的，只不过“防扩散安全倡议”是全球性计划，而“地区海上安全倡议”是针对亚太地区的地区性计划。“地区海上安全倡议”同样是从先进的技术措施入手，以建设反恐和防扩散的海上监视、情报共享、海上拦截能力以及合

作体制为目标，使对海上船舶信息的掌控达到目前对飞机航行信息掌控的水平，以便实施先发制人的打击。

其二，美国将马六甲海峡作为其实施“地区海上安全倡议”的第一步，借反恐谋求军事上重返东南亚的重大实质性进展，加强地缘战略优势。马六甲海峡位于马来半岛与印度尼西亚的苏门答腊岛之间，连接安达曼海与南中国海，为印度洋与太平洋间的海上咽喉要道，最狭窄处仅 37 公里，战略地位极其重要。为适应全球军事战略调整，美国加快了在东南亚的军事准入步伐。如新加坡的樟宜海军基地、三巴旺海军基地，泰国的乌塔堡、梭桃邑基地及其海空军训练设施，菲律宾苏比克湾和马尼拉港对美舰的开放，在印尼的舰机靠港维修、飞越领空的权利及建造北苏拉威西省的新军港等。而军事进入马六甲海峡，一直是美国梦寐以求的重大目标，一旦控制了这一咽喉要道，将向东扼制中国、日本、俄罗斯，向西扼制印度、影响中东，极大地强化美国在亚太地区的地缘战略优势，强化其在亚太安全事务中的主导地位，意义非同小可。

其三，美国希冀通过马六甲海峡问题的处理，创造一个新的范式或先例，进而打造美国主导的亚太海上安全秩序和安全构架。美方称“地区海上安全倡议”是一个 20—25 年的中长期计划，其可能进行的活动规模、形式与力量结构尚未确定。然而，美海军力量进入马六甲海峡作为计划的第一步，其未来行动的范式已经初见端倪。这就是，运用美国的信息优势及其新军事革命的技术成果，在美国的领导下突破现行的国际法和联合国海洋法框架，建立一整套地区海上安全监测和情报网络，统一并规范各国海上军事力量和执法力量的指挥、控制体制及行动程序，即地区性 C4ISR。这是一种建立在各国政府间合作基础上的海上安全秩序，因而也是一种安全构架。显然，美国这一庞大安全构架设想的主要考虑及目的，一是这样的高技术和高投入只有美国等发达国家可能承担，地区安全框架由美国领导是必然的；二是启动这一技术性框架敏感性高，可能需要动员地区内的军事和准军事力量为其反恐防扩散服务；三是使美国海上军事力量在国际海域（包括有关国家的管辖海域及领海）的活动更方便并具有合法性。而马六甲海峡作为第一步，当然是由于这一地区的重要性和典型性，一旦成功，既获得范式和先例，又获得战略利益，一箭双雕。

三、马六甲海峡安全问题的发展趋势

当前，美国仍在积极推进地区海上安全倡议，马六甲海峡安全问题热度不减，有关各方都在紧锣密鼓地行动，其主要动向和发展趋势如下。

第一，美国软硬力量并举继续着力于马六甲海峡安全问题，多方做工作以实现其军事进入的战略企图。近期，美国尚没有可能直接以军事力量进入马六甲海峡，但会进一步加紧沿岸国的工作，如向沿岸国提供技术援助、资金援助、派遣顾问等。从未来发展看，美国将以加强能力建设、开展海上安全合作的名义，在亚太地区积极推进“地区海上安全倡议”。所谓能力建设，目的在于建立海上全程监控和执法体系，包括可能的软硬力量建设：一是建立信息分享系统及海上安全网络体系；二是在双边和多边范围发展或扩展海上安全法规，逐步建立新的地区性法律框架；三是发展海上共同的执法及军事行动程序，加强各国执法力量和海军力量间的合作；四是发展政府间和相关行政部门间的合作，如技术培训、联合演习、联合巡逻等。

第二，马来西亚和印度尼西亚难以完全抵挡美国的军事进入，沿岸三个国家均试图奉行大国平衡战略。2004 年 7 月 20 日，新、马、印尼三国签署了在马六甲海峡进行保安巡逻的协定，成立了海上联合特遣队进行联合巡逻，建立 24 小时海军热线，印尼和马来西亚坚守不同意美派军队介入的底线。但是，客观上看，由于马六甲海峡海域狭长，两岸地情社情复杂，三国仅依靠自己的力量很难有效遏制恐怖主义、海盗等跨国犯罪活动，特别是在美国强大的资金和技术援助的吸引下，马、印尼实际上难以完全抵挡美国的军事进入。如现阶段的情报、技术，设备、人员培训的帮助都有美国方面的军事因素。因此，从长远考虑，三国均从不同角度提出希望中国参与马六甲海峡的合作问题，试图借助中国的力量，遏制美国，以大国平衡战略，实现该地区的安全。

第三，日本、印度、澳大利亚等国积极行动，加强渗透，从中谋取利益的意图十分明显。日本一向高度关注海峡安全问题，早在 1971 年，日本即作为沿岸三国海峡委员会的协调国，提供总额达 1 亿美元的启动资金及专家、技术和设备等，并一直负责维护着马六甲海峡近 60%的助航设备。此次美国推动“地区海上安全倡议”，日本在向海峡沿岸国提供技术援助方面发挥了重要作用。如协助建立海峡自动识别系统、海洋电子高速公路、帮助测绘海图，更新海洋深度等资料。印度近年来一直在宣称在马六甲海峡拥有安全利益，其新的“海军战略”亦强调维护从波斯湾到马六甲海峡的“合法利益”。印度外长辛格称，确保马六甲海峡安全符合印度的利益，传递了印度原则同意为海峡提供安全保障的明确信号。澳大利亚则表示，非常关注马六甲海峡海盗活动猖獗，愿与有关国家加强合作，并考虑提供人员培训、联合演习、能力建设等方面的协助。亚太地区各主要国家从不同国家利益出发对马六甲海峡安全问题的关注和参与，增加了这一问题的复杂性。

海军运用与海上军事安全合作*

冷战结束以后，两极格局解体，国际战略形势发生重大变化。和平与发展成为时代的主题，但战争阴影仍旧挥之不去，非传统安全威胁不断发展。新形势下，海军以其特殊的军种优势，在维护国家海上安全利益方面发挥着重要作用，海军运用范围拓展，海上军事安全合作就是其中之一。

一、海上安全形势——挑战和机遇并存

进入21世纪，海上安全形势总体上趋于缓和，局部冲突和战争的阴影仍旧存在，机遇和挑战并存是基本特点。

海上安全成为各国的利益共同点。地球的71%以上是海洋，海洋既是资源宝库，又是连接世界的“流动的公路”。冷战以后，随着经济全球化和政治多极化的发展，海洋的经济地位和地缘政治意义明显加强。作为世界各国共同的海上贸易通道，共同的资源需求和共同的可持续发展需求，使海洋加深了各国间的利益交融，海上安全成为世界各国的利益共同点。

---

* 本文是2004年海军指挥学院“现代条件下海军建设和运用问题国际研讨会”的论文。

传统安全问题仍然挑战海上安全。传统安全问题属于军事和政治范畴，传统安全威胁主要是指军事威胁。冷战后，两极格局解体，全面战争的危险基本逝去，但新旧热点问题时起时伏，局部冲突和战争危险仍旧存在。如伊拉克战争对国际安全和海上安全产生的重大挑战远远没有完结，而东亚地区的朝鲜半岛核问题、台湾问题，都继续对地区海上安全产生负面影响。

非传统海上安全威胁上升。冷战后，安全概念和范畴扩大，非传统安全问题不断发展，有经济、环境安全问题，有走私、贩毒、海盗、洗钱等跨国犯罪问题，特别是一些非国家行为体所进行的恐怖主义、极端主义和分离主义活动，成为国际社会突出的安全威胁。这些非传统的安全威胁在海上有相当大的发展余地，对海上交通线、船舶和人命安全造成严重损害，破坏了地区的安全和稳定，成为各国共同关注的安全问题。

海上安全合作前景广阔。全球化的不断发展，安全问题的跨国性和综合性特点日益突出。各国普遍认识到，一国的安全利益同地区乃至全球安全形势关联密切，海上安全涉及政治、经济、军事、环境、文化等各个领域，需要综合应对，需要寻求新的安全方式，需要进行安全合作。因此，20世纪90年代以来，大国之间、各国之间双边和多边领域的安全合作在各个层次和各个领域迅速发展，海上安全合作、包括海上军事合作呈现出广阔的前景。

二、海军的运用——战争和非战争运用并举

军事力量的运用，历来与使用武力相联系，作战是军队的天职。追根溯源，海军是适应海上战争的需求而诞生的，海军的战争运用体现着

海军与生俱来的功能。但是，战争与和平又总是交替出现的，“非战争”时期总是大大多于战争时期。因此，军队非战争运用又总是作为战争运用的补充而客观存在。战略家们很早就意识到，由于军种特点，由于国际法赋予的特殊权利，海军历来是保护国家利益特别是海上利益和海外利益的重要手段，因此海军的战争运用和非战争运用历来都是最丰富的。

冷战后，和平与发展成为时代主题，但海军的战争功能并没有丝毫减弱。海湾战争、科索沃战争、阿富汗战争、伊拉克战争，海军在海上威慑、海上封锁、精确打击、特种作战以及战略海运等各个作战环节上都发挥了不可替代的作用。与此同时，海军非战争运用的功能也大大发展，海上军事安全合作就是其中的一个方面。突出的表现如下。

海军舰艇访问。依托海上通道，亚太各国海军间的舰艇互访大幅度增加，一些国家结合纪念日举办多国海军参加的庆典活动（如俄罗斯、韩国、日本、菲律宾、印尼等），一些曾经有敌意的国家（如俄日、中美），以军舰互访作为改善和发展两国、两军关系的标志，彰显了海军这一国际性军种在国家和地区安全中所起的特殊作用。

双边对话与合作。大国之间的高层互访和海上军事安全对话合作不断发展。美俄、俄日的年度海上联合军演已经连续多年；中美海上军事安全磋商机制从1998年开始到2004年也已经运行了6年多；2003年以来的中巴、中印、中法、中英海上联合军演，产生了很大影响；东盟国家和美、俄、英、澳等国之间近年来签订的20余份双边防务条约或防务协议，多与海上军事安全合作有关；美日、美澳等传统盟国之间的海军合作得到进一步强化。

多边海军论坛和演习。西太平洋海军论坛近年来积极倡导地区海军合作，已经发展成为在地区有重要影响的海军首脑论坛。今后，论坛框架下的各种专题研讨会和联合演习将走向机制化。如新加坡海军主办的海上扫雷研讨会和海上扫雷演习每年举行，十几个国家共同参与，指挥通信和战术协同能力不断提高。进入 21 世纪以来，国际性的海上联合军事演习创下演习次数、规模、持续时间、参加国数量等多项新纪录，如 2004 年的泰国“金色眼镜蛇”演习，参演国家增加到 5 个，参演兵力超过 2 万，观察员国增加到 10 个。此外，效仿美国“国际海上力量研讨会”和“西太平洋海军论坛”，日本主办的海军大学论坛、韩国主办的“国际海上力量研讨会”，也都逐渐机制化。

非传统安全领域的海军合作。近年来，针对东南亚地区海盗、贩毒等跨国海上犯罪活动猖獗，泰国与越南、新加坡、马来西亚和印度尼西亚建立了海上联合巡逻部队，海军参与共同维持马六甲海峡等重点地区的航运安全。日本海上保安厅与新、泰、印尼、菲律宾等国海警部门举行了多次反海盗演练，印度与东盟国家在南海海域也开展了非传统安全领域的海军联合演习。“9·11”事件以后，海上反恐问题成为各种双边海军对话和多边海军论坛的重要议题，也成为诸多联合军事演习的战术背景。2002 年，美菲“肩并肩”联合军演不仅以反恐为主要演练内容，而且具有实战性质，并长达半年之久。2004 年美国与东南亚国家的“卡拉特”演习、“金色眼镜蛇”演习等，都是以反恐怖主义作战为战术背景的。

三、海上军事安全合作——新观念与旧思维并存

广义的军事安全合作包罗万象，如加强传统军事同盟、建立伙伴关系、盟国与非盟国的合作，以及通过加强信任推进的军事合作。当前，海上军事安全合作表现形式多样，但合作的目标和手段并不一致，从本

质上看，新观念与旧思维并存。

冷战思维进一步发展。在亚太地区，美国与日本、澳大利亚等传统盟国的军事同盟关系不断强化，国家导弹防御系统和区域导弹防御系统的合作不断推进。“9·11”事件后，美国以“先发制人”为核心对军事战略进行大幅度调整，单边主义膨胀。其不断调整军事部署，加强前沿存在，通过扩建关岛海、空军基地并部署巡航导弹，增加航母作战大队、大型两栖战舰及核潜艇；美国加大了与非盟国的海上军事合作，但这种军事合作，大多数仍旧是冷战时期传统军事合作的翻版，如其在新加坡、菲律宾、印尼、泰国、文莱等东南亚国家建立或扩建准军事基地，进一步加强了新月形基地链，为突发事件作军事准备。美国还以防扩散、反恐合作为由，于 2003 年先后提出了《反扩散安全倡议》和《地区海上安全倡议》，意图建立美国主导的安全构架，用多国海上拦截行动和扩大驻军等方式实现自身的绝对安全。日本以军事同盟为由不断突破和平宪法的海外派兵行动，也引起东亚不少国家的忧虑。这些海上安全合作，包括有些打着“非传统安全领域合作”的旗帜进行军事合作，本质上仍旧是依赖武力和武力威胁的冷战思维和传统安全方式的继续，这种性质的安全合作在本质上是不能营造和引导和平的。当前，恐怖主义恶性发展、伊拉克战争能“速战速胜”而不能“速占速决”都是证明。

新安全观影响日益扩大。1994 年，东盟国家主导的东盟地区论坛建立，作为亚太地区第一个安全论坛，开启了“通过对话增进信任，通过合作促进安全”的全新安全方式。1997 年，中国政府正式提出了以“互信、互利、平等、协作”为核心的“不同于冷战思维的一种新安全观”。此后，上海合作组织、东盟—中国（10+1）和东盟—中日韩（10+3）多边官方论坛，以共同安全为目标，以合作安全为途径，注重用综合手段应对安全威胁，不仅推动了地区经济合作，而且对地区的安全和稳定产生了重要影响：东亚国家成功渡过了 1997 年的亚洲金融危机，中国与东盟国家达成了《南海各方行为宣言》，东南亚自由贸易区进程正式启动，海上交通线安全、东亚安全共同体的讨论十分热烈，体现了不同于冷战思维的、非传统的新安全观念的成长。在新安全观念的推动过程中，中国发挥了重要的作用。中国的经济发展模式及其和平崛起的政治思想已经受到了国际社会的关注。

四、中国海军的外交运用——海上军事安全合作

以和为贵、协和万邦是中国的民族传统。中国的战略文化以“和”为最高价值取向，以“不战而屈人之兵”为最高的用兵境界。进入 21 世纪，根据国家安全战略和外交战略的需求，中国的军事外交思路日益明确，军队逐渐扩大参与国际安全合作，成为新安全观的积极推进者。《2002 年中国的国防》白皮书指出：“中国不称霸，不参加军事集团，不谋求势力范围，反对战争政策、侵略政策和扩张政策，反对军备竞赛。中国支持国际社会为公正合理地解决国际争端所作的努力，支持一切有利于维持全球战略平衡和稳定的活动，积极参与国际反恐怖主义合作。”“中国还将有选择地逐步参与非传统安全领域的多边联合军演”。目前，中国已经把反恐怖斗争纳入军队的职责范围，非传统安全领域的多边联合军事演习首先在上海合作组织起步，并且已经延伸到海上，表明中国军队未来将更加积极地参加地区安全合作的基本立场。可以说，除了“台湾独立”这一直接关系国家主权和领土完整的内政问题，中国决不承诺不使用武力外，对于其他一切国际性军事安全问题，都主张“通过对话增进信任，通过合作促进安全”，这是中国国家安全政策和

军事政策的重要内容。

从理论上说，军事外交是现代社会战略控制理论的重要内容。根据90年代中期以后国家安全战略和军事战略变化的要求，根据国家外交战略和军事外交的运筹，中国海军越来越多地参与海上军事安全合作，并突出反映了海军的军种特色。1996—2002年，中国海军先后派出27艘次舰艇单舰或组成编队14次出访了30个国家；中国海军派出军官参加了西太平洋海军论坛及其工作小组会议、亚太各国海军大学研讨会，参加了东盟地区论坛和亚太安全理事会的搜救、建立信任措施和海事合作等多边论坛，参加了中越北部湾谈判并顺利解决了北部湾划界问题；中美建立了加强海上军事安全磋商机制，举行了10余次双边磋商，双方海军多次进行高层对话和学术交流；中国海军还多次派员参加或观摩了西太平洋海军论坛框架下的扫雷、潜水和潜艇救援研讨会和演习，派员观摩了美国海军主办的“环太平洋2000”和2002年美新泰三国“金色眼镜蛇”联合军事演习，特别是2003年以来中国与巴基斯坦、中国与印度、中国与法国、中国与英国的4次双边海上联合军事演习，在国际社会上产生了很大影响。未来海军作为军事外交的“排头兵”，在为国家营造和平稳定的战略环境、实施战略控制方面还将发挥更大作用。

亚丁湾反海盗护航行动的历史性意义*

2008 年 12 月 26 日，中国海军首批护航编队起航赴亚丁湾执行护航任务。截至 2009 年底，已派出 4 批护航编队 11 艘主力战舰，实现了护航行动的有序接替和常态化运行。这是中国海军走向远海维护国家海外利益、承担国际人道主义义务、开拓非传统安全领域国际合作的一个里程碑，具有重要的历史性意义。

一、根据联合国安理会决议，中国海上作战力量首次赴远海维护国家利益与世界和平

海盗是一个古老的国际犯罪问题，国际社会认同普遍管辖权。1958 年联合国海洋法会议的《公海公约》第 14 条、1982 年《联合国海洋法公约》第 100 条都明确规定："所有国家应尽最大可能进行合作，以制止在公海上或在任何国家管辖范围以外的任何其他地方的海盗行为。"亚丁湾、索马里海域地处亚非两洲海上交通要冲，是印度洋进出地中海的必经之路，是连接欧、亚、非乃至世界各大洲的海上贸易通道。2008 年以来，面对这一海域日益猖獗的海盗威胁，联合国安理会先后通过五

* 本文根据 2010 年 4 月在北京外交学院外交系讲课稿整理。

项决议，呼吁国际社会共同努力打击的索马里海盗。其中，第 1816 号决议决定采取 16 项措施，鼓励有关国家加强与索马里政府合作，鼓励各国在相互之间及同海事组织进行合作，打击海盗和海上武装抢劫行为；第 1838 号决议决定采取 10 项措施，敦促有能力的国家部署军用舰船和飞机，积极参与打击索马里沿岸公海的海盗行为；第 1851 号决议进一步鼓励有关各国和区域组织就打击索马里海盗设立国际合作机制。随后，联合国安理会成立了“索马里海盗问题联络小组”。一时间，有能力的国家派遣军舰飞机赴亚丁湾、索马里海域参与反海盗行动并展开国际合作，成为国际舆论的热点。

2008 年 12 月 26 日，根据联合国安理会上述决议和授权，中国海军派出“海口”号、“武汉”号 2 艘作战舰艇和“微山湖”综合补给舰组成舰艇编队，起航赴亚丁湾、索马里海域遂行非战争军事行动。编队经西沙、南沙，过新加坡海峡、马六甲海峡，穿越印度洋，总航程 4400 多海里，于 2009 年 1 月 6 日抵达任务海区。这是一个历史性的时刻！这是中国首次使用军事力量赴海外维护国家战略利益，是中国军队首次组织海上作战力量赴海外履行国际人道主义义务，也是中国海军首次在远海保护重要运输线安全。

亚丁湾不仅是重要的国际航道，维系着世界许多国家的经济及安全利益，也是中国连接欧洲、非洲贸易的“黄金水道”，中国每年有近 2000 艘次的船舶在此通过，海上航行安全维系着中国重要的国家利益。2009 年，亚丁湾、索马里海盗活动极其猖獗。据统计，1—11 月，各国有 40 多艘船只被海盗劫持，涉及船员 600 多人。其间，中国有 1265 艘次商船通过这条航线，20%受到过海盗袭击，严重危及船舶和人员的安全。中国海军舰艇编队在亚丁湾的主要任务是护航，保护中国航经亚丁湾、索马里海域船舶和人员安全，保护世界粮食计划署等国际组织运送人道主义物资船舶的安全。护航行动以伴随护航、区域护航和随船护卫等方式进行。截至 2010 年 2 月底，中国海军先后赴亚丁湾、索马里海域的四批舰艇编队进行了有序的任务接替，共为 1446 艘中外船舶实施了护航和区域掩护任务，包括查证驱离可疑船只，解救被海盗追击的船舶，接护被海盗释放的中外船舶，获得了百分之百保证被护船舶安全的成绩，展示了中国军队的形象，受到国际社会的高度赞誉。

中国海军在亚丁湾、索马里海域的护航行动，有效保护了中国过往船舶和人员安全，保证了国家在远海重要运输线畅通，更是迈出了人民海军作战力量赴海外维护国家利益、根据联合国安理会决议履行国际义务的第一步，这在人民海军建设和运用的历史上具有重大的标志性意义。以此为起点，中国海军将在更广阔的空间和领域，为维护国家不断拓展的海外利益提供更加强有力的战略支撑，为维护世界和平和秩序贡献力量。

二、拓展非传统安全领域的国际合作，中国海军加速国际化进程

护航行动虽属非传统安全领域的非战争军事行动，但亚丁湾海区远离本土 5000 海里，地处亚非两洲交界、多国相邻的战乱地区，面临情况十分复杂。并且，至 2009 年底，在亚丁湾执行反海盗护航任务的各国海军兵力就有 19 个国家的 30 多艘舰艇和飞机，参与国家多、用兵强度大，国际合作谓之必须。亚丁湾反海盗护航行动中，各国采取的合作形式主要有以下几种。

同盟性质的内部合作。有欧盟、北约海军和多国海上部队 3 支特混编队。欧盟海军称为 465 特混编队，包括 8 个欧盟国家的 10 艘军舰，

以及驻扎在吉布提和塞舌尔的岸基海上巡逻机；北约海军为508特混编队，由北约海军常备舰队5艘军舰组成；多国海上部队统归驻巴林的美国中央司令部第五舰队指挥，为打击亚丁湾海盗专门成立的151特混编队，兵力包括美、韩、澳3艘舰艇。这3支特混编队以同盟关系为基础，内部合作及相互合作机制成熟，一体化程度高。

保持独立性的国际合作。中国、俄罗斯、印度、日本等国家的海军舰艇编队都是由各国独立指挥并展开护航行动的。但同时，也都积极参与了信息共享、行动协调、联合演习等方面的多国合作与交流，并在突发事件中、特别是在解救被海盗追击船舶的行动中进行随机合作、相互支援。

正在推展的开放式合作。2009年3月，多国海上部队、欧盟和北约海军的“信息共享和预防冲突会议”，倡导将亚丁湾“国际推荐通行走廊”划分责任区，建立各国海军舰艇按照分配的责任区对各国商船提供安全保护的分区护航计划。

以非战争军事行动开展非传统安全领域的国际合作，是中国海军亚丁湾护航行动的基本特点。但这毕竟是中国海军第一次与近20个国家、数十艘舰艇在同一海域展开军事行动，必须审慎实践。中国海军通过精心组织护航合作，加强适应性训练，取得了很好的成效。一是建立直接沟通和信息分享的途径。从第一批护航编队开始，应各国海军的要求，也是从执行任务的需要出发，中国海军加入了各国海军通用的信息交换平台，直接通过无线电、电子邮件、卫星电话等手段，与各国海军互相通报各自的护航行动、海盗活动情报等，进行信息实时共享，提高了信息交换的效率。二是在编队指挥官之间进行直接的情况沟通，增进互信。至2009年底，中国海军编队指挥员先后与多国海上部队、欧盟、北约、俄罗斯、韩国的指挥官进行了海上互访会面，交流情况，分享经验，增进互信和友谊。三是结合反海盗任务需要开展联合军事演习。2009 年 9 月 18 日，中国海军第三批护航编队与俄罗斯海军护航编队，在亚丁湾进行了以打击海盗为主题的“和平蓝盾-2009”联合演习，这是中国海军在亚丁湾执行护航行动中首次进行的实兵性国际联合军事演习和演练的军事行动合作。实践证明，在护航行动中，尤其是在处理突发的海盗袭击事件中，直接的信息沟通、信息共享等国际合作，为有效完成护航任务提供了保证。如，2009 年 1 月 29 日，中国海军护航编队解救希腊商船“ELENIG”号的行动中，“武汉”号导弹驱逐舰与英国“诺森伯兰郡”号护卫舰就通过甚高频无线电通报了海盗袭击情况，协调了双方舰艇和飞机的行动，共同驱离了海盗艇，创造了中国海军护航编队与外国军舰合作营救商船的第一个范例。

在亚丁湾护航行动中，中国海军舰艇部队实现了与外军就海上军事行动直接沟通、信息共享，这也是一个历史性的突破，它促使中国海军加速了国际化进程，具有重要意义。

三、提高远海军事行动能力，为中国海军完成多样化任务获取了经验

亚丁湾护航是中国海军首次在远海遂行的重大非战争军事行动，取得了重要的实践经验。

提高了远海军事行动能力。中国海军的海上作战力量从 20 世纪 80 年代开始走向近海和远海，1980 年首航南太平洋参加国家远程运载火箭发射试验，1985 年首次派舰艇编队出访巴基斯坦、孟加拉国和斯里兰卡等南亚 3 国，2003 年首次与外军进行双边海上联合军事演习，2007 年在巴基斯坦“和平-07”多国海上联合军事演习中首次使用武器

参加实弹演习。然而，像亚丁湾护航这样的在远海、独立、多兵种、长时间、与多国合作的作战舰艇编队行动还是第一次，对中国舰艇编队非战争军事行动的组织指挥、行动保障、法律支持以及国际合作能力都经受了一次全新的检验和锻炼。中国海军在长达近5000海里的航程中认真组织训练，在亚丁湾护航行动中一丝不苟的履行职责，在突发事件中快速反应，对中国海军的远海军事行动能力得到了快速提升。

近距离观察学习了外国海军经验。进入21世纪，中国海军舰艇编队出访大幅度增加，也开启了与外军的海上联演联训，但较之亚丁湾护航作为成建制作战舰艇编队的军事行动，后者在观察和学习外军经验方面，显然是上了一个大台阶。除了大量与外军进行任务领域的直接通信沟通和信息分享之外，也近距离地观察了外国海军在反海盗行动合作、后勤保障合作、国际司法合作等方面的一些做法，获得了有益的经验。如2009年，美、法、韩、日等舰艇成功进行了12次反海盗合作行动，各国海军在协同制止正在进行的海盗袭击、在商船被劫持后进行监视和解救商船的通信支援，都有经验可循；在后勤保障方面，美国、欧盟、北约和俄罗斯在亚丁湾都有长期使用的、方便的后勤补给基地，各国军舰之间相互补给、共用基地、相互支援保障的做法非常普遍，并与沿岸国加强港口停靠休整、基地使用等合作；在国际司法合作方面，美、英、欧盟都与亚丁湾沿岸国肯尼亚签署了海盗移交及审判的协议，方便移交海盗嫌疑人。学习这一经验，中国也与肯尼亚签署了相关协议。

亚丁湾护航开启了中国海军作战力量走向远海、走向世界的重要一步，随着护航行动的常态化、长期化，对中国海军建立远海非战争军事行动、完成多样化任务的决策、指挥、训练、保障体制机制，以及与外国海军建立完善双边和多边国际合作机制乃至行动程序都提出了客观需求。探索常设的、更加科学的海外兵力行动的指挥机构，进行高素质、国际化的人才培养，加快海军遂行远海多样化军事行动的能力建设，都将成为中国海军未来发展和战略转型的应有之义。

总之，海军是战略性、综合性、国际性军种，海军与海上贸易、海上运输有着天然的历史渊源，维护海上运输线安全是海军的一项传统任务。而随着中国经济发展对海外市场、能源资源和海上战略通道的依赖不断加深，远洋护航、保护国家经济发展的生命线必将成为中国海军的一项经常性任务。这不但将促进中国海军的现代化建设，提高中国作为一个负责任大国的地位，也将大大提高全民族的海洋、海军、海权意识，对中国建设海洋强国的历史进程产生历史性的重大影响。

亚太地区海洋安全与中国海上力量发展*

亚太地区大部分国家濒海，海洋安全在各国及地区事务中扮演着极其重要的角色。进入21世纪的第二个10年，地区海洋安全形势的变化和中国海上力量发展令各方关注。

一、关于亚太地区的海洋安全形势

亚太地区聚集了中、日、美、俄、东盟五大战略力量，东北亚、东南亚各国相邻相近，是地缘经济活跃和地缘政治复杂的地区。一个硬币有两面，评估当前的地区海洋安全形势，既应当看到矛盾争议的一面，也应当看到积极和谐的一面；既要找到各国的利益共同点，也要找到问题的根源，方能趋利避害，争取和平稳定的地区安全环境。

（一）和平、发展与合作仍旧是地区海洋安全形势的主流

和平。二战以来，世界建立了以《联合国宪章》摒弃战争、维护和平基本精神为主基调的国际秩序，虽曾有过冷战的紧张，但避免了

* 本文发表于2012年12月日本庆应大学“中国海军进出西太平洋问题研讨会”；收录于张海文、彼德·达顿（Peter Dutton）、陆伯彬（Robert. S. Ross）等主编《21世纪海洋大国：海上合作与冲突管理》，社会科学文献出版社，2014，第246页。收录时更新了部分资料。

“热战”；有过一些局部冲突，但规模小、影响小。特别是 20 世纪 90 年代冷战结束以后，亚太地区国家间 20 多年无战事，形成总体上和平稳定的地区安全态势。各大国之间（中美、俄美）、有利益冲突的国家之间（朝韩、朝美、中日、中菲、中越），都很认真、克制和很小心地处理双边关系和海上安全问题，地区其他国家、多边机制都以“促和”为基本思路，坚持谈判解决问题，化解危机，努力避免冲突或冲突升级。

发展。战后的亚太地区一直是经济上充满活力的地区。先是日本经济的重新崛起，后是亚洲“四小龙”的腾飞，然后是中国改革开放注入的新活力和地区新兴市场经济体的发展。亚太地区国家，特别是西太平洋沿岸东北亚、东南亚的大部分国家，利用海洋连通性密切了经济联系，互利互惠地实现了经济的共同发展和繁荣。在当前世界经济形势不确定因素依然突出、亚太新兴市场经济体面临外部风险和压力增大的情况下，地区各国联手应对的趋势进一步发展，东盟自由贸易区的建立，推进东亚经济一体化的酝酿，加强地区金融安全网建设的开启等，使这一地区的经济发展仍旧保持着活力，在推动世界经济复苏方面发挥着引擎作用。

合作。冷战后，合作取代对抗成为国家（地区）间关系的主流。在海洋方向，各国在加强经济合作的同时，加强了海上安全合作。除了国家间的双边合作，许多地区性官方、非官方多边安全合作机制发挥了重要作用。如，东盟地区论坛、亚太安全合作理事会、西太平洋海军论坛、东盟 10+8 国防部长会议等，都越来越把海上安全合作作为论坛的重要议题，取得了一些积极进展和成果。而一些次地区、区域性、专门性的海上安全合作和安全合作会议就更多得不可胜数。亚太地区始终保持着旺盛的经济活力和应对经济风险的能力，得益于和平，更得益于合作，得益于通过和平合作带来的安全红利。其中，海上安全合作功不可没。

（二）地区海洋安全面临传统和非传统安全问题的双重挑战

第一，岛礁主权和海洋权益争端升温。由于历史和现实的复杂因素，亚太地区存在多处海洋争议区。2010 年以来，东北亚和东南亚海域的争议明显升温。一是中日钓鱼岛主权争议形势紧张，双方海上执法力量时常形成对峙；二是中国与南海有关国家的岛礁主权和海域划界争议没有解决的迹象，特别是中菲黄岩岛、仁爱礁争议还在发展；三是韩日独岛（日称“竹岛”）主权争议，双方时有宣示领土主权的动作；四是俄日南千岛群岛（日称“北方四岛”）主权争议，双方亦坚称各自拥有领土主权。此外，在东北亚和东南亚海域，由海域划界争议引发的渔业纠纷不断，时有暴力执法现象发生。

第二，海上存在发生意外事件的风险。中美 1998 年建立了海上军事安全磋商机制，但双方在专属经济区军事利用，以及《联合国海洋法公约》相关条款的解释适用问题上有分歧，集中在美舰机抵近中国近海、在专属经济区内侦察的合法性问题上有分歧，由此引起发生海上意外事件的担忧。近一两年，日本对中国海军进出第一岛链海峡水道和进入东海海域训练提出质疑，双方舰机在海上相遇的概率大大增加，也存在发生意外事件的风险。加上钓鱼岛争议因素，就显得更加危险。

第三，海上交通线安全威胁严重。亚太大多数国家都是外向型经济，原料、能源进口与产品出口大都需要经过海上。有统计说，经马六甲海峡进入南中国海的油轮数量是通过苏伊士运河的 3 倍，巴拿马运河的 5 倍，海盗、海上恐怖主义和其他跨国犯罪问题是海上交通线的主要威胁。据国际海事组织报告，2011 年第一季度，全球海盗活动创下历史最猖獗纪录，总共发生了142起攻击船只的事件，多数发生在索马里海域，在东南亚海域海盗劫掠事件也时有发生。

第四，重大海洋自然灾害频发。亚太地区近年来地震、海啸、飓风、热带风暴等严重自然灾害不断。2004年年底印度洋大海啸波及多个国家，死亡人数超过22.7万；2008年的缅甸强热带风暴造成8万人死亡；2012年3月日本发生地震和海啸，死亡人数达2.6万；2013年发生的“海燕”超强台风，也给菲律宾造成重大伤亡，给越南和中国海南省、广西壮族自治区等地造成重大损害。还有海洋环境污染等造成的重大灾害也有上升趋势，如2011年日本福岛核事故引发的海洋环境污染的危害还在发展。

（三）小结

正确评估亚太地区海洋安全形势，应当说两句话。

其一，和平、发展与合作仍旧是地区海洋安全形势的主流。地区各国都充分认识到共同利益所在，追求和平、发展与合作是共同的战略选择，因而无论是传统友好国家还是曾经的意识形态对立国家，无论是有利益冲突的国家还是没有利益冲突的国家，都能认真、小心地处理双边和多边关系，坚持谈判解决问题，和平化解危机。

其二，地区海洋安全面临传统和非传统安全问题的双重挑战。基于复杂的历史原因和现实原因，亚太地区国家间还存在着尖锐的利益矛盾，既有传统的军事安全问题，更有不断发展上升的非传统安全问题。应对这双重挑战，亚太国家还有很长的路要走。而正确判断和评估形势，是应对挑战、作出正确战略选择的基础。

两相权衡，我们既要正视亚太地区面临的尖锐问题和挑战，但也不应有意渲染和放大这些挑战，尤其不应渲染和放大传统安全威胁和利益矛盾。因为所有双边的利益矛盾并不是当事双方国家关系的全部，就共同利益与利益矛盾比较，前者比后者更重要。从这一点说，政治家的头脑应当也一定比媒体清醒。

二、关于中国海上力量的发展

中国历史上是一个大陆国家，尽管有漫长的海岸线，但从来没有把海洋作为生财之道，更没有通过海洋殖民的想法。1978 年实施改革开放政策以后，中国才开始真正走向海洋，走进海洋时代，融入国际经济大循环，与世界各国共同分享海洋带来的利益。中国 1986 年尝试提出近海防御的海军战略，1999 年正式组建中国海监总队，直到 2012 年中国共产党十八大提出建设海洋强国的战略目标。所以，中国一直以来都是一个海洋意识、海权意识薄弱的国家。进入 21 世纪，尤其是进入 21 世纪第二个 10 年，随着中国综合国力的发展，中国的海上力量有了很大的发展，中国海上力量的运用也有了一些新的发展，引起国际社会的普遍关注。中国为什么要加强海上力量建设？中国要建设一支怎样的海上力量？中国将如何运用这支力量？

（一）中国为什么要加强海上力量建设

中国海上力量的构成，主要是中国海警和中国海军。中国海警是国家海上执法力量，主要围绕保卫国家海上领土主权、专属经济区和大陆架管辖权及其利益，开展海上维权执法和海洋综合管理活动。中国海军是国家海上武装力量，根本任务是根据国家海上安全需求，着眼维护和平、遏制危机和打赢战争，随时应对和坚决制止一切危害国家海上安全的挑衅行为，维护国家海洋利益。中国加强海上力量建设是基于以下需求。

第一，国家领土主权和海洋权益安全需求。中国大陆东邻太平洋西岸边缘海，中国近代遭受的外来入侵大都来自海上，以至于中国至今还不是一个统一的国家，台湾问题、钓鱼岛问题、南海问题，都与这段历史有关。近年来两岸关系发展势头良好，但“台独”势力还存在，国际干预因素还存在，中国的统一大业仍旧任重道远。中国是一个海洋地缘条件不利的国家，当面海域是一个半闭海，与相邻相向的 8 个海上国家专属经济区重叠，进出海洋的海峡水道容易与沿岸国家发生纠葛，这也是中国近年来周边海上安全问题频出的客观原因。中国一贯主张与周边国家谈判解决海上领土和海洋权益争端，在争端解决前“搁置争议，共同开发”。中国不会要别国一寸领土，但属于自己国家的领土主权和海洋权益一定会坚决保卫。

第二，国家海上经济安全需求。1978 年改革开放以后，中国的海外贸易量和商业运输船队逐年增长，1980 年中国的进出口贸易总额为 381.4 亿美元，至 2012 年达到 38,667.6 亿美元，90%左右通过海上运输实现；主要能源资源对外依存度高达 50%，其中约 45%来自中东，32.5%来自非洲，3.5%来自亚太，这使海上交通线成为国家经济和社会发展的“生命线”。中国丰富的近海海洋资源将成为中国陆上资源的重要接替，远洋渔业、远洋运输、海洋和海底资源开发等海洋经济是国民经济新的增长点，预计 2030 年中国的海洋产值将占国家 GDP 比重的 15%。中国海外投资迅速增长，海外机构、人员和资产遍布全球，国家海外经济安全和人员安全也越来越需要国家海上力量去维护。

第三，国家履行国际义务的政治需求。在经济全球化背景下，海上安全问题是全球性的。当前，海盗、恐怖主义、跨国犯罪、重大自然灾害、环境污染等非传统海上安全问题对地区安全的影响越来越突出。中国作为一个新兴大国，越来越认识到自己的国际责任，越来越认识到一个政治大国在国际事务中应有的作用和应尽的义务。正如苏联海军总司令谢·格·戈尔什科夫所说："国家海上力量在一定程度上标志着一个国家的经济和军事实力。因而，也标志着一个国家在世界舞台上的作用。"①

以上，都应当是中国发展海上力量的刚性要求。

（二）中国要建设一支怎样的海上力量

第一，中国海上力量贯彻积极防御的战略思想。2011 年《中国的和平发展》白皮书明确指出中国坚持和平发展道路，明确指出中国的核心国家利益包括"国家主权，国家安全，领土完整，国家统一，中国宪法确立的国家政治制度和社会大局稳定，经济社会可持续发展的基本保障"，再次重申中国坚持奉行防御性国防政策。受国家战略和国防战略的指导，中国海上力量发展的战略指导也必定是防御性的。如何体现防御性，简单表述应是"人不犯我，我不犯人，人若犯我，我必犯人"。而如何体现防御的积极性，就是基于正确的战略判断，做好战略预制和战争准备。

第二，中国海上力量要有足够能力维护国家海上安全。《2010 年中国的国防》白皮书指出：在近海，中国海上力量的主要任务是维护国家主权安全和海洋权益。中国海警必须发展足够的海上维权执法能力；中国海军按照近海防御的战略要求，瞄准世界先进水平，注重提高近海综合作战力量的现代化水平，发展先进潜艇、驱逐舰、护卫舰等装备，完善综合电子信息系统装备体系。同时，中国海军还必须提高远海机动作战、远海合作与应对非传统安全威胁能力，包括发展航母、增强战略

① 谢·格·戈尔什科夫：《国家海上威力》，房方译，海洋出版社，1985，第 9 页。

威慑与反击能力，切实维护国家海上安全。

第三，中国海上力量要有足够能力履行国际义务。20 世纪 80 年代后，中国交通部海事局就承担了北纬 10 度以北地区的国际搜救任务；公安海警、海关与周边国家也有不少打击海上犯罪、缉私的合作。2008 年以来，中国海军根据联合国决议派舰艇编队赴亚丁湾、索马里海域执行护航任务；2010 年以来，中国海军“和平方舟”号医院船赴亚洲、非洲、拉丁美洲地区开展了人道主义医疗援助行动。中国依据自身实力发展努力履行国际主义义务，但深知力量还不足够，这也是中国发展海上力量的重要动因。

（三）中国将如何运用这支海上力量

中国发展海上力量，目的是维护国家海上安全。其中中国海警主要以海上巡航和海洋管理的方式，在近海维护海洋权益和海洋秩序。2013 年《中国武装力量的多样化运用》白皮书对中国海军在近海和远海应对多种安全威胁、完成多样化军事任务做了如下表述。

——保卫海防安全。加强海区的控制与管理，有效掌握周边海域情况，严密防范各类窜扰和渗透破坏活动，及时处置各种海空情况和突发事件。推进海上安全合作，维护海洋和平与稳定、海上航行自由与安全。

——日常战备巡逻。以维护国家领土主权和海洋权益为重点，组织海军舰艇部队和航空兵实施常态化战备巡逻，在相关海域保持军事存在。

——开展实战化演习演练。组织由新型驱护舰、远洋综合补给舰和舰载直升机混合编成的远海作战编队编组训练，深化复杂战场环境下多种使命任务的课题演练。

——维护海洋权益。海军结合日常战备为国家海上执法、渔业生产和油气开发等活动提供安全保障，与中国海警建立协调配合机制，举行海上联合维权执法演习演练，不断提高军地海上联合维权斗争指挥协同和应急处置能力。

——维护海外利益。开展海上护航、撤离海外公民、应急救援等海外行动，成为人民解放军及其海军维护国家利益和履行国际义务的重要方式。

——参与国际灾难救援和人道主义援助。2010—2013 年，海军“和平方舟”号医院船先后赴亚非 5 国、拉美 4 国、亚洲 8 国和亚丁湾，执行“和谐使命”人道主义医疗服务任务。当前中国海军正在积极加强训练，准备更多地参与国际灾难救援和人道主义援助。

——维护国际海上通道安全。中国海军在亚丁湾、索马里海域开展常态化护航行动，与多国护航力量共同维护国际海上通道安全。截至 2012 年 12 月，中国海军护航编队共为 4 艘世界粮食计划署船舶、2455 艘外国船舶提供护航，占护航船舶总数的 49%。同时救助外国船舶 4 艘，接护被海盗释放的外国船舶 4 艘，解救被海盗追击的外国船舶 20 艘。

——加强与外军海上合作。中国海军护航编队在联合护航、信息共享、协调联络等方面与多国海军建立了良好的沟通机制，进行了多方面合作。从 2005 年起，中越海军和海警一直坚持每年在北部湾进行联合巡逻。中国海军与外军的双边多边联演联训也在不断发展。

（四）小结

中国海上力量的发展，是基于维护国家日益拓展的海洋利益的安全需求。

中国海上力量的发展，贯彻和平发展的国家战略和积极防御的国防政策。其意图，一是在海上方向维护国家主权、安全和发展利益；二是履行国际义务为世界和地区和平作出应有的贡献。

中国海上力量的运用，就海军而言，主要围绕国家海上安全需求，以多样化的非战争军事行动方式、以开放合作方式进行，同时依据自身实力发展、努力履行国际义务。

三、亚太各国应当致力于共同维护地区海洋安全和稳定

亚太地区海洋安全与否，取决于地区所有国家消除误解、隔阂、紧张的共同努力。

（一）亚太国家间产生误解、隔阂、紧张的原因分析

一段时期以来，亚太地区由于局部海洋权益争端陷于紧张，不断有"中国威胁论"和中国海上力量威胁论的舆论，弱化了地区各国的共同利益，加剧了紧张。破解这些问题，首先应当找出造成这些问题的主客观原因，当有以下五点。

第一，特殊的地缘条件。亚太地区海洋国家地理上相邻相近，造成了地缘难题。其一，许多国家的海岸线相距不超过400海里，按照《联合国海洋法公约》确立的200海里专属经济区制度，必然造成国家间管辖海域的重叠和海域划界争端。中国与周边国家、中国周边国家之间的一些海洋权益矛盾，许多出于此；其二，西太平洋海上客观形成的岛链及其海峡水道，也极容易造成沿岸国和通过国之间的矛盾和摩擦。如中国当面海域横亘着第一岛链，中国商船和军用船舶必须通过相关的海峡水道才能走向大洋，这无疑增加了问题概率。

第二，特殊的历史条件。亚太地区曾经遭受过殖民侵略，有过重大的战争劫难，尤其是二战的灾难，造成了一些复杂的历史问题。其一，被日本侵略过的亚洲国家对日本侵略历史，以及日本对侵略历史拒不道歉的问题很在意，这段历史积怨在人民中间根深蒂固。由此引申，一些国家及其人民期望坚持二战后建立的国际秩序，包括对南千岛群岛、钓鱼岛、南海诸岛等领土问题做出的规定，以至于当事双方有根本分歧。其二，《联合国海洋法公约》是 1982 年通过、1994 年生效的当代国际海洋法，但有些问题，如南海诸岛和南海断续线，是《联合国海洋法公约》产生前的历史问题，造成了历史问题与现实问题混淆，陆地领土与海洋权益问题混淆，传统国际法与当代海洋法的矛盾及法律适用上的重大分歧，增加了达成共识的难度。

第三，特殊的地区特点。本地区国家政治经济制度多样，意识形态和价值观念不同，地区国家间关系多元、交叉、复杂，至今没有形成成熟的安全构架。20 世纪 50 年代，美国沿第一岛链建立起的军事同盟体制至今影响深远，冷战思维与新安全观并存，海上军事同盟与新型海上安全合作并行发展，而且特别容易用传统的冷战思维看对方的行为和处理双方的关系，从而产生误解、隔阂和紧张。

第四，国际力量格局的调整。2008 年以来的国际金融危机、新兴市场经济体的崛起、国际经济中心向亚太转移，整个世界和地区处在大发展、大变革、大调整时期。一些重要的时间节点集中在一起，如 2009 年美国进行全球军事部署调整，实施亚太再平衡战略；2010 年中国经济总量（GDP）首次超过日本跃居世界第二，2012 年中国提出建设海洋强国的目标等。这一系列的变化，使世界及地区经济政治形势和国际关系进入了一个深刻的调整期。调整期容易产生错觉，一些地区国家以为中美重新对垒，想利用大国间隙带来的机会；调整期容易产生战略误判，个别国家或许想重新将中国树立为敌人，借机达成一些重要目的；调整期容易产生焦虑，一些国家担心中国地区称霸，想在中国将强未强之时解决历史遗留问题。

第五，国家间缺乏相互信任。以上种种问题，归根结底反映了地区国家间由利益矛盾带来的相互理解和信任的缺乏，包括疑虑中国强必称霸、与美国争霸，疑虑中国要发展进攻性海上力量，疑虑中国要武力收复南海全部岛礁、要独吞断续线内的全部海域，等等。这种不理解、不信任，容易导致疑虑、猜忌，乃至误解和误判。而这种不理解、不信任的累积，这种误解和误判的累积，是导致海上突发事件甚至冲突的重要因素。

（二）中国将致力于亚太地区的和平与稳定

从 2012 年中共十八大，到 2013 年的十八届三中全会，中国新一届领导人的内外政策已经很明晰，简而言之就是以一系列新举措进一步深化改革开放。中国要展开新一轮的改革开放，中国要建设海洋强国，中国要进一步走向海洋、发展与国家地位相适应的现代化海上力量。那么，面对地区矛盾和周边国家的疑虑，中国将怎么办？笔者根据个人的理解，用中国领导人近一段的工作和讲话，概况一下今后中国的对外政策。

第一，在和平发展中实现强国梦是中国的既定目标。习近平 2013 年 4 月 7 日在博鳌亚洲论坛的主旨演讲中说，我们将坚定维护亚洲和世界和平稳定。中国人民对战争和动荡带来的苦难有着刻骨铭心的记忆，对和平有着孜孜不倦的追求。中国将通过争取和平国际环境发展自己，又以自身发展维护和促进世界和平。中国将继续妥善处理同有关国家的分歧和摩擦，在坚定捍卫国家主权、安全、领土完整的基础上，努力维护同周边国家关系和地区和平稳定大局。中国将在国际和地区热点问题上继续发挥建设性作用，坚持劝和促谈，为通过对话谈判妥善处理有关问题作出不懈努力。

第二，“亲、诚、惠、容”是中国的周边外交政策。2013 年 10 月 24 日，习近平在周边外交工作座谈会上指出，我国周边外交的基本方针，就是坚持与邻为善、以邻为伴，坚持睦邻、安邻、富邻，突出体现亲、诚、惠、容的理念。要坚持睦邻友好，守望相助，多走动，多做得人心、暖人心的事，增强亲和力、感召力、影响力。要诚心诚意对待周边国家，争取更多朋友和伙伴。要本着互惠互利的原则同周边国家发展合作，把双方利益融合提升到更高水平，让周边国家得益于我国发展，使我国也从周边国家共同发展中获得裨益和助力。要倡导包容的思想，以更加开放的胸襟和更加积极的态度促进地区合作。

第三，和平合作是中国实现战略目标的主要手段。习近平在 2013 年博鳌亚洲论坛《共同创造亚洲和世界的美好未来》的主旨演讲中说，我们将积极推动亚洲和世界范围的地区合作。中国将加快同周边国家的互联互通建设，积极探讨搭建地区性融资平台，促进区域内经济融合，提高地区竞争力。中国将积极参与亚洲区域合作进程，坚持推进同亚洲之外其他地区和国家的区域次区域合作。中国将继续倡导并推动贸易和投资的自由化、便利化，加强同各国的双向投资，打造合作新亮点。中国将坚定支持亚洲地区对其他地区的开放合作，更好地促进本地区和世界其他地区共同发展。

这不是口号。2013 年的中国外交已经贯彻了上述主张：中国领导人访问美国，通过两国首脑“庄园会晤”，达成了建设新型大国关系和两军关系的基本共识；中国领导人 2013 年 10 月访问东南亚国家，提出加强合作、携手建设中国—东盟命运共同体的一系列措施；中越两党两国高层频繁接触，两国政府发表《新时期深化中越全面战略合作的联合声明》。此外，中国与南海有关国家建立“南海行为准则”、中国为主办 2014 年西太平洋海军论坛并推进讨论通过《海上意外相遇规则》的努力也都在进行中。

总之，中国新一代领导人“坚定不移走和平发展道路，坚定不移奉行独立自主的和平外交政策，坚定不移奉行互利共赢的开放战略”的对外政策已经形成，中国及其海上力量将是维护地区和平的正能量，将为亚太地区带来的是发展机遇而不是威胁。

（三）在加强相互信任的基础上促进和平解决矛盾和争议

在地区各国总体上和平发展、合作共赢的大环境下，有关领土和海洋权益争议无疑是负能量、是地区内耗，应当致力于缓和和有所突破。笔者认为，可以从推进以下共识方面着手。

第一，海洋在经济全球化方面的重要作用和海上非传统安全威胁在总体上升的大趋势下，应当进一步认识加强和平合作以维护地区安全、促进发展是地区各国的共同利益。

第二，地区内国家间的岛礁主权和海洋权益之争有着复杂的地缘和历史原因，应当坚持国际法、包括《联合国海洋法公约》的基本准则，充分讨论各方权利主张的法理依据，分析其合理性和不合理性，推进分歧弥合，建立解决问题的基础。

第三，考虑到分歧弥合的困难性和长期性，应当建立承认争议、搁置争议的前提，致力于推进相关海域的共同开发，共同发展，合作共赢。

第四，地区国家间海上对抗没有出路，应当全力增进战略互信，推进地区海上安全机制和安全规则的建立和制定，防止海上意外事故，加强危机管控。

第五，在条件成熟的海域，可以尝试海域划界的谈判，彻底解决权益争端。

21 世纪日本的国家海洋战略*

国家海洋战略，是濒海国家统筹海洋方向安全和发展全局，维护国家海洋利益的总体方略。2007 年，日本经过长期酝酿和论证，推出了具有里程碑意义的《海洋基本法》，以国家立法形式对日本的海洋发展和海洋安全事务进行了全面统筹，它成为 21 世纪日本国家海洋战略正式出台的标志。

一、日本 21 世纪国家海洋战略的形成

日本是一个岛国，历史上曾长期奉行锁国政策。1860 年明治维新，日本确立了“拓万里之波涛，布国威于四方”的国策，大肆对外侵略扩张。二战后，日本正式制定了《日本国宪法》(又称“和平宪法”)，放弃发动战争的权利，不再保持陆、海、空军及其他战争力量，转而采取外向型经济战略，迅速进入世界发达国家的行列。20 世纪 70—80 年代，在《联合国海洋法公约》讨论和制定的大背景下，日本与海洋发展相关的科学技术综合研究空前活跃，海洋资源、海洋环保、深海调查等许多科研成果跃上了世界领先水平，而海洋开发与海洋安全的关系也

* 本文发表于《外国军事学术》2013 年第 4 期，第 29 页。

日益受到日本战略家的重视，保护两个“1000 海里海上交通线”的防卫战略逐步浮出水面。

20 世纪 90 年代后，日本政治大国的意识逐步上升，“海洋日本论”舆论大兴，其主要观点是在地缘政治上把日本定位为海洋国家，先后形成了《国际和平合作法》（1991 年）、《周边事态法》（1999 年）、《反恐怖特别措施法》（2001 年）等多个突破“和平宪法”、涉及海外军事行动的国内法。与此同时，日本政府与海洋相关的省、厅等部门也制定了许多具体的海洋开发战略计划，如水产厅制定了 200 海里专属渔业区为基础的渔业政策，通商产业省制定了以延长大陆架及其主权权利为基点的海洋能源、矿物资源的开发政策，科学技术厅制定了海洋尖端科技发展的规划，海洋环境保护也受到了充分的关注，外务省、防卫省也都充分认识和强调了其在海洋事务方面的使命和任务，等等。但从整体上看，日本没有建立统一的海洋管理体制，海洋综合管理的政策框架和法律法规缺失，也没有“国家安全会议”，在海洋发展和海洋安全事务方面的统筹机制尚不完善。

进入 21 世纪，日本国内经济界、学术界和媒体等纷纷提出意见和建议，推动日本政府加紧制定国家海洋战略和政策。2005 年秋，日本海洋政策研究财团历经两年多时间的《海洋和日本——21 世纪海洋政策建议》（以下简称《建议》）完成。该《建议》提出：日本 50%的人口居住在沿岸地带，40%的动物蛋白摄取依赖海洋水产，99%的进出口货物依赖海上运输，海洋对日本生存和未来发展至关重要，必须以海洋立国为目标，解决日本目前面临着经济发展过快、人口增加、海岸带开发过度等带来的海洋环境的恶化、资源减少和海域利用的冲突等诸多问题，以及日益增加的海洋自然灾害，海上恐怖事件、海盗、间谍船问题等非传统海洋安全的威胁。以此为依据，提出了制定海洋政策大纲、制定日本海洋基本法、完善海洋行政管理体制、建立日本海洋国土管理的政策框架等多项具体意见和建议。这份长达数百页、内容极为系统详尽的报告，成为日本 21 世纪国家海洋战略的理论准备和政策基础。2006 年 2 月，东京举行了该《建议》的报告会，日本官、产、学、军界 200 多人出席，反响强烈。随后，以执政党为核心的部分议员和专家成立了“海洋基本法研究会”，以原防卫厅（日本防卫厅于 2007 年改为防卫省）长官石破茂为会长，领导研究法案文本。数月后，日本国会正式提出《海洋基本法案》；至 2007 年 4 月 20 日，该法案先后在众、参议两院高票通过，日本历史上第一部《海洋基本法》诞生。

日本《海洋基本法》是一部基础性法律，也是一个战略。它从宏观上统筹了国家海洋方向安全和发展的所有事务，确立了其国家海洋战略目标和基本政策，规范了海洋事务中国家、地方公共团体、企业及国民的职责，建立了确保国家海洋发展和安全的体制机制，为解读 21 世纪日本国家海洋战略提供了最基本和权威的蓝本。

二、日本 21 世纪国家海洋战略的主要内容

第一，海洋战略目标。日本 21 世纪国家海洋战略，是在充分认识和判断海洋重要性的基础上做出的，一是基于“海洋是人类等生物维系生命不可或缺的要素”的重要性；二是基于日本自身“四面环海，资源以进口为主，确保海洋资源的开发和利用、海上运输安全及维持海洋秩序对社会经济不可或缺”的重要性。日本据此提出了新的“海洋立国”总目标，其要点为：根据《联合国海洋法公约》及其他国际规则，在海洋可持续开发和利用的国际框架中，全面而有计划地推进海洋政策的实施，促进日本经济社会的健康发展和国民生活的稳步提高，并

为海洋与人类的共存作出贡献。由于日本根据《海洋基本法》不断在各种场合强调“海洋立国”，因而日本海洋战略在很多场合下被解读为“新海洋立国”战略。

第二，海洋基本理念。“基本理念”的规定，在日本《海洋基本法》及国家海洋战略中占据十分重要的地位，它既是一套核心理念，也是一套基本政策：一是为在未来享受海洋的恩惠，要实施以确保海洋环境与海洋可持续开发利用相协调为宗旨的积极开发；二是从对四面环海的地缘条件出发，要确保海洋安全；三是提高对海洋可持续发展的科学认识，向尚未科学阐释的海洋领域进军；四是谋求海洋产业的健康发展，开发、利用和保护相协调；五是对海洋实施综合管理，将海洋管理与海洋资源、海洋环境、海上交通和海洋安全等诸多问题作为一个整体对待，实施全面统一地开发、利用和保护；六是以发挥领导作用于国际海洋秩序的形成发展为宗旨，在国际协调下积极推进海洋政策的实施。日本还规定了国家、地方公共团体、企业及国民都必须依据海洋基本理念分担相关任务的职责。因此，日本的“海洋基本理念”实际上也成为21世纪日本可持续地开发和利用海洋、引领新的国际海洋秩序的建立、实现走向政治大国夙愿的“战略纲要”。

第三，海洋战略措施。日本的海洋战略措施有12个方面，包括：(1) 积极、可持续地推进海洋水产资源、渔业资源、海床及其底土的石油、天然气、锰矿、钴矿等矿物资源的开发和利用；(2) 保护海洋环境；(3) 强化对专属经济区等的开发、利用和保护，防止对其主权的侵害行为；(4) 确保高效稳定的海上运输；(5) 确保国家和平安全与海上安全，预防海啸、海潮等灾害并加强灾后重建；(6) 推进海洋调查并健全制度；(7) 推进海洋科学技术的研究和开发，健全研究体制；(8) 振兴海洋产业，强化国际竞争力；(9) 加强沿岸海域及陆地区域的综合管理；（10）保护孤岛；（11）积极主动地参与有关海洋事务的国际规则制定和国际协作；（12）加强国民对海洋的了解，推动海洋教育。

第四，海洋管理体制机制。根据《海洋基本法》，日本在内阁中设置了“综合海洋政策本部”，赋予内阁政府为全权统筹海洋事务的最高行政管理部门，首相担任本部长；新设一名专职海洋政策大臣，内阁官房长官和海洋政策担当大臣共同担任副本部长，所有内阁阁员都是本部成员；内阁官房长官负责具体处理本部事务。“综合海洋政策本部”负责制订“海洋基本计划”，与有关的海洋行政部门进行总协调，必要时可要求有关行政机关、地方公共团体、独立行政法人、地方独立行政法人的首长和特殊法人提供合作。经过这样的整合，所有的海洋事务都归口于这个机构进行全面统筹，其在应对国家海洋发展和海洋安全问题中的权威性和高效性是毋庸置疑的。

三、日本 21 世纪国家海洋战略的走势

到 2013 年，日本《海洋基本法》已经实施了五年。由于有了国家海洋战略的全力统筹和综合海洋政策本部的体制保障，日本在经济、政治、外交、军事等各个方面频频推出涉海问题新举措，显示出步步为营、咄咄逼人的态势。

第一，海洋经济和科技战略立足于抢占优势地位。战后，日本对自身海洋岛国、资源极度匮乏的现实认识日益深刻，经济和科技发展向海洋倾斜，迅速占领了海洋科技的世界制高点。当今，基于国家海洋战略的指导，日本的海洋发展战略更加立足长远、更加有序。比如，在渔业水产方面，日本进一步调整水产基本政策，制定水产基本法，实施 200

海里专属渔业区政策，并注重利用信息技术为水产业提供海洋渔业情报；在海洋能源开发方面，日本加紧对其可能延长的大陆架海域的地质调查，对石油、天然气、天然气水合物、水能，潮汐能等各类资源进行解析和评估；日本还积极发展与海洋开发相关的尖端技术，强化国际竞争力，甚至着手对南太平洋诸国的专属经济区进行海底矿物资源和环境调查。从发展趋势看，为了国家经济可持续发展的需要，21 世纪日本的海洋空间利用意识越来越清晰，除了加强本土及海岸带综合利用外，加大专属经济区和大陆架的利用、加大公海和国际海底的利用等都已经进入“现在进行时”，显示出抢先占据优势地位、对海洋经济利益势在必得的发展势头。

第二，政治外交战略着力于扩大国家海洋权益。日本是一个岛国，陆地国土面积只有 38 万平方公里。这决定了 21 世纪日本必须注重面向海洋的发展，争取海洋权益，实施新的海洋立国战略。因此，利用《联合国海洋法公约》，扩大国家海洋管辖范围，强化离岛的海洋划界作用，争取更多的专属经济区和大陆架，就成为日本政治外交的重要任务。一是在中日钓鱼岛、日韩独（竹）岛、日俄南千岛群岛（北方四岛）之争中持强硬立场，不断展开争夺主权的外交斗争。二是在东海海域坚持以“中间线原则”与中国进行海洋划界，反对中国“大陆架自然延伸原则”的划界主张。2004 年以来，中日东海争议不断升级，如，日本强烈反对中国在东海的“春晓”“平湖”“天外天”等油气田开发活动，在日本主张的东海中日中间线日本一侧进行海底资源调查，甚至提出了中国在中间线中方一侧的油气开采活动具有“吸管效应”、会吸走日本一侧的油气资源等无理主张。2004 年 10 月，中日两国外交部门展开了东海问题磋商，至 2007 年 12 月共进行了 11 轮，一度达成过“原则共识”，但并未取得实质性进展。三是争取 350 海里大陆架。

2009 年，日本政府向联合国大陆架界限委员会提交了关于日本大陆架的详细资料，要求将日本大陆架扩展到 350 海里。日本“大陆架调查推进议员联盟”指出：“如果日本要求延伸大陆架范围的主张能够得到批准，那么日本的国土就可以扩大为目前的大约 1.7 倍，一跃跻身资源大国。”四是加强离岛管理和命名。早在 20 世纪 80 年代，日本就认识到岛屿对扩大领海及专属经济区、海上交通安全、海洋资源开发利用等方面的重要作用，曾不惜重金加固“冲之鸟”礁、变礁为“岛”并赋予其领海基点功能。据 2012 年日本放送协会（NHK）报道，可作为日本专属经济区依据和基点的日本离岛共有 99 座，尚有 49 座没有命名。事实上日本政府已于 2011 年完成了其中 10 座岛屿的命名工作，计划在 2012 年内完成其余 39 座岛屿的命名工作。未来日本的政治外交都将会继续既定政策，为争取更多海洋权益而寸土必争、寸海不让。

第三，防卫战略致力于海洋安全和外向发展。2008 年，日本防卫省建立了“宇宙与海洋政策室”，专门负责制定太空和海洋的相关军事政策，这显然是落实“海洋立国”战略的重要举措。2010 年以来，日本连续出台《防卫白皮书》《防卫计划大纲》和《中期防卫力量整备计划》，以国际和地区安全形势充满各种不确定因素、日本周边安全环境复杂多变为基本判断，特别关注朝鲜核问题、中国军力发展及海上安全问题，以联盟、亚太地区和全球“多层次合作”为基调，提出了“机动防卫力量”构想，并决定裁撤陆军、重点发展海空兵力。在近海，日本加强了西南诸岛的防御部署，高调宣示对钓鱼岛拥有主权，高密度对中国通过第一岛链的海上军事活动实施侦察监视，针对中国的意图明显。在海外，日本加大国际合作的参与，利用反海盗之机，2011 年在吉布提建立战后首个海外基地，为其军事力量海外常态化存在奠定基础。在兵力建设方面，日本加紧建设外向型海上军事力量，注重提高远海综合作战能力，其主战兵力向远洋化、大型化、多功能化发展，如日本海上自卫队的1.4万吨大型驱逐舰、AIP潜艇等都颇具技术优势。为遏制中国，日本与美国加强传统盟国关系，确认和更新了24项“共同战略目标”。日本与菲律宾、越南、印尼、印度等国家加强地区合作，插手南海问题，同时积极致力于广泛、多层次的海上安全合作，谋求在建立国际和地区秩序中发挥引领作用。今后，日本将持续在海洋安全领域加大投入，进一步外向扩大海上防御纵深、更多地运用海上力量维护海上安全，在地区和国际舞台上显示存在，为实现“海洋立国”战略目标做出努力。

地缘政治新困境下俄罗斯海军的战略走向*

2014 年，俄罗斯再次陷入困境。随着乌克兰危机加深、克里米亚俄属，美欧对俄罗斯发动了数轮经济制裁和政治围剿，逼俄罗斯几乎至悬崖绝境。不言而喻，这将严重牵制俄罗斯正在重新崛起的步伐。但俄罗斯国家安全形势的恶化、可能的军事冲突预期，以及俄战略突围的客观需求，又必然使之重视海洋战略方向，艰难而坚定地推进其远洋海军力量的发展和运用。

一、海军是俄罗斯历次打破西方政治经济高压的重要手段

横跨欧亚大陆是俄罗斯最突出的地缘特点。从彼得大帝开始，为一个内陆国家寻找出海口、保卫出海口就成为俄罗斯民族不竭的生存和发展动力，为此而始终追求着一个强大的世界性海军的梦想。进入现代社会以后，从冷战时期的苏联，到冷战后的俄罗斯，这个古老国度海军的发展和运用与其跌宕起伏的国家命运紧密联系，成为俄历次打破地缘政治困局的重要手段。

二战结束后不久，美苏便开始冷战，美国的杜鲁门主义、马歇尔计

* 本文发表于《军事百科》2015 年第 2 期，第 4 页。

划和北大西洋公约组织三根“冷战”支柱在1947—1949三年内相继出台，对苏联实行政治上的孤立打击、经济上的封锁和军事上的包围。苏联针锋相对以两个阵营、两个平行市场和华沙条约组织与西方对垒，形成美苏冷战态势。1962年，美国发现苏联着手在其后院的古巴建设核导弹基地，立即派出强大舰队实施海上封锁，施加强大的军事压力迫使苏联从古巴撤出已经部署的导弹。古巴导弹事件使苏联痛切认识到海军的弱势，从而卧薪尝胆发展“国家海上威力”，发展包括战略导弹核潜艇在内的优势潜艇兵力，提出“对岸行动”的海军战略使用原则。到60年代末，苏联海军形成了对美国海军的部分兵力抗衡，开始“在世界一切海洋中向资本主义海军的优势挑战”，跟踪监视美国和北约的海上军事行动和军事演习，以至于美国不得不与苏联谈判签署1972年《美苏关于防止公海及其上空意外事故的协定》。

1979年12月底，苏联10万军队入侵阿富汗，意图扩大地缘政治优势。事件发生后，美国和西方国家立即采取断然措施禁运粮食和先进技术及装备，对苏联实行经济制裁，抵制莫斯科奥运会，在波斯湾和海湾地区大力增强海军力量部署。但这些施压并未奏效，反而增加了美苏核军备及常规军备竞赛强度。而在苏联三位一体的核武库中，战略导弹核潜艇的威慑能力举足轻重，可谓苏联与美国对抗的利剑。20世纪70—80年代，苏联海军进入鼎盛期，拥有北方、波罗的海、黑海和太平洋四大舰队，常驻海外的有地中海、印度洋和太平洋分舰队，掌握31个外国海军基地的使用权，大大提高了其远洋活动与作战能力，成了唯一能够在全球范围内与美国海军抗衡的海上军事力量。在波斯湾、日本海，在黑海克里米亚周围海域，美苏海军多次发生惊心动魄的海上对抗，迫使美国再次寻求避免海上冲突，谈判签署了1989年《美苏关于预防危险军事活动的协定》。

1991年前后，东欧剧变。俄罗斯作为苏联继承者政治经济军事全面衰落。由于分裂和严重缺乏经费支持，波罗的海舰队10个主要基地减少了6个，黑海舰队母港克里米亚及其舰队的一部分归属了乌克兰，里海舰队所剩无几。俄罗斯境内的北方舰队和太平洋舰队也被严重削弱。1999年，俄罗斯军费预算降至历史最低点的47亿美元，海军经费在国防预算开支总额中所占比例从1993年的23%降至9.2%，其中用于1999年订购与发展海军武器装备的部分分别剩下了11%和12%，而最后真正落实到位的则只有规定额度的5%和6%。自1990年到普京执政之初，俄罗斯海军舰艇总数减少了37.5%，战斗舰艇减少了87%。[①] 俄海军几乎完全停止了远洋活动，地中海、印度洋和太平洋等分舰队均被撤销。2000年8月，“库尔斯克”号核潜艇沉没，俄罗斯海军处于困境谷底。

2000年末，普京从叶利钦手中接下了俄罗斯最高权力。在普京第一个总统任期的八年中，俄罗斯经济以年均6%的速度增长，[②] 国防预算从2000年的不到70亿美元猛增到2007年的374亿美元，转扭了国防预算捉襟见肘的局面。[③] 随后的“梅普组合”时期，俄罗斯人又有效应对了全球金融危机和能源价格暴跌，俄军事改革不断推进。2015年，俄罗斯国防部长绍伊古在一次国防扩大会议上说，俄罗斯95%的战略核力量发射装置处于常备作战状态，地面战略核力量现代化水平达51%，海军现代化水平达56%，无人机的数量从2011年的180架增加到了1720架。俄计划到2016年，武器装备现代化水平达到51%，设备

① 伊·马·卡皮塔涅茨：《“冷战”和未来战争中的世界海洋争夺战》，岳书璠等译，东方出版社，2004，第516—517页。

② 《田永祥：普京执政功绩有目共睹》，中国网，2007年6月19日，http://www.china.com.cn/international/txt/2007-06/19/content_8410682.htm，访问日期：2019年8月25日。

③ 《执政八年普京给俄罗斯军队带来了什么》，中国网，2008年3月21日，http://www.china.com.cn/military/txt/2008-03/21/content_13206318_2.htm，访问日期：2019年8月25日。

完好率不低于92%。[①]

俄罗斯海军振兴的速度是惊人的。2000年3月，普京上台伊始就颁布了《2010年前俄联邦海上军事活动的政策原则》总统令，4月，俄杜马批准了《俄罗斯联邦海军战略（草案）》，第一次提出海军战略的概念，明确规定海军拨款应不少于国防经费总额的20%。普京认为，俄联邦在世界海洋的国家利益是由其地缘政治位置所确定的，俄要继续保持世界大国地位，保障国家安全，必须拥有一支强大的海军力量，优先发展海军。普京提出："重振俄军雄风必须首先从海军开始。"于是，2000年当年俄海军便大幅度提高了装备订货资金。此后，俄罗斯海军的"彼得大帝"号重型核动力导弹巡洋舰、"恰巴年科"号大型反潜舰、"猎豹"号超静音导弹攻击核潜艇、"北风之神"级战略导弹核潜艇等各种新装备逐步列编。与此同时，俄海军开始展示"肌肉"，不但在波罗的海、黑海、里海活动，而且开始频频出入太平洋、印度洋和北冰洋。

进入21世纪第二个10年，普京进入第二个总统任期，其内外政策都展示着勃勃生机。面对亚太地区日益成为世界经济的引擎和国际格局的变化，俄罗斯更新了安全战略和军事学说，加速军事改革。普京在2012年的总统令中说，俄将进一步加强在北极和远东地区的军事存在与建设力度，这给海军发展带来新的机遇。2012年7月末，普京走访最先进的战略核潜艇"北风之神"的生产基地北德文斯克造船厂，亲自说明国家新装备发展计划中的海军装备采购方针，指出在2020年前加强海军装备力量支出约为4.44万亿卢布，占到新装备发展计划总预

① 《绍伊古称俄战略核力量始终保持战备状态》，新华网，2015年12月11日，http://www.xinhuanet.com/world/2015-12/11/c_128522398.htm，访问日期：2019年8月25日。

算中的23.4%。[①] 因而，在最新装备采购方面，现代化海军舰艇被放在极为重要的位置，计划在2020年前引入总共约100艘的各式新型舰艇，除了8艘“北风之神”战略核潜艇外，还将采购20艘多用途潜艇、35艘轻型护卫舰和15艘护卫舰等装备。[②] 同时斥巨资建设和改扩建堪察加半岛的维柳钦斯克核潜艇基地、南千岛群岛的军事基地和港口，并优先在太平洋舰队部署“北风之神”等新型舰艇装备。俄海军运用也更加前出，2010年，俄海军北方舰队的导弹巡洋舰“彼得大帝”号、黑海舰队的导弹巡洋舰“莫斯科”号实施跨区跨洋巡航，途经大西洋、地中海和印度洋，最后在西北太平洋进行大规模海上军事演习。俄罗斯海军编队也持续赴亚丁湾护航，其重振俄远洋海军雄风，支持大国崛起的意图明显。

海军显然在俄罗斯历史上扮演了重要角色，始终是国家对外政策的有力手段。

二、地缘政治新博弈提升了俄罗斯海洋方向的战略地位

2014年早春，乌克兰危机风云突变。3月16日，克里米亚半岛全民公投加入俄联邦获得通过。随即，3月18日，普京与克里米亚议长、总理及塞瓦斯托波尔市市长签署克里米亚入俄条约。俄罗斯议会以迅雷不及掩耳之势批准这一条约，接纳克里米亚入俄，并完成了法律程序，将这一战略要地重新收入囊中。美国和西方迅速做出反应，升级经济制裁，加强东欧军事部署，将俄逐出八国集团（G8），展开集体“抱摔”。

① 知远：《俄罗斯海军建设面临三大挑战　尚无良好解决办法》，搜狐军事频道，2013年7月26日，http://mil.sohu.com/20130726/n382668344.shtml，访问日期：2019年8月29日。

② 同上。

俄罗斯的经济寒冬超过预期。

这是新一轮地缘政治博弈。它从乌克兰政权更替开始，突然聚焦于黑海沿岸战略地位极其重要的克里米亚，绝不是偶然的。

黑海是欧亚大陆的一个陆间海，被欧洲、高加索和安那托利亚半岛所包围，向东通过土耳其海峡与地中海的爱琴海区域相连，向北通过刻赤海峡与亚速海相连，沿海国家有土耳其、保加利亚、罗马尼亚、乌克兰、俄罗斯和格鲁吉亚。俄罗斯黑海舰队始建于1785年叶卡捷琳娜二世时期，与波罗的海舰队以及远东鄂霍茨克舰队一起构成强大的沙皇俄国海军，当时名列世界海军第三。黑海舰队在克里米亚战争和第一次世界大战期间非常著名，卫国战争时参加了塞瓦斯托波尔、敖德萨保卫战，后来是苏联的四大舰队之一，也是苏联海军中唯一不受冰冻围困的全天候舰队。冷战期间，黑海舰队的战略任务是控制土耳其海峡，出地中海应对美国海军第六舰队；威胁欧洲的石油航线以及美国至亚洲的海上交通线；过直布罗陀海峡，进入大西洋，从南翼包围欧洲；以及支援印度洋分舰队，可见其地位和作用之重要。

黑海舰队的主要基地和舰队司令部设在克里米亚半岛的塞瓦斯托波尔，而克里米亚半岛位于乌克兰南部，面积2.7万平方公里，1783年归并俄国，1954年苏联最高苏维埃将半岛划归乌克兰加盟共和国。苏联解体时，黑海舰队共有大小舰只833艘，其中大型水面舰只45艘、潜艇28艘，另有飞机150余架、舰载直升机85架及大量岸防和空防设备，总兵力约8万人。俄罗斯自然不甘心克里米亚和黑海舰队全部归属乌克兰，因此争夺黑海舰队及其军事基地就成为俄罗斯的首要目标。1992年8月，俄乌两国在雅尔塔达成协议，将黑海舰队变成俄乌联合舰队，由两国共同指挥。1995年6月，两国正式决定将舰队一分为二。因舰队多数舰只年久失修，乌克兰只接收18.3%的舰只，其余部分折价售给俄罗斯。舰只分割取得进展，但双方在塞瓦斯托波尔基地租用问题上分歧严重，俄继续使用这个港口作为其军事基地，每年向乌克兰交纳 1 亿美元的租金。但俄要求长期租赁并单独使用该基地，重新组建俄罗斯黑海舰队，却遭乌方拒绝。此后 10 多年，两国在基地使用问题上多次发生外交冲突。根据 1997 年俄乌签署的租赁协议，俄罗斯黑海舰队必须在 2017 年 5 月之前撤出克里米亚的塞瓦斯托波尔，这当然是俄极不情愿的事。而此次乌克兰危机给了俄罗斯收回克里米亚一个千载难逢的机会。

乌克兰作为独联体中最大的国家，地理位置处于通往地中海与西方国家交往的前沿，自然也是俄罗斯与美国及北约进行地缘政治博弈的敏感地区，因而亲俄还是亲西方是乌克兰政治斗争中的重要内容。2013 年底开始的乌克兰危机，就是由乌克兰亲俄派总统亚努科维奇中止和欧洲联盟签署政治和自由贸易协议、并欲强化与俄罗斯的关系导致的。2014 年 2 月 22 日，乌克兰议会罢免亚努科维奇总统职务，宣布于 5 月 25 日提前举行总统大选。但 3 月 11 日，克里米亚议会通过了克里米亚“独立宣言”，随即克里米亚半岛全民公投加入俄罗斯联邦获得通过。此后便上演了俄罗斯议会以迅雷不及掩耳之势接纳克里米亚入俄的一幕，以及后来俄罗斯支持乌克兰东部顿涅茨克州和卢甘斯克州宣布成立独立“主权国家”等一系列事件。尽管乌克兰总统选举后亲西方势力上台，“颜色革命”成功，但如今克里米亚这艘“不沉的航母”“黑海门户”和“黑海钥匙”落入俄罗斯手中已经成为难以改变的事实。

冷战结束以来，在北约东扩问题上美俄存在严重对立。1999 年，捷克、匈牙利和波兰成为北约成员国，北约防线向俄边界推进了 800 多公里。2004 年，保加利亚、爱沙尼亚、拉脱维亚、立陶宛、罗马尼亚、斯洛伐克和斯洛文尼亚 7 个国家加入北约，使俄西北部边界直接暴露在北约战车面前，北约完成了对俄罗斯的钳形包围。2008 年，北约东扩的对象瞄准了乌克兰和格鲁吉亚，如果拿下这两个国家，对于美欧防范和遏制俄罗斯这个潜在的军事对手的东山再起不啻是重大胜利。这显然触动了俄罗斯的底线，其中重要原因之一就是乌克兰濒临黑海出海口、是美俄争夺前沿的地缘政治特点。而此次乌克兰危机中俄罗斯当机立断拿下克里米亚，自然同样也触动了美国及北约最敏感的一根神经。在美俄你来我往的“过招”中，反映了两种南辕北辙、相互砥砺的利益观及价值观，形成尖锐的地缘政治对立。克里米亚公投并俄属后，美欧对俄罗斯发动了数轮制裁，制裁的领域逐步扩大到金融、石油、军工等多个领域，并将俄罗斯逐出八国集团。而俄罗斯也毫不让步，针锋相对采取一系列反制措施，普京甚至公开向西方喊话：“俄罗斯是首屈一指的核武器大国，最好别惹我们。”美国及北约与俄罗斯的关系降至冷战后的低点。

美俄地缘政治新博弈骤然提升了俄罗斯海洋方向的战略地位。黑海地区首当其冲，美国海军“乔治·布什”号核动力航母、3 艘核动力潜艇和其他 16 艘军舰组成的编队一度挺进黑海，美国第六舰队秘密宣布进入紧急战备状态；北约决定建立一支包括陆海空三军数千人的快速反应先头部队，部署在东欧国家；在俄乌边境、波罗的海、黑海等地区俄罗斯与北约展开军事上“顶牛”，双方军舰对峙、军机逼近的现象不时见诸报端。而与北欧和北美邻近的北极地区，与日本存在领土争端及与美国矛盾重重的太平洋地区，安全形势也都进一步复杂、紧张起来。海洋方向成为俄罗斯必须重点经营和谋划战略突围的重要方向。

三、未来海军现代化建设和全球性运用将助推俄罗斯战略突围

2014 年不断升级的乌克兰危机中，美国和西方扼住俄罗斯“命门”，操纵国际油价一路狂跌，卢布瞬间腰斩，通货膨胀急剧，俄罗斯民众甚至一度进行恐慌性抛售卢布、挤兑美元。根据俄经济发展部的经济展望报告预计，2015 年俄罗斯经济将萎缩 0.8%，通胀率将达到 7.5%，预算收入将减少 2.6 万亿卢布（约合 459 亿美元），[①] 加上与西方持续不断的政治对抗，都对正在重新崛起的俄罗斯产生不可低估的影响和打击。面对严峻的政治经济形势，俄罗斯亟须战略突围，而军事力量、包括海军力量的现代化建设和全球性运用必将成为不可或缺的重要手段。

第一，黑海方向的安全威胁严重上升，俄罗斯将突击加强黑海舰队的建设和运用。苏联解体后，俄罗斯与乌克兰的关系因黑海舰队产生的矛盾分量一直很重。此次俄罗斯在乌克兰危机中收回克里米亚和塞瓦斯托波尔港，把西部的战略前沿重新推到黑海，傲视北约东扩后基本完全控制的地中海，使这场危机触动了美俄双方的政治底线，从而带来极其尖锐的军事对抗性质。因此，俄罗斯在取得克里米亚战略要地后立即进行军事部署，并做出拨款 25 亿美元重建黑海舰队的决定，[②] 准备未来 6 年内新装备 30 余艘战斗舰艇和保障船，包括 6 艘“基洛”级潜艇的最新改进型-06363 型、6 艘新型“戈尔什科夫”级 1135.6 型导弹护卫舰。并

① 张涵：《低油价西方制裁交困　俄罗斯承认明年衰退》，和讯网，2014 年 12 月 4 日，http://news.hexun.com/2014-12-04/171068509.html，访问日期：2019 年 8 月 29 日。

② 《俄拟拨款 25 亿美元壮大黑海舰队　美国防部表关切》，参考消息网，2014 年 5 月 7 日，https://world.cankaoxiaoxi.com/2014/0507/385145.shtml，访问日期：2019 年 8 月 29 日。

且，在对塞瓦斯托波尔港进行现代化改造、将克里米亚重新打造成黑海舰队的母港的同时，准备斥资920亿卢布在黑海沿岸建设以新俄罗斯克为核心的海军基地群，提高对未来在黑海方向维护国家安全的能力。[①]

第二，北极方向的战略地位增加权重，俄罗斯将继续加强北方舰队以捍卫北极利益。在地缘战略上，俄罗斯一直视北极为欧洲及大西洋的自然延伸。由于对战略资源和航道通航预期增大，北极地区成为各国争夺热点。为维护俄罗斯的北极利益，争夺北极事务主导权，俄已经加强了北方舰队等军事部署，启动了作为俄军“第五大战略方向”的北极四个军事基地的建设。乌克兰危机后，由于在主张北极领土和专属经济区海域的“北极理事会”八个国家（美国、加拿大、俄罗斯、挪威、瑞典、丹麦、芬兰、冰岛）中，除俄罗斯外均为北约成员，这无疑将增加北极地区争夺的复杂性。2014 年 12 月 1 日，俄以北方舰队为基础建立的北极联合战略司令部正式运作，统一指挥各军兵种作战行动，准备应对与北约国家在北极的争夺中可能面临的情势，同时策应欧洲及大西洋战略方向，牵制和缓解西部压力。

第三，太平洋方向的战略突围功能凸显，俄罗斯将进一步重点建设和运用太平洋舰队。普京多次表示，俄罗斯是太平洋大国。亚太成为俄罗斯关注的战略重点，其目的：一是应对美国亚太“再平衡”战略，增加俄罗斯影响力而不使其边缘化；二是有利于发展中俄、中印战略关系，进一步分享新兴大国崛起的政治经济红利；三是加强对与日本的南千岛群岛（日称“北方四岛”）领土争议及其远东利益的安全需求的关注。因此，进入 21 世纪以来，太平洋舰队一直是俄海军的重点建设方向，也是俄重振海军雄风的重点运用方向。2014 年，在乌克兰危机

---

① 《克里米亚并入俄罗斯使黑海舰队重获新生》，人民网，2015 年 1 月 16 日，http://military.people.com.cn/n/2015/0116/c1011-26397637.html，访问日期：2019 年 8 月 29 日。

背景下，俄罗斯各类军事演习创纪录地达到 3000 余次，其中在西太平洋和印度洋的远洋训练和演习活动增加了 20%以上。而主要目的在于警示日本参与西方对俄制裁的“东方-2014”联合演习，参演兵力超过 15.5 万人，技术装备 8000 多件，军舰 85 艘，飞机 650 架。[①] 俄海军与中国、印度等国海军的军事装备合作加速发展。此外，俄在 2014 年接待了朝鲜最高领导人金正恩特使崔龙海和越共总书记阮富仲，俄海军在金兰湾、在印度洋的军事存在也都将成为俄罗斯摆脱新困境的筹码。

第四，加紧武器装备更新换代，斥资进行新的基础设施建设。2014 年，俄罗斯海军从法国引进“西北风”两栖攻击舰的计划因乌克兰危机受挫，但其他武器装备的更新都在按计划进行，据媒体报道，2014 年 12 月，第三艘“北风之神”级战略核潜艇“弗拉基米尔·莫诺马赫”号交付俄罗斯海军。俄罗斯武装力量总参谋长格拉西莫夫表示，俄海军在这一年接装了核潜艇“北德文斯克”号、大型潜艇“新罗西斯克”号、2 艘小型导弹护卫舰、3 艘登陆艇等。[②] 2015 年，经济寒冬中的俄罗斯海军率先动作，推出了装备更先进导弹和火控系统的新一代“领袖”级导弹驱逐舰的发展计划。2015 年，俄斥巨资建设的太平洋舰队维柳钦斯克核潜艇基地和黑海舰队的罗西斯克海军基地也将开始启用。据美国务院一份有关战略武器的报告说，截至 2014 年 9 月 1 日，俄已部署核弹头数量从 1400 枚增加到 1643 枚，首超美国。[③]

第五，俄罗斯与美国及北约“死磕”的战略决心，大幅增加的军费将对海军发展形成支撑。在 2015 年新年钟声即将敲响之际，俄发表

---

① 《俄部长说“东方-2014”演习完成了普京提出的任务》，人民网，2014 年 10 月 23 日，http://world.people.com.cn/n/2014/1023/c157278-25889340.html，访问日期：2019 年 8 月 29 日。

② 赵嫣：《俄罗斯大举提升军力》，中华人民共和国国防部网站，2014 年 12 月 11 日，http://www.mod.gov.cn/opinion/2014-12/11/content_4557202.htm，访问日期：2019 年 8 月 29 日。

③ 《2014，俄罗斯与西方较量这一年》，搜狐网，2014 年 12 月 26 日，http://roll.sohu.com/20141226/n407313136.shtml，访问日期：2019 年 8 月 29 日。

的新版军事学说提出“非核遏制”“战争动员准备”“捍卫北极利益”等新的关键词，实施垂直领导、严密协调和信息化程度极高的国家新防务指挥中心全面投入运作。根据俄罗斯通过的2015—2017年国家预算法案，未来三年俄军事开支将达到国家预算的五分之一，创后苏联时代之最。其中2015年国防预算支出将较2014年增加33%，占总预算的21.2%，达3.287万亿卢布，相当于全国国内生产总值的4.2%。[①] 在经济严重困难的情况下，这一增幅能实现多少尚不确定，但俄罗斯准备勒紧裤带强军的战略决心已定，加强军事力量的决心笃定，按照俄罗斯海军军费占整个军费20%的法定原则，俄罗斯海军发展有更多的经费支持是肯定的。

有报道说，普京就任俄罗斯总统时曾说过：“给我20年，还给你一个强大的俄罗斯!”截至2015，普京执政的业绩有目共睹。在2014年俄罗斯面临21世纪以来最大的困境面前，普京的支持率也达到了执政以来的最高点。可以预见，在未来的几年，俄罗斯严重的经济危机会严重牵制俄罗斯世界大国、军事大国理想的实现，海军武器装备的发展也不言而喻会受阻，但展望未来，俄罗斯绝不会主动调整与西方的对抗关系，而将大力发展与亚太、非洲、南美、中东等其他非西方阵营的合作关系，以加速战略拓展来应对西方孤立。而对于这些刻意打造的战略“突围”方向，一支具有远洋作战能力的现代化海军，及其海军的全球性运用都是必然的。俄罗斯远洋海军、大国海军的理想仍会艰难而坚定地推进，并助推俄罗斯冲出西方经济政治军事重围。

---

① 赵嫣：《俄罗斯大举提升军力》，中华人民共和国国防部网站，2014年12月11日，http://www.mod.gov.cn/opinion/2014-12/11/content_4557202.htm，访问日期：2019年8月29日。

中日海上安全困境与海空联络机制*

中日两国是近邻，由于历史和地理的原因，中日两国长期存在着岛屿主权和海域划界争端。2012 年日本“购岛”事件导致钓鱼岛争端迅速升温，两国关系跌入邦交正常化以来的最低点。

一、当前中日面临的海上安全困境

当前，中日两国面临难解的海上安全困境。主要表现在以下几方面。

第一，钓鱼岛及其附近海域主权争端。2012 年 9 月，日本政府宣布对钓鱼岛实施“国有化”，致使中日钓鱼岛争端迅速升温。双方均派出执法船进入附近水域巡逻执法，宣示主权，且都难以从当前的立场后退。双方在钓鱼岛海域及其上空时有紧张情况出现，存在发生海空危机甚至军事冲突的可能性。2013 年 4 月 10 日，台湾“亚东关系协会”与日本交流协会在台北举行第 17 次渔业会议，并签署“台日渔业协议”，对北纬 27 度以南东海海域的渔权作出安排。“协议”向台湾渔民“开放”所谓“日本专属经济区”，且允许台湾渔民进入钓鱼岛周边 12—24

* 本文为 2016 年 2 月中国国际战略研究基金会“中日海上危机管理国际研讨会”会议论文。

海里的海域捕鱼。[①] 这显然是日本对钓鱼岛宣示主权的一种方式，再添中日海上争端新的复杂因素。

第二，管辖海域和大陆架划界争端。两国海上相距不足400海里，双方主张的专属经济区重叠；对于大陆架划界，中国主张大陆架自然延伸原则到冲绳海槽，日本主张中间线原则。这些争议相互影响，不断产生相关问题，如渔业争端，春晓等油气田资源开发争端等。从2004年10月起中日先后举行了十一轮磋商，最终于2008年就东海油气开发问题达成“中日东海问题原则共识”，但由于日本曲解“共同开发”条款适用争议海区，执行停滞。在中菲南海仲裁案后，日本舆论一度也在炒作将东海划界问题提交国际仲裁。日本海上保安厅和海上自卫队在春晓油气田等海域实施高强度侦察监控。

第三，海空兵力的监视与反监视。由于地理原因，中国海空兵力大都要通过日本近海的海峡水道进出太平洋。日本对此高度敏感，不仅对通过海峡舰艇兵力进行跟踪监视，而且对中国在西北太平洋海区的训练演习活动进行高强度的侦察监视，双方海空兵力侦察反侦察、监视反监视的近距离接触事件不断发生。2013年10月，中国国防部发言人在例行记者会上说，2013年10月23日，中方在位于西太平洋公海海域的有关海区举行军事演习和实弹射击期间，日本海上自卫队舰艇无视中方事先通过国际海事组织发布的公告和现场反复劝阻，强行闯入中方演习区域，并长时间滞留。《环球时报》报道，甚至出现日舰强行横穿中国舰艇编队，日机向中国舰艇上方俯冲等极危险和具有挑衅性的行为。

第四，东海防空识别区重叠。日本的防空识别区范围很大，有北、中、西、西南四个区，西南区包括冲绳地区、日本西南岛屿，钓鱼岛及

① 伍俐斌：《“台日渔业协议”的由来》，《世界知识》2013年第12期，第56页。

其附属岛屿及东海海域上空，最近距中国大陆领空的外部界线仅100多公里。在其划定的防空识别区内，日本对进入的飞机采取跟踪监视、拦截等严格的空域管制措施。2013年11月23日，中国划设了东海防空识别区，日本对此始终不接受。在双方防空识别区大面积重叠的情况下，双方空中巡逻飞机近距离危险接触事件增加。2016年6月中旬，中国军队两架苏-30战斗机在中国东海防空识别区遭遇日本两架F-15战机高速逼近挑衅，发生了日本开启火控雷达照射中国军机的事件。①

2012年以后，是中日邦交正常化以来最差的一段时期，中日军事关系也是如此。随着中日海空兵力在东海方向频繁发生近距离接触事件，双方发生海空意外事件乃至军事危机的风险不可低估。据日本媒体报道，根据日本防卫省统合幕僚监部发布的消息，2016年第二季度，航空自卫队战机为应对可能“侵犯领空”的中国军机而紧急升空199次，创下最高季度纪录。② 在中菲南海仲裁案期间，还有日本高官放出参与美国南海巡航的言论，这将把中日海空问题扩大到南海，显然将进一步增加问题的复杂性和危险性。

二、中日防务部门构建海空联络机制的努力

面对不断凸显的海空安全问题，中日双方都认识到管控海空危机的重要性，并在建立两国防务部门间的联络机制和进行直接信息交流方面做出一些努力。

① 中国国防部新闻发言人说，6月17日，中国军队两架苏-30战斗机在东海防空识别区例行性巡航。日两架F-15战机高速逼近挑衅，甚至开启火控雷达对我照射。我军机果断应对，采取战术机动等措施，日机投放红外干扰弹后逃逸。

② 《日防卫省：二季度日战机紧急升空229次　多因中俄》，来源：环球网，中国网，2017年7月15日，https://news.china.com/internationalgd/10000166/20170715/30971616.html。

2007 年 4 月，中国国务院总理温家宝访日，双方在发表的《中日联合新闻公报》中指出，“双方决定加强两国防务当局联络机制，防止发生海上不测事态”。[①] 2008 年 5 月，中国国家主席访日，双方签署《中日关于全面推进战略互惠关系的联合声明》，进一步同意建立中日防务部门海上联络机制专家组磋商，防止海上发生不测事态。[②] 2007 年 11 月和 2008 年 6 月，中国海军和日本海上自卫队在二战后首次实现军舰互访，海上军事关系破冰。

截至 2012 年 6 月，中日两国防务部门举行了三轮海上联络机制专家组磋商。通过艰苦谈判，双方在第三轮磋商时就该机制的总体框架和技术性问题进行了协商，并就该机制的目的、构成及联络方式等达成基本共识。双方还同意继续就未尽事宜保持协商，争取年内启动机制的部分运行。[③] 然而，由于 2012 年 9 月日本方面悍然宣布对中国钓鱼岛实施“国有化”，两国关系恶化，海上联络机制也陷于停滞。2014 年，中日关系有所转圜，两国防务交流逐步恢复和发展。

2015 年 1 月，中日防务部门海上联络机制专家组举行了第四轮磋商，达成了一些新的共识，如将机制名称由“海上联络机制”改为“海空联络机制”，双方确认了迄今就建立该机制达成的共识，并就防务部门海空联络机制相关内容及有关技术性问题进行了协商。双方一致同意，在此轮磋商基础上进行必要调整后，争取早日启动该机制。[④]

2015 年 6 月，中日两国防务部门举行了第五轮专家组磋商。据日本媒体报道，在此次磋商中，日方提出海空联络机制适用于“冲

① 《中日联合新闻公报》，《人民日报》2007 年 4 月 12 日，第 3 版。

② 《外交部副部长武大伟谈东海问题》，《人民日报》2008 年 6 月 20 日，第 3 版。

③ 《中日防务部门海上联络机制第三轮专家组磋商举行》，2012 年 6 月 29 日，来源：中国新闻网，http://www.chinanews.com/mil/2012/06-29/3997667.shtml，访问日期：2020 年 4 月 7 日。

④ 《外交部：中日就建立海上联络机制达共识　争取早日启动》，2015 年 1 月 13 日，来源：人民网，http://world.people.com.cn/n/2015/0113/c1002-26378451.html。

绳——尖阁列岛”（即钓鱼岛）海域，遭到中方拒绝。[①] 事实上，中日因钓鱼岛主权问题导致关系恶化，日方提出有关的“适用”问题显然是敏感的、难以操作的。

三、中日海空联络机制的走向

2014 年 11 月以来，中日两国首脑会面开启了改善两国关系的进程，但双方关系向好的一面仍旧式微。2015 年 7 月，日本内阁通过解释、解禁行使集体自卫权决议；2015 年 7 月和 9 月，日本国会众、参两院先后强行通过新安全保障法案（以下简称“新安保法案”）；2016 年春季开始将正式施行包括 11 个法律在内的“新安保法案”。这些做法，大多涉及美日军事同盟、行使集体自卫权、扩大自卫队海外军事行动的内容，对于中日海上安全合作显然是反向而行的。

日本新安保法案由《国际和平支援法案》和《和平安全法制整备法案》两个法案组成。《国际和平支援法案》是新立法，提出“国际和平联合应对事态”概念，其实质是打造海外派兵“基本法”，使日本可随时根据需要向海外派兵并向其他国家军队提供支援。《和平安全法制整备法案》由 10 个原有法案的修正法[②]“打包”组成，涉及“有事法制”相关法有 5 部，其中《武力攻击事态法部分修正案》提出“存亡危机事态”新概念，为日本行使“集体自卫权”提供的直接法律支持，

---

① 《日媒称中国拒绝日方中日海上联络机制方案》，2015 年 10 月 5 日，来源：观察者网综合，https://www.guancha.cn/politics/2015_10_05_336515.shtml。

② 《和平安全法制整备法案》的 10 个修正法，分别是 2003 年通过的《武力攻击事态法》《自卫队法修正案》和《国家安全保障会议设置法修正案》和 2004 年通过的《国民保护法》《俘虏待遇法》《国际人道法违反处罚法》《海上运输管制法》《美军行动相关措施法》《特定公共设施利用法》和《自卫队法修正案》。

尤其是可能为包括钓鱼岛、东海油气争议等处理“周边事态”提供法律支持。在中日军事互信程度极低的情况下，双方在东海的矛盾和斗争的尖锐性难以降低，近距离的海空侦察与反侦察、监视与反监视行动发生频繁、存在对抗性质，因而中日防止海空意外事件和危机管控具有重要意义，甚至具有一定的紧迫性。

与此同时，中日关系还受到美国因素的影响。在美国“亚太再平衡”战略中，美日同盟是其最重要的抓手；而日本也必须借助美国力量打政治大国的翻身仗，美日双方的政治利益的高度契合决定了军事同盟的进一步巩固，这也必将对中日关系产生负面影响。

中日构建海空联络机制是两军关系的风向标。从发展看，双方在建立沟通机制、避免海上意外事件和危机影响两国关系问题上有共识，中日进一步寻求两军海上军事关系突破的基础是存在的。值得关注的是，2012 年，中日两国之间建立了更高层次的中日海洋事务高级别磋商机制的官方平台，参与的涉海政府部门众多。[①] 2015 年 12 月，两国举行了第四轮中日海洋事务高级别磋商，达成了七项共识。其中关于“两国防务部门就早日启动海空联络机制进行了沟通”，特别是“中国海警局和日本海上保安厅同意进一步完善和丰富双方海上执法机构联络窗口，通过信息交换和人员交流加强沟通、增进互信”的内容，可以认为是中日在海上危机管控方面的新进展。

总之，由于历史和现实的种种原因，中日在海上安全领域的互信程度还相当低，海上危机管控或许还有很长的路要走。双方应当在战略和行动两个层面做出海上危机管控的努力：一方面，在战略上保持接触并

---

① 2012 年 1 月，中日双方建立海洋事务高级别磋商机制。同年 5 月中日双方在浙江省杭州市举行有关海洋安全保障的首轮磋商。第二轮磋商本应于当年下半年在日本举行，但由于 9 月日本非法宣布“购买”中国钓鱼岛，磋商机制中断。到 2016 年底，磋商共进行六轮。

继续推动现有磋商机制的发展，致力于实质性避免意外事件和危机管控双边规则的建立；另一方面，促一线部队应谨慎实施侦察与反侦察、监视与反监视行动，借用西太平洋海军论坛《海上意外相遇规则》进行海上联络，尽量避免发生意外而导致问题升级。

西太平洋海军论坛与地区海军合作*

西太平洋海军论坛（Western Pacific Naval Symposium，WPNS），是西太平洋地区最高层次、机制化的多边海军论坛，是地区国家展示本国海军发展、协商开展各种对话与合作活动的重要平台，近年来在地区海上安全合作，特别是海军合作中发挥着重要作用。

一、西太平洋海军论坛的发展进程

1987 年，在美国主办的第 9 届国际海上力量研讨会（International Seapower Symposium，ISS）上，澳大利亚在西太平洋地区小组委员会提出建议，在国际海上力量研讨会休会年举办西太平洋海军论坛，经讨论协商达成了协议。1988 年，首届西太平洋海军论坛在澳大利亚悉尼举行，最初成员国有参加第九届国际海上力量研讨会的 12 个国家，即澳大利亚、文莱、中国、日本、新西兰、韩国、新加坡、泰国、美国、印尼、马来西亚和巴布亚新几内亚等，为创始会员国。

在成立的初始阶段，西太平洋海军论坛在美国海上力量研讨会的休会年举行，参加美国国际海上力量研讨会时由当届的主办国报告会议情

* 本文载于王缉思主编《中国国际战略评论 2017 年》（中文版），世界知识出版社，2017，第 300 页（英文版第 360 页）。

况，类似其分论坛，议题的关联度也很高。西太平洋海军论坛活动分为两个层次：一是正式论坛会议，两年一次；二是工作小组会议，最初也是两年一次，在论坛正式会议的休会年召开，为论坛会议做准备。

冷战结束后，世界和西太平洋地区的安全环境发生了重大变化，西太平洋海军论坛研讨的主题逐步转向海上安全合作问题。1992 年的第三次论坛会议，讨论了海上搜救、防止海洋污染问题，建立信任措施问题也第一次被作为讨论的议题。1994 年，第四次西太平洋海军论坛会议在马来西亚槟城举行，建立信任措施问题成为主题。1996 年，日本在东京主办第五次论坛会议，会议的突破性进展在于开始讨论地区海军合作问题，提出制定一个以地区性多边防止海上意外事故为目的的“海上军事行动指导原则”问题。随后，日本和澳大利亚共同提出了一个《关于防止海上意外事故的措施草案》。在 1997 年的菲律宾工作小组会议上，新西兰提出将上述“措施草案”进一步发展为《西太平洋海军论坛海上军事行动准则》，包括定义、军舰、特别区域、通信、信息交换、军事行动指导原则等 18 个部分的内容。

在 1998 年 10 月韩国主办的第六届西太平洋海军论坛会议上，广泛讨论了地区海上安全形势、21 世纪海军的任务、西太平洋国家海军合作前景、西太平洋海军论坛成员国海军合作的方式等问题，提出了反水雷、反海盗、人道主义救援和减灾联合训练、海军与海岸警备队合作等非敏感领域的地区多边海军合作建议，澳大利亚海军以“海上行为指导原则”为题做了专门发言。

2000 年是西太平洋海军论坛发展进程中的重要一年。这一年，在新西兰基督城召开的论坛会议正式通过了《西太平洋海军论坛工作章程》（以下简称《章程》），对论坛的宗旨和目标、成员国和观察员国的职责以及论坛的运作方式进行了全面规范。《章程》明确了论坛的宗旨和目标是实现地区海军合作，即“旨在增进合作，提高共同行动能力，以及通过提供一个能够对共同关心的海上问题进行讨论、信息交换、锻炼和展示能力、交换人员的框架，在各国海军之间建立信任和信心”。[①]规定了海军首脑级别的正式论坛会议两年一次、工作小组会议每年一次，还进一步明确了对论坛的重大事项，包括成员国、观察员国的加入，采取“成员国一致通过原则”，这也意味着每个成员国均有否决权。

此后，随着论坛框架下的各种海军合作的发展，西太平洋海军论坛形成了四个层次的活动。一是正式论坛会议。由海军首脑或其代表参加，每两年一次。二是工作小组会议。是正式论坛会议的预备会议，校级军官参加，每年一次。三是各种专业研讨会。如反水雷、海上搜救、抢险救灾、人道主义救援。四是在专业研讨会基础上进行的海上实兵演练活动等。论坛活动的频度日益提高。

从2002年开始，美国依托其互联网技术优势，为西太平洋海军论坛建立了网站“全体参与者可进入网络”（All Partners Access Network，APAN），成员国海军联络官经注册登记后可免费上网，“全体参与者可进入网络”由此成为论坛的主要工作平台，也成为论坛框架下各国海军交流的主要平台。

截至2014年，西太平洋海军论坛已经有21个成员国，4个观察员国。[②] 成员国和观察员国中不仅有加拿大、智利等“东太平洋”国家，还有印度、孟加拉国等非太平洋国家。2010年，在澳大利亚举办的第

---

① 《西太平洋海军论坛工作章程》2000年版（*Charters on Western Pacific Naval Symposium*，2000）。

② 截至2014年，西太平洋海军论坛21个成员国是：澳大利亚、加拿大、智利、法国、印度尼西亚、日本、柬埔寨、汤加、马来西亚、文莱、新西兰、巴布亚新几内亚、中国、秘鲁、菲律宾、韩国、新加坡、俄罗斯、越南、泰国和美国；4个观察员国是：孟加拉国、印度、墨西哥和巴基斯坦。

十一届论坛会议上，各国对论坛《章程》进行了进一步修改，将申请成为论坛成员的标准由“在西太平洋地区拥有领土国家的海军，并在该地区拥有战略利益”，扩大为“在西太平洋拥有领土的国家的海军；或者在西太平洋拥有重大战略利益、且边界与西太平洋相邻的国家的海军”。①

在 30 年的发展中，西太平洋海军论坛的机制化运作不断巩固，合作性不断加强，成为地区海军实质性多边合作最重要、影响力最大的平台。

二、西太平洋海军论坛《海上意外相遇规则》（CUES）

从西太平洋海军论坛的发展进程看，其最重要的成果当属制定和通过了西太平洋海军论坛《海上意外相遇规则》（*The Code for Unplanned Encounters at Sea*，CUES）。此前，以 1972 年《美利坚合众国政府与苏维埃社会主义联盟政府关于防止公海及其上空意外事件的协定》（简称《美苏关于防止公海及其上空意外事故的协定》）和 1989 年《美利坚合众国政府与苏维埃社会主义联盟政府关于预防危险军事活动的协定》（简称《美苏关于预防危险军事活动的协定》）为蓝本，日俄、中俄等地区国家也陆续签署了几个双边协定，但还没有多边协定的先例。从历次论坛会议的组织来看，包括西太平洋海军论坛《海上意外相遇规则》的讨论，美国海军都不在一线，其盟国和准盟国澳大利亚、日本、韩国、新西兰、新加坡、菲律宾等国家扮演支柱作用。但美国海军的影响，尤其是以战略引领战术技术、用战术技术实现战略设计的思维方式，对西太平洋海军论坛的重要影响是无疑的。

① 《西太平洋海军论坛章程》2010 年版。

这里必须提到1997年美国第14届国际海上力量研讨会。这次会议，美国以“21世纪的海上力量”为主题，集中讨论了“全球化”对未来新世纪的影响，尤其是信息时代对海上安全和海军的挑战。作为应对之策之一，美国在会上散发了其海军条令司令部拟定的条令性文件《多国海上军事行动》。这是一个纲领性的条令，对多国海上军事行动的性质和作用、指挥和控制、内部操作程序、计划、后勤等问题都做了系统的规定，并向世界推荐与之相配套的《实验战术》系列条令。[①]该系列条令是美国为冷战后适应北约东扩需要而编写的一套联合作战条令，其内容包括作战原则和指挥、通信等具体的战术程序，目的是解决北约与非传统盟国的海上联合作战中“一系列装备和程序上的相互适应问题”，反映了美国海军加强世界领袖地位、为应对21世纪信息时代到来的战略考虑和战术技术准备。其中最重要的是其第一种，即《实验战术1000海上机动和战术程序》。

1998年在韩国主办的西太平洋海军论坛会议上，这一思路便反映得很明显。

按照之前1997年菲律宾工作小组会议确定的议题，这次会议原本应当讨论以下议题并指定了主要发言的国家：（1）反水雷合作措施（澳大利亚）；（2）反海盗可能的合作领域（新加坡）；（3）海军与海岸警备队可能的合作领域（菲律宾）；（4）关于人道主义救援和减灾联合训练的概念文件（美国）；（5）海上军事行动指导原则（澳大利亚）。但在1998年4月，论坛提前召开了一次工作小组会议，协商改变原来的会议主题，比照1997年美国国际海上力量研讨会的“21世纪的海上力量”的主题，就当前西太平洋地区海上安全形势、21世纪海军的任务、西太平洋国家海军合作前景、西太平洋海军论坛成员国海军合作的

① 参见本书“C篇”《美国〈多国海上军事行动〉条令和〈实验战术〉系列条令》一文。

方式等问题进行研讨。1998 年 10 月，韩国主办海军首脑级别的论坛会议，按照上述议题的讨论，大大提高了论坛的战略层次，如同对各国海军高层进行了一次战略集训。如上所述，会议也讨论了“海上军事行动指导原则”问题，澳大利亚海军作了重点发言，采纳日本和澳大利亚 1996 年共同提出的《关于防止海上意外事故的措施草案》和新西兰 1997 年提出的《西太平洋海军论坛海上军事行动准则》的部分意见，进一步提出《西太平洋海军论坛海上意外相遇规则（草案）》，拟制了西太地区海军共同遵守的行为指导原则和规则，并以美国《实验战术 1000 海上机动和战术程序》为蓝本，编制了相应的通信程序为附件，使之对各国海军在海上不期而遇的军事行动有了很强的指导性和可操作性。1998 年 10 月的韩国论坛会议还提拟定了下届会议的议题：成员国海军内建立共同的海上行动规则；重新审议成员国海上信息交流指南；建立有效的海上防事故行动规章及处理海上意外事故守则；信息技术和通信技术在成员国海军中的应用及标准化问题等，目的显然在于加速推进《海上意外相遇规则》的进程。如此这般，1998 年的韩国论坛会议已经基本实现了美国 1997 年国际海上力量研讨会战略引领的意图。

1999 年，新加坡主办论坛工作小组会议。按照常理，级别较低的工作小组会议不应当决定重大事项，但此次会议却就《海上意外相遇规则》达成了一致并原则上通过。会后，澳大利亚海军受托承担了修订和颁发试行的任务。澳大利亚海军参谋长在“颁发函”中指出：论坛无意使其在国际法上具有拘束力，但力荐成员国和观察员国海军采用该《海上意外相遇规则》。同时也提请各成员国进一步提出修正意见，并在 2000 年再次修订。

《海上意外相遇规则》的制定和推广，美国的倾力推动及其战略意图是明显的，就是要在其主导下将西太平洋地区各国海军的行为规则和通信程序统一到既定框架内，用战术技术优势取得战略优势。2000 年以后，中国对美国在其专属经济区及其上空侦察活动的和平性、合法性不断提出质疑，双方舰机在海上相遇中不时有近距离摩擦，2001 年还发生了震惊世界的中美“撞机事件”。在没有双边军事联络机制、没有通信协议，只是参照《1972 年国际海上避碰规则》《国际信号规则》及其国际公用频道通信的情况下，双方在海空军事行动接触中的风险明显增加。于是，美国推动西太平洋海军论坛《海上意外相遇规则》的通过和使用，尤其是推动中国海军使用，便成为当务之急。为此，美国不但在西太平洋海军论坛多边场合下大力推动《海上意外相遇规则》的修订和通过，同时也在中美海军高层互访、海上军事安全磋商双边机制中向中国海军推介《海上意外相遇规则》，并敦促在海上双边军事行动中使用该规则及其通信程序。

可以想见，中国海军当时不会也不应该有特别积极的反应。原因很简单，中美在专属经济区军事利用问题上的争论，关乎中国的国家安全；而美国借助《海上意外相遇规则》与中国海空力量建立的规则和通信程序，客观上将成为美国对中国专属经济区及其上空侦察活动的安全工具，尤其是在中国海军装备、技术和人员英语能力处于弱势的情况下。这也决定了《海上意外相遇规则》修订的漫长过程，因为中国必然要在权衡国家利益的前提下提出修订意见，且有相同利益需求的还有俄罗斯、印度以及其他地区发展中国家，而美国主导的联盟阵营也必然要坚持其初衷，利益的冲突带来了博弈的长期性——从 1998 年《海上意外相遇规则》的提出到 2014 年正式通过，整整用了 16 年的时间；从 2000 年的修订开始算，也经过了 14 年。富有戏剧性的是，《海上意外相遇规则》的最终通过是在中国主办的西太平洋海军论坛年会上。

2014 年 4 月 22 日，中国海军首次承办的第 14 届西太平洋海军首脑论坛在青岛开幕，年会主题为“合作、信任、共赢”，来自论坛 21 个成员国和 3 个观察员国，以及申请成为论坛观察员国的巴基斯坦等 25 个国家的海军领导人和代表共 150 余人出席。4 月 23 日是中国的海军纪念日，在这一天，年会进行了多国海上联合搜救演习，7 个国家 14 艘舰艇参加了演习。为期两天的会议气氛热烈，与会各成员国和观察员国进行了专题研讨，批准巴基斯坦成为论坛观察员国，会议还讨论了论坛各类行政事项，确定了 2014—2024 年论坛活动安排，等等。当然，会议的最亮点，是一致通过了《海上意外相遇规则》。

对此，中外媒体都进行了突出的报道。中国媒体高调肯定《海上意外相遇规则》的通过，指出，《海上意外相遇规则》“对海军舰机的法律地位、权利义务以及海上意外相遇时的海上安全程序、通信程序、信号简语、基本机动指南等做了规定。《海上意外相遇规则》对于减少和平时期各国海空军事行为的误解误判、避免海空意外事件、维护地区安全稳定具有积极意义”。[①] 分析中国在此时此地主动推动《海上意外相遇规则》通过，根本原因是利益需求。其一，随着中国海军越来越多的走出去，与美国、日本等国家的海军海上相遇概率越来越高，自身舰机安全也需要建立一个简便易行的行为规则和通信程序；其二，中国海军参与双边和多边联合演习日益增多，《海上意外相遇规则》的多边通用性显然提供了一个有用的工具；其三，随着中国国力的增强和海军实力的增强，显示合作姿态、积极参与地区规则的制定，符合中国的战略利益。因此，对中国来说，可谓深思熟虑、瓜熟蒂落。而对美国等地区联盟国家来说，实现了多年的诉求，当然也很满意，抑或会有些许成

---

① 《西太平洋海军论坛年会通过〈海上意外相遇规则〉》，来源：国防部网站，中央政府门户网站，2014 年 4 月 23 日，http://www.gov.cn/xinwen/2014-04/23/content_2665423.htm，访问日期：2017 年 9 月 30 日。

就感。

总之，《海上意外相遇规则》的通过皆大欢喜，这是西太平洋海军论坛具有里程碑意义的重要成果。

三、西太平洋海军论坛和地区海军合作的发展前景

西太平洋海军论坛已经走过了30年的道路，作为西太平洋地区唯一的、机制性的、级别最高的多边官方论坛，在地区海军合作中扮演了重要角色。从发展前景看，有以下几点值得关注。

一是论坛的地理覆盖面和影响力将不断扩大。西太平洋海军论坛于1987年在美国及其盟国倡议下成立，旨在推动成员国海军间的务实性合作，共同维护地区海上安全。初始，成员国有12个，包括澳大利亚、文莱、中国、日本、新西兰、韩国、新加坡、泰国、美国、印尼、马来西亚和巴布亚新几内亚，全部为地理位置及有领土在东经160度以西的西太平洋国家。到2000年，论坛接纳了印度、智利等并非西太平洋的国家为观察员，将论坛参与国家的地理范围扩展到太平洋东岸和印度洋。此后，越来越多的太平洋和印度洋沿岸国家要求加入，不但包容了西太平洋地区的所有国家，而且吸纳了法国、加拿大、秘鲁、孟加拉国、墨西哥、巴基斯坦等国家，地理范围已经远远超出“西太平洋”地域范围。如前所述，2010年修改的论坛《章程》，将论坛成员国标准由“在西太平洋地区拥有领土国家的海军，并在该地区拥有战略利益”，扩大为“在西太平洋拥有领土的国家的海军；或者在西太平洋拥有重大战略利益，且边界与西太平洋相邻的国家的海军”。2014年年会上，针对这一发展趋势，中国海军领导人提出，“可考虑将论坛名称调整为‘太平洋海军论坛’，吸引更多国家参与论坛活动”。地理覆盖范

围的扩大与论坛影响力的扩大是相辅相成、相互推动的，从发展趋势上看，西太平洋海军论坛的战略影响力将向更大范围辐射，是毫无疑问的。

二是各国海军的信任合作和技术兼容性将不断增大。2000 年，西太平洋海军论坛通过了论坛《章程》，正式确定了年会和工作小组会议两个层次的运作机制。是年底即再次提出修改，增加了专题研讨会和海上演练的内容，使论坛彻底摆脱务虚性质，成为一个地区各国海军进行务实合作的平台。目前，论坛四个层次的活动平均每年至少 3—5 次，海上搜救、反水雷、潜艇救生、反海盗、海上减灾救灾、医学合作等各种研讨会和联合演练不定期地举行，大大推进了地区各国海军之间的信任与合作。尤其是《海上意外相遇规则》正式通过后，不但为各国海军在海上不期而遇时提供了通信联络、避免误判的安全工具，而且为多边海上军事行动也提供了可借用的、统一的通信程序，这将不断促进地区各国海军技术上的兼容性，加快建立完善海上灾难应急救助机制以应对突发情况的进程，甚至实现统筹协调兵力行动，更有效地进行灾难救助，以及在海上反恐、反海盗行动中实现合作，从而推动地区各国海军更加紧密地团结，为共建新型海军关系注入生机与活力。从实践上看，《海上意外相遇规则》通过后，不但在论坛国家中被广泛使用，而且受到其他多边论坛的关注，如印度洋海军论坛、东盟 10+3 论坛，都提出适用《海上意外相遇规则》的建议，这将在更大范围内推动各国海军战术技术上的合作，推动海上相互信任，也将在更大范围内提升西太平洋海军论坛的影响力。

三是地区各国将更加理性地处理利益的共同性和博弈性。毋庸讳言，西太平洋海军论坛中的各国海军关系折射的是国家关系、利益关系，其中的博弈性是难以避免、此消彼长的。近年来，随着中国崛起的呼声和影响力的增加，一些国家的疑虑也在增加，地区海上热点频发，成为矛盾聚集地，中美关系、中日关系、中国与东盟相关国家的关系，一度面临困难和困境。然而，从西太平洋海军论坛的发展来看，尤其是从《海上意外相遇规则》的正式通过和付诸实施的情况及效果看，各国海军都认识到共同利益大于分歧的基本面，努力寻求共同利益，努力避免误判导致冲突，更加理性地处理矛盾。其中，中美在两国首脑达成的重要共识并签署《关于海空相遇安全行为准则的谅解备忘录》的指导下，于 2015 年和 2016 年，分别达成“舰舰相遇安全行为准则”和“空空相遇安全行为准则”，这两个准则也是以《海上意外相遇规则》为基础的。此外，据媒体报道，中日建立海空联络机制的进程也正在推进，可以预测，这个机制有中美两个双边行为准则为前车，其成果也必然借鉴《海上意外相遇规则》。更进一步看，未来中国与东盟的《南海各方行为准则》，也离不开《海上意外相遇规则》这一重要成果。因为《海上意外相遇规则》反映着海上军事行动必然要遵循的内在规律，与各国的海上安全利益，包括海上航行安全利益联系密切，是各国的共同利益。当然，这不等于利益分歧就削减了、淡化了，它们仍然存在，比如美国仍在南海实施“自由航行计划”，中国的海空兵力仍旧要进行查证监视甚至驱离行动，双方的外交交涉也照行其道，但形成的新规则在起作用，新规则所包含的理性思维在起作用，这对于避免发生意外事件是重要的，对于避免军事对抗升级为军事冲突，进而对地区安全形势带来重大负面影响，更是至关重要的。

基于此，西太平洋海军论坛在促进整个地区的海上安全和海上合作方面，功不可没。

世界海军建设探索精兵之路*

20 世纪 90 年代海湾战争展现新军事革命迄今已过去近 30 年，但对海军建设转型及技术挑战产生的巨大势能犹存。进入 21 世纪第二个 10 年，国际海洋安全环境进一步复杂化，令人瞠目的瞬息跃变不断打破常态，迫使世界各国海军努力跟进、调整和校准发展方向。其中，主要海军大国精兵之路的理性选择，值得研究和借鉴。

一、战略理性：定位战略目标和使命任务

战略，辞源于古希腊，原意是为战争及胜战的谋略。孙子曰："兵者，国之大事也。死生之地，存亡之道，不可不察也。"其杰出的战略思想为世界公认。18 世纪以后，西方战略理论突起，若米尼称战略为"战争艺术"，克劳塞维茨称战略为"使用战斗达成战争目的的理论"，利德尔·哈特称战略为"分配和使用军事工具的艺术"，战略理性走向成熟。此后，随着近代工业化和世界市场的形成，以海洋为主要活动空间的海军崛起，马汉、科贝特以及冷战时期戈尔什科夫、莱曼等为代表的海军战略理论相继问世，海军建设及运用日益成为一个战略理性的结

* 本文发表于 2017 年 7 月 31 日《参考消息》，第 13 版。

果。冷战后，信息化时代的到来，恐怖主义等非传统安全威胁的发展，一系列新的地区性问题的出现，对国际海上安全环境和海军建设方向选择形成重大挑战，世界各国海军、特别是大国海军都在高频度进行战略调整，不断完善精兵建设的顶层设计，演绎着空前的战略理性。

首先看美国海军。冷战后，独居世界老大地位的美国海军，重新定位战略目标成为一个不断调整的长期过程。起初，由于缺失了全球性对手苏联，美国海军将应对与美国家利益攸关的地区性安全威胁作为海军建设的战略目标，用“……从海上”“由海向陆”等全新概念的战略文件，决然将美国海军传统的大洋作战向近海及岸上方向转移。2001 年“9·11”事件后，鉴于对恐怖主义等非传统安全威胁严重性的评估，美国海军重新使用“全球作战”概念，实施以“力量网络化”为基础的“海上打击”“海上盾牌”“海上基地”能力建设。2007 年又首次以“合作”为关键词发布《21 世纪海上安全合作战略》，将信息化条件下的各军种联合作战和国际合作应对共同威胁纳入海军建设目标。

2010 年，美国开始实施亚太“再平衡”战略，美国海军建设也进入新一轮调整期，2015 年新版《21 世纪海上力量合作战略》和 2016 年《维持海上优势的设计》，集中体现了新的战略目标和使命任务，即为保持美国的全球领导地位建设具有绝对优势的海上力量，承担起从海底到太空、从深海到近海直至信息领域“保护美国免遭攻击和保持美国在世界关键地区的战略影响力”，为此突出强调“全域进入”和“电磁机动作战”的能力建设，以首先进行威慑，威慑失败便“实施决定性作战行动”为作战方针，而新上任的美国总统特朗普又放言将海军调整至 12 艘航母和 350 艘舰艇总规模，都显示出回归以“使用战斗达成战争目的”指导其海军建设的传统战略理性。

其次看俄罗斯海军。冷战后，俄罗斯作为苏联继承者全面衰落，海军舰艇总数减少了 37.5%，战斗舰艇减少了 87%，几乎完全停止了远洋活动。2000 年普京上台伊始颁布了《2010 年前俄联邦海上军事活动的政策原则》总统令，俄杜马批准了《俄罗斯联邦海军战略（草案）》，突出强调俄联邦在世界海洋的国家利益和海军的地位作用，明确规定海军拨款不少于国防经费总额 20%。2008 年，俄军全面启动“新面貌”军事改革，海军确立了“保持足够数量，注重提高质量，与其他军种协调发展，最充分地应用现代科学技术”为指导的精兵建设目标，计划建设一支“具备四大洋远洋作战能力”的海军。

2014 年，俄罗斯制定新版军事学说，出现了“信息威胁”“非核遏制”“全球即时打击”“捍卫北极利益”等关键词，而俄在北极、克里米亚、叙利亚等问题上的闪电出手，加剧了与美国等西方国家的地缘政治矛盾，也进一步强化了其海军重返大洋和精兵建设的战略理性。2015 年，普京批准《俄联邦海洋学说》，将海军定位为“国家海上威力的主要组成部分和基础，国家推行外交政策的工具之一”，规定了俄海军平时和战时的使命任务，要求海基战略核力量和常规海上突击力量随时准备应对全球性和地区性威胁。

再看英国海军。作为传统的海军强国，英国海军在 1990 年 7 月就宣布了“应变缩编计划”，随后每年一度改进和调整海军作战方针、舰队规模和发展重点，2014 年，英国又颁布了新的《海洋安全战略》。按照其国家的战略要求和可承受性建军原则，英国海军的定位是“从防御欧洲战区向支撑全球行动转变”，“为联合力量投送提供保障”，战略目标是建设一支“贡献型”“平衡型”的海军，以保护英国公民、领土和贸易等国家利益，积极推动国际海上安全合作，威慑影响英国繁荣和安全的威胁为主要任务，并通过对重大国际事务，尤其是盟国行动的“参与”维持大国海军的地位。这一定位虽看起来雄心不足，但同样也是一种冠以“精干高效”、适合自己国情的战略理性。

二、技术理性：优化科技构成和兵力结构

海军是多兵种的高技术集群，建设耗资巨大、周期长。海军装备及其作战能力是物化的科学技术，是“硬实力”。海军精兵建设的技术理性，根本在于对未来战争形态及海军装备技术发展大趋势的认识把握，前瞻性的争夺科技制高点，高费效比的发展武器装备，寻求非对称优势的制海权。

革新技术构成。2015年，美国海军为进一步改革武器装备的信息化水平，发布第四版《海军科学技术战略》，提出远征和非正规作战、平台设计和生存力、确保海战场通路、自主系统和无人系统、信息主宰—赛博、电磁控制作战、动力与能源、力量投送、一体化防御和士兵能力等重点关注的技术领域。2016年，美国海军分别发布了《2016—2025年海军航空愿景》和新版《水下战科技目标》，提出海军空中力量在海洋疆域、空中疆域和电磁频谱中实现全球到达和控制的目标，而水下兵力则重点关注水下机动作战和水下精确定位导航授时两个新领域的技术发展与战场运用。这些科技战略将进一步提高美国海军武器装备的超前性技术构成比例，反映了美国精兵建设力争“全谱优势”的技术理性。俄罗斯海军按照俄军2015年新技术装备达到30%、2030年达到70%的武器装备发展总体规划，大力提高武器装备的技术构成，并坚持保持其在潜艇、导弹和舰艇动力等关键性技术方面的自主性及威慑力。英、法、德等传统海军大国也各有其独立发展的科技战略，但基于美国海军建设科技含量最高，为提高建设效率降低成本，世界许多国家在与美国加强盟国关系和发展伙伴关系的过程中，往往通过购买、联合研发

等方式获得一部分先进技术，理性“搭车”成为当今一些北约国家和部分亚太国家海军建设所秉持的重要技术路线，因而合作研发也是发展趋势之一，如 F-35 第四代先进战机就是美国、英国、意大利、荷兰、加拿大、澳大利亚、土耳其、挪威、丹麦等 9 个国家共同研制，分担了成本，提高了通用性，加强了联盟协同能力，预计市场容量 4000 架，其费效比之高可以想见。

调整兵力结构。2006 年，美国海军部正式向国会提交《海军兵力结构和造舰计划》，即首个“30 年造舰计划”，提出要达到包括 313 艘作战舰艇的兵力规模，以及 11 个航母战斗群、9 个远征攻击群、9 个水面战斗群、4 个弹道导弹核潜艇战斗群的兵力结构及编成，形成计划分散配置、网络化、作战灵敏、能独立执行作战任务的“模块化”打击群，此后每年进行微调。2015 年，美国海军再次调整“30 年造舰计划”（《2016—2045 财年造舰计划》），按照新的能力建设标准确定优先发展方向：保持“三位一体”战略威慑水下力量；与海军陆战队一起开发相关的作战概念和能力；将电磁机动作战的概念拓展到所有信息战领域，探索高度信息化环境下新型海军作战平台和编组方式；探索替代性的舰队构成设计方案，包括动能和非动能武器以及有人和无人系统。

俄罗斯完成“新面貌”军事改革后，建立了陆、海、空三军高度联合的新指挥体制和兵力编成，俄海军在新体制下运行，并按照 2020—2025 年拥有 300—320 艘现代化作战舰艇的规模进行兵力结构调整，其中海基战略核遏制力量、即弹道导弹核潜艇仍旧是优先发展的重点，同时按照“非核遏制”的战略要求发展常规海上作战力量，包括发展核动力航母打击群、新型战机、无人飞行器和等作战平台，以及高精度武器和武器系统等。

发展制胜装备。海军发展成本巨大，精兵之“精”在于能够制胜，有突出的非对称技术优势。美国海军秉承“颠覆性技术群”思路发展新一代武器装备。未来30年，美国将用10艘“福特”级核动力航母逐步替换现役航母，这将是世界上排水量最大、技术最先进、防御和进攻能力最强的新一代航母；为现役核潜艇加装新型武器和新的负载模块提升其火力打击和投送能力，发展新型“哥伦比亚”号战略导弹核潜艇；研制多用途大型驱逐舰，如排水量达1.5万吨的“朱姆沃尔特”号导弹驱逐舰，其射频集成技术、C4I能力、工程模块技术、综合电力系统、高隐身特性等均具有超前水平，而舰员仅为现役驱逐舰的一半；此外，F-35战斗机、E-2D“先进鹰眼”预警机、无人机在大型舰艇上的部署，移动式电磁战模块和无人潜航器发展等，都表明美海军将计算机控制、全电力推动、新型雷达、新型武器和武器系统等大量先进技术整合到各个舰机平台上的发展趋势。

就世界范围看，各国海军包括中小国家的海军，其经费支持和技术支持显然不能与美国相比，但都采取了重点发展的思路。如俄海军新一代的“北风之神”级战略导弹核潜艇、“亚森”级多用途攻击核潜艇，“华沙女人”级常规潜艇，加上进行现代化改装的大型水面舰艇和“口径”系列导弹的配属，以及新一代装备研制计划等，仍构成了强大的威慑力和作战能力；英国在大范围裁军中仍旧保持其“三叉戟”战略核潜艇的规模不变；法国为新型多功能护卫舰和新型核攻击潜艇采购新一代远程巡航导弹；印度超常发展航空母舰；日本海上自卫队加快大型化、远洋化进攻性作战能力建设，发展反潜、防空、反导和信息等方面的优势兵力……这些努力都是为了在未来局部战争或战斗中保持一定的威慑力和制胜优势。

三、人文理性：打造人才优势和文化软实力

“战争艺术”无疑是人主导的艺术，军事竞争归根结底是人的竞争。进入现代社会，以人文理性发掘各自价值观精髓和传统文化精要，打造军事“软实力”和高素质、创新型人才优势，成为世界各国海军建设的必然选择。

鼓励创新思维。20 世纪 90 年代以来战争形态转型、安全威胁的多样化，对各国提出了对军事理论、特别是作战理论创新的迫切要求。鼓励创新思维，建立良好的人文环境成为世界各国的普遍做法，推高了精兵建设的人文理性。而海军理论创新环境最宽松、思维最活跃、成果最突出者，当属美国海军。这 30 多年间，美国海军自下而上、自上而下形成的创新性理论概念不计其数，极大发挥了人的主观能动性、人的价值和个性，成为其海军“软实力”的集中体现。其中最抢眼的是作战概念创新，如“网络中心战”“空海一体战”“分布式杀伤”“全域进入”等，以及“电磁机动作战”“自适应部队包”“无人系统蜂群”等新概念。

加强教育训练。为适应信息化主导的海军建设转型，世界各国海军都为培养高素质军官下足了功夫。俄罗斯有着 190 年历史的库兹涅佐夫海军学院，2009 年重新整合 6 所院校和 4 个科研培训机构，成为一所培养海军所有学科和专业指挥军官的教学科研机构，学员的选拔、考核、毕业均极为严格，教员则以深厚的理论功底和丰富的实践经验著称，“想当教官，先当舰艇长”，教学突出实战性和可操性，学员在校期间就接受实战化的作战想定和模拟训练。美国海军军官培训体系非常完备，一个高级军官的成长要经过严格的淘汰制和多岗位轮换及多次院校

培训，其坚信“美国海军最重要的资本就是人”。1845年建立的安纳波利斯海军学院，至今保持着考生须军政要员甚至总统推荐的传统，录取比例接近10：1。美国海军战争学院培养中高级指挥军官，不仅要补充新的战役战术知识，更强调战略、政策和联合军事行动指挥的培训。老资格的英国皇家海军学院通过共同科目、专业和领导指挥能力训练，培养了大量高素质海军人才，被誉为英国海军军官的“摇篮”。英国联合参谋指挥学院是一所专门培养各军兵种联合作战指挥军官的院校，是北约国家、包括美国及其他国家高层次联合作战指挥人才的权威培养基地。除了院校教育，海上军事演习也是人才培养最重要的手段。当前世界各国海上军事演习林林总总，单边、双边和多边的海上联合军事演习成为和平时期观察未来海上战争的一道风景线，也成为各国海军锤炼精兵最重要的途径。如俄罗斯海军每年在世界各大洋举行联合军演，重点提高部队实战、实弹化的战术演练，推进新装备训练和训练基地建设，迅速提高作战能力。

完善条令法规。海军条令法规是制度建设范畴，是基于对海上作战运用和海军建设实践的理性认识，人为建立起来的制度性规范，也是海军精兵建设的重要内容。近代以来，世界上第一个“海军战斗条令”是英国1653年颁布的《战斗中舰队良好队形教范》，成为英国海军作战能力后来居上，击败一切国家问鼎世界海上霸主的原因之一。历史发展到今天，世界海军条令法规建设的概念已经大大拓展，比如当今美国海军以“战略目标的解决之道更像艺术而非科学”的理念为指导，形成了情报、后勤、计划、作战行动、指挥控制五大领域的条令体系，以及包括海军指令指示文件、海军出版物、工作技术手册三大类的装备保障法规，涵盖了战术和技术、战役和战略的各个层次，成为美国海军强大战斗力生成的制度法规保障体系。此外，美国海军还积极推动国际性多边海上军事行动的指挥通信程序和规则制定，既为适应当前各国海军合作应对非传统海上威胁的需要，也是保持其全球海上行动优势既定目标的重要手段。

培育军种文化。海洋及其海上活动的特殊性造就了海军的军种文化，除了服饰、礼仪、通信手段、航海规则等有共同特点的军种文化以外，世界各国都在结合本国的特点，培育具有本国特色的海军文化。如英国海军在其国家有着特殊地位，皇家子弟进入海军服役是一种崇高的荣誉，这个传统延续至今。美国海军以“荣誉、勇气、奉献”作为其核心价值观，在 2016 年美国海军《维持海上优势的设计》文件中，特别设计了海军文化建设，进一步提出“正直、责任、主动、坚韧”四大核心品质，倡导“能够随时战胜任何未来的挑战”团队精神。基于军种特色，美国海军 2006 年启动了“国外地区军官”计划，迄今已培养数百外语流利、跨文化交际能力强的人才，成为其主导各种国际性合作的骨干队伍。这些设计和实践为理解美国海军“软实力”建设中的人文理性提供了一个视角。

综观世界海军的发展，任何国家海军的精兵建设都是一个认识和驾驭海军建设规律的理性过程，而战略理性和技术理性决定于人文理性。人文理性渗透着一个国家的民族性和价值观，有特定的文化内涵，因此借鉴外国海军精兵建设的经验，要旨莫过于深刻认识和把握自己国家的特点，选好、走好自己的路。

C篇　法理逻辑：遵守与创制

开篇语

近代国际法创立以来形成的国际秩序，主要是西方国家主导的。中国是进入国际秩序的后来者，面临复杂的海洋法律环境，以及海洋大国成熟的海上军事行动法规制度的挑战。中国走向蓝水，其必须奉行的法理逻辑，首先是遵守现行国际制度和秩序，其次是参与创制更加公平合理的制度和秩序，这是权利和义务的平衡，二者缺一不可。

中国国家海上安全与国际法律制度*

在人类开发利用海洋的过程中，所形成的关系是复杂的。正确处理海上活动、包括军事活动中的国际关系，建立和完善国际海洋秩序，用国际法规范、调整和控制各国的海洋实践，是实现国家、地区和世界范围海上安全的重要途径之一。作为一个负责任的大国，中国国家海上安全理论和实践的首要遵循，就是与海上安全相关的国际法律制度及其基本原则。

一、《联合国宪章》的基本原则

1945 年问世的《联合国宪章》，是二战后规划和平体制的一项重大成就，是当今国际社会最重要的一部“基本大法”。《联合国宪章》规定的一些基本原则，已经成为国际社会普遍承认、普遍遵守的国际关系基本准则和国际行为规则，在国际法体系中具有“宪法性”地位。以国家海上安全的视角，择其主要之点如下。

和平原则。《联合国宪章》（以下简称《宪章》）通篇表达了使人类不再遭受战祸的决心，尤其是《宪章》第一条对联合国宗旨的全面

---

* 本文原载张炜、冯梁主编《国家海上安全》，海潮出版社，2008，第 162—168、第 375—384 页。收录时做了修订。

阐述，充满了和平精神。它规定："联合国之宗旨为：一、维持国际和平及安全；并为此目的：采取有效集体办法，以防止且消除对于和平之威胁，制止侵略行为或其他和平之破坏；并以和平方法且依正义及国际法之原则，调整或解决足以破坏和平之国际争端或情势。二、发展国际以尊重人民平等权利及自决原则为根据之友好关系，并采取其他适当办法，以增强普遍和平。三、促成国际合作，以解决国际属于经济、社会、文化及人类福利性质之国际问题，且不分种族、性别、语言或宗教，增进并激励对于全体人类之人权及基本自由之尊重。四、构成一协调各国行动之中心，以达成上述共同目的"。

主权平等原则。《宪章》宗旨关于"发展国际以尊重人民平等权利及自决原则为根据之友好关系"，已经表达了国与国之间权利平等的理念。《宪章》第二条在阐释原则时则更加明确地指出："本组织系基于各会员国主权平等之原则。"主权平等成为《宪章》原则之首。

履行国际义务原则。《宪章》第二条规定，"各会员国应一秉善意，履行其依本宪章所担负之义务，以保证全体会员国由加入本组织而发生之权益"。除遵从宗旨、维护和平之最根本的义务外，还有参加联合国应履行的会员国义务，如承担会费，参加会议，参加军备管制、维持和平行动等。

和平解决国际争端原则。《宪章》第二条规定，"各会员国应以和平方法解决其国际争端，俾免危及国际和平、安全及正义"。为有效应对和平与安全事务，联合国建立了安全理事会，《宪章》第二十四条指出，"各会员国将维持国际和平及安全之主要责任，授予安全理事会"，"安全理事会于履行此项职务时，应遵照联合国之宗旨及原则"。《宪章》第六章还专门设置了"争端之和平解决"的具体条款，规定：当事国在争端继续存在足以危及国际和平与安全之维持时，应先利用各种和平方法求的解决，提请安全理事会或大会注意；安理会得调查和断定该争端继续存在是否足以危及国际和平与安全之维持，根据情势建议适当程序或调整办法。当事国如未能依所示方法解决时，应将该项争端提交安全理事会；安理会如认为该争端之继续存在，在事实上足以危及国际和平与安全之维持时，应决定是否采取行动或建议其所认为适当之解决条件。上述表述明确安理会致力于和平解决国际争端的程序，事实上也强调了安理会在维持国际和平及安全、包括是否决定使用非和平手段解决争端方面的权威性。

不得使用威胁或武力原则。《宪章》第二条强调“各会员国在其国际关系上不得使用威胁或武力，或以与联合国宗旨不符之任何其他方法，侵害任何会员国或国家之领土完整或政治独立”。《宪章》设置了第七章，规定了“对于和平之威胁、和平之破坏及侵略行为之应付办法”，强调安理会首先得“断定任何和平之威胁、和平之破坏，或侵略行为之是否存在，并在作出建议或决定办法以前，得促请关系当事国”采取“临时办法”，“得决定所应采武力以外之办法，以实施其决议”，在武力之外办法“不足或已经证明不足时，得采取必要之空海陆军行动”“以维持或恢复国际和平及安全”。“武力使用之计划应由安全理事会以军事参谋团之协助决定之”。《宪章》第四十八条还明确规定，“执行安全理事会为维持国际和平及安全之决议所必要之行动，应由联合国全体会员国或由若干会员国担任之，一依安全理事会之决定”。再次申明了联合国安理会在使用武力解决国际争端中的决定权及权威性。

自卫原则。《宪章》第五十一条规定，“联合国任何会员国受武力攻击时，在安全理事会采取必要办法，以维持国际和平及安全以前，本宪章不得认为禁止行使单独或集体自卫之自然权利。会员国因行使此项自卫权而采取之办法，应立即向安全理事会报告，此项办法于任何方面不得影响该会按照本宪章随时采取其所认为必要行动之权责，以维持或恢复国际和平及安全”。也就是说，会员国有使用自卫权的权利，但也必须遵守《宪章》的精神和程序。

中国国家海上安全的国际法遵循，首先是遵循《联合国宪章》的宗旨和基本原则。还必须指出的是，从“地理大发现”以后全球性争夺殖民地战争，到两次世界大战的惨祸，至《联合国宪章》诞生前，国际社会已经认识到战争、包括海上战争带来的巨大伤害，从1856年《巴黎海战宣言》到1928年《巴黎非战公约》，从“日内瓦法体系”到“海牙法体系”，为限制武力使用和战争行为做了大量法制努力，这些国际法律制度在当代仍旧有效和必须遵守。《联合国宪章》开创了二战以后和平法的新时代，已经被视为非法的战争，包括海上战争还时有发生，国际海上武装冲突还不可避免，国际社会仍旧需要在《联合国宪章》精神指导下发展和完善相应的国际法律制度。

二、《联合国海洋法公约》的基本制度

1982年诞生的《联合国海洋法公约》（以下简称《公约》），为国际社会明确并建立了领海和毗连区、用于国际航行的海峡、群岛国、专属经济区、大陆架、公海、岛屿、国家管辖范围以外的国际海底“区域”等基本制度。基于中国国家海洋自然地理环境及海上安全需求，以下几点值得特别关注。

领海制度。《公约》定义的领海内涵，“1. 沿海国的主权及于陆地领土及其内水以外邻接的一带海域，在群岛国的情形下则及于群岛水域以外邻接的一带海域，称为领海。2. 此项主权及于领海的上空及其海

床和底土。3. 对于领海主权的行使受本公约和其他国际法则的限制”。[①]《公约》规定，每一国家有权确定其不超过12海里的领海宽度。沿海国在其领海享有的权利包括但不限于：对领海内的自然资源的所有权；沿岸航运及其管理权；自卫权；边防、关税和卫生监督权；刑事、民事和行政管辖权等。领海构成国家领土神圣不可侵犯的一部分，但也受到如《公约》“无害通过”等制度的限制。如何确定国家领海的外部界限，《公约》规定了领海基线的三种划设方法：一是正常基线法，即沿海国官方承认的大比例尺海图所标明的沿岸低潮线。二是在海岸线极为曲折的地方，或者如果紧接海岸有一系列岛屿，可采用连接各适当点的直线基线法。三是交替使用包括正常基线和直线基线在内、考虑沿海国不同情况的混合基线的方法。《公约》还对在领海之内、与划设领海基线相关的礁石、内水、河口、海湾、港口、泊船处、低潮高地等海洋地理概念及其法律地位作出了规定。[②] 领海基线不仅是主权国家测定领海宽度的起算线，也是测算国家管辖下其他所有海域的起算线，由此也不仅决定国家领海的外部界限，也决定了毗连区、专属经济区的外部界限，具有重要意义。领海制度中还包括了无害通过制度，这项制度对于国家海上安全具有特殊意义。《公约》明确了沿海国和外国船舶的权利和义务，规定所有国家，不论为沿海国或内陆国，其船舶均享有无害通过领海的权利；同时规定沿海国可以根据《公约》和其他国际法规则，制定关于无害通过领海的法律和规章。[③]

毗连区制度。毗连区在领海之外并毗连领海，从测算领海宽度的基线量起，不得超过24海里，在地理范围上与专属经济区重叠。沿海国

---

① 《联合国海洋法公约》，海洋出版社，1983，第5页。

② 参见《联合国海洋法公约》，海洋出版社，1983，第3—11页。

③ 同上书，第12—19页。

在毗连区内，行使为下列事项所必要的管制权：（1）防止在其领土或领海内发生违犯其海关、财政、移民或卫生的法律和规章；（2）惩治在其领土或领海内违犯上述法律和规章的行为。[①] “防止”和“惩治”是指沿海国在毗连区内，有权对在该海域内的，且在其领土或领海内违犯了有关法律和规章的外国船舶或人员采取立法、司法和行政措施，包括对其采取紧追、逮捕和其他执法措施，因而毗连区是沿海国实施预防性、监视性和惩治性管制措施的功能性海域。

用于国际航行的海峡制度。《公约》在公海或专属经济区的一个部分和公海或专属经济区的另一部分之间的用于国际航行的海峡，设立了过境通行制度，给予船舶和飞机以过境通行权，要求其继续不停和迅速过境的目的行使航行和飞越自由，并为他们规定了在行使过境通行权时的义务，不对海峡沿岸国的主权、领土完整或政治独立进行任何武力威胁或使用武力，遵守相关国际法和国际规则等。非经海峡沿岸国的事先准许，不得进行任何研究和测量活动。《公约》同时规定了海峡沿岸国有权制定关于过境同行的法律和规章，并履行相应的义务。[②]

专属经济区制度。专属经济区是领海之外并邻接领海的一个区域。专属经济区从测算领海宽度的基线量起，不应超过 200 海里。《公约》在这一区域内，为沿海国的权利和管辖权以及其他国家的权利和自由做出了特定的法律制度安排。其第五十六条规定了沿海国在专属经济区内有：以勘探和开发、养护和管理海床上覆水域和海床及其底土的自然资源（不论为生物或非生物资源）为目的的主权权利，以及关于在该区内从事经济性开发和勘探，如利用海水、海流和风力生产能等其他活动的主权权利；对区内的下列事项的管辖权：人工岛屿、设施和结构的建

① 参见《联合国海洋法公约》，海洋出版社，1983，第 22 页。

② 同上书，第 24—30 页。

造和使用；海洋科学研究；海洋环境的保护和保全；《公约》规定的其他权利和义务。并同时规定：沿海国在专属经济区内依法行使其权利和履行其义务时，应适当顾及其他国家的权利和义务，并应以符合《公约》规定的方式行事。《公约》第五十八条则规定了其他所有国家、不论沿海国或内陆国在专属经济区内的权利和义务：在《公约》有关规定限制下的航行和飞越自由，铺设海底电缆和管道的自由，以及与这些自由有关的海洋其他国际合法用途，诸如同船舶和飞机的操作及铺设海底电缆和管道的使用有关的并符合《公约》规定的那些用途。并同时规定，各国在专属经济区内根据《公约》行使其权利和履行其义务时，应适当顾及沿海国的权利和义务，并应遵守沿海国按照《公约》和其他国际法规则制定的与专属经济区制度不相抵触的法律和规章。[①] 专属经济区制度是联合国第三次海洋法会议上新建立的海洋制度，是争论最激烈的内容之一，是主要发达国家和发展中国家利益平衡的产物，也是当代行使权利的双方自行解释弹性空间最大的一项制度，因而被称为最有争议的“灰色地带”。

大陆架制度。沿海国的大陆架包括领海以外依其陆地领土的全部自然延伸，扩展到大陆边外缘的海底区域的海床和底土，如果从测算领海宽度的基线量起到大陆边的外缘的距离不到 200 海里，则扩展到 200 海里的距离，但不应超过 350 海里。沿海国为勘探大陆架和开发其自然资源的目的，对大陆架行使主权权利。这种权利是专属性的，即如果沿海国不勘探大陆架或开发其自然资源，任何人未经沿海国明示同意，均不得从事这种活动。沿海国对大陆架的权利并不取决于有效或象征的占领或任何明文公告。沿海国对大陆架上的人工岛屿、设施和结构的建造和使用，对为一切目的在大陆架上进行的钻探，对大陆架上的海洋科学研

① 参见《联合国海洋法公约》，海洋出版社，1983，第 38—40 页。

究以及海底电缆和管道的铺设享有专属管辖权。与此同时，沿海国对大陆架权力的行使，绝不得对航行和《公约》规定的其他国家的其他权利和自由有所侵害，或造成不当的干扰。①

群岛国制度。群岛国是指全部由一个或多个群岛构成的国家，并可包括其他岛屿。群岛国可划定链接群岛最外缘各岛和各干礁的最外缘各点间的直线群岛基线，群岛基线所包围的水域，称为群岛水域。群岛国的主权及于群岛水域的上空、海床和底土，以及其中所包含的资源。群岛国在群岛水域内可用封闭线划定内水，在群岛水域外，可从群岛基线量起，划设领海、毗连区、专属经济区和大陆架。所有国家在群岛水域享有无害通过权，群岛国可以指定海道和其上的空中航道，以使外国船舶和飞机行使通过权。外国船舶和飞机行使通过权时，同样有义务遵守群岛国的相关法律和规章。②

公海制度。公海是指不包括在国家的专属经济区、领海或内水或群岛国的群岛水域内的全部海域。公海对所有国家开放，不论其为沿海国或内陆国。公海只用于和平目的。任何国家不得有效地声称将公海的任何部分置于其主权之下。所有国家在国际法（包括《公约》在内）规定的条件下行使下述公海自由：航行自由；飞越自由；铺设海底电缆和管道的自由；建造国际法所容许的人工岛屿和其他设施的自由；捕鱼自由；科学研究自由；其他合法自由。与此同时，国家在行使公海自由时，须尊重并顾及其他国家行使公海自由的平等机会和同等权利。公海自由原则允许每个国家，不论沿海国或内陆国，在公海上航行悬挂其本国国旗的船舶，并对其实施专属管辖。但这种专属管辖有两项例外：一是国家依据特别协定规定的权力对非本国船舶行使管辖；二是按照国际

① 参见《联合国海洋法公约》，海洋出版社，1983，第56—59页。

② 同上书，第31—37页。

法对破坏公海法律秩序或国际社会共同利益的海上犯罪行为实施管辖。《公约》规定所有国家有义务对公海上发生的下述犯罪行为进行惩治，这些犯罪行为包括：海盗行为；从事未经许可的广播；贩运奴隶；贩运毒品等。[①]

国际海底区域制度。国际海底区域是指各国管辖范围以外的海床洋底及其底土，《联合国海洋法公约》称为“区域”，并专门设置了“第十一部分”。《公约》规定，“区域”及其资源是人类的共同继承财产，任何国家不应对“区域”的任何部分或其资源主张或行使主权或主权权利，任何国家或自然人或法人，也不应将“区域”或其资源的任何部分据为己有。《公约》设立了国际海底管理局，认定所有缔约国都是管理局的当然成员，设立大会、理事会和秘书处作为管理局的主要机关，建立了“区域”内的勘探开发制度。《公约》规定，对“区域”内资源的一切权利属于全人类，由管理局代表全人类行使。“区域”内的活动应为全人类的利益而进行。“区域”应开放给所有国家，专为和平目的利用。[②]《公约》还对国际海底区域内的海洋科学研究、技术转让、环境保护，资源开发政策及管理制度等做了详细规定。

此外，《公约》还对岛屿制度、闭海或半闭海、内陆国出入海洋的权益和过境自由、海洋科学研究、海洋环境保护与保全、海洋技术的发展和转让等问题作出了制度和法律安排。这些制度构成了当代国际海洋法的基础和核心，是各国进行各种海洋开发和利用活动、包括进行海上军事活动所必须遵循的基本海洋法律制度。

① 参见《联合国海洋法公约》，海洋出版社，1983，第 63—81 页。

② 同上书，第 89—93 页。

三、国际海洋活动基本行为规则

作为国际法的一个部门法，国际海洋法，特别是《联合国海洋法公约》，在明确了不同海域法律地位的同时，还规定了国家在不同海域进行不同海洋开发和利用活动的基本行为规则，界定了国家之间相互权利与义务的关系。

海上航行和飞越。按照《公约》规定，内水是沿海国的领土，内水和领海的上空是沿海国的领空，沿海国有权制定并执行其内水和领空的航行和飞越规则，外国船舶和飞机在内水和领空航行和飞越有义务遵守这些规则；领海是沿海国的领土，沿海国对其享有完全和排他的主权。外国民用船舶在领海内享有无害通过权，但外国军用舰船无害通过领海是否“无须”或“必须”事先征得沿海国的同意或履行其他手续，决定权在沿海国；专属经济区是国家管辖海域，其上空是国际空域，外国船舶和飞机（包括军用舰机）享有航行和飞越自由，但在行使此种自由时，应顾及沿海国的权利和义务，应遵守沿海国按照《公约》和其他国际法规则制定的与专属经济区制度不相抵触的法律和规章；群岛水域是群岛国主权之下的海域，外国船舶享有无害通过权，外国船舶和飞机在群岛水域内群岛国指定的群岛海道及其上空的空中航道内享有群岛海道通过权；公海是国际水域，所有国家的船舶和飞机在公海及其上空，均享有航行和飞越自由。但在行使此种自由时，应尊重其他国家的船舶和飞机享有的同等自由。

海洋资源的开发和利用。按照《公约》关于各种海域法律地位的规定，内水和领海内的一切生物和非生物资源属于沿海国，沿海国有权开发、利用和处置；专属经济区和大陆架的一切生物和非生物资源属于沿海国，沿海国对其勘探和开发、养护和管理享有主权权利。此种主权权利是指：未经沿海国明示同意，任何其他国家及其个人或法人不得进行资源开发和利用；公海内的生物资源属于“共有之物”，所有国家都享有公海捕鱼自由；国际海底区域及其资源属于“全人类共同继承财产”，由管理局代全人类行使管理职责，由各国按照管理局规定的条件开发。

海洋科学研究。《公约》除了在相关部分对毗连区、用于国际航行的海峡、群岛海道、专属经济区、大陆架、国际海底区域的海洋科研活动做了相应规定外，还专设第十三部分对海洋科学研究问题做了规定。总体要求海洋科学研究应遵循下列一般原则：应专为和平目的而进行；应以符合《公约》的适当科学方法和工具进行；不应对符合《公约》的海洋其他正当用途有不当干扰；应遵守各国依照《公约》制定的一切有关规章，包括关于保护和保全海洋环境的规章，同时指出，不承认海洋科学研究活动为任何权利主张的法律根据。具体要求：内水和领海内的海洋科学研究，应经沿海国明示同意并在沿海国规定的条件下进行；专属经济区内和大陆架上的海洋科学研究，应经沿海国同意；所有国家和主管国际组织有权在专属经济区以外的水体内进行海洋科学研究，并有权按照《公约》十一部分进行国际海底区域的海洋科学研究。还提出，各国和主管国际组织应按照尊重主权和管辖权的原则，并在互利的基础上，促进为和平目的进行海洋科学研究的国际合作。[①]

海洋环境保护和保全。《公约》规定，各国有保护和保全海洋环境的义务，应采取一切必要措施，防止、减少和控制任何来源的海洋环境污染源，包括：陆地来源的污染，国家管辖的海底活动造成的污染，来自国际海底区域内活动的污染，倾倒造成的污染，来自船只的污染，来自大气层或通过大气层的污染。《公约》对于造成的各种污染的管辖做

① 参见《联合国海洋法公约》，海洋出版社，1983，第 174—187 页。

出规定，比如：陆源污染由各沿海国管辖；对于倾倒污染，要求非经沿海国事前明示核准，不应在其领海和专属经济区内或在大陆架上进行倾倒；对于船舶污染，从立法和执法两个方面对沿海国的权利进行了规定等。《公约》指出，沿海国有权制定法律和规章，防止、减少和控制在其领海内的外国船只，包括行使无害通过权的船只对海洋的污染，禁止外国船只在沿海国领海内进行“任何故意和严重的污染行为”；并可以对位于港口或岸外设施的外国船只在其领海或专属经济区内发生的任何违法污染行为提起司法程序。包括对该船的拘留，等等。对于可能导致重大海洋污染事故的海难事故，沿海国在其领海范围以外（包括公海），拥有对海难船只采取和执行与实际或可能发生的损害相称的措施的权利。[①]

平时海上军事活动。平时海上军事活动大致包括：日常海上军事航行和飞越、海上军事科研、海上军事演习和武器试验、海上执法和舰艇出访等。作为人类整个海洋活动的重要组成部分，平时海上军事活动应遵循以下法律制度和规则：（1）国际海洋法基本海域制度，如领海制度、专属经济区制度等；（2）国际海洋法关于各种海洋活动的基本行为规则，如海上航行和飞越规则、海洋科学研究规则等；（3）国际法基本原则和国际关系的基本准则，如尊重国家主权和领土完整、互不侵犯、不威胁或使用武力等；（4）国际法关于平时海上军事活动的具体规则，如避免海上危险军事行动、保障海上军事安全等方面的规则。

四、海洋控制和管理相关国际法规

海洋控制和管理法律法规，是指国际社会为正确实施海洋控制和海

① 参见《联合国海洋法公约》，海洋出版社，1983，143—173 页。

洋管理、规范国家的海洋控制和管理行为，所建立的有关执行既定海洋法规、维持海洋法律秩序、处置海洋争端，实现海洋安全的国际法律法规，它体现在相关的国际公约和国际规则中。

有关海洋的和平利用。作为当代最重要的平时法和海洋基本大法的《联合国海洋法公约》，秉承《联合国宪章》的和平原则，在其八八、一四一、二四零、二四二等条款中，特别强调了海洋利用的和平目的、甚至使用了“只用于和平目的”“专为和平目的利用”的用词。《公约》还设置了旨在和平解决海洋争端的第十五部分，要求各国都应履行用和平方法解决争端的义务，并制订了争端解决的程序。这是海洋控制和海洋管理的最基本遵循。

有关海上航行与交通安全的国际法规。19 世纪以来，国际社会始终致力于海上航行安全国际规则的制定，形成了一系列相关国际公约和规则。其中有关海上航行安全的国际信号规则，经过多年发展形成了国际海事组织 1965 年第四次大会通过，以后又多次修订、现行的《国际信号规则》。对于飞行安全而言，最重要的是《1944 年国际民航公约》。其他比较重要的国际公约和规则还有：《1972 年国际海上避碰规则》、《1972 年集装箱海关公约》、《1974 年国际海上人命安全公约》、《1979 年国际海上搜寻救助公约》、《1976 年国际海事卫星组织公约》、《1977 年托列莫利诺斯国际渔船安全公约》及其 1993 年议定书、《1978 年国际海员培训、发证和值班标准公约》、《1988 年制止危及海上航行安全非法行为公约》及其 2005 年议定书、《1988 年制止危及大陆架固定平台安全非法行为议定书》、《2004 年亚洲地区反海盗和武装劫船活动协定》等。

有关海洋环境保护的国际法规。比较重要的有：《1969 年国际干预公海油污事故公约》《1969 年国际油污损害民事责任公约》《1971 年设立油污损害赔偿基金国际公约》及其1976年议定书，《1971年海上核材料运输民事责任公约》《1972年防止倾倒废物及其他物质污染海洋的公约》《1973年国际防止船舶造成污染公约》及其1978年议定书，《1990年国际油污防备、响应和合作公约》《1996年关于国际海上运输有害有毒物质的责任和损害赔偿公约》及其2010年议定书，《2000年有害和有毒物质防备、响应和合作议定书》，《2001年国际控制船舶有害防污底系统公约》《2001年国际燃油污染损害民事责任公约》《2004年控制和管理船舶压载水及沉积物国际公约》等。

有关国家海上力量的行为规则。国家海上力量包括海上军事力量和海上执法力量，军用船舶、政府公务船舶及飞机是其活动的主要载体。二战以后，海上武装冲突法逐步替代了传统的海上战争法概念，并秉承《联合国宪章》精神有了一些新发展，如1949年的日内瓦四公约和1977年日内瓦公约的两个附加议定书。但迄今为止，明确于当代国际公约中涉及军事问题的相关规定，还是《联合国海洋法公约》。其一，军舰的定义。《公约》指出，“军舰”是指属于一国武装部队、具备辨别军舰国籍的外部标志、由该国政府正式委任并名列相应的现役名册或类似名册的军官指挥和配备有服从正规武装部队纪律的舰员的船舶。其二，军舰的权利。《公约》指出，军舰具有豁免权和无害通过权。其三，军舰必须遵守沿海国的法律和规章，否则可被要求离开沿海国领海，并对所造成的损害负国际责任。其四，《公约》明确指出12种活动不属于“无害”而必须禁止，包括进行武力威胁或使用武力、以武器进行操练或演习、目的在于搜集情报使沿海国防务或安全受到损害的行为、在船上起落或接载飞机、在船上发射、降落或接载任何军事装置，进行研究或测量活动等，要求在领海内的潜水艇和其他潜水器，须在海面航行并展示其旗帜等，这些大都是针对军事行动的。此外，在实施紧追、登临等行动的规章中，也有军事行动规范的意义。但总起来说，国际社会直接适用于军用船舶和飞机的国际法规还是非常少。基于此，在当代世界各国军事实践中逐步形成了一些双边或多边的军事规则，比如北约内部的军事行动条令，美苏冷战时签署的《美苏关于防止公海及其上空意外事故的协定》和《美苏关于预防危险军事活动的协定》等，各国海上军事力量也都建立了自己内部使用的条令法规等。国际社会之所以致力于海上军事行动法律法规建设，是因为海上军事力量的活动具有天然的国际性，任何国家的海上力量在海洋上活动，都需要一定的国际通用的法律规章遵循。如果没有，就需要借助民用国际公约和规则，就需要致力于创制。

总之，上述国际法律法规，是对世界海洋秩序的基本规范，对国际海上安全和国家海上安全具有重大意义。中国的国家海上安全战略和政策的制定，都在遵循这些共同的国际制度、法规，并依据这些法律原则制定本国的相关国内法，这是必须认定的。同时，还应指出，现行的国际法及海洋法体系，是近代西方国家在 16 世纪以后建立的；二战后的三次海洋法会议建立的现代海洋法律制度尤其是《联合国海洋法公约》，则是发达国家和发展中国家利益平衡，甚至是各国利益妥协的产物。这导致多国在根据自己国情制定相关国内法及履行国际法时产生差异，近年来在中国周边发生的海洋争议大多源于此。国际法是调整各国关系的产物，其总是根据国际实践的发展而发展，因而世界各国都有根据自己的国家实践，参与创制和发展国际法、追求更加公平合理国际秩序的平等权利。这也是中国在制定国家海上安全战略和政策法规、维护国家海上安全中遵循的又一条准则。

《中华人民共和国香港特别行政区基本法》《中华人民共和国香港特别行政区驻军法》与香港驻军*

1997 年 7 月 1 日香港回归，堪称 20 世纪末全球关注的一件大事。香港回归后会不会对地区安全产生不良影响，中国人民解放军驻军香港会不会导致对周边国家的军事威胁，曾引起与香港利益攸关的一些周边国家的疑虑。然而，香港回归八九个月来运行平稳，不但没有对周边国家产生任何威胁，而且对周边安全形势产生了良好影响，其内在原因值得揭示。

一、中国政府“一国两制”的政策和《中华人民共和国香港特别行政区基本法》体现了新型的安全观，是香港回归后地区安全构架的基石

中国政府对香港安全问题的特殊性早就有深刻的认识。1984 年，

* 本文发表于《中国评论》1998 年 4 月号，第 70 页。原文标题《香港会否成为威胁周边的军事基地》。

邓小平在会见撒切尔夫人时说，“采用和平方式解决香港问题，就必须既考虑到香港的实际情况，也考虑到中国的实际情况和英国的实际情况，就是说，我们解决问题的办法要使三方面都能接受”。他说，“如果用社会主义来统一，就做不到三方面都接受。勉强接受了，也会造成混乱局面。即使不发生武力冲突，香港也将成为一个萧条的香港，后遗症很多的香港，不是我们所希望的香港。所以，就香港问题而言，三方面都能接受的只能是‘一国两制’，允许香港继续实行资本主义，保留自由港和金融中心的地位，除此以外没有其他办法”。[①]

1990年，全国人大通过了《中华人民共和国香港特别行政区基本法》（以下简称《基本法》），中国政府通过立法形式确立了香港回归后实行“一国两制”“港人治港”和高度自治的基本方针，郑重申明：“香港特别行政区不实行社会主义制度和政策，保持原有的资本主义制度和生活方式，五十年不变。”[②]

这样，中国政府就在举世瞩目的香港回归问题上，在纷纭复杂的事务中，高瞻远瞩地把握了保持香港的繁荣稳定这一关键，从而也明晰了香港自身安全以及与周边安全的逻辑关系和理论构架：即以经济繁荣促进政治稳定，以经济政治的安全运作实现综合安全的目的。其间，军事手段显然是辅助性的。

香港有特定的历史和现状。从1841年以来，香港以其濒海地理优势和港口优势，以其独特的外向型经济运作模式，在150多年的发展中逐步获得了金融、贸易、航运、旅游和信息五大中心的国际地位。20世纪70年代后香港经济起飞，1984年12月19日《中华人民共和国政

---

① 邓小平：《中国是信守承诺的》，《邓小平文选》第三卷，人民出版社，1993，第101—102页。

② 《中华人民共和国香港特别行政区基本法》第五条。

府和大不列颠及北爱尔兰联合王国政府关于香港问题的联合声明》签订以后，香港经济仍旧保持了高速发展。在金融方面，香港是紧随纽约、伦敦之后的世界第三大金融中心，货币、债券、股票、期货、黄金等交易都在世界金融业占据重要地位。按照1990年的统计，全港有持牌银行168家（持牌资格为实收资本不少于1.5亿元），其中有84家名列世界前100名的银行在港营业，全港货币存款和外汇存款比上年分别增长15.4%和27.7%，外汇市场每日涉及的外汇交易占全球约8%的数值，日成交额约491亿美元。[①] 在外贸方面，香港1989年进出口贸易额达到11,332.91亿元，比1988年增长14.3%，占全球贸易总额2.4%，在亚洲仅次于日本；1990年又增长13%，达12,824.05亿元。1980年到1990年，香港的转口贸易年均增长23%，其中最大的转口货物市场是中国内地，1990年的增长率达到27.7%。[②] 在海运方面，香港地处亚太地区交通要冲，有19条航线通往世界各地，远洋轮船占世界总船队7%，1987年成为世界第一大集装箱港，1990年曾被新加坡超越，1992年又重摘世界集装箱第一大港桂冠。[③] 截至1997年，香港集装箱吞吐量已连续六年名列世界之首，对外贸易额居世界第七，外汇日平均交易量居世界第五，银行总资产居世界第四。多年来，香港作为东亚和东南亚周边地区国家的贸易、投资和服务中心以及中国大陆同海外之间的桥梁，一直发挥着重要作用，在香港的十大贸易伙伴中，五个来自东亚和东南亚国家。香港还是东盟国家最重要的投资者。今天的香港，与世界、与周边经济有着千丝万缕的联系，牵一发而动世界、牵一发而动周边。因此，香港对周边安全影响的核心问题并不在于军事，而在于

① 庄义逊主编《香港事典》，上海科学普及出版社，1993，第259—266页。

② 参见庄义逊主编《香港事典》，上海科学普及出版社，1993，第219—222页。

③ 庄义逊主编《香港事典》，上海科学普及出版社，1993，第306—307页。

经济。

香港回归后，经济繁荣，政治稳定，对周边安全产生了积极影响，已是不争的事实。

二、《中华人民共和国香港特别行政区驻军法》，体现了中国政府在香港的防务政策，核心是维护国家的主权和领土完整，保持香港的繁荣稳定

《基本法》明确规定，“中央人民政府负责管理香港特别行政区的防务”，“中央人民政府派驻香港特别行政区负责防务的军队不干预香港特别行政区的地方事务。香港特别行政区政府在必要时，可向中央人民政府请求香港驻军协助维持社会治安和救助灾害”。[①] 为了保障香港驻军依法履行职责，1996年12月30日，第八届全国人民代表大会常务委员会第二十三次会议通过了《中华人民共和国香港特别行政区驻军法》（以下简称《驻军法》），全面申明了中国政府在香港的防务政策。

军队是国家机器的重要组成部分，历来与国家主权相联系。以驻军象征主权，古今中外，概莫能外。香港自古以来就是中国的领土，在被英国侵占之前，一直受到中国政府的有效管辖和中国军队的防卫。早在中英谈判香港回归问题之初，香港驻军问题就提出来了。1984年5月，邓小平在会见港澳出席六届全国人大会议的代表和政协委员时说，“中国有权在香港驻军，这是维护中华人民共和国领土的象征，是国家主权的象征，也是香港稳定和繁荣的保证”。[②]《驻军法》规定，“中央人民政府派驻香港特别行政区负责防务的军队，由中国人民解放军陆军、海

① 《中华人民共和国香港特别行政区基本法》第十四条。

② 转引自庄义逊主编《香港事典》，上海科学普及出版社，1993，第432页。

军和空军部队组成，称中国人民解放军驻香港部队”。《驻军法》还规定，“香港驻军由中华人民共和国中央军事委员会领导”，“香港驻军费用由中央人民政府负担”，“香港驻军不干预香港特别行政区的地方事务”，[①] 表明了这支军队隶属关系和执行防务的国家属性，也充分说明中国人民解放军驻军香港首要的，也是最重要的意义是国家主权的象征。1997 年 7 月 1 日，正是由中国人民解放军香港驻军在香港庄严地升起第一面五星红旗，中国恢复了对香港行使主权，中华民族百年耻辱得以雪洗。

中国人民解放军驻军香港的基本使命是维护国家的主权、统一、领土完整和香港的安全。《驻军法》规定，香港驻军在平时履行的防务职责是：防备和抵抗侵略，保卫香港特别行政区的安全；担负防卫勤务；管理军事设施；承办有关的涉外军事事宜。[②] 与此同时，《驻军法》也规定了战时或紧急状态时香港驻军的职责，指出：“全国人民代表大会常务委员会决定宣布战争状态或者因香港特别行政区内发生香港特别行政区政府不能控制的危及国家统一或者安全的动乱而决定香港特别行政区进入紧急状态时，香港驻军根据中央人民政府决定在香港特别行政区实施的全国性法律的规定履行职责。”[③]《驻军法》还规定，“香港特别行政区政府根据香港特别行政区基本法的规定，在必要时可以向中央人民政府请求香港驻军协助维持社会治安和救助灾害”，而“香港特别行政区政府的请求经中央人民政府的批准后，香港驻军根据中央军事委员会的命令派出部队执行协助维持社会治安和救助灾害的任务，任务完成后即返回驻地”。[④]

---

① 《中华人民共和国香港特别行政区驻军法》第二、第三、第四、第九条。
② 《中华人民共和国香港特别行政区驻军法》第五条。
③ 《中华人民共和国香港特别行政区驻军法》第六条。
④ 《中华人民共和国香港特别行政区驻军法》第十四条。

考虑到香港的历史和现实，《驻军法》确立了香港驻军与香港特区政府互不隶属、互不干预，但应建立必要的联系、协商处理与驻军有关的事宜的原则，规定了香港驻军履行防务职责所应有的权利，指出香港特区政府应当支持香港驻军履行防务职责，保障香港驻军和驻军人员的合法权益。《驻军法》明确了香港驻军和驻军人员享有在香港特别行政区实施的法律规定的其他权利和豁免，明确了司法管辖权，也明确了香港驻军必须履行的义务和纪律，特别提出香港驻军应当遵守特区的法律，尊重特区政权机构，尊重特区的社会制度和生活方式。《驻军法》还规定香港驻军进行训练、演习等军事活动，涉及特区公共利益的，应当事先通报特区政府。即使是执行维持社会治安和救助灾害的任务，也明确规定了严格的程序。

综上所述，《驻军法》所体现的中国政府在香港的基本防务政策，严格遵循了《中华人民共和国宪法》和《基本法》的原则，其核心是贯彻“一国两制”的方针，维护国家的主权、统一和领土完整，为保持香港的繁荣稳定作出贡献。

中国人民解放军驻港部队牢记人民军队全心全意为人民服务的宗旨，坚定不移的贯彻执行邓小平“一国两制”的思想和江泽民发布的《中国人民解放军驻香港部队进驻香港特别行政区的命令》，充分展示了驻港部队威武之师、文明之师的良好形象，受到香港同胞的称道和举世公认。事实证明，中国人民解放军进驻香港，严格按照《驻军法》的有关规定履行职责，对保障香港社会稳定和安全具有不可替代的作用。

三、中国的国防政策和香港的防务政策决定了香港不会成为军事基地或海军基地，不会对周边安全构成军事威胁

从地缘的角度看，香港具有重要的战略地位，其背靠中国大陆，濒

临南中国海，与周边重要的海峡咽喉要道相连接，香港回归前，海上有19条航线通往世界各地，远洋轮船占世界总载重吨数的7%，各国在香港设立轮船公司或代理处的达300多家，有50多个国家和地区的船舶进出香港。[①] 香港回归后，中国在亚太地区乃至世界的地缘优势将进一步加强，战略态势也将进一步优化。但是，中国不会利用香港做军事文章，不会也没有必要把香港作为军事基地或海军基地，这是既定的方针。

首先，中国国防的基本目标是抵御外敌入侵，捍卫国家的领陆、领空、领海主权和海洋权益，维护国家统一和安全。中国人民解放军执行积极防御的战略方针，在战略上实行防御、自卫和后发制人的方针。中国奉行独立自主的和平外交政策，在新形势下倡导新型安全观，因而中国的国防政策致力于维护世界和平和促进人类进步事业，反对任何形式的霸权主义、强权政治和侵略扩张行为，主张通过协商和平解决国与国之间的分歧和争端，反对诉诸武力或以武力相威胁。中国防御性的国防政策决定了中国在任何地方、任何形势下都不会侵略扩张，奉行霸权主义或以武力相威胁。

其次，中国政府对香港的历史和未来已经有了正确的把握，为香港谋划的安全框架和防务政策符合香港的实际，也符合当代的潮流，这就是通过保持香港的繁荣稳定达到香港自身的安全，通过香港自身的安全巩固各国、特别是周边国家在港利益，实现地区安全。中国政府对香港安全的安排，充分评估了一个繁荣稳定的香港对于中国和亚太地区乃至世界的意义，体现了将香港的军事安全寓于经济和政治安全之中，将香港驻军的军事意义寓于政治意义之中的思想。从这一点出发，中国政府尽量淡化香港的军事色彩，绝不可能将香港作为军事基地或海军基地。

① 庄义逊主编《香港事典》，上海科学普及出版社，1993，第306页。

中国政府允许美国等外国军舰和飞机经批准后继续进入香港休整补给就是突出的例证。

再次，香港驻军职责明确、任务明确，主要是象征国家对领陆、领空、领海的主权，担负香港的日常防卫勤务。为此，香港驻军数量有限，不过几千人，尚不如回归前英国驻军的数量；装备有限，陆军配备的主要是轻型武器，空军配备一个直升机大队，海军配备的是小型舰艇，海军和空军的作战半径都非常有限，完全是一支防御性的武装力量，不会对周边国家构成任何军事威胁。

最后，从海上军事地理态势看，香港背倚大陆，东扼珠江口，属于中国的内港、内水，并非海防前沿，万山群岛、海南岛、东沙群岛、西沙群岛直至南沙群岛都在其前方海域。香港回归后，这一军事地理态势非但没有任何改变，反而由于香港成为中国军队的防务范围而更加内向，更加安全。今后，为了保持香港的繁荣和稳定，中国驻香港海军将义不容辞地担负起维护香港领海安全和海洋权益的任务，也将为维护香港海区的航行安全尽职尽责，但绝不可能、也不需要把香港变成军事基地或海军基地。香港的海上防务，已经成为整个中国国防及海防体系的一部分，中国政府和中国军队完全有能力既保证香港的军事安全，又维护香港经济和政治的繁荣稳定。

中国驻军香港，为香港的繁荣稳定作出贡献，就是为周边安全作出贡献。这是香港回归与周边安全的必然联系，也是一个不可违背的规律，因为它反映了在香港这一特定的历史和地理条件下，经济、政治和军事安全之间不可改变的相互关系和不可抗拒的发展逻辑。中国政府认识了这一规律，把握了这一规律，并且在努力驾驭这一规律。这是香港的未来之所在，也是周边安全的希望之所在。

从科索沃危机的处理看国际安全机制的走向*

从1998年10月开始，历时3个多月的科索沃危机，在南联盟遭受了79天野蛮军事打击后，以在该地区实施联合国安理会表决通过的、以“八国集团”与南联盟达成的协议为蓝本的1244号决议而结束。在这场危机的处理过程中，国际安全机制作用弱化，联合国处境尴尬，它不仅给二战以后逐渐形成并在冷战结束以后又开始转型的国际集体安全机制的前途蒙上巨大阴影，也将对亚太地区安全机制形成挑战，并对中国的海上安全政策产生影响，值得认真研究分析。

一、从科索沃危机的处理看国际安全机制的走向

20世纪，人类经受了两次世界大战的浩劫。痛定思痛，以联合国为代表的战后国际安全机制诞生。冷战后，一超独大的美国，一直在着手对国际安全机制进行重新设计，从这一角度看，科索沃战争发生及其危机处理过程有其必然性。

---

* 本文发表于《中国军事科学》1999年第3期，第76页。

（一）二战后美苏对联合国为代表的国际安全机制的原始设计

1945 年《联合国宪章》（以下简称《宪章》）的制定和联合国的成立，标志着战后和平体制及最权威的国际安全机制诞生。

宗旨和原则。《联合国宪章》把“维持国际和平及安全”作为联合国宗旨之首，并为此目的：采取有效集体办法，以防止且消除对于和平之威胁，制止侵略行为或其他和平之破坏；并以和平方法且依正义及国际法之原则，调整或解决足以破坏和平之国际争端或情势。《宪章》以主权国家作为构筑国际安全体系的基本单位，制定了各会员国主权平等；履行其依本宪章所担负之义务；以和平方法解决其国际争端；在其国际关系上不得使用威胁或武力，或以与联合国宗旨不符之任何其他方法，侵害任何会员国或国家领土完整或政治独立；以及不得干涉在本质上属于任何国家国内管辖之事件等原则。[①] 50 多年来，这些宗旨和原则已经成为公认的国际关系准则。

运行方式和规则。《宪章》指出，“为保证联合国行动迅速有效起见，各会员国将维持国际和平及安全之主要责任，授予安全理事会”。[②] 安理会决议“应以九理事国之可决票包括全体常任理事国之同意票表决之”。[③] 这就是说，联合国安理会有权通过决议来决定对危害国际和平与安全的情势采取包括使用必要武力行动的强制办法，但也同时包含了五个常任理事国之任何一个国家有一票否定权。联合国不排除利用区域办法或区域机关维持国际和平及安全，但必须符合联合国之宗旨及原则，并得到安理会授权。[④]

① 参见《联合国宪章》第一条、第二条。
② 参见《联合国宪章》第二十四条。
③ 参见《联合国宪章》第二十七条。
④ 参见《联合国宪章》第五十二条、第五十三条。

应当指出的是，上述宗旨和原则、运行方式及规则，是美苏主导的“雅尔塔体制”给予联合国为代表的国际安全机制的原始设计。其设计思想是，通过大国间的力量均衡、制衡确保相互安全，通过大国间的相互合作共同保障国际安全，通过建立的国际组织——联合国及其安全理事会，组织实施维持国际和平与安全行动。然而二战结束以来，联合国为代表的国际安全机制走过了非常艰难的道路，从来都没有实现《联合国宪章》所表述的理想境界。其根本原因须从“雅尔塔体系”的基本特征中寻找。

首先，“雅尔塔体系”建立在强权政治基础之上。该体系的代表性文件《雅尔塔协定》，主要反映了美苏之间的力量对比、意志和利益，表现出美苏主宰世界、大国安排国际事务、特别是按实力划分势力范围的特点。

其次，“雅尔塔体系”具有强烈的意识形态色彩。体系主轴的两极是美国和苏联。相当长的时间内，它们之间的斗争代表了资本主义与社会主义两种制度的对立斗争。

再次，“雅尔塔体系”的主导地域是欧洲，欧洲之外的地区都属于这一体系的“另类地区”。

最后，以大国间的相互制衡作为雅尔塔体系存在和国际安全实现的基本手段。

因此，雅尔塔体系尽管是结束二战的国际新秩序的代表，但上述四个特征对冷战期间联合国为代表的国际安全机制的运作亦产生了许多消极影响。其一，培育了以实力主宰世界的意识，导致美苏争相操纵联合国，安理会常因其相互掣肘而出现不能有效发挥维护国际和平与安全作用的局面；其二，培育了大国争霸意识，导致联合国以外的区域性安全机制的生长，美苏在欧洲分别领衔北约和华约两大阵营并进行了长达几十年的冷战；其三，以强烈的意识形态对抗掩盖了经济、民族、宗教等诸多矛盾，埋下了危及国际和平与安全的触爆点和诱发战争的因素。

但是，由于联合国为代表的国际安全机制毕竟是人类对两次世界大战惨祸反思的结果，《联合国宪章》的宗旨和原则反映了人类对世界和平向往的理想境界；加上二战后民族民主力量的发展，越来越多的弱小国家加入了联合国，共同为实现联合国的理想而奋斗；同时，也由于"雅尔塔体系"本身所拥有的大国之间力量均衡、制衡的设计思想在实践中的作用力，因而，50 多年来，联合国的确起到了国际安全机制的作用，截至 1998 年，联合国共实施了 49 项国际维持和平行动，[①] 实现了基本的国际和平和安全，预防了新的世界性战争的发生。

（二）冷战后美国对国际安全机制的重新设计及其导致的科索沃战争

20 世纪 90 年代以后，世界政治格局发生了巨大变化。两极对峙不复存在，原有势力范围基本瓦解，意识形态对抗趋于淡化，而国际关系中的经济利益、民族利益、宗教利益日趋居于主导地位，一些地区性威胁和非传统的全球性问题日益突出。"雅尔塔体系"存在的基础已经改变，一种新的国际安全机制——"后雅尔塔体系"在美国的重新设计下试图取而代之，并企图将联合国也纳入这一新体制或驾驭联合国，否则，就抛开联合国、依托军事同盟或地区性组织按其意志行动。剖析这一重新设计，才能深刻认识科索沃战争中联合国的作为。

"后雅尔塔体系"在实际结构上有三个层次：一是美国作为世界上唯一的超级大国处于顶端，企图领导世界；二是美国、西欧和日本在政治经济上的竞争、协调和军事上的同盟；三是那些全球性国际组织或区

① 参见周小宁：《联合国维和行动 50 年大事记》，《军事历史》1999 年第 2 期，第 50 页。

域性的组织和会议，联合国也处于这一层次。这反映了冷战后美国对世界政治秩序和安全体制的重新设计，其基本特征是：（1）以实力为基础，单极主导，强调全球性威胁的变化和地区性威胁的上升，推广西方价值观，实施全球干预的霸权主义和强权政治；（2）淡化意识形态对抗，突出经济安全，大国间的经济竞争与协调、抗衡与制衡成为维系体系存在的重要因素；（3）继续支持联合国在处理涉及其安全利益的地区冲突中发挥作用。如自冷战结束至 1998 年，联合国安理会实施了 36 项维和行动（包括 1988 年开始延续至冷战后的维和行动），大大高于自 1948 年初创维和行动至冷战时期 40 年间的 13 次；[①]（4）进一步培植其主导下的地区性组织或安全机制，如北约和美日军事同盟等。

不难看出，美国重新设计的“后雅尔塔体系”以霸权主义和强权政治为突出特征，根据自身安全利益，积极干预世界各地区热点，干预各方面的社会事务，干预其他国家的内部事务，四处出击、全面出击、预先出击、随时出击以及武力打击，构成 90 年代后美国处理国际安全问题的新特点，1991 年的海湾战争就是突出例证。显然，联合国作为战后最权威的国际安全机制，美国并没有给予充分的尊重，希图以其一超独大的实力控制这一国际安全机制，如若控制不成就抛开它行动，或以其主导下的区域性同盟集团替代联合国的作用。

这就是科索沃危机处理中联合国为代表的国际安全机制作用弱化的深刻原因。科索沃危机从最初反映到朗布伊埃会议施压，从美国为首的北约 1999 年 3 月 24 日开始空袭到最后回到联合国安理会解决问题，以联合国为象征的国际安全机制作用明显弱化，《联合国宪章》等公认的国际法和国际关系准则横遭践踏，成为美国的“后雅尔塔体系”及其运行方式规则的个案印证。

---

① 参见周小宁：《联合国维和行动 50 年大事记》，《军事历史》1999 年第 2 期，第 50 页。

第一，科索沃危机的起因是以前被意识形态所掩盖的民族矛盾，是一个国家的内部事务。美国为首的北约以防止人道主义灾难为由实施干预，是基于集团经济利益、战略利益和西方价值观的霸权主义和强权政治的突出表现。

第二，美国策动北约从对南联盟和科索沃地方力量以武力威胁和最后通牒的方式施压，到对南联盟进行以彻底摧毁经济基础和军事潜力的军事打击，完全无视联合国和现行国际法、国际关系准则，以地区性安全机制挑战国际性安全机制。

第三，在空袭旷日持久、内外矛盾俱增的情况下，科索沃问题最终回到联合国解决，北约仍以联合国维和部队名义进驻科索沃，显示了美国对于暂时无法取代的联合国所采取的实用主义态度。

第四，在如何确保南联盟的主权和领土完整以及如何进驻科索沃问题上，俄罗斯与美国为首的北约进行了较量，中国在安理会以及国际社会在此问题上所做的不懈斗争，在一定程度上制约了美国为首的北约，但难以改变形势，说明实力政策和单极主义对国际安全形势的左右。

（三）联合国为代表的国际安全机制走向分析

第一，美国霸权主义可能凌驾于国际安全机制之上，进一步弱化联合国的作用。科索沃危机刚刚结束，八国集团首脑便纷纷抛出了各自对未来国际安全的想法和建议。英国首相提出了“价值战”，即为西方的价值和集团的价值进行战争的理论。美国总统提出了克林顿主义，即“为在世界范围内停止民族清洗而进行干预”。克林顿称，今后需要以科索沃方式干预未来全球范围内的人道主义危机。俄罗斯总统叶利钦提出的对 21 世纪的和平构想，虽然重申了“不能抛弃二战后建立迄今仍起作用、在保持国际和平与安全方面主要依靠联合国和联合国安理会起核心作用的法律体系”，但限于实力不足，难以产生影响。因此，在美国既定的“后雅尔塔体系”的模式中，联合国为象征的国际安全机制作用将进一步弱化。

第二，地区安全机制拓展影响力，以联合国为代表的国际安全机制受到挑战。90年代以来的北约东扩，标志着美国在欧洲方向安全安排的新发展。科索沃战争和战争期间产生的《北约新战略》，从理论和实践上诠释了未来美国的“后雅尔塔体系”的运行方式和规则，说明在即将到来的下个世纪，美国将更加注重培植地区性安全力量，利用地区安全机制解决本地区乃至地区以外事务。与此同时，欧洲内部、亚太等其他地区安全机制进一步发展并拓展影响力，既试图制衡美国日益膨胀的霸权主义，也将带来各种国际安全力量的重新排列组合。这都会成为影响现有国际安全机制的不确定因素。

第三，联合国为代表的国际安全机制依靠安理会的大国相互制约艰难运作，勉为其难，不改革很难发挥更大作用。本次科索沃危机，联合国被抛在一边，处境尴尬，声音微弱。科索沃危机虽然最终回到联合国安全框架内解决，但不确定因素仍旧很多。如维和行动第一次突破了由与冲突各方无利害关系的第三方维和的原则，而由北约担负维和部队的主角，俄罗斯抢先占领普里什蒂那机场，等等。到目前为止，科索沃问题依然不能说已经解决。

综上所述，由于美国为首的西方利益集团通过其经济实力、军事实力和由此产生的政治影响力，以“后雅尔塔体系”主导国际安全形势，联合国将更加受制于美国及西方集团，它作为国际安全机制应发挥作用将更加有限。在今后一段时间内，地区性的冲突可能进一步增多，美国主导的地区安全机制可能会更多地扮演干预角色，国际和平与安全面临的形势不容乐观。

二、国际安全机制的现状对亚太地区安全机制发展的影响

冷战后，亚太地区中、美、俄、日和东盟五大力量日益显现出相互制衡的安全关系，有关亚太地区安全机制的各种构想及尝试空前活跃。但同时，地区安全机制的发展也面临着挑战。

（一）亚太地区安全机制的历史发展

亚洲和太平洋地区原指亚洲和大洋洲地区，来源于联合国划分的区域概念。80年代末，由于亚太经济合作组织（APEC）的出现，亚太地区逐渐演化成一个由环太平洋的国家组成的区域概念。

亚太地区的发展中国家在历史上大多为欧美发达国家的殖民地。二战以后，虽然这些发展中国家先后实现了民族独立，但宗主国“殖民安全”的阴魂不散。50年代以后，美国先后与日本、韩国、菲律宾、泰国、中国台湾和澳大利亚、新西兰等国家（地区）建立了双边和三边军事同盟。与此相类似的还有英、澳、新以及马来西亚、新加坡五个英联邦国家的军事同盟。冷战时期，这种以军事同盟为基础的安全模式名义上是以“采取行动对付共同的危险”的方式实现共同安全的目标，但由于缔约双方或多方国力、军力相差悬殊，实际上安全方式并不平等，获取的安全利益也不可能对等。美、英等西方强国通过军事同盟条约获得在他国驻军、使用军事基地、军费资助、军售及经济等方面的特权，不仅继续保持了在亚洲和大洋洲实际军事存在，同时保持了在亚太地区的政治影响和经济利益。而参与条约的其他各国各方实际获得的是付出“接受控制”巨大代价的一顶“安全保护伞”。

50年代和60年代初，主要作为美国等西方国家对立面的苏联和中

国等社会主义国家，为了反对帝国主义的侵略和武装干涉，保卫国家安全，也曾签订了一些双边条约，如《中苏友好同盟互助条约》《中朝友好合作互助条约》等，中国还提出和倡导以和平共处五项原则作为处理国家关系的基本准则。1967 年建立的“东南亚国家联盟”，开始是一个为促进经济、社会、文化发展的组织，后来提出建立“和平、自由、中立区”的政治主张，成为地区内发展中国家的一种集体安全模式。

冷战结束以后，亚太地区安全理论的发展和建立安全机制的构想前所未有的活跃。

第一，美国调整了亚太安全战略。美国在 1992 年、1995 年和 1998 年三次发表《美国东亚和太平洋地区安全战略报告》，1993 年美国总统克林顿还提出“新太平洋共同体”的地区安全构想。这些战略报告和安全构想的基本内涵是：以维护美国在亚太地区的安全利益（经济繁荣、促进民主和人权）为目标，更新安全方式——以更加强化的原有双边军事同盟、特别是美日军事同盟为基础，以多边安全机制为补充，以加速亚太经济一体化为纽带，建立美国主导的亚太地区安全机制。

第二，以发展中国家为主导的亚太地区安全合作机制已经萌发。1994 年，以东盟国家为主导的东盟地区论坛（ARF）成立，至 1998 年已发展到 22 个成员，包括了中国、俄罗斯、日本、美国、加拿大、澳大利亚、印度等所有地区大国以及欧盟，形成了基本的运行机制，成为亚太地区唯一就安全问题进行多边对话的官方论坛，代表了地区内“通过对话增进相互信任，通过合作谋求共同安全”的新型安全观和安全方式。

第三，大国双边伙伴关系和各种“小多边”安全关系发展迅速。

1994 年年初俄美宣布进入“成熟的战略伙伴关系”新阶段，1996 年中俄建立“战略协作伙伴关系”，1997 年中美两国领导人决定“共同致力于建立面向 21 世纪的建设性战略伙伴关系”，1998 年俄日签署建立“建设性伙伴关系”的《莫斯科宣言》。1997 年东盟国家与中、日、韩开始“9+1”“9+3”会议，1996 年中、美、朝、韩开始进行朝鲜半岛四方会谈等，还有一些非官方的安全对话会议，如 1994 年建立的亚太安全合作理事会、1996 年日本倡议的日美中东北亚安全对话会议等，显示出亚太地区安全关系的重大变化。

亚太地区至今没有形成诸如欧安会、北约式的地区性安全机制，但已经出现上述名目繁多的安全机制和准安全机制，特别是中、美、日、俄及东盟五大力量相互制衡的安全关系，实际上已经构成隐性的地区安全机制。

（二）亚太地区安全机制面临新的挑战

对于美国的全球战略来说，欧亚是重点。科索沃战争在欧洲树立了一个北约新战略实施的样板，它意味着以地区安全机制挑战以联合国为代表的国际安全机制的开端，这是一个非常危险的信号，它将对作为美国另一个关注点的亚太地区产生深刻影响。

首先，美国为首的双边军事同盟作为亚太地区安全机制中的传统因素进一步强化，霸权主义武力干涉地区安全问题的危险明显增加。冷战以后，美国在亚太地区继续保持前沿存在，进一步加强双边军事同盟。1996 年新《美日安全保障联合宣言》和 1997 年新版《美日防卫合作指针》，使美日安保体制扩大到“应对周边事态”，合作范围扩展到包括台湾在内的整个东亚地区。与此同时，美澳、美韩双边军事同盟都得到加强，美菲签署《访问部队协议》，重新获取美国军人、相关军事装备进入菲律宾及其军事活动的便利。美国还与新加坡、马来西亚、泰国、印度尼西亚等东盟国家达成军事准入双边协议，取得某些军事基地港口和设施的使用权。1998 年年初，美日又达成了合作研制战区导弹防御体系（TMD）的协议，并宣称将战区导弹防御体系扩展至中国台湾，进一步凸显了美国顽固坚持以传统的双边军事同盟，特别是美日同盟作为其构筑未来亚太地区安全机制的基础。如果说，科索沃战争前美国霸权主义对亚太地区安全问题采取武力干涉还是一个理论问题的话，科索沃战争后已经可以视之为一个实践和时间的问题。

其次，亚太地区正在形成中的地区安全合作机制受到挑战。90 年代以来，在东盟地区论坛内，中国积极推动的、亚太地区以对话合作为基本特征的新安全观念和新安全方式在成长，并积极影响了地区内大国关系的调整。尽管由于亚太地区多样性特点，各国的社会制度、意识形态、文化传统和经济发展水平相去甚远，一种能够取得亚太各国认同的地区安全机制很难产，但通过新旧两种安全观念和安全方式的斗争，毕竟使呼唤新的地区安全合作机制的建立形成势头，包括美国在内，由于“新太平洋共同体”的构想受阻，都不得不采用一些新安全概念和形式调整大国关系和处理地区事务。1994 年以来，亚太地区各种双边和多边、官方和半官方乃至民间的安全对话每年达百次之多，包括朝鲜半岛问题都开始了安全对话。然而，科索沃战争显现了美国霸权主义的膨胀，这必然会干扰和阻滞地区安全合作机制的发展势头。

最后，大国关系受到损害，亚太地区安全机制发展中的不确定因素增加。大国关系是未来亚太地区安全机制中的决定性因素，而中美关系更是重中之重。1997 年以来，中美两国首脑成功互访，双方领导人达成共识，“共同致力于建立面向 21 世纪的建设性战略伙伴关系”，加上俄美、俄日伙伴关系的建立，使亚太地区的安全形势出现了从未有过的和平和稳定局面。然而，由于中国和俄罗斯在美国为首的北约发动科索沃战争问题上存在根本分歧，动摇了正在进入良性发展的相互关系。特别是美国悍然袭击中国驻南联盟使馆造成重大人员伤亡和财产损失后，中美关系出现僵局和倒退，这将严重影响地区安全。加上俄美关系不断发生摩擦，亚太地区安全机制发展中的不确定因素明显增加。

冷战时期
美苏预防海上突发事件的双边协定*

国家间在传统军事安全领域发生的海上突发事件本质上是对抗性的，并有可能成为海上危机乃至战争的前奏。冷战时期，美苏两个超级大国在激烈的对抗中有效避免了“热战”，其中，预防海上突发事件的相关协定发挥了重要作用，影响深远。

一、1972 年《美苏关于防止公海及其上空意外事故的协定》

二战以后，美国与苏联互为冷战对手，不断调整各自的国家安全战略和军事战略，在军备领域展开了激烈的竞争。1962 年，美国侦知苏联准备在古巴建设中程导弹基地，迅速调集海军近 200 艘舰艇在古巴以东 500 海里的海域实施海上封锁，拦截苏联驶向古巴的舰船，最终逼迫苏联撤销了这一计划。这就是著名的“古巴导弹危机”事件，也是一次几乎引发战争的海上危机。

“古巴导弹危机”事件成为苏联海军战略使用的性质从防御型到进攻型的转折点。此后，时任苏联海军总司令的谢·格·戈尔什科夫

* 本文发表于《外国军事学术》2013 年第 6 期，第 41 页。

(任期1956—1985年）提出了“国家海上威力”理论，在海军政策方面深刻影响了苏联的国家安全政策，决心建设一支进攻型的“以核潜艇为基础的远洋导弹核海军”。[①] 大多数军事分析家认为，自1962年到1968年仅仅6年的发展，苏联海军就大致取得了与美国海军的均势。在作战舰艇方面，苏联与美国的数量比例已经达到2∶1，舰龄优势明显，潜艇已是绝对优势，且2艘新航空母舰下水。1962年以前，苏联海军很少在远洋活动，而1964年苏联海军进入地中海，1967年成立地中海舰队。此后，苏联海军编队进入印度洋，进入东南亚，出入古巴海域。[②]

日益强大的苏联海军舰艇开始与美国海军一样，在公海跟踪监视对手，“互相挑战和威胁”，展开激烈的对抗。1966年，美日在日本海进行反潜联合军事演习，美国的驱逐舰“沃尔克”号被前来跟踪监视的苏联舰艇两次擦伤，苏联轰炸机多次在100海里距离以内企图接近美国航母特混编队，美国则在200海里以外拦截苏联飞机、追踪苏联的舰艇编队；1968年北约在东大西洋进行“银塔”军事演习，苏联出动10多艘舰艇跟踪；1969年北约“黎明”演习，苏联出动69艘舰艇；1972年北约“特别快车”演习，苏联派出50余艘舰艇，其中12艘潜艇。同样，苏联的舰艇只要驶出其领海以外，就是美国及其北约海军跟踪监视的对象。由此引起了一系列海上事件，如舰艇撞挤，阻拦，近距离机动，用枪炮、导弹模拟攻击对方舰船和飞机，以及在舰艇上空做低空近距飞行等，[③] 危险程度惊心动魄。

从自身迫切的海上安全需求出发，美国率先打破僵局，主动邀请苏

---

① 谢·格·戈尔什科夫：《国家海上威力》，房方译，海洋出版社，1985，第231页。

② 唐纳德·W. 米切尔：《俄国与苏联海上力量史》，朱协译，商务印书馆，1983，第560页。

③ 参见唐纳德·W. 米切尔：《俄国与苏联海上力量史》，朱协译，商务印书馆，1983，第573—574页；谢·格·戈尔什科夫：《国家海上威力》，房方译，海洋出版社，1985，第61—62页。

联讨论一个“旨在结束两国海军经常而又很严重的海上事件协定”，苏联政府接受了这个建议。协定谈判从1968年4月开始，整整进行了4年。1972年3—4月，美国驻地中海第6舰队的2艘驱逐舰进入突尼斯水域，对停泊在那里的苏联新型潜艇实施侦察。为规避并摆脱美国的跟踪，苏联潜艇先后下潜7次，并派出7艘战斗舰艇参与撞挤、阻拦美国的2艘驱逐舰，双方近距离的危险接触持续了整整11天。这次海上事件已经超出了“突发”事件的范畴而几近“冲突”，并直接促成了协定的达成。①

1972年5月25日，苏联海军总司令谢·格·戈尔什科夫与美国海军部长约翰·沃纳共同签署了《美利坚合众国政府与苏维埃社会主义共和国联盟政府关于防止公海及其上空事故的协定》②（简称1972年《美苏关于防止公海及其上空意外事故的协定》）。协定由前言和10项条款组成，主要内容概要如下。

第一，确立协定的宗旨是为保证各自武装部队的舰船在公海以及公海上空的航行安全；协定的主要依据是《1972年国际海上避碰规则》和1958年日内瓦《公海公约》的公海自由原则等国际法原则和条款。

第二，确定协定的适用范围是在公海上航行的军用船舶和军用航空器。

第三，制定适用军用船舶的8条规则。规定军用船舶在行驶中相互接近、相互监视、在互见距离内机动、在潜艇操演时的规则和应采取的安全措施。规定不得用枪炮、导弹发射器、鱼雷发射管或其他武器瞄准

① 罗伯特·P. 希尔顿：《1972年〈美苏关于防止公海及其上空事故的协定〉》，载《联合国专家研讨会材料汇编（一）》，海军军事学术研究所，1990，第30—31页。

② *Agreement Between the Government of the United States of America and the Government of the Union of Soviet Socialist Republics on the Prevention of Incidents On and Over the High Seas*, May 25, 1972, accessed August 15, 2019, https://2009-2017.state.gov/t/isn/4791.htm.

对方船舶，进行模拟进攻，不得向另一方船舷发射其他物体，不用探照灯或其他强光照射船舶驾驶台。规定各方船舶在互见距离内活动时要发出显示其开始降落或起飞飞机意图的信号。

第四，制定适用军用飞机的规则。规定各方飞机不允许对对方船舶和飞机模拟使用武器，进行模拟进攻，或在船舶上空进行各种特技飞行，或向船舶附近投掷各种物体。夜晚在公海上空飞行的飞机要显示航行灯。

第五，建立相互通报制度和通信方式方法。规定缔约双方使用国际通用的无线电频道，提前 3—5 天通报对公海航行/飞行的船舶/飞机有危险的情况。鼓励多使用通用的国际信号，同时建立了两国间海上使用的特别信号。

第六，建立两国直接沟通的渠道。双方通过各自海军武官实现用于交换缔约各方的飞机和船舶在公海上碰撞事件及造成损害或其他事件的情况，并规定了年度检查制度。

双方在谈判中存在分歧。其中，苏方在协定谈判中提出应当明确规定一个船舶、飞机接近时的最小距离；而美方认为协定条款、海上避碰规则等提出的指导原则已经是充分的，不同意明确最小距离。双方最终没有达成一致。

二、1989 年《美苏关于预防危险军事活动的协定》

进入 20 世纪 80 年代，美苏政治上进一步缓和，但双方舰机的海上摩擦仍不断发生，突出的是军舰在对方领海的无害通过权问题。苏联方面指责美国军舰不经批准一再进入其领海，美国认为军舰有无须沿海国批准的领海无害通过权。分歧同时还在于双方对领海基线划分方法：苏联采用直线基线法，即以海湾入口处的岬角为基点，将两个基点相连接为领海基线，从领海基线向外延伸 12 海里，为国家领海的外限。而美国认为苏联应以海岸低潮线作为划分领海基线。这样领海外限水域就有了一个争议区。

美国海军不理会苏联的主张和一再警告，经常在苏联视为领海的海域巡弋。1982 年 5 月初，美国驱逐舰“洛克伍德”号进入了苏联宣布为内水、而美国视为公海的彼得大帝湾。双方出动军舰和飞机，进行了激烈的对抗。苏联通知“洛克伍德”号离开苏联领海，而“洛克伍德”号回答它在国际海域进行例行活动，并起飞了舰载 SH－2 型反潜直升机。于是，苏联伊尔－38 型反潜巡逻机升空迫降该飞机，舰艇近距离驱离“洛克伍德”号，并发出信号声称，如果美国舰机继续侵犯苏联领海，将击毁其反潜直升机。此后，双方利用 1972 年《美苏关于防止公海及其上空意外事故的协定》建立的海军武官联络渠道进行频繁交涉和高层磋商。后“洛克伍德”驱逐舰保持在距苏联声称领海海域远一些的位置，事件暂时得以平息。在接着举行的年度检查会议上，双方提交了事件发生时详细的海图及表示舰位、航向、航速、船舶运动、信号等的草图乃至照片，相互指责，均不承认各自有错误。①

1986 年 3 月，美国“约克城”号导弹巡洋舰和“卡伦”号驱逐舰在黑海侵入苏联领海，在距离克里米亚南部海岸仅 6 海里的海域活动。据当时任苏联海军总司令的切尔那温回忆，为了“制止这种粗暴的挑衅行动”，他在其后的一个国防会议上提出“挤撞”入侵者的意见，并得到苏共总书记戈尔巴乔夫的首肯——“挑结实一点的军舰挤撞它”。②

---

① 罗伯特·P. 希尔顿：《1972 年〈美苏关于防止公海及其上空事故的协定〉》，载《联合国专家研讨会材料汇编（一）》，海军军事学术研究所，1990，第 34—35 页。

② 《前苏联海军总司令忆十年前苏美军舰挤撞事件》，《参考消息》1998 年 9 月 29 日，第 4 版。原文载《俄罗斯报》1998 年 4 月 18 日。

1988 年 2 月初，美国“约克城”号导弹巡洋舰和“卡伦”号驱逐舰再次到黑海，很快被苏联军舰严密跟踪监视，并不顾警告，驶入克里米亚沿岸的苏联领海。苏联海军护卫舰按照指令撞上美国“约克城”号导弹巡洋舰左舷，两舰均受损伤。美国军舰立即掉转航向，驶出苏联领海。事后，苏联就这一侵犯事件向美国提出抗议，指出这是“挑衅性的且有明显企图”的行动。美国则向苏联抗议说，根据国际习惯法苏联侵犯了军舰的无害通过权。①

由于一再发生海上危险事件，也由于《联合国海洋法公约》签署的背景，从 1988 年 4 月开始，美苏召开了一系列有海军参加的海洋法讨论会，寻求新的双边协定。1989 年 6 月，美苏在莫斯科签署了《美利坚合众国政府与苏维埃社会主义共和国联盟政府关于防止危险军事活动的协定》②（简称 1989 年《美苏关于预防危险军事活动的协定》）。协定由美国国务卿詹姆斯·贝克与苏联外长德·谢瓦尔德纳泽签署，具体实施和协调方由海军提升为国防部。与 1972 年《美苏关于防止公海及其上空意外事故的协定》比较，1989 年《美苏关于预防危险军事活动的协定》体现了美苏战略缓和的大背景，适应了军事科学技术应用的新趋势和美苏军事接触过程中面临的一些新情况，增加了两个重要的附件，协定的内容进一步扩展。

第一，增加了双方改善关系和加深相互理解的基调。提出减少并和平地处理其武装部队相互之间因危险军事活动而产生的任何意外事件，确保人员和装备在和平时期相互接近时的安全。对于有所谓领海争议的

---

① 唐纳德·W. 米切尔：《俄国与苏联海上力量史》，朱协译，商务印书馆，1983，第 560—561 页。

② *Agreement Between the Government of the United States of America and the Union of Soviet Socialist Republics on the Prevention of Dangerous Military Activities*, June 12, 1989, accessed August 7, 2019, https://fas.org/irp/doddir/navy/opnavinst/5711_96c.pdf.

海域，双方同意以建立“特别谨慎区”的方式解决。

第二，将适用范围由公海及其上空的双方舰艇和飞机扩展到陆上和空中。如“武装部队”和“人员”，包括了双方的陆、海、空军，美国海岸警卫队和苏联边防部队；“装备”包括了双方武装部队的任何舰船和军用飞机，以及陆上的“地面器械”；“特别谨慎区”概念适用于有武装部队设备和人员存在的区域，包括了陆上。而新增加“激光”“干扰指挥和控制网络”等新概念，则将适用范围进一步扩展，包括了电磁辐射、信息传输领域。

第三，明确了着重防止的四类“危险军事活动”。一方武装部队的人员和装备因不可抗力或人员的非故意行为而进入另一方领土；使用激光；在特别谨慎区妨碍另一方武装部队人员和装备的活动；干扰指挥和控制网络。协定旨在使双方及时采取措施中止这些危险军事活动，并规定了相应的原则和程序。

第四，双方实现了全方位通信。新增“附件 1”《建立并保持通讯的程序》，实现了缔约双方任务编队指挥官之间，舰艇、飞机、地面交通工具或地面部队的指挥官之间，飞机指挥官与另一缔约方空中交通管制或监控机构之间的通信联络，同时扩展了双方通用的信号和简语，尤其是补充增加了空中拦截与被拦截飞机间的信号和简语，进一步规定了双方飞机进入相互目视距离后无线电工作频率及值守频率，以及其他相关的飞机、舰艇、地面部队通信的补充信号和简语。

第五，双方就一方武装部队人员和装备进入另一方领土问题达成协议。新增“附件 2”《与进入领土有关的意外事件的处理程序》，制定了和平处理与进入领土有关的两类意外事件的处置程序：其一，因不可抗力产生之情势进入领土；其二，因人员的非故意行动导致进入领土。协定为此建立了通信联络和进入对方领土的处置程序。这也是本协定最重要的一点。

三、美苏两个协定的实施和影响

1972 年《美苏关于防止公海及其上空意外事故的协定》签署后，双方很快建立了通过苏联驻华盛顿海军武官和美国驻莫斯科海军武官的特别通信联络渠道。在一线海军远洋舰队中，双方都正式颁布了 1972 年《美苏关于防止公海及其上空意外事故的协定》，要求将双方议定的“特别信号”贴在每一艘舰船驾驶台上，以便严格执行。根据美苏当时在一线执行相互跟踪监视任务的舰长回忆，苏联海军曾要求其指挥员，在其海军舰船和飞机驶近美国舰船和飞机时准确地遵守协定条款。同时要求值更官和信号兵对与美方发生的事件记录资料数据，写出专门报告。美国海军也同样向其舰船指挥员提出详细汇报与苏联舰船飞机发生的任何事件的要求，以便上级领导机关决定是否通过海军武官的联络渠道进行处理。在执行过程中，双方还不断根据实际情况对“协定”进行修订补充和检查。1973 年增加了议定书，将适用范围扩展至了非军用船舶；1987 年正式建立年度会议制度，检查协定实施情况；同时，不断明确和补充通信联络的方式方法等。至 1990 年，在冷战的背景下，缔约双方共举行了 18 次年度检查会议，每次年度检查会议双方经常相互提出交涉。如美国指控苏联航母飞机飞行活动，对其浮出水面潜艇靠得太近；对其舰船施放焰火，用枪炮或导弹瞄准训练等；苏联代表也以具体材料，责难美国监视距离靠得太近，向驶来船舶与飞机方向施放信号焰火，使用特殊信号的问题等。在两个年度会议之间，双方相互召见海军武官也很经常。[①] 尽管有上述现象存在，但协定的有效性为双方所肯定。美方认为，自 1972 年 5 月以后，发生海上事件的次数和严重性显著减少。[②] 苏联方面也认为，协定规定了双方的义务，重申了国际法公认的诸原则，使公海形势明显好转，对于保障国际航线上的安全航行和加强海洋国际法制起到了积极的作用。[③]

1989 年《美苏关于预防危险军事活动的协定》签署后，美苏两国海上军事行动基本都遵循了这一协定，特别是在双方战略缓和的大背景下，尽管有了《与进入领土有关的意外事件的处理程序》，在实践中却没有再发生美国海军舰艇进入苏联划定的领海范围内的事件。苏联解体以后，俄罗斯成为苏联的主要继承者，美俄两国海军确认并在其后的海上军事实践中仍旧遵循着上述两个重要的安全协定。[④]

美苏冷战时期签署的这两个安全协定意义重大。1972 年《美苏关于防止公海及其上空意外事故的协定》是二战以后、冷战背景下两个对抗性极强的超级大国签署的第一个具有海上安全合作性质的双边协定，展现了对抗性矛盾解决的新思路；同时，由于对抗的存在和海上军事行动的特点，和平时期各国海军在海上接触中发生意外事故、并由此升级为海上冲突乃至战争的概率是很高的，1972 年的这一协定首次为防止海上意外事故的发生和升级制定了有效安全措施。1989 年《美苏关于预防危险军事活动的协定》签署则具有《联合国海洋法公约》的背景，美苏在有关领海确定的国际法问题上有不同解释，美国认为苏联确立领海基线的方法是不能接受的“过分要求”，但在不断挑战苏联认

---

① 罗伯特·P. 希尔顿：《1972 年〈美苏关于防止公海及其上空事故的协定〉》，载《联合国专家研讨会材料汇编（一）》，海军军事学术研究所，1990，第 30 页。

② 同上书，第 31 页。

③ 谢·格·戈尔什科夫《国家海上威力》，房方译，海洋出版社，1985，第 62 页。

④ *United States/Russian Federation Incidents at Sea and Dangerous Military Activities Agreements*, August 7, 2019, accessed August 7, 2019, https://fas.org/irp/doddir/navy/opnavinst/5711_96c.pdf.

定的领海权利过程中，看到了海上军事对抗发生意外事件或冲突的危险性，最后选择了谋求新的双边安全协定的做法。这一协定将适用范围扩展到陆地和空中全方位军事空间，为此增订了《建立并保持通讯的程序》，而《与进入领土有关的意外事件的处理程序》则针对军事技术的新发展，将使用激光、干扰指挥和控制网络作为“危险军事活动”予以禁止，并首次为在有争议海域的军事活动建立安全措施提供了先例。

从 1972 年《美苏关于防止公海及其上空意外事故的协定》到 1989 年《美苏关于预防危险军事活动的协定》，美苏两个超级大国以双边协定规范海上军事行动的模式及其安全措施，对国际社会产生了重大影响，成为一个预防海上突发事件的典型模式，被许多国家所效仿，如 1986—1989 年，英国、法国、联邦德国、加拿大、意大利等国都与苏联签署过类似的“海上防止意外事故的协定”。1990 年，联合国裁军委员会连续两次召开 19 个国家参加的“关于在海上建立信任措施问题”专家研讨会，高度评价了协定所具有的“建立海上信任措施”合作精神。冷战后，1994 年《中俄关于预防危险军事活动的协定》，其后俄日、俄韩签署的具有相同意义的“海上防止意外事故的协定”，以及 1999 年西太平洋海军论坛开始向各国海军推荐使用并一直在寻求正式通过的多边《海上意外相遇规则》，在具体安全规则的制定上，也多有效仿美苏 1972 年和 1989 年两个协定之处，可谓影响深远。

当代社会，国家间的海上军事接触成为和平时期的常态，而国家间安全利益可能的对立和冲突，使预防海上意外事故、海上危险军事活动，以及由此引发的海上冲突和海上危机也成为不变的安全需求，因而仍旧可以从上述两个协定中获取参考和借鉴。

中美在平时海上军事行动国际法适用问题上的主要分歧*

在21世纪到来之际，中美海军舰艇和飞机在海上，尤其是在西太平洋海域相遇、接触的机会大大增加，了解中美双方在平时海上军事行动国际法适用问题上的主要分歧，很有必要。

一、关于一般国际法规则

海军平时的海上活动是人类整个海洋活动的一部分，必须依照国际海洋法进行，受一般国际海洋法的约束。目前，中美双方平时的海上军事行动所依据的相关国际法是共同的，但由于战略出发点不同，因而在相关国际法的解释和适用上产生了诸多分歧和斗争。主要问题如下。

（一）领海基线问题

领海基线是沿海国确定其领海和其他管辖海域的起算线。根据《联合国海洋法公约》（以下简称《公约》）规定，确定领海基线的方法有正常基线法、直线基线法和混合基线法。沿海国可根据其海岸实际

* 本文发表于2000年5月中国人民解放军西安政治学院国际法研讨会。

情势决定其领海基线的确定方法。[①]

1958 年 9 月 4 日，中国政府发布《中华人民共和国政府关于领海的声明》，宣布中华人民共和国的领海宽度为十二海里（浬），中国大陆及其沿海岛屿的领海以连接大陆岸上和沿海岸外缘岛屿上各基点之间的各直线为基线，[②] 即中国的为采用直线基线；1992 年 2 月 25 日，中国颁布《中华人民共和国领海及毗连区法》，从法律上确立了中国的直线领海基线制度。[③] 1996 年 5 月 15 日，中国全国人大常务委员会通过了《关于批准〈联合国海洋法公约〉的决定》，同时发布了《中华人民共和国政府关于中华人民共和国领海基线的声明》，[④] 对外公布了从"山东高角"至"海南峻壁角"和西沙群岛的两组领海基线，从法律上明确了中国部分领海的起算线。

美国对中国的领海基线制度持异议。1996 年 7 月，美国国务院海洋事务办公室海洋国际环境和科学事务局发表了《中国的直线领海基线主张》研究报告，详细评价并基本否定了中国的领海基线制度。认为，中国大陆海岸不具备选择直线基线的"法定自然条件"；许多领海基线的基点不符合《联合国海洋法公约》有关规定的要求；领海基线有些段的长度过长，封闭了一些不应封闭的海域，基线内的部分内水应为领海或公海，部分领海应为公海；西沙群岛用直线基线法划定领海基线没有法律依据。由此提出，中国合理的领海基线应是沿大陆海岸、近岸岛屿的低潮线和合法的海湾封闭线。[⑤]

---

① 参见《联合国海洋法公约》，海洋出版社，1983，第 6、第 7、第 10 页。

② 参见《人民日报》1958 年 9 月 5 日，第 1 版。

③ 《中华人民共和国领海与毗连区法》第三条。参见《人民日报》1992 年 5 月 26 日，第 4 版。

④ 参见《人民日报》1996 年 5 月 16 日，第 4 版。

⑤ Office of Ocean and Polar Affairs, United States Department of State, *Limits in the Seas, No. 117 Straight Baselines Claim: China*, July 9, 1996, accessed June 10, 2019, http://www.state.gov/e/oes/ocns/opa/c16065.htm.

（二）军舰无害通过领海问题

军舰无害通过领海是否需要批准或事先通知是国际社会长期讨论未果的问题。联合国第三次海洋法会议和《联合国海洋法公约》对该问题也还是没有定论。但有关的习惯国际法显示，国际社会在此方面的实践是多元的，有些沿海国允许外国军用船舶无害通过领海而不加特别要求，但有些沿海国则通过国内法规要求外国军用船舶无害通过领海须经事先通知或许可，或履行其他要求。

中国根据《联合国海洋法公约》和习惯国际法制定的国内法规定，“外国军用船舶进入中华人民共和国领海，须经中华人民共和国政府批准”。[①]

美国在军舰无害通过领海的制度方面，与中国持不同观点，认为“所有军舰，其中包括潜艇，享有不受阻碍、不需事先宣布的无害通过权”，[②] 也就是说，军舰（包括浮出水面航行并出示国旗的潜艇）无害通过外国领海的权利，“不附加条件”，无须提前通知沿海国或事先征得沿海国的批准。[③] 这一观点在其《美国海上行动法指挥官手册》中被一再强调。

（三）领海的救助准入权问题

对海上遇险船舶和人员提供救助是包括军舰在内的所有船舶在海上航行时必须遵守的基本国际法规则之一，其合法性主要基于国际人道主义责任，国际海事组织据此为沿海国划定了国际搜救责任区。但在不同

---

① 《中华人民共和国领海与毗连区法》第六条。

② 参见美国海军军法署、美国海军学院编《美国海上行动法指挥官手册》，于世敬等译，中国人民解放军海军军事学术研究所，1993，第 19 页。

③ 同上书，第 145 页。

海域范围内如何实施搜救，既有责任、合作问题，也面临不同的国际法规范问题，如军舰是否有无害通过权。一般情况下，海上搜救活动须在尊重沿海国领海主权和分工负责的原则下进行，须在法定条件下按照法定程序实施。

中国根据国际海事组织的要求成立了海上搜救中心，有常备的海上搜救力量负责中国当面海域的海上搜救业务。中国国内法明确规定，外国军舰进入我领海必须经中国政府批准。1987 年，中国港务监督局与美国海岸警卫队签署了《中美海上搜救协定》，规定搜救合作范围不包括中国领海。

美国认为，军舰享有领海救助准入权，即在紧急情况下，为了人道主义救助的目的，军舰不必寻求或取得沿海国的准许就可进入该国的领海实施海上救助。在其《美国海上行动法指挥官手册》中规定：是否存在需要实施紧急救助而进入领海的险情，其决断权在于现场的军事指挥官。①

（四）外国军舰在沿海国管辖海域内遵守沿海国法律和规章的问题

沿海国管辖海域主要是指沿海国依据《联合国海洋法公约》划定的专属经济区和大陆架。联合国海洋法规定，沿海国对此海域内的一切自然资源享有主权权利，对此海域内的特定事项如人工设施的建造和使用、海洋环境的保护和保全、海洋科学研究等享有专属管辖权。同时规定：沿海国在专属经济区内依法行使其权利和履行其义务时，应适当顾及其他国家的权利和义务，并应以符合《公约》规定的方式行事。而

① 参见美国海军军法署、美国海军学院编《美国海上行动法指挥官手册》，于世敬等译，中国人民解放军海军军事学术研究所，1993，第 19、第 35 页。

非沿海国在该海域内享有在《公约》有关规定限制下的航行和飞越自由等权利，同时应适当顾及沿海国的权利和义务，并应遵守沿海国按照《公约》和其他国际法规则制定的与专属经济区制度不相抵触的法律和规章。①

美国认为，在专属经济区，沿海国对自然资源可行使主权权利，除此之外，其管辖权是很有限的。美国的军舰和飞机在其他国家的专属经济区内享有与公海同样的完全的航行和飞越自由，以及和这些自由相关的合法使用海洋的其他自由。

中国遵守《联合国海洋法公约》规定，履行相应义务，同时维护应有的权利。中国认为，专属经济区不是公海，外国军用船舶应当本着《公约》"和平利用"的精神规范行为，危害沿海国国家安全的军事活动应当予以禁止。1998 年，中国正式颁布《中华人民共和国专属经济区和大陆架法》，以及《中华人民共和国海上交通安全法》（1984 年）、《中华人民共和国对外国籍船舶管理规则》（1979 年）、《中华人民共和国海洋环境保护法》（1999 年）、《中华人民共和国防止船舶污染海域管理条例》（1983 年）、《中华人民共和国海洋倾废管理条例》（1985 年）等一批适用于中国管辖海域的国内法规，相关部分应适用于在该海域内外国军舰的军事活动。

（五）在专属经济区由海军或为军事目的进行的海洋科学研究问题

《联合国海洋法公约》规定，沿海国对其专属经济区内的一切海洋科学研究活动享有专属管辖权，在专属经济区内和大陆架上进行海洋科学研究，应经沿海国同意；《公约》还规定，在正常情形下，沿海国

① 参见《联合国海洋法公约》，海洋出版社，1983，第 38—40 页。

应对其他国家“专为和平目的和为了增进关于海洋环境的科学知识以谋全人类利益，而在专属经济区内或大陆架上进行的海洋科学研究计划”给予同意。[①]

根据中国政府1996年颁布的《中华人民共和国涉外海洋科学研究管理规定》，外方在中国管辖海域进行海洋科学研究活动，“须经国家海洋行政主管部门批准或者由国家海洋行政主管部门报请国务院批准，并遵守中华人民共和国的有关法律、法规”。[②] 因此，外国在中国专属经济区内和大陆架上进行任何目的的海洋科学研究、包括军用船舶进行的军事测量和水文调查活动，须事先征得中国政府的批准。

美国的立场是：鼓励海洋科学研究自由。美国承认其他国家有权对其专属经济区和大陆架内的海洋科学研究实施管辖，但同时认为，水道和军事测量不是海洋科学研究，不需要得到沿海国批准。

二、关于专门国际法规则

海军平时海上活动除了要受一般国际法规则约束外，还由于军舰和军用飞机所具有的特殊国际法律地位及其担负的特殊使命和任务而要受专门国际法规则约束。中美在一些专门国际法规问题上也出现分歧。

（一）军舰平时设立“立体警戒圈”的规则

军舰的立体警戒圈亦称“气泡式警戒圈”，是指军舰，尤其是航空母舰设定的包括水面、水下、空中的立体警戒圈。该警戒圈的范围一般

---

① 参见《联合国海洋法公约》，海洋出版社，1983，第178页。

② 《中华人民共和国涉外海洋科学研究管理规定》第四条。参见《人民日报》1996年7月14日，第2版。

以军舰或其舰载机的警戒雷达视距为限，并随军舰的移动而移动。

美国军舰在平时设立有半径为200海里的立体警戒圈，凡从水面、水下、空中接近或进入该圈的舰艇、飞机都有被认为具有敌意并受到警告、拦截乃至打击的可能。

中国认为，按照已有的国际实践，为军舰设立立体警戒圈是以存在武装冲突为前提的，是为防备敌方的可能打击威胁而设立，必须妥为顾及非敌方船舶和飞机的航行安全，尊重其他国家和平利用海洋的同等权利。根据和平利用海洋以及平等利用海洋的原则，在平时没有为军舰设立立体防御圈的必要。设立此类区域严重妨碍了别国和平利用海洋的权利，违反了公海自由原则。

（二）海军平时交战规则

《联合国宪章》第2条规定，“各会员国在其国际关系上不得使用威胁或武力”；第51条规定，“联合国任何会员国受武力攻击时，在安全理事会采取必要办法，以维持国际和平及安全以前，本宪章不得认为禁止行使单独或集体自卫之自然权利。会员国因行使此项自卫权而采取之办法，应立向安全理事会报告”。这些规定，应是海军平时交战规则的基本依据。

中国认为，以《联合国宪章》为基础的当代国际法的基本精神是：在国际关系中全面禁止使用武力或武力威胁，防止滥用武力或武力威胁。因而，任何国家，在为其武装力量制定平时交战规则时都只能将行使自卫权的情势限定为《宪章》规定的“受到了武力攻击”。

美国将《联合国宪章》有关自卫权的规定做扩大解释，提出了“预防性自卫”理论，提出其使用武力自卫是为了“对付武装进攻，或即将来临的武力进攻的威胁”。它取决于两个因素，一是必要性，即

“是对战争行动或敌对意图的反应”；二是均衡性，即“使用武力要在程度、时间和规模上限制在足以对付进攻或进攻的威胁”。[①] 美国明确宣示，为保护美国在海上的国家利益，“一旦有必要，美国决心使用其武器部队进行单独或集体的自卫”。[②] 为此，美参谋长联席会议正式制定了平时交战原则，“平时交战原则的宗旨是指挥官有责任采取一切必要的和适当的行动以进行自卫”。[③]

（三）沿海国对外国军舰在其管辖海域活动进行限制的规则

沿海国对外国军舰在其管辖海域活动是否有权进行限制，国际社会各国出于不同的军事考虑没有达成共识。目前国际社会对此问题有两种不同的态度和做法。其一是限制外国军舰的活动；其二是不限制外国军舰的活动。

中国认为，专属经济区不是公海，基于中国的海上安全利益需求，有必要运用法律手段对外国军舰在中国管辖海域内危害中国国家安全的军事活动进行管辖和限制。中国国际法学界对此问题的讨论结论亦是：沿海国有权对在其管辖下的海域内的外国军事活动进行限制。

美国认为沿海国在其管辖海域享有的主权权利和管辖权有限，“它的中心目的是经济方面的”。在专属经济区内，各国都享有与资源无关的船只和飞机传统使用公海的权利，[④] 包括“航海权、航空权、铺设海底电缆和管道权及其客观存在与公海自由权有关的任何合法的公海使用

① 参见美国海军军法署、美国海军学院编《美国海上行动法指挥官手册》，于世敬等译，中国人民解放军海军军事学术研究所，1993，第 52 页。

② 同上书，第 51 页。

③ 同上书，第 53 页。

④ 同上书，第 12 页。

权，这些权利无论从质上还是从量上，都与传统的公海自由权利一样”。[①] 由此认为，沿海国无权对外国军舰在其管辖海域的军事活动进行管辖和干预。

三、中美法律分歧对海上军事行动的主要影响

从发展看，中美海上军事力量在中国近海乃至全球海域平时相遇的情况将日益增多，双方在海上军事行动国际法适用方面的分歧，将可能产生一些不利的影响。

（一）可能对中国海军维护国家领土主权行动产生影响

中美在领海基线、军舰无害通过领海和搜救进入领海权利问题上的分歧都涉及中国的领海主权，产生分歧的根本原因是双方价值观念的不同和国家海上安全政策的冲突。

美国一贯推行全球战略，声称其国家利益遍及全球每个地方。1979年，在联合国第三次海洋法会议期间，在各国，尤其是第三世界国家争取海洋权利的背景下，美国就制定了“自由航行计划”，凸显“海上航行自由”在其价值观体系中的地位。美国没有加入《联合国海洋法公约》，对于《公约》扩大沿海国权利的条款一直持保留态度。1983 年 3 月 10 日，在《公约》通过后的翌年，美国发表“总统声明”，再次明示美国的海洋政策，指出，“美国将行使和维护他在世界范围内航海、航空的自由权利”，“将不会默认其他国家企图限制国际社会航海、航

---

① 参见美国海军军法署、美国海军学院编《美国海上行动法指挥官手册》，于世敬等译，中国人民解放军海军军事学术研究所，1993，第 336 页。

空及其他利用公海权利和自由的单方面行为”。[①] 1988 年 12 月，美国正式推出“自由航行计划”，指出，美国的利益从地理上和经济上涉及世界的各个海洋。美国国家安全和商业主要依赖与国际上认可的合法权利和自由的航海和空中飞行。自从第二次世界大战以来，75 个以上的沿海国发表了各种威胁这些权利和自由的“过分的”海事声明，包括不被承认的历史性水域，不恰当的领海基线、领海，以及限制无害通过领海等。宣称美国的政策，将致力于通过自由航行计划，以外交手段和海上军事行动并举，保护美国的海洋权利和利益。[②]

中国实行军舰无害通过领海批准制度也被列入“提出过分海洋主张的国家”，1996 年中国公布直线基线制度后亦被美国否定。按照美国的异议，中国无害通过制度、特别是领海基线与美方主张之间将产生的若干“争议海域”，这一部分不为美国认为应当作为中国领海的海域，或将成为平时美国军舰、飞机进入中国领海领空的“国际法理由”。而当中国海军在这些“争议海域”维护中国领海主权时，极易发生海上摩擦和冲突。

（二）可能对中国海军维护海洋权益行动产生影响

中美在外国军舰对沿海国管辖海域的军事利用和在专属经济区由海军或为军事目的进行的海洋科学研究问题上的分歧，直接涉及中国对专属经济区内海洋权益的维护。美国海军不顾《中华人民共和国专属经济区和大陆架法》等国内法的规定，在中国专属经济区内进行了大量的军事水文测量等信息数据收集活动。如若美国海军坚持其认定的法理

---

① 参见美国海军军法署、美国海军学院编《美国海上行动法指挥官手册》，于世敬等译，中国人民解放军海军军事学术研究所，1993，第 340 页。

② 同上书，第 371 页。

依据，将不可避免地与中国海军维护国家海洋安全和海洋权益的行动发生摩擦和冲突。

（三）对未来高技术条件下的海上作战将产生直接威胁

军舰设定“立体警戒圈”作为武装冲突时期针对敌方合法军事目标采取的谨慎措施是有先例的。但是，如果将这种战时的谨慎措施搬到平时，将严重阻碍别国船舶和飞机对海洋的和平利用。如果此种防御圈随舰队移动到狭窄的海域，则会限制更多的船舶和飞机的行动，严重妨害该海域的和平和良好秩序。特别是在高技术条件下，美国的“预防性自卫”理论和以此理论为基础制定的海上平时交战原则，意味着美军降低了对“敌对意图”的判断乃至使用武力的门槛。在海军武器装备日新月异的今天，这种做法无疑是危险的。

美国《多国海上军事行动》条令和《实验战术》系列条令*

伴随冷战后美国军事战略及海军战略调整的进程，一部宣示美国与非盟国海上联合作战理论的新条令——《多国海上军事行动》条令①及其配套的《实验战术》② 系列条令（以下简称《条令》和《系列条令》）渐次浮出水面。这些条令基于北约国家多年联合作战和训练实践经验的总结，从战役指挥和战术技术层次上反映了现代高技术海上联合作战的一些客观规律。但它服务于美国“领导世界”的战略企图，贯彻和推进“新干涉主义”的作用和影响值得关注。

一、《条令》和《系列条令》是冷战后美国军事战略和海军战略调整的产物

1991 年的海湾战争，是以美国为主导的、联盟国家为主体的多国

---

* 本文发表于《中国军事科学》2000 年第 3 期，第 143 页。原文标题为《贯彻和推进“新干涉主义”的重要方式》。为便于理解，本文增加了有关条令的内容。

① 美国海军条令司令部的《多国海上军事行动》条令，其文本草案命名 *Multinational Maritime Operation Doctrine Manual*（《多国海上军事行动手册》），1996 年正式文本名为 *Multinational Maritime Operation*（《多国海上军事行动》）。鉴于该文件具有的多国海上联合作战条令的性质，故简称为《条令》。

② 美国海军条令司令部编写的《实验战术》，是一套战术性的系列条令，美军简称“EXTAC”。该系列条令从“1000”开始排序（如 EXTAC 1000，EXTAC 1001，EXTAC 1002……）。

联合军事行动和高技术的陆海空天一体战，初步展示了两极格局解体后美国军事战略调整变革的基本走向。为了实行在全球的“参与和扩展”，对传统军事联盟以外国家实施“领导”的问题提上了日程。1993年11月，美国海军在其主办的第12届国际海上力量研讨会（ISS）上，提出了讨论制定多国海上军事行动共同条令的问题；1995年第13届国际海上力量研讨会，以美国海军条令司令部的名义推出称之为《多国海上军事行动手册》条令草案；1996年9月形成正式文本《多国海上军事行动》。[①] 美国海军条令司令部司令鲍曼少将在《条令》前言中说，我们已经进入了一个多国军事行动可能多于单方面军事行动的时代。这些行动将伴随着非传统参与国在同一联合体中处理特殊情况而经常发生，有一个无须保密的、一般性的、适用于所有国家的准则作为这些军事行动基础的需求在增长。因此，《条令》“作为一个基本原则的汇集，试图对国家的和多国的海上力量指挥官、他们的参谋人员，以及战斗部队的指挥员们在计划和实施多国海上军事行动中提供水平指导”。[②]

《多国海上军事行动》条令旨在解决与非传统盟国海上联合作战的基本准则，为各国海上部队指挥官及其参谋人员参加多国海上联合行动提供战役级指南。《条令》共分为七章，主要内容是：（1）理论基点：海上军事行动的多国化趋势；（2）适用范围：区分平时和战时任务；（3）组织原则：就指挥与控制术语达成协议；（4）相互适应性原则：使用共同条令，在语言、联络官、信息交流、力量协调、交战原则等方

① 国际海上力量研讨会（International Seapower Symposium，ISS）1969年由美国发起并主办，每两年举办一次，邀请各国海军首脑参加。参见本书“B篇”：《美国海军战略思维的新动向——评第15届国际海上力量研讨会》。

② 美国海军条令司令部，U.S. Naval Doctrine Command, *Multinational Maritime Operations*, September 1996, Foreword p. 1。

面达成相互适应；（5）计划原则：分战略、战役和战术三个层次发展共同完成任务的能力；（6）后勤计划原则：解决各国在后勤理论和能力差异，规定后勤体制；（7）评估原则：规定行动结束后的评估及退出程序。然而，要实现多国海上联合行动这一目标，还必须有可操作性的手段，需要编撰一整套可供各国各类海上联合作战行动使用的共同条令，统一作战原则以及指挥和通信程序，从战术技术层面上解决多国海上联合作战行动中一系列装备和程序上的相互适应问题，于是，《实验战术》系列条令应运而生。

从背景上分析，这一进程的实质性推动还应该从北约东扩说起。1994 年 1 月，北约通过了克林顿关于建立“和平伙伴计划”的建议，正式启动北约东扩进程。在不到一年的时间里，包括有俄罗斯在内的 23 个欧洲非传统盟国加入，成为美国为首的北约的“伙伴国”。为发展与伙伴国在联合计划、培训、演习等方面的合作关系，并以此作为融合非传统盟国的手段，美国以北约联合作战的共同条令为基础，改编了“一系列非保密的战术出版物”，即《实验战术》系列条令，并首先在北约东扩进程中，将其用于非北约成员国参加的多国行动。截至 1995 年 11 月，美国海军条令司令部陆续出版的《实验战术》系列条令共有 14 种：EXTAC 1000 海上机动和战术程序；EXTAC 1001 非航母舰载直升机作战（1）；EXTAC 1002 非航母舰载直升机作战（2）；EXTAC 1003 海上补给；EXTAC1004 通信程序和缩语；EXTAC 1005 演习条令；EXTAC 1006 结构式文电；EXTAC 1007 水雷战；EXTAC 1008 潜艇安全/逃生；EXTAC 1009 潜水安全；EXTAC 1010 非战斗人员后送行动；EXTAC 1011 海军人道主义救援任务；EXTAC 1012 海上拦截行动；EXTAC 1013 地区海运控制。

由此可见，《条令》和《系列条令》是相辅相成的。《条令》可以被视为《系列条令》的总纲，而《系列条令》是实现《条令》设计的途径和手段，二者体现了美国海军冷战后战略思维的日益清晰，凸显了美国影响并领导世界海上力量的战略意图。

与此同时，美国海军进一步向亚太地区推广这套条令。1996 年，美国通过日本、澳大利亚在第五届西太平洋海军论坛[①]会议上，推动制定一个与《条令》思路基本一致的“海上军事行动准则”，同时提出了“推动成员国充分利用《实验战术》”的问题。1997 年，中国海军舰艇首次访问美国西海岸本土，美国海军提供了《实验战术 1000 海上机动和战术程序》[②]的文本，介绍并推荐中国海军使用这一程序，首先是其中的通信程序。1999 年 9 月，西太海军论坛制定了充分借鉴《实验战术 1000 海上机动和战术程序》主要内容的《海上意外相通规则（试用本）》，由澳大利亚海军司令出面，发放给包括中国在内的论坛各国海军，并提出试用这一规则并征求意见的要求。而在欧洲，至 1998 年年底，使用这套条令，北约与其“伙伴国”进行了 70 多次双边和多边的以维和、处理危机、搜救为名义的联合军事演习。

1999 年 11 月，在科索沃战后不久，美国主办了 20 世纪最后一届国际海上力量研讨会，会上再次将《条令》和《系列条令》的推广引入了一个新阶段：首次安排与会各国的代表分 8 个组，进行了进入别国领海和专属经济区的实战性沙盘推演，并讨论了“多国海上联合作战原则”和具体的“交战规则”。美海军作战部长约翰逊表示，这次沙盘推演的成果要运用于今后多国部队的海上联合行动。这表明美国出于新干涉主义的需要，急于将《条令》和《系列条令》付诸实施，同时进一

① 西太平洋海军论坛（Western Pacific Naval Symposium，WPNS），始建于 1988 年，每两年举行一次地区海军领导人会议。参见本书“B 篇”《西太平洋海军论坛与地区海军合作》一文。

② 《实验战术 1000 海上机动和战术程序》（*EXTAC 1000 Maritime Maneuver and Tactical Procedures*），居《系列条令》之首，提供了最基础的海上多国联合行动的通信联络信号等程序。

步折射了《条令》和《系列条令》忠实贯彻美国国家战略和军事战略的实质。

二、《条令》和《系列条令》贯注了美国海军新作战理论，是其战略理论向作战行动过渡的桥梁

面向21世纪，在美国“塑造—反应—准备”新军事战略和《2010年联合作战构想》新作战概念（控制性机动、精确打击、全维保护和集中后勤）的指导下，美国海军进一步完善20世纪90年代以来不断更新的作战理论，确立了“作战第一”的指导思想，《条令》和《系列条令》贯注了全新的作战理论，填补了与非盟国的海上联合作战条令上的空白，成为其战略理论向作战行动过渡的一个桥梁。

（一）《条令》和《系列条令》与战略理论的接轨

美参联会《2010年联合作战构想》指出，21世纪的军事行动将是美国诸军种的联合作战和与盟（友）军的联合作战。《条令》命名为《多国海上军事行动》，反映了这一条令与“塑造—反应—准备”新军事战略的接轨。

首先，《条令》从海上作战需求的角度诠释新世纪美国海军前沿存在和“新干涉主义”的战略理论。指出，“近些年来，发生地区性冲突的可能性已经增大，维护世界和平与稳定的共同利益使得以政治方式解决危机和防止或制止冲突对许多国家都有好处”，许多地区组织都可能进行多国行动的授权。由于多国海上军事行动的可能性增加，“这就日益需要一种普遍适用的条令”，使各国不同的安全力量能够相容并相互适应，以此为多国行动作好准备，减少在危机或战争期间多国部队所面

临的风险。

其次，《条令》规定了美国海军新世纪在全球进行“塑造”“反应”的基本任务和作战样式。指出，《条令》的适用范围有平时和战时任务区分。平时行动包括：前沿存在和威慑、维持和平行动、人道主义救援行动、保护海运和航行自由、海岸警卫任务、环境行动、海上禁运、海上遮断行动等海上非战争行动；战时行动包括：海洋控制和兵力投送、对空作战、反潜作战、反水面舰艇作战、对岸作战、两栖作战、指挥和控制战、特种行动、水雷战以及海运控制等作战行动。其中，前沿存在和兵力投送是其最重要的任务，浅水区作战和对岸作战是其作战思想关注的重点。

最后，《条令》以美国的价值观诠释国际法，作为其进行全球干预的依据。指出，法律上的支持对多国行动至关重要。各国对国际法解释上的差异可能对作战行动带来影响。美国认为，根据国际法，海上部队几乎可以部署到世界上的任何地方去，并可以根据海洋法赋予的无害通过权，穿越非参加国的领海。还可以在某些国家的要求下，通过在这些国家的领海内建立海上存在来对他们进行保护。美国将其对国际法的解释写入《条令》，并要求各国接受这一规范，这种利用，甚至操纵国际法的行径，昭示美国已经完成了从海上“争霸”到“称霸”的历史转变，至少在新世纪到来后的一段时期内，会大力推行“新干涉主义”。

（二）《条令》和《系列条令》与作战行动的接轨

首先，《条令》提出了遂行多国海上军事行动的指挥控制原则，描绘了指挥控制体制。指出，在多国海上军事行动中，要使指挥与控制结构一体化，就指控术语达成协议，可以采取三种基本结构：平行指挥，即部队在本国司令部的指挥下行动，以合作的方式达成联盟目标；主导国指挥，即指定一个伙伴国担任总指挥，其他参与国根据主导国的方案和指示行动；统一指挥，即一个指挥官带领由所有成员国的代表组成的参谋团指挥行动。这里最值得注意的是“主导国指挥”，为美国主导和领导多国海上军事行动预留了空间。

其次，《条令》以“达成并保持足够程度的相互适应化”为目的制定的《系列条令》，覆盖了水面舰艇、潜艇、舰载直升机乃至地面部队联合作战的所有战术动作，包容了平时和战时基本的海上军事行动，形成了一个条令体系。考虑到不同国家在军事思想、军事体制以及兵力运用等方面的差异和装备技术、人员素质等方面的差距，整个系列的条令通用性和可操作性特别强。如《非航母舰载直升机作战》，从不同国家舰机协同的角度，对各国各型可搭载舰载直升机的舰艇，特别是甲板细节以及各国各型可搭载舰载直升机的战术技术性能作了详细介绍，配有精确图示。又如《海上补给》，不但详细介绍各国主要舰艇装备油、水、弹的需求量，而且对补给输入点配以精确图示。而对所有涉及作战行动的分类条令都有指导意义的指挥和通信程序，具体到每一个指令和战术动作的标准用语。通信程序则还包括了国际上现行的所有通信手段——无线电、旗语、灯光、声力等方式，结合不同任务制定了具体的频率、信号和用语。任何国家只要按照程序去做，经过一段时间的训练，都可以达成军兵种之间和多国之间的战术协同。

这样，《条令》作为作战行动准则，从战役层次指导多国海上军事行动，而《系列条令》则从战术技术层次，分门别类地规范具体的作战行动，成龙配套，逻辑严密。采用这套条令，世界各国海上军事力量的建设和运用及多国海上联合军事行动便逐渐进入美国主导的轨道，从战术协同到战役协同，从达成战役目的到达成战略目的，可谓“明修栈道，暗度陈仓”。由是，《条令》和《系列条令》于潜移默化中成为美国海军战略理论向作战实践过渡的桥梁。

三、《条令》和《系列条令》对21世纪世界各国海上力量的建设和使用形成挑战

世纪之交，《条令》和《系列条令》已经在北约东扩中发挥了重要作用。一方面，通过与非北约国家进行的联合军事演习，基本实现了对其“伙伴国”军事上“渗透、改造、融合”的意图；另一方面，对敢于抗争的南联盟实行了联合军事打击，并由此形成“北约战略新概念”。不久前刚刚结束的第15届国际海上力量研讨会，70余个国家参加了多国海上军事行动沙盘推演。当推演结合进入别国领海区和专属经济区的作战行动讨论交战规则时，尽管一部分国家认为作战想定损害别国主权，在政治层而上提出了反对意见，但在一些具体的通用战术原则方面却达成了共识。预计下一步《条令》和《系列条令》在亚太地区的推进将会更加积极，这不能不对世界各国，特别是第三世界国家海上力量建设和使用形成挑战。

其一，《条令》和《系列条令》的“两面性”，使之有可能成为未来多国海上联合作战的共同条令。《条令》和《系列条令》从属于美国的国家安全战略和军事战略、为美国霸权主义和新干涉主义服务的本质是毋庸置疑的，这从根本上与世界上大多数国家，特别是发展中国家的国家政策、国防政策和海军政策相违背。但是，由于它们在适用范围上包括了维和、反恐、抢险救灾、人道主义救援、国际海上执法等非传统安全领域的“非战争军事行动”，与和平时期各国利用海洋的军事行动及其由此产生的海洋安全利益相关，与正在发展的国际海上安全合作接轨，反映一些客观规律，因而就具有了超越国界的性质，如以《国际

信号规则》和《无线电规则》为基础的通信信号就具有兼容性，这些使世界许多国家海上力量有可能在自己的战略利益被忽视的情况下，甚至在明知违背自己战略利益的情况下接受《条令》和《系列条令》。

其二，《条令》和《系列条令》的贯彻实施，将形成美国主导多国海上军事行动的态势。首先，《条令》和《系列条令》以现代海军的高技术武器装备作为战术程序设定的基础，突出多国、多兵种、多维空间立体联合作战的特点，强调指挥、控制、通信和信息的一体化，而在这方面美国有无可比拟的优势。其次，《条令》和《系列条令》彪炳"国际合作"名义，非常系统又不保密，作战与训练一体化，向一切可能的双边和多边海上联合军事行动开放使用权，而其他国家都还没有，也很难进行这样的基础建设，没有取代美国居高临下之势的能力。最后，《条令》和《系列条令》必然导致各国武器装备出现较大的"透明度"，而弱国的"透明度"越大，从属性自然越强。因此，《条令》和《系列条令》一旦成为世界各国海上力量的共同条令，将难以遏制的形成美国主导多国海上军事行动的态势，届时美国可以将传统盟国、非传统盟国和非敌非友国家的未来海上军事行动都纳入美国的轨道，以法制化的条令规范和控制未来国际社会各种类的多国海上军事行动，实现对世界海上力量的领导。而且这一影响还将进一步放射到各国海军建设的方方面面，如武器装备、指挥控制、信息系统建设等。

四、《条令》和《系列条令》与美国军事战略相配套，可能使现行国际法关于禁止非法使用武力的规则成为一纸空文

从国际法角度分析，《条令》和《系列条令》有两点是危险的。首

先，以《联合国宪章》为基础的现行国际安全体制将维持国际和平与安全的主要职责授予了联合国安全理事会。因此，未来必要的多国海上军事行动须有联合国安理会的授权，否则即是非法。而《条令》和《系列条令》恰恰回避了实施多国海上军事行动的国际法依据，回避了联合国安理会的授权问题。其次，现行国际准则规定，合法使用武力的前提只有“自卫”和“联合国授权”两种情况。而《条令》和《系列条令》正在自行规定多国海上军事行动中的“交战规则”，试图给予其指挥官更大的使用武力权利，实质上是在推动美国所谓“预防性自卫”理论指导的“交战规则”。因此，如果以《条令》和《系列条令》指导未来的多国海上军事行动，那么动辄使用武力就会成为可能，现行国际法关于禁止非法使用武力的规则将成为一纸空文。

如是，对于世界各国海上力量来说，需要认真思考以下两个问题。

第一，1999 年美国海军部长的报告指出，进入 21 世纪，美国海上部队仍将是国家安全战略的主力军。海军的基本价值观念，将从全球自由航行转变为在一旦需要时可以不受限制的在任何时间、任何地点运用海上部队，进行“塑造”和“反应”。新世纪美国海军战略的两个动向已十分明晰：一是在其所强调世界经济政治走向全球化、国家主权淡化、地区性冲突对各国利益产生共同影响而导致威胁的“全球化”理论的指导下，突出海军对世界安全的独特贡献，使美国海军进一步成为实现其单极独霸世界的国家战略及实施“新干涉主义”的有力工具。二是积极推动各国海军在政治、政策、作战和技术等方面的“合作”，在各种危机反应中，更多采取多国海上联合作战行动。面对这样的战略意图，世界各国海上力量能不能接受《条令》和《系列条令》？

第二，从 21 世纪的未来发展看，世界经济全球化是客观趋势，海洋把世界连在一起，海军与国际接轨也是势所必然。哪一个国家能笃定排除在人道主义救援、抢险救灾、维和、反恐怖主义行动等方面进行国际合作的可能呢？只要涉及双边或多边的海上联合军事行动，就有指挥、通信等相互理解和沟通问题，就需要达成一定的战术程序上的默契或协议。而面对这样的趋势，各国海上力量如果不接受《条令》和《系列条令》，又能怎样做呢？

美国“防扩散安全倡议”及其对现行国际法的影响[*]

“防扩散安全倡议”（Proliferation Security Initiative，PSI），是美国为防止“无赖国家”大规模杀伤性武器扩散而倡导的全球性安全合作，其性质和可能的影响值得关注。

一、“防扩散安全倡议”的进程

“9·11”事件后，美国对于恐怖主义和大规模杀伤性武器扩散问题极为敏感。2002年年底，朝鲜半岛爆发核危机，美国高度紧张地调动国际社会加强防扩散；2003年3月，美国以伊拉克拥有大规模杀伤性武器为由发动了伊拉克战争。在这一背景下，2003年5月31日，美国总统布什在波兰“八国集团”峰会召开前夕提出了“防扩散安全倡议”。

2003年6月12日，美国与澳大利亚、法国、德国、意大利、日本、荷兰、波兰、葡萄牙、西班牙、英国等11个国家在西班牙马德里举行第一次会议讨论“防扩散安全倡议”。美国在会上阐述了“防扩散安全倡议”对可疑船舶、飞机和车辆进行拦截、搜查，并没收非法武器或

* 本文为参加2004年中国海洋学会年会论文。

导弹技术的主张。指出，这些拦截活动将在公海、沿海国专属经济区、合作国家的群岛水域、国际空域以及参加国的领土、领海、领空进行。

2003 年 7 月，11 国在澳大利亚布里斯班举行第二次会议，集中讨论了在海上、空中或地面单独或集体拦截大规模杀伤性武器（WMD）、导弹或相关材料装备所必要的行动。是时，集团内部也存在一些分歧。英国等欧盟国家主张“防扩散安全倡议”所采取的行动应与国际法相一致；美、澳等国家认为应根据需要改变现行国际法，建立一些其他制度。

2003 年 9 月，11 国再次会集法国巴黎，为“防扩散安全倡议”制定了一系列应遵守，但不具有法律效力的拦截原则。“防扩散安全倡议”成员一致同意将举行进行十次陆海空拦截训练演习。

2003 年 10 月，“防扩散安全倡议”国家在英国伦敦举行第四次会议，讨论了加强“防扩散安全倡议”及扩大其支持的方法。会议讨论了对运载大规模杀伤性武器的可疑飞机的模拟拦截，并就美方提供的可能的“登临协议”交换了意见。

2003 年 12 月，在美国华盛顿举行的专家组会议上，参与“防扩散安全倡议”的国家讨论了已经举行的几次拦截演习的经验教训。除了 11 个“防扩散安全倡议”成员国的执法、情报及海岸警卫队官员外，加拿大、丹麦、挪威、新加坡以及土耳其也派代表参加了此次会议。

2004 年 2 月，加拿大、新加坡、土耳其、丹麦和挪威 5 个国家加入了“防扩散安全倡议”。同月，布什总统在美国国防大学就防扩散问题发表演讲时说，“我们正根据新时代面临的威胁调整我们的战略”，宣称为阻止杀伤性材料的转运，参与“防扩散安全倡议”的国家将致力于相互交换情报，追踪可疑的国际货运品，并联合举行军事演习，随时准备搜查飞机和船只，以截获有扩散嫌疑的武器、导弹和设备。他呼吁更多国家加入“防扩散安全倡议”，并建议扩大“防扩散安全倡议”的范围，借助打击恐怖主义分子所采取的各种方式，加强执法合作，包括通过国际刑警组织和所有其他渠道，直接采取行动捣毁扩散网络，而不只限于货运和转运的途中。

2004 年 3 月，在“防扩散安全倡议”举行的第五次会议上，各参加国表示支持布什的演讲，并同意本国的军事、情报和执法部门与他国加强实质性合作。4 月，捷克宣布加入“防扩散安全倡议”。5 月 31 日，“防扩散安全倡议”在其实施一周年时举行了第六次会议。当日，俄罗斯宣布加入“防扩散安全倡议”。

其后，印度也表示认可“防扩散安全倡议”的防扩散原则，并开始与美国探讨其加入的可能性。

二、“防扩散安全倡议”的主要内容

在 2003 年 9 月的巴黎第三次会议上确定的“防扩散安全倡议”，主要内容是海空拦截原则，它号召所有“防扩散安全倡议”参加国采取以下措施。

> 第一，单独或与其他国家合作，采取有效措施拦截大规模杀伤性武器及其投送系统和相关材料运往或运出“有扩散之虞”的国家或非国家实体。
>
> 第二，建立便捷的防扩散情报交换程序，保护其他国家提供的机密情报，将适当的资源和力量致力于防扩散海空拦截行动和拦截力量建设，在拦截行动中最大限度地进行成员国间的合作。

第三，于必要时，审查并加强相关国内立法、相关国际法及其法律体系以获得法律上的支持。

第四，在其国内法允许的限度内并依照其国际法义务，采取具体行动支持对大规模杀伤性武器及其投送系统和相关物品的拦截。

a. 不向“有扩散之虞”的国家或非国家实体转让或协助转让任何此类货物，不允许在其管辖下的任何人从事此类转让；

b. 自行或根据其他国家的请求或其提出的正当理由，在本国内水、领海或任何其他国家领海之外的海域采取行动，登临检查悬挂本国旗帜的有为“无赖国家”运载大规模杀伤性武器及其投送系统和相关物品嫌疑的船舶，并没收可以认定的此类货物；

c. 严肃考虑在适当情形下允许其他国家登临检查本国船舶，并没收此类货物；

d. 采取适当行动：（1）在其内水、领海或毗连区拦截或检查可合理怀疑载有此类货物的运往或运自“有扩散之虞”国家或非国家实体的船舶，并没收此类货物。（2）执行可合理怀疑载有此类货物之船舶进出港口、内水或领海的条件，比如要求此类船舶在进入港口、内水或领海前必须接受登临、检查或没收此类货物；

e. 自行或根据其他国家的请求或提供的正当理由：（1）要求可合理怀疑载有此类货物运往或运自“有扩散之虞”国家或非国家实体，并正在飞越其领空的飞机降落接受检查，并没收此类货物。（2）在此类飞行前，拒绝可合理怀疑载有此类货物的飞机飞越其领空；

f. 如果其港口、机场或其他设施被用于将此类货物运往或运出“有扩散之虞”国家或非国家实体的中转站，得对可合理怀疑载有此类货物的船舶、飞机或其他运输工具进行检查，并没收此类货物。

上述拦截原则的核心内容：第一，拦截的目标是运往或运自“无赖国家”的涉嫌载有核生化武器及其投送系统和相关物品的飞机、船舶和车辆，包括所谓“无赖国家”的运输工具，也包括涉嫌将上述物品运输给“无赖国家”的其他国家的运输工具；第二，拦截的执行者主要是“防扩散安全倡议”的参与国，这些国家有权对涉嫌运输工具进行拦截，并实施登临检查；第三，拦截的地域不仅包括公海，还包括沿海国的专属经济区，以及“防扩散安全倡议”参与国的领土、领海和领空。“防扩散安全倡议”参与国应采取国内法措施，在其领土、领海和领空对上述涉嫌船舶和飞机进行拦截。

三、“防扩散安全倡议”的前景

2003 年 9 月，澳大利亚、日本、美国和法国“防扩散安全倡议”在澳大利亚东海岸外的珊瑚海举行了“太平洋保护者演习”，这是“防扩散安全倡议”的首次联合军事演习，其矛头主要针对朝鲜。截至 2004 年，“防扩散安全倡议”已经进行了 7 次多国海空拦截训练演习，3 次在海上及海空，2 次在空中，2 次在陆上。此外，“防扩散安全倡议”还于 2003 年 10 月在苏伊士运河实施了一次实际的拦截行动。据报道，此次拦截行动是德国和意大利当局根据情报，截获了 1 艘载有离心机零部件的驶往利比亚的德国籍船只。

“防扩散安全倡议”推出以来，尚处在准备实施和进一步推动更多国家加入的过程中。其频繁进行多国联合军事演习，一方面是参与国未来联合军事行动的协同训练，另一方面是向国际社会宣示决心，对相关国家进行威慑造势，号召更多的国家加入。但就推进实质性的实施方面，“防扩散安全倡议”的进展并不算顺利。其主要原因是大多数国家对“防扩散安全倡议”心存疑虑，不少国家质疑“防扩散安全倡议”抛开现有防扩散机制实施军事行动的合法性、确定“可疑”运输工具情报的准确性，以及海空拦截行动的可行性和有效性。中国、俄罗斯、韩国、印度、巴基斯坦、马来西亚等国家都对“防扩散安全倡议”提出了不同程度的质疑和反对意见。在“防扩散安全倡议”集团内部，对进行拦截行动是否应适用现行国际法、还是为适应需要改变现行国际法问题上也存在分歧。美国和澳大利亚等国家主张在原有制度之外建立一些其他制度，而以英、法、德等欧盟国家则主张所采取的任何行动必须与现行国际法相一致。

但是，“防扩散安全倡议”是美国“9·11”事件后先发制人和单边主义国家安全战略的必然引申，是针对“无赖国家”的重要的防扩散新举措，其执意推动的决心不会改变。且“防扩散安全倡议”已经得到了英、法、德、日、意、澳等西方主要国家的支持，截至2004年下半年，已有18个正式成员。美国还宣称，有80余个国家表示支持“防扩散安全倡议”，并与利比里亚、巴拿马签署了允许美国在公海、沿海国专属经济区和国际空域对两国涉嫌运输工具进行拦截检查的协议。毕竟，大规模杀伤性武器的扩散与恐怖主义联系密切是一个不争的事实，而反恐和防扩散又是世界各国的共同利益，特别是在国际社会尚没有多少对大规模杀伤性武器扩散的运输环节进行控制的有效机制和法规的情况下，一些国家或慑于美国的主导地位，或有自身的政治考虑，或期望“搭车”求安全而参与“防扩散安全倡议”的合作，特别是最近俄罗斯的加入和印度的行动，会产生一定的影响。因此，“防扩散安全倡议”是有可能得到更多国家的响应的。

2004年4月28日，美国推动联合国安理会通过了“防扩散”的1540号决议，该决议重申根据《联合国宪章》采取一切手段，应对恐怖主义威胁和防扩散领域的全球威胁，促进在防扩散领域对全球威胁做出有效应对，并要求各国根据《联合国宪章》第七章“对于和平之威胁、和平之破坏及侵略行为之应付办法”采取行动：不向企图开发、获取、制造、拥有、运输、转移或使用核生化武器及其运载工具的非国家行为者提供任何形式的支持；按照本国程序，通过和实施适当、有效的法律，禁止任何非国家行为者，尤其是为恐怖主义目的而制造、获取、拥有、开发、运输、转移或使用核生化武器及其运载工具，以及禁止企图从事上述任何活动、作为共犯参与这些活动、协助或资助这些活动的图谋；采取和实施有效措施，建立国内管制，以防止核生化武器及其运载工具的扩散；确认当有些国家在其境内有援助需求并请求援助时，有能力的国家可以酌情提供协助；吁请所有国家按照本国法律授权和立法，并遵循国际法，采取合作行为，防止非法贩运核生化武器及其运载工具和相关材料等。该决议虽然直接针对“非国家行为者”，没有正面提及“防扩散安全倡议”的海上拦截问题，但由于具有“防扩散安全倡议”的背景，还是给予了该倡议实施的一定空间和合法性，未来的推动可能加速。

四、“防扩散安全倡议”对现行国际法的影响

首先，“防扩散安全倡议”突破了现有国际防扩散机制，具有以国

际实践推动创制新国际法的性质。自 20 世纪 50 年代以来国际社会就防止大规模武器扩散做出了不懈的努力，形成了以《不扩散核武器条约》《全面禁止核试验条约》《禁止生物武器公约》《禁止化学武器公约》等国际条约为基础的国际防扩散机制，制定了严格控制、监督、管制核生化物品的出口和进口的防扩散措施，但尚没有完全覆盖海空运输环节。因此，“防扩散安全倡议”制定的海空拦截原则及其从事的活动具有以国际实践推动创制新国际法的性质。然而，这一创制行动具有美国的主导性及其单边主义倾向，其中的“预防性自卫”和“先发制人”的理念和所谓“无赖国家”的针对性，将可能导致未来的海空拦截行动是单边主义、没有联合国授权的军事行动。一旦具有合法性，将侵害相关国家的主权，损害联合国的权威，给国际和地区海上安全环境带来新的复杂和不安全因素。

其次，“防扩散安全倡议”的核心是在公海、沿海国专属经济区和领海上拦截涉嫌船舶，这与 1982 年《联合国海洋法公约》维护国际海洋秩序的一系列法规制度形成冲突。如《公约》规定了公海自由、船旗国专属管辖和领海无害通过等制度，规定了军舰和政府非商业性服务的船舶在公海上有不受船旗国以外其他任何国家管辖的完全豁免权；对于登临和检查权，《公约》限定只有在船舶从事海盗行为、奴隶贩卖、未经许可的广播、没有国籍以及精神药品贩运的情况下才可以行使。如果任何国家都可以在公海、专属经济区和领海中以防扩散为名拦截别国船舶，特别是在很难有确凿证据的情况下进行拦截，将严重损害现行的国际海洋法和国际海洋秩序，影响海上交通线安全。

最后，“防扩散安全倡议”要求参与国承担的义务有一部分在本国内水、领空、领海、毗连区或专属经济区内，甚至在港口、机场等领土内，需要相应的国内法支持。参与国必须使本国的相关国内立法和法律制度与之相适应，甚至可能使参与国不得不改变其在某些国际条约中所承担的国际法义务。

总之，“防扩散安全倡议”涉及实质性的海空军事行动，“防扩散安全倡议”的拦截行动主要是在内水、领海、专属经济区和公海完成的，拦截地域遍布太平洋、印度洋、大西洋、地中海乃至北冰洋，其海空军事行动既包括军事演习，又包括实际的拦截行动。美国强调，“防扩散安全倡议”是一种多边行动而非国际性的防扩散机制，下一步将积极谋求中国和印度等重要国家的参与。2004 年 2 月 17 日，在中美举行的第三轮战略安全多边军控和防扩散磋商中，美国重点就“防扩散安全倡议”向中国做了解释和说明，表示希望得到中国的理解和支持。中国外交部发言人表示，理解“防扩散安全倡议”参与国对大规模杀伤性武器及其运载工具扩散的关切，赞成其防扩散原则和目标。同时，强调了通过政治和外交手段解决扩散问题的重要性，并同意双方继续就“防扩散安全倡议”问题开展对话。

中美海上航行自由之争

——回顾与展望*

2015 年以来，南海形势紧张，中美关系见危，有关所谓“海上航行自由”的声辩不绝于耳，一时间成为热点。美舰机密集进入中国岛礁邻近海域的海上开展军事行动，增添了中美关系中的对抗性及火药味，也为其走向增加了新的不确定性。本文试图从中美海上军事关系角度追踪和解读这一斗争的来龙去脉，以加深对中美关系中风险因素的认识。

一、源起：关于专属经济区军事利用

在 1973—1982 年的联合国第三次海洋法会议上，专属经济区制度是争论最为激烈的问题之一，其焦点就是“航行自由”与“沿海国管辖权”的关系问题，对立双方基本是发展中国家和海洋大国。原因很简单，海洋大国握有制海权，希望尽可能地享有海上航行自由权，尽量减少沿海国的管辖权；而发展中国家处于制海技术和力量的弱势，当然

* 本文载于王缉思主编《中国国际战略评论 2016》（中文版），世界知识出版社，2016，第 90 页（英文版第 146 页）。

企求限制可能危害国家安全的航行自由，尽量加大对沿海的管辖权。经过长达 9 年的谈判磋商，双方相互妥协并进行了“一揽子交易”，专属经济区制度最终被写入了《联合国海洋法公约》（以下简称《公约》）。

专属经济区制度建立，是《公约》最重要的成果之一。它将从领海基线量起宽度不超过 200 海里区域的专属管辖权划归沿海国。这些权利主要包括对勘探和开发、养护和管理海床上覆水域和海床及其底土的自然资源的主权权利，从事经济性开发和勘探等活动的主权权利，以及对人工岛屿、设施和结构的建造和使用、海洋科学研究、海洋环境保护和保全等的管辖权。同时也规定了沿海国有义务给予其他国家权利航行和飞越自由，铺设海底电缆和管道的自由，以及与这些自由有关的海洋其他国际合法用途的权利。《公约》对专属经济区的他国利用一方与沿海国管辖一方的行为，都提出了“适当顾及”对方“权利和义务”的原则。[①] 这一制度是各种国际力量相互斗争和相互妥协的产物，导致了该制度的建立原则多、细节少，存在缺陷，尤其是对其中军事利用活动的规范少之又少，如对军用舰机“航行和飞越自由”是否需要附加条件，军事侦测是否应当受沿海国管辖，如何认定军事利用活动的“和平目的”，相互“适当顾及”的尺度如何掌握等，形成一些“灰色地带”和弹性解释空间。事实上，在《公约》通过后的几十年里，不少国家发表声明或制定相关国内法以加强管辖权，而美国也不断将这些国家的国内法列入“过分”（亦译为“过度”）的海洋主张。[②] 这些争论印证了专属经济区制度本身的缺陷，说明制度是应国际实践的发展而建立的，此后在实践中还会产生新的问题，还需要不断发展和完善。

---

① 参见《联合国海洋法公约》，海洋出版社，1983，第 38—40 页。

② 美国海军军法署、美国海军学院编《美国海上行动法指挥官手册》，于世敬等译，中国人民解放军海军军事学术研究所，1993，第 367—371 页。

1994 年 10 月，中美之间发生了两军战机黄海对峙的“小鹰”号事件。之后，随着中美关系的改善，双方启动了海上安全对话。1997 年 10 月，中美元首就“避免发生意外事故、误解或错误判断”达成一致。[①] 翌年两国国防部签署了《中华人民共和国国防部与美利坚合众国国防部关于建立加强海上军事安全磋商机制的协定》（简称《中美关于建立加强海上军事安全磋商机制的协定》）。[②] 然而，就在“协定”签署后的第三年，2001 年 4 月 1 日，中国 1 架歼 8-Ⅱ战斗机在南海跟踪监视执行抵近侦察任务的美国 EP-3 电子侦察机时，美机在海南岛上空东南 104 公里处违反飞行规则突然转变方向，向中方战斗机疾行而来。中方躲闪不及与美机发生碰撞事故，致使中方飞机坠毁，飞行员失踪。美方飞机未经中方允许，进入中国领空并降落在海南岛陵水机场。这一事件将中美关系降至冰点，双方在专属经济区军事利用问题上的矛盾斗争从此揭幕。

2001—2002 年，中国政府数次就美国海军侦测船“鲍迪奇”号在中国黄海专属经济区内长时间的侦察测量活动提出外交交涉。2002 年 9 月，中美关系开始转暖，但双方在黄海再次发生“鲍迪奇”号事件。事情发生时，“鲍迪奇”号正在距离中国海岸约 60 英里的黄海海域进行海底地形绘图，同时进行用拖带式声呐监听水下情况的作业。中国舰机对完全不理会劝阻、警告的“鲍迪奇”号进行了拦截和驱离。美国全国广播公司、美联社、美国有线电视新闻网和美国各大报纸报道了这一事件，还报道了中国渔船撞坏了美国船上的拖带的声

① 1997 年 10 月 29 日，江泽民与克林顿在华盛顿签署了《中美联合声明》，宣布中美致力于建立“建设性战略伙伴关系”，同时宣布：“两国就中美建立加强海上军事安全磋商机制达成协议。该协议将有助于双方海空力量避免发生意外事故、误解或错误判断。”参见《中美发表联合声明》，《人民日报》1997 年 10 月 31 日，第 1 版。

② 《中美关于建立加强海上军事安全磋商机制的协定》《关于建立加强海上军事安全磋商机制　中美签署相关协定》，《人民日报》1998 年 1 月 20 日，第 4 版。

呐。[1] 中国外交部发言人章启月说："美国的一艘海军船只没有经过中方的同意在中国的专属经济区进行活动，我们认为这样的活动违反了国际法原则，也侵犯了中国专属经济区的相关权益和中国在专属经济区内的管辖权。""我们要求美方能够遵守国际法的有关规定，希望美国的有关船只停止在中国的专属经济区活动。"[2] 美国五角大楼官员承认"鲍迪奇"号当时确是在中国专属经济区海域内进行情报收集活动，且活动已经不是一两天的事了，但声称那是"国际水域"，美国舰船"有权待在那里"。[3]

2009 年 3 月，美国海军侦测船"无瑕"号在距离海南岛 120 公里处的南海水域活动，针对前来执行查证、监视和驱离任务的中国舰船，美海军派出排水量超过 9000 吨的"阿利·伯克"级导弹驱逐舰"钟云"号护航，双方发生严重对峙；5 月和 6 月，双方又连续发生两起危险接近事件。[4] 美方指责中国船只在南中国海危险地尾随、跟踪"无瑕"号，美军参谋长联席会议主席迈克·马伦表示，中方认为事发地属于中国专属经济区所规定的 200 海里内区域，但美国有权利进入这片国际水域，美国军舰有权利在公海自由航行。美军太平洋司令部司令基廷称，"无瑕"号事件是"中国挑衅"，中国船的行动不专业、危险，违反国际法。[5] 中国外交部发言人马朝旭则反驳说，"无瑕"号违背有

---

① 特约撰稿徐冰川：《美国军舰驶入黄海　我渔船撞上美军间谍船》，人民网，2002 年 9 月 25 日，http://www.people.com.cn/GB/junshi/60/20020925/831024.html，访问日期：2016 年 6 月 10 日。

② 《中方要求美国船只停止在中国专属经济区内活动》，来源：中国日报网站，新浪网，2002 年 9 月 26 日，http://news.sina.com.cn/c/2002-09-26/1621745621.html，访问日期：2016 年 6 月 10 日。

③ 《美国军舰驶入黄海　我渔船撞上美军间谍船》，人民网，2002 年 9 月 25 日，http://www.people.com.cn/GB/junshi/60/20020925/831024.html，访问日期：2016 年 6 月 10 日。

④ 《中美决定于 7 月讨论两国舰艇对峙事件》，来源：中国新闻网，新浪网，2009 年 7 月 1 日，http://news.sina.com.cn/o/2009-07-01/132215880939s.shtml，访问日期：2016 年 6 月 10 日。

⑤ 《美太平洋司令再次强硬喊话称无瑕号事件是中国挑衅》，美国中文网，2009 年 3 月 11 日，http://news.sinovision.net/portal.php?aid=76142&mod=view/2009-3-20，访问日期：2016 年 6 月 10 日。

关国际法和中国法律法规的规定，未经中方许可在南海中国专属经济区活动。美方有关说法严重违背事实，颠倒黑白，中方完全不能接受。中国国防部新闻发言人黄雪平说，美方非法活动的海域是中国专属经济区，我们要求美方尊重中国的合法利益和安全关切，切实采取有效措施防止此类事件再次发生。[①]“无瑕”号事件将中美关于专属经济区军事利用问题的争论推向一个新的高点，中美军事关系和海上安全气氛紧张。8 月，中美海上军事安全磋商机制召开了“专门会议”，美国方面指责中国的海上拦截行动危害了海上航行安全；中国方面严正回应：美方在中国专属经济区海域及其上空频繁的海空侦察测量活动是造成中美海空军事安全问题的根源。[②]

其间，中美之间发生的海空军事摩擦事件难以数计，以至于有中美军事关系滞后于两国关系之说。2010 年 6 月，在新加坡香格里拉召开的亚洲安全大会上，中美国防部高级官员唇枪舌剑，激辩究竟是哪一方阻碍了中美两军关系的发展。中国代表团团长、中国人民解放军副总参谋长马晓天说，我们认为在两军关系发展的障碍当中，最主要的有三条，第一条是对台军售；第二条是美军的舰机在中国的南海和东海对我们抵近进行高强度的侦查、巡逻；第三条是美国国会 2000 年通过的《2000 年国防授权法》以及后来的《迪莱修正案》，所以对两军的交往设置障碍的并不在我们。[③] 将美军舰机抵近侦察作为三大障碍并提，说明中美关于

① 《国防部新闻发言人就美国海军监测船在中国专属经济区活动事答记者问》，新华网，2009 年 3 月 11 日，http://news.xinhuanet.com/mil/2009-03/11/content_10995832.htm，访问日期：2016 年 6 月 10 日。

② 《中美举行海上军事安全磋商机制专门会议：中方要求美国减少对华海空侦察》，人民网，2009 年 8 月 28 日，http://military.people.com.cn/GB/9942854.html，访问日期：2016 年 6 月 10 日。

③ 《中美军方高层在亚洲安全大会上交锋引关注》，来源：央视《环球视线》，新浪网，2010 年 6 月 8 日，http://news.sina.com.cn/c/2010-06-08/021820429745.shtml，访问日期：2016 年 6 月 10 日。

专属经济区军事利用问题的争论已经上升为影响两军乃至两国关系的主要因素之一。综合上述争辩，双方分歧实际上主要集中在以下两点。

第一，美国军事侦测活动的合法性。中国认为，美舰机在中国专属经济区的侦察测量活动严重危害了中国国家安全，违背了《联合国宪章》的和平宗旨以及《公约》关于专属经济区同样适用于“只用于和平目的”的基本原则；[①] 这些军事活动还违背了中国关于在专属经济区的海洋科学研究和测量活动必须事先申请并得到批准的国内法，因而是非法的。美方认为，《公约》规定外国在沿海国专属经济区内享有航行飞越自由权利，美国在中国专属经济区的活动是合法的。而中国军用舰机“不专业、危险”的拦截行动违反了《国际海上避碰规则》等国际法。

第二，沿海国对外国军事活动的管辖权。中国认为，专属经济区不是公海，沿海国具有专属管辖权。美国军事侦测活动具有非和平目的，不是正常的航行与飞越，对中国的海洋环境、资源造成了影响，并有科学研究性质，中国有权进行管辖。美国认为，专属经济区是国际水域，美国享有与公海相同的航行飞越自由；美国的侦测活动是军事活动，不是海洋科学研究，沿海国没有管辖权。

在此还应提及问题发生的背景。进入20世纪90年代，美苏两极格局解体，美国的主要对手不复存在；美国打响了海湾战争，其引领基于信息化的新军事变革发展趋势震惊世界；中国改革开放已见成效，海军现代化和走向蓝水的步伐加快；台湾当局显现出严重的“台独”倾向，中国1996年在台湾海峡的导弹试验显示了其反分裂决心。这些问题要素导致中美关系发生变化，无论是黄海和东海“鲍迪奇”号事件、南

① 《公约》第五十八条第二款规定：“第八十八条至第一一五条以及其他国际法有关规则，只要与本部分不相抵触，均适用于专属经济区。”其中，第八十八条的规定是“公海应只用于和平目的”。

海“无瑕”号事件，还是 EP-3、P-3C 等侦察机频繁的抵近侦察，针对台湾问题、针对中国军事现代化的装备信息数据采集和海洋地理环境调查的目的性十分明显，从这些侦测船、侦察机的性能和活动区域即可得出这一结论。因此，尽管双方公开激辩的是航行自由的合法性问题，涉及的本质却是安全利益问题。对此，中国方面一开始就表述得非常明确，即“美国的舰机侦察活动严重危害了中国的国家安全”；而美国方面不愿意直面问题实质，闪烁其词，只谈“safety”（航行安全）问题，不谈“security”（国家安全）问题，造成无休止的专属经济区军事利用法律之争。

二、升级：关于南海航行自由

2010 年，中国的 GDP 总量首次超越日本，上升到仅次于美国的世界第二位。美国是一个战略意识、忧患意识非常超前的国家，中国崛起的势头显然打破了美国可以容忍的限度。2010 年，美国首次表达了改变南海政策的意向，国务卿希拉里阐述了美国的亚太战略：“我们的最终目标就是，保持和加强美国在亚太地区的领导地位、改善地区安全形势、推进地区繁荣、推广美国的价值观。”此后，美国宣布将 60%的先进潜艇和作战飞机部署到亚太地区，并公开介入南海问题，中美海空军事摩擦事件的地域明显转向了南海。

2012 年 4 月，因菲律宾动用军舰在黄岩岛海域抓扣中国渔船和渔民，黄岩岛形势紧张；2013 年 1 月，菲律宾正式向临时仲裁庭提交了“南海仲裁”申请书；2014 年 4 月，菲律宾对仁爱礁坐滩军舰进行补给。美国与南海有关国家利益存在交集，明显“选边站”，南海形势进一步复杂化。2014 年 12 月，美国国务院发表了第一份直接针对中国南海断续线的官方研究报告《海洋界限——中国在南海海洋主张》。其传达的重要信息，一是全面否定了中国南海断续线及其历史性权利主张的合法性，二是论证了中国南海岛礁可能产生的主权和管辖权的有限性，进一步夯实美国在南海航行自由的理论基础。[①] 进入2015年，中国在南海岛礁的工程不断被媒体曝光，中美南海问题争辩升级，美军用舰机不断进入南海实施航行自由行动，成为导致新的军事摩擦的直接因素。据媒体报道，从2015年5月到2016年5月，美国军用舰机先后10次在南海中国岛礁附近海域进行“巡航”（见表1），其中1次进入中国西沙领海，3次进入中国南沙岛礁12海里以内的海域或空域，多次执行查证、监视和驱离任务的中国舰机发生对峙，双方外交上的声辩、交涉、抗议不断见诸报端，就海上航行自由权利的矛盾斗争急剧升级。

表1　美国军用舰机2015年5月至2016年5月在中国南海岛礁12海里内外活动

年	月　日	舰机类型	活动海域	活动空域	备　注
2015	5月11日	“沃思堡”号濒海战斗舰	抵近中国南沙岛礁12海里外邻近海域		
	5月18日	P-8A反潜侦察机		抵近中国南沙岛礁12海里外邻近空域	
	10月27日	“拉森”号导弹驱逐舰	进入中国南沙渚碧礁12海里内海域		
	11月8日	B-52战略轰炸机（2架）		抵近中国南沙岛礁12海里外邻近空域	
	12月10日	B-52战略轰炸机		进入中国南沙岛礁12海里内空域	

① Office of Ocean and Polar Affairs, United States Department of State, *Limits in the Seas, No. 143 China's Maritime Claims in the South China Sea*, December 5, 2014, accessed June 10, 2016, http://www.state.gov/e/oes/ocns/opa/c16065.htm.

续表

年	月　日	舰机类型	活动海域	活动空域	备　注
2016	1 月 30 日	“威尔伯”号驱逐舰	进入中国西沙中建岛附近领海		
	3 月 1 日	“斯坦尼斯”号航母战斗群	抵近南海北部，中国黄岩岛附近海域	在南海广大海域活动、实兵训练，不断起飞舰载机	活动超过 3 个月
	4 月 23 日	A-10 攻击机（4 架）、HH-60 直升机（2 架）		从菲律宾克拉克空军基地起飞，抵近中国黄岩岛附近空域	未见报道具体位置
	5 月 10 日	“劳伦斯”号导弹驱逐舰	进入中国南沙永暑礁 12 海里内海域。		
	5 月 17 日	EP-3 电子侦察机		抵近中国海南岛附近 12 海里外邻近空域	

资料来源：作者根据媒体公开报道整理，部分日期下的“下画线”，是表示进入西沙领海和南沙岛礁 12 海里以内的巡航活动。

美国对于中国南海岛礁工程的建设规模和速度始料未及，其侦察情报预警系统显然有疏漏并存在战略误判。美国焦虑的，首先是岛礁建设有效推进了中国的海上战略纵深，其次是岛礁建设折射的中国综合国力和军事能力，以及未来战略企图的“不确定性”。这一轮关于“南海航行自由”的论争是中美专属经济区军事利用争论的升级版，由美国一方主动挑起，性质是对南海战略态势重大变化的亡羊补牢，特点是舆论与行动并举，方式是在南海实施毫不留情、全面彻底、常态化的“航行自由行动”（FONOP）。具体表现主要有三。

其一，覆盖所有海空域。2015 年 5 月，美国军方发言人爆出“美国军方考虑派军舰和军机进入中国近期填海造地的南海岛礁 12 海里海域”以宣示航行自由的消息，[①] 随即便有其军用舰机进入南沙中国驻守岛礁 12 海里内海空域的行动，而此前美国的这类军事行动都集中在其所定义的 12 海里外的“国际水域”和“国际空域”中。2016 年 1 月 30 日，美国海军“威尔伯”号驱逐舰进入中国西沙中建岛领海海域，显示了其挑衅中国领海制度及国内法的故意。[②] 这样，美国在南海的“航行自由行动”便覆盖了其认为中国对南海有“过分”权利主张的所有海空域。

其二，无顾忌使用装备。2015 年以来，执行南海自由航行计划任务的美军舰机有多种型号，大多数为美军现役中最先进、寓意敏感、具有代表性的进攻性军事装备，如濒海战斗舰、B-52 战略轰炸机，A-10 攻击机等。还有“斯坦尼斯”号尼米兹级核动力航母战斗群，在南海一次性驻留数月，不断进行具有相当规模的海空军事训练和演习。这些敏感的军事行动，几乎没有任何给中美关系带来负面影响的顾忌，这在中美建交以来极其少见。

其三，公开申明政治企图。美国政府和军方高层一边行动一边喊话，公开指责中国单方面改变南海现状、加剧南海军事化、挑战国际秩序，申明美国将通过充分行使航行和飞越自由，迫使中国停止建礁和进行军事部署。美国国防部主管亚太安全事务的助理部长施大伟称，“美国国防部在这一地区采取支持美国外交的有力战略”，维持美国在这一地区最强大的军事存在，“确保美方能够做出必要的行动”。[③] 这与美国

---

① 《美军强硬再提 12 海里下一步或欲更深入》，来源：环球时报，中国网，2015 年 5 月 23 日，http://finance.china.com.cn/roll/20150523/3134565.shtml，访问日期：2016 年 6 月 10 日。

② 1992 年《中华人民共和国领海及毗连区法》规定，外国军舰进入中国领海必须经过事先批准。1996 年 5 月 15 日，中国政府公布了《关于领海基线的声明》，宣布了中国大陆领海的部分基线和西沙群岛的领海基线。多年来，尽管美方将中国的权利主张视为“过分主张”，但在实践中还从来没有故意逾越中国的国内法。

③ 《美国考虑派舰机进入中国南海岛礁 12 海里》，《环球时报》2016 年 5 月 15 日。

以往只谈“safety”（航行安全）不谈“security”（国家安全）问题的做法也大不相同。

对于美方进入中国南海岛礁 12 海里内海空域甚至侵犯西沙领海的军事活动，中国方面也给予了强烈反应和回击。主要观点是：中国在南海的主权和相关权利主张有充分的历史和法理依据；中国在南沙岛礁开展建设是中国主权范围内的事，合法合情合理，主要目的是改善驻守人员的工作和生活条件，更好地履行中国承担的有关国际责任和义务；美国的南海航行自由是伪命题，中国一向主张南海航行自由，但反对航行自由权利的滥用；美军舰机的行动是挑衅，违反国际法，中国要求美方减少以至停止海空抵近侦察，中国将采取一切措施维护领土主权、合法权利及安全。在军事行动方面，中国海空军对抵近的美国军用舰机进行了严密的侦察监视以及驱离，并通过外交途径严正交涉。中国海军司令员还多次视频约谈美国海军作战部长，宣示立场主张，表明中国依法维护南海岛礁主权和海洋权益的决心意志。

然而，美方对于中方的反应毫不理会，仍旧反复声明将继续在南沙岛礁附近进行侦察活动，继续在中国南海岛礁附近的海空域巡航，继续充分行使在国际海空域航行和飞越权利，挑战限制美国和其他国家航行自由权利的过分海洋声索，等等。这里，尽管美军仍借助相关国际法争论的包装，但使用这样高强度、不惜触碰主权红线的军事行动，已经明显超越法律问题，成为中美在特定背景下由不同社会制度、价值观念和国家利益引发的新一轮地缘政治斗争。

三、展望：“对抗”还是“合作”？

2015 年以来，以美国军方舰机进入中国南海岛礁 12 海里，甚至领海海域宣示航行自由权利为标志，中美关系，尤其是军事关系进入了新的紧张期，双方正在对抗与合作的边缘上纠结，接近“准对抗”状态。未来还将有南海仲裁案的裁决结果、美国大选换届、民进党执政后的美台关系等诸多不确定因素。在“海上航行自由”问题上，中美不断过招会不会走向军事对抗或冲突，中美军事关系乃至两国关系将如何定位？国际社会众目睽睽。笔者以为有三个需要解读的基本点。

其一，中美“海上航行自由”博弈本质上存在对抗性。从法学的角度看，“海上航行自由”是15世纪“地理大发现”后发展起来的一个国际海洋法范畴问题。在古代，海洋和空气一样，是“大家共有之物”。西方中世纪时，君主对土地的领有权开始向海洋发展，1494年葡萄牙和西班牙在大西洋上划定“教皇子午线”，成为最早的海洋瓜分实践。1609年，荷兰法学家格劳秀斯提出“海洋自由论”，反对国家瓜分和垄断海洋；1702年，荷兰法学家宾刻舒克的《海上主权论》（也译为《海洋领有论》），主张沿海国依其陆上武器所及之处领有海洋，此时的荷兰已经强大起来了。从此，法学界有了“海洋自由”和“海洋领有”不同的思想学派。其后有了3海里领海制度，海洋区分为公海和领海两部分。1945年，美国总统杜鲁门发表“大陆架公告”后，不少沿海国提出新的海洋主权和权益声索，以致连续三次召开联合国海洋法会议。1982年通过的《联合国海洋法公约》，建立了专属经济区制度，将全球三分之一的海洋赋予沿海国专属管辖权。抚今追昔，海洋自由与海洋领有是法学问题，更是国家利益问题，这决定了旧的矛盾妥协了、解决了，又会出现新的矛盾。

美国是马汉“海权”理论的故乡，崛起后一直奉行全球性海洋战略。然而，美国虽然是索取更多海洋权益的肇始者，却一直没有加入《联合国海洋法公约》。1979年和1983年，在《公约》通过前后，美国总统两次发表海洋政策声明，并于1979年开始制订“自由航行计划”（FON），争取全球海洋军事利用权利的最大化。1988年12月，在美国正式推出的“自由航行计划”中明确指出：“美国的利益从地理上和经济上涉及世界的各个海洋。美国国家的安全和商业主要依赖于国际上认可的合法权利和自由的航海和空中飞行”，并重申美国的政策：“美国将致力于保护和扩大国际法向每个国家所保证的航海和空中飞行的权利和自由。美国保护这些海上权利的其中一条途径就是通过美国的自由航行计划。此项计划包括外交行动和军事行动声明。后者通过行驶我们的航海和空中飞行的权利来挫败那些违背国际法的国家声明，并以此表明美国保护航行自由的决心。国务院和国防部将携手负责此项计划的实施。”[①] 其中，国防部负责的军事行动，称为航行自由行动。此后，美国号称在世界100多个国家由其海军具体实施“航行自由行动”，通过这些行动宣示其不承认沿海国“过分海洋主张”的立场，美国防部每年用“航行自由行动年度报告”记录这些军事行动。可见，“航行自由”是美国的国家海洋政策，包含了美国的基本价值观和霸权理念，它是国际政治范畴的问题，是地缘政治博弈，本质上不是法律问题。

中国是一个有着厚重文明和坚强民族性格的国家，在当代又是一个与美国社会制度、意识形态、价值理念完全不同的国家。经过40多年的改革开放，中国总结了近代落伍、海权羸弱、饱受海上殖民侵略的历史经验，决心进一步开放，建设海洋强国。按照美国现实主义政治逻辑的推导，一个新兴大国和一个守成大国不可避免要面临“修昔底德陷阱”，中国建设海洋强国不可避免要与美国在海上争权、分权。这是中美在“海上航行自由”问题上博弈的背景，中美利益矛盾，价值观相

① 美国海军军法署、美国海军学院编《美国海上行动法指挥官手册》，于世敬等译，中国人民解放军海军军事学术研究所，1993，第371页。

左，本质上具有对抗性，绕不开。

其二，中美“海上航行自由”博弈极具军事风险。2015 年 5 月以来，美国为其进入中国南海岛礁 12 海里内海域，甚至进入中国西沙群岛领海的军事行动合法性拟定的多种理由，不外乎其一贯主张的南沙群岛的中国岛礁是不可以主张 12 海里领海领空的低潮高地，[1] 其邻近海域均为“国际水域”，中国在西沙群岛不使用低潮线而采用直线基线划定领海是“过分主张”，[2] 等等，以证明美国实施航行自由行动是合法的，美国就是要用这样的方式否定中国主张的领海领空主权和其他相应的海洋权益。

中国一直声明对南沙群岛及其附近海域“拥有无可争辩的主权”并制定了相应国内法，但对相关国家一再侵犯主权没有使用武力；划定了西沙群岛领海基线，却没有划定南沙群岛领海基线；有“历史性权利”国内法条文，但没有进一步规定南海断续线内的权利主张。笔者认为，长期以来南海能够持续和平稳定，正是因为中国以上的没有说和没有做；中国政府现在仍旧不去说和做这些事，恐怕还是出于维护南海和平稳定、为当前形势降温的考虑，这种考虑和善意应当被理解。还应当看到，在此轮论战中，中国虽然没有比以往说得更多，但认定和重申的基本立场是明确、自信、坚决的：中国最早发现、命名和持续管辖了南海诸岛，对南海岛礁及其附近水域有无可争辩的主权，中国对自己的历史证据有充分的信心；中国在自己的岛礁上搞建设合理合法，美国无权干涉；中国在坚持南海历史性权利的同时，始终承诺南海航行和飞越

---

① Office of Ocean and Polar Affairs, United States Department of State, *Limits in the Seas, No. 143 China's Maritime Claims in the South China Sea*, December 5, 2014, accessed June 10, 2016, http://www.state.gov/e/oes/ocns/opa/c16065.htm.

② Office of Ocean and Polar Affairs, United States Department of State, *Limits in the Seas, No. 117 Straight Baselines Claim: China*, July 9, 1996, accessed June 10, 2016, http://www.state.gov/e/oes/ocns/opa/c16065.htm.

自由，并与相关国家约定和平谈判解决争议，对其他胁迫方式不接受；美国进入中国南海岛礁邻近海域实施“航行自由行动”是严重挑衅行为，中国不惜采取一切手段维护主权和海洋权益。

如是，双方各自解释国际法，都为自己寻找了合法依据；更重要的是，双方都有维护自己国家主权和权益的国家意志和军事决心。美国国防部长卡特说中国“采取了挑战国际秩序的举措”，表示五角大楼会把最精良的武器“全部”派到太平洋地区，包括F-35隐形战机、P-8反潜侦察机，以及新一代隐形驱逐舰等。[①] 美国太平洋总部司令哈里斯说，“美国将增大在南海执行更多类似‘自由航行’任务的频次、规模和范围”，甚至威胁说，“在不得不战的情况下，我们会选择战斗”。[②] 在美国政界军界不断推高的强硬声浪中，审视双方携带先进武器系统的军用舰机近距离接触事件，感受到的是非常负面的“准对抗”态势，这无疑具有很大的军事风险：美国B-52战略轰炸机进入中国南沙岛礁12海里内空域，中国有理由认为面临重大威胁而做出强烈反应；美国“威尔伯”号不经批准深入西沙群岛领海，中国也有理由跟踪驱离甚至采取更为激烈的对抗行动；美国指责中国歼-11战斗机与美EP-3侦察机距离仅15米，如是再次发生“撞机事件”概率很大。考虑到现场情况处置往往在于一瞬间，并多有不可控因素，这种对抗的风险实在是太大了，控制不好就酿成重大的海上意外事件。一旦事件发生，后果不堪设想。

其三，中美选择“合作”优于“对抗”。中美发生直接对抗和军事

① 《卡特对华发出冷战后最严重威胁》，《环球时报》2016年5月30日，http://mil.huanqiu.com/observation/2016-05/8988063.html，访问日期：2016年6月10日.

② 《美军司令回应中国战机拦截：不得已会选择战斗》，来源：环球网，中华网，2016年5月20日，http://news.china.com/focus/nanhai/11156618/20160520/22698180.html，访问日期：2016年6月10日。

冲突，对中美两国本身和地区国家乃至世界都将是灾难性的，这一点大家应该心知肚明。就当前中美两国的所作所为看，双方都还没有反目成仇的准备和行动。美 B-52 战略轰炸机进入中国南海岛礁 12 海里以内空域后，中方向美方提出了严正交涉，美方先是表示“误入”，稍后向中方通报了调查结果，表示美军机行为是“无意”的，不符合美军有关飞行标准，美国防部和太平洋总部将采取措施确保此类事件不再发生，并界定这次飞行并非“航行自由行动”的一部分。① 而中国方面的军事反应也是很有限的，说明中美双方都不想由此引起危险的军事行动，酿成意外“大事件”。其间，中美海上军事安全磋商机制正常进行，美国邀请中国海军参加“环太平洋-2016”联合军演没有改变主意，2016 年度的中美战略经济对话照常进行，这对担心中美南海冲突的人们或许是一点慰藉。

然而，这段时间中美军事“准对抗”，带来的影响很难在短时间消减，美国不可能很快结束南海的“航行自由行动”，中美军事关系的快速回暖难以奢望。未来中美选择“对抗”还是“合作”？笔者认为，中国不怕对抗，但不会主动选择对抗，对于可能会持续一段时间的“准对抗”，中国会致力于向“合作”转变。理由很简单，中国的发展需要稳定的中美关系，中国没有必要选择与美国对抗。而对于美国，除非美国大选后上台的领导人不理智到不可思议的程度，也会认为选择合作优于选择对抗。理由也不复杂，一是美国建立与中国伙伴关系的两国政治、经济利益格局没有改变，美国需要中国复兴经济，需要中国在反恐、反海盗、朝核等问题上合作；二是南海毕竟不是美国直接的核心利

① 《美 B-52 战略轰炸机进入南海华阳礁再次辩称是“误闯”》，来源：环球时报，新浪网，2015 年 12 月 21 日，http://news.sina.com.cn/o/2015-12-21/doc-ifxmszek7459387.shtml，访问日期：2016 年 6 月 10 日。

益，付出多少需要计算成本。还有一个原因，就是中美军事合作已经发展到一定程度、深入到一定程度，惯性犹存。特别是，2014 年，在中国青岛中美共同推动西太平洋海军论坛各国通过了《海上意外相遇规则》（CUES）；2015 年，双方签署《中美关于海空相遇安全行为准则谅解备忘录》[①] 并形成舰舰、空空两个双边行为准则。一方面，这两个行为准则对于预防海空意外事件提供了技术规范，而另一方面，避免南海发生意外事件对于升级军事对抗、发生军事冲突，进而走向国家的全面对抗对双方都是至关重要的。而如果中美双方都有合作的意愿，找到缓和南海局势的方法不是问题。至少，加强风险控制，把中美军事关系“准对抗”的势头控制住，应该有办法。

中美军事关系不应在南海问题上“翻车”，至少应当保持一个“准合作”态势，这符合两国的根本利益。

---

① 《中美关于海空相遇安全行为准则谅解备忘录》，国防部网，2014 年 12 月 6 日，http://www.mod.gov.cn/affair/2014-12/06/content_4555927.htm，访问日期：2016 年 6 月 10 日。

从中美“海上航行自由”之争看国际海洋法的发展需求*

2015 年，美国军用舰机开始进入中国南海岛礁附近海域实施巡航行动。迄今五年过去了，美国南海“航行自由行动”成为常态，中美军事关系持续恶化。“新冷战”抑或“热战”会否打响？第二次世界大战以来的世界格局会否崩盘？中美“海上航行自由”引发的对峙僵局如何打破？举世瞩目。

一、“海上航行自由”之争是中美军事摩擦乃至引发危机的焦点问题

2015 年 5 月，美国军方发言人爆出“美国军方考虑派军舰和军机进入中国近期填海造地的南海岛礁 12 海里海域”以宣示航行自由的消息，随即“沃思堡”号濒海战斗舰抵近南沙群岛中国驻守岛礁的 12 海里外邻近海域。同年 10 月 27 日，“拉森”号导弹驱逐舰进入渚碧礁附近海域，开启公开进行“航行自由行动”巡航的序幕。这一年，美 P-8A 反潜侦察机和 B-52 战略轰炸机也抵近了中国南沙驻守岛礁 12 海里

* 本文发表于《亚太安全与海洋研究》2019 年第 6 期，第 69 页。

外的邻近空域。[①]

2016年，美国“威尔伯”号驱逐舰和“迪凯特”号驱逐舰两次进入中国西沙群岛领海基线以内。美国长期以来非议中国西沙群岛的领海基线主张，公开派军舰进入西沙群岛海域挑战中国这一主张，反映了双方南海矛盾斗争的升级。这一年，美海军“劳伦斯”号驱逐舰也进入南沙群岛永暑礁的12海里内实施“航行自由行动”。

2017年4月，美国国防部长马蒂斯称将派军舰和战机在南海实施“航行自由行动”，挑战中国海洋权益主张的一揽子年度计划送交白宫，并建立了展开行动的标准程序，美国总统特朗普随后批准了这份要求美军“例行、规律地”在南海开展“航行自由行动”的年度计划。[②] 这标志着美国在南海的“航行自由行动”改变了“一事一请”的方式而进入有计划的常态，也意味着美国海军的相关航行请求可以“更快得到批准”。同年5月24日，美国“杜威”号驱逐舰进行了计划批准后的第一次“航行自由行动”。这一年，美国实现了四次公开的南海“航行自由行动”，两次进入美济礁12海里内，两次进入中国西沙群岛领海，并在美济礁邻近海域进行了搜救演练。有消息人士说，这一年还有两次未对外公开的“航行自由行动”，并首次进入中沙群岛的黄岩岛附近海域。[③]

2018年，有统计显示，美国在南海先后派出六艘军舰进行了五次

① 参见刘晓博：《研究丨中美南海海上军事互动的危险前景及形势评判》，国观智库，2018年10月29日，http://www.grandviewcn.com/archives/5280，访问日期：2019年8月10日。

② 参见萧强、杜海川、王会聪：《美国批准“航行自由”年度计划南海航行将更频》，《环球时报》2017年7月24日；《美军制定南海“航行自由”计划表每月2至3次》，人民日报海外版—海外网，2017年9月2日，http://news.haiwainet.cn/n/2017/0902/c3541093-31099344.html，访问日期：2019年8月1日。

③ 转引自《吴士存：如何使“航行自由行动”远离南海》，环球网，2018年10月2日，http://opinion.huanqiu.com/opinion_world/2018-10/13164019.html?agt=15438，访问日期：2019年8月1日。

“航行自由行动”，B-52战略轰炸机进入南海空域活动创纪录的达到了28次，P-8A巡逻机还曾搭载美国有线电视新闻网（CNN）记者在南沙群岛中国岛礁航拍并进行现场报道。其他相关活动也很频繁，如：美国海军海洋调查船“托马斯·汤普森”号停靠了台湾，巡洋舰“安提塔姆”号和驱逐舰“威尔伯”号航行通过了台湾海峡，“里根”号航母编队与日本“加贺”号准航母编队在南海进行了联合军事演习，“黄蜂”号两栖攻击舰在被拒绝进入香港后也在南海进行了示威性军事演习。[①] 此外，更为先进的B-1B战略轰炸机也加入了在南海上空的飞越自由行动。[②]

针对美国在南海频繁的海空军事行动，中国照例派出舰艇和飞机进行查证、监视、驱离的维权行动，双方海空相遇明显增多，危险接近不断发生。据报道，2018年9月30日，美海军“迪凯特”号驱逐舰进入南沙群岛并逼近南薰礁，受到中国海军“兰州”号导弹驱逐舰的拦截驱离，据说双方发生了最近距离为41米的危险接近。

这至少是临近危机。如果真的是41米的海上航行距离，发生撞船事故就在一分钟之内；如果是在空中，就是一瞬间！美苏1988年黑海撞船事件和中美2001年撞机事件都是前车之鉴。如果撞上就是危机发生，而其后也只有冲突或不冲突两种选择，概率各是50%。到那时候，规则是一回事，现场指挥员的决定是另一回事。设问：中美在南海可不可能发生冲突？答：完全可能。于是，两国外交上的声辩、交涉、抗议频频见诸报端，中美双方在南海再次纠结于“准对抗”的边缘。

---

① 参见刘晓博：《研究丨中美南海海上军事互动的危险前景及形势评判》，国观智库，2018年10月29日，http://www.grandviewcn.com/archives/5280，访问日期：2019年8月10日。

② 转引自《吴士存：如何使“航行自由行动”远离南海》，环球网，2018年10月2日，http://opinion.huanqiu.com/opinion_world/2018-10/13164019.html?agt=15438，访问日期：2019年8月1日。

进入 2019 年，这种状况继续。根据中国军网报道，1 月 7 日，美“麦坎贝尔”号导弹驱逐舰进入中国西沙 12 海里领海海域；2 月 11 日，美“斯普鲁恩斯”号和“普雷贝尔”号两艘导弹驱逐舰进入中国南沙仁爱礁、美济礁邻近海域。之后，在 5 月 6 日、20 日和 8 月 28 日，美海军导弹驱逐舰又有三次擅闯中国南海岛礁邻近海域的行动，包括进入黄岩岛 12 海里以内海域。又据 9 月 26 日中国国防部例行记者会披露，美国“里根”号航母编队“正在南海航行”，炫耀武力。此外，还有美国 B-52H 战略轰炸机飞入南海空域和美海军舰艇穿越台湾海峡的相关报道。面对中国的严正反应，美国仍以行使国际水域的航行自由权为说辞。

中美军事关系进入了新的紧张期，美国的南海“航行自由行动”成为中美海上安全的焦点问题。尽管双方目前的海上接触行动都很克制，又有根据《中美关于海空相遇安全行为准则谅解备忘录》制定的“舰舰相遇安全行为准则”和“空空相遇安全行为准则”，但由美国南海“航行自由行动”带来的中美军事摩擦是现实的，引发意外事件乃至危机冲突的可能性亦不可低估。这当然是双方都不愿意看到的。

二、中美“海上航行自由”之争中的法律分歧

中美“海上航行自由”之争发生在危险的军事领域，显然不是纯粹的法律问题。然而，第二次世界大战以来，以《联合国宪章》为引领，国际社会形成了以相关国际法，特别是以《联合国海洋法公约》（以下简称《公约》）为代表的国际海洋秩序。美国奉行“国内法优先

于国际法”的基本政策，在1988年正式推出“自由航行计划”，① 且迄今没有加入《公约》，但也始终宣称遵守包括《公约》在内的国际法并据法与中国辩争。中国则是《公约》的签约国，根据包括《公约》在内的相关国际法建立了中国的涉海法律体系。由是，中美“海上航行自由”之争经年。涉及的主要法律分歧如下。

（一）关于中国的领海基线制度

领海基线是沿海国确定其领海和其他管辖海域的起算线。根据《联合国海洋法公约》规定，确定领海基线的方法有正常基线法、直线基线法和混合基线法。沿海国可根据其海岸实际情势，决定其领海基线的确定方法。

1958年9月4日，中国《关于领海的声明》宣布，中国的领海宽度为十二海里，领海基线为直线基线。1992年2月25日，中国颁布《中华人民共和国领海及毗连区法》，正式确立了直线领海基线制度。1996年5月15日，中国全国人大常委会通过了“关于批准《联合国海洋法公约》的决定”，与此同时中国政府发布了《关于领海基线的声明》，对外正式公布了从“山东高脚”至“海南峻壁角”和环绕西沙群岛的两组领海基点及其基线，从而明确了中国这部分领海海域的起算线。

美国反对中国的领海基线制度。1996年7月，美国国务院海洋事务办公室海洋国际环境和科学事务局发表了的《海洋界限——中国的

① 美国“自由航行计划”始于1979年。在《联合国海洋法公约》通过后的1983年，里根总统有针对性地发表了《美国的海洋政策》声明，重申美国在世界范围内的航海和航空自由等权利。1988年12月，美国正式推出由国务院和国防部共同负责的“自由航行计划”。其中，国防部负责组织“航行自由行动”。此后，美国海军自称在世界100多个国家实施了“航行自由行动”，每年用“航行自由行动年度报告”记录这些军事行动。

直线领海基线主张》研究报告，详细评判了中国上述两组领海基点和基线。报告提出，中国大陆海岸不具备选择直线基线法的“法定自然条件”，基线内的部分内水应为领海或公海，部分领海应为公海，西沙群岛用直线基线法划定领海基线没有法律依据。报告提出：“中国合理的领海基线应是沿大陆海岸、近岸岛屿的低潮线和合法的海湾封闭线。”自此，美国基本否定了中国的领海基线制度，[①] 并使双方的主张在中国领海的划定上出现了一个“分歧海域”，关于美国军舰是否进入了中国领海的争议由此产生。

（二）关于中国的领海无害通过制度

1958 年联合国《领海与毗连区公约》和 1982 年《联合国海洋法公约》都没有对“军舰无害通过权”给予明确规定，但在《联合国海洋法公约》第三节“领海的无害通过”的 C 分节里，定义了军舰，规定沿海国有权要求不遵守其国内法律法规的外国军舰离开领海等。此既说明“领海无害通过”适用于军舰，也说明沿海国对外国军舰通过领海具有管辖权。国际实践显示，各国对“军舰无害通过领海”的处理方式多元，分歧集中于是否需要沿海国批准或事先通知。

1958 年《中华人民共和国关于领海的声明》指出：“一切外国飞机和军用船舶，未经中华人民共和国政府的许可，不得进入中国的领海和领海上空。”1992 年《中华人民共和国领海及毗连区法》第六条规定，“外国军用船舶进入中华人民共和国领海，须经中华人民共和国政府批准”。

---

① United States Department of State Bureau of Oceans and International Environmental and Scientific Affairs, *Limits in the Seas, No. 117 Straight Baselines Claim: China*, July 9, 1996, accessed August 15, 2019, http://www.state.gov/e/oes/ocns/opa/c16065.htm.

美国一方面认为军舰无害通过领海无须事先通知或事先征得沿海国的同意，这一观点在其《美国海上行动法指挥官手册》中被一再强调，并将秉持这一观点和做法的国家列入“过分”权利主张的行列。在实践上，美国则对这类国家根据需要采取“航行自由行动”以彰显其“反对”的立场和主张。美国对于中国要求外国军舰进入领海需要事先批准的主张是公开反对的，也将其列入中国“过分”权利主张的内容之一。

（三）关于中国对专属经济区及其上空军事利用的管辖

《联合国海洋法公约》建立了专属经济区制度，对沿海国和其他国家在专属经济区的权利和义务的规定可谓很具体。其第五十六条规定，沿海国在其专属经济区有以勘探和开发、养护和管理海床上覆水域和海床及其底土的自然资源（不论为生物或非生物资源）为目的的主权权利，以及关于在该区内从事经济性开发和勘探，如利用海水、海流和风力生产能等其他活动的主权权利；有对人工岛屿、设施和结构的建造和使用，海洋科学研究、海洋环境保护和保全等事项的管辖权。同时规定，沿海国在专属经济区内行使权利和履行义务时，应适当顾及其他国家的权利和义务，并应以符合本公约规定的方式行事。第五十八条规定，在专属经济区内，所有国家，在本公约有关规定的限制下，享有第八十七条所指的航行和飞越的自由，铺设海底电缆和管道的自由，以及与这些自由有关的海洋其他国际合法用途。同时也规定，各国在专属经济区内根据本公约行使权利和履行其义务时，应适当顾及沿海国的权利和义务，并应遵守沿海国按照本公约的规定和其他国际法规则所制定的与本部分不相抵触的法律和规章。这就是说，《公约》在规定沿海国和其他国家在专属经济区内的权利和义务的同时，提出了双方应“相互顾及”的原则，其中包含的这一制度建立时的争议和最后的妥协是显见的。由于专属经济区制度争议颇大，相互妥协而成的条款表述模糊，形成一些“灰色地带”和弹性解释空间，导致沿海国对外国军用舰机在专属经济区海域军事活动的处理大致分“限制”和“不限制”两类做法。

中国政府采取了“限制”政策，认为《公约》赋予了沿海国对专属经济区的专属管辖权，并建立了包括专属经济区海域的“海洋和平利用”原则。[①] 中国政府据此于 1998 年颁布了《中华人民共和国专属经济区和大陆架法》等一系列法律和规章。在对外国军用舰机军事活动的实际管辖中，既给予其在中国专属经济区及其上空航行和飞越的权利，但同时要求其活动必须基于“和平目的”并遵守中国相关国内法。中国坚决反对美国军用舰机在中国专属经济区及其上空进行危害中国国家安全的军事侦察和挑衅性巡航活动；对于其进入管辖海域的海洋军事测量等活动，要求根据 1996 年颁布的《中华人民共和国涉外海洋科学研究管理规定》及《中华人民共和国测绘法》（1992 年颁布，2002 年、2017 年两次修订）进行事先申请并得到批准。

美国反对中国的上述限制政策，认为沿海国在其专属经济区除对自然资源可行使主权权利之外，管辖权是很有限的；专属经济区是“国际水域”，美国军用舰机享有与公海同样的航行和飞越自由权利，以及和这些自由相关的合法使用海洋的其他自由。美国承认沿海国有权对其

① 《公约》序言指出，“认识到有需要通过本公约，在妥为顾及所有国家主权的情形下，为海洋建立一种法律秩序，以便利国际交通和促进海洋的和平用途，海洋资源的公平而有效的利用，海洋生物资源的养护以及研究、保护和保全海洋环境”。第八十八条规定，“公海应只用于和平目的”。第五十八条规定，“第八十八条至第一一五条以及其他国际法有关规则，只要与本部分不相抵触，均适用于专属经济区”。第三〇一条设置了“海洋的和平使用”专条，指出：“缔约国在根据本公约行使其权利和履行其义务时，应不对任何国家的领土完整和政治独立进行任何武力威胁或使用武力，或以任何其他与《联合国宪章》所载国际法原则不符的方式进行武力威胁或使用武力。”

专属经济区和大陆架内的海洋科学研究实施管辖，但认为对海洋地貌、水文气象、海峡水道等的军事测量是军事活动，不是海洋科学研究，不需要得到沿海国批准。

（四）关于中国防空识别区的设立

在国家领空以外建立防空识别区以保障飞行安全，是为当今国际社会所普遍接受的国际惯例。20 世纪 50 年代以后，美国、加拿大、日本等许多国家都根据各自国情建立了防空识别区。

2013 年 11 月 23 日，中国根据《中华人民共和国国防法》《中华人民共和国民用航空法》和《中华人民共和国飞行基本规则》，宣布划设中华人民共和国东海防空识别区，要求“位于东海防空识别区飞行的航空器”，必须提供飞行计划、无线电、应答机和标志四种识别方式，并服从中国防空识别区管理机构的指令。[①]

美国对此反应迅速，申明坚决反对并以实际行动表示不予承认中国设立的东海防空识别区。据报道，在中国宣布设立东海防空识别区当天，美国国务院和国防部即发表声明表示“严重关切”。两天之后，美国更是高调派遣两架 B-52 轰炸机在没有通知中国的情况下飞越中国东海防空识别区，并在钓鱼岛地区飞行。[②] 美国还与日本签署发表要求中国取消东海防空识别区的共同文件，此后不断派遣飞机穿越，以显示其不承认中国的防空识别区，以及在中国领空以外航行和飞越自由的基本立场。

---

① 参见《中国政府宣布划设东海防空识别区》，人民网，2013 年 11 月 24 日，http://politics.people.com.cn/n/2013/1124/c70731-23636082.html，访问日期：2019 年 8 月 15 日。

② 参见贾秀东：《防空识别区，美国跳脚反衬中国有理》，中国国际问题研究院网站，2013 年 11 月 28 日，http://www.ciis.org.cn/chinese/2013-11/28/content_6494560.htm。

（五）关于中国对南沙群岛的领土主权和海洋权益主张

从 20 世纪 70 年代开始，越南、菲律宾、马来西亚等国家无视中国的反对，在南沙群岛争相抢占、建设岛礁，在中国南海断续线内海域捕鱼、开采石油天然气，并通过国内立法宣示对所占岛礁及海域拥有主权和管辖权。对于中国与周边国家在南海的主权和海洋权益争议，美国一直采取"不持立场""不选边站"态度。但在 2010 年以后，随着中国崛起进程加快，美国改变了其南海政策。尤其是 2015 年中国南沙岛礁建设工程被媒体报道后，中美在南沙群岛及相关海域的权利归属问题上形成尖锐对立。

中国政府根据《开罗宣言》《波兹坦公告》等第二次世界大战后国际秩序安排的权威文件，于 1945 年收复了南海诸岛。自 1951 年中国政府正式发表"西沙群岛和南威岛正如整个南沙群岛及中沙群岛、东沙群岛一样，向为中国领土"[①] 的声明后，一直持续宣示同一立场。2016 年，中国政府再次发表声明，准确阐述中国在南海的领土主权和海洋权益：（1）中国对南海诸岛包括东沙群岛、西沙群岛、中沙群岛和南沙群岛拥有主权；（2）中国南海诸岛拥有内水、领海和毗连区；（3）中国南海诸岛拥有专属经济区和大陆架；（4）中国在南海拥有历史性权利。[②] 南沙群岛作为中国领土，中国进行岛礁建设自然是中国的权利。

2014 年 12 月，美国国务院公开发表从法律角度评述中国南海权利主张的官方研究报告，核心观点是中国南海断续线及其历史性权利主张

---

① 参见《中华人民共和国中央人民政府外交部长周恩来关于美英对日和约草案及旧金山会议的声明》，《人民日报》1951 年 8 月 16 日。

② 参见《中华人民共和国政府关于在南海的领土主权和海洋权益的声明》，人民网，2016 年 7 月 13 日，http://politics.people.com.cn/n1/2016/0713/c1001-28548649.html，访问日期：2019 年 8 月 15 日。

不具有合法性。报告认为，中国没有按照国际法方式清晰解释与南海断续线地图有关的海洋权利主张，中国南海断续线的性质既非“国界线”，也非“历史性主张线”，只可能是“岛屿归属线”。中国以南海断续线为依据对其中的低潮高地和暗礁等“水下地貌”主张主权，并主张专属经济区和大陆架，超出了《公约》赋予沿海国的权利。[①] 美国还强调，中国南沙群岛岛礁建设属于“人工岛屿”，亦不应享有领海主权及海域管辖权。据此，2015 年以后美国一再派舰机赴南沙群岛实施“航行自由行动”，以宣示上述立场。

三、从中美“海上航行自由”之争管窥国际海洋法的发展需求

就国际法的发展而言，总是实践在先、成法在后，而矛盾和分歧就是各种不同国际实践的反映。中美海上“航行自由之争”发生在军事领域，并对此有诸多对国际法、海洋法的不同理解，其重要原因之一在于：统一规范当代海上军事行动的相关国际公法还没有产生，现有相关国际法、海洋法对海上军事行动适用的明确规定少之又少，[②] 而一些应运而生的军事双边和多边的条约、规则的法律强制性不够，这反映了当

---

① United States Department of State Bureau of Oceans and International Environmental and Scientific Affairs, *Limits in the Seas, No. 143 China's Maritime Claims in the South China Sea*, December 5, 2014, accessed August 15, 2019, https: //www. state. gov/wp-content/uploads/2019/10/LIS-143. pdf.

② 以《联合国海洋法公约》为例，直接涉及军舰的条款有：第二十九条“军舰的定义”；第三十条“军舰对沿海国的法律和规章的不遵守”，“沿海国可以要求该军舰立即离开领海”；第三十一条“船旗国对军舰或其他用于非商业目的的政府船舶所造成损害的责任”；第三十二条“军舰和其他用于非商业目的的政府船舶的豁免权”的规定；第九十五条规定“公海上军舰的豁免权”的规定；第一〇二条“军舰、政府船舶或政府飞机由于其船员或机组成员发生叛变而从事的海盗行为”的规定；第一〇七条“由于发生海盗行为而有权进行扣押的船舶和飞机”的规定；第一一〇、第一一一条对军舰及军用飞机的“登临权”和“紧追权”的规定。

前相关国际法、海洋法亟须发展。这是一个很大的或者说是全人类的共同课题。本文仅从中美“海上航行自由”之争略加引申，管中窥豹，以引起各方关注和讨论。

（一）关于战争法和武装冲突法的发展问题

在国际法领域，战争和武装冲突有质的区别，战争受战争法调整，武装冲突则主要受平时国际法的调整。从以“大炮射程”为基准确立领海开始，规范海上战争和平时军事行动就进入了国际法议程。19 世纪末 20 世纪初，特别是在第一次世界大战和第二次世界大战期间，战争的残酷性使人类对规范战争行动的需求空前强烈，出现了以海牙法体系为代表的战争法和以日内瓦法体系为代表的武装冲突法（亦称人道主义法），其中包括了对海上战争和武装冲突的规范，这是国际法建设的重大成就并延续至今。二战以后，以《联合国宪章》为代表的世界和平秩序和以《联合国海洋法公约》为代表的海洋秩序建立，但这并不意味世界范围内的海上局部战争和武装冲突就此停止。1977 年《日内瓦公约》两项附加议定书、1994 年《圣雷莫国际海上武装冲突法手册》等，是国际社会为战后武装冲突法发展的新贡献，美苏限制核武器及运载工具的“条约”也为冷战背景下保持世界和平作出了贡献。

然而，20 世纪 90 年代以来，现代战争概念已经有了很大的发展，核武器、生化武器、远程导弹等武器装备的发展，信息时代引发战争形态的改变，太空军事竞争的加剧，国际海底开发纷争可能的发展，甚至以无人机横空出世为代表的机器人技术的广泛使用，都带来新的国际法问题。进入 21 世纪，大国经济政治博弈尖锐化，由反恐怖主义带来的国际干涉主义战争行动不断发展。近年，美俄在叙利亚的干涉战争、俄罗斯突然出兵占领克里米亚、俄美在委内瑞拉的军事行动、美国退出

“中导条约”、土耳其对叙利亚发动军事打击行动，还有其他非传统威胁、非战争军事行动以及国际军事合作的大量需求等，都呈现出当今国际变局中战争、武装冲突及国际军事行动的新特点、新趋势，对二战结束以后的国际秩序产生前所未有的挑战。

从法律的角度看，这些不断发展的国际实践，使现行的传统战争法、武装冲突法的法理及规则日显缺失和苍白。中美“海上航行自由”之争，是国际海洋法中的古老问题在当今国际社会的发展，它会否引发军事冲突甚至战争，谁都不敢断然否认。因而，无论是从国际大环境来看，还是从中美海上纷争的局部问题来看，发展适应当代新特点的相关国际法规的需求是显而易见的，包括战争法和武装冲突法（平时法）。

（二）关于国际海洋法的发展及对海上军事活动的适用问题

1494年葡萄牙和西班牙在大西洋上划定“教皇子午线”，成为最早的海洋瓜分实践。1609年，荷兰法学家格劳秀斯提出“海洋自由论”，反对国家瓜分和垄断海洋；1702年，荷兰法学家宾刻舒克的《海上主权论》，主张沿海国依其陆上武器所及之处领有海洋。从此，“海洋自由”和“海洋领有”两派立场相悖、争论不休——从3海里领海制度将海洋区分为公海和领海，到美国1945年“大陆架公告”① 将国家海洋权利延伸；从第三世界国家纷纷声索200海里领海和群岛国权利，到联合国召开三次海洋法会议讨论海洋管辖权问题；直至1982年签署《联合国海洋法公约》，将全球大约1/3的海洋赋予了沿海国专属管辖权。矛盾似乎缓和了，却不可能根本解决。

由于《联合国海洋法公约》是世界各国利益平衡和相互妥协的成

① 1945年9月28日，美国总统杜鲁门于发表《美国关于大陆架的底土和海床的天然资源的政策》，亦称《大陆架公告》。

果，各国都可以根据自己的情况加以解释和引证，带来了纷争不断。中美海上航行自由之争的内容，大多源于此。并且，迄今为止的各种国际法以及国内法，都基本排除了对军事活动的适用，而《公约》如上所述直接涉及军舰和军用飞机的规则很少，其他有关军事活动的问题则更属于参照。

然而，在实践中，参照的弹性是相当大的，这对于限制军事摩擦、武装冲突乃至向战争升级极为不利，尤其是像中美这样具有世界影响力的大国，双方由此走上对抗乃至军事冲突不啻是现代社会的悲剧。但是，反过来说，如果中美两个大国就此出发，进入争议海域军事航行自由、专属经济区海洋军事利用规则等问题的细化讨论，意义无疑是重大的，至少是正视问题、合作前进，开启补充发展国际法及海洋法对海上军事活动适用的规范、细则之门。当然，这并非只是秉持中国立场要求美国妥协，妥协从来都是互相的。如果中美能够携手推动军事领域国际海洋法适用的发展，应当是世界海洋的和平福音。

（三）关于海上军事行动法

二战以后，随着美苏冷战的发生，根据国际法的基本规则和国际惯例，通过双边或多边军事条约规范相关军事行动成为国际社会普遍的做法。如冷战时期北约、华约两大军事集团的多边军事同盟条约，以及亚洲太平洋地区一些国家与美国的双边军事同盟条约。这些都在一定程度上解决了盟国之间的海外驻军、司法、访问、海空军事行动、联合军演和作战行动等诸多法律基本问题。与此同时，以美国与苏联在1972 年签署的《关于防止公海及其上空意外事件的协定》为代表，借助《1972 年国际海上避碰规则》《国际民用航空公约》和《国际信号规则》等相关国际法规，用附件形式规定了美苏双方军舰飞机在海上相遇时的行为规范，开互为敌手国家之间建立海上军事行动法规之先河。[①] 之后，这一做法被许多国家效仿，甚至作为建立海上相互信任措施的重要内容。

冷战后，随着北约东扩以及非传统安全领域国际合作的发展，非盟国之间建立伙伴关系，也形成了一些内容广泛的协定、协议。此外，近年来一些地区性的军事信任措施和安全规则也在发展。2014 年，西太平洋海军论坛通过了《海上意外相遇规则》，将海上军事行动规则成功扩大到多边军事领域。[②] 2014 年 12 月，根据中美高层达成的共识，两国国防部签署了《中美关于海空相遇安全行为准则谅解备忘录》，同意中美两军在此基础上进一步讨论签署军用舰艇和军用飞机之间海空相遇的安全准则。[③] 2015 年和 2016 年，中美双方相继达成了“舰舰相遇安全行为准则”和“空空相遇安全行为准则”两个操作性很强的安全行为准则。由于两国的大国地位及两国关系的重要性，相信这两个准则的示范性将超过以往。但也要看到，以上这些规则的细节和法律约束力还不够，双方在法律依据方面的分歧还有待寻求弥合途径，还有些规则及其细节还未明确纳入其中。

2015 年以来，随着中美在南海军事行动对抗性加强，双方都在为不可预测的军事摩擦和冲突担忧。可见，在战争与和平之间，在双方决心诉诸武力之前，国际性海上军事行动法的发展需求是多元的，且其发展的本身就是对相关国际法、海洋法在军事领域的细化和深化。

---

① 参见本书“C 篇”《冷战时期美苏预防海上突发事件的双边协定》一文。

② 参见《西太平洋海军论坛年会通过〈海上意外相遇规则〉》，中央政府门户网站，2014 年 4 月 23 日，http://www.gov.cn/xinwen/2014-04/23/content_2665423.htm，访问日期：2019 年 8 月 11 日。

③ 参见《中美关于海空相遇安全行为准则谅解备忘录》，中华人民共和国国防部网站，2014 年 12 月 6 日，http://www.mod.gov.cn/affair/2014-12/06/content_4555927.htm，访问日期：2019 年 8 月 14 日。

四、结语

对中美而言，尽管“海上航行自由”博弈本质上是政治问题，但诉诸国际法及海洋法的发展平衡权利和义务，推进国际法及海洋法对海上军事活动适用的进程，致力于国际通用的海上军事行动法律法规的发展，仍是缓解两国间海上矛盾冲突乃至战争风险的重要和安全的途径，也是一个负责任大国应有的担当。国际社会特别是联合国等国际组织，则更应当从当今世界变局、武装冲突风险增加的角度，统筹和引导战争法、武装冲突法以及国际海洋法的发展，在这一领域有所作为。这既是当今人类社会对和平与安全的期待，也将对完善国际海洋秩序、推动世界文明发展起到重要作用。

D篇 历史逻辑：文化与传统

开篇语

中华民族有5000多年的文明史，从上古时期就开始了陆海融通的发展。中国的海洋文明并不晚于西方，却显示了与西方完全不同历史进程，缺乏经济动力，从属性、内向性和有限征服性始终是其海洋文明的特质和标签。中国的兵学传统和战略文化，既有保守落后需要反省革新的一面，也有谋略义战需要继承光大的一面。今天，中华民族正在走向伟大复兴，中国走向蓝水的征程日益波澜壮阔。

中华民族认识开发海洋的历史考察*

中华民族是世界上历史最为悠久的民族之一。负陆面海的地理态势，为其生存和发展提供了陆海两个广大的空间。

中华民族对海洋的认识与开发可以追溯到上古时期。至 15 世纪明代以前，中华文化不仅领有世界内陆文明的风骚，而且在世界海洋文明中也占有颇具特色的一席之地。

中华民族的海洋观具有中国黄土地和蓝水乡的特殊背景，由此构架了与其他民族不同的思想特性。

一、中国负陆面海的地理态势与中国人种的海洋文化

据地质学研究资料，大约在距今 250 万年以前的第四纪早期，受喜马拉雅山隆起运动的影响，太平洋板块向西推移，在今天东亚的前缘形成断续相连的岛弧，奠定了中国近海的轮廓。接踵而来的冰川期，使海平面下降，以至今天 120 米等深线内的大陆架都相继成陆，海岸线向东扩至朝鲜半岛东南、台湾岛东岸和海南岛南岸。第四纪是原始人类诞生的年代。考古发现，中国境域里的云南元谋人距今 170 万年，北京人距

* 本文发表于《中国军事科学》1997 年第 3 期，第 53 页。

今 50 万年。大约在距今 1.5 万年左右，冰川期结束，冰雪消融，海面重新上升，冰川期成陆的大陆架和沿海岛屿再次被海水吞没。此后，中国沿海地区的陆海态势进入相对稳定的时期。由于中国大陆西高东低的走向，造成了百川纳海的形势，特别是黄河、长江，每年以巨量的泥沙输入海中，造成大片冲积平原。浙江宁波近郊的河姆渡遗址揭示了大约距今 7000 年的原始居民活动，说明至少是在这一时期，宁波已经成陆，海岸线已与今天大致相等。就这样，几经沧海桑田，形成了中国负陆面海的基本地理态势。

翦伯赞先生在其《先秦史》中考证，中国人种的起源主要有两个系统，一为蒙古高原系人种，二为南太平洋系人种。

在地质学的第四纪之初，地球进入冰河期。洪大的冰流汇成蒙古高原的大内海，内海周围出现了中国最初的人类，揭开了中国历史的帷幕。随着冰河期的中止，蒙古高原的内海渐渐枯竭，逐次演化成一望无际的大沙漠。冰河退去，气候变暖，古生物群不能适应自然环境的骤变而灭绝，古人类赖以生存的食物——肉类和鱼类资源枯竭，伊甸乐园不复存在。为了求生，蒙古高原的古人类开始大迁徙，一部分进入河北北部的易水流域，遗存了周口店山顶洞文化。进一步扩展至渤海沿岸，东向沿黑龙江至辽东半岛，可能是后来东夷的祖先。另一部分沿黄河流域东下进入中原地带、沿黄河西上走向甘肃、青海的原始人群，成为后来诸夏、诸羌的祖先。还有西向越过天山口至塔里木盆地，以及向北迁徙至贝加尔湖的原始人类，成为西域诸种族以及北狄的祖先，等等。这种四面八方的大迁徙，为后来的中华民族繁衍生息占据了广大的生存空间。历史学家翦伯赞把这些分布在中国北方的原始人族统称为北京人族类，由于他们来自蒙古高原，所以又称为蒙古高原系人种。[1]

---

① 参见翦伯赞:《先秦史》，北京大学出版社，1990，第 1—14 页。

大约在蒙古高原系人种大迁徙的同时，另一个系统的人种从南太平洋出发，沿马来半岛向北推进，进入中国的南部。根据新石器时代（约1.4万年至4000年前）文化遗址的分布，推知南太平洋系人种移入中国大致有两支：一支由西南方向流入云南、四川，成为西南夷的祖先，亦即今之彝族、苗族的祖先；另一支由今日之越南沿北部湾海岸流入，进入广西、广东、海南福建，前锋至台湾等地，成为百越人的祖先，亦即为今之瑶族、僚族、黎族、高山族的祖先。[①] 南太平洋人种如何越洋迁徙至中国尚无定论，推断与地球几次沧桑巨变有关系，当然也需要一定的渡海能力，这种能力是南太平洋古人类自身所有的能力还是借助于工具，亦不得而知。但有一点可以肯定，与蒙古高原人大迁徙的目的相同，南太平洋系人种的迁徙也是出于生存的需要。

新石器时代后，上述两大系统的人种开始在中部遭遇，这便是传说中的黄帝和蚩尤之战。此后，两系人种在漫长的岁月里相互融合，成为中华民族的共同祖先，并一同创造了中华民族的历史文化。

一般认为，中华文化主要有三个摇篮，即仰韶文化、龙山文化和百越文化。以陕西西安附近的仰韶村遗址为代表的仰韶文化，是典型的中原内陆文化。而以山东大汶口遗址为代表的龙山文化和以浙江宁波附近的河姆渡遗址为代表的百越文化，却都地处中国东部和东南沿海地区，经碳14同位素测定，分别为距今6600年和7000年左右的历史遗存。在这后两种文化中，海洋文化的痕迹比比皆是。[②]

龙山文化的典型器物是偏刃石锛、石刀、矩形石斧和黑色陶器，原始分布在山东的汶、泗、沂、淄、潍水等流域；百越文化的典型器物则是印纹陶器和有段石锛，原始分布区在东南沿海及岭南地区的广大范围

① 参见翦伯赞：《先秦史》，北京大学出版社，1990，第15—18页。

② 参见中国航海学会：《中国航海史（古代航海史）》，人民交通出版社，1988，第5—7页。

间。据专家考证，龙山人的偏刃石锛和百越人的有段石锛，同为加工独木舟的专用工具，由此可以推断龙山人和百越人都是长期生息在沿海地区乘舟弄潮的先民。[①]

1958 年，中国考古界在大连市的大台山和王庄寨的出土文物中，发现了与山东半岛沿海龙山文化相同的器物。在大连皮子窝贝丘遗址中发现的陶器，则与隔海相对的山东龙口贝丘中的遗存物类似。证明了龙山人向辽东半岛传播龙山文化的海上活动。同时，在黄海、渤海的沿岸和岛屿上，都发现了距今 4500—4000 多年以前的龙山文化遗存，甚至遗留下了先民们逐岛漂航的物证。近代，在朝鲜、日本、北美阿拉斯加和太平洋东岸等地，还发现了龙山文化中的有孔石斧、有孔石刀和黑陶器，揭示了龙山人远洋的行踪。科学家们通过对海洋水文气象的综合研究，认为龙山文化传播到海外，应是从山东渡渤海，沿黄海北岸到达朝鲜半岛南端，然后借左旋环流和太平洋暖流东漂，这条海流长年西风、东流，顺风顺水，可以一直漂航到太平洋东岸，从而揭示了龙山文化海外分布的原因。[②]

在百越文化的典型遗址河姆渡原始村落中，出土了 6 支带有精美雕刻的木桨，经测定可以追溯至 7000 年前。河姆渡遗址中，还出土了一件“夹炭黑陶船”的工艺品，还有一种残长 60 厘米的独木舟，遗址中还有大量鲨鱼、鲻鱼、裸顶鲷，甚至发现了残存的鲸鱼脊椎骨。这样，后来《越绝书》中越王勾践自喻越人“水行而山处，以舟为车，以楫为马，往若飘风，去则难从”[③] 便不足为奇了。

1975 年，在舟山群岛发现了多处河姆渡文化遗存，距今约 5500

---

① 参见中国航海学会：《中国航海史（古代航海史）》，人民交通出版社，1988，第 6 页。

② 参见中国航海学会：《中国航海史（古代航海史）》，人民交通出版社，1988，第 6—11 页；孙光圻：《中国古代航海史》，海洋出版社，1989，第 41—48 页。

③ （东汉）袁康、吴平辑录：《越绝书》卷八，上海古籍出版社，1985，第 58 页。

年。在台湾岛，也发现了大量百越文化的典型器物印纹陶器和有段石锛。像大陆的扬越、骆越、闽越、于越一样，台湾的百越人，称为“外越”，说明了台湾人与越人的血缘关系。近代以来，在太平洋的菲律宾，苏拉威西和北婆罗洲，在夏威夷、马奎萨斯、社会岛、库克群岛、奥斯突拉尔、塔希地岛、查林姆岛等地均发现了百越人的有段石锛，甚至在新西兰，在太平洋波利尼西亚诸岛，在南太平洋复活节岛和南美的厄瓜多尔也都有发现。这些有段石锛至少说明百越人通过海流进行原始漂航的“或许性”是存在的，从而将中国文化传播到海外太平洋各岛屿上去的。[①] 对此，多年来国内外考古学家、民族学家、人类学家、语言学家和航海学家从不同的角度进行科学论证。甚至，从 20 世纪 60 年代开始到 20 世纪 90 年代，在生物和人类科学家的研究中，已经反复得出了印第安人与中国人具有血缘关系的结论。

总而言之，中国人种与海洋有密切的关系，尤其是新石器时代的龙山人和百越人，创造了卓越的远古时代的海洋文化，当是确定无疑的。唯物主义认为，地理环境的特性决定着生产力的发展，而生产力的发展又决定经济关系以及社会关系的发展。中国是一个大陆国家，同时又是一个濒临太平洋的海洋国家，这就是中华民族所处的特定地理环境，它从根本上决定了中华民族的民族特性，也决定了中华民族生产力和生产关系的发展特性，以及相应的经济关系和社会关系的发展特性。

二、古代中国对海洋认识与开发的历史进程

海洋是一个巨大的水体，与陆地有着完全不同的特性。但它本质上

① 参见孙光圻：《中国古代航海史》，海洋出版社，1989，第 47—55 页。

所具有的连接陆地、资源丰富的社会经济属性，又可以为人类所利用。从这个意义上说，海洋与陆地一样，作为一个客观的物质世界必然成为人类社会实践的场所。人类海洋实践活动创造了反映海洋特性、规律的海洋文化，也产生了人类对海洋的理性认识，即海洋观。与一切社会实践一样，最早的海洋实践活动是与人类生存基本需求联系在一起的海洋生产活动，因此人类海洋观念上第一次大的飞跃，就表现在对海洋能够“兴渔盐之利”“行舟楫之便”基本性质的认识上。历经夏朝、商朝和周朝，由于社会生产力的不断提高，中华民族对海洋的认识日益深化，逐步到达了一个新的境界。

夏代（约公元前21—前16世纪）的开国君主为禹。《尚书·禹贡》详细记述和歌颂了禹披九山、通九泽、决九河、定九州，达到“四海会同”的丰功伟绩，并从宏观上描述了中国地理特征为“东渐于海，西被于流沙”，特别是对“九州”地理位置的界定，已基本上勾勒出中国当时的版图。从该典籍对大禹治水的具体论述上，可以看出其治水的主导思想是将内陆河流疏浚，使支流入主流，最终“东入于海”。在对沿海各州贡赋的记述上，也显现出先民们海洋实践活动的发展。如海、岱之间的青州，“厥贡盐絺，海物惟错”，可见青州贡奉的物品中有食盐和大量海产品。又如淮、海之间的扬州，“岛夷卉服，厥篚织贝，厥包橘柚，锡贡。沿于江、海，达于淮、泗”，也是沿海岛民将贝类等珍贵物品向中原供奉的记载。[①] 这些记述还说明了滨海地区与中原的臣属关系。夏禹以后，中国进入了奴隶社会。据史籍记载，夏代帝王曾两次渡过黄河，向滨海地区扩展。帝泄时，夷族受夏的爵命。帝芒时，“命九夷，狩于海，获大鱼”。[②]

---

① 参见《今古文尚书全译》，江灏等译注，贵州人民出版社，1991，第69—88页。

② 参见孙光圻：《中国古代航海史》，海洋出版社，1989，第69页。

商代（约公元前 16—前 11 世纪）农业和手工业分离，中国进入了青铜时代。此时，在中国最早的古文学——殷墟卜辞（甲骨文）中，出现了诸如“[illegible]”的“舟”字。甲骨文是象形文字，从“舟”字的结构可以看出，商代的舟船已是左右对称、平衡、平底、方头、方尾，首尾略向上翘，有甲板，且出角，已脱离了独木舟阶段而进入木板船阶段。英国研究中国古代科技史专家李约瑟指出，从这个字的复杂程度可以看出，其时中国的船，“不是欧洲人想象的只用一个船头柱和船尾柱相连接的龙骨所组成的，而是带有舱板、舱壁及方端结构的船。换句话说，即是帆船的原型”。[①] 因为“舟”字中的 2—4 条横线，很可能说明木板船已有横梁或横隔板结构，这显然是为了增强船体的横向结构，抗衡海洋中的大风浪。这种比较先进的造船技术，绝不是《易经》中记载的黄帝“刳木为舟，剡木为楫”的工具石锛石斧所能承担的，而是与青铜金属工具相匹配的。

海洋文化最为典型的特质表现于舟船。舟船的发展则代表社会生产力的发展，也渗透着内在的生产关系和社会关系的发展，在观念形态上，则是人类海洋观念的发展。阶级的产生，商品交换的发展，促使人类理性地将海洋活动与经济利益联系起来，海上航行之舟船才成为一种有意识采用的交通工具，成为社会生产力的必要组成部分，从而具有了作为一项独立发展的事业的意义。

商代饕餮纹鼎铭文中有一具象形会意的“[illegible]”“荡”字，它描绘了一个人撑船，一个人肩挑货币（贝）乘在木板船上，揭示了当时船舶已参与了水上贸易活动。[②] 从安阳殷墟遗址看，当时是一个商贾云

---

① 转引自蔡培桂：《说“东”——谈谈“殷人东渡美洲问题”》，《山东师范大学学报（社会科学版）》1996 年第 6 期，第 43 页。

② 参见中国航海学会：《中国航海史（古代航海史）》，人民交通出版社，1988，第 19 页。

集，市肆繁茂的都市。商代运用船舶运送奴隶，已见之于殷商甲骨卜辞。据郭沫若《中国史稿》说，卜辞曾记载商王武丁派人乘船追捕逃亡海上的奴隶，用了15天将奴隶捉回。这种海上军事行动，显然与社会经济结构密切相关。在出土的商代文物中，有海贝、象牙、鲸鱼骨，据考证，海贝是当时用来交换的货币，而象牙和鲸鱼骨显然都是通过交换而来的海外之物，而占卜用的龟甲，经考证来自马来半岛。这些都说明当时交换的范围已波及沿海和海外。

商、周以后，中华民族的先民们已经有了将海上活动与经济生活相联系的意识，同时也有了与之相适应的政治、军事活动的实践，便大大扩展了海洋文化的思想空间和实际运用范围。从这一时期航海科技的发展看，人们已经摆脱了盲目的顺流漂航，有了操船、枚舟（撑篙）、牵引等航海技术，天文、地文导航和气象知识的运用水平也大大提高。[①]这些无疑成为社会发展进步的动力和必要条件。

春秋战国时期（公元前770—前221年），中国开始由奴隶制向封建制社会过渡。当时，沿海的主要强国有吴国、越国、齐国，他们在以兼并土地为目的的战争中，开始运用舟师进行海上交战。“海道出师已作俑于春秋时……春秋之季，惟三国边于海，而其用兵相战伐，率用舟师，蹈不测之险，攻人不备，入人要害，前此三代未尝有也”。[②] 吴国是一个“不能一日而废舟楫之用”[③] 的江南强国，《太平御览》对吴王阖闾和伍子胥谈论“舡军”（即水军）训练有这样一段记载，“阖闾见子胥，敢问船运之备如何？对曰：船名大翼、小翼、突冒、楼船、桥船。今舡军之教比陵军之法，乃可用之。大翼者当陵军之冲车楼船者当

① 参见孙光圻：《中国古代航海史》，海洋出版社，1989，第77—81页。

② （清）顾栋高：《春秋大事表》卷八下，中华书局，1993，第966—967页。

③ （清）顾栋高：《春秋大事表》卷三十三，中华书局，1993，第2069页。

陵军之行楼车；桥船者当陵军之轻足骠骑也”。又说，“王身将，即疑船，旌麾兵戟与王船等者七艘；将军疑船，兵戟与将军船等者三船，皆居于大阵之左右。有敌，即出就阵。吏卒皆衔枚，敖歌击鼓者斩”。[①]前段文字，已清楚地看出伍子胥仿照陆军建制和作战使用提出的舟师兵力建设结构和作战使用的基本思想；后一段文字，则进一步补充了吴国舟师作战使用时的兵力、阵法和法度。据此构想当时的用兵战阵和战法已有相当规模。《左传》记载，哀公十年（公元前485年），吴国北上伐齐，“徐承帅舟师自海入齐”，齐国亦派舟师拦截，两国在黄海水域进行了一场海战，结果，“齐人败吴，吴师乃还”。[②] 越国以会稽为国都，与吴人一样自古长于航海，《淮南子·齐俗训》说“胡人便于马，越人便于舟”。《吴越春秋》说，越有“楼船之卒三千”，《史记·越世家》说，越王勾践有“习流三千”，“习流”即习水战之兵。[③] 后来学者研究认为，公元前5世纪，在今之东海、黄海及渤海，沿海岸的越、吴、齐三国，平时懋迁，战争军运，早已乘桴浮海而航行矣。

公元前221年，秦始皇扫平六国，结束了诸侯割据的战乱局面，“北有长城之役，南有五岭之戍”，建立了中国历史上第一个统一的中央集权的国家。至西汉（公元前206—公元8年），武帝数十年的“勤远略”，不仅开辟了连接中亚的陆上丝绸之路，而且开辟了东至朝鲜、日本，西去南亚的海上丝绸之路，史称“徐闻合浦南海道”。[④] 公元前3世纪以前，汉王朝便在此处设置“侯官”，成为见之于史载的中国最早的管理海外贸易事务的专职官员。故有“欲拔贫，诣徐闻”的谚语。

---

① （宋）李昉：《太平御览》卷三五七。参见孙光圻：《中国古代航海史》，海洋出版社，1989，第91页。“陵军”，指陆军；“疑船”，即掩护船。

② （清）顾栋高：《春秋大事表》卷八下，中华书局，1993，第966页。参见孙光圻：《中国古代航海史》，海洋出版社，1989，第90页。

③ 转引自孙光圻：《中国古代航海史》，海洋出版社，1989，第92—93页。

④ 参见张铁牛、高晓星：《中国古代海军史》，八一出版社，1993，第22页。

为了东征南伐的海上行动，汉代建立了“楼船军”，南越九郡的建立和高丽、日本航线的开辟，都借助于楼船军之力。可见海上军事力量的建设已明显地与国家经济政治利益相结合。汉代称南海为“涨海”，东汉以后，中国地方行政官员开始在南海一带巡行，成为中国经略南海的起点。三国时期和隋朝经略台湾的军事行动亦开始见之于史书。

唐代以后，中国封建社会开始进入“盛世”。是时国内“天下诸津，舟航所聚，旁通巴汉，前指闽越，七泽十薮，三江五湖，控引河洛，兼包淮海。弘舸巨舰，千舳万艘，交贸往还，昧旦永日”。[①] 通往海外的商贸航线，也有发展：向南航线称为“广州通海夷道”，将东亚、东南亚、南亚、波斯湾连接；向北通往朝鲜、日本，已有 4 条航线。[②] 唐朝的造船能力更强于前代，战船有楼船、蒙冲、斗舰、走舸、游艇、海鹘等类，海鹘已是抗风浪的大型战舰。除著名的楼船外，发轫于南朝、用人力踏轮推进的车船，已被广泛使用。至南宋，抗金中大量使用了 5—13 车的战舰。钟相、杨么起义时的军用车船，小型者为 4—8 车，大型者为 10—32 车不等，已相当先进。[③] 指南针用于航海也始于宋代。成书于 1063 年的沈括的《梦溪笔谈》记载“方家以磁石磨针锋，则能指南”。1119 年朱彧的《萍州可谈》则记载：“舟师识地理，夜则观星，昼则观日，晦阴观指南针。”北宋平定了岭南的南汉政权后，于广州建立了市舶司，以知州兼任市舶使。后又在两浙路和福建泉州建市舶司，称为三路市舶司，对船舶贸易进出口进行专门管理。海口贸易的发展，使宋代对海洋有了进一步的认识。北宋神宗说，“东南之利，舶商居其一”，“岁获厚利，兼使外番辐辏中国”。北宋在沿海地区

① 《旧唐书·崔融传》卷九十四。

② 参见张铁牛、高晓星：《中国古代海军史》，八一出版社，1993，第 73—76 页。

③ 同上书，第 81—83 页。

如池州（嘉安）一带已有控海水军，广南（广东）则有巡海水军。另外，还有跨台湾海峡以水军驻澎湖，以及派大船出使朝鲜之举。南宋迁都于临安（今杭州），使中国的政治、经济、文化重心南移。随着南洋诸岛国、印度洋沿岸国家以及东北亚诸国海上贸易航路的发展和成熟，也由于指南针、航海图的应用，航海贸易成为东南财赋的重要来源之一，也成为南宋得以长期偏安的主要原因之一。

元朝定都北京后，仍需大量的江南米粮、财赋的支撑，当时全国粮赋年收入约1200余万石，出自江南的约1000万石。[①] 为此，元代开辟了南粮北运的海运通道。据《元史·食货志》并参照《大元海运记》的列表统计，从至元二十年（1283年）到天历二年（1329年）的海漕运粮记录，总起运量为8291.79万石，成为元朝的经济大动脉。[②] 在海运需求的牵引下，元代造船能力和海上力量也有很大发展，据不完全统计，至元七年（1270年）到至元二十九年（1292年）的22年间，元朝共造战船17,800余艘，其中江船8000余艘，海船9800余艘。[③] 忽必烈两次派兵越过对马海峡登陆日本，每次都有数千艘战舰和数万兵员出动。1297年，元朝政府增兵琉球，并在澎湖设巡检司，主要是出于防守往来日本海道的考虑。1303年，"置千户所，戍定海，以防岁至倭船"。所以元朝沿海防务的设置，已有明显的海上安全考虑的性质，特别是出于防倭的考虑。从这一点来俯视元代远征安南、爪哇的军事行动，都已超出了传统的陆上拓疆的模式，可视为中华民族海防意识的初步觉醒。

① 参见孙光圻：《中国古代航海史》，海洋出版社，1989，第364页。
② 同上书，第372页。
③ 参见张铁牛、高晓星：《中国古代海军史》，八一出版社，1993，第107页。

三、中华民族海洋观之特性追溯

李约瑟博士编著了浩瀚的《中国科学技术史》，他这样评说道："中国人一直被称为非航海民族，这真是太不公平了。他们的独创性本身表现在航海方面正如在其他方面一样。"① 的确，中华文明的灿烂辉煌，不仅创造于陆地，同样也开拓于海洋。新石器时代的华夏文化已漂洋过海登陆美洲和大洋洲；殷墟出土的青铜器和在龟兽甲上镌刻"舟"字的时候，西方国家还处在蒙昧时代；当公元前480年地中海出现波希萨米拉斯海战的刀光剑影的时候，中国黄海的吴齐海战早在5年前便已经平息了；中国人在汉代就开辟了海上丝绸之路，郑和第一次下西洋比哥伦布发现美洲新大陆早87年……但是，中华民族的海洋观却有着中国特殊地理环境的背景，由此构架了其完全不同于西方航海民族的思想特性。

其一，从属性。农业的进步是古代世界文化繁荣的前提。但马克思在《资本论》中曾经把人类赖以生存和发展的外界自然条件分成两类，土壤的肥力、物产丰富的水被称作是生活资料的自然富源，而且认为在文化初期，即靠天吃饭的生产力低下时期是具有决定意义的因素。而可以航行的河流、海洋等这些属于劳动资料的自然富源，必须待较高的发展阶段，即人类具备了一定的征服自然能力的时候才会起决定性作用。古代中华民族生存的黄土地是得天独厚的，它导致了在近代以前的所有文明中，没有一个国家的文明比中国更发达、更先进。由于中华民族的勤劳、智慧和赖以生存的自然条件的优越，使之在文明初期便登上了世

① 潘吉星主编《李约瑟文集》，辽宁科学技术出版社，1986，第258页。

界文明的峰巅，并形成了一个自给自足的发展体系，他们离不开，也不需要离开黄土地，开辟并依赖蓝水海洋。所以，从远古时期起，中华民族的经略活动一直是以陆地农业经济为主，海洋经济始终处于从属地位。

中华民族最早的祖先首推神农、黄帝。“神农氏作”，“五谷兴助，百果藏实”。“黄帝造衣裳”，“垂衣裳而天下治”，勾勒了中国古代“耕而食，织而衣”的生活模式。传说尧治天下时，导万民“水处者渔，山处者木，谷处者牧，陆处者农”，显然为自给自足的自然经济分工，主导者是农业。此后，历朝历代的政治改革，重头戏大都为农业政策：如西周的井田制建立了以土地为中心的封建经济制度，秦统一后的商鞅变法、汉初的休养生息、唐初的轻徭薄赋，等等，立足点都是以农为本、重农抑商。而历史上涉及海洋经济政策的改革，如管仲的“官山海”，桑弘羊的“盐铁论”，乃至唐、宋的“市舶司”，在一定的历史条件下都对社会经济发展起过促进作用，但从总体上说，包括历朝历代颇为光辉的远洋贸易，在整个社会经济生活中只是从属地位，所占比例很小。在统治阶级眼里，只有农业才关乎生存，关乎社稷。此种生产方式与那些把海洋作为民族生存之航线，国民经济之主导，依靠海洋贸易立国的西方国家是完全不同的，由此产生的海洋观也完全不同。以农为本，必然导致陆主海从的思想观念；而以商为本，则必然导致海主陆从的思想观念，此谓两种海洋观念和海防意识不同走向的原因所在。

其二，内向性。地理环境因素是决定民族特性的首要因素。中华民族源于特定地理环境因素中产生的海洋经济的从属性，决定了观念上海洋对于陆地、海防对于陆防的从属性。在这一观念的制约下，中华民族自古代产生的海洋观念和海防意识又具有明显的内向性，即发展海洋经济（包括海上交通、贸易）的目的是作为陆地经济的补充，建设海防的目的是为陆上安全的需要。

中华民族的先民们很早就对中国负陆面海的地理态势有了清楚的认识。这种认识是基于大量的陆上实践，这种认识又是到海为止的。《诗经·江汉》中对春秋时召穆公（伯虎）奉周宣王之命平淮夷有这样的记载，“江汉之浒，王命召虎”。“式辟四方，彻我疆土……于疆于理，至于南海”。这显然是一种以海洋为边疆、海洋为天然屏障的意识。《尚书·立政》“方行天下，至于海表”，也是以海为天际。秦始皇东临大海，更有“天尽头”的浩叹。这种对海洋的认识在生产力低下的文化初始时期是很正常的，包括地中海以海洋文明为荣的西方国家也不能逾越这一阶段。问题是，由于中国陆地自然条件的优越，便缺乏向海洋进取的动力。而农业文明的率先博兴，又使中国的统治阶级产生了越来越强烈的优越感，并逐渐形成了“天下观”的意识，如是“天圆地方”，“华夏中心”的有限地理观阻碍了人们对中国以外，特别是海洋以外世界的客观认识和进一步探求，从而限制了人们的眼界，更形成了一种恶性循环，使中国的统治阶级越来越求安于这一方沃土之上，治国的政绩，在农而不在商，在陆而不在海。即使是开拓“四海”，也主要是为了求得“归顺”和“宾服”，以保陆上安全。《诗经·商颂》中颂扬商代诸帝的政绩为“邦畿千里”，“肇域彼四海”，“四海来假，来假祁祁”。《诗经·鲁颂》则赞誉鲁侯说，“至于海邦，淮夷来同。莫不率从，鲁侯之功”。唐太宗治国要旨在于“中国既安，四夷自服”。宋朝则以为“天下如常山蛇势，秦蜀为首，东南为尾，中原为脊”，“将图恢复，必在川陕”。实际上，秦汉以后中国的经济重心已逐渐南移，东南的富庶逐渐超过了西北，至唐代已是“赋出天下，江南居什九”，宋代更有“苏湖熟，天下足”的谚语，朝论亦有“秦汉以前，西北壮东南稚也……至于宋代，而壮者已老，稚者已壮矣”的说法，但封建统治阶级却依旧固守旧有模式，把海洋当作天然护城河，海洋就是海防的意识根深蒂固。因而从秦始皇修长城，汉武帝屯兵西北开始，即使是在唐、宋盛世，亦是“东南财赋”，“西北甲兵”的格局。

宋、元以前的中国古代基本没有来自海上的威胁，这是中国长期视海洋为天然海防的客观因素。而中华民族海洋观念和海防意识的这种内向性，又不可能造就外向型海洋经济发展和相应的进攻型海防需求发展的主流。这就产生了一个根本的区别：即一切依靠海洋作通道、贸易立国的民族，受外向型发展需求的刺激，其国家防卫建设的进攻意识都特别强；而内向型发展的民族，防守意识则是首要的。正是这种长时期的守主攻辅的防卫思想，为中华民族筑就了一道陆上长城，一道海上藩篱，同时也筑就了一个自我封闭圈，一个使中国封建机制日益完善、稳定、顽固的无形的长城，从而阻滞了中华民族对海洋的进一步开发。

其三，有限征服性。孙中山对中华民族的民族性有这样一个评价：“中国人的本性就是一个勤劳的、和平的、守法的民族，而绝不是好侵略的种族。[①]”他认为，中国固有的道德是忠孝、仁爱、信义、和平，“中国在很强盛的时代也没有完全去灭人国家。比方从前的高丽，名义上是中国的藩属，实在是一个独立的国家”。[②] 中华民族这种温良恭俭让的特性，来源于孔子、庄周、老子等传统的思想文化。从汉武帝“罢黜百家，独尊儒术”开始，儒家的“中庸”“仁爱”、平和宽厚的道德规范便成为历代统治阶级所推崇的行为准则。在处理与他民族关系的时候，“或和平而相安，或狎习而与之同化”，而不提倡施以暴虐。所谓征服，都是有限的。“天朝上国”，“九夷来朝”是历朝历代追求的政治业绩。所以，在中国历史上，许多有作为的皇帝都倡导“怀远”“柔

① 广东省社会科学院历史研究所编《孙中山全集》第1卷，中华书局，1986，第253页。

② 广东省社会科学院历史研究所编《孙中山全集》第9卷，中华书局，1986，第245—246页。

远”，使“朝贡”“藩属”，成为天朝上国与夷邦小国之间特殊的外交形式。而所谓“朝贡”“藩属”，完全不是灭人国家为自己的殖民地，也不是杀人越货般的掠夺，而是要求一个独立小国对一个大国所表示的政治上“宾服”“归顺”的一种形式。中国古代历史上多有出征高丽、安南之举，元代还有出征爪哇、日本的海上战争，虽然不乏进攻性质，但这些战争的背景，大都是被征战国家显示出不宾服、不归顺倾向而导致的，而战争也总是以恢复原有秩序为目的。一旦重新达到“宾服”和“归顺”，战争行动便告结束。即使是出身游牧民族的元代统治者，也相当多地受到中原儒家文化的影响。如是才造成了包括与中国地理位置最为相近、关系最为密切的高丽，都得以长期“名义上是中国的藩属，实在是一个独立的国家”的状态。这也实在是中华民族海洋观念、海防意识柔主刚从和有限征服性的典型表现。

历史的辩证法是无情的。在世界进入近代以前，中国的陆地文明和海洋文明都是光彩夺目的，但光彩中却内藏衰因；西方的陆地文明虽然落后，但其海洋文明中却包含着历史变革因素和国家崛起的希望。中华民族传统的海洋观将高坐于龙椅上的中国皇帝们禁锢在一个封闭的世界里，他们沉醉于“溥天之下，莫非王土；率土之滨，莫非王臣”的高傲和自满中，却不知伴随西方悄然兴起的海洋大潮和由此带动的近代化工业及交通工具的革命对中华民族的生存和发展产生着越来越紧迫的威胁。中国早在西欧国家越出中世纪的地中海而转向大洋的历史舞台之前，已率先越出东亚大陆而走向了“东洋”（南宋）和“南洋”（元代），后来又有明代郑和“七下西洋”之壮举，却终未像西方那样真正走向世界。追根寻源，中华民族海洋观中的原始局限性不能不是一个重要的原因。

夷夏交争：中华民族早期的陆海融通*

中华民族是世界上历史最悠久的民族之一，它世代繁衍生息在欧亚板块东部的大陆上，又濒临太平洋西岸漫长的海岸带。在数百万年的历史长河中，虽几经沧海桑田，中华民族负陆面海的地理大环境始终没有改变，这成为孕育中华民族陆地文明和海洋文明的深厚渊源，也成为中国内陆与沿海部族相互融通并逐步融合一体的客观物质基础。从传说中的五帝开始，生活在黄河流域中原地区的诸夏部族与生活在中国东部沿海东夷部族就有了政治、经济和文化的融通，是谓“夷夏交争”。

一、五帝始匡华夏，东至于海

传说中的五帝时代，是由采集、狩猎经济转化到农业、畜牧业经济的时代。农业的发生，是人类定居生活的基础，它产生了生产过程中的集团组织，助长了人类血缘关系的固结。而人类的定居生活，并不仅发生于农业，也发生于动物和鱼类的存在，从而将人类相对固定于一定的森林、河谷或海岸。也就是说，不同的劳力对象和生产资料，组成了以不同生产方式为基础的氏族社会，也逐步形成不同的社会分工。《淮南

* 本文发表于《云南师范大学学报》2010年第3期，第33页。

子·齐俗训》说，尧之治天下，“其导万民也，水处者渔，山处者木，谷处者牧，陆处者农。地宜其事，事宜其械，械宜其用，用宜其人。泽皋织网，陵阪耕田”，[①] 说明了当时社会分工的存在。因为生产力的不发达，决定了其耕种、狩猎、渔捞等生产活动都是集体劳动，由集团进行。翦伯赞说，“我们可以想到在当时渤海沿岸及东海沿海的诸氏族的人们，他们拿着枪铦、弓矢，组织了集体的渔捞。他们乘着小舟，使用共同编制共同使用之大网，以进行渔捞”。[②] 他还指出，根据《淮南子·本经训》所记载的“分山川溪谷，使各有壤界”之说，“在当时各氏族似乎已经守着了一定的疆域”，“但是在一定的疆域之内，并没有此疆彼界之分”，所有的土地，包括森林、河川、海岸，都是共同所有，主要的生产手段，如大网、栏栅、小舟等，也都是共同所有。而劳动所获除一部分为了再生产而储备之用外，都是共同分配。[③]

《史记·五帝本纪》开篇说，“黄帝者，少典之子，姓公孙，名曰轩辕”。史家考证说，少典为有熊国君，有熊国为今河南新郑。又说“黄帝生于寿丘，长于姬水，因以为姓”，寿丘在鲁国，今山东兖州曲阜县东北，姬水则在今陕西。[④] 由是，黄帝之祖居中原之地，黄帝本人生于东部而长于西部，这本身就意味着五帝时代先民们“桑梓之地”之广大，实际活动范围之广大。又据《史记·五帝本纪》集解所言，炎帝号曰神农，为姜姓，是其母任姒“游华阳”而生，“长于姜水”。炎帝“初都陈，又徙鲁”，可见也有驰骋华夏东西的经历。《史记·五帝本纪》还说，“轩辕之时，神农氏世衰。诸侯相侵伐，暴虐百姓，而神农氏弗能征。于是轩辕乃习用干戈，以征不享，诸侯咸来宾从”。之

① 《淮南子·齐俗训》，参见翦伯赞：《先秦史》，北京大学出版社，1990，第94—96页。

② 翦伯赞：《先秦史》，北京大学出版社，1990，第87页。

③ 参见翦伯赞：《先秦史》，北京大学出版社，1990，第87—88页。

④ 参见（汉）司马迁：《史记·五帝本纪》卷一，中华书局，1959。

后，神农与轩辕相争，三战阪泉（今河北怀来），轩辕“得其志”，后“与蚩尤战于逐鹿之野”，打败蚩尤，“诸侯咸尊轩辕为天子，代神农氏，是为黄帝”。[①] 炎黄二帝作为华夏民族共同的祖先，许多传说有矛盾，未必是信史，但其折射的华夏东西部族之间的相互融合是可信的。

黄帝入主中原，征天下有不顺者，“彼山通道，未尝宁居”，“东至于海，登丸山，及岱宗。西至于空桐，登鸡头。南至于江，登熊、湘。北逐荤粥，合符釜山，而邑于涿鹿之阿”。[②] 似可以认为黄帝时代的华夏疆域已这样初步框定。尽管这来自传说，但世代相传，不会都是空穴来风。黄帝之孙高阳继黄帝之位，是为帝颛顼，则“北至于幽陵，南至于交阯，西至于流沙，东至于蟠木”，[③] 疆域进一步扩大，传说蟠木在东海之中，有“屈蟠三千里”大桃树，虽似夸大其词，但也说明世人对海洋认识和经营的进步。其后，帝尧建都于晋水之平阳。尧“其仁如天，其知如神”，“富而不骄，贵而不舒”，命其天地之官羲、和，“敬顺昊天，数法日月星辰，敬授民时”。命羲仲，“居郁夷”，命羲叔、和仲、和叔，分别“居南交”“居西土”“居北方”，授民以时，劝农耕作。[④] 上古时代的沿海部族统称东夷，“郁夷”，又称“嵎夷”，是居住与今山东地区的东夷部族。羲仲“敬道日出，便程东作”的记载，反映了帝尧时代向山东沿海地区派遣官员，传授先进的历法和农业生产知识的事实。《尚书·禹贡》在其“青州志”中有“嵎夷既略”的记载，

① 参见（汉）司马迁：《史记·五帝本纪》卷一，中华书局，1959。

② （汉）司马迁《史记·五帝本纪》集解，黄帝东至丸山（琅琊）、岱宗（泰山）为今山东境内；西至空桐，登鸡头，在今甘肃境内；南至江，登熊、湘，及至今湖南境内；北逐荤粥，合符釜山，为古妫州（后为舜都），在今北京延庆境内。

③ （汉）司马迁《史记·五帝本纪》集解，帝颛顼“北至于幽陵，南至于交阯，西至于流沙，东至于蟠木”，在古幽州、交州、甘州张掖，以及传说中东海中、有“屈蟠三千里”大桃树的度索山。

④ 参见（汉）司马迁：《史记·五帝本纪》卷一，中华书局，1959。

佐证了这一传说。帝尧晚年，四方皆不安定，威胁来自共工、驩兜、三苗，以及鲧，并称“四凶”。辅佐帝尧的舜进言治理，“流共工于幽陵，以变北狄；放驩兜于崇山，以变南蛮；迁三苗于三危，以变西戎；殛鲧于羽山，以变东夷”，从而“四皋而天下咸服”。[①] 而相传舜继尧位后，“舜耕历山，渔雷泽，陶河滨，作什器于寿丘”，[②] 都是在今山东地区的活动。上述种种，可见五帝时代对华夏神州的治理，折射了东部沿海与西部内陆文化融通之必然性。

夏禹以前，诸夏族东迁与东夷族之间的联姻已经多有传说。如禹之父鲧率夏人东迁，与东夷大姓联姻。鲧娶有莘氏女为妻，禹娶涂山氏女为妻。有莘氏和涂山氏都是东夷大族太昊的后裔，而太昊族此时已经是“根深叶茂”，相传有 59 姓分布于今山东大部和河南东部及安徽北部。通婚联姻历来是民族融合的重要手段之一，无有争议。

二、夏定九州，“夷夏交争”显现

中国自夏代（约公元前 21—前 16 世纪）进入了奴隶社会。夏之始祖相传为禹，其“披九山、通九泽、决九河、定九州”，达到“四海会同”。《尚书·禹贡》记载，“禹别九州”，区分了“九州”疆界，是为：冀州、兖州、青州、徐州、扬州、荆州、豫州、梁州和雍州。尽管有专家质疑《尚书·禹贡》的成书年代，但对于根据传说认定华夏“九州”似并无大碍。史地专家顾颉刚、史念海的《中国疆域沿革史》考证说，“冀州在今山西省及河北、河南省之一部，兖州在今河北与山东省之一部，青州在今山东省境内，徐州在今山东及江苏省之一部，淮

① 参见（汉）司马迁：《史记·五帝本纪》卷一，中华书局，1959。

② （汉）司马迁：《史记·五帝本纪》卷一，中华书局，1959。

水以南今江苏和安徽等处为扬州，荆州在今两湖境内，豫州略包括今河南省，梁州包括今四川、西康及陕西省之一部，雍州则起自今陕西省东界，并包有甘肃等地”。[①] 由此推见，九州中荆、豫、梁、雍四个州为内陆地区，而冀、兖、青、徐、扬五个州则属濒海或近海地区。《史记·夏本纪》说，禹奉帝命，“命诸侯百姓兴人徒以傅土，行山表木，定高山大川”。其“集解”说，《尚书》“傅”字作“敷”。“敷，分也，谓令人分布理九州之土地也。表木，谓刊木立为表记”。[②]《尚书》屡有田赋和贡奉事项的记载，说明禹在定九州、九山、九川的同时所进行的政治和经济治理，以及滨海地区与中原的臣属关系。

《史记·夏本纪》对于夏禹治水并厘定九州的记载，出自《尚书·禹贡》，不过辅以史地大家们的详解注释，使后人对禹定九州的过程及其地理疆域的了解更具空间感和立体感，对冀州、青州、徐州、扬州等沿海地区的描述生动，亦使沿海与内地的夷夏融通见于其间。[③]

“禹行自冀州始”。冀州“既载壶口，治梁至岐。既修太原，至于岳阳。覃怀致功，至于衡漳……常卫既从，大陆既为”。[④]《史记·夏本纪》“集解”说，“黄河自胜州东，直南至华阴，即东至怀州南，又东北至平州碣石山入海也。东河之西，西河之东，南河之北，皆冀州也”，勾勒出冀州的大致地理范围，亦可见大禹在冀州治水导引黄河干支流经今陕西、山西、河北东向，向东北“夹右碣石，入于海”的路径，以及与沿海“岛夷”之间的联系融通。

“海岱维青州”。青州位居黄河下游的山东半岛，内有潍水、淄水，

① 顾颉刚、史念海：《中国疆域沿革史》，商务印书馆，1999，第13—14页。

② 参见（汉）司马迁：《史记·夏本纪》卷二，中华书局，1959。

③ 以下对冀、青、徐、扬州的具体描述，均参见《史记·夏本纪》卷二。

④ “常卫既入”，指恒水和卫水，注释说此文改恒山、恒水皆作“常”，避汉文帝刘恒讳故也。参见（汉）司马迁：《史记·夏本纪》卷二，中华书局，1959。

“浮于汶，通于济”。《史记·夏本纪》集解说，青州“东自海，西至岱。东岳曰岱山（今泰山）”，是沿海东夷——嵎夷、莱夷繁衍生息的地域。“嵎夷既略，潍、淄其道。其土白坟，海滨广潟，厥田斥卤”。青州靠海吃海，贡奉的物品中多有食盐和各种海产品，“厥贡盐絺，海物维错”，[①] 海洋文明特征明显。

“海岱及淮维徐州”。《史记·夏本纪》集注说，徐州“东至海，北至岱，南及淮”，亦是沿海桑梓之地。禹治淮、沂二水之后，徐州成为田第二、赋第五的富庶之地。尤其是“泗滨浮磬，淮夷蠙珠暨鱼，其篚玄纤缟”。而“淮夷，淮水之上夷民也”，特产“蠙珠及美鱼”，同时也盛产黑色纤细的丝织品。徐州“浮于淮、泗，通于河”，沿海与内地显然可以通过水上交通融会贯通经济与文化。

“淮海维扬州”。《史记·夏本纪》注释说，扬州“北据淮，南距海”，是东部长江左右的沿海地区。大禹治水使“三江既入，震泽致定”。水患消除后，扬州经济发展，“其草惟夭，其木惟乔，其土涂泥”，并说“岛夷卉服，其篚织贝，其包橘、柚锡贡。均江海，通淮、泗”，[②] 生动描绘了扬州之东岛夷，将珍贵的贝类、织物、橘柚、锡等贡品，沿江海进入内陆贡奉的情景。

此情此景，可以体味到沿海文化与内陆文化的交融，说明黄河、长江作为中华民族的母亲河，是这样通过其大陆水系与太平洋西岸的海洋联系在一起的。从《尚书·禹贡》对大禹治水的具体论述上，可以看出其治水的主导思想是将内陆河流疏浚，支流入主流，最终“东入于海”。如，在冀州，将恒河和卫河导引入海，“常卫既入，大陆既为”；

① 《史记·夏本纪》对九州的描述，来源于《尚书》。其中多处将《尚书》所用“维”字变用“惟”字，其意应相通。——作者注

② 参见江灏等译注：《古今文尚书全译》，贵州人民出版社，1990，第76页。

在徐州，“导淮自桐柏，东会于泗沂，东入于海”；在扬州，将岷江、汉水、彭蠡三条大江导引入海，“三江既入，震泽底定”；在荆州，使“江汉朝宗于海”，稳定九江洞庭湖水系；等等。[①] 这反映了其时的先人们对中国“东渐于海，西被于流沙”地理特征的宏观把握，说明其对华夏陆海关系的认识，已经达到相当的深度。传说大禹治水“陆行乘车，水行乘船，泥行乘撬，山行乘檋”，最后死于东方，葬于会稽。甚至有传说禹的后代封于越，成为越人的祖先，即使不实，至少说明有越人把禹尊为祖先。如此这般，沿海人族与中原部落、海洋文明与内陆文明的融合也就不奇怪了。这便是中华民族九州一统桑梓之地形成的自然力量，也是中华民族数千年凝聚力不减的自然源头。

夏禹以后，中国进入了奴隶制社会。据《史记·夏本纪》记载，禹以后为启，启后为太康、中康、相、少康四位君主。古本《竹书纪年》说，相即位，居商丘。商丘也称帝丘，在今濮阳西南。夏代之初，由于诸夏氏族的东渐和渤海东夷氏族西迁，在黄河中下游发生了接触，启与有扈氏的甘之战、后羿篡政扼太康、少康与寒浞之争等，都反映了内陆与沿海氏族的融合。古籍中“夷夏交争”“夷夏之争”，可以被认为是这种融合的代词。

《左传》这样记载了太康至少康间这段“夷夏交争”的故事：夏自太康以后，国势已衰，东夷崛起，夷族中有穷氏族的后羿，革夏命，代夏政，用奸臣寒浞，结果被寒浞用同样的方式篡后羿之政。夏代于后相时，因失天下而依附于同姓诸侯斟灌、斟寻，寒浞灭二国杀夏后相。相之妻逃奔母家有仍氏，生子少康。少康长成后为有仍氏牧正，寒浞之子欲杀之，少康逃至有虞，联合有虞、有鬲二氏族，灭寒浞氏族而中兴夏业，是谓少康中兴。有仍、有穷、有虞、有鬲等都是以其姓命其地，据

① 参见江灏等译注：《古今文尚书全译》，贵州人民出版社，1990，第70—88页。

史地专家顾颉刚、史念海《中国疆域沿革史》考证，有穷国在今山东德县，有鬲与有穷相近，有仍在今山东济宁县，斟灌和斟寻分别在今山东寿光县东北和山东潍县西南，有虞则是在河南虞城县，寒则在山东潍县东北。由此看来，《左传》所记这段“夷夏交争”的数十年，主要是在濒海的山东以及河南东部进行的。太康都中原帝丘，少康则在有仍中兴，从帝丘到有仍，都城显然东移。[①]

古称东部沿海部族为“夷”，曰“东方有夷”。《竹书纪年》记载了从帝相、少康、帝泄征服九夷的历程，说“相即位，居商丘”，后相时曾征淮夷、畎夷、风夷、黄夷等。而《竹书纪年》还有于夷来宾，少康即位，方夷来宾，伯抒子征于东海，后芬即位，九夷来御等记载，专家认为“是皆夏都本在东方之证”。[②] 此外，帝芒时“命九夷，狩于海，获大鱼”，[③] 帝泄时，有“命畎夷、白夷、赤夷、玄夷、风夷、阳夷”的记载。[④]《后汉书·东夷列传》也承袭了“夷有九种，曰畎夷、于夷、方夷、黄夷、白夷、赤夷、玄夷、风夷、阳夷”的史说。[⑤] 事实上，“九夷”只是一个大概的说法，表示分支多有，史书记载的“夷”亦已不止九种，如徐夷、淮夷等还没有包括在内。可以推论，夏中期以后，东夷诸部族基本已经归属夏，其治理范围已进入黄河下游的东部沿海地区，“夷夏交争”代之以夏夷相安。但相传到了晚夏，帝孔甲“好方鬼神，事淫乱，夏后氏德衰，诸侯畔之”。[⑥] 至帝桀，“桀为暴虐，诸

---

① 《左传》（襄公四年及哀公元年），转引自顾颉刚、史念海：《中国疆域沿革史》，商务印书馆，1999，第14—15页。

② 参见顾颉刚、史念海：《中国疆域沿革史》，商务印书馆，1999，第15页。

③ 参见孙光圻：《中国古代航海史》，海洋出版社，1989，第69页。

④ 参见（宋）范晔：《后汉书·东夷列传》卷八十五，中华书局，1965。

⑤ （宋）范晔：《后汉书·东夷列传》卷八十五，中华书局，1965。

⑥ （汉）司马迁：《史记·夏本纪》卷二，中华书局，1959。

夷内侵”。[①] 夏之联姻的东夷大族有仍氏也发生反叛，帝桀誓师讨伐有仍，夷夏纷争又起，夏又逐步西移，回归中原地区。《史记》有记载说，“夏桀之居，左河济，右泰华，伊阙在其南，羊肠在其北”。[②] 顾颉刚、史念海考证这一范围为“西到华阴，东到济水上流，北至壶关(在今山西长治县)，南至伊、洛”，[③] 晚夏疆域显然西移。

由此可见，诸夏本为中原地带氏族，以大禹治水为标志的夏族东进，既有与东夷的相融，又有相伐相争，经历了夷夏交争和权力更替。至夏中期，少康中兴，政治中心东移山东、河北、河南之间。晚夏时夷夏纷争再起，夏都又西移中原，至黄河以东伊、洛地域。专家考证，夏政治中心西移，其民族不可能尽数西迁，故东方留下许多与夏族同姓氏的诸侯国家，如“古籍、甲、金文中可考者则有观、莘、杞、鄫、寒诸国”，而观国在今山东观城县，莘国约在山东曹县，杞国原在河南杞县境内，后一再东徙，至山东昌乐县，如此等等。[④] 虽夏代历史有赖传说，考证难度大，也未必十分准确，但“夷夏交争”的存在是可信的，而“夷夏交争”必然伴随夷夏的融合，亦包括陆地文明与海洋文明的融合。

三、商族西进，实践“以夷变夏”

夏代产生的奴隶制度较原始公社制度大大促进了生产力的发展，从而导致了第二次社会大分工。农业和手工业的分离，使手工业的进一步

---

① （汉）司马迁：《史记・东夷列传》卷一一五，中华书局，1959。
② （汉）司马迁：《史记・孙子吴起列传》卷六十五，中华书局，1959。
③ 顾颉刚、史念海：《中国疆域沿革史》，商务印书馆，1999，第 17 页。
④ 参见顾颉刚、史念海：《中国疆域沿革史》，商务印书馆，1999，第 14—18 页。

发展获得可能，于是中国进入了青铜时代——殷商时代（约公元前16—前11世纪）。生产工具质的改变和生产关系的变革，导致“诸夏”与“诸夷”之间不同文明的融通也进入了一个更高的阶段。

《史记》认为商汤起源于中国西部，但后来的大部分史家考证商族祖先起源于东部，其证据之一是：以商族为祖先的诸民族，大都有“鸟生”“卵生”的传说。《诗经·商颂·玄鸟》说，“天命玄鸟，降而生商”，东北的高句丽，华东沿海一带的淮夷、徐夷都有此种传说。据历史学家翦伯赞考证，“商族的最初出发点，是在今河北平原西北之易水流域”，并推断其人种来源与周口店的山顶洞人“似有若干关系”。他认为，商族开始向渤海沿岸移徙，早在旧石器时代之末，这已从周口店的山顶洞中海贝的发现得以证实。按照今日地理形势判断，这种海贝可能获得的最近之地，也在距洞穴东南200公里以外的渤海沿岸。从渤海沿岸的新石器遗址分布情况看，商族在渤海沿岸发展，一支沿海向北，另一支循海而南。大约到了新石器时代中期，北徙者已经布满了辽东半岛西南和朝鲜半岛西北之渤海沿岸；南向者则布满了山东半岛之沿海乃至腹部。南北两支商族隔海相望，在史前时代创造了以“黑陶”和“卜骨”为特征的同一系统的新石器文化。古籍所记载的许多传说中，商族亦被称为夷，如称商之居为夷居，纣之居亦为夷居，称纣为纣夷，称纣之人为夷人。而殷之商族和东夷之商族又都有崇拜天帝的信仰。据此，翦伯赞先生认为，商族于新石器时代广泛分布于环渤海沿岸。此后，“巢山处海”者为东夷，“渐居中土”者为殷商。因此，东夷和殷商实为同一种族的分支。①

这一说法至少说明：环渤海而居的商族，在与东夷的长期共存中，一部分已经融合为一体了。与夏代一样，相传商族与东夷大姓有莘氏联

① 参见翦伯赞：《先秦史》，北京大学出版社，1990，第141—147页。

姻，遂使商族的势力在黄河中下游地区巩固起来。环渤海的“东夷”善用地利，形成颇具特色的经济文化。《后汉书·东夷列传》对夫余国有这样一段叙述，“于东夷之域，最为平敞，土宜五谷，出名马，赤玉、貂豽，大铢如酸枣。以员栅为城，有宫室、仓库、牢狱。其人粗大彊勇而谨厚，不为寇钞。以弓矢刀矛为兵，以六畜名官，有马加、牛加、狗加，其邑落皆主属诸加。食饮用俎豆……以腊月祭天，大会连日，饮食歌舞，名曰‘迎鼓’……有军事亦祭天……行人无昼夜，好歌吟，音声不绝。其俗用刑极严，被诛者皆没其家人为奴婢”。[①] 这段对夏代少康中兴时代的记载，可以看出：此时东夷经济上发达和富庶，从人种和物产判断，其疆域与环渤海的今东北和山东地区的特征相符。在政治上，奴隶制国家制度已经成熟，城市设防，有宫室、仓库、牢狱，邑落各属不同等级的官员，被征服者沦为奴隶。文化底蕴也已经十分深厚，其“以腊月祭天，大会连日，饮食歌舞”的国俗风土，至今仍是中华民族的国俗风土，令人叹为观止。所以《后汉书·东夷列传》还说，自中兴之后，“四夷来宾，虽时有乖畔，而使驿不绝……东夷率皆土著，憙饮酒歌舞，或冠弁衣锦，器用俎豆”。可见，“所谓中国失礼，求之四夷者也”，[②] 已是当时诸夏对东夷先进于自己文明的普遍感叹。

据《后汉书·东夷列传》的记载，大约在传说之中“夏代”初年，即新石器时代末期，商族便开始由山东溯黄河而西向，即所谓“太康失德，夷人始畔”。少康中兴，夷人“宾于王门，献其乐舞”。而至夏代末叶，商族又展开了积极西进，所谓“桀为暴虐，诸夷内侵，殷汤革命，伐而定之”，则是暗示了这一内容。“至于仲丁，蓝夷作寇。自

① （宋）范晔：《后汉书·东夷列传》卷八五，中华书局，1965。

② 同上。

是或服或畔，三百余年。武乙衰敝，东夷寖盛，遂分迁淮、岱，渐居中土”。[①] 这段描述，可以说精炼概括了商族“以夷变夏”、夷夏融通的历史过程。

商族进入黄河腹地，大约是在传说中的成汤时代。《孟子·滕文公》谓，“汤始征，自葛载，十一征而无敌于天下”。[②]《诗经·商颂·长发》[③] 云，“武王载旆……九有有截”，“韦雇既伐，昆吾夏桀”。史家考证，韦雇、昆吾都是河南境内夏的同盟部族，“汤本都蒙亳，今山东曹县地，北向而取韦，西向而灭昆吾，再向西至伊、洛一带，翦灭夏桀”，[④] 表明在成汤时代，商族进击中原，打败诸夏，斩获九州，成为中原主人，并使原来无严格地理疆域的氏族地域，转化为具有一定版图意义的政治疆域。对此，《尚书·周书·多士》说，“惟尔知，惟殷先人，有册有典，殷革夏命”。并说，“乃命尔先祖成汤，革夏俊民甸四方”。[⑤]《叔夷钟铭》也记载了成汤依据“册”“典”所记录的势力范围，受命“翦伐夏祀”，“咸有九州，处禹之堵”[⑥] 的事实。这种“册”和“典”尽管没有全部流传下来，但至少是在西周之初，这些“册”和“典”尚在，因此在西周和春秋时代，殷之后人在赞颂其先世之功的典籍中多有记载。《诗经·商颂·玄鸟》说，“古帝命武汤，正域彼四方。方命厥后，奄有九有”。《诗经·商颂·殷武》说，“昔有成汤，自彼氐羌，莫敢不来享，莫敢不来王，曰商是常”。翦伯赞先生说，

---

① （宋）范晔：《后汉书·东夷列传》卷八五，中华书局，1965。

② 转引自翦伯赞：《先秦史》，北京大学出版社，1990，第 148 页。

③ 以下《诗经》的引用，皆采用《诗经今注》，高亨注，上海古籍出版社，1980。

④ 顾颉刚、史念海：《中国疆域沿革史》，商务印书馆，1999，第 23 页。

⑤ 转引自吕振羽：《史前期中国社会研究（外一种）》下，河北教育出版社，2000，第 451 页。

⑥ 《叔夷钟铭》云“咸有九州，处禹之堵”，专家考证“堵”即“土”，转引自吕振羽：《史前期中国社会研究（外一种）》上，河北教育出版社，2000，第 219 页。

“在这样一个广大的征服下，‘诸夏’之族几乎都变成了商族的臣属，而这在中国历史上，便是一个用夷变夏的时代”。殷商“把无数不同的氏族放在一个权力的统治之下，国家遂在这种客观要求下出现了”，[①]这是由氏族社会到国家的历史性变革，也“殷革夏命”，“以夷变夏”的时代意义。

史家考证，沿海的商族在进入中原的过程中，已接纳了中原以农为本的生产方式，以农艺畜牧为主，且驱使奴隶以从事此等生产事项，猎渔则成为商代贵族的娱乐项目，有“王渔”“王狩”之说。自成汤建立国家到盘庚，国势渐衰，《尚书・商书・盘庚》说，“盘庚五迁，将治亳殷”。盘庚迁都是商代社会发展的重要事件，盘庚将国都西迁至“殷”后，商得以“中兴”，进而才有所谓“殷商”的称谓，以及“宅殷土芒芒”的盛况。“殷土”，指殷商之地；“芒芒”，揭示其广大。1927 年河南安阳出土的小屯遗址，被史家称为殷墟，并认定为盘庚之都所在。

盘庚迁都，造就了殷商时代的鼎盛。从政治上看，它巩固了奴隶制度，“把殷代的国家统治权重新稳定下来”。[②] 从经济上看，它促进了以青铜业为代表的生产力发展，“完成了使社会内部的阶级的最初的大分裂的历史任务，而充任了国家出现的主要因素，把中国社会推进到文明时代”。[③] 以都市规模而论，盘庚以后的都城已不仅是商代的政治中心和手工业中心，而且已成为古代东方的国际商业中心，城市规模十平方华里以上。根据安阳殷墟的发掘报告，殷墟遗物中有极多的咸水贝、绿松石，并有鲸鱼骨。咸水贝和鲸鱼骨来自渤海沿岸，绿松石则来自山东

① 翦伯赞：《先秦史》，北京大学出版社，1990，第 150 页。

② 吕振羽：《史前期中国社会研究（外一种）》下，河北教育出版社，2000，第 453 页。

③ 同上书，第 400 页。

半岛。而最初用于交换的海贝产于南洋。因此，史家考证殷商时代的商业范围，东北达到渤海沿岸和朝鲜半岛，东南达到江浙，甚至南洋。内陆与沿海的联系，可见一斑。甲骨文字考证，殷商时代从事商业的交通工具有：舟、车、牛、马等，其中“舟”是沿海主要交通工具已是无疑，且从其能够将渤海北岸、朝鲜半岛和南洋的海产品舶来，其舟的技术含量不会太低。从甲骨文的“舟”字“[illegible]”分析，殷商时代的舟，至少有两至三段加固船体横向强度的空梁，构成三至四个分段隔舱；甲骨文中还有一个“般”字“[illegible]”，其意是使船旋转，字形也似人持工具操船，说明当时船上已有推进工具；还有一说甲骨文中的“凡”为“[illegible]”字，而“帆”字在楷书中作“凡”，说明商代已经有了风帆。对于象征生产力的造船和航海业来说，这些都是非常重要的。①

殷商时代的军事组织和军事制度主要是国家性质的。其战争的目的，主要在于征服异族，攻城略地，获得财富，掠取俘虏做奴隶，当然也有对本族叛乱的平定，参战的军队多为3000—5000人，亦有多至上万人；征战之地常距首都数千里之外，持续半年甚至3年之久。商开国以后，开疆拓土最厉害的帝王还有盘庚以后的武丁。《诗经·商颂·长发》云，“武丁孙子，武王靡不胜。龙旂十乘，大禧是承。邦畿千里，维民所止。肇域彼四海，四海来假”，此言乃武丁之盛。当然，商族进入中原后，被商征服的夏族并非消失，大都与商族同化。史家考证，其余者分三个方向退却：徐淮一带的夏族，南徙吴越；豫西一带的夏族，南徙荆楚；山西及河南西部的夏族，向西北迁徙，居“鬼方”。② 从而也带来了商族征服范围的进一步扩大，南征荆楚，东向江淮，西伐“鬼方”，甚至远征西北诸羌、诸狄，完成了广大疆土之开拓，“奄有九

① 中国航海学会：《中国航海史（古代航海史）》，人民交通出版社，1988，第12—13页。

② 翦伯赞：《先秦史》，北京大学出版社，1990，第149页。

有”，“咸有九州”，较之夏代，拓地数千里，享国千年。

殷商时代的疆域，前期略同于夏代，武丁以后有较大拓展。《战国策·魏策》说，“殷纣之国，左孟门而右漳、釜，前带河，后被山”，史家考证，“云‘前带河’，可知其在河之北”；[①]《史记·孙子吴起列传》说，“左孟门，右太行，常山在其北，大河经其南”。史家考证，其国家政治势力所能直接支配的区域，东起山东濒海之地，西至并陇，北至河北及山西北部，南不出今河南省界，西北至包头，东南至淮水流域，纵横数千里，[②]即所谓“邦畿千里”。这一区域，主要为商族本族所散布的地区。但就其政治军事势力所及的范围看，甲骨文字所能考出的东南西北的疆域则非常辽阔了：西北的陆上疆域，西可至陕西、甘肃之间，北可至河北、山西北部，直至今天之河套地区和内蒙古的包头，距殷都七八百里之遥。东南的沿海疆域，据郭沫若考证，殷时疆域甚至不止于淮水流域，而是“已越长江而南”，到达距殷都数千里外的江浙地区。殷商在征服这些地域后，将其置于自己的政治统治之下，规定其纳税，并封其“邦邑”，使之奉“商”为宗主国。[③]今浙江、福建出土的新石器时代文化遗物，都具有龙山文化和殷商文化的若干影响及色彩。《诗经·商颂·长发》云“相土烈烈，海外有截”，也说明殷商势力至少是东至海隅。甲骨文字曾提及在“来”地区的活动。《尚书·禹贡》的青州境内亦有“莱夷”之所，后有东莱、莱子国之说。[④]总之，殷商时代沿海疆域以其前代之冀、兖、青、徐、扬为基础进一步得到拓展应无疑。

---

① 顾颉刚、史念海：《中国疆域沿革史》，商务印书馆，1999，第23页。

② 参见顾颉刚、史念海：《中国疆域沿革史》，商务印书馆，1999，第25页。

③ 郭沫若：《卜辞通纂》序言，转引自吕振羽：《史前期中国社会研究（外一种）》下，河北教育出版社，2000，第476页。

④ （东汉）班固：《汉书·地理志》卷二十八上，中华书局，1960。

商族“以夷变夏”，特指商代非诸夏部族的沿海商族经略中原，打败诸夏，建立国家的这一史实。而从本质上说，夷与夏各有自己的先进文化，“以夷变夏”或“以夏变夷”都不是绝对的，而夷夏交融才是绝对的。华夏的中原民族和沿海民族就是在这样的相互变通中，相互学习，融合发展，在不同个性的地域文化中闪烁出民族文化共性的辉煌。而所谓“远古中国的部落集团或联盟，主要是一个从西来的夏，一个从东来的商，他们是后来形成汉族的主干”，[①] 是有根据的。

四、周族东征，再现“以夏变夷”

周族与商族本是两个平行发展的民族。考周族的始祖，相传为“后稷”。然《诗经》说，“赫赫姜嫄……是生后稷”；又说，“厥初生民，时维姜嫄”，因而又有周族实以姜嫄为始祖。史家考证，“姜”与“羌”古为一字，故周族为诸羌之一。羌为西夏之族，故周族自命周羌，自以“夏族”为其先民。[②]《史记·周本纪》谓，“周后稷，名弃，其母有邰氏女，曰姜原”。弃“及为成人，遂好耕农，相地之宜，宜谷者稼穑焉，民皆法则之”，帝尧闻之，“举弃为农师，天下得其利”。“后稷”是为农神。[③] 帝舜时，“封弃于邰，号曰后稷，别姓姬氏”。史家对古邰国的注解，一说在雍州武功县西南，一说在扶风，均为今陕西省境内。[④] 尽管周文献中对于周之起源有若干假说，然周族原为“夏族”的一个支系，崛起于西北陆上泾渭之间，其文明以农为本，则是可信的。

---

① 吕振羽：《史前期中国社会研究（外一种）》上，河北教育出版社，2000，第231页。
② 参见翦伯赞：《先秦史》，北京大学出版社，1990，第239页。
③ （汉）司马迁：《史记·周本纪》卷四，中华书局，1959。
④ 同上。

周族在新石器时代初，即传说中的神农黄帝时代，已定住在甘肃西南洮河河谷一带。新石器中期，开始向陕甘边境东徙。在夏商交替之际进入陕西，相对定居于渭河河谷，这大约是在"公刘"时代。[①]《史记·匈奴列传》说，"夏道衰，而公刘失其稷官，变于西戎，邑于豳"。[②]《汉书·地理志》说，"公刘处豳"，注释师古云，"即今豳州郇邑"。[③] 史家考证，周人在公刘以前虽然已发明农业，但还是未完全定居的游牧民。到公刘时，由于生产力的进步，金属工具之发明，在豳地才完全定居下来，转化为定居的农业民。[④] 定居带来了农业复兴，是为周族发展的重要时代。《诗经·大雅·公刘》说，周族在这里建筑房屋，"于时处处，于时庐旅"，然后"相其阴阳，观其流泉"，"度其隰原，徹田为粮"，从而"乃积乃仓"，富庶无比。从"徹田为粮"一语分析，周族社会似已从氏族公社向村落公社组织转化，向家庭所有制转化。在农业繁荣的同时，周族的手工业亦得到发展，"取厉取锻"，"弓矢斯张，干戈戚扬"，说明其冶铁业的发达。畜牧业从其地名所用之"豳"字，可以判断其养豕之盛行。周族在殷商时代处于商族奴隶制国家统治之下，甲骨文中有"令周侯"的记载。周族虽然没有发展到殷商那样高度的奴隶制国家，但作为殷商奴隶制国家的一部分，周族从这种政治经济隶属关系中，度过了奴隶制文明，这就是殷商之末两族文明相去并不远的原因。然而，周族久居西北，发展之地利不如殷商，但其长期"奔于戎狄之间"，以戎狄为伍，武风强悍于商族，则是肯定的。

自公刘至古公亶父，相传有九世。周族向东迁至膏腴之地的岐山，

① （汉）司马迁：《史记·匈奴列传》卷一百十；参见翦伯赞：《先秦史》，北京大学出版社，1990，第239—240页。

② （汉）司马迁：《史记·匈奴列传》卷一百十，中华书局，1959。

③ （东汉）班固：《汉书·地理志》卷二十八下，中华书局，1960。

④ 吕振羽：《史前期中国社会研究（外一种）》下，河北教育出版社，2000，第510页。

农业获得进一步发展。到了周文王时代，即相当于商纣王的时代，由于农业的发展提高了对土地的要求，周族便开始了征服四周诸民族的战争，先后伐邘、密须、犬戎、耆国、崇侯虎……周族的重心，自岐山下东徙丰邑，成为一个强有力的政治和军事集团。

此时的殷商已经进入其末年，政治腐败，内部矛盾重重，连年的东向征伐又激化了这些矛盾。周文王之后，周武王以殷商纣王暴虐无道为号召，联合“西土”各部族，发起了“伐纣”的战争。《史记·周本纪》说，武王“东观兵，至于盟津”，“不期而会盟津者八百诸侯。诸侯皆曰‘纣可伐矣’”。武王认为“未知天命”，乃还师归。“居二年，闻纣昏乱暴虐滋甚……乃遵文王，遂率戎车三百乘，虎贲三千人，甲士四万五千人，以东伐纣”,[①] 与商决战。《尚书·泰誓》和《尚书·牧誓》记载的誓师过程十分壮观，说明当时武王伐纣之顺民心民意。周族推翻了殷商奴隶制国家政权，从此进入中原，建都镐京。

西周（公元前11世纪—前771年）立国之后，中原尚有未平复的诸夏，东有商族残余势力，北有北狄，西有西戎，南有群蛮、百濮，面临的形势是严峻的。周首先把殷之国家土地所有宣布为“王”所有，废除奴隶制度，进行大规模的“封建”。《史记·周本纪》说：“武王追思先圣王，乃褒封神农之后于焦，黄帝之后于祝，帝尧之后于蓟，帝舜之后于陈，大禹之后于杞。”同时分封功臣谋士，“封尚父于营丘，曰齐。封弟周公旦于曲阜，曰鲁。封召公奭于燕。封弟叔鲜于管，弟叔度于蔡。余各以次受封”。[②]《史记·周本纪》还记载了周武王克商之初，对殷商后代实行怀柔政策，“封商纣子禄夫殷之馀民”，让其弟叔鲜、叔度“相禄夫治殷”，其注释则补充了“封纣王之子武庚于邶”的史

---

① （汉）司马迁：《史记·周本纪》卷四，中华书局，1959。
② 同上。

实。这种分封是连同土地上的人民一起分封，即《大盂鼎铭文》中所反映的“受民受疆土”。也就是说，这些土地上的新贵不仅拥有土地，而且拥有完全的政治和军事权力，在这些土地上的人民，也从奴隶转化成为农奴，其最高统治者是周王。《吕氏春秋》说，“周之所封四百余国，服国八百余”，自镐京以东，今河南、山东、山西、河北诸省，都已布满周之封国，具有统治权的周人统治了包括殷商遗民在内的下层人民，[①] 故《诗经·小雅·北山》描述说，“溥天之下，莫非王土；率土之滨，莫非王臣”，周代的国王变成了土地和人民的唯一所有者，周代不但消灭了殷商时代奴隶制政权，而且也消灭了这种政权赖以存在的经济基础，奠定了华夏农耕文明的主调。中国的社会，开始了向封建社会的转化过程。

这一转化是一个渐进过程，也是一个充满激烈斗争的过程，尤其是对商之故地东方的征服，更为艰难。在分封过程中，武王将其亲戚、同姓或功臣分别封于各地，对殷商旧地的邶、鄘、卫，派去管叔、蔡叔和霍叔为傅相，号称“三监”；对商原有的“根据地”，分封其开国重臣姜尚于齐，分封周公旦于鲁。在南方，传说吴国的开国君主是周文王的伯父。于是，历史在这里形成了一个螺旋形，一个“以夏变夷”的时代重新开始。

周武王灭商后两年亡，其子成王继位。成王年幼，周公摄政。《尚书·周书·大诰》说，“武王崩，三监及淮夷畔”，即武王之弟即管叔、蔡叔、霍叔三监，以及一些商族旧属淮夷叛乱。于是，周公亲征“东土”，连续三年战争，“征东夷”，“伐海眉”。周公返政于成王后，周成王继续东征，使周代封建国家的新秩序得以巩固。周成王东伐淮夷后是西周的盛世，但仍不平静。《诗经·大雅·江汉》曰，“江汉浮浮，武

① 参见顾颉刚、史念海：《中国疆域沿革史》，商务印书馆，1999，第30页。

夫滔滔，匪安匪游，淮夷来求”，“江汉之浒，王命召虎，式辟四方，徹我疆土”，可以想见这一段斗争的不易。因而西周王者天下比殷商小得多，仅五分之一，荆楚、吴越若即若离，中原诸夏和东部殷商之族，虽已成为周的臣民，但并没有完全臣服，各种社会矛盾空前复杂，诸侯争雄的征战此伏彼起。随着西周日渐衰微，周平王东迁洛阳，是为东周。东周国势羸弱，历史于此进入大争斗大兼并、群雄争霸的春秋战国时期。

以历史唯物主义的观点看，一种社会制度代替另一种社会制度是一个过程，不可能一蹴而就。因此，殷商势力之顽固不化，周人以夏变夷之困难重重是很正常的。然而，殷周之斗争集中于东方，特别是集中于沿海富庶的齐鲁、淮徐一带，不是偶然的。一方面，这些地区曾是殷商的发祥之地；另一方面，在长期夷夏融合的发展中，这些沿海地区又形成了自己与海洋相联系的独特的经济和文化，并在某些方面高于周人发祥的内陆地区，形成了一种可与之抗衡的力量。因此，周要巩固新夺取的政权，就不能无视这一社会存在。这里，特别可圈可点的是姜尚在齐国的作为。

齐地处黄河下游的古商族发祥之地，是为濒海膏腴之地。《史记·货殖列传》说，“齐带山海，膏壤千里，宜桑麻。人民多文采布帛鱼盐”。《史记·苏秦列传》说，“齐南有泰山，东有琅邪，西有清河，北有勃海，此所谓四塞之国也”。[①] 姜尚封齐后，建立封建制度，同时顺应齐之传统，利用比较先进的技术，大力倡导生产，从而有效化解了阶级和民族矛盾，使齐国日益繁荣昌盛。《史记·货殖列传》说，“初封营丘时，地泻卤，人民寡，于是太公劝其女功，极技巧，通鱼盐，则人物归之，襁至而辐凑，故齐冠带衣履天下，海岱之间敛袂而往朝焉”，

① （汉）司马迁：《史记·苏秦列传》卷六十九，中华书局，1959。

且“其中五民具”，集解“五民”为士农工商贾也。[①]《史记·齐太公世家》说，“太公至国，修政，因其俗，简其礼，通商工之业，便鱼盐之利，而人民多归齐，齐为大国”。[②]

也有一说是姜尚本身就是“东海上人”。假使如此，可以释为其效力西周后又被派往东部沿海地区。姜尚治齐的历史，堪称中国古代“夷夏”融通的典范，亦是沿海文明与内陆文明相互交融的典范。他的成功，使齐国率先垂范于沿海地区，成为西周中央政权的“邦畿”之地和一处比较巩固的海疆。而西周封建制度得以在沿海地区立足、发展，顺利替代了奴隶制度，也促进了整个历史的进程，并为沿海文明的进一步辉煌奠定了基础。

综上所述，在先秦前期，中华民族有这样一段“夷夏交争”的历史，从夏代发生“夷夏交争”，到殷商“以夷变夏”，再到西周的又一次“以夏变夷”，这段历史主要来自传说，经史家记载、甄别和世代相传，尽管不乏错谬和矛盾，但基本史实是可信的，其生动体现了中华民族陆海疆域和陆海文明融通的进程，也是值得研究和追溯的。

---

① （汉）司马迁：《史记·货殖列传》卷一二九，中华书局，1959。

② （汉）司马迁：《史记·齐太公世家》卷三十二，中华书局，1959。

中国海疆史研究的几个基本问题*

中华民族是世界上历史最悠久的民族之一。中华民族世代繁衍生息在欧亚大陆板块的东部，又濒临浩瀚太平洋的西岸。今天中国的版图，有960万平方公里的陆地国土，有18,000公里海岸线，6500余个岛屿和14,000公里的岛岸线，有渤海、黄海、东海和南海四大海区，按照现代国际海洋制度，还有应归中国管辖的约300万平方公里的海洋国土。

数千年漫长的历史，负陆面海的地理环境，既孕育了中华民族辉煌的陆地文明，也同样孕育了深厚的海洋文明。中国海疆史既是整个中国历史的一部分，又是世界海洋文明史的一部分，客观地展示这一历史画卷，是研究中国海疆史的根本意义所在。中国海疆史是新兴的研究领域，鲜有前车可鉴。本文尝试对其几个基本问题进行探讨，并就教于方家。

一、中国海疆的基本概念及历史研究范畴

海疆首先是一个国家范畴的地理概念。在中国的语言文字中，“疆”代表境界、边界。《诗经·大雅·江汉》说，“式辟四方，彻我疆

* 本文发表于《中国边疆史地研究》2001年第2期，第1页。原文标题为《中国海疆史研究几个基本问题之我见》。参见张炜、方堃主编《中国海疆通史》，中州古籍出版社，2003，绪论。该书为马大正主编“中国边疆通史丛书”之一部，丛书获2003年度中国国家图书提名奖。

土”；[①]《晋书·地理志》说，“表提类而分区宇，判山河而考疆域”。[②]这里所说之“疆土”“疆域”，视野皆在陆上疆土，皆为治理“疆土”[③]而“分区宇”“考疆域”。从《尚书》开始，中国文字记载的疆域有九州、十二州和大九州之说，也出现了“四海会同”的说法，但把海洋视为天然屏障，以海洋为陆地边疆的思想根深蒂固——“于疆于理，至于南海”，[④]“方行天下，至于海表”。[⑤]因此，限于当时的科技水平和认识能力，人类从主观上还不可能将海洋本身纳入国家疆域的之中，“海疆”也没有一个相对规范的概念。但是从客观上说，中国古代的海疆早就存在，它不是一个海岸线或海岸带的概念，而是一个区域的概念。从空间界定，它是海岸线以内的沿海地区及其靠近大陆的海岛构成的、有着海洋文化特征的“沿海疆域”。

海疆的概念，古今不同。就世界范围来说，公元前 5—前 4 世纪，在古希腊各城邦国家的同盟条款中，已开始出现“统治海洋”，“成为海上主宰”的表述，说明以地中海为中心的一些国家，其海疆的概念先于中国向海洋扩展。中世纪欧洲濒海国家的海疆概念与中国大同小异，主要是指具有国家主权意义的沿海领土。15 世纪以后，随着生产力的发展和人类征服海洋能力的提高，以“地理大发现”为代表的海洋拓殖浪潮席卷全球，西方国家率先将海洋作为分割争夺的对象，开始了一场“蓝色圈地运动”。1782 年，意大利法学家加利安尼根据荷兰著名法学家宾刻舒克在《海上主权论》中阐述的理论，以当时大炮平均射程为基准，正式提出沿海国拥有 3 海里领海的主张。从此，世界海洋

① 《诗经·大雅·江汉》，见《诗经今注》，高亨注，上海古籍出版社，1980，第 462 页。

② （唐）房玄龄：《晋书·地理上》卷十四。

③ 《诗经·大雅·江汉》注释说，“徹，治也。一说用徹法征收地税”。参见《诗经今注》，高亨注，上海古籍出版社，1980，第 464 页。

④ 《诗经·大雅·江汉》，见《诗经今注》，高亨注，上海古籍出版社，1980，第 462 页。

⑤ 《尚书·周书》，见《今古文尚书全译》，江灏等译注，贵州人民出版社，1991，第 380 页。

被划分为领海和公海两个部分，海洋与国家主权相联系，“海疆”具有了“海上国界”的含义。二战以后，经过联合国三次海洋法会议，特别是以 1982 年《联合国海洋法公约》为标志的现代海洋制度，给予沿海国以专属经济区和大陆架的专属管辖权，海疆成为一个需要赋予新的现代内涵的概念。

19 世纪末叶，中国开始接受国际社会通行的 3 海里领海的主张。1931 年，由中华民国政府行政院发布政令，明确宣布中国领海宽度为 3 海里。至 20 世纪 50 年代，中华人民共和国政府公布了 12 海里的领海；20 世纪 90 年代，全国人大常委会批准了《联合国海洋法公约》，通过了《中华人民共和国领海及毗连区法》和《中华人民共和国专属经济区和大陆架法》，使国家行政主权的范围合法延伸至我国的领海，并依法享有对毗连区、专属经济区和大陆架的管辖权，这标志着中国具有了包括沿海地区陆地、领海、专属经济区、大陆架等管辖海域的现代海疆观念。

海疆概念的演进，与社会生产力的发展相联系，与人类从认识陆地到认识海洋、进而征服海洋的客观进程相一致。因此，海疆史演绎的主题是海洋与陆地的关系，海洋与人的关系，它既包括自然地理要素，也包括人文要素。作为客观的物质世界，海洋与陆地一样，是人类社会生产活动实践的客体。人类开发海洋的活动以沿海陆地为依托，以满足人类生存基本需求为起点，创造了反映海洋特性及其发展规律且不同于陆地文明的海洋文明，也形成了人类对海洋的理性认识（即海洋观念）。任何国家沿海疆域的人类社会活动、物质及精神生活，在其表征与特质上，与内陆地区都是截然不同的。然而，任何国家的海洋文明，又都不可避免地打上各自国家陆地文明的印记。吾等斗胆涉猎《中国海疆通史》，就是试图客观记载中华民族由古而今、由低级向高级，创造自己民族和国家海洋文明的历史过程。

《中国海疆通史》的撰写遵循一般修史的体例。在时间上，起始于上古，截止于晚清；在空间上，为从历史实际出发，考虑到“海疆”概念的古今差异，本书将古、近代“海疆”的概念，定位于中国的所有濒海地区和近岸海域，主要指海岸带，包括沿海的陆地、滩涂、港湾及近岸岛屿和沿海水域。从政区上界定，上古时期以“九夷”居住地区为限；春秋战国时期特指沿海的诸侯国；秦汉及其后，则以沿海的郡（秦）、州（汉）、道（唐）、路（宋）和省（元以后）为区域单位。

《中国海疆通史》是一门专史，属于历史学的分支学科，同时兼有历史地理学的内容。它以沿海疆域的地理沿革为基础，渗透于经济、政治、军事、文化及社会各个领域，具有很强的边缘性质。比如，研究海疆地理沿革，不能不涉及政治制度及军事制度；研究海疆开发，不能不涉及渔业盐业、航海交通、海外贸易、海港海关等广泛的经济问题，进而涉及社会发展史、中外关系史、海上战争史等社会经济结构和社会上层建筑诸多方面的历史发展问题。所有这些，构成了海疆历史的主要研究范畴。基于此，本书的内容包括了中国沿海疆域沿革、沿海经济开发、海上贸易、海疆政治经略、海上战争和军事问题，并涉及历代治海政策、海防思想、海洋观念等上层建筑和意识形态的发展脉络。

二、中国沿海疆域开发与发展的几个特点

在中国疆域发展史当中，沿海疆域的开发与发展占有重要地位。海疆开发与发展的进程不仅具备与陆上疆域发展相同的特点，还有一些独特的发展规律值得认真总结。

（一）国家政权在沿海疆域开发与发展过程中产生的重要作用

在中国历史上，国家的统一与分裂相互交替。秦统一后的2000多年中，中国社会几次经历了分裂—局部统一—完成大一统的历史组合过程。在这种过程中，中国国家疆域不断拓展，版图逐渐扩大。但与陆上边界不断推远的发展趋势不同，中国沿海疆域的边界由于受到自然条件的限制，基本东止于海岸线。在封建王朝的体制下，各封建政权都曾对沿海疆域进行过开发，推行了不同的政策，并形成了不同的特点。国家政权的开发活动推动了沿海疆域的社会发展，体现了国家政权在海疆发展中的作用。

由于各有关王朝对沿海疆域治理和经营的侧重有所不同，导致了古代沿海疆域发展的不平衡。19世纪以前的格局大体如下：秦汉之际，黄河以北沿海的开发与发展较南方为快，北方沿海一些地区在中原地区较早发展的农业经济强烈的辐射和牵动作用下，获得了较快发展，并开始成为中原经济的重要补充。汉末至宋代，渤海及淮北沿海一线的发展相对停滞，并逐渐落后于长江以南沿海区域，由于受中原地区政治局势的影响，同一时期内，黄海沿海疆域的社会发展呈不稳定的状态；与此同时，东南沿海疆域的发展速度加快，逐渐赶上并超过了北方；而地处东亚大陆南端的岭南沿海地区，在这一时期仍然作为封建国家一个有待开发的局部，尚未真正形成迅速发展的局面。宋代以后上述格局基本被延续下来。随着各封建王朝政权对统治政策不断进行调整，中国古代沿海疆域发展中段突出、两端略低的格局逐渐趋于稳定。

国家政权推动了中国沿海疆域的开发和发展。

首先，封建国家能够以暴力推动的方式加快其对海疆的政治开发速度。在沿海疆域开发早期的秦汉时期，由于建立统一政权的政治需要，封建国家对边疆的开发，一般都以政治策略的实施为主要内容，其表现方式多是军事性的大规模征服行动，以确立其政治统治权为主要目的。王朝统治者把建立有效的政治统治网络作为对沿海地区进行开发的首要措施，并经常以武力威慑的方式对沿海某一区域的统治秩序进行调整。这种以暴力形式实现的对沿海疆域的经营，极大地加快了将沿海地区纳入封建王朝统治体系的历史进程。统一的实现，促进了沿海疆域发展过程中正常政治秩序的确立。它基本上保证了沿海边鄙之地能够与封建统治中心地区在封建政治演进过程中保持同步。而这无疑对中国封建政治的历史发展有重要意义。

其次，封建政权能够以强大的国家实力推动沿海疆域的经济开发。汉代以后，封建国家对沿海疆域的统治，不仅有政治性的措施，而且加强了经济开发。国家统一时期如此，分裂时期也是如此。在公元10世纪以前，中国沿海疆域的开发就已经全部纳入了封建政治经济体系之中。它的发展完全受到这一体系的调控。集权政权可以在较大区域内控制社会资源，具备较强的社会资源动员力，并以这种优势加强对沿海疆域的开发投入。这意味着封建国家可以凭借相对强大的实力强化沿海疆域的开发，对沿海疆域采取强制性措施开发区域内的经济资源，其结果必然会对沿海经济的进步产生有利的影响，迅速缩短沿海地区与封建统治中心地区政治经济发达程度的差距。

最后，国家政治局势对沿海疆域的发展趋向产生重要影响。一般情况下，国家政权的稳定会提高其对沿海疆域开发的关注，从而促进沿海疆域的开发进程。在封建社会中，只要封建国家能够有效控制国家政治局势，对沿海疆域能够直接管辖并进行经略，人口增长和土地新辟就能使得上述区域的经济以正常或超常的速度发展；反之，国家政治秩序混乱和社会动荡，在一定时期内将可能导致沿海疆域的开发陷入停顿，甚至产生倒退。因此，封建国家政权的稳定与否，对沿海疆域政治经济的发展有着极其重要的作用。

（二）社会条件对沿海疆域开发与发展所产生的特殊影响

在封建社会中，对沿海疆域开发程度的高低，取决于沿海地区的政治经济状况在封建体制构成中的地位，以及它对封建国家发展过程中的作用。自汉代起，凡是统一强大的中原王朝，都曾经对沿海疆域进行经营与治理；而在分裂状态下，一些区域性封建政权也都出于生存的需要，对其统辖之下沿海疆土的政治和经济进行有目的的开发。正是在这种背景下，古代中国沿海疆域的发展程度才得以不断提高。

从中国沿海疆域开发的总体历史进程来看，有两种现象值得特别关注。一是国家政治局势的良好能够使中央政权强化对沿海疆域开发活动的支持或支撑。二是国家政治秩序的混乱会迫使统治集团以加强控制的手段，令包括沿海疆域在内的各统治区域完全听命于它的需要，中断在沿海区域进行的中外海上交流，从而阻断沿海疆域开发的正常进程。这说明在统一的社会条件下，国家政治的稳定程度与沿海疆域开发的广度与深度形成正比。

必须注意的是，沿海疆域的开发和发展有一个特殊的历史现象，即在一定的历史条件下，统一局面虽被破坏，并对沿海疆域原有的开发进程产生负面影响，但海疆的开发没有完全停滞；相反，传统政治中心地区的社会混乱可能并不直接破坏沿海疆域的开发进程，甚至在某种条件下，分裂状态还有可能刺激沿海区域的经济发展，使之开发运行的速度加快。东汉末年以后中国沿海疆域的南北开发，呈现出的愈来愈大的地域性差异典型地说明了这一点。由连年分裂战争而导致的政治中心逐渐南移，使中国政治地理发生了改变，它刺激了新的经济中心在南方沿海及其附近区域形成。北方割据战争致使大量人口南迁，为南方沿海区域提供了先进的生产技术和劳动力人口。正是在对这些非正常增长的社会资源利用的基础上，南方各割据政权为了巩固自身的统治和兼并对立敌国的政治需要，全力推行了开发统治区域内的社会资源并发展经济的政策。对沿海疆域政治经济的发展来说，这种分裂的结果并不是灾难性的。由于区域性经济的覆盖范围相对较小，其见效周期也相对较短，因而在南方沿海区域相对富庶的自然条件下，由割据政权实施的发展区域性地方经济的政策，使长江下游以南沿海经济发展显现了很大的活力。尽管分裂割据破坏了全国的政治统一，但在割据政权直接控制的南方沿海，区域内政治和经济的开发在相对短的时间内有了很大发展，最终改变了古代中国的经济地理布局，使中国沿海疆域中间区段的开发程度远远高于其他区段的水平。

因此，在中国古代，政治统一或分裂的社会条件并不是决定海域开发的速度及发展程度绝对因素。在一定历史时期内，分裂的社会条件有可能加快局部沿海疆域的开发步伐。

（三）地理条件对沿海疆域开发与发展的巨大影响

地理条件是人类社会发展的重要因素之一，地理环境的差异在社会发展的早期直接影响了社会经济模式的形成，它在中国沿海疆域的经济发展过程中也曾经有着重要的作用。尤其在社会生产力相对低下时，地理条件对海疆的开发产生了巨大的制约。中国沿海疆域纵跨数个气候带，在不同纬度上，沿海疆域及其相邻内陆腹地都拥有互不相同的地理条件，这使古代中国沿海疆域各区段政治经济的发展，从一开始就有着地域性差异。在公元 10 世纪以前，由于多种因素的共同作用，尤其是地理条件的制约和内陆传统农业对沿海的辐射影响，使这种差异表现出了不断增强的趋势：各个沿海区段的开发程度极不平衡，区域性发展特征明显；海疆各区段渐次形成了各具特征的开发和发展模式。以中国沿海疆域南端岭南沿海区域的发展为例，其沿海的开发具有鲜明的特色。这一地区原有的生产力水平很低，迟迟没有形成一个以农业为主的区域经济重心。其所处的地理环境又十分特殊，横亘的山脉将其与内地农业经济比较发达的地区完全阻隔开来，使后者对沿海疆域经济的辐射失去牵动作用。在这种背景下，岭南海疆的开发出现了一种背离传统农业经济发展的开发模式：港市逐渐成长为岭南沿海疆域及其相邻腹地的政治经济中心。其中广州以国际航海大港的地位，突出地发挥了对整个岭南沿海疆域经济的牵动与辐射作用。对内，广州拉动周边地区的经济生产，扩大了农业和手工业生产的规模，提高了岭南沿海的生产技术水平；对外，广州又以突出的海上交通优势，促进了岭南沿海与海外的海上经济交流。这种因特殊地理条件而形成发展，是东亚大陆南端沿海疆域独特的开发模式，它基本是以地处沿海中心位置的港市，经海路和陆路两向带动了整个沿海地区经济的发展。它迥异于沿海疆域其他区段的开发模式。

以上可见，地理环境对中国古代沿海疆域的早期开发产生了巨大的影响。它不仅在很大程度上决定着海疆开发的深度与广度，而且也制约着沿海疆域开发模式的形成。从某种意义上讲，在一定时期内地理环境和国家政权对沿海疆域开发政策的共同作用，决定着沿海疆域的历史发展进程。

三、中国海疆历史研究的理论重点

《中国海疆通史》研究的是中国特定历史地理条件下海洋文明发生

和发展的历史。正确揭示中国海疆自然地理环境的一般性和特殊性，正确揭示中国海洋文明与世界海洋文明的联系和区别，正确揭示中国历史与中国海疆发展史的关系，是《中国海疆通史》研究的理论重点。

（一）中国陆海地理态势的一般性和特殊性

地球表面是由陆地和海洋两部分组成的，海洋占其中的约71%。作为客观的物质世界，海洋与陆地同为人类认识的客体及其劳动对象，但二者的本质属性却完全不同。其一，海洋是一个浩瀚而无休止运动着的水体，具有特殊的物理、化学以及人类难以驾驭的自然属性；其二，海洋连接陆地，自然资源丰富，具有可以利用并创造财富的社会经济属性；其三，海洋与各陆地国家地理关系复杂，是构成地缘政治的重要因素。就总体而言，地球上任何一个濒海国家所面临的海洋都具有上述共同的特征。

地质学研究资料显示，在6000万余年前的第三纪，现今的南海和东海已经形成。第三纪晚期和第四纪早期，受喜马拉雅山运动影响，太平洋板块向西推移，在东亚前缘形成断续相连的岛弧，大约在距今1.5万年左右，基本奠定了东亚大陆的近海轮廓，并为中华民族的生存发展造就了西倚大漠险峰，东临太平洋并连接印度洋的海陆态势。因此，中国既是一个幅员辽阔大陆国家，又是一个有着漫长海岸线的海洋国家，这构成中国陆海地理态势的一般性特征。

马克思曾经指出："外界自然条件在经济上可以分为两大类：生活资料的自然富源，例如土壤的肥力，鱼产丰富的水；劳动资料的自然富源，如奔腾的瀑布，可以航行的河流，森林、金属、煤炭等等。"[①] 按

① 马克思：《资本论》第1卷，中共中央马克思恩格斯列宁斯大林著作编译局译，人民出版社，1975，第560页。

照马克思的分类，陆地上的土壤和水属于第一类自然富源，而作为航行依托的海洋，则应属于第二类自然富源。中国既然具有两类自然富源，也就同具有陆地文明和海洋文明的渊源。问题是，二者占主导地位的影响来自哪一方，是陆地，还是海洋？这取决于中国陆海地理态势的特殊性。

与西方海洋文明的发祥地——地中海国家多山少雨、陆上生存环境恶劣，而航海条件优越的地理条件不同，位于欧亚大陆东端的中国，面对的是一个半封闭的海域，海岸线绵长，具备生存条件的沿海岛屿距离大陆较远，且间距较大，形成了一道天然屏障。加上西部大漠险峰的天然阻隔，构成了中华民族得天独厚的陆上生存空间：源远流长的黄河、长江水量充足，大河冲积平原地沃田肥，湿润的气候，丰沛的雨量，使农耕生产很早就获得发展。这种第一类自然富源绝对优越于第二类自然富源的地理特征，决定了中国古代海洋文明终究要从属于陆地文明的地位。

（二）中国海陆文明的融通性和排斥性

中国古代很早就形成以内陆为中心的集权国家，但这并不影响沿海地区的海洋经济的进步和区域性海洋传统及海洋文明的一般性发展；也不完全排斥西方海洋文明的渗透和影响。中国的海疆史，是一部海洋文明与陆地文明的融通史。

中国大陆西高东低的自然走向，造就了地理上百川入海的态势。至少从夏代开始，华夏祖先就对这“东渐于海，西被于流沙”的自然地理特征有了清楚的认识。大禹治水，“披九山，通九泽，决九河，定九州”，疏浚内陆江河，使之“东入于海”。[①] 于是，在漫长的历史进程中，生活在“九州”大地上的华夏各部族，循着江河入海的踪迹，从内陆到沿海，从沿海再到内陆，流沛迁徙，使相互间的文明不断融合。

华夏民族主要起源于黄河流域的中原，而东夷，也称为九夷，是中国东部沿海地区习于海上活动的部族。《史记·五帝本纪》记载了五帝时期开始的陆海融通。如，黄帝“披山通道”，征天下有不顺者，“东至于海，登丸山，及岱宗”。[②] 又如，帝舜“摄政”之时，“东巡狩，至于岱宗”，“耕历山，渔雷泽，陶河滨，作什器于寿丘，就时于负夏”，并进言尧帝“殛鲧于羽山，以变东夷”。[③] 还有大量史籍中体现出夏代的“夷夏交争”，商代的“以夷变夏”，以及周代的“以夏变夷”，都生动记载了中华民族早期内陆与沿海的部族相互融合的历史进程。[④]

内陆与沿海民族相互融通的前提，是后者经济文化的独特性对前者产生的吸引力。史籍记载，夏代少康中兴之时，“东夷之域”经济发达富庶，奴隶制国家制度成熟，并已经形成了较为发达的区域性文化。西周初，齐鲁沿海地区大量存在着具有明显海洋特色的经济成分，以至姜太公封于齐后，“因其俗，简其礼，通商工之业，便鱼盐之利”，一时间，“齐冠带衣履天下”。姜太公治齐，使“夷夏”融通，成为中国古代沿海文明与内陆文明相互交融的典范。[⑤] 春秋时期，诸子百家主要出

① 《尚书·虞夏书》，参见《今古文尚书全译》，江灏等译注，贵州人民出版社，1991，第69—88页。

② （汉）司马迁《史记·五帝本纪》卷一，中华书局，1959。

③ 中华民族共通共融的历史是遍及各个方向。如，《史记·五帝本纪》中就记载了黄帝还“西至于空桐，登鸡头。南至于江，登熊、湘。北逐荤粥，合符釜山”巡历，记载了舜进言尧帝“请流共工于幽陵，以变北狄；放驩兜于崇山，以变南蛮；迁三苗于三危，以变西戎”等传说。然本文主要研究东西方向的“夷夏交争”及陆海融通，对其他方向涉及较少，特此说明。——作者注

④ 参见本书“D篇”《夷夏交争：中华民族早期的陆海融通》，原文发表于《云南师范大学学报》2010年第3期，第33页。

⑤ 参见张炜、方堃主编《中国海疆通史》，中州古籍出版社，2002，第10—22页。

自沿海各诸侯国，表明沿海地区文化之发达。而这对中国文化发展的影响是众所周知的。当然，融通的过程不只是和平的，春秋战国的“五霸继起”“七雄并峙”，秦始皇的“经略岭南”，汉代的东南“削藩”和平定闽越，包括后来的金兵南下、清军入关等，都为这种融通过程打下了政治暴力的印记。

中华文明与世界海洋文明的融通是其海陆文明融通的重要部分。春秋战国以后，中国沿海通往朝鲜、日本的海上航线已基本成型，海港出现。特别是邹衍在九州以外有“稗海”环之，有“大瀛海”环其外的“大九州”假说的出现，突破了传统的“禹序九州”的成说，拓展了中国人认识世界的思想空间，激励着人们向海外探索的热望。西汉以后中国的造船业、航海科技得到空前发展，两汉著名的“徐闻合浦南海道”,[①] 唐宋时期的“广州通海夷道”,[②] 以至明朝的郑和下西洋，使通往南亚、波斯湾的“海上丝绸之路”不断延长，中西方的贸易、文化交流不断发展。在南宋时期，阿拉伯人曾经出任泉州市舶司的史实，典型地说明了当时的中外融通已经深入到沿海的社会生活之中。

然而，在充满融通性的中国海疆历史中，中国的内陆文明对海洋文明的排斥性也比比皆是。姜太公治齐，必须使用政治力量使西周封建制度得以在沿海地区立足、发展，成为西周中央政权的“邦畿”之地和一处比较巩固的海疆。在长期的发展中，沿海民族无可选择地要向内陆迁移，而在这种迁移中，带有海洋文明特质的沿海文化又无法逆转的被内陆农耕文化所同化。春秋战国以后，以内陆为中心的观念已经形成并

---

① 《汉书·地理志》记载了西汉时期“自合浦、徐闻南入海”，经黄支国（今印度东岸康契普拉姆）到已程不国（今斯里兰卡）的远洋航线，即最早的海上丝绸之路。参见中国航海学会：《中国航海史（古代航海史）》，人民交通出版社，1988，第 50—51 页。

② 唐开元年间，贾耽撰《广州通海夷道》一文，记录了这条从广州通向南洋、西亚和东非的远洋航线。参见中国航海学会：《中国航海史（古代航海史）》，人民交通出版社，1988，第 131—132 页。

被普遍接受，“中国”主要指中原地区，诸民族的争斗主要以争夺中原为最终目的。海上军事活动都是以开拓疆土为目的，而不是像西方国家那样主要为保护海上商路的目的。军事斗争的重要形式是“四塞为固”，各诸侯国争相构筑长城，最终形成了海疆从属于陆疆的战略格局。至明清两代，封建统治阶级竟实施“禁海”政策以排斥海外影响、维护自身文明特征，从而使中国内陆文明的排斥性发展到登峰造极的地步。历史证明，从上古时期华夏民族与沿海“九夷”的同化开始，历秦皇、汉武、唐宗、宋祖，经元明到康乾盛世，在中华大地上最终是陆地文明战胜海洋文明。

（三）中国与西方海洋文明的差异性和趋同性

按照马克思两类自然富源的理论，第一类自然富源可以产生自给自足的生活资料，人类对它的利用受自然经济规律的支配；而第二类自然富源则“形成社会分工的自然基础”，“促使他们自己的需要、能力、劳动资料和劳动方式趋于多样化”，[①] 从而通过劳动转化成不同的生活资料，再通过交换各得其所需，所以受到商品经济规律的支配。因此，选择不同的生产方式，受到不同经济规律的制约，这是中国与西方海洋文明产生差异的根本原因。

人类对海洋功能的认识利用，一般表现为三个阶段：（1）认识和利用海洋“兴渔盐之利”“行舟楫之便”的作用；（2）认识和利用海洋的全球通道和商品流通桥梁作用；（3）从人类第二生存空间的高度全面认识和利用海洋的社会经济属性。

在第一阶段，中国上古时期沿海人类对海洋的开发利用与西方并无

① 马克思：《资本论》第1卷，中共中央马克思恩格斯列宁斯大林著作编译局译，人民出版社，1975，第561页。

两样。但从深层次看亦不无差异。考古发现，在距今约7000年中国的河姆渡文化遗址发现了世界上最早的稻谷遗存，堆积层厚达1米。更早些的河南新郑裴李岗遗址发现粟和石质农具，河北武安磁山遗址发现厚达2米的粟类粮食堆积等。[①] 这表明当时农业生产在社会生活中已经占有相当大的比重，而类似的农业文明遗存在西方并不多见。但到了青铜时代，西方的商业文明成果却明显高于中国。如地中海中的克里特岛上的米诺斯王宫，豪华程度盖世，所用建筑、装饰的木材、皮革，象牙、铜、瓶，以及享用的黄金、首饰、葡萄酒、橄榄油，都来自隔海相望的埃及、黎巴嫩、叙利亚、塞浦路斯等国家。相比较而言，中国青铜时代的代表性遗址殷墟，所显示的商业成就难免逊色。在古代中国，财富的象征始终是土地；而在古罗马，却已经有以称之为“阿司”的货币单位计算财产的做法。[②] 在社会生产力相对低下古代社会，由于地缘的隔绝，虽然因对海洋需求的差异导致中、西之间产生了对海洋的认识和利用的差异，但这种差异对社会发展的影响并不突出。

“地理大发现”以后，海洋作为商品流通桥梁的作用被充分展示在西方世界面前。人类开始了认识利用海洋的第二个阶段。当海洋在商品流通中实现其价值增值的潜质，被欧洲人在炮舰的支持下利用得无以复加的时候，上述差异的被迅速拉大，并随之产生了影响世界历史进程严重后果，“美洲的发现，绕过非洲的航行，给新兴的资产阶级开辟了新的活动场所”，[③] 导致了西方社会经济结构的革命性变革，“揭开了资本的近代生活史”。[④] 与此同时，中国却仍将发展的视野局限在以海洋为

---

① 朱龙华：《世界历史》，北京大学出版社，1992，第42页。

② 参见朱龙华：《世界历史》，北京大学出版社，1992，第499—500页。

③ 中共中央马克思恩格斯列宁斯大林著作编译局编《马克思恩格斯选集》第1卷，人民出版社，1972，第252页。

④ 马克思：《资本论》第1卷，人民出版社，1975，第819页。

疆界的“九州”陆上，为了阻断跨海而来的“倭寇”“红毛”，不但停止了郑和时代“宾服”四海的官方远洋活动，而且在沿海民间实施严厉的“禁海”。很可惜，中国本来早于西方奏响了历史新纪元的序曲，却最终与这个亘古难逢的历史机遇失之交臂。

人类思维的差异是不可避免的。因为人的认识要受各种主观和客观条件的制约。但是，就一个具体的认识过程来说，人们最重要的是要受到认识客体内在规律的制约。近代，中国与西方的海洋文明产生了巨大的差异，但海洋的本质属性和内在规律是客观的，是不以人的意志而改变的。因此，中华民族对海洋的认识和利用，中国海洋文明的发展，最终也要符合这种客观规律，从而显现出与西方海洋文明之间发展的趋同性。从 20 世纪中期开始，全球的现代化迅速发展，人类进入认识利用海洋的第三阶段。中国也加快了发展海洋事业的步伐。特别是改革开放以来，中国与世界的联系日益紧密。随着全球化的发展，中国对海洋的认识和利用与世界的趋同性更加鲜明。

以上所分析的差异性和趋同性，基于人类对海洋本质认识的宏观过程。但这并不等于否定在每一个具体的发展过程中，存在着差异中的趋同和趋同中的差异。辩证唯物主义告诉我们，同一是相对的，而差异是绝对的。本书之所以冠名《中国海疆通史》，首先是基于它的差异性。而正确揭示中国与西方海洋发展的趋同和差异，才能产生科学的中国海疆历史研究。

四、中国海疆历史的研究目的

《中国海疆通史》既以沿海空间为范围，研究不同历史时期沿海自然地理和人文社会演变的规律；也以时间为序，考察中国沿海区域历史发展的基本过程和因果缘由，通过把中华民族5000年开发海洋、经略海洋的生产和社会历史活动，与海疆地理沿革联系起来进行研究，从经济、政治、军事、文化各个方面揭示中华民族海洋开发的历史进程，展示海洋文明在中华文化和世界文化宝库中的地位及其特色；同时通过对沿海区域经济结构和社会结构的剖析，揭示中国海洋文明发展的历史进程及其规律，探索海洋对中华民族兴衰荣辱的重大影响，是研究《中国海疆通史》的根本目的。

中国的海洋文明并不晚于地中海沿岸的西方国家。如上所述，浙江宁波河姆渡文化遗址出土的船桨，是距今7000年前中国早期海洋文明的证明；辽东半岛发现的贝丘遗址，专家考证为6600年前龙山文化的越海传播；[①] 在距今3000余年前的殷墟发掘了大量的鲸鱼骨、海贝、大龟、象牙、蚌壳等，考古学家们认为多产于南海、东海和南洋，很可能是中国沿海先民与海外地区进行贸易的证明。[②] 这些，完全可以与克里特文化相媲美；春秋时期的吴齐海战比波希战争中的萨拉米斯海战早5年；与古罗马同时代的汉王朝，海上丝绸之路已连接印度、斯里兰卡和日本、朝鲜；而明朝的郑和下西洋，早于哥伦布87年，其规模更是西方同时代不可比拟的。由此可见，中国古代海洋经济的初级形态很早就产生了，直至明代在一些领域仍领先于世界。中国的海洋文明，既是灿烂的中国文明史的一部分，也是世界海洋文明史中重要的构成。因此，揭示中国海洋文明的价值，揭示其对中国文明史和世界海洋文明史的贡献，是《中国海疆通史》研究的主要目的之一。

《中国海疆通史》展示了中国古代海洋文明由兴而衰的基本脉络。不可否认，中国海洋文明的兴衰与国家的兴衰同步。因此，在《中国

---

① 中国航海学会：《中国航海史（古代航海史）》，人民交通出版社，1988，第5—6页。

② 孙光圻：《中国古代航海史》，海洋出版社，1988，第73页。

海疆通史》的研究中，更多的是沉重。它为国人科学审视自身民族性的优长和短板，提供了独特的视角。在数千年的历史长河中，中国奉行内向型的海洋经济观，以封闭型的海洋政治观和防御型的海洋军事观寻求自我完善，而不齿于西方外向型的海洋经济观、扩张型的海洋政治观和进攻型海洋军事观。然而，正是在中国实行“禁海”的400年间，“基于道义原则”的中国，成为封建主义“陈腐世界的代表”；而“为了获得贱买贵卖权利”的西方资本主义，却成为“最现代的社会的代表”。[①] 中国的海洋文明不仅与西方产生了巨大的落差，而且也落后于悉心向西方学习的邻邦日本，以至于国运衰败，列强从海上纷至沓来，人民饱受磨难，中国的海疆成为西方侵略者的通途。从历史经验中获得教益，认识海洋文明的内在规律，认识海洋与国家兴衰的关系，是《中国海疆通史》研究的又一重要目的。

《中国海疆通史》展示了完全不同于西方的中国海洋文明的基本内涵。中国海洋经济的初级形态很早就产生了。但其发展缓慢，从传统向近代转型经历了漫长的历史过程。在古代的社会条件下，海洋经济没有能够发展成为独立的经济成分在整个社会经济中占据应有的地位，“沿海地区”也从未被视为一个独立的经济区域，而是从属于以传统农业为主体的各个不同的农业区。中国很早就形成以内陆为中心的大一统国家，沿海和近岸区域的开发，基本是内陆传统农业社会模式的移植。因此，中国古代占统治地位的海洋观念以致海防思想都是内向型的。然而，这并不影响沿海地区的特色地方经济和区域性海洋传统，即海洋文明的发展。这种海洋文明融合了传统的内陆文明，从而显示出鲜明的中国特色。

中国人真正深刻认识海洋与中华民族的关系是在改革开放以后。

① 马克思：《鸦片贸易史》，载《马克思恩格斯选集》第2卷，人民出版社，1972，第26页。

1980 年，中国的海洋产业总产值仅 80 亿元人民币，2000 年增加到 4133. 5 亿元，2001 年增加到 7233. 8 亿元；[①] 1980 年，中国以海洋为通道的对外贸易总额仅 381 亿美元，而 2000 年达到 4742. 9 亿美元，2001 年则超过 5096. 5 亿美元，2002 年达到 6207. 7 亿美元。[②] 以战略物资的石油进口为例，中国作为世界第三大石油进口国，2002 年石油进口达 7182. 2 万吨，比 2001 年增长 10. 7%，进口量占有费需求的 29. 8%，[③] 约占全部需求的 1/3。根据 1996 年国家海洋局的报告，中国沿海地区工农业总产值已经占全国总产值的 60%左右，[④] 海洋已经对国民经济产生了举足轻重的影响，并且成为中华民族未来发展的重要战略空间。

今天，历史已经进入 21 世纪。经济全球化将进一步发展，海洋的战略地位日趋提高。海洋作为国家可持续发展和大国夺取战略优势的综合性空间，将成为世界各濒海国家利益的争夺热点和经略重点。21 世纪初，中国的国内生产总值还将保持 7%—8%的增速，按照经济每增长 1%能源消耗增长 0. 7%的一般计算方法，中国未来对石油进口和海洋通道的安全需求将备受关注。中国人均占有陆地面积仅 0. 008 平方公里，远低于世界人均 0. 3 平方公里的水平；全国的淡水资源总量居世界第六位，但人均占有量仅为世界平均水平的四分之一；中国的陆地矿产资源丰富，但人均占有量不到世界的一半。中国海域有 30 多个沉积盆地，近 70 万平方公里，油气资源量分别为 250 亿吨和 8. 4 万亿立方米，但已开发的油气田大都在近岸海域。[⑤] 中国是一个渔业

---

① 国家海洋局：《中国海洋统计年鉴 2003》，海洋出版社，2003，第 1 页，图 1。

② 国家统计局：《中国统计年鉴 2003》，中国统计出版社，2003，第 654 页。

③ 葛震华、刘增洁：《2002 年中国石油进出口状况》，《中国能源》2003 年第 3 期，第 34 页。

④ 国家海洋局：《中国海洋 21 世纪议程》，海洋出版社，1996，前言，第 1 页。

⑤ 中华人民共和国国务院新闻办公室：《中国海洋事业的发展》白皮书，《人民日报》1998 年 5 月 29 日，第 5 版。

生产大国，但产量的 70%—80% 捕自近海。[①] 因此，加大力度经略海洋，全方位利用海洋通道，全方位开发和利用海洋资源，已经成为国家发展客观要求。

中国的海洋文明正在与世界接轨，中国的海洋文明正在与世界展开新的竞争。如果我们提供的研究能够为 21 世纪中国的崛起提供些许借鉴，那就是《中国海疆通史》的最大价值了。

① 国家海洋局：《中国海洋 21 世纪议程》，海洋出版社，1996，第 26 页。

郑和下西洋与中国的海洋文明*

中国负陆面海，既是一个陆上大国，也是一个海洋国家。作为四大文明的发源地之一，中国的陆地文明灿烂辉煌，海洋文明一度也毫不逊色。600 年前的郑和下西洋，就是中华民族领先世界的伟大海洋文明和优秀文化传统的集中展示。然而，中国的海洋文明取向与西方不同，面对 15 世纪滚滚而来的世界海洋大潮，郑和下西洋又成为中国近代落伍的分水岭。对于中华民族 21 世纪的崛起来说，这段历史非常值得纪念，值得思考，值得借鉴。

一、关于郑和下西洋的历史地位

唯物史观认为，一个历史事件的出现，是偶然性和必然性的辩证统一。郑和下西洋发生在明朝永乐年间这一特定历史时期，固然有其偶然性；但放到整个历史长河中，又有其必然性，它是中华民族几千年政治、经济、科技、文化的产物，是中华民族文明的产物。

（一）郑和下西洋是中国古代海洋科学技术的最高成就

造船和航海技术是海洋文明的突出代表，也是一个国家综合国力的

* 本文发表于 2005 年中国人民解放军海军“纪念郑和下西洋 600 周年学术研讨会”。

象征。至少从夏代开始，中国古代的先民们就对中国“东渐于海，西被于流沙”的自然地理特征有了清楚的认识，开始了原始的海洋开发活动。河姆渡出土的船桨，是7000年前中国早期海洋文明的代表。汉代以降，中国的船体推进技术就已经很先进，如使用摇橹、平衡式梯形斜帆、船尾舵以及水密隔舱技术，由此开辟了东西两条海上丝绸之路；唐宋时期，中国造船和航海技术大发展，平衡舵、八面使风技术和指南针等先后用于航海，600吨以上的海船已经出现，海上航路拓展至阿拉伯海。[①]

郑和下西洋体现了中国造船和航海科学技术的最高成就，在中国航海科技史上具有里程碑意义：一是跨洋航行。宋元以前的海上远航，尽管已经有了远洋航线和跨海征服行动，但像郑和下西洋这样大型船队连续进入南海周边、穿越马六甲海峡、横渡印度洋的远洋行动还很少；二是开辟多条新航线。郑和下西洋抵达今天的索马里、肯尼亚、也门，进入霍尔木兹海峡，各“分䑸”船队共开辟了50余条航线；[②] 三是航行规模宏大。一个包括大中型宝船在内的250余艘船，载员27500人的船队，[③] 航行规模前无古人，显示了先进的造船技术和巨大的造船能力；四是航海技术先进。应用有24个方位的“罗盘”和48个方位的导航方法，并配合使用称为“牵星术”的天文导航，航行计时单位用“更”；[④] 五是创制了东经44度—122度、北纬32度—南纬0度的《郑和航海

---

① 参见罗荣渠：《十五世纪中西航海发展取向的对比与思索》，《历史研究》1992年第1期，第6页。

② 海军海洋测绘研究所大连海运学院航海史研究室编制：《新编郑和航海图集》，人民交通出版社，1988，第2页。

③ 同上书，第2页。

④ 同上书，第7页。

图》,[①] 收集中外地名500多处,[②] 成为世界上现存最早的海图之一。

(二) 郑和下西洋是世界航海“地理大发现”的先驱

15世纪是人类帆船航海史上的辉煌时代,西方称之为“地理大发现”的时代。最先是哥伦布1492年出发的跨大西洋之行,然后是达·伽马1497年开始的绕过好望角至印度之行,之后又麦哲伦1519年出发到达菲律宾的环球航海之行。中国近代倡导郑和研究的梁启超评价说:“自是新旧两陆、东西两洋,交通大开,全球比邻,备哉灿烂。有史以来,最光焰之时代也。而我泰东大帝国,与彼时并时而兴者,有一海上之巨人郑和在。”[③]

事实上,郑和下西洋才是世界最早、规模最大的跨洋科学航海活动。即使是从葡萄牙亨利王子1415年进攻休达开始的海上探险活动算起,也比郑和第一次下西洋晚10年。其后,哥伦布、达·伽马和麦哲伦远洋航行的出发时间,分别比郑和首次下西洋晚了87、92和114年,规模也完全不可同日而语。学者对郑和下西洋与哥伦布、达·迦马地理大发现的航行有如下比较。[④] 见表1。

---

① 海军海洋测绘研究所大连海运学院航海史研究室编制:《新编郑和航海图集》,人民交通出版社,1988,第2页。

② 参见海军海洋测绘研究所大连海运学院航海史研究室编制:《新编郑和航海图集》,人民交通出版社,1988,第10—75页“地名考释”。

③ 梁启超:《祖国大航海家郑和传》;转引自《郑和研究百年论文选》,北京大学出版社,2004,第1页。

④ 参见罗荣渠:《十五世纪中西航海发展取向的对比与思索》,《历史研究》1992年第1期,第8页。

表 1　郑和下西洋与哥伦布、达·迦马地理大发现的航行对比

	郑和航行 1405—1433 年	哥伦布航行 1492—1504 年	达·伽马航行 1497—1503 年
航行次数和总计时距	7 次，前后历时 28 年	4 次，前后历时 13 年	2 次，前后历时 6 年
各次航行的船只数目	一般每次约 260 余只，大中巨型宝船约 60 余只	最少 3 只，多 17 只	4 只（第 1 次） 20 只（第 2 次）
海船吨位大小历次航行人数	宝船估计为 1500 吨级，约 27,000 人（第 1、第 3、第 4、第 7 次）	100—200 吨 最少约 90 人 最多约 1200—1500 人	50—120 吨 约 150 人
打通海上交通线里程估计	打通中国至东非海岸长程的海上交通，约 15,000 英里	打通欧洲与加勒比海岸海上交通，约 4500 海里	打通绕航非洲至印度的海上交通，约 15,000 英里

资料来源：作者自制。

表 1 说明，15 世纪人类航海史上的跨洋“地理大发现”，实际是始于郑和。至少，郑和下西洋是 15 世纪“地理大发现”的先驱。

（三）郑和下西洋是中华民族世界意识和战略意识的展示

郑和下西洋是国家的重大决策，是国家行为。郑和下西洋的目的何在？《明史》说，“成祖疑惠帝亡海外，欲踪迹之，且欲耀兵异域，示中国富强”。① 连续七次大规模远航，仅为了寻找一个前朝皇帝，是难以说通的。而“示中国富强”，则完全符合中国封建政治思想的基本逻辑，它同时也是中华民族世界意识和战略意识的展示。

第一，郑和下西洋体现了中国人对世界整体认识的巨大进步。中华

① （清）张廷玉：《明史》卷三百四。

民族自古就有的自立于世界民族之林的大国意识，中国之谓“中国”，其意在于认为中国是世界之中心。中国人认识世界大势有一个漫长的过程，它必然伴随对海洋认识的发展而发展。春秋战国时期，诸子百家中阴阳五行家邹衍，提出了“大九州说”，认为“中国名曰赤县神州”，中国九州之外还有九大州，“乃有大瀛海环其外”。尽管这一学说被司马迁斥为“其语闳大不经”，但至少可以说明中国人的地理视线已经越出黄河、长江流域而转向海外。其后，以不断拓展的海外贸易航线为主的海洋实践，无疑是中国人不断认识世界的量变过程。进入明朝，中国人的海洋实践显然已经大大发展，科学的世界意识也在发展。郑和率船队经略印度洋，至少说明中国人在世界海陆大势的认识上，视野已经从太平洋拓展至印度洋。

第二，郑和下西洋是实现天朝大国威加海外、四方来朝政治战略的重大举措。《明史》记载，明朝立国之初，政府为管理海外朝贡贸易，专门设置了市舶司和提举官。但在洪武七年（1374 年），明政府为防倭寇，严申海禁，市舶司被废止，以“勘合贸易”的方式更加严格的限制朝贡贸易。明成祖朱棣继位后，对海外“诸番久缺贡”[①] 的现状不满而遣使四出招徕，公开宣谕恢复朝贡贸易，在沿海的福建、浙江、广东恢复市舶司，“福建曰来远，浙江曰安远，广东曰怀远”,[②] 其安外怀远的政治思想可见一斑。郑和下西洋则是明成祖实现这一政治战略的重大举措。

第三，郑和下西洋是具有明确和平宗旨的国家外交活动。明朝立国后，朱元璋为表明洪武新朝与“远迩相安无事，以共享太平之福”[③] 的

① （清）张廷玉：《明史》卷三二四。
② （清）张廷玉：《明史》卷八一。
③ 《明太祖实录》卷三七。

对外政策，认为那些“阻山越海，僻在一隅”的国家，“不为中国患者，不可辄自兴兵”,[①] 并在其“祖训”中把朝鲜、日本、大小琉球、安南、真腊、暹罗、占城、苏门答腊、西洋、爪哇、彭亨、百花、琐里、览邦等海外十五国列为“不征诸夷国”。[②] 明成祖继承了这一睦邻友好政策，认为，“今天下无事，惟当休养斯民，修礼乐，兴教化”,[③] 不可穷兵黩武。在七次下西洋的过程中，郑和船队厚往薄来，与所到的亚非国家建立和平友好的关系的目标非常明确。此后，这些国家纷纷遣使者来华，“是时，诸番使臣，充斥于庭”,[④] 盛况空前。

（四）郑和下西洋是中华民族海洋军事文化传统的诠释

郑和下西洋巨大船队的基本力量是军队将士，郑和本人就是军事将领，所率大型宝船上的水手和用于陆战的士兵是军事编制，工匠、医官等后勤保障人员也一应俱全，此外各船上还配备了各种冷兵器，也有学者考证可能配备了一定数量的比较先进的火器。[⑤] 李约瑟将这支船队直呼为“中国海军”，将大型船只称之为“大型主力舰”；吴晗先生也把郑和船队称为“舰队”；也有学者把郑和下西洋定义为海军外交行动。严格说，其时中国并没有完全意义上的海军，这些定义值得商榷。当然，军队武装力量上船，为贸易护航，是海军发展的必然阶段。从这个角度说，郑和下西洋在中国海军发展史上具有重要地位，将其定位为军事外交行动并不过分。并且，它前无古人的伟大实践，诠释了中华民族独特的海洋军事文化传统。

---

① 《明太祖实录》卷六八。
② （明）朱元璋：《皇明祖训·四夷》。
③ （明）余继登：《典故纪闻》卷六。
④ （清）张廷玉：《明史》卷三二六。
⑤ 唐志拔：《试论郑和舰队的兵器》，上海交通大学《船史研究》第11—12期，第130页。

其一，求和平，讲义战。与西方大航海时代用武力开拓殖民地，疯狂掠夺实施原始积累的做法完全不同，郑和七下西洋，浩大的船队经历“大小凡三十余国，涉沧溟十万余里”，却只发生过三次武力冲突事件，一次是剿灭海盗，两次是自卫行动，而其他都是和平友好交往。

其二，重威慑，谋伐交。郑和七下西洋，“耀兵异域，示中国富强”，“宣德化而柔远人”，建威销萌，以慑为战，是中国自孙子以来追求军事上“不战而胜”战略思想的体现。船队由军队唱主角，但军队主要用于伐交。即使是对南海航道和印度洋上的海盗，也是首先进行招安，实在不得已才动武。如盘踞三佛齐的梁道明，为盗海上，从者数千家，被成功招安；苏门答腊的陈祖义，有海盗船几十艘，剽掠商旅，郑和也是在招安不成后才动手剿灭的。

其三，服务国家，鞠躬尽瘁。作为国家行为的郑和下西洋，是由忠于国家的全体将士来实现的。凭着“敢为天下先”的民族精神，郑和一生连续七次受命于国家，组织指挥编队出访，最后死在出访途中，还有数万官兵牺牲在下西洋的航程中。

郑和率大型船队七次下西洋，总共历时 28 年，按照表 2 实际航行时间估算，每次在外时间最短 11 个月，最长 23 个月，在当时的航行条件下，其爱国奉献精神难能可贵。

表 2　郑和七下西洋航行时间表

序次	奉诏日期	出发日期	回国日期	在外时间估算
1	永乐三年（1405 年）六月十五日	永乐三年（1405 年）十月至十二月	永乐五年（1407 年）九月二日	至少 23 个月
2	永乐五年（1407 年）九月十三日	永乐十九年（1407 年）冬末或次年春	永乐七年（1409 年）夏末	至少 16 个月
3	永乐六年（1408 年）九月二十八日	永乐七年（1409 年）十二月	永乐九年（1411 年）六月十六日	18 个月
4	永乐十年（1412 年）十一月十五	永乐十一年（1413 年）	永乐十三年（1415 年）七月八日	至少 19 个月
5	永乐十四年（1416 年）十二月十日	永乐十五年（1417 年）秋至冬	永乐十七年（1419 年）七月十七日	至少 19 个月
6	永乐十九年（1421 年）一月十三日	永乐十九年（1421 年）秋	永乐二十年（1422 年）八月十八日	至少 11 个月
7	宣德五年（1430 年）六月九日	宣德六年（1431 年）十二月九日	宣德八年（1433 年）七月六日	19 个月

资料来源：参见海军海洋测绘研究所大连海运学院航海史研究室编制：《新编郑和航海图集》，人民交通出版社，1988，第 2 页。航行的“在外时间”是作者根据表 2 所提供的实际航行时间估算的。

（五）郑和下西洋是中华民族从此落伍于世界的界碑

郑和以后，中国的远洋航海活动戛然而止，所有官方的有关资料被付之一炬，认为郑和下西洋是“弊政”的朝议不绝于耳。同时，与这一时期汹涌澎湃的西方海洋大潮相反，中国实施了日趋严厉的禁海政策。明嘉靖年间，颁布了“一切违禁大船，尽数毁之”，“私造双桅大船下海者，务必要一切捕获治之”等禁海法令。清朝立国后，承袭明制禁海，甚至数颁迁海令，强令闽、粤、苏、浙沿海居民内迁 50 里，“越界立斩”。此时，西方国家已经开始了资产阶级革命，开始走向以蒸汽机为代表的工业时代。而中国统治者仍旧固守“农本商末”的思想。中国的世界意识也没有进步，乾隆年间所修《皇朝文献通考》中仍说，“中土居大地之中，瀛海回环”，甚至将英国、荷兰、意大利、葡萄牙等西方国家都算作朝贡国。[①] 清廷为水师所订职责为“防守海口，缉私捕盗”，“巡哨洋面，捍卫海疆”，下令沿海战船“一律改小”。[②] 至 19 世纪的鸦片战争前，中国的造船业持续萎缩，海洋经略能力不但远不能与西方相比，即使比较郑和时代亦大大退步，清朝水师的战船也“仅能就近海巡查，不能放洋远出”。1840 年，当英国的坚船利炮出现在中国的海岸线时，中西武器装备、战术技术、军事实力都已经形成了“时代差”，它不能不导致中国鸦片战争、中法战争、中日甲午战争等一系列的失败。

很可惜，郑和下西洋本来已奏响了历史新纪元的序曲，却与这个亘古难逢的历史机遇失之交臂。郑和下西洋在创造了无数个古代中华“海洋文明之最”的辉煌后，无可奈何地成为中华民族从此落伍于世界的界碑。

二、关于中国海洋文明的思考

百多年来，无数中国人在探索、在思考，为什么“郑君之烈，随郑和之没以俱逝”？为什么“哥伦布以后，有无量数之哥伦布，维哥达

① 《皇朝文献通考》卷二九三。参见王晓秋：《中日近代启示录》，北京出版社，1987，第 5 页。

② 《清史稿 · 兵六》十四，中华书局，1986，卷 135，第 3981—3986 页；参见海军司令部本书编辑部：《近代中国海军》，海潮出版社，1994，第 36—37 页。

嘉马以后，有无量数之维哥达嘉马。而我则郑和以后，竟无第二之郑和？”① 这的确不是一个简单的问题，应当进行历史唯物主义的辩证思考。

（一）关于国家的文明取向问题

一个国家、一个民族的文明是一个结构、一个体系，它的产生首先依赖于其生存繁衍的自然地理环境。中国不是没有海洋文明，只是海洋文明的取向不同。从文明初始阶段考察，位于欧亚大陆东端的中国，陆上生存空间广大，“耕而食，织而衣”，组成了中华民族以农耕为核心的文明基调；相比较而言，地中海沿岸的西方国家的陆上自然地理环境则不适于农耕，但却是一个天然的“航海学校”，形成了西方立足于向海洋索取的文明取向。两种文明规定和制约了两种不同的物质生活的生产方式，构成了各自独特的经济结构和民族性格。两种不同文明取向的根本区别在于，前者受自然经济规律的支配，而后者受商品经济规律的支配。这是马克思关于“两个富源”理论的精髓。

有海就有海洋文明，海洋文明的外在形式往往相同。鱼盐之利、舟楫之便，航海、造船……但文明的内涵，特别是观念形态的文明内涵却完全不同。中国和西方对海洋的需求不同，导致二者的价值取向不同：陆主海从，是中国人的观点，实践上表现为重农主义；海主陆从，是西方人的观点，实践上表现为重商主义。中华民族的海洋观必然反过来影响中国人的陆海实践，以致中国的海洋文明从来都是从属于陆地文明的内向型的价值取向。

中国历史发展到明代，虽然有造船和航海科技文明的大发展，但海

① 梁启超：《祖国大航海家郑和传》，转引自王天有、万明编《郑和研究百年论文选》，北京大学出版社，2004，第 8 页。

洋观念没有改变，海洋文明发展的价值取向没有改变。郑和下西洋的基本战略目标是宣示国威，交好邻邦，巩固封建统治。客观上看，郑和下西洋促进了中国对外贸易航线和对外贸易的发展，但其本身并非真正意义的经济贸易活动，因为朝贡贸易不具备商品经济的性质。而这种大规模的下西洋活动和厚往薄来的朝贡贸易，非但不可能激活中国商品经济发展的活力，反而消耗了大量国力，终究不得不停止。事实上，即是郑和下西洋继续下去，也不可能改变中国海洋文明的基本取向。而对于西方来说，之所以“哥伦布以后，有无量数之哥伦布，维哥达嘉马以后，有无量数之维哥达嘉马”，正是因为推动无数哥伦布、达·迦马们前仆后继向海洋发展的动力，是强大的经济需求，是商品经济规律。

落后的海洋观使中国在三四百年的时间里，从文明的顶峰跌落到谷底，甚至接近亡国灭种的边缘，教训极其惨痛。20 世纪 80 年代的改革开放，标志着中华民族海洋文明价值取向的转轨。而在经济全球化不断发展、海洋地位不断提升的今天，面对 21 世纪中国和平崛起的伟大目标，我们应当通过纪念郑和下西洋这一活动，深刻检讨中国的文明历程，端正中华文明的价值取向，加速推进中华民族的伟大复兴。

（二）关于民族的文化传统问题

文明结构派生文化传统，文化传统是文明的一种表现形式，它们之间有一定的遗传性和固化性。中国自汉武帝“罢黜百家，独尊儒术”以来，儒家的文化传统就占据了统治地位。儒家文化以“仁”为最高境界，相信“人之初，性本善”，崇尚以农为本，以和为贵。表现在军事和战略文化传统方面，则将基本战略目标定位在守国土、求统一、保和平上，追求“不战而屈人之兵”。中国古代虽然也有过征讨邻国的跨海军事行动，但并不具有西方开拓贸易市场的海洋经济观点，只是为了达到“君临天下”的政治目的。由于没有海外军事需求，中国海军发展非常缓慢。从春秋战国时的吴国、越国、齐国水军，到汉代楼船军，直至明代水师，中国始终没有形成独立的海军军种，水军水师只是陆上军事力量的补充，防守是基本军事战略取向。由此也可以理解为什么郑和七次下西洋采取的是同一个模式——以和平为基本宗旨，这就是文明结构的力量，这就是文化传统的遗传性。

反观西方。1492 年，由西班牙国王资助的哥伦布穿过大西洋，到达了被误认为是印度的美洲新大陆；1497 年，葡萄牙国王派出达·伽马绕过非洲到达了真正的印度。他们都在寻找“印度”，因为传说中的印度遍地都是黄金和贵如黄金的香料。毫无疑问，西方远洋航海的第一面旗帜是财富。地理大发现刺激了军事需求，对殖民地掠夺性的征服需要海军，与强国间的争霸需要海军，海军因此受到了特别关注：荷兰的“海上马车夫”配备了武器装备，西班牙建起了“无敌舰队”，皇家海军成为英国经久不衰的最荣耀职业，后起的美国、日本也是一样。西方近代形成的军事和战略文化传统以“生存竞争”“弱肉强食”作为人之本性和认知世界的基本范式，把社会达尔文主义演绎的竞争和冲突作为生存的基本法则。在这一逻辑下，侵略、扩张、掠夺是合理的，战争是必需的，因而迅速发展的海军也理所当然采取进攻型。19 世纪末，马汉将西方几个世纪以来海洋实践上升为“海权理论”。

然而，任何事物都有对立统一两个方面：按照西方战略文化传统的逻辑发展，经过 18、19 两个世纪，西方资本主义走向了顶点，赢得了发展，瓜分了整个世界。但同时也走向了帝国主义战争，以致有了惨绝人寰的一战和二战。再看中国，按照自己战略文化传统逻辑运行，中国一直以和平内敛为军事行动准则，但这种战略文化传统在以大航海为开端的资本主义发展过程中，并不符合历史潮流。因此，中国创造了郑和七下西洋和平军事活动的伟大范例，却陷入了19世纪中叶以后屡战屡败的历史窘境。二战后的世界，人类渴望和平，热战变成了冷战，即使是美苏两个超级大国，也不得不坐在一起，寻求军备控制。冷战后，仍旧抱着诉诸武力冷战思维的美国面临着“9·11”事件和伊拉克战争等新的挑战，也在努力开拓非传统安全领域的国际合作。很明显，和平与发展成为世界性的追求，传统的战争思维及其战略逻辑发生了改变。

这说明，应当历史地、辩证地看待民族文化传统。创造了资本主义辉煌的西方战略文化传统主流，有其进步性，但也要看到这种进步性的历史性、相对性，其中的侵略、掠夺、损人利己、以邻为壑的价值观永远也不可能成为人类文化的精华。因此，中国应当很好的总结迟滞中国发展的这一历史教训，深刻反思中国文化传统中的保守、消极的一面，但同时又不应否定其中的精华部分。中华人民共和国成立以后，中国战略文化传统的优秀一面不断光大，从20世纪50年代的“和平共处五项原则”到冷战后的“新安全观”，中国建立了世界政治大国的地位，中国在“和平崛起”，中国在以一种中国式的战略文化逻辑，引导世界的共同安全。中国一以贯之的和平传统从来没有像今天这样辉煌，应当自信中华民族善良平和的民族特性是伟大的，中华民族文化传统优秀的一面永远是优秀的。

（三）关于借鉴历史经验的问题

一个国家、一个民族要不断进步，必须善于借鉴历史经验。郑和下西洋是600年前的一段尘封历史，但这段历史在中华民族走向海洋的过程中具有典型意义，对于21世纪中国的和平崛起具有明理致远的借鉴意义，对于海军建设和发展具有重大的现实借鉴意义。

第一，认清世界大势，把握历史机遇。进入21世纪，和平与发展是时代的主流。经济全球化和政治多极化的发展，使世界各国相互依赖、相互借重，尽管霸权主义和新的不安全因素也在不断挑战和平，但制约战争的因素同样也越来越强，中国有可能赢得一段和平的国际环境，集中精力发展经济，实现全面建设小康社会的战略目标。党的十六大报告指出，“21 世纪头 20 年，对我国来说，是一个必须紧紧抓住并且可以大有作为的重要战略机遇期”。战略机遇期不是随时都有的，它可能稍纵即逝，郑和下西洋已经提供了痛失良机的惨痛教训。因此，中国必须加强政治和战略意识，认清世界发展大势，特别是陆海发展大势，端正文明取向，把握这一难得的历史机遇，实现中华民族伟大复兴。

第二，更新海洋观念，加强经略海洋。通过 20 世纪 80 年代以来改革开放的磨砺，中国人民对海洋的认识已经大大进步，但与发达国家相比，整个民族海洋意识淡薄的问题仍旧突出。在经济全球化日益发展的今天，海洋的战略地位日益提高。海洋是人类生存和发展的重要资源宝库，海上交通是国际经济大循环的重要途径，海洋科学的发展是推动科技进步的动力，海洋也是所有国家参与国际政治的重要舞台。改革开放以来，600 年前郑和航行的南海至中东航道，特别是马六甲海峡，已经成为中国国民经济和社会发展的重要通道。在一定意义上说，中国的战略机遇期能否抓得住，关键在于国家经略海洋的成功与否。

第三，牢记使命任务，拓展海军战略运用。郑和下西洋虽然不是完全意义上的海军运用，但却是中国军事力量第一次大规模的、连续的远洋行动。这样一支主要由军人组成的远洋船队，“云帆高张”，编队航行在太平洋至印度洋的航线上，为国家赢得海权、赢得大国地位，它充分说明了海军在维护国家安全和发展中的重要地位，尤其是其和平运用的方式将中国特色的传统用兵思想演绎得淋漓尽致。21 世纪中国的崛起是和平崛起，这是中国社会主义国家性质、积极防御的军事战略决定的；但是面临国家海洋发展利益的不断延伸，面对复杂的海上安全形势，海军为国家政治外交服务、维护国家领土主权、安全和海洋权益的任务越来越重。特别是国家维护战略机遇期和周边安全的外交政策以及新安全观，都对海军运用传统方式维护海洋权益提出了挑战。因此，中国必须多辟蹊径，拓展海军的战略运用，特别是加强研究海军的非战争运用方式，确保国家海上安全。

刘铭传首任台湾巡抚的历史地位*

1885 年中法战争后，清政府决策台湾建省，曾在台抗法并指挥淡水之役获得大捷的淮系名将刘铭传被任命为第一任台湾巡抚。刘铭传在台湾履职 7 年、担任巡抚 6 年，但在台湾建省和中国近代化的特殊背景下，他的所作所为具有里程碑意义。

一、开创大陆与台湾两岸一家的政治基业

大陆与台湾只有一条海峡之隔，地理上割不断的联系是两岸一家守望相助的客观原因。史书文献记载两岸人民往来始于春秋战国时期。宋以后，中国的政治经济重心南移，福建泉州成为著名的海港，临近台湾的澎湖首先得以开发。南宋时期，福建路市舶司提举赵汝适在《诸蕃志》中说，“泉（州）有海岛，曰澎湖，隶晋江县”，元朝汪大渊在《岛夷志略》一书中说“澎湖岛分三十有六……自泉州顺风，二昼夜可至”，大陆人民从登陆澎湖到移民台湾，“工商兴贩，以乐其利”，两岸血缘关系不断加深延续；从宋、元两代在澎湖设立巡检司到驻军，王朝治理台湾的政治意识日增。明代推行禁海闭关“以绝边患”的政策，

* 本文发表于 2015 年安徽省“海峡两岸纪念刘铭传首任台湾巡抚 130 周年学术研讨会”。

遣返澎湖、台湾居民，自撤海上藩篱，在世界海洋大潮面前倒转历史车轮，以致荷兰、葡萄牙等西方殖民者长驱直入，台湾成为“瓯脱之地”，直至明末清初郑成功收复台湾。

康熙年间，台湾设府，与厦门合设道台一员。有清一代，台湾行政上时有变化，或隶属福建同安，也曾有福建巡抚兼领。台湾有吏治的历史并非始于刘铭传，著名的文臣武将姚莹、沈葆桢、丁日昌，以及施琅、唐定奎等，都为治理和保卫台湾作出了贡献。然而，刘铭传抚台的历史背景则不同以往：1885 年 10 月，清政府决定台湾建省和任命巡抚，标志台湾正式进入国家行省序列，尽管当时福建巡抚对台湾有一定的“兼辖”权，但无论是从当时的决策看，还是从刘铭传的行为方式看，从此闽台分治，台湾成为一个独立的行政省应可以认定，这本身就具有里程碑意义的特殊地位。更重要的是，刘铭传作为第一任台湾巡抚，为开创大陆与台湾两岸一家的政治基业作出了重大贡献。

其一，奠定台北为重心的行政布局。由于地理原因，大陆与台湾的联系首先是通过澎湖登陆台南。郑成功收复台湾后的一段时期，台南都是政经重心。从行政区划上看，直至同治年间，台湾仅设三县。光绪元年，沈葆桢请设台北府、县以固北路，又将同知移治卑南以顾后山，全台官制，粗有规模。1887 年刘铭传抚台后，会同闽浙总督杨昌濬上奏清廷“筹议台湾郡县，分别添改裁撤，以资治理”，其提出的行政建置方案并获批准，形成三府、一州、三厅、十一县的新建制，以台湾府为省会，驻巡抚。当时准备省会建在彰化，因设备未周，暂住台北。[①] 后经过调整，台湾实施了三府、一州、四厅、十一县的行政建制：台南府领四县一厅，曰安平、凤山、嘉义、恒春县和澎湖厅；台北府领三县二厅，曰淡水、新竹、宜兰县和基隆、南雅厅；台湾府领四县一厅，曰台

① 参见连横《台湾通史》上册，商务印书馆，2010，第 88—89 页。

湾、彰化、云林、苗栗县和埔里社厅；台东直隶州，为台东州。[①] 至1892年，刘铭传离任、邵友濂继任，台北正式成为台湾省会，[②] 政治经济从此中心北移。刘铭传提出并实施的这一行政建制，基本奠定了后来台湾以台北为重心的地方行政区划和城市建设的基础。

其二，整肃吏治及财政秩序。大陆官员在台湾省首次行政，刘铭传树立了清廉的形象。他举贤不拘一格，不讲亲疏，赏罚分明，秉公执法，惩处了一大批贪赃枉法的官员，也保荐和提拔了一大批为台湾防务建设尽心尽力、为经济建设作出贡献的官员，甚至对于朝廷处分过的人，不惜用自己的顶戴作担保，不计前嫌的重用。台湾财政经费短缺，为了开源节流、杜绝贪污浪费，刘铭传下气力整顿财政秩序：一是清赋，重新丈量土地，确认赋主，制定新田赋，查处隐匿私田，增加田赋收入；二是整顿厘金税收，堵塞漏洞，做到涓滴归公。他还通过提高鸦片税、改船货税为百货税、创收茶叶税，每年多收入银20余万两，改善了台湾财政困难的情势，同时促进了清廉政治。

其三，确立“以抚为主”的民族政策。台湾与大陆隔海相望，有其原住民和特殊的乡土文化。在开发治理过程中，“理番”“抚番”，即和平解决原住民与汉族“垦民”之间的民族矛盾和民族同化问题，对历代统治者都是重大挑战。清统一台湾后，一度对汉人和高山族原住民实施“分而治之”的政策。刘铭传抚台期间，对原住民采取“以抚为主，以德服番”的政策，毅然开山抚番。1885年秋，台湾发生原住民杀害“垦民”事件，刘铭传在派兵的同时强调，“先令译人入社劝导，如肯就抚，即无需用兵”，结果“半岁之间招抚四百余社，剃发归化逾七万人”。他设立抚垦总局，兼任抚垦大臣，对原住民“教之耕耘，使

① 参见连横《台湾通史》上册，商务印书馆，2010，第88—106页。

② 同上书，第91页。

饶衣食”；他设置“番学堂”，招收原住民儿童入学，提高教育水平；他在上呈的奏折中写道，“民番皆朝廷赤子”，理应“一视同仁”。到1889年3月，台湾实现了“全台生番一律归化”，开创了两岸一家、和衷共济的政治基业。[①]

刘铭传建立了台湾的行政基础，开台湾清廉政治风气之先，其民族政策可谓两岸和平政策的前驱先路，至今值得纪念、借鉴，并承袭其精神。

二、坚持“澎厦联防”的闽台一体海防战略思想

台湾四面环水，近代不断遭受外敌入侵，1874年日本侵台、1884年法军犯台，更显台湾防务缺陷。刘铭传虽是一名没有涉猎海防海军的淮军陆军将领，但却是一个视野开阔、有报国情怀的志士。尤其是，刘铭传是在中法战争的危难之时被朝廷遴选，以巡抚衔赴台湾设防抗法的战将，这是他必然要涉足台湾防务，特别是海防的原因。中法台湾之役，刘铭传以其陆战经验领导清军击退敌之海上入侵，取得了基隆、淡水战役的胜利。也正是在这一过程中，刘铭传直观、深刻地认识到台湾防务的重要性及其特点，由此决定了在其后来的抚台任上的海防作为。

首先，刘铭传对台湾的战略地位和海防的重要地位有着深刻的认识。他说，“窃为台郡孤悬域外，虽为弹丸一府而控制口洋。近则为江浙粤闽之保障，远则为燕齐辽口之应援，南北万里，资其扼要”。[②] 法军撤退后，刘铭传进一步上折陈述：台湾为“南北洋关键”，“台湾为

① 转引自何峰主编《淮军余刘铭传研究》，合肥工业大学出版社，2014，第122—123页。

② 台湾“中央研究院”历史语言研究所：《明清史料戊编》，中华书局，1987，影印本，第145页。

东南七省门户，各国无不垂涎。一有衅端，辄欲攘为根据。今大局虽云粗定，但前车之鉴，后患方殷”。[①] 因此他认为，“办防一事，台湾最重最急之需”。[②]

其次，刘铭传提出了将闽台一体考虑的“澎厦联防”海防战略思想。在清廷做出台湾单独建省决策之初，刘铭传是反对的，认为“台湾一岛孤悬海外”，“重洋远隔，依傍一空，猝有难端，全恃闽疆为根本，声气联络，痛痒相关，以助孤危之境”，因而不应“与闽省划界分疆”。[③] 刘铭传到任台湾后，先是根据台湾的地理特点提出“综计全台防务，台南以澎湖为锁钥，台北以基隆为咽喉，澎湖一岛独屿孤悬，皆非兵船不能扼守”[④] 的战略布局，后又上《条陈台澎善后事宜折》，提出了“澎厦联防”的主张，他特别强调澎湖防务的重要性，认为“守台必先守澎，保南北洋亦须已澎厦为莞钥”。[⑤] 刘铭传的这一建议得到决策层的认可，1886 年 1 月 16 日，清廷颁布上谕：“台湾虽设行省，必须与福建连成一气……著杨昌濬、刘铭传详细会商，奏明办理。”[⑥]

最后，大力进行海防建设。刘铭传在台履新之后，一方面积极在基隆、沪尾、安平、旗后等海口兴建 6 座新式炮台，购买安装新式大炮，布设新式水雷，加强台湾沿海陆上防务；另一方面以澎湖为重点加强海防，他说，“澎湖当南北洋关键，闽台要枢……若不及时办防，仓皇束手，前车覆辙”，“一旦外人袭踞，台何以存？台若不存，万里海疆，岂能安枕！”[⑦] 他主张建设海军，奏请在英德订购铁甲快船，甚至自筹资

---

① （清）刘铭传：《刘壮肃公奏议》卷一，台北：文海出版社，1968，影印本。
② （清）刘铭传：《刘壮肃公奏议》卷五，台北：文海出版社，1968，影印本。
③ （清）刘铭传：《刘壮肃公奏议》卷二，台北：文海出版社，1968，影印本。
④ （清）刘铭传：《刘壮肃公奏议》卷三，台北：文海出版社，1968，影印本。
⑤ （清）刘铭传：《刘壮肃公奏议》卷二，台北：文海出版社，1968，影印本。
⑥ 《清德宗实录》卷二二一。
⑦ （清）刘铭传：《刘壮肃公奏议》卷五，台北：文海出版社，1968，影印本。

金购买兵船，并自办机器局、火药局等军工企业。为了实现闽台一体，刘铭传还与闽浙总督杨昌濬建立密切的防务协作关系，争取到每年40余万两经费支持。后来，刘、杨两人在共同上奏朝廷的《遵议台湾事宜折》中说，“闽台本为一省，今虽分疆划界，仍需唇齿相依，方可以资臂助”。①

刘铭传所倡导的“澎厦联防”的海防战略思想，核心在于坚持闽台一体，也就是海峡两岸共同协防保护中华民族共同的家业，为台湾的发展提供安全保障，从而也为国家南北洋的海上安全提供安全保障。这一构想，既是当时社会条件下唯一正确的选择，也给予今天两岸加强军事合作以深刻启迪。

三、全面奠定台湾近代化的经济和社会基础

中国始于19世纪60年代的洋务运动，在最初丁日昌的海防议中就涉及了布局台湾的问题。1874年日本侵台事件后，钦差大臣沈葆桢赴台处理，遂将近代化的理念和事业带到了台湾。1876年，福建巡抚任上的丁日昌到台湾，致力于整肃军备，添建海岸炮台和新式枪炮水雷，奏请购置铁甲舰，但由于缺少经费支持而进展不大。到刘铭传赴台时又是10年过去，大陆沿海省份的军事近代化和海军近代化运动，铁路、矿山、港口、电报、电话的引进，虽步履艰难却在客观上撼动了封建的经济基础和上层建筑，在官场内外、知识阶层已深入人心。刘铭传到台湾前，虽赋闲10多年，但仍对世界近代化大势和国家亟须自强的时局有深刻的理解和见解。1880年冬，刘铭传就曾向清廷上了《筹造铁路以图自强折》，履职台湾后，便全身心地推进台湾的近代化事业。

① （清）刘铭传：《刘壮肃公奏议》卷六，台北：文海出版社，1968，影印本。

兴办铁路事业。1887年，刘铭传再次奏请在台湾修建铁路，获得清廷批准后正式启动修筑计划，其"一隅之设施，为全国之模范"[①]的指导思想非常明确。台湾多山，修建铁路必须凿山穿洞，渡水架桥，工程艰难。刘铭传在台北设立"全台铁路商务总局"，制定《台湾商办铁路章程》，明确铁路的官督商办性质，引进近代化的资本运作理念为建设铁路筹资。他吸引民间资本进入铁路建设，在台湾发行铁路股票，在新加坡设立招商局，在海外华侨中募集资金，甚至开航运公司用运营所得补贴铁路建设资金，这同时又促进了台湾与大陆及海外的贸易。更难能可贵的是，刘铭传聘用英德技术专家担任设计、测量工作，却拒绝了美国旗昌洋行承办台湾铁路请求，显示了刘铭传使铁路建设和未来运营"权操自我"的决心。台湾铁路分为南北两路：北路由基隆至台北，南路由台北至台南。1891年，台北至基隆段铁路于竣工通车。按照当时的设计，整个台湾铁路全长约99公里，占当时中国铁路总长的1/4。作为中国第一条自行集资兴建的铁路，台湾铁路建设有其特殊的历史地位，其修建过程本身就很有意义。更为重要的是，铁路建成通车后，台湾不仅有了货运火车还有了客运火车，有统计说当时每月火车票售出5万张，岛内货物朝发夕至，显然改变了台湾的传统生活方式，带动了台湾各大产业的成长和岛内外贸易的发展，无疑成为龙头行业，对经济和社会近代化进程的影响是极为深刻的。

发展邮政事业。为解决大陆与台湾通信联络问题，刘铭传谋划了铺设海底电缆的工程，这在当时不能不是一个开创之举。1887年，沪尾至福州、安平至澎湖的海底电缆铺设成功，在此基础上设立了台湾电报总局，从此建立了台湾与大陆电讯联系。1888年，刘铭传在台北设立邮政总局，发行邮票，率先学习仿效外国先进的邮政通信方法，促使台

---

① 转引自何峰主编《淮军与刘铭传研究》，合肥工业大学出版社，2014，第36页。

湾的邮政事业发展起来。作为中国最早的具有开创性的近代化邮政事业，尤其是在加强台湾与大陆人民联系方面，这一贡献怎样评估也不会过高。

发展近代教育事业。刘铭传早年辍学，却喜爱读书，他是淮军名将，却不只是一介武夫。在“养疴田园”的十几年中，对国家变法自强，“开西校、译西书、以励人才”，[①] 有独到见解和设想。他在台湾大力推进近代化教育改革，首先恢复原来各府县的官办学堂和民间书院，并着手兴办一批新式学堂。1887 年，由刘铭传倡导、从政府盐务项下开支的“西学堂”在台北成立，聘请数名外国教师，开设英文、法文、地理、历史、测绘、算术、理化等课程，同时也有中国老师教授经史文学。1890 年，刘铭传开设的电报学堂建成，第一批招收台北西学堂和福州船政学堂学生 10 名，专门学习当时很先进和前沿的电信技术。他还在台北建立病院及官药局，后发展为医学院，发展近代医学事业。这些新式学堂培养出来的学生，既为台湾经济建设输送了人才，同时也促进了台湾文化教育事业的发展。还有在台北、台南等地开设的“番学堂”，招收原住民学生，受到广泛欢迎。1893 年，刘铭传被迫离开台湾时，把朝廷历年来给他的养廉银和赏银，都留在了台湾的西学堂和番学堂，足见其对台湾近代化事业的深厚感情。

此外，刘铭传大力推进基隆煤矿的发展，建立糖业、樟脑、硫黄的专营制度和新式工厂，都大大提高了产量，成为当时台湾的支柱性产业。

综上，刘铭传首抚台湾 6 年，“造铁路以通之，行邮船以辅之，振置产以欲之，辟财源以养之，改内政以兴之，设教育以明之”，[②] 顺应

---

① （清）刘铭传：《刘铭传文集》，马昌华、翁飞点校，黄山书社，2014，第 43 页。

② 连横：《台湾通史》，华东师范大学出版社，2006，第 218 页。

天时，善用地利，实现了人和，他开创了大陆与台湾两岸一家的政治基业，坚持“闽台一体”海防战略为台湾提供安全保障，全面奠定了台湾近代化的经济和社会基础，作出了重大贡献。“时势造英雄”，刘铭传当之无愧是给予台湾近代化历史及两岸政治、经济、军事关系走向以重要影响的首位行政大员。

简论福建船政与中国的海权意识*

世界近代化进程启程于地理大发现，这一进程见证了人类不再将海洋视之为阻隔而为财富通道的海洋观念的历史性转变，见证了国家以暴力手段征服海洋扩大国家权利范围的海权观念的历史性转变。19 世纪 60 年代清廷决策创办的福建船政，虽稍晚于江南制造局，却是中国最大的近代造船企业；同时建立的船政学堂，亦是中国近代教育的前驱先路，具有不可替代的历史地位。从思想观念层面看，福建船政兴起既反映了中国海权意识的重大进步，同时也勾勒出中国海权意识与西方海权思想南辕北辙发展的历史必然。

一、决策分析：福建船政诞生既是对西方海权的被动反应，也是中国海权意识进步的重要标志

从同治五年（1866 年）五月十三日左宗棠上奏清廷《拟购机器雇洋匠试造轮船先陈大概情形折》，到六月初三“上谕”同意左宗棠设厂制造轮船，创立福建船政的决策相当快。此前后左宗棠的相关奏折和上

* 本文是 2016 年 11 月福建省福州市“纪念福建船政创办 150 周年专题研讨会”论文，收录于杜继东、吴敏超主编《纪念福建船政创办 150 周年专题研讨会论文集》，中国社会科学出版社，2019，第 421 页。

谕所示，反映了中国海权意识的重大进步。

（一）重新判断来自海洋方向的威胁，奏请设厂造船并得到批准

西方殖民者大举东来进入中国，尤其是道光年间两次鸦片战争之后，中国人设身处地感受到西方殖民者的船坚炮利，面对屈辱的不平等条约，千百年来的大国尊严一败涂地。痛定思痛，从林则徐到魏源，从曾国藩、左宗棠、李鸿章到后来将福州船政付诸实践的沈葆桢，都受到西方海洋观念和海权思想的巨大冲击，开始把经略国家的眼光从陆地转向海洋，探索“师夷长技以制夷”，尤其是1863年经历“阿斯本舰队”事件，买一支近代化海军舰队的尝试失败以后，建厂造船，推动近代化军事工业和海军的发展，成为洋务运动的首个着力点。这尽管是一种被动的反应，尽管主要在“器物”层面，但思想层面的变化毫无疑问是前提。

同治五年（1866年）二月，左宗棠任闽浙总督。五月，他上奏清廷《拟购机器雇洋匠试造轮船先陈大概情形折》，向朝廷提出在闽设局造船的建议。这是一个洋洋数千字的著名奏折，反映了洋务大员们对来自海洋经济及海洋安全问题上的新认识。奏折开宗明义地说：“窃维东南大利在水而不在陆。自广东、福建而浙江、江南、山东、直隶、盛京，以迄东北，大海环其三面；江河以外，万水朝宗。”认为，无事之时，可以筹转漕、筹懋迁，足以业贫民，安游众，而“有事之时，以之筹调发，则百粤之旅可集三韩，以之筹转输，则七省之储可通一水”。其对滨海之区七省有海连通，经济上可收漕运之利，军事上可收安全之利的认识已经十分清楚。然而，“自海上用兵以来，泰西各国火轮兵船直达天津，藩篱竟成虚设，星驰飙举，无足当之。自洋船准载北货行销各口，北地货价腾贵，江浙大商以海船（指木帆船）为业者，

往北置货，价本愈增，比及回南，费重行迟，不能减价以敌洋商。日久销耗愈甚，不惟亏折货本，寖至歇其旧业”，从而使“江浙海运即有无船之虑，而漕政益难措手”。正是从经济和军事安全两个方面考虑，左宗棠做出“非设局急造轮船不为功”的结论。他说：“欲防海之害而收其利，非整理水师不可；欲整理水师，非设局监造轮船不可。泰西巧而中国不必安于拙也，泰西有而中国不能傲以无也”。他甚至不无忧愤地说：“彼此同一大海为利，彼有所挟，我独无之。譬犹渡河，人操舟而我结筏；譬犹使马，人跨骏而我骑驴，可乎？”他认为，“轮船成，则漕政兴，军政举，商民之困纾，海关之税旺。一时之费，数世之利也”。[①] 这些认识在当时难能可贵。

20 天后上谕下达，谕左宗棠设厂制造轮船。其中说道，“中国自强之道，全在振奋精神，破除耳目近习，讲求利用实际。该督现拟于闽省择地设厂，购买机器，募雇洋匠，试造火轮船只，实系当今应办急务”。[②] 左宗棠试造轮船构想如此迅速获准，在当时是很不容易的，这既与左宗棠的深刻认识言之凿凿有关，也与当时清廷内外交困急寻出路的需求合拍，反映了最高统治阶层海洋观念、海权意识的重大进步。

（二）决策船政为独立国家机构，倡导军民两用的近代造船思路

鸦片战争与五口通商之后，列强凭借特权倾销商品，洋轮伴随而至，清政府海上利权皆操于外人之手。这种窘况曾引发洋务派官僚极大不满，纷纷上书朝廷，抒发己见，表达对国家利权深深的忧虑。1863 年，时任江苏巡抚的李鸿章曾说，“长江通商以来，中国利权操之外夷，

① （清）左宗棠：《左宗棠全集·奏稿三》，岳麓书社，1989，第 60—61 页。

② 同上书，第 70 页。

弊端百出，无可禁阻”。[①] 他认为，“中国但有开花大炮和轮船两样，西人便会敛手”。[②] 此后，他上奏力请“学习外国利器”，“觅制器之器”和“制器之人”，[③] 1865 年在上海创办了江南制造局。

福建船政局亦是如此。自设立之始，清政府就在谕令中明确“所需经费，即着在闽海关税中酌量提用”，[④] 这表明清政府坚持“权自我操”，将船政视为独立国家机构的决心和意志，为之后排除外国干预和地方封疆官吏责难提供了基础和条件。正当筹建船厂紧锣密鼓铺开时，1866 年 10 月 4 日清廷急下圣旨，急调左宗棠出任陕甘总督，率师“平叛”。左宗棠经过慎重权衡，极力推荐原江西巡抚、林则徐之婿沈葆桢接任，并上疏奏请清廷授沈葆桢以“特命总理船政，由部颁发关防”，享有“专奏请旨”的权力，以防地方官的牵制。[⑤] 沈葆桢上任后，从同治六年（1867 年）到同治十三年（1874 年），共造万年清、湄云、福星、伏波、安澜、镇海、扬武、飞云、靖远、振威、济安 11 艘军舰，永保、海镜、琛航、大雅 4 艘商轮，这些舰船性能虽不十分先进，但已是使用机器的舰船，与旧式帆船截然不同，不仅利于国家维护“利权”，而且使晚清海防装备和海防力量有了初步的发展。

1874 年之后，外国技术人员解聘，船政进入由中国技术人员和工人独立自造舰船时期。1875 年 5 月，船政局依靠自己培养的技术人员及工人，“并无蓝本，独出心裁”，造出第一艘小型木质炮船。次年，船政局转而采用铁、木作为造船材料，很快造出第一艘铁胁船。1882 年，船政局又造出第一艘巡洋舰，排水量 2200 吨，堪称当时“中华所

① （清）李鸿章：《李文忠公全书・朋僚函稿》卷三，第 13 页。
② 同上书，第 19 页。
③ 《筹办夷务始末（同治朝）》卷二十五，第 10 页。
④ （清）左宗棠：《左宗棠全集・奏稿三》，岳麓书社，1989，第 70 页。
⑤ 同上书，第 133 页。

未曾有之巨舰”。1897 年，船政局再聘法国技术人员指导仿制新式军舰，先后造出两艘排水量 850 吨的驱逐舰，“船坚且快，炮大而远”，是船政局开办以来所造功率最大、航速最快、性能最佳的军舰。福建船政局造出新式舰船后，成为国产军舰的主要提供者。沈葆桢在向清廷呈递的《续行兴造轮船片》中说，“购致者权操于人，何如制造者权操诸己”，他还乐观设想船政嗣后也有建造铁甲船的希望，认为“由熟生巧，由旧悟新，即铁甲船之法，亦可由此肇端”。[①]

可以说，船政既是中国最早的近代工业企业之一，代表中国近代工业的开端，亦是国家自强之道、御侮有道的战略性措施，兼顾了军事和经济两方面需求，是真正船与政的结合。正如沈葆桢上任伊始向总理衙门禀告时所说，“船政之举，非诸臣之事，国家之事也”。针对反对派的掣肘，他说：“自古行政，首在得人，人心不固，政将谁举？今日船政，万不能半途中止，以贻笑柄，以启戎心。兴事之初，尤不能不鼓舞人心，赴功策政。”[②] 其明指官营船政的紧迫性及不容置疑的政治意义。

（三）创建船政学堂，引进西方近代化海军教育训练体制

“船厂根本，在于学堂”。[③] 1867 年 1 月，福建船政局内设的船政学堂正式开学，这是中国第一所教授现代科学技术的海军学堂。学堂最初定名为“求是堂艺局”，分为制造、驾驶两部分，后以新校舍的坐落位置而分别称为前学堂和后学堂。前学堂是船舶制造班，培养能从事设计、制造船舰船体和轮机的专业人才；另设绘事院，主要培养绘图员，

① 张作兴主编《船政文化研究——船政奏议汇编点校辑》，海潮摄影艺术出版社，2006，第 87 页。

② 林庆元、罗肇前：《沈葆桢》，福建教育出版社，1992，第 41 页。

③ 张作兴主编《船政文化研究——船政奏议汇编点校辑》，海潮摄影艺术出版社，2006，第 22 页。

同时还承担船政局全部图纸的绘制工作。后学堂先设驾驶班，培养航海人才；后又加设轮机管理班，培养能操纵和维修轮机的专业人才。以自力更生附设“船政学堂”，以适应海军建设的需求，成为福建船政局具有远见的一大特色。

船政学堂的创办突破了封建传统教育体制，开风气之先，但又没有全盘照搬西方教育模式，而是通过改造为我所用，因此其办学体制带有“中西合璧”的鲜明特点。前学堂使用法文教材，聘请法国教师授课，采用法国军港士官学校的科目训练；后学堂使用英文教材，聘请英国教师授课，采用英国海军的培养方法训练。聘用外籍教师坚持以契约形式，并以私人身份受聘原则。同时，船政学堂还开创了中国近代学生留学教育先河，奠定了中国留学生的留学方式和基本制度。1873 年 11 月 18 日，船政监督日意格向沈葆桢呈送《关于船政学堂教育成果的报告书》，提出组织学生留学欧洲的主张。12 月 7 日，沈葆桢即上奏朝廷阐述了派遣毕业生留洋深造的重要性和必要性，并提出“将窥其精微之奥，宜置之庄岳之间”的重要论断。他指出，“以中国已成之技，求外国益精之学，较诸平地为山者，又事半功倍矣”，主张选前学堂毕业生赴法国“探究其造船之方，及其推陈出新之理”，选后学堂毕业生赴英国“深究其驶船之方及其练兵制胜之理”。[①] 这一提议受到左宗棠、李鸿章等大臣的广泛支持，后因日本侵台被迫搁置，于 1877 年丁日昌接办船政后才得以真正实施，前后共派遣四批学生赴法英留学。北洋海军将领大多出自其中，船政不愧为中国近代海军的摇篮。

船政引进西方教育模式，成为中国近代教育的滥觞。此后，继之而起的其他新式学校都纷纷仿效，不仅直接或间接地采取船政教育模式，

---

① 张作兴主编《船政文化研究——船政奏议汇编点校辑》，海潮摄影艺术出版社，2006，第 77 页。

更聘请船政学堂师生担任要职。李鸿章创办天津水师学堂，“略仿闽前后学堂规式”。张之洞创办广东水陆师学堂（后又改为黄埔水师学堂），“其规制、课程略仿津、闽成法”。船政学堂的成功实践以及后来其他学校的相继举办，直接推动中国政府逐步建立起适应社会发展潮流的近代教育制度。

（四）创制船政管理规则，初具海军和企业的近代化法制意识

海权追求的是权力，也是权利，或者说是借助国家权力优势争夺国家权利，拓展国家利益，乃至追求国家利益最大化。这是一个近代以来世界连成一气而产生国际范畴的问题，同时也是一个试图限制和规范权力使用和权利争夺的国际法范畴的新问题。面对这个随着中国近代化必然到来的问题，福建船政是一个率先实践者之一，也就有了率先获得理性认识的可能。

从一开始，船政这种通过国际合作办厂办学的方式，就带有国际军事合作的进步意义，对当时的中国来说是追赶国际先进技术的重要方法之一。由于既缺乏经验，更有李泰国、阿思本购买兵船的教训，经过充分考虑利用与防范问题，左宗棠认为“洋人共事，必立合同”，遂在决定聘请闽海关税务司日意格和法国军官德克碑为正副监督，负责购买外国机器、代聘外国技术人员并指导造船事宜后，即先后拟订章程、合同和规则等条文，明确外籍人员的责、权、利，这在当时是一种新的大胆尝试。一方面是通过高薪待遇和明确义务职责等方式，确保“人尽其才”。双方确定以西方的平等契约合同来确定聘用关系，内容包括聘期、工资、工作任务、生活医疗待遇、奖励和辞退等。合同草签后，外籍人员来船政时签正式合同，其所在的国家驻华外交官画押担保。除了明文规定给予外国雇员以优厚待遇，以实现“亦欲使彼有余润，然后

肯为我役”的目的外，还“预定奖格，以示鼓舞”,[①] 优秀者有升职、晋级、加薪、发给奖金、授予金牌宝星和顶戴等奖励。彼时，船政学堂外籍教师的工资已是国内教师的7—25倍。同时，对于不称职的洋员、洋匠也有惩罚制度，“西洋师匠心教艺者，总办洋员薪水全给。如靳不传授者，罚扣薪水”,[②] 情节严重者解聘回国。对日意格和德克碑应负的责任和义务也做了明确规定，要求“自铁厂开工之日起，扣至五年，保令外国员匠，按照现成图式造船法度，一律精熟，均各自能制造轮船，并就铁厂家伙教会添造一切造船家伙，并开设学堂教习法国语言、文字，俾通算法，均能按图自造”,[③] 左宗棠认为这是“两人分内保办”的事情。

另外是细化责任权限，确保“权操诸我”。因船政聘用大量洋员、洋匠，为防范外国政府干预，确保船政大权始终掌控于我，左宗棠坚持“能用洋人而不为洋人所用”的原则，明确外国师、匠“到厂后由局挑选”,[④] 且要求洋员以个人身份受雇于船政，不受本国政府指令。1866年8月，左宗棠与日意格签订合同，立约画押，明确规定洋监督是在船政大臣领导下管理船厂内工作的外国人员，且规定自船厂开办之日起以五年为限，“五年限满无事，该正、副监督及各工匠等概不留用”。[⑤] 合同有效地限制了洋员权势的扩大，保证了“权操诸我”而不为洋人所操。左宗棠离开福州前，还当面向日意格和德克碑提出，“条约外勿多说一字，条约内勿私取一字。倘有违背，为中外讪笑，事必不成，尔负

---

① 张作兴主编《船政文化研究——船政奏议汇编点校辑》，海潮摄影艺术出版社，2006，第15页。

② （清）左宗棠：《左宗棠全集·奏稿三》，岳麓书社，1989，第61—62页。

③ 台湾“中央研究院”近代史研究所编《海防档》乙，《福州船厂》第20号，台北：台湾艺文印书馆，1957，第33页。

④ （清）左宗棠：《左宗棠全集·奏稿三》，岳麓书社，1989，第61—62页。

⑤ 台湾“中央研究院”近代史研究所：《海防档》乙，《福州船厂》第20号，第41页。

我，我负国矣”。[1] 至1874年2月外籍人员遣返，清政府虽然付出较为昂贵的代价，收获也不小，中国技术人员已经可以独立制造轮船，基本上完成了近代造船技术的移植，同时还促使西方近代工业管理经验部分传入国内。虽然这种经验和合作方式在当时并未得到足够重视和推广，但值得肯定的是，福建船政的创办过程无不体现洋务派官员对国际行为规则的认知和近代化法制意识的萌发，成为清政府接轨西方法治的一次有益尝试和勇敢探索。

二、实践分析：福建船政满怀向海“自强”的国家梦想，却因中国海权意识“质”的缺陷而破灭

福建船政的创建，既是对西方列强炮舰政策的一种本能反应，也是在“坚船利炮”刺激下主动向西方学习的结果。在近百年的艰难发展中，它既曾首开中国近代化工业的先河，取得过令人瞩目的成就，也留下了无尽的遗憾和悲叹。

（一）坚持中体西用，海权异化为海防

鸦片战争爆发前，晚清政府朝野上下很少有人关注海权问题，直到西方列强从海洋上撞开中国的大门，发动第一次鸦片战争，晚清政府的统治者们才开始认识到制海权的重要性，着手海防建设，同时产生了一些朴素的海权思想。1874年12月，李鸿章在《筹议海防折》中指出：“唯有分别缓急，择尤为紧要之处，如直隶之大沽、北塘、山海关一带，系京畿门户，是为最要。江苏吴淞至江阴一带，系长江门户，是为

① 台湾“中央研究院”近代史研究所：《海防档》乙，《福州船厂》第20号，第74—75页。

次要。盖京畿为天下根本，长江为财富奥区，但能守此最要、次要地方，其余各省海口边境略为布置，即有挫失，于大局尚无甚碍。”① 继这一奏折之后，各地方督抚大员随之附议。署理浙江巡抚杨昌濬提出“是今日自强之道，陆军固宜整理，水军更为要图”，江苏巡抚吴元炳也提出“御外之道，莫切于海防”。然而从这些奏议中可以看出，在清政府“中体西用”思想指导下，中国旧有军事体制并没有得到根本改变，福建船政引进西方近代化工业技术，结果只能是在落后的军事体制中逐渐变质。

北洋海军的建立表明清朝政府已经有了对近代化军事的初步尝试，产生了争夺海权的模糊意志和初步实践，但对海权的思想认识仍基本停留在传统的海防思想上。清政府的统治者始终未能完全摆脱那一套“以守为战”的传统海防方针，他们畏惧更深、更遥远的海洋，更缺乏真正的海权思想。直至甲午战争的失败和 20 世纪初西方海权思想的传入，清政府才开始彻底转变对海权的看法。当然，由于海权与海防的密切关系，清政府对海权不自觉的，却不断加深认识的同时，也带来了海防建设近代化，启动了中国社会近代化进程。

在资本全球化时代，谁拥有强大的海军并有效地控制海上通道，谁就在国际利益分割中居优势地位。历史的事实是，贸易首先随炮舰而非随合同同行。任何一个贸易大国同时也都是海上力量大国。与西方海权的产生与发展轨迹迥异，鸦片战争后中国经济制度未发生根本变革，仍然以封建的小农自然经济为主，并没有发展海外贸易的经济需求。当西方殖民势力东侵产生剧烈冲击和影响，清政府仍未能摆脱传统海洋观“重陆轻海”“陆主海从”思想的影响，更没有丝毫争夺海权、扩展海外利益的念头，本就封闭保守的海疆顿时向内收缩，被动异化为海防。

① （清）李鸿章：《李文忠公全书·奏稿》卷二十四，第 17 页。

事实上，创办福建船政目的性极为明确，即“闽之设船政也，原为天下海防之计”，是为窠臼。

（二）海军形同虚设，船政遭遇灭顶之灾

随着福建船政造船厂和学堂的不断发展，1874 年，沈葆桢奏请批准，将福建船政的军舰编成舰队，设轮船统领统一管理。此时，船政局已初具规模，拥有扬武、万年清、湄云、福星、伏波、安澜、镇海、飞云、超武、靖远、振威、济安、永保、琛航、大雅舰 15 艘，国外购得海东云、长胜、建威 3 舰，共 18 艘兵船。1879 年 7 月 4 日，清政府诏令闽局轮船先行练成一军，福建水师正式宣布成立。中法战争前，福建船政水师已经成为中国吨位最大的一支舰队，统辖兵船 26 艘。然而 1884 年中法马江之战中，这支聚集当时海军精锐并被寄予厚望的舰队在外国舰队面前却如此不堪一击，不到一小时即被法国舰队的铁甲重炮击溃，几乎全军覆没。经此一战，船政制造基地受到严重破坏，造船功能减弱，至 1907 年船政陷于迟滞状态，福建水师在缺乏舰艇及经费的窘境下已难成军，且舰体严重老化，再也未能恢复往日气象。

马江之败固然有仓促应战、准备不足的因素，但更多地暴露出中国近代造船工业与西方的悬殊差距，正如左宗棠所说，“所制各船，多仿半兵半商旧式。近年虽造铁胁快船，较旧式为稍利，然仿之外洋铁甲，仍觉强弱悬殊。船中枪炮，概系购配外洋兵船所用，又有多寡利钝之分，所以衅一开，皆谓水战不足恃也”。[①] 对此，续任船政大臣裴荫森认为海上失利在很大程度上是缺乏铁甲船之故，同时他对其他舰队不相援助的指责更暴露出舰队分属导致战时无法形成合力的封建体制弊端，“自来兵家有恃乃可无恐，先声足以夺人。南北洋筹办水师，颇费

① 张侠、杨志本、罗澍伟等编《清末海军史料》，海洋出版社，1982，第 39—40 页。

财力。援闽之师久而不出，出则迟回，观望畏葸不前。法人得窥其微，遂乃截商阻漕，欺中国铁甲未成，兵船无护，不敢轻于尝试”。[①] 因此，他主张整顿海军，“必须造办铁甲”，恳请拨银130万两试造三艘双机钢甲兵船，后这一奏折因奉旨留中而无下文。

彼时，朝野正刮起“自造舰船靡费论”的责难。丁日昌坦率承认，“‘江南’和‘马尾’自造的舰船，只能靖‘内匪’，不能御外侮”；李鸿章更在北洋海军成军时提出，“今即成军，须在外国订造为省便”。于是1885年清廷新成立的海军衙门，在北洋大臣李鸿章的主持下，开始大量向西方列强订购铁甲战舰。殊不知中国造船工业刚刚起步，要想赶上西方不仅需要充裕的经费，而且需要较长的时间。在客观条件尚不具备的情况下，任何在短时间内试图超越西方先进工业技术的打算最终都将被证实是一种急性病。[②]

（三）植根封建土壤，船政难逃衰落命运

晚清开展军事自强运动时，没有同时进行相应的政治变革和经济变革，导致近代化工业企业发展步履维艰。福建船政植根封建土壤，其创办目的是强化而不是突破封建制度的藩篱，当近代工业体制与旧制度产生严重矛盾，最终必然导致船政局的衰落与停办。

一方面，船政建设自始至终都缺乏内在的经济驱动力，官员奏折大部分是关于造船经费的筹措，加之国库由于连年内战早已空空荡荡，财政收入年年收不抵支，经费问题成为船政建设中最为棘手的问题。船政的经营方向和管理方式采取“官办”，本是举全国之力发展近代造船业

---

① 张作兴主编《船政文化研究——船政奏议汇编点校辑》，海潮摄影艺术出版社，2006，第272页。

② 王宏斌：《晚清海防：思想与制度研究》，商务印书馆，2005，第500页。

之良策，但在实际操作中却难以摆脱陈旧落后的封建经济结构及经营管理之模式。同时，造船技术的发展除了经费充裕的条件，离不开近代工业技术的支持。由于生产力低下和生产关系落后，使“中国造船之银，倍于购船之价”，成本居高不下，质量却难以提升，武器装备长期无法实现自主发展。特别是当不改变生产关系已不能满足生产力发展需要时，清王朝宁可限制生产力的发展，也绝不许其越出生产关系雷池一步。清朝统治者坚持“重农抑商”的传统治国理念，顽固抵制资本主义商品经济的发展，以维护自给自足的自然经济基础来强化封建统治。

另一方面，晚清政治制度表现出难以克服的严重陈腐性。清政府中存在一股力量强大的顽固势力，几乎对购造新式舰船、培养新型海军人才等每一项军事自强举措，都横加反对和阻挠，致使福建船政建设始终也是“拘于成法，牵于众议”“同心少，异议多”。而清王朝的腐败又进一步恶化了船政发展环境，贪污浪费、滥竽充数、徇私舞弊、盗窃官物等问题层出不穷。船政大臣前几任尚为专职，享“专奏请旨”之权，后继任者大都官衔不高，以后更成为兼职不受特别重视，船政事务遂逐渐受到地方政府牵制。

近代化工业的产生和发展，既依赖于生产力发展水平，也依赖于在此基础上建立的适应其需要的制度体系。而船政建设既缺乏必要的经济基础，也没有近代工业的有力支撑，再加上封建体制的落后，内部管理的腐败，随着造船数量增加，顿感负担越来越沉重，甚至举步维艰。中国的造船事业犹如一条航行在茫茫大海上的破舟，在一团团迷雾包围中，谁都看不到希望，找不到前进的方向。[①] 1907 年 6 月，建议船政局“暂行停办”的奏折得到清政府批准。

---

① 王宏斌：《晚清海防：思想与制度研究》，商务印书馆，2005，第 528 页。

三、理论分析：福建船政的功败垂成，折射了近代以来海权及海军发展规律的不可抗拒性

福建船政大大晚于西方海权实践，但早于马汉为代表的、根据西方海权实践总结的海权理论。与西方国家相同的是，福建船政试图通过发展民族造船工业、建设一支现代化海军维护国家安全利益；与西方国家不同的是，这一努力没有经济动力，没有将发展现代化海军与运用海权相结合，在谋求国家安全利益的同时谋求经济利益的最大化。那么，现代化海军的发展规律是什么？福建船政如何违背了这一规律而最终功败垂成？由此对今天中国建设海洋强国有哪些启示？笔者尝试做一点探讨。

（一）现代化海军发展的根本驱动力始终来源于国家对海洋的利益需求，并由此产生的对利用和控制海洋能力的必然追求

海洋最重要的社会属性之一，是它的世界连通性，利用海洋进行贸易，能够使商品在流通中增加价值，因而成为资本主义发生和发展的杠杆。为了海上贸易通道和海外市场的安全，一些商船开始载上军队，以保护海上贸易，控制海上通道，也以此占领彼岸市场，保证商业利润的实现。此后，船的职能逐渐专门化，船的型号、建造也逐渐专门化，海军由此诞生。国家为着自身政治、经济利益的实现，运用海上力量（主要是海军）去控制海洋，控制海上通道，占领向往的市场，同时阻止他国的控制和占领，即谓海权。虽然不同时代的海权内涵不尽相同，不同国家的海权需求亦有强有弱，但现代化海军发展归根结底是国家海权需求驱动的结果。

与西方国家不同，中国几千年来始终以陆地文明为主，对海洋、海权的需求比较低，认识也比较晚，因而错过了“地理大发现”开启的第一轮世界现代化浪潮，进而惨败于以“坚船利炮”为代表的西方海权之下。福建船政的创立时，晚清统治者对近代海权观念、海防思想的认识仍十分滞后，更遑论海洋资源、海洋国土、海洋贸易竞争、海上交通线控制等近代国家海洋主权和海洋权益意识，其海防战略重在“守”而非“战”。在不可抗拒的世界资本主义潮流面前，清朝封建统治阶级虽然采取了顺应态度，但因涉及切身利益并不想触动封建主义的体制和根基。这种局限性决定了福建船政虽是新生事物，但仍然生长于封建体制旧肌体上，很难持续发展。

历史反复证明，海权是成就现代化海军的重要驱动力，但脱离国力国情的海权诉求也会给现代化海军建设带来无法挽回的损失。在现代化海军发展中，必须科学寻求海权，既要充分发挥现代化海军对海权的核心支撑作用，使海军发展与国家实力、海洋权益拓展和海权的确立相辅相成，又要把海权追求的合理性与海军现代化的可能性、国家能力的现实性有机统一起来，避免不切实际，既损伤国力，又使海军现代化半途而废，必要的海权也难以实现。中国认识海权比西方发达国家要晚，但终究要认识它、遵循它。

（二）现代化海军的发展必须遵循系统科学的基本原理，坚持走构成要素相互联系、相互协调、同步发展的体系发展道路

一个国家海军的发展不是孤立的，而是作为一个整体的系统发展，任何一个要素的缺失或达不到既定要求，都会制约海军现代化建设的进程和水平。这是由海军建设本身的系统性、复杂性和现代战争体系对抗

的特点决定的。只有按照“整体—部分—整体”的思路，从顶层设计入手，全面规划并有机融合现代化建设的各个构成要素，才能建成一支真正意义上的、具有可持续发展前景的现代化海军。

现代化海军的发展必须遵循系统科学的基本原理，一要实现武器装备均衡配套。海军武器装备体系十分复杂，陆上、空中、水面、水下等作战平台一应俱全，火炮、鱼雷、水雷和对空、对海、对陆各类导弹种类齐全，对武器装备发展的协调性要求非常高。一艘现代化军舰能机动多远，不仅要看其自身的最大航程，更要看保障船舶的综合保障能力。因此，整体协调、同步配套是海军武器装备现代化发展的基本规律，忽视这个规律往往会出现制约作战能力发挥的瓶颈。二要实现人与武器装备有机融合。世界海军现代化的进程表明，不管战争形态如何变化，人作为战争和现代化建设决定性因素从未改变。可以说，实现人与武器的最佳结合，始终是海军现代化建设的关键环节。人的素质是现代化海军发展的倍增器，只有坚持人才培养与装备现代化协调推进，坚持人才培养先行一步，才能确保先进的武器装备尽快形成战斗力。三要实现编制体制协调发展。编制体制是海军军事体系结构的制度化和规范化，它的现代化是海军装备、人员、战役战术现代化的综合反映，对于海军形成综合作战能力具有重大影响。海军编制体制只有适应武器装备和作战方式的变化，不断进行适应性调整改革，才能有利于最大限度地释放海军的作战效能。在世界海军现代化发展史上，潜艇、飞机等海军武器装备的每一次重大突破、作战样式的每一次更新，都会引发编制体制的适应性改革和调整。

纵观船政建设，虽然也进行了改革，但没有从根本上摆脱封建军事体制的整体束缚，内部矛盾和弊端层出不穷，极大地制约了整体协调发展。同时，船政造船一味求新、求利、求固、求精，不断追求新产品，追赶新技术，每一次制造的轮船几乎都是单件生产，从设计到施工，无论是规格、形状，还是尺寸、型号都始终处于变化之中。资金少、底子薄、经验少的窘境无法支撑船政进行系列化、大批量生产，反过来造船种类多而不固定又成为成本居高不下的重要原因，舰船发展一再出现失衡、脱节等现象。海防危机下，决策者急于赶超以解决一时之需，却忽略了海军发展必须整体协调的原则。在工业基础几乎为零的条件下，既没有体系化更没能现代化，最终走上畸形发展道路。

（三）现代化海军的发展必须以先进、成熟的理论为指导，通过不断设计调整建设思路与发展模式来提高质量效益

现代社会，一个国家发展什么样的海军、如何运用海军，已经不是一个感性的实践，而是一个理性的过程，它通过总结历史、透视现实、预测未来，通过提出新的概念和理论，改变人们思考战争的理念和方法，指出现代化发展的方向。

此类的理性认识，一是战略理论，主要是分析借鉴国内外相关海军战略理论和战略运用的实践经验，探索世界海军现代化的共性规律和本国海军现代化的特殊规律，并运用上述规律分析本国海洋安全现实和长远利益的需求变化，指导制定海军发展战略，统筹推进现代化海军的发展。19 世纪末期，英国海军理论家科洛姆和科贝特提出夺取和保持制海权思想，引导英国赢得了第一次世界大战的海上胜利。20 世纪初，美国海军理论家马汉创立“海权论”，引领美国海军一跃成为新的“海上霸主”。20 世纪 60 年代，苏联海军总司令戈尔什科夫建立“国家海上威力”理论，使苏联海军在短时间内迅速发展，取得了与美国海军平等抗衡的战略地位。二是作战理论，主要是依据新式武器装备创新作

战方法和样式，使武器装备的作战效能得到充分发挥，并用全新的作战理论牵引武器装备的未来发展。19 世纪末，舰队决战理论的出现带动了战列舰的快速发展。“一战”结束后，美国海军战争学院提出大规模战役中联合作战理论，为 20 多年后美国海军打赢太平洋战争提供了有力的理论支撑。冷战时期，苏联海军提出的“对岸为主”战略使用方针，将海军对陆地作战上升到战略地位，极大地牵引了战略导弹核潜艇的发展。三是建设理论，主要是研究海军建设自身的特点及其发展规律，涉及海军兵力结构、组织体系、教育训练、战场建设等多个方面。苏联海军总司令戈尔什科夫根据苏联当时的情况和海军建设自身的特点规律，提出了重点均衡发展理论，带动苏联进入了全面发展的时期。海军建设理论的丰富与发展，在很大程度上为现代化海军建设的进一步细化和深化提供了理论支持。

历史证明，正确的军事理论能够引领一个国家的海军在新一轮的现代化浪潮中抢占先机，从而占领未来海上战争的制高点；而落后的军事理论往往会导致战略思想和作战理论滞后于时代发展而过时。两次鸦片战争后，中国兴起了以军事自强为核心的洋务运动，一度将建设海军建设放在了优先地位，福建船政也应运而生。1885 年，在驻德公使李凤苞节译的《海战新义》一书中，已经首次出现“海权”这一概念的译法。但自 1890 年马汉第一部海权著作问世，至 1900 年由日本人剑潭钓徒翻译的《海上权力要素论》在上海的《亚东时报》上连载，马汉关于海权“六要素”的经典论述，方才第一次与中国读者见面。10 年间，清朝统治者固守封建藩篱，以消极防御战略为指导，坚持“以守为战”，把海军作为看家护院的工具，直到甲午战败，海军一蹶不振，才茫然向西方海权理论中寻找答案。辛亥革命前后，孙中山先生曾多次谈及中国海权问题，然无奈列强纷至，国势衰微，只留下了“伤心问东亚海权”的浩叹。

中日发展近代海军的战略意识及其对甲午海战的影响*

中日发展近代海军，同属战略性抉择，都是起自两国统治者对已经发展变化了的世界战略环境所做出的直观、被动的反映。从战略意识上考察，由于受各自的思维方式、认识能力和各种复杂社会因素的制约，呈现了两个不同的发展趋向，从而对海军乃至国家的兴衰产生了巨大的反作用。半个世纪的斗转星移，日本海军狼奔豕突，海权在握，国家迅速走上富国强兵之路；而中国海军却兵败甲午，海上藩篱尽失，国家更深地陷入半殖民地半封建的苦海。起步如出一辙，结局却大相径庭，教训极其深刻。

一、中日发展近代海军的战略意识决定其战略起点同中有异

闭关自守，“与外界完全隔绝曾是保存旧中国的首要件”，① 也是长期以来中国封建统治阶级治国兴邦的战略目标。自给自足的自然经济，

* 本文收录于海军军事学术研究所编《甲午海战与中国近代海军》，中国社会科学出版社，1990，第140页。

① 中共中央马克思恩格斯列宁斯大林著作编译局编《马克思恩格斯选集》第2卷，人民出版社，1972，第3页。

八方来朝的“上国”地位，不断强化着统治者以自我为中心、封闭式的战略意识。修筑长城塞防西北，是这种战略意识的体现，16 世纪以后“片板不许入海”的禁海政策，是这种战略意识发展的顶峰。这一战略意识的思维空间在大陆，海洋只不过是作为维护闭关自守的天然屏障。因此，尽管中国曾有领先于世界的航海技术，有郑和七下西洋的恢宏之举，却始终“以陆军为立国根基”。[①] 没有海军发展的需要，也便没有海军发展的内部动力。

鸦片战争以后，中国面临着“数千年来未有之变局”，“数千年来未有之强敌”，[②] “泰西各国火轮直达天津，藩篱竟成虚设，星驰飙举，无足当之”。[③] 这不能不给中国封建统治者传统的战略意识以强烈的冲击，狭窄的思维空间，封闭的思维方式，都受到了严重挑战，他们需要重新审视这突如其来的变化，需要采取新的对策。

19 世纪 40—50 年代，林则徐、魏源等开启的世界历史地理大传播，首先为“徒知侈张中华，未睹瀛环之大”[④] 的当政者重新审视客观战略环境提供了重要素材。林则徐最早组织翻译《四洲志》并使之成书，魏源以此为基础编撰了名著《海国图志》。接着，徐继畬的《瀛环志略》、梁廷枏的《海国四说》、姚莹的《康輶纪行》等相继问世，不啻使“四海万国俱在目中，足破数千年茫昧”。[⑤] 林则徐、魏源等人不仅介绍世界各国的历史地理，也介绍了外国的先进科学技术，并希图通过这种介绍，使统治者认识世界战略格局的变化和中国面临的严峻形势，丢弃妄自尊大的心理，奋起直追，“师夷之长技以制夷”。他们从

① （清）李鸿章：《李文忠公全书·奏稿》卷二十四，吴汝纶辑录，第 12 页。
② 同上书，第 12 页。
③ （清）左宗棠：《左宗棠全集·奏稿三》，岳麓书社，1989，第 60 页。
④ （清）魏源：《圣武记》卷十二。
⑤ （清）姚莹：《康輶纪行》卷十六。

中国败于西方“船坚炮利”的直观认识出发，认为“夷之长技有三：一战舰、二火器、三养兵练兵之法”，[①] 师夷长技，就必须造船、制炮、建海军、筹海防。他们成为以建设中国近代海军为强国之策的新战略意识的前驱先路。

尽管林则徐、魏源等所提供的世界地理素材堪称详尽，对西方“长技”的揭示十分明了，所倡筹海之策也不谓不精到，但转化成中国封建统治者决策发展海军的战略意识，却不是一蹴而就之举。直至在太平天国运动和第二次鸦片战争内忧外患的压力下，这种转变方才到来，其标志是 19 世纪 60 年代洋务运动的兴起。

洋务运动以军事自强为中心，而军事自强又以发展近代海军为主。正如洋务派官员丁日昌所说，“夫船坚炮利，外国之长技在此，其挟制我中国亦在此……门外有虎狼之方，固不能以不出为长久计也”。[②] 1861 年，清廷决定投以巨资，由总税务司李泰国经手，向英国购买一支新式舰队。各封疆大臣也在尝试自己设厂、造船、培养人才，到 19 世纪 60 年代末，先后有安庆内军械所、江南制造局、福建船政局、福建船政学堂的兴起。这当然是魏源“师夷之长技以制夷”思想的付诸实践，也标志着利用海军“勤远略”的新战略意识已在统治者头脑中萌发。但从根本上来说，其目的仍是维护封建统治，引进以为闭关，自强以为自守，还有相当的“剿发逆”的企图，说明清廷发展近代海军的战略意识未脱封建旧窠的质的规定性。这种“质变”之所以姗姗来迟并终究没有实现，当推之于中国封建统治阶级“立国之道，尚礼仪不尚权谋，根本之图，在人心不在技艺”[③] 思想的根深蒂固。为了在“礼义”与

① （清）魏源：《海国图志·筹海篇》，参见中国史学会主编《中国近代史海洋资料丛刊·鸦片战争》第五册，神州国光社，1954，第 567 页。

② 转引自王家俭：《中国近代海军史论集》，台北：文史哲出版社，1984，第 261 页。

③ 中国史学会：《中国近代史资料丛刊·洋务运动》二，上海人民出版社，1961，第 30 页。

“权谋”之间寻找结合点。1861年，冯桂芬在《校邠庐抗议·采西学议》中提出“以中国伦常名教为原本，辅以诸国富强之术”的思想，后来发展成为“中学为体，西学为用”的理论，并成为一种难以逾越的思维模式。它既为清廷发展近代海军战略意识的生成开辟了道路，又成为其更上一层楼，进而发生质的飞跃的严重思想障碍。

日本原与中国一样，有200余年“海禁”的历史，“直至坚船巨炮环伺于门，乃始如梦之方觉，醉之甫醒”。[①] 日本首先是从中国鸦片战争战败的教训中重新审视战略环境的。早在1842年，明治维新的先驱者佐久间象山感慨于“英夷寇清国”而向幕府上书“海防八策”，指出西方列强在侵略中国之后很可能也会来侵略日本，日本应把铸大炮、造军舰、兴海军当作“最大之急务”，[②] 朝野间以中国为“前车之鉴”的议论也所在多有。尤其是1853年美国柏利舰队进入日本的“黑船来航”事件，更是一堂活生生的战略形势课，日本从此开放海禁，购舰造船，发展近代海军。从其战略意识上考察，当同属中国式的改良型，也并没有质的飞跃，但同中有异，粗粗归纳，大致有三。

其一，日本统治阶层了解世界形势变化的意识强于中国。以《海国图志》的传播影响为例：1851年《海国图志》的六十卷本传到日本，大都被政府征用。1854年日本出版了由著名学者盐谷宕阴和箕作阮甫训点的《翻刊海国图志》二卷二册，内容主要是《筹海篇》。1853年后，日本迫切希望了解世界尤其是迫其开国的美国，仅1854年，翻刻、译解的《海国图志》的美国部分就有八种之多。其中一种名叫《海国图志墨加洲部》，共八卷六册，翻刻者是中山传右卫门。到1856年，三

① （清）黄遵宪：《日本国志》卷十。

② 参见王晓秋：《近代中日启示录》，北京出版社，1987，第22页。

年之内日本出版的《海国图志》的选刻选译本就有21种。[①]《海国图志》给予日本著名的维新思想家和维新人士以深刻影响，如佐久间象山、吉田松阴、西乡隆盛、横井小楠等。他们认为，“海防之道，莫要于知夷情也。知夷情则强弱之势审，而胜败之机决矣”。“夷情备采者，系清人魏默深刻《海国图志》中所辑”。[②]《海国图志》在日本的广泛传播，成为其统治者更新战略意识，审强弱之势，决胜败之机的“有用之举”。然而《海国图志》在故乡却不走俏，尤其对统治者影响甚微。1862年，日本志士高杉晋作至中国考察，发现“彼国志士所译之《海国图志》等亦均绝版”。[③] 后来，左宗棠评说道，《海国图志》是魏源为官时“数以其说干当事，不应，退而著是书”的。“所拟方略，非尽可行，而大端不可加也”，然而“书成，魏子殁。廿余载，事局如故”。[④]

其二，日本采取发展近代海军以为对策的紧迫意识切于中国。1853年“黑船来航”事件后，幕府在当年即撤销1635年颁布的禁建大型船舶的命令，决定向荷兰购买军舰。1855年在长崎开办海军传习所，聘请荷兰人执教。1857年后，购买的军舰陆续到日，1860年首航美国旧金山成功。与此同时，日本也在筹办近代造船企业。1861年建长崎造船所，1865年开设横滨制铁所。至明治维新前，日本已拥有45艘军舰。[⑤] 相形之下，中国发展近代海军的节奏却慢得多，自林则徐以后的20年间，几无建树。而借助于洋务运动掀起造船、购舰、办学热潮，都在明治维新以后了。

其三，日本影响战略意识更新的思想戒律少于中国。日本素有吸收

---

① 参见王晓秋：《近代中日启示录》，北京出版社，1987，第28—31页。
② 鲇泽信太郎：《锁国时代日本人的海外知识》，东京：原书房，1980，第149页。
③ 信夫清三郎：《日本政治史》第1卷，周启乾译，上海译文出版社，1982，第312页。
④ （清）左宗棠：《左文襄公全集·文集》卷一。
⑤ 外山三郎：《日本海军史》，龚建国等译，解放军出版社，1988，第42—45页。

外来思想文化的传统，他们曾是中国儒家学说虔诚的小学生。然而，当他们发现西方文明已胜于东方文明之时，便毅然转而西向，认为，“中国拘泥于古法，日本应在未败之前学到西洋之法”。[①] 他们不仅大量引进新书新论，而且派遣伊藤博文、井上馨这些高层人士赴西方留学、考察。这使得日本认识世界形势并把握发展趋势更具时效性，使以下级武士为主的改革派阵容日渐壮大，这无疑是统治者战略意识根本转变的重要因素。

二、中日发展近代海军的战略意识决定其战略取向南辕北辙

“新的军事科学是新的社会关系的必然产物”。[②] 列宁在谈到法国资产阶级革命时曾说，当时法国人民所表现的巨大的革命创造精神的一个方面，就是改造了全部战略体系。进入19世纪，在西方崛起的资本主义生产关系，既呼唤出需要走向世界的滚滚财富，也呼唤出可能走向世界的科学技术，而把这种需要和可能变成现实的媒介是海洋，是舰船，是海军。于是各个沿海国家的经济、政治、军事、外交都与海洋联系起来，走向海洋成为世界大潮。新的战略思维空间、新的战略思维方式带来了战略意识的根本转变。这种转变集中体现在：海军成为国家实现战略目标的重要力量，几乎每个大国在新的世界战略格局中的地位，都取决于其海军力量。

日本是最先认识到这一世界战略环境变化的东方国家。“近期世界形势剧变，国际交往频繁，口头高唱公平协商，实则各怀私心，甚至吞

① 藤间生大：《近代东亚世界的形成》，转引自王晓秋：《近代中日启示录》，北京出版社，1987，第22页。

② 中中国人民解放军军事科学院：《马克思恩格斯军事文集》第1卷，战士出版社，1981，第184页。

并邻国据而有之；或开辟良港，使之成为贸易的门户；广泛使用蒸汽船，相隔遥远亦能自由往来，五洲已近若比邻”，日本“是一个被分割成数岛的独立于海中的岛国，如不认真发展海军，将无法巩固国防”。①1868 年，明治天皇在继位时的《御笔信》中宣布，日本要“拓万里波涛”，“布国威于四方”。同年 7 月，日本军务官（1869 年改官制后为兵部省）在给天皇的一份奏折中开宗明义，“耀皇威于海外非海军莫属，当今应大兴海军……”，对此，天皇给以首肯，“海军之事为当务之急，应从速奠定基础”。② 显而易见，明治政府发展近代海军的战略意识已发生了质的飞跃，战略目标已从维护封建统治保国保种，转变到效法西方资本主义列强进行海外扩张。1870 年，日本兵部省在收集分析了英、法、德、俄、美、荷等国的情况后，立俄国为头号假想敌国，提出海军发展目标为，“20 年内拥有大小军舰 200 余艘，常备军队 25, 000 人”“装备精良”“且要超过英国”。③ 这个 200 艘舰艇的计划虽没有实现，但胆略已使人叹为观止。1874 年，3000 名日军在中国台湾登陆，烧杀抢掠。1879 年，日本又侵占了中国之藩属国琉球，改为冲绳县。日本在羽毛未丰之时，便迈开了海外扩张的第一步。

中国作出近代海防和海军建设的方案也在明治维新前后，不过版权不操于清廷，而是一位地方官，时任江苏巡抚的丁日昌。1867 年，丁日昌根据“沿海兵制”“散而无统”的状况，提出变通明以来“设立炮台以为经，设立师船以为纬”的旧制，拟订分北、中、南三洋重点设防，以及“制造中等根驳轮船，分驻内洋港口”的“专守内港”④ 方

① 外山三郎：《日本海军史》，龚建国等译，解放军出版社，1988，第 20 页。

② 同上书，第 13 页。

③ 同上书，第 20—21 页。

④ 张侠、杨志本、罗澍伟等编《清末海军史料》，海洋出版社，1982，第 1 页。“根驳轮船”，即炮艇，系当时对英语炮艇“gunboat”一词的音译。

案，1868 年进一步完善为《海洋水师章程》。这一海军建设设想，较之同期日本海军的发展目标，当然不可同日而语，但如果这一设想可以付诸实施，中国近代海军也不失为前进了一步。可惜的是，这个章程正式提交清廷最高统治集团讨论，已是 1874 年日本侵台事件以后。正如总理各国事务衙门所揭示的："溯自庚申之衅，创巨痛深，当时姑事羁縻，在我可亟图振作。人人有自强之心，亦人人为自强之言，而迄今仍并无自强之实，从前情事几于日久相忘。臣等承办各国事务，于练兵、裕饷、习机器、制轮船等议，屡经奏陈筹办。而歧于意见，致多阻格者有之；绌于经费，未能扩充者有之；初基已立，而无以继起持久者有之。同心少，异议多……以致敌警猝乘，仓皇无备。"[①] 可见，在发展近代海军的道路上，中国所缺乏的，是日本那样起源于最高统治者战略意识的转变和统一指令。"拘于成法，牵于众议，虽欲振奋而未由"，[②] 李鸿章此论，亦可谓鞭辟入里。

中日两国统治者战略意识上的差距和后果，在台湾和琉球问题上已初见端倪。日本觊觎台湾完全是出于战略考虑。早在 19 世纪 60 年代，日本就有"出师取清之一省，置根据于东亚大陆之上，内以增日本之势力，外以昭勇武于宇内，则英法虽强盛，或不敢干涉我矣"的议论，还提出"责朝鲜纳质奉贡""北割满洲之地，南收于台湾、吕宋诸岛"的主张。[③] 这种以攻为守，夺取战略支撑点的思想显然成为明治以后日本统治阶级战略意识的重要组成部分。进入 19 世纪 70 年代，在日本政府遣使与中国订约之时，这种战略意识已表现得十分鲜明——在经济上，日本力图与西方诸列强利益均沾，"一体订约"；在政治上，则力

① 《筹办夷务始末（同治朝）》卷九十八，第 3951 页。

② （清）李鸿章：《李文忠公全书·奏稿》卷二十四，第 12 页。

③ 吉田常吉等编《吉田松阴》，东京：岩波书店，1978，第 193 页；转引自曹东屏：《东亚与太平洋国际关系》，天津大学出版社，1992，第 149 页。

争琉球属日本版图，却又坚决不承认朝鲜为中国的藩属国。而清廷开始则以“大信不约”婉辞拒约，继而以“推诚相待，俯允立约，以示羁縻”，幻想“果其百度修明，西洋东洋，一体优待；用威用德，随时制宜”，[①] 表现出强烈的“仁政”“德治”的封建道德观念和价值观念。日本侵台后，清廷取息事宁人的态度，签订《台事专条》，让日本平白得到50万两白银。1879年日占琉球，清廷仍退让求和，李鸿章甚至说“以黑子弹丸之地，孤悬海外，远于中国而迩于日本”，“若再以威力相角，争小国区区之贡，务虚名而勤远略，非惟不暇，亦且无谓”。[②] 两相对照，中国统治者表现出的是令人不能容忍的短视和软弱，而日本却表现出何等惊人的“经略之远图”。

不过，日本侵台毕竟再次强烈震撼了清廷上下，“以一小国之不驯，而备御已苦无策，西洋各国之观变而动，患之濒见而未见者也。倘遇一朝之猝发，而弭救更何所凭”。“今日而始言备，诚病其以迟；今日而再不修备，则更不堪设想矣”。[③] 严酷的现实和王臣们的肺腑之谏，终使清廷痛下决心将近代海军提上发展日程，下谕“亟应实力讲求，同心筹办，坚苦贞定，历久不懈，以纾目前当务之急，以裕国家久远之图”，采纳了总理各国事务衙门的“练兵、简器、造船、筹饷、用人、持久”[④] 六条建议，每年拨出江、海关税和江南六省厘金各一部分共400万两为海军经费。1875年，清廷下谕，著派李鸿章督办北洋海防事宜，派沈葆桢督办南洋海防事宜。[⑤] 李鸿章、沈葆桢作为南、北洋大臣同时兼为地方官，集政治、经济、军事于一身，从当时海军发展经费极

① 《筹办夷务始末（同治朝）》卷八十，第9111页。参见王芸生编著：《六十年来中国与日本》第1卷，生活·读书·新知三联书店，1979，第63—64页。

② （清）李鸿章：《李文忠公全书·译署函稿》卷八，第5页。

③ 《筹办夷务始末（同治朝）》卷九十八，第3951页。

④ 《筹办夷务始末（同治朝）》卷九十八，第3952页。

⑤ 张侠、杨志本、罗澍伟等编《清末海军史料》，海洋出版社，1982，第12页。

难筹集，举足多遭非议的现实情况看，赋予南、北洋大臣以地区全权，督办海防事宜，应当是有益的。此后，清廷连续从外国购进炮艇、碰快船（即轻型巡洋舰）等，并开始议购大型铁甲舰，中国海军终于进入了实质性的发展阶段，有了明确的通过发展海军“以纾目前当务之急，以裕国家久远之图”的战略意识，这毕竟是一个明显的进步。

中国和日本以性质决然不同的战略意识指导各自近代海军的发展，从而决定了双方战略取向的南辕北辙。日本批判中国拘泥古法，其立足于彻底改变政治制度，改变思维方式，改变价值观念，致力于发展一个进攻型的海军；而中国则鄙视日本抛弃传统，力图在不改变原有的封建经济结构和政治制度的前提下，引进和发展这个完全体现资本主义经济结构的新军种，并运用它为重新闭关自守的战略目标服务，中国发展近代海军完全是为了防御。在这里，问题的实质并不在于应当肯定日本走上军国主义海军发展道路的选择，还是应当否定中国珍惜自己的传统文化、选择中体西用的海军发展道路；也不在于对日本发展进攻型海军战略取向的简单肯定，抑或是对中国防御型海军战略取向的简单否定，而是在于：当客观战略环境已经改变，国家的决策者如何审时度势，抓住变化的实质，更新战略意识，做出正确的战略抉择，找到既适合自己国情，又顺应世界总趋势的发展道路，从而跟上大潮，这就是所谓“识时务者为俊杰”，否则，必将被世事远远抛弃。令中华民族悲哀的是，日本充当了前者，而中国落难为后者。

三、中日发展近代海军的战略意义深刻影响了甲午战争的结局

从 19 世纪 80 年代到 90 年代，中日两国海军互为敌手，相继进入

大发展时期，并形成了各自的军事战略。这是一场综合国力的竞赛，也是一场不同战略意识的较量。

19 世纪 80 年代初，清廷对自己所处的国际战略环境的认识已较前深刻，有“履霜坚冰至”的危机感。1881 年，重权在握的李鸿章在给清廷的奏折中说：“自泰西各国竞起争雄，陆兵以德为最精，水师以英为最盛，至其船坚炮利，则无论国之大小，莫不精益求精。盖外洋以战立国，分争互峙，实有不能不尚武之势，萃千万人之心思才力以治战舰、枪炮，遂月异而岁不同。日本虽蕞尔弹丸，近亦思学步西人，陵侮中国。”[①] 值得注意的是，在清廷最高统治集团内，开始出现了试图向传统战略意识宣战，为“以战立国”，“以战为守”的战略取向张目的奏章，其中以内阁学士梅启照得到皇帝“悉心筹商，妥议具奏”上谕的“密陈十条”和李鸿章遵上谕“议复”的奏折最具代表性。

梅启照在条陈中说，“夫商鞅以耕战，泰西以商战。言王道者羞言富强，但时势使然，不得不尔。《记》有之：‘忠信以为甲胄’，圣人之言也；‘我战则克’，亦圣人之言也。王道不尚富强，王道又岂尚贫弱哉？”他说，“自古及今，断未有不能战而能守、不能守而能和者也”，“能战能守而自能和，长治久安之道得矣”，并直言“战则必须大铁甲舰”。[②] 这番议论，再清楚不过地表明中国在走向海洋的世界大潮中所遇到的矛盾和中西思想文化碰撞的火花。中国几千年治国之“王道”笃以“忠信为甲胄”，而今“商战”求富强，必须抛弃“君子喻于义，小人喻于利”的传统价值观念。这种叛逆所遇到的阻力，中国比任何一个西方国家都要强大。如同后来康有为变法所著《孔子改制考》一样，梅启照也必须借“圣人之言”来证实这改弦更张的合理与合法。，

① （清）李鸿章：《李文忠公全书·奏稿》卷三十九，第 31 页。

② 张侠、杨志本、罗澍伟等编《清末海军史料》，海洋出版社，1982，第 15—20 页。

李鸿章则比梅启照圆滑世故，他在“议复”中删除了梅涉及“王道”实质的语言，而在“船坚炮利”四字上着意做文章。他明摆西方以战立国和日本起而效法的事实，以“从来御外之道必能战而后能守，能守而后能和”来正面论述梅的观点，以“建威销萌”来说服清廷讲求船炮，购铁甲舰，“练得力水师”，未雨绸缪。或许在李鸿章看来，重要的是变通攻守战略，只要船坚炮利，就“确有可以自立之基”，“以战则胜，以守则固，以和则久”,[①] 改变“王道”与否并不重要。抑或是他认为根本不需要，也不可能改变“王道”。

1884年中法海战前，李鸿章又进一步阐述了他的见解，“海防二字，顾名思义，不过斤斤自守，亦不足以张国威而誊敌情”，“鄙见外患如此其亟，时势必须变通”。[②] 中法马江海战后，福建水师坐守闽江海口，全军覆灭，更为中国海军消极防御战略以败证。于是，战守之议再起，精彩之论多出。北洋会办吴大澂说，“防海之策，今昔情形不同。昔之防海，专恃陆军布置在海口以内，今之防海宜大治水师经营在海口以外”。[③] 两广总督张之洞说，“惟战守两事，义本相资，故必能海战而后海防可恃。三十年来，环地球诸国，无不以船炮为强国之计，即蕞尔之倭，亦且经营恐后。独中华以物力不给之故，历年设厂购船，仅开其端，未畅其用”。[④] 从“但言海防”到“当言海战”，是这一时期海防议论出新之处，说明李鸿章等一批达官文武力图把建设以“斤斤自守”为目的的水师变通到能够“海战”，足以“张国威”的方向上去。当然，这种“海战”只是要求水师在近岸海域能够进行防御性的海上战斗，而绝不是要求其具备海外进攻的作战能力，但毕竟是较过去

① （清）李鸿章：《李文忠公全书·奏稿》卷三十九，第30—31页。

② （清）李鸿章：《李文忠公全书·译署函稿》卷十五，第30页。

③ 张侠、杨志本、罗澍伟等编《清末海军史料》，海洋出版社，1982，第46页。

④ 同上，第51页。

积极了。从实践上看，这种变通的努力已部分地推动了清廷最高统治者战略意识的转变。从80年代起，清廷的舰船装备已明显地向大型、先进的目标发展，继“超勇”“扬威”两艘轻型巡洋舰来华后，向外国订购的7000吨级的铁甲舰“镇远”“定远”和2000吨级以上的巡洋舰“济远”“致远”“靖远”“经远”“来远”相继来华。到1888年北洋海军成军，中国拥有了一支由25艘战舰、4万余吨位的近代化舰队，加上南洋、广东和福建（马江海战后实力损失大半）三支海军，中国舰艇总排水量至甲午战前达到8万余吨。[①] 中国海军的近代化向前迈进了一大步，成就是相当可观的。

但是，清廷战略意识的转变，仍旧是一种量变，不能不是相当有限的，这必然带来了军事战略上的局限性。从1874年起，李鸿章即提出“直隶之大沽、北塘、山海关一带，系京畿门户，是为最要。江苏、吴淞至江阴一带，系长江门户，是为次要。盖京畿为天下根本，长江为财赋奥区，但能守此最要、次要地方，其余各省海口边境略为布置，即有挫失，于大局尚无甚碍”[②] 的重点海口设防思想。1875年，清廷决策建南北洋海军。中法战争后，朝中又掀起一场关于海军布防问题的讨论。1885年，清廷批准了总理各国事务衙门关于“统筹全局拟请先从北洋精练水师一支以为之倡，此外分年次第兴办”[③] 的意见。至此，清廷以拱卫京畿为目标的消极防御战略基本落定。这种战略取向，制约了海军的进一步发展，以致1888年北洋海军成军后，再未添一舰一炮，因为清廷认为海军现有力量，“以之攻人则不足，以之自守尚有余”，[④] 便肆意将海军经费挪为他用。这种战略取向，又限制了海军的兵力运用以及

① 吴杰章、苏小东、程志发主编《中国近代海军史》，解放军出版社，1989，第207页。

② （清）李鸿章：《李文忠公全书·奏稿》卷二十四，第16—17页。

③ 张侠、杨志本、罗澍伟等编《清末海军史料》，海洋出版社，1982，第66页。

④ （清）李鸿章：《李文忠公全书·奏稿》卷七十八，第53页。

战略战术的发展。北洋海军只在渤海内外演练旨在防御的队形、战术，既无夺取制海权的意识，又无海上决战的准备，以致在甲午海战中，先是企图依赖外国调停，一战丰岛措手不及；被迫宣战后战术运用欠当，二战黄海又丧失制海权；此后，处处被动，指挥失误，遂有威海卫株守军港，坐以待毙的最后悲剧发生。

再看这一时期日本的所作所为。

1880 年，正当中国尚在进行“商战”与“耕战”，战与守讨论的时候，时任参谋本部长的山县有朋，在《邻邦兵备略》中提出“强兵为富国之本，而不是富国为强兵之本”，说明日本自侵台得益后更加强化了以军国主义立国的战略意识。1882 年，日本将中国列为第一假想敌国，随即制订八年造舰计划，天皇将酿造业、烟草业税收作为海陆军军费，总额为 2400 万日元。1884 年朝鲜甲申事变后，日本加紧了对中国的备战，1886 年发行海军公债 1700 万日元，主要用于针对中国“定远”“镇远”舰而高薪聘请法国著名舰船设计师专门设计，并在国内和国外同时建造“三景舰”，即 4000 吨级的“松岛”“严岛”“桥立”号战舰。1887 年，《征讨清国策案》出笼，主张在五年内完成对中国的战争准备。同年，天皇谕令拨皇室经费的十分之一（30 万日元）扩充海军，做出姿态以吸引富豪捐款。1888 年，已任首相的山县有朋将朝鲜半岛视为日本的“利益线焦点”，后进一步提出“国家独立自卫之道有二，一为守卫主权线，二为保护利益线”的侵略理论，[①] 并开始建造高航速的“吉野”号巡洋舰。1893 年，日本天皇再次决定在今后六年内，每年拨 30 万日元的皇室经费造舰，议员们也主动献出薪俸的四分之一，同时从文武官员薪金中抽出 10%征纳国库，可谓为发展海军殚精竭虑。更重要的是，在日本全力准备进攻中国的时候，美国资产阶级的战略思

① 藤村道生：《日清战争》，米庆余译，上海译文出版社，1981，第 21 页。

想家马汉的海权论问世，日本迅即引进这一理论，奉若神明，使其明治维新以来不断发展的战略意识更具理论的指导，上了一个新的台阶。

1893 年，日本加强了海军的地位和权力，将海军参谋部独立，改称海军军令部。设置了由天皇直接统辖的战时大本营，制定了实施战略进攻，以夺取制海权为中心的第一期作战目标，并分别拟订夺取了制海权、未掌握制海权和制海权为敌方控制时的三个不同作战方案，组成了由“本队”和“游击队”组成的联合舰队。日本做好了一切战争准备，而且是在新的战略理论指导下的战争准备，日本在甲午海战中运用这一先进理论对付根本不知海权为何物的中国，处处棋高一着便毫不奇怪了。

历史选择甲午年进行中日发展近代海军战略意识的大较量并决出胜负，绝不是偶然的。

李鸿章海防战略思想的演变及得失*

海防是国防的一部分，主要防卫来自海洋方向的外部敌人。它与陆上防卫有着不同的形式、内容、规律及其理论。

在近代中国，从国家全局理性地认识并统筹海防，李鸿章是始作俑者。李鸿章的海防战略思想为清廷所基本采纳，树中国近代军事史之里程碑，并影响着中国近代化的进程。

然而，纵观中国近代海防战略的理论和实践，可谓“成也李鸿章，败也李鸿章”，得失参半。本文旨在循李鸿章海防战略思想形成和发展轨迹，诠释这一历史定论的原因，以从中得到一些启示。

一、李鸿章海防战略思想的形成

由于历史的原因，中国历代统治者无不视海洋为天然“长城”，形成了根深蒂固的重陆轻海的国防观念，“以陆军为立国根基”。明代在沿海设防，却又为“禁海”的闭关政策服务。直至鸦片战争败于西方的坚船利炮，方才将防卫视角移向海疆。李鸿章从“以儒生而起家军旅”，到后来孜孜以求地发展海防事业，反映了当时中国国防观念的重

---

* 本文发表于《中国军事科学》1994年第3期，第35页。

大转变。

1862 年 3 月，李鸿章率淮军入沪“援剿”太平军，不久擢任江苏巡抚，“以一旅弱军处此内外强敌交讧之间”。[①] 他一方面“借师助剿”，雇洋枪队，佣“常胜军”，以新式装备训练淮军，在绞杀太平天国的内战中大出风头；另一方面，又面对外国兵舰“大炮之精纯、子药之细巧，器械之鲜明，队伍之雄整”而自惭形秽，“深以中国军器远逊于外国为耻”。[②] 他参与了阿斯本舰队的购买与遣散等一系列对外交涉活动，亲身感受到列强恃利器强兵，“内则狎处辇毂之下，外则布满江海之间”，[③] 动辄挟制、藐视中国的屈辱，以为“中国但有开花大炮和轮船两样，西人便会敛手”。[④] 几乎和当时具有先进认识成分的中国人一样，李鸿章也是首先从外国“船坚炮利”的现象上直观地认识到中国的积弱所在。他以一个“以练兵学战为性命根本”[⑤] 的“兵家”视角审视时势变局，从而产生发展船炮，以其人之道还治其人之身的“自强”思想，逐渐转变观念，将国防重点从对内转向对外，从陆防转向海防。

1864 年，李鸿章两次上疏总理各国事务衙门，提出“中国欲自强，则莫如学习外国利器；欲学习外国利器，则莫如觅制器之器”的主张，强调“机器制造一事，为今日御侮之资，自强之本”。[⑥] 基于阿思本舰队的教训和向外国购买船炮努力的失败，李鸿章进一步致函总署，建议在沪设厂制造轮船。1865 年，他引进外国机器设备，创办沪宁二局，迈出了自造船炮，筹建海防的重要一步。海防与陆防重要的不同之处在于，首选武器装备是舰船。1867 年 12 月，担任湖广总督的李鸿章，在

---

① （清）李鸿章：《李文忠公全书·朋僚函稿》卷一，第 17 页。
② （清）李鸿章：《李文忠公全书·朋僚函稿》卷二，第 47 页。
③ （清）李鸿章：《李文忠公全书·朋僚函稿》卷五，第 34 页。
④ （清）李鸿章：《李文忠公全书·朋僚函稿》卷三，第 19 页。
⑤ （清）李鸿章：《李文忠公全书·朋僚函稿》卷一，第 18 页。
⑥ 《筹办夷务始末（同治朝）》卷二十五，第 10 页。

上呈清廷的奏折中附有丁日昌创建轮船水师条款（《附呈藩司丁日昌条说》），首次提出了“三洋布局”的海防主张。在兵力建设上，设想创建轮船水师，制造中等根驳轮船[①]三十号，分驻内洋港口，“以一提臣督之，分为三路：一曰北洋提督，驻扎大沽，直隶、盛京、山东各海口属之；一曰中洋提督，驻扎吴淞江口，江苏、浙江各海口属之；一曰南洋提督，驻扎厦门，福建、广东各海口属之”。在兵力运用上，提出“无事则出洋梭巡，以习劳苦，以娴港汊，以捕海盗；有事则一路为正兵，两路为奇兵，飞驰援应，如常山蛇首尾交至”[②] 的海上机动作战思想。这一条款虽然出自丁日昌，但无论从李鸿章与丁过往甚密的私交来看，还是从李代为呈递这件事本身来看，都说明李鸿章极为赞成这一条款。它表明，在19世纪60年代的后半叶，李鸿章已开始考虑海防战略问题。丁日昌的这一设想，实际上成为后来李鸿章海防战略思想的雏形。

1870年，李鸿章调任直隶总督，不久兼北洋三口通商大臣，此后连续承办了天津教案，日本修约，日本侵略台湾、占领琉球以及中英马嘉理事件等对外交涉活动，广泛接触了英、法、美、日、德等各国使臣，他不但成为清廷的疆臣之首，全权主持京畿重地对内对外经济、政治、军事活动，而且在一定意义上成为清廷的首席洋务代理和首席外交代表。当李鸿章取得了朝廷重臣的权力和地位，搏击于国家经济、政治、军事、外交的旋涡时，便开始统天下全局，通盘合筹，以一个政治家的视角，来审视和筹划海防问题，把海防作为关系国家生死存亡的大事。他说，“中国不亟图强兵经武，徒纷纷遇事张皇，事后苟且粉饰，

---

① 根驳轮船，即炮艇。系当时对英语炮艇“gunboat”一词的音译，同一时期还有“根钵”“根拨”的写法，均为同义。

② 《筹办夷务始末（同治朝）》卷五十五，第2265—2266页。

必至失国而后已”。[1] 他在斥宋晋等人轮船靡费论调时指出，“士大夫囿于章句之学而昧于数千年来一大变局，狃于目前苟安而遂忘前二三十年之何以创巨痛深，后千百年之何以安内而治外，此停止轮船之议所由起也”。他坚持“国家诸费皆可省，唯养兵设防、练习枪炮、制造轮船之费万不可省”，否则“国无与立，终不得强矣”。[2] 他借鉴普法战争中“法兵舰十倍于德，而未敢攻德港口”的经验，自喻东方俾斯麦，选择了德国模式，并以普鲁士人希哈里的《防海新论》为蓝本，从中国沿海的地理情况出发，逐渐形成了“三洋布局，海口防御”的海防战略思想。其标志是1874年清廷第一次海防大讨论时李鸿章的《筹议海防折》和他认为如同“一鼻孔出气”[3] 的丁日昌所拟《海洋水师章程》。这两个文献，基本上概括了李鸿章的海防战略思想。

第一，对战略形势的判断——中国的主要威胁来自海上。李鸿章说：“历代备边多在西北……今则东南海疆万余里通商传教来往自如，麇集京师及各省腹地，阳托和好之名，阴怀吞噬之计。一国生事，诸国构煽，实为数千年来未有之变局。轮船电报之速，瞬息千里。军器机械之精，工力百倍。炮弹所到，无坚不摧。水陆开隘，不足限制，又为数千年来未有之强敌。”[4] “数千年来未有之变局”，变在主要威胁来自海上；“数千年来未有之强敌”，敌指泛海“纷乘”的“东西洋”，即欧洲诸国和日本。因而李鸿章主张将战略重点转移，弃塞防而筹海防。

第二，海防战略——三洋布局，海口防御。李鸿章推崇国外国防战略的一些主张，“查布国《防海新论》有云：凡与滨海各国战争者，若

① （清）李鸿章：《李文忠公全书·朋僚函稿》卷十，第25页。
② （清）李鸿章：《李文忠公全书·奏稿》卷十九，第46页。
③ （清）李鸿章《李文忠公全书·朋僚函稿》卷十五，第5页。
④ （清）李鸿章：《李文忠公全书·奏稿》卷二十四，第12页。

将本国所有兵船径往，守住敌国各海口，不容其船出入，则为防守本国海岸之上策。其次莫如自守，如沿海数千里，敌船处处可到，若处处设防，以全力散布于甚大之地面，兵分力单，一处受创，全局失势。故必聚集精锐，只保护紧要数处，即可固守”。李鸿章认为此论极为精到，提出，中国兵船少，上策显然办不到，只有“自守”，“分别缓急，择最为紧要之处”，重点防守。他说，直隶之大沽、北塘、山海关一带系京畿门户，“为天下根本”，“是为最要”；江苏、吴淞至江阴一带系长江门户，“为财赋奥区”，“是为次要”，但能守住这两处，“其余各省海口边境略为布置，即有挫失，于大局尚无甚碍”。[①] 他以丁日昌“三洋布局”的设想为然，具体提出，北洋在烟台、旅顺口一带，东洋在长江口外，南洋在厦门、虎门，购舰设防，实行海口防御。

第三，海防兵力建设——外海水师与沿海炮台相为表里。李鸿章以丁日昌的建议为基础，设定外海水师共48艘战船分守三洋海口，其中每洋外购两艘铁甲舰，配以炮艇等其他战船，逐步成军，可御敌于海上。同时，在沿海重要口岸建立坚固炮台，购置大威力火炮，购买守口巨炮铁船，形成“水炮台”，并附设水雷，加上精练的陆军配合，形成第二层次的口岸防御兵力。[②]

第四，海防兵力使用——“守定不动”和“挪移泛应”两法。李鸿章说，“今议防海，则必鉴前辙，揣敌情……大要分为两端：一为守定不动之法……一为挪移泛应之法”，[③] 前者是依傍水陆炮台和水雷进行防守，后者是用兵船配合陆军“随时游击”，“防敌兵沿海登岸”。在这些主张中，已有建立外海水师，运用海上兵力进行机动防御作战的思

① （清）李鸿章：《李文忠公全书·奏稿》卷二十四，第16—17页。
② 同上书，第18页。
③ 同上书，第17页。

想成分。

李鸿章的海防战略思想不仅提出了上述各点，而且还从购舰、造船、经费筹措、人才培养等方面提出了构想。1875 年年初，他还直接向慈禧太后进言，将海防建设延伸至开煤矿和铁矿、架电线、修铁路、办学校等方面。说明他已经初步认识到海防建设的系统性规律，其海防战略思想基本形成体系。

那么，此时李鸿章的海防战略思想是否摆脱了“斤斤自守”的窠臼呢？没有。他说，“我之造船本无驰骋域外之意，不过以守疆土，保和局而已”。[①] 这当视为李鸿章的具有中国军事传统特色的海防战略思想的基调，尤其是 19 世纪 70 年代中期的思想基调。它不仅出于李鸿章认为中国尚不具备以攻为守的物质条件，更为重要的是，他认为“百战百胜，未若不战而胜，尤为驭外良谟”，[②] 即使“将来器精防固，亦不宜自我开衅。彼族或以万分无礼相加，不得已而一应之耳”。[③] 显然，在开始时，李鸿章就崇尚孙子以来的最佳制胜之道，追求“不战而屈人之兵”，而且，当他在政治、外交舞台上周旋愈久，就愈认为这一追求不但必要而且可能。他看到，各国经济利益不同，政治战略不同，可以利用矛盾，以夷制夷。特别是通过对日本侵台和马嘉理事件的处理，李鸿章形成了“外交之道与自固之谋相为表里”[④] 的思想。在这里，作为“自固之谋”的海防战略，显然不是单纯的军事上的运筹。如果说，“自强”是李鸿章所追求的国家战略目标的话，那么海防与外交则是他的“两只手”，以海防“守疆土”，显示国家自强实力，以外交“保和局”，赢得国家自强的安全环境。两手相互依存和制约，铸就了李鸿章

① （清）李鸿章：《李文忠公全书·奏稿》卷十九，第 47 页。
② （清）李鸿章：《李文忠公全书·朋僚函稿》卷十一，第 10 页。
③ （清）李鸿章：《李文忠公全书·奏稿》卷二十四，第 12 页。
④ （清）李鸿章：《李文忠公全书·奏稿》卷二十七，第 4 页。

海防战略思想的定势和逻辑，从而也规定了其后海防战略思想的发展走向。

二、李鸿章海防战略思想的发展——有限的远东海上威慑

1875 年，清廷任命沈葆桢、李鸿章为南、北洋大臣，并以年经费 400 万两银的许诺，支持李鸿章倡导的海防战略。至 19 世纪 70 年代末，李鸿章先后为南、北洋订购了 8 艘蚊炮船，福州船政局、江南制造局也先后制成了 1000 吨以上的木质、铁胁兵船 6 艘，但总体来说，海防建设进展不快，特别是购铁甲之议仍为画饼。

70 年代末，清廷在对外交涉上遇到两件大事：一为东南海疆的中日琉球交涉，二为西北边疆的中俄伊犁交涉，两案均引起清廷朝内轩然大波，战和争论尤为激烈。

先看中日琉案。1870 年，李鸿章初涉日本通商修约之事，曾试图与日益强盛的日本推诚相待、联东洋而制西洋。但很快便感到日本“强邻日逼”志不在小，他说，“该国上下一心皈依西土，机器枪炮战舰铁路事事取法英美，后必为中国肘腋之患”。[①] 1873 年，日本兵至琉球，1874 年又侵犯台湾。1875 年 6 月，日本再次驻兵琉球，阻贡中国，并宣布琉球奉行明治年号，实行日本法律制度。同年，又在另一个方向上出击，制造江华岛事件，向朝鲜取得开二口通商等利权。1879 年 3 月，正式占领琉球。对于日本一系列的侵略活动，李鸿章一意主和。何以如此？1879 年 10 月 19 日，李鸿章在复曾纪泽的信中说：“日本废琉球为县，各国讥评，佥以中国于台湾之役办法太怯，致有今日之事似也……今其意固不专在琉球应付之法，诚如尊旨用刚用柔须决一定

① （清）李鸿章：《李文忠公全书·朋僚函稿》卷十二，第 14 页。

计。目前兵船未备，饷源尤绌，刚尚难用，只有以柔制之，而力图自强为后日张本。”[①] 显然，李鸿章认为中国现在尚未自强，只能决计用柔，以退为进，如能暂以“远离中土”的“黑水弹丸之地”琉球为代价，稳住日本，遏制事态进一步向台湾，特别是向朝鲜方向发展，为中国赢得自强的安全环境是值得的。

再看中俄伊犁案。1879 年 10 月，在沙俄的胁迫下，清廷签订了丧失西北一隅国土，并赔款 500 万卢布的《中俄伊犁条约》。消息传来，京城大哗，一片主战之议。在这场廷议中，李鸿章再次主和，其战略意图更清楚地表现为保全朝鲜，进而保全远东和局。当此时，朝鲜问题已成为李鸿章越来越重的一块心病。他清醒地看到，觊觎朝鲜者不仅来自日本一方，还来自更为强大的俄国一方。自江华岛事件起，俄国就有插足朝鲜事务的动作，此次中俄于西北边陲龃龉，俄国便借机挑衅于东北亚海域。1880 年 7 月，一支由 20 余艘装甲、巡洋、驱逐、运输等舰船组成的庞大舰队，出现在远东海面，“佥称注意攻夺高丽海口内窥奉吉”，[②] 并扬言将封锁渤海、黄海海区。面对中俄伊犁案引起的远东危机，李鸿章忧心忡忡。他认为，“朝鲜三面环海，其形势当东北洋之冲，而为盛京，吉林、直隶、山东数省之屏蔽……傥为俄人占据，与吉林、黑龙江俄境势若连鸡，形如附背，则我东三省及京畿重地，皆岌岌不能自安，关系甚重”。[③] 在他看来，“俄在西国为最强，其与中土沿海沿边交界三万余里，更非英美德法可比”，[④] 因此与俄国利益冲突的处置，尤须瞻前顾后，慎之又慎。他说：“自去秋议俄事后，鄙人不敢轻言战伐，非为津沽自全计，乃为大局之安危计。”目前，“海参崴、摩

① （清）李鸿章：《李文忠公全书 · 朋僚函稿》卷十九，第 1—2 页。
② （清）李鸿章：《李文忠公全书 · 朋僚函稿》卷十九，第 33 页。
③ （清）李鸿章：《李文忠公全书 · 奏稿》卷三十八，第 46 页。
④ （清）李鸿章：《李文忠公全书 · 朋僚函稿》卷十九，第 33 页。

阔崴、严杵河一带屯兵已近两万，仍有兵船续至者……试问何以御之！……津军炮械药弹经营数年，始供数月战守……言持国计者平日不与此等著力而空言浪战，岂非视国事如儿戏耶？”[①] 因此，无论朝中有官员怎样的反对，李鸿章决意主张接受《伊犁条约》，放弃西北部分利权，取欢俄国，以保东北亚地区的安全。

对于日俄争朝问题，李鸿章还有更深一层的想法，就是顾虑日俄联手，各国从中构煽，引起新的纷争。这一顾虑并非空穴来风。果然，中俄伊案起，俄远东舰队兵临中国沿海，日本便趁机要挟，派驻华公使宍户玑与中国谈判琉球问题，要求修改《中日通商条约》加入“一体均沾”条款，并提出分割琉球方案。日本国内亦有与清开战之议。而英、德、葡等国皆派兵船来中国，企图借机渔利。所以，李鸿章认为，“是俄事之能了与否，实关全局。俄事了，则日本与各国皆戢其戎心；俄事未了，则日本与各国将萌其诡计”，“夫俄与日本，强弱之势，相去百倍”，“与其多让于倭，而倭不能助我以拒俄，则我既失之于倭，而又将失之于俄，何如稍让于俄，而我国因得借俄以慑倭”。[②] 由此观之，李鸿章在这一时期“以夷制夷”，联西洋制东洋的思想已相当成熟。也正是在此时，李鸿章正式提出了“外须和戎，内须变法”[③] 的政治主张。所谓“和戎”，即是忍辱徐图，以夷制夷的外交考虑；所谓“变法”，则仍主要是学习西方先进科学技术，卧薪尝胆的海防事业。所以，19 世纪 70 年代末 80 年代初，李鸿章在外交上极力主和，在实现海防战略方面则显得相当激进，也就是说，在同一时期的两个不同的舞台上表现了强烈的角色反差。1879 年，他请赫德定购了二艘“可保追赶

① （清）李鸿章：《李文忠公全书·朋僚函稿》卷十九，第 33—35 页。
② （清）李鸿章：《李文忠公全书·奏稿》卷三十九，第 3—4 页。
③ （清）李鸿章：《李文忠公全书·朋僚函稿》卷十九，第 43 页。

碰坏极好之铁甲”新型巡洋舰，即后来的“超勇”和“扬威”。同年又指使李凤苞在国外寻访购买铁甲舰。1880年年初，当他得知英国有两艘铁甲舰“柏尔来”“奥列恩”号同意转售中国时，立即奏请购买，并颇为冲动地声称，“机会一失，中国永无购铁甲之日，即永无自强之日”。[①] 他说，“中外人人谈兵，皆不知有兵而无器与无兵同，自明以前尚有徒手搏战者，今则非其时，非其敌矣”，[②]“中国海防非创办铁甲快船数只不能成军”。[③] 1880年12月，李终于定笃成交了第一艘铁甲舰，翌年又订购了第二艘。并在奏请继续送船政学生去英法深造的同时，开始筹划天津水师学堂。该学堂校舍于1881年落成招生。在李鸿章的全力推动下，中国的海防事业终于迈出了向大舰巨炮发展的关键一步。这时，李鸿章的海防战略思想也向前推进了一步。其基本的标志是，1881年1月，李鸿章的《议复梅启照条陈折》和同年他请薛福成拟《酌议北洋海防水师章程》。以这两个文献与1874年的两个文献相比较，李鸿章的海防战略思想有如下发展。

第一，在战略形势的判断上，认为“日本狡焉思逞，更甚于西洋诸国”，“揆诸远交近攻之义”，必须“严防东洋”。他说，“今之所以谋创水师不遗余力者，大半为制驭日本起见。至朝鲜为东三省屏蔽，关系尤巨”。[④] 从而确定了以日本为主要敌手，以朝鲜为战略重点的思想。

第二，在海防战略上，提出海上威慑思想。他部分采纳了梅启照的“战守和”观，指出，“从来御外之道必能战而后能守，能守而后能和。无论用刚用柔，要当预修武备，确有可以自立之基，然后以战则胜，以守则固，以和则久”，为此，“滨海万余里必宜练得得力水师为建威销

① （清）李鸿章：《李文忠公全书·译署函稿》卷二十，第25页。
② （清）李鸿章：《李文忠公全书·朋僚函稿》卷十九，第30页。
③ （清）李鸿章：《李文忠公全书·朋僚函稿》卷二十，第2页。
④ （清）李鸿章：《李文忠公全书·奏稿》卷三十九，第33页。

萌之策”。[1] 他认为，水师具有机动作战能力，可以“化呆著为活著”，如水师成军，可扩大防御纵深，“渐拓远岛为藩篱，化门户为堂奥”，“其布势之远，奚啻十倍陆军？”[2] 他示意薛福成所拟《酌议北洋海防水师章程》则进一步引申说，“北洋水师既成，南洋自当取法，其闽、粤两省再能合力创成一军……先声既播，国势自张。万一强敌凭陵，则合南北洋之力可以一战；若东人不靖，应将蚊船各守其口，由三军抽简精锐，分道长崎、横滨、神户三口，彼当自救之不暇，安敢来扰！此以攻为守之妙术也”。[3] 70 年代，李鸿章购买的蚊船多命名为“镇……”（如“镇东”“镇西”“镇中”“镇边”等），而 80 年代所购铁甲、巡洋舰等，则多命名为“……远”（如“定远”“镇远”“靖远”“致远”等）。由此也可见其从海口防御向海上威慑战略思想转变之一斑。

第三，在海防兵力建设上，重点购、造大舰巨炮和可战可守的新式战舰，特别重视购买可与日本“决胜海上”的战舰。明确提出，“今海上如有水军一枝，胜于陆勇数万人”，因而应“汰经制之绿营而立经制之海军”，[4] 裁撤沿海七省各种笨船，速购铁甲船。《酌议北洋海防水师章程》，还具体设定了北洋海军的编制，明确了舰船布防位置等。不仅方案较前具体，而且可见舰队模型。

第四，海防兵力运用上，已有战、守、威慑多层次兵力运用思想的萌芽。《酌议北洋海防水师章程》指出，“一旦有事则铁甲、碰快及大兵轮可战可守，可以驰援追击；蚊船可以守港；根钵船可备浅水巡剿之用；二等兵轮可以运兵送信，壮威助战；水雷船依附铁甲等大船，亦为

---

① （清）李鸿章：《李文忠公全书·奏稿》卷三十九，第 34 页。
② （清）李鸿章：《李文忠公全书·奏稿》卷三十九，第 34 页。
③ 张侠、杨志本、罗澍伟等编《清末海军史料》，海洋出版社，1982，第 30 页。
④ （清）李鸿章：《李文忠公全书·奏稿》卷三十九，第 33 页。

战守所必用”。[1] 当然，李鸿章最强调的，仍不是“伐兵”的战守，而是“伐谋”的威慑，且威慑方略趋向《防海新论》的“上策”，即由本国海口逐渐前伸至敌方海口。

1881 年 10 月，中国向英国订购的轻型巡洋舰“超勇”“扬威”抵北洋后，李鸿章便开始在日本、朝鲜实施海上威慑。1882 年 3 月至 5 月，丁汝昌奉命数次率舰艇编队赴朝鲜，“协助”朝鲜与美、德、英订立通商条约。7 月，朝鲜发生“壬午兵变”，当得知日本决计派兵船干涉，李鸿章立即坐镇天津，派丁汝昌、马建忠率“威远”“超勇”“扬威”编队赴朝，后又调广东水师战船载兵赴朝，与日本兵船对峙。9 月初，“壬午兵变”平息，李鸿章对这次海上威慑的成功使用略显得意，他说，“前在英定购碰快船二只，此次赴援神速，颇资其力”。[2] 同月，他又进一步提出：“海上如练成大枝水军，益以铁甲快船数舫南略西贡印度，东临日本朝鲜，声威及远，自然觊觎潜消。”[3] 这时，李鸿章海上威慑战略思想，已考虑前伸至远东地区的中国沿海周边国家。

甲申之后，和局再定。在清廷再次掀起的海防讨论中，李鸿章重申中法战前的主张，请设海部，以解决“中国海疆辽阔，局势太涣，畛域太分，自非事权归一，无以联气脉”的问题。他说，“查泰西各国外部、海部并设衙门于都城，海部体制与他部相埒，一切兵权、饷权与用人之权，悉以畀之，不使他部得掣其肘”。希图使海部独立，集以重权，以便加速水师成军步伐。他说，“海防二字，顾名思义，不过斤斤自守，亦不足以张国威而詟敌情”。[4] 人们常就此抨击李的海防思想保

---

① 张侠、杨志本、罗澍伟等编《清末海军史料》，海洋出版社，1982，第 26 页。
② （清）李鸿章：《李文忠公全书·朋僚函稿》卷二十，第 32 页。
③ （清）李鸿章：《李文忠公全书·朋僚函稿》卷二十，第 33—34 页。
④ （清）李鸿章：《李文忠公全书·译署函稿》卷十五，第 30 页。

守，而笔者认为，李鸿章的这种说法恰恰表明他的海防思想已跳出“斤斤自守”的狭义海防，即海口防御，从更广大的意义上去筹措可以张国威、詟敌情的海防，即海上防卫。此时，李鸿章的海防战略思想已达到了一个新的境界。

应当指出的是，李鸿章远东海上威慑的战略思想是很有限的，它以“练成大枝水军”，有足以“伐谋制敌”的海上威慑力量——铁甲舰的发展为前提，以非暴力的海上力量显示为基本形式。不具备这些条件，威慑力就极为有限。1882年“壬午兵变”平息后，有人提出乘势进图日本责问琉球之案，李鸿章不同意，说，“日本步趋西法，虽仅得形似，而所有船炮略足与我相敌。若必跨海数千里角胜负制其死命，臣未敢谓确有把握”，“宜先练水师，再图东征”。一旦“中国战舰足用，统驭得人，则日本自服”。[①] 中法战争前，李鸿章的北洋水师只有两条大舰，海上威慑力量的使用也仅限于其重点战略地区朝鲜。当1883年越南战事愈演愈烈，清廷要李鸿章赴广东指挥，并调南北洋水师前往支援时，李不但不积极，反而一意主和，极力寻求外交解决，可见其悉心关注的重点仍在北方。1884年，马尾船厂危如累卵，李鸿章自称“以丛谤之身”坚持于北洋渤海口内“修备捍御疆围”。他致电总署说，现两碰船两运船驻扎旅顺，六蚊船调守大沽北塘，而法舰三船留屯烟台口外，“敌情叵测，防务北重于南……尚必令旅顺兵船远去，设有疏虞，咎将谁执？”[②] 他还为“烟台无可防备，东力亦不足制之，万一有事……遂令南北海道梗阻”而“焦虑莫名”。[③] 至10月底，台湾战酣，海峡被封锁，在清廷的屡屡催促下，李鸿章才不得不派“超勇”“扬威”二舰

① （清）李鸿章：《李文忠公全书·奏稿》卷四十四，第20—29页。
② 顾廷龙、叶亚廉主编《李鸿章全集·电稿一》，上海人民出版社，1986，第183页。
③ （清）李鸿章：《李文忠公全书·朋僚函稿》卷二十，第55页。

与南洋五舰一起援台。而不足一月，朝鲜发生“甲申政变”，李即致电军机处，要调援台的南北洋七舰北上朝鲜“弹压倭谋”，后调回“超勇”“扬威”二舰即与“威远”一起赴朝对日实施海上威慑。为避免两条战线作战，1885 年，李鸿章力主乘胜议和，迅速谈判具结。从全局上看，李鸿章“北重南轻”“和南慑北”的战略考虑不无道理，在以日本为对手的海上威慑的运用是成功的。但中法战争清廷在南方失之甚多，也从另一个方面证明了李鸿章远东海上威慑战略实施的有限性，尤其是涉及西方国家时，这种威慑就更为有限。

三、李鸿章海防战略思想功败垂成：结局与评说

1885 年第二次海防大讨论后，清廷决计“惩前毖后，自以大治水师为主”。[①] 并决定“先从北洋精练水师一支为之倡，此外分年次第兴办”。[②] 这一决策导致李鸿章海防战略思想的实施一度较前顺利。是年 8 月，李再向英国订购 4 艘“钢甲快船”，即后来命名“致远”“靖远”“经远”“来远”巡洋舰。之后，北洋海军的基地建设也由旅顺口向威海卫、大连湾、胶州澳等处次第展开。此时，日本以中国为敌手大力扩充海军，并制定了以朝鲜为跳板染指中国大陆的政策，两国矛盾的焦点再次集中于朝鲜。西方列强的注意力也集中于远东这一地区。对此，李鸿章决心进一步加快北洋海军成军的步伐，以便使用海上威慑力量配合以夷制夷的外交手段，驾驭局势，遏制日本的野心和威胁。

1888 年秋，随着《北洋海军章程》的正式颁布，历尽坎坷的北洋水师终于成军。北洋海军有 25 艘新型军舰，分别由 7335 吨级的“定

① （清）朱寿朋编《光绪朝东华录》第二册，张静庐等校点，第 1943 页。

② 张侠、杨志本、罗澍伟等编《清末海军史料》，海洋出版社，1982，第 66 页。

远”“镇远”铁甲舰和2300吨级的“致远”巡洋舰为旗舰组成左、右、中三个编队，每队配以2000至3000吨的主力战舰2艘，附之以其他中小型炮、雷艇和辅助舰，其近代化的程度及其战斗力已堪称远东之首。此后，北洋海军“每夏秋之间，则驻防操演，巡弋辽东、高丽一带；或率两三舰，往日本口岸。冬春则巡察南洋群岛，习以为常”。[①] 北洋海军在北至朝鲜、日本东海岸及海参崴海域，南至香港、新加坡、西贡及马尼拉等周边国家和地区进行远洋训练、舰队出访等有规律的活动，将威慑地域从东北亚前伸至东南亚地区。

北洋海军成军并实施有效的远东海上威慑，可以看作是李鸿章海防战略思想成功运用的峰巅。它得之于其思想中顺应时势、把握规律的合理内核，也一度掩盖了其中存在的致命缺陷。而此中缺陷，又恰是导致甲申以后10年中，李鸿章海防战略思想停滞和无可遏制地走向反面的主观因素。寻其思想脉络，当从李鸿章处理巨文岛事件谈起。

1885年4月，英国占据了朝鲜巨文岛。李鸿章得报后致函总署，指出英占巨文岛矛头所向是俄国，“欲以水师扼断海参崴之吭，而牵制阿富汗之势……实非觊觎朝鲜，亦非窥伺北洋”，非但与中朝利益无损，且“朝鲜近患在俄与日”，“英船横鲠于其间”，反成“朝鲜之屏蔽”，[②] 可牵制日俄，因而始取漠然态度。1886年年初，俄国派兵船来华示威，日本也频派军舰在朝鲜各港口巡弋，李鸿章决定急起处置。1886年5月，他派丁汝昌率“超勇”“扬威”两舰携朝鲜参事抵巨文岛，质问英国舰长，后又赴长崎与英国水师提督交涉，做出姿态。7月，北洋倾当时所有6艘主力战舰“定远”“镇远”“济远”“威远”

---

① 陈兆锵：《陈兆锵所记中日战役情形》，载张侠、杨志本、罗澍伟等编《清末海军史料》，海洋出版社，1982，第349页。

② （清）李鸿章：《李文忠公全书·译署函稿》卷十七，第19页。

“超勇”“扬威”赴朝鲜釜山、元山，由永兴湾操巡至海参崴，返回时“定远”“镇远”“济远”“威远”4艘以修舰名义去日本长崎，向各方实行海上威慑之意历历可见。8月，朝鲜再起波澜，李鸿章得驻朝守节袁世凯报，“朝鲜奸党私送信于俄使韦贝，请俄保护”，李鸿章深感问题复杂。他不想马上派兵，因为这样可能得罪俄国，又会引起他国猜疑，“口舌愈大”，“掣肘立见”。但又恐生变，因为英日都不愿俄保护朝鲜，一旦有变，三国皆可能派兵朝鲜，俄日甚至可能登岸。李鸿章叹曰，“朝鲜之事最难处置”，[①]“既难无题作文，又虑棋着落后”，因此必须“小心防维，勿伤各国”。[②] 他先派员带兵两哨借口查看电报线赴朝备变，后又调北洋“济远”、南洋“南瑞”等4舰赴朝鲜仁川，小施威慑，以进一步寻找妥切的解决办法。为联俄制日，李鸿章奔走于英俄之间解决巨文岛纠纷，极力利用矛盾，造成英俄互制。巨文岛事件的最终解决，主要是外交努力的结果。可以看出，在李鸿章的“两手”中，外交手段分量极重，亦不可谓不漂亮，而在军事上不但未见跃出窠日的影子，反而显现出力不能及的兆头。

一叶知秋。从李鸿章对巨文岛事件的处理，已经可以看到李鸿章作用于甲午战争的思维模式。诚然，李鸿章外交与军事两手并用处理中外战端本是值得称道之举，问题在于他过分倚重外交手段，没有强有力的军事手段作后盾。并且，就海上军事手段的运用而言，李鸿章又过分依赖海上威慑的非暴力运用，基本没有兵戎相见的实战作后盾。事实上，威慑和实战是战争过程中不可截然分割的两种兵力运用形式。威慑成功可以避免实战，威慑失败则必然导致实战；实战胜利方可达成新的威慑，实战失败即是战争的失败。“文武之道，一张一弛”。显然，无论

---

① （清）李鸿章：《李文忠公全书·海军函稿》卷二，第13页。

② （清）李鸿章：《李文忠公全书·海军函稿》卷二，第3—4页。

是在军事与外交的关系方面，还是在威慑与实战的关系方面，李鸿章都失之偏颇。这种理论上的跛足，在实战上是危险的。尤其是在敌我双方兵力对比相差无几时，仍固持这种理论和实践，不啻是在进行战争赌博。李鸿章数十年的海防努力一朝覆亡，抛开种种复杂的客观原因，究其海防战略思想本身之所失，当在于此。

19世纪90年代后，随着对主要敌手日本的海军实力迅速增长的认识，李鸿章对自己的海军实力能否有效实施威慑的信心日渐不足。1891年，丁汝昌、刘步蟾北洋舰队访日归来后，详报了北洋海军已不如日本海军，添舰换炮刻不容缓的情况，给李鸿章以很大的刺激。是年8月，他一反两个月前大阅海军时对北洋海军“自守有余”，渤海门户“已有深固不摇之势”①的津津乐道，而忧心忡忡地奏“请添威海、大连湾水雷”，②以西洋新式水雷，加强沿海守口的力量。由于户部停止了海军经费，后来又将大量海军经费挪用修建三海工程和颐和园，加上阻于朝枢，格于清议，使李鸿章的海防努力更加不可能成其所想。1894年5月，校阅海军后上奏道：“西洋各国，以舟师纵横海上，船式日异月新……日本蕞尔小邦亦能节省经费，岁添巨舰。中国自十四年北洋海军开办以后，迄今未添一船，仅能就现有二十余艘勤加训练，窃虑后难为继。”③如前所述，李鸿章海防战略思想的基调是“守疆土”，“保和局”，是以“练成大枝水军”，有足以“伐谋制敌”的海上威慑力量为基础的。此时，李鸿章既然感到中国已不具备足以对日本实施威慑的海军实力，其海防战略思想便不可能再向前发展，相反，在兵力运用方面变得日趋保守。因此，甲午开战前，李鸿章一如既往重蹈巨文岛事件覆

① 顾廷龙、叶亚廉主编《李鸿章全集·电稿二》，上海人民出版社，1986，第854页。

② （清）李鸿章：《李文忠公全书·奏稿》卷七十二，第9页。

③ （清）李鸿章：“校阅海军竣事折”（光绪二十年四月二十五日），《李文忠公全书·奏稿》卷七十八，第17页。

辙，竭尽全力进行外交斡旋，对于实战的指导则显得十分消极，认为，北洋海军力量“以之攻人则不足，以之自守则有余”，“北洋千里全资屏蔽实未敢轻于一掷”，[①] 进而定下“保船制敌为要”[②] 的基本方针。所谓“制敌”，仍寄希望于“作猛虎在山之势”的示形威慑。显而易见，此时的威慑连他自己都感到已是十分虚弱了。黄海海战后，李鸿章仍想保船，其出发点还是为了保住这一数十年苦心经营起来的威慑手段。当他认识到消极保船的弊端，企图走出这一思想误区的时候，为时已晚。

北洋海军全军覆没标志着李鸿章海防战略思想的失败。纵观这一思想发展的全过程而论其得失，我们似可以做如下的总结。

李鸿章海防战略思想是在对西方先进国家，特别是德国的海防实践和海防理论学习、借鉴的基础上而确立的海防战略思想，具有鲜明的国家战略意识。它使中国人对国防战略，特别是海防战略的认识，对海防兵力建设规律和兵力运用艺术都达到了一个新的高度。在李鸿章海防战略思想指导下，中国建成了一支当时远东首屈一指的近代化舰队，一度制衡着远东的战略态势。同时，这一海防近代化的实践，是作为中国近代化的突破口出现在历史舞台上的，它必然引起中国经济、政治、外交近代化的连锁反应，从而大大加速了中国近代化的步伐。它当之无愧地成为中国近代军事史上的里程碑。

但是，李鸿章的海防战略思想本身存在着致命的缺陷，加上客观环境的制约，使之不可能向更高层次发展，以至于最后兵败甲午，前功尽弃。从根本上说，作为一个封建官僚，李鸿章的海防战略思想既不可能超越他的阶级和时代，更难以战胜悉心向西方海权思想学习的日本所奉

① （清）李鸿章：“寄译署”（光绪二十年七月初五日酉刻），《李鸿章全集·电稿二》。
② （清）李鸿章：《李文忠公全书·奏稿》卷七十八，第53页。

行的完全近代化了的军事思想。

梁启超当年对李鸿章的外交行为曾有过这样一段评论，“李鸿章之外交术，在中国诚为第一流矣，而置之世界，则瞠乎其后也”，[①] 借用评价李鸿章的海防战略思想，亦恰如其分。它说明，步入近代以后，当世界经济、政治乃至军事都无可分割地连为一气的时候，考察国家奉行的战略思想，不仅要看它在国家发展的纵向上比较前人的高明之处，更要将其置身世界进行横向比较。从这一视角去看李鸿章的海防战略思想的成与败、得与失，给我们今天海防建设的启示无疑是深刻的。

---

① 梁启超：《中国四十年来大事记》，载《饮冰室专集之三》，中华书局，1988，第67页。

一场日本精心谋划的侵华战争*

19世纪中叶是东亚地缘政治大变局的时代，中日两国几乎同时遭到来自海上西方国家的挑战而开始近代化改革，但选择了完全不同的道路。中日甲午战争，是明治维新后对外扩张政策的总暴露，是一场日本为打破岛国地缘困境而精心谋划的侵华战争。

一、确立“大陆政策”，北上南下

中日两国一衣带水。当中国遭受西方鸦片战争厄运的时候，日本也在1853年被迫开国。日本是一个岛国，四面环海，陆地狭小，资源匮乏，危机感更强。1868年明治天皇登基后便在其《安抚万民之亲笔诏书》中声称，要“拓万里之波涛”“布国威于四方”，[①] 从而确立“大陆政策”，企图摆脱岛国困境，通过由海向陆的对外扩张，改变东亚秩序，并借机崛起。明治这一政策的首要目标是征服中国大陆，其方向有二：一是向北，越过朝鲜海峡“征韩”，继而进入中国东北、华北和进一步觊觎俄远东地区；二是向南，越过琉球进犯台湾，以台湾为跳板进

---

* 本文发表于《参考消息》2014年3月31日，收录于刘声东主编《甲午殇思》，上海远东出版社，2014。

① 井上清、铃木正四：《日本近代史》上册，杨辉译，商务印书馆，1959，第79页。

入中国东南沿海地区和进一步征服吕宋（今菲律宾）等南洋诸国。台湾及其附属岛屿自古属于中国的领土，琉球、朝鲜则是与中国有悠久宗藩关系①的国家。由此形成地缘魔咒。

日本的“大陆政策”源远流长。从明朝时代，就有日本丰臣秀吉大规模渡海侵略朝鲜和中国之举，有“天皇居北京，秀吉留宁波府，占领天竺”的说法。幕府末期，日本一批主张变革的思想家，如林子平、本多利明、佐藤信渊等都有强烈的领土扩张意识，主张吞并朝鲜。1854年，日本“倒幕”思想家吉田松阴提出了“责朝鲜纳质奉贡”，“北割满洲之地，南收台湾、吕宋诸岛”的主张；次年又在应对“鲁墨”（即俄国和美国）的侵略时说：“此期间举我国之力，随而攻易攻之朝鲜、满洲、支那，以交易失之于鲁墨者，以土地与鲜满取偿之。”②甚至提出了占领整个中国、君临印度的构想。吉田松阴是对明治维新影响最深的思想家之一，甲午战争前后日本政要木户孝允、山县有朋和伊藤博文都曾是他的学生。明治初年，“征韩论”一度甚嚣尘上，其核心是把朝鲜作为日本向亚洲大陆扩张的起点，征服中国大陆，继而建立亚洲太平洋霸权。从“征韩论”到“大陆政策”的确立，奠定了明治政府对外扩张的理论和政策基础。

1870年，日本天皇派遣外务大臣柳原前光来华，正式与中国进行订约通商的首次谈判。翌年，日大藏卿伊达宗城作为全权特使与清廷继续谈判订约，公然要求按照“西人成例，一体订约”，被清廷断然拒绝，双方只签订了《中日修好条规》和《通商章程》，此番中日交涉，

① 宗藩关系是历史上中国与周边一些国家特殊的国家关系。藩属国奉行中国年号和历法，国王受中国皇帝册封，向中国朝贡。中国作为宗主国，不干涉藩属国的内外事务，但在其发生内乱外患而求援时，中国有责任应要求出兵帮助戡乱。这种宗藩关系与通过侵略扩张建立殖民地和托管地有着本质的不同。

② 吉田常吉等编《吉田松阴》，东京：岩波书店，1978，第193页；转引自曹东屏：《东亚与太平洋国际关系》，天津大学出版社，1992，第149页。

双方显然不欢、不爽。1873年，日本借交换中日条约批准书之机，再次派特命全权大臣副岛种臣和柳原前光来华“访问”，而其真实目的是弄清中国与朝鲜的确切关系，以便向朝鲜敲门；同时亦为刺探中国对琉球的立场，为进一步吞并琉球和谋取台湾做准备。

从此，日本开始在南北两个方向扩张。

吞并琉球。琉球历史上具有独立国家的地位，从14世纪起接受中国明朝皇帝的册封，使用中国的年号，建立了与中国的藩属关系。至1866年（同治五年）的近500年间，明清两代朝廷先后24次派遣使臣前往琉球册封。17世纪初，日本染指琉球，迫琉球同时藩属日本。1872年，日本单方面宣布琉球国属于日本，1875年废止其与中国的宗藩关系，1879年改琉球国为冲绳县，将距离日本最近的岛国琉球侵吞。

侵略台湾。1874年，日本以3年前琉球渔民在台湾被杀的“牡丹社事件”为由，悍然发动了侵略中国台湾的战争。日本宣告建立“台湾都督府”，任命西乡从道为“台湾事务都督”，率4艘战舰和运输舰，载兵3000登陆台湾琅峤，攻占了牡丹社。清廷紧急派兵入台，与日军形成对峙。后经英、美、法调停，中日签订《台事专条》。日本在其中写入此次侵台是“保民义举”的字眼，精心设计了让中国实际承认琉球属于日本的阴谋，并向中国索取50万两白银而撤兵。日本仍不甘心，又于1879年吞并琉球后进一步南下觊觎钓鱼岛，从1884年开始到甲午战前多次进行密谋将钓鱼岛收入囊中，只是由于完全清楚这些岛屿归属中国，未找到适当时机而始终未敢付诸实施。1885年，日本外务卿井上馨复函时任内务卿的山县有朋说：“当前宜仅限于实地调查及详细报告其港湾形状、有无可待日后开发之土地物产等，而建国标及着手开发等，可待他日见机而作。"①

进犯朝鲜。1875年，日本派出军舰"云扬"号北上朝鲜，制造了"江华岛事件"，逼迫朝鲜签署《江华岛条约》向日本开国；1882和1884年，日本借朝鲜的"壬午兵变"和"甲申政变"，两次派兵登陆朝鲜干涉其内政，结果都被中国迅速派出的陆、海军慑止。中国派兵赴朝鲜平乱，是因为中国与朝鲜有传统的宗藩关系，负有在藩属国发生内乱外患而求援时派兵帮助戡乱的责任。对此，日本早就心存芥蒂，费尽心机以为去除中朝这一特殊关系：1876年，日本在朝日《江华岛条约》中写入"朝鲜国为自主之邦，保有与日本国平等之权"的内容，一箭双雕地让朝鲜获得与中国同等的国家地位并离间否定了中朝两国的藩属关系；"壬午兵变"和"甲申政变"平息后，日本先后通过与朝鲜签订《济物浦条约》② 和《汉城条约》，③ 获得了与中国同等的在朝驻兵权利；1885年，在中日为解决朝鲜"甲申政变"两国撤兵问题的谈判中，日本利用签订中日《天津条约》的机会，规定两国若要派兵，"应先互行文知照"，"及其事定，仍即撤回，不再留防"，④ 又取得了与中国同等的向朝鲜派兵和撤兵权利。《天津条约》的这一款，为9年后日本出兵朝鲜、挑起甲午战争创造了条件。

由此可见，日本明治政府为推行"大陆政策"，对外进行领土扩张，将地大物博的中国作为第一目标。在南下和北上的过程中，不择手

---

① 中华人民共和国国务院新闻办公室：《钓鱼岛是中国的固有领土》，《人民日报》2012年9月26日，第13版。

② 1882年《济物浦条约》第5款规定："日本公使馆置兵员若干以备警事，设置修缮兵营，朝鲜国任之……"日本首次获得在朝鲜的驻兵权。

③ 1885年的《汉城条约》第5款规定："择定公使馆附属土地，为日本护卫兵弁之营舍，照壬午续约第五款施行。"

④ 参见王铁崖主编《中外旧约章汇编》第1册，生活·读书·新知三联书店，1957，第465页。

段地挑起事端，利用签署各种国家间条约的机会，步步为营地为其侵略扩张铺路，显示了日本对近代国际法和国际“游戏规则”已有相当程度认识和把握。反观中国，在这段中日博弈时期，清廷高层已经感觉到日本“强邻日逼”“其志不小”的势头，认为其“后必为中国肘腋之患”。[①] 但对日本的居心叵测却缺乏应有警惕和认识，开始曾试图与日本推诚相待，联东洋而制西洋；发生日本侵台事件后，又取息事宁人之道，对日本借《台事专条》认定琉球归属日本的阴谋漠然置之；对日本在中朝关系上反复“去藩属”行为不出手，尤其是《天津条约》关于中日在朝鲜派兵驻军的“君子协定”，完全陷入日本精心谋划的陷阱中。这表现了两个民族和两种文化的差异，同时也显示出此时清廷在制度、观念和法制近代化方面与日本的差距。

二、制定作战构想——剑指中国

早在 1879 年，日本参谋本部就派遣了陆军中佐桂太郎等 10 余名军官到中国调查军备、军制及地理情况，以“起草对清作战策”；1880 年，参谋本部再次派时任西管局局长的小川又次等人来华进行秘密间谍调查活动，并依据这些调查材料组织编撰了详细论述中国兵制兵备的《邻邦兵备略》，时任参谋本部长的山县有朋将此书呈送明治天皇，该书成为对华战争的最初准备。山县有朋认为，日本是东方国际竞争的中心，他向天皇建议，“在邻国变局之际，最重要的是扩充军备”，[②] 并提出“强兵为富国之本，而不是富国为强兵之本”[③] 的军国主义理论。

① （清）李鸿章：《李文忠公全书·朋僚函稿》卷十二，第 14 页。

② 德富苏峰：《公爵山县有朋传》，转引自孙克复、关捷编著：《中日甲午海战史》，黑龙江人民出版社，1981，第 43 页。

③ 井上清、铃木正四：《日本近代史》上册，杨辉译，商务印书馆，1972，第 100 页。

进入 19 世纪 80 年代，中国海军进入快速发展期，尤其是 1884 年中法战争后，清廷决心“大治水师”，首先精练北洋海军，“定远”“镇远”“济远”“经远”“致远”“靖远”“来远”等一批铁甲舰和巡洋舰组成北洋海军主力，获得了亚洲第一的地位。日本两次干涉朝鲜内政被挫败后，并没有停止发动战争、征服中国的野心，但尚不敢轻举妄动。1885 年中日《天津条约》签订后，日本高层曾经有立即与中国开战的主张，但日本特命全权谈判代表伊藤博文等人反对这种意见，认为与中国和谈，是当下必须采取的策略，因为战机未到。他说：“我国现当无事之时，每年入出，国库尚短一千万元左右。若遽与中国、朝鲜交战，款更不敷，此时万难冒昧。”“倘此时我与之战，是催其速强也……此时只宜与之和好，我国速节冗费，多建铁路，赶添海军”，[①] 以卧薪尝胆。日本明治维新以后刚刚起步近代化，与中国一样没有大工业基础和资本原始积累，综合国力弱，发动对中国的战争显然力不从心。

1886 年 8 月，丁汝昌率领“定远”“镇远”等主力战舰编队执行护送中俄勘界特使前往海参崴的任务，回航途中抵达日本长崎。这使日本首次近距离接触了到这两艘 7000 吨级的铁甲巨舰，感受到了巨大震动和威慑力。此间，发生了北洋舰队水兵与日本军警及民众冲突的“长崎事件”，导致中方死 7 人、伤 43 人，日方死 2 人、伤 29 人。日本政府利用“长崎事件”策动民族情绪，将中日政治矛盾发散到民间，进行对中国发动战争的全民动员，甚至连小孩子玩的游戏都叫作“打沉定远”“打沉镇远”。

1887 年，时任日本参谋本部第二局局长的小川又次中佐提出了完整的《征讨清国策案》，对当时中国的军事实力、防御部署及政治、经

① 中国史学会：《中国近代史资料丛刊·中日战争》第 1 册，上海新知识出版社，1956，第 600 页。

济、文化等各方面作了全面评估，提出了具体作战计划：以日本海军击败中国海军，并由海军掩护陆军 8 个师团远征中国，其中 6 个师团在中国北方的直隶湾登陆，2 个师团进入长江攻占沿岸要冲之地，最终实现攻陷北京、擒拿清帝、使中国乞降于阵前的目的。①

《征讨清国策案》对中国的战争策划，是以两国海军海上对垒并打败中国海军为第一步的。因此，“策案”特别对中国海军现状做了分析，指出中国本有北洋、南洋、福建和广东四支水师，但广东水师虽有数十艘舰船，但基本上都是木造脆弱之军舰，其速度无有超过 6 海里者。福建水师被法国海军击破后，未能整顿。所以中国现在尚可出海作战者唯有南、北两洋之军舰。且“清国之海军，从舰长至士官人员，盖乏之学术”，其威力和实力“更无可怕之处”。② 因此，日本“若断然决定进取国策，以清国为当前之敌，则当自今日起，就要使用最大限度之财力，准备枪炮、军需”，并作出了 7500 万日元扩充大型军舰、运输船、小蒸汽船、小型军舰等海军新装备的预算，准备“至迟以五年为期”，进行整顿，扩军备战。“策案”认为，一旦军力充实，“刻日制胜，使之为城下之盟，达到我国目的，决非难事”。③

日本参谋本部对《征讨清国策案》极为重视，鉴于进攻中国需陆海军协同，又命海军部掌管海军作战的第二局和掌管海军谍报的第三局就此进行讨论。海军随即献计献策，提出了六份作战方案，核心是海军在对华作战中的任务：一是与北洋舰队决斗，将其击溃，以保证陆军在直隶湾登陆的安全；二是攻占旅顺和威海，以作为海军之前进根据地；三是选择进攻北京之上陆地点，掩护陆军渡海及登陆。④

---

① 林伟功主编《日藏甲午战争秘录》，澳门：中华出版社，2007，第 19—20 页。
② 同上书，第 17—18 页。
③ 同上书，第 22 页。
④ 参见苏小东：《甲午中日海战》，天津古籍出版社，2004 年，第 22 页。

正如日本著名史学家中塚明所说，“日中间的交战，至少从1887年开始，具体的作战计划就已经被构想出来了”。[①] 其最终目标显然是灭亡中国。

在这一时期，清廷经历了两次海防大讨论，决心将战略重点从西北转向东南，建设近代化海防，发展海军。在战略判断上，明确了“防东洋尤甚于防西洋”，[②] 李鸿章说，“今之所以谋创水师不遗余力者，大半为制驭日本起见”；[③] 在海防战略上，提出“滨海万余里，必宜练得得力水师，为建威销萌之策”的海上威慑思想；在海防力量建设上，突出强调发展铁甲舰和新式快船，“中国海防非创办铁甲快船数只不能成军”；[④] 在海防力量运用上，两次派“超勇”“扬威”等舰艇编队赴朝鲜“慑日”，在自海参崴至东南亚一线展开年度训练，前伸布势，实施海上威慑。然而，中国的海防战略虽然有了进步，但始终停留在“斤斤自守”的层面；对主要威胁是日本判断清楚，但对日本对华发动战争的决心判断错误，对策却只停留在防范层面，其海上威慑战略也十分有限，主要以海上力量显示为基本形式，完全没有对日作战的考虑和准备，甚至天真地认为一旦“中国战舰足用，统驭得人，则日本自服”。[⑤] 相对于日本明确的以灭亡中国为目标的战争谋划和作战构想，清廷已经实际处于战略被动之中。

三、开动战争机器，扩军备战

日本对外扩张必须依赖军事力量。明治天皇上台伊始就大力推进军

---

① 中塚明：《日清战争前的日本对清战争准备》，《抗日战争研究》1997年第2期。
② 张侠、杨志本、罗澍伟等编《清末海军史料》，海洋出版社，1982，第19页。
③ 同上书，第24页。
④ （清）李鸿章：《李文忠公全书·朋僚函稿》卷二十，第2页。
⑤ （清）李鸿章：《李文忠公全书·奏稿》卷四十四，第27页。

事近代化改革。1872 年参照欧美军制，撤销兵部省，分别设立陆军省和海军省，作为陆海两军的最高军政军令机关；1878 年参照德国军事指挥体制设立了参谋本部，先在陆军、后在海军实施军政军令分离的“二元化”领导体制；1885 年在建立内阁制时设立了陆军大臣和海军大臣；1889 年颁布《大日本帝国宪法》，明确天皇直接统帅军队，拥有最高军政军令权利，以及军事首脑有直接辅助天皇决策的特权和不受其他阁员制约的执行军事诏令的权力，使军队在国家政治生活中处于特殊地位，为日本走向军国主义建立了制度基础，也成为日本提高军事实力、扩军备战的加速器。1890 年，日本军费开支约占财政总预算经费的 10%左右，1892 年则高达 40%以上。[①]

在整个扩军备战中，日本近代化海军发展占据重要地位。早在明治维新之初，军务官就向天皇呈递奏折，称“耀皇威于海外非海军而莫属，当今应大兴海军”，对此天皇谕令：“海军之事为当务之急，应从速奠定基础”。[②] 1871 年日本海军建立小舰队，1872 年发展成中舰队，1874 年向英国订购了“扶桑”“比睿”“金刚”等二等铁甲舰，19 世纪 80 年代初向英国订造了“浪速”“高千穗”等 3700 吨级巡洋舰，其针对中国北洋舰队发展的意识日益强化。1886 年后，日本海军进入快速发展阶段，明治天皇颁布海军条例，规定了军区、军港和镇守府的基本职责，海军编为常备的大舰队、中舰队和小舰队。明治天皇发出号召，以皇室捐款、大臣捐薪、发行公债等方式集资，高薪聘请法国著名舰船设计师设计专门针对中国的新型军舰，并在国内和国外同时造舰，4000 吨级的“松岛”“严岛”“桥立”等“三景舰”就是这时建造的。1890 年，新任海军大臣桦山资纪认为，中国军舰总吨位超过日本海军，要想

① 孙克复、关捷编著：《甲午中日海战史》，黑龙江人民出版社，1981，第 43 页。

② 外山三郎：《日本海军史》，龚建国等译，解放军出版社，1988，第 13 页。

打败中国海军，急需弥补差距。因此又提出海军扩张案，先后购买和制造了2439吨的“千代田”、4160吨的“吉野”、3172吨的“秋津洲”等3艘新式巡洋舰。其中“吉野”购自英国，时速达23节，是当时世界上航速最快的巡洋舰。在中日甲午战争前夕，日本几乎是以每年两艘新舰的速度，大力扩充海军实力。

在指挥军官的培养方面，日本从1869年开始建立海军兵学校、海军驾驶学校、海军造船工业学校、海军炮兵练习所、海军鱼雷练习所等各类学校，1870年开始聘请英国教官执教，1871年开始选派学员到英国海军学院留学和实习。海军兵学校后发展为江田岛海军学校，培养海军初级军官，到1894年共有21期学生毕业，其中700人参加了甲午战争。1888年又在东京建立海军大学，灌输先进的战术思想，培养高级参谋指挥人才。不容忽视的是，进入90年代后，日本还及时引进了马汉的海权理论，进一步提高了日本自觉运用海军向外扩张的战略意识。

此外，日本将中国作为主要侵略目标后，从1878年参谋本部成立后，便启动了情报战，在中国建立了诸如东洋学馆、日清贸易研究所等间谍机构，不断向中国派遣各类间谍，包括桂太郎、小川又次、上川操六等高级军官，都在中国进行过实地调查活动，为日本对中国的战争决策提供了重要情报支持。这些日本间谍穿着中国服装，说着一口流利汉语，扮成洋行职员、游学者、商贩、僧人、农民、渔民、船夫、工役、乞丐等各种身份的中国人，侦察收集各种情报，从政治、军事、经济、文化到地理形势和风土人情，几乎无所不包。在后来的甲午海战中，无论是丰岛海战还是黄海海战，都不是偶然的遭遇战，而是基于准确的情报。

1889年12月，山县有朋出任首相的内阁成立。1890年12月，山县有朋在帝国议会上提出了“利益线”理论，强调“盖国家独立自卫之道有二，一为守卫主权线，二为保护利益线。主权线者，国之疆域之谓；利益线者，乃与主权线之安危有密切联系之区域是也。大凡国家，不保主权线及利益线，则无以为国。而今介于列国之间，欲维持一国之独立，只守卫主权线，已决非充分，必亦保护利益线不可”。[①] 而“利益线”的焦点是朝鲜。与此同时，山县内阁的青木外相也提出了吞并朝鲜、满洲和俄国滨海地区（勒拿河以东）的必要性。[②] 山县有朋的《意见书》，将日本明治维新以来的“大陆政策”赤裸裸地公开出来，成为日本政府加速推行的基本政策。

1893 年 5 月，日本建立海军军令部，颁布《战时大本营条例》。进入 1894 年，日本发动对华战争进入最后冲刺阶段。此时日本陆军能够出国作战的机动兵力已有 7 个师，现役兵员 12 万人；海军共有大小军舰 31 艘，鱼雷艇 24 艘，总排水量 59, 000 余吨。[③] 6 月 5 日，日本成立了由天皇直接统辖的、以参谋总长为幕僚长、参谋次长为陆军参谋官、海军军令部长为海军参谋官的战时最高指挥机构——大本营。至此，日本完成了对华战争的所有军事准备。

从中国方面看，经过 19 世纪七八十年代的发展，到 1888 年北洋海军成军，实力在东亚居首，远远超过日本。但正如李鸿章所说：“我之造船本无驰骋域外之意，不过以守疆土，保和局而已。”[④] 出于这样的战略考虑，1888 年北洋海军成军以后，也就是停止发展之时。1891 年，清廷大阅海军，李鸿章津津乐道北洋海军“以之攻人则不足，以之自守则有余”，认为渤海门户“已有深固不摇之势”。[⑤] 此言一出，户部随

---

① 大山梓：《山县有朋意见书》，东京：原书房，1966，第 215 页。
② 戴逸等《甲午战争与东亚政治》，中国社会科学出版社，1994，第 64 页。
③ 外山三郎：《日本海军史》，龚建国等译，解放军出版社，1988，第 41—42 页。
④ （清）李鸿章：《李文忠公全书·奏稿》卷十九，第 47 页。
⑤ （清）李鸿章：《李文忠公全书·奏稿》卷七十二，第 5 页。

即停止了海军外购装备的经费，并将大量海军经费挪用于颐和园工程，并消耗大量钱财为慈禧祝寿。直至甲午战前，北洋海军在舰艇航速、炮速以及炮弹质量上都已经落后于日本联合舰队。李鸿章海上威慑思想本来就是以“练成大枝水军”，有足以“伐谋制敌”的海上威慑力量为基础的，当他感到日本能够“节省经费，岁添巨舰”，而“中国自十四年北洋海军开办以后，迄今未添一船一炮，窃虑后难为继”[①]的时候，便向清廷提出增添速射炮和炮弹的请求，但就是这仅仅12门速射炮和区区61万银两的最低需求也没有得到支持。李鸿章感到中国已不具备足以对日本实施威慑的海军实力，就更加没有实战的决心和意志，在兵力运用方面也变得日趋保守。

四、无视国际公法——挑起战争

1894年春天，朝鲜半岛爆发了愈演愈烈的东学党农民起义。6月3日，朝鲜李氏王朝向中国发出乞援书，请求中国派兵助剿。6月4日，北洋海军“济远”“扬威”两舰赶赴仁川；6月6日，直隶提督叶志超和太原镇总兵聂士成率2000余淮军渡海前往朝鲜牙山。6月7日，清廷根据中日《天津条约》正式照会日本政府，说明中国派兵是应朝鲜政府请求，按照“保护属邦旧例”，并保证“一俟事竣，仍即撤回，不再留防”。[②]此前，日本一直密切关注朝鲜局势，居心叵测地多次通过外交途径怂恿中国尽快出兵，表示日本政府“必无他意”。[③]因为只要中国出兵，日本就有理由出兵，就可以乘机启衅开战。清廷竟轻信了日本

① （清）李鸿章：《李文忠公全书・奏稿》卷七十八，第17页。

② 戚其章主编《中国近代史资料丛刊・中日战争》第9册，中华书局，1994，第197页。

③ 参见王芸生编著：《六十年来中国与日本》第2册，生活・读书・新知三联书店，1980，第24页。

的保证，毫无顾虑地钻进了圈套。

在朝鲜向中国发出乞援书的前一天，日本政府就已做出了派遣一个混成旅团前往朝鲜的秘密决议，内容已不是如何用和平方式解决问题，而是如何发动战争，如何取得胜利。在成立战时大本营的当天，经明治天皇批准，参谋总长已经下令驻广岛第五旅团以保护侨民名义速往朝鲜，其他陆海各路兵马也都在陆续出动。因此，当叶志超、聂士成所部清军于6月12日在朝鲜半岛牙山湾完成登陆时，日军先遣队和8艘军舰也已进抵朝鲜，7000余人的混成旅团开始登陆仁川。

此时，朝鲜形势实际上已经趋缓，东学党起义军与朝鲜政府签订了休战和约，起义军已经退出全州。当中国提出按照《天津条约》双方撤兵时却得到日本的拒绝，日本不仅要在朝鲜留兵，还要继续向朝鲜派兵，日本外相陆奥宗光致电其驻朝鲜公使大鸟圭介说“即使以任何借口，亦使我军留驻京城为极为重要之事”。[①] 的确，日本在军事上要先发制人，必须赖在朝鲜不走。为了摆脱在外交上所处的被动地位，日本政府处心积虑提出了“改革朝鲜内政方案”，要“与清国协力改革朝鲜政府之组织”。陆奥宗光说：“目前既无迫切的原因，又无表面上的适当借口，双方还不可能开战。因此，要想使这种内外形势发生变化，除去实施一种外交策略使局势改观以外，实在没有别的办法。”[②] 但这一方案清廷绝不可能接受。于是，中日两国政府的紧张关系不断升级和恶化，而这种紧张和恶化的升级正是日本所需要的。陆奥宗光后来回忆这段历史时公开承认，他就是“想借此好题目，或把一度恶化的中日关

---

① 戚其章主编《中国近代史资料丛刊·中日战争》第9册，中华书局，1994，第232页。

② 陆奥宗光：《蹇蹇录》，参见王芸生编著：《六十年来中国与日本》第2册，生活·读书·新知三联书店，1980，第33页。

系重加协调；或终于不能协调，索性促其彻底决裂”。[①] 6 月 26 日，日本向中国提出“第一次绝交书”。中日战争一触即发。

此时列强云集的东亚，形势复杂，英俄矛盾尖锐。英国是世界头号强国，在东亚的势力范围和影响力最强；俄国正修建西伯利亚铁路，具有积蓄远东力量挑战英国在东亚霸主地位的野心；美、法、德等国也都在权衡利弊，在中日矛盾中选择符合各自利益的立场。中国政府对即将到来的中日战争并无充分准备，因此从 6 月 20 日起，李鸿章开始奔走于英、俄之间，将遏止战争的希望寄托于列强调停。

日本对地区形势做出的基本判断是：目前列强正保持均势，不会马上发生战乱。日本必须抓住时机，尽快取得朝鲜并对华作战。日本认为，英俄在东亚势力最强，但俄国为了其远东利益，会在中日交恶中选择日本，所以只要拉住英国就万事俱备。于是日本在开战前（7 月 16 日）与英国就拖延已久的《日英航海通商条约》达成协议，以让利换取英国对日本发动战争的默许。

1894 年 7 月 14 日，日本向中国发出“第二次绝交书”。7 月 17 日，日本召开第一次大本营御前会议，决定发动战争。大本营在制订作战计划时，对其陆军实力信心十足，但对其海军能否战胜中国北洋海军却没有绝对的把握。为此，日军大本营根据争夺制海权可能出现的三种结果制订了三套作战方案：第一，若海战获胜，取得黄海制海权，陆军即长驱入直隶，直取北京；第二，若海战胜负未决，陆军则固守平壤，以舰队维护朝鲜海峡的制海权，并运送部队；第三，若海军大败，则陆军全

① 陆奥宗光：《蹇蹇录》，参见王芸生编著：《六十年来中国与日本》第 2 册，生活 · 读书 · 新知三联书店，1980，第 38 页。

部从朝鲜撤退，海军也退守本土沿海。[①]

这意味着日本要发动的是一场海军制胜的战争，海战被视为决定战局进展和战争胜负的关键所在，显然，海军、海战、制海权，成为此次日本对华战争及其作战计划中的主题词。为此，天皇新任命主张与北洋海军决战的桦山资纪出任海军军令部长，其上任后立即对日本海军进行改编，组建了由本队和第一游击队等多个战术分队的联合舰队。

7 月 21 日，中国向朝鲜牙山的增兵计划开始实施，清政府仍不以为日本会挑起战争，并错误判断如果日本对华开战，“英人必不答应”。但出于安全考虑，中国运兵船雇用了英国公司的“爱仁”“高升”“飞鲸”3 艘商船，认为这至少可以让日本顾忌“万国公例”而不敢擅自攻击。22 日，北洋海军 3 艘军舰奉命从威海出发驶向牙山护航。

然而，日本通过在华间谍系统获取了中国向朝鲜牙山运兵和护航的详细计划。7 月 23 日，日本联合舰队主力起航前往牙山。7 月 25 日，双方军舰在朝鲜丰岛海域相遇，预有准备的日本海军完全不理睬什么“万国公例”，发动突然袭击，不宣而战，挑起了丰岛海战。日本海军不但攻击军舰，而且不顾英籍商船“高升”号船长的一再交涉，击沉了“高升”号，并对落水失去抵抗力的中国士兵痛下杀手，使 870 名清军葬身大海。

8 月 1 日，中日两国同时宣战。

在这一阶段，清廷在战与和的问题上举棋不定，光绪皇帝想打却不知怎么打，慈禧太后寿辰将至不想打。在外交和军事一线的李鸿章基于对双方实力评估感到胜算无握，信心不足，是既不想打，也不敢打，决心把着力点放在外交努力上。因此，面对日本已经疯狂开动的战争机

---

① 参见藤村道生：《日清战争》，米余庆译，上海译文出版社，1981，第 78 页；外山三郎：《日本海军史》，龚建国等译，解放军出版社，1988，第 42—45 页。

器，李鸿章却将遏止战争的希望寄托于列强调停，只是紧急奔走于英、俄和美国之间，没有任何积极的军事部署，反而压制了丁汝昌等一线海军官兵主力全部出击朝鲜、先发制敌的建议，失去了最初的有利战机，因而中国方面是在基本毫无战争准备的情况下遭到日本丰岛突袭。而直至战败，清廷所希冀的英、俄、美等国调停遏战的情景始终没有出现。可见，在任何时候，把维护自己国家利益的基点放在别的国家身上的做法，是绝对靠不住的。

五、调整作战计划，陆海并进

甲午战争有陆海两个战场，这是因为日本的既定作战计划是进犯中国领土，在直隶平原与清军决战，侵略乃至灭亡中国。为达到这一目的，必须陆海并进、协同作战。

日本在发动丰岛海战的同时，登陆朝鲜的日陆军第一军也积极进攻，占领牙山，夺取成欢，将入朝清军聂士成部和叶志超部全部压缩到平壤。丰岛海战后，日本联合舰队在朝鲜西海岸搜索北洋海军，寻找主力决战的机会，以取得黄海制海权，但一直到 8 月中旬始终不见北洋海军踪迹。危惧北洋海军“拱卫京畿”的能力，日军大本营决定调整投送陆军在直隶湾大举登陆的原计划，首先发动平壤战役，占领朝鲜全境，然后进攻中国本土。于是，日本继续向朝鲜大举增兵，日本联合舰队在掩护陆军增兵朝鲜的同时，继续寻机与北洋海军决战，为下一步入侵中国本土创造条件。终于，9 月 17 日，日本联合舰队在黄海大东沟海域遭遇北洋舰队主力，遂进行了震惊世界的全部蒸汽动力舰队对阵的黄海大海战，整个海战长达五个小时。北洋海军“扬威”“超勇”“致远”“经远”和“广甲”沉毁，其他舰只不同程度受伤。日本联合舰队旗舰“松岛”号和“赤城”“比睿”“西京丸”“吉野”号受重创，参战各舰也均受伤，却未沉一舰。

黄海海战后，日本陆军第一军占领了朝鲜全境，但日本海军并没有完全实现消灭北洋海军、取得黄海制海权的目标，“定远”“镇远”铁甲巨舰对其下一步实现运兵渤海湾、登陆直隶平原与清军决战的计划仍构成威胁。日军大本营决定再次调整作战计划，发动辽东半岛战役。具体计划是：陆军第一军从朝鲜过鸭绿江，新编陆军第二军共约 2.4 万余人由联合舰队护送登陆花园口，两军由陆路和海路同时入侵中国本土。结果，其陆海两路全部实现作战计划。11 月 22 日，日军攻陷旅顺，连续 4 天进行惨绝人寰的大屠杀，据报道，2 万多平民百姓几乎被斩尽杀绝，只有 36 人因为日军需要搬运尸体而得以幸存。联系到日本占领台湾后 1896 年的云林大屠杀，特别是后来的南京大屠杀使 30 万中国人死于日军屠刀之下，人们不能不问何以会有这样泯灭人性的反人类的暴行?!

辽东半岛战役后已进入隆冬。日军大本营又一次调整作战计划，组建山东作战军，在荣成湾登陆，从后路包抄，而联合舰队在海上协同作战，进攻威海，目标是彻底消灭北洋海军。日军再次实现了山东半岛的作战计划，至 1895 年 1 月 24 日，三批登陆部队共计 3.46 万余人登上了荣成湾，与日本联合舰队形成陆海夹击，最后将北洋海军围困在刘公岛军港，北洋海军遂全军覆灭。

这两次登陆作战，本是中国扭转战局的重要时机，且清廷在日本准备登陆前都已获得日军将实施登陆作战的情报，但却无从实时掌握日军的登陆时间和地点，也没有组织陆上机动部队与海军协同实施抗登陆作战的设想和准备。从而让本来处于极危险状态的日军登陆行动得以从容完成。花园口登陆前后长达 12 天，日本第二军 2.4 万余人、2740 匹战马及大批辎重成功登陆；荣成湾登陆长达 4 天，日本山东作战军 3.46

万余人、3800匹马及其辎重，全部登上了山东海岸。在接下来的陆上战役中，无论是在金州、大连、旅顺，还是在进攻威海的过程中，清军只有少部分军队进行了抗击，基本上全线败北。陆上与海上完全没有协同作战，与日军的陆海统筹、积极配合形成鲜明对照。

1895年4月，中日《马关条约》缔结。日本最终获得2.3亿两白银的战争赔款，虽然割让中国本土辽东半岛的条款由于俄、德、法三国干涉而不得不放弃，但终于侵吞了中国台湾全岛及所有附属各岛屿，包括钓鱼岛。通过甲午战争，日本不仅实现了明治维新后既定“大陆政策”的一部分，而且通过战争赔款的豪夺完成了资本的原始积累，为后来发动日俄战争，以及走向军国主义奠定了重要基础。

中日甲午战争是日本明治政府“大陆政策”的必然结果，是一场经过精心谋划、长期准备、决然发动和周密实施的侵略中国的战争。这场战争在日本崛起过程中具有重要地位，也是日本从此走上军国主义的起点。此后，日本频繁发动战争，尤其是第二次世界大战期间，日本军国主义给中国人民、给亚洲太平洋地区、给世界带来了巨大灾难，同样也给日本人民带来了灾难。甲午战争是日本国运的转折点，但绝不可能是日本永远的骄傲和福音，因为它是一场非正义的战争，它同样也是日本厄运的起点。而中国方面战略判断失误，战争准备缺失，高层决策举棋不定，战争指导思想消极，在仓促被动应战之中，一线战役指挥混乱，陆海协同不力，最终导致甲午惨败，教训十分深刻。

中日甲午战争已经过去120年了。但对于这场战争的性质，至今在国际上还有不正确的认识，尤其是在日本，无论是当年还是现在，无论是在政治界还是学术界，都有一些推卸日本发动战争的说法，如甲午战争是偶然发生的，日本伊藤内阁是和平主义的，甲午战争日本是被迫防卫的，甲午战争是文明对野蛮的战争，等等。弄清这样一个原则问题、是非问题，使我们面对两个甲子前的那段历史的首要责任。

甲午谍战：一个寂静的战场*

人类自从发生战争以来，就有了情报需求和专门从事这项工作的人，被对手称之为“间谍”。甲午战争之前，日本已经有了近代情报意识，进行了长达20多年的情报准备。这是一个寂静的战场，却在相当程度上决定了这场战争的结果。

一、对华谍报战略布局

1868年日本明治政府成立之始，即以对外扩张为基本国策，逐步形成了征服朝鲜，侵略中国，并进一步染指周边亚洲国家的“大陆政策”。在整饬军备的同时，日本处心积虑地展开了对中国的谍报活动，因为中国对日本来说，至大、至要，并征服起来至难。

1871年7月，日本兵部省始设陆军参谋局，谍报工作成为其职责之一。1872年撤兵部省，分设陆军省和海军省。翌年，陆军参谋局改称陆军省第六局，设间谍都指挥使，有了专门的间谍机构。1878年成立参谋本部以后，设立了管东局和管西局，管西局负责朝鲜和中国的间谍活动，1882年增设海防局。1886年，日本参谋本部进行大改编，在

* 本文发表于《世界知识》2014年第22期，第68页。

新设的陆军部和海军部中，分设第一、第二、第三局，并根据新颁布的《参谋本部条例》细化了各局职责及其具体的谍报工作。1889年，参谋本部设立参谋总长一职，直隶于天皇，不仅负责陆海军对外作战的大计划，而且全面执掌对外谍报工作乃至驻外公使馆的情报业务。

在情报机构日臻完善的同时，日本对中国这一主要战略方向的谍报布局和情报侦察活动也次第展开。

1871年，日本首次向中国派遣九名留学生，用一年的时间学习汉语，主要目的是培养针对中国的情报人员，这批留学生后来大都参加了1873到1874年对台湾的侦察和作战行动。1872年到1874年，日本开始向中国东北派出军事间谍，为北上侵略朝鲜、中国，南下侵略台湾做准备，其中就有后来参加侵略台湾和甲午战争的桦山资纪。

1873年，鸟尾小弥太就任日本陆军少辅，兼管对外情报工作。在陆军卿山县有朋的支持下，他制定了瞄准中国伺机战而胜之的陆军政策，后来实际成为甲午战前日本的东亚政策。为顺利实施这一政策，鸟尾小弥太以中国为假想敌，有计划地派遣间谍进行系统全面的侦察活动，并就具体侦察内容制定了甲乙丙三号训令。

> 甲号侦察内容：政体，法令及民心向背；中枢大臣的威望及其品行；官员职务分工及其人员数；言语，风俗，人情，财政收支和国库情况；人才有无状况；对外国的交往，待遇及所订条约；两税法及所有田租诸税；满人和汉人的种种权利差别。
>
> 乙号侦察内容：陆海军的兵制及编成；兵士管理与训练；各级兵队员数；枪炮制造及弹药之优劣；统兵大员有几人及士气涨落；军舰数量及其马力、吨位数；战略战法。

丙号侦察内容：山岳高低走向、河海深浅、地理形势及城郭要冲之地；经纬度及地学上之位置；各地暑寒风雨气候情况；动植物产品与当地人之食物、刍秣及薪炭；户数及人口概计；市街状况及各地盛衰变化；各种矿山；地方病及当地人之预防办法；运河及水利；马匹是否有其他可用食料或可替代之负重牲畜。

这是一个极其重要的文件，涉及的范围非常广泛，最重要的是政治和军事情报，具有极为清晰的作战准备思路，由此展开了日本间谍在华的战略性布局。

1875 年，在陆军少佐、情报提理桂太郎的建议下，日本建立了武官制度。1878 年，桂太郎关于撤销参谋局、建立直属天皇的参谋本部的建议再次被采纳，桂太郎出任管西局局长，直接负责对华谍报工作，随即制定了三年规划，向中国上海、汉口、天津、北京、广州、厦门、牛庄、福州等地，广泛派遣军事间谍。1879 年，桂太郎亲自微服潜入中国，从华南到华北，重点对天津、北京进行调查。1880 年，参谋本部牵头再次对中国进行大范围实地间谍调查活动，编撰了著名的《邻邦兵备略》，为对华战争做了最初的准备。

1884 年爆发了中法战争，日本在华间谍活动极其猖獗，上海东洋会馆、福州组都窃取了中国海防的大量情报。1886 年，日本派驻中国的谍报官荒尾精选择了具有交通枢纽意义的汉口，开设了乐善堂支店，并以此为据点建立了湖南、四川、北京、天津、上海等若干支部。荒尾精还在上海建立了日清贸易商会和日清贸易研究所，后者实际上是一个培养间谍的学校，1890 年在日本内阁和军事高官（包括松方正义、黑田清隆、川上操六、桂太郎等）的协力支持下建立，后来的宗方小太郎、石川伍一等著名谍报人员都是出自这一间谍机构。

这一时期，日本已经形成了从沿海到内地的间谍网络，收集了大量情报。其中，根津一整理编撰的 3 大册、2000 多页的《清国通商综览》，涉及政治、经济、文化、地理、交通等诸多方面，是一部有关中国的百科全书，为日本军政当局侵华提供了大量第一手资料。

二、宗方小太郎在威海

1887 年，时任日本陆军第二局局长、陆军大佐小川又次第二次亲自潜入中国进行广泛调查和侦察，回去后写了《征讨清国策案》，提出了全面的陆海对华作战计划，日本侵华战争进入了实际操作阶段。为配合实现“攻占北京，擒获清帝”的战略目标，日本谍报活动成为战争准备的重要组成部分，尤其是在 1894 年甲午战前达到登峰造极的程度。其中，宗方小太郎就是最著名的日本间谍之一。

宗方小太郎是 1884 年中法战争爆发后来到上海的，随即进入上海东洋会馆学习中文。在求学的过程中，他剃发易装，打扮成中国人游历北方九省，全程步行，历尽艰辛，由此成为“中国通”。1886 年，宗方小太郎加入荒尾精的汉口乐善堂间谍机构，担任了北京支部主任，主要负责刺探清政府的核心情报。1890 年，他应荒尾精之邀，在上海日清贸易研究所担任了学生监督。

1894 年 6 月，日本发动战争在即。其时日本陆军已经在朝鲜占据兵力优势，海军也进行了调整和改变，组成了联合舰队。而对于发动战争和取得胜利，日本最大的顾虑是中国北洋海军的存在。因此，如何掌握黄海制海权，变成了一个极为关键的问题。日本海军军令部几经斟酌，决定调经验丰富的宗方小太郎到烟台，严密监视北洋舰队的行踪，直接为日本联合舰队争取海上主动权提供情报。宗方小太郎从汉口到达烟台后，接受了日本驻华武官井上敏夫海军少佐的指令，两次潜入威海北洋舰队基地侦察，获得大量第一手情报。

威海，位于山东半岛东北端。永乐三十一年（1398年）设立威海卫，成为军事驻地，海防前沿。雍正十三年（1735年），撤威海卫，设威海巡检司。由于其战略地位重要，甲午战争前成为北洋海军的主要基地，与辽东半岛旅顺基地成掎角之势，共为渤海锁钥，拱卫京畿门户。从宗方小太郎留下的日记看，1894年7月8日至13日，他从烟台日本领事馆到威海，在威海城内制高点环翠楼俯瞰威海全港，第一次亲眼看见了港内北洋舰队的舰艇数目及分布；7月22日至26日，宗方小太郎第二次进入威海，不仅查点了北洋舰队锚泊的军舰数，还侦察了威海南帮和北帮的海防炮台。此间发生了丰岛海战，日本不宣而战挑起了甲午战争。

开战以后，宗方小太郎在7月28日赴天津参加了日本间谍密会，旋即带着继续监视北洋舰队行踪的任务回到烟台日本领事馆。8月1日，中日两国同时宣战。由于处于交战状态下，日本驻华领事官员不得不撤旗离馆，武官井上敏夫奉命回国，宗方小太郎留在烟台代行其事。在此后的20多天里，他坐镇烟台，收买中国汉奸，指挥他们频繁来往于烟台和威海之间，用电报暗语向日本当局报告北洋舰队的行踪。其暗语总共有六句（见表1）。

表1　日本电报暗语及其实际含义

电报暗语	实际含义
买卖不如意	北洋舰队出没威海
草帽辫行市如何	北洋舰队出威海进行攻击
近日回沪	北洋舰队之防御由威海移至旅顺

续表

电报暗语	实际含义
要回国，速送500元	北洋舰队半数在威海
送银待回音	威海无舰队
草帽辫今好卖，速回电	北洋舰队由旅顺返威海

资料来源：作者依据相关文献制作。

这六句暗语，已经可以将北洋舰队的行踪基本包括。有文章说，宗方小太郎在威海探得北洋舰队的出发时间，日本联合舰队遂得以在9月15日部署于大东沟附近，以逸待劳，为随后爆发的铁甲舰队大决战做好了准备。实际上，宗方小太郎由于间谍行踪暴露，于8月26日逃离了烟台，这一战功是不可能的。但他不断为日本联合舰队提供北洋舰队准确的行踪却是事实，他提出在渤海海口游弋袭扰北洋舰队的建议得到采纳并非常奏效。宗方小太郎回到日本后，得到天皇的召见。宗方小太郎只是日本谍战的个案而绝非唯一。正是这种大量具有战略预置和战争准备的谍战，使日本始终在甲午战争中牢牢掌握着战争的主动权。

三、石川伍一惊天大案

1894年8月，中日两国宣战之初，曝出一则惊天大案，日本间谍石川伍一和中国汉奸刘棻同时被捕，随后被清廷公开处死。

石川伍一，日本秋田县人，1884年18岁时来华精研汉语，1887年加入设在汉口的日本间谍机构乐善堂，开始了专职间谍生涯。1891年，石川被派到天津，担任驻地武官助手，流窜于山东、直隶及奉天等各地，从事各方面的间谍活动。1893年，他乘船由烟台出发，游历渤海海口各海岛，并观看旅顺炮台，回程中又专门到旅顺后路及朝鲜大同江和仁川口侦察。同年，他再次随同日本驻天津武官神尾光臣等进入旅顺、大连、威海等地，详细窥探了清军各海防要塞的布局，设防等情况。

回天津后，石川伍一以紫竹林松昌洋行职员的身份为掩护，成功收买了天津军械局的书办刘棻（又称刘树棻、刘五），获得了清军各军械营的枪炮、刀矛、火药、子弹数目清册，各军械所制造弹药多少、现存多少等大量第一手军事情报。

1894 年 8 月 1 日，中日宣战后，日本外交人员开始撤离中国，神尾光臣安排石川伍一和钟崎三郎两人潜伏下来，继续进行间谍活动。其间，包括石川伍一和钟崎三郎的日本在华人员的行踪，实际上都已经在中国方面的严密监控之下。

由于美国领事坚决反对石川伍一继续留在紫竹林租界内，石川不得不搬到刘棻家。8 月 4 日，日本领事馆人员及其家属搭乘英国客轮“重庆”号撤离天津，时值“高升”号惨案发生不久，天津当地民众冒充清军登上“重庆”号，搜查并痛殴了撤离的日本外交人员，意外收获了日本间谍泷川具和发给天津领事馆的密信，获悉了潜伏日谍石川的动态。就在这一天，石川伍一在刘棻家被捕，

石川伍一被捕后，在供单中承认，“我系神大人（即神尾光臣）差来坐探军情的。自光绪九年即在中国北京、天津等处往来。现在住在军械所刘树棻（即刘棻）家中，或来或去……我认识刘树棻，系张士珩西沽炮药局委员李辅臣令王小波引荐的，已有三年了。刘树棻已将各军械营枪炮、刀矛、火药、子弹数目清册，又将军械所东局、海光寺各局制造子药每天多少，现存多少底册，均于正月底照抄一份，交神大人带回国”，“打电报叫日本打高升船官兵的信，是中堂衙门里送出来的，电是领事府打的”。间谍证据确凿，加上涉及李鸿章的外甥张士珩等复

杂因素，尽管有美国人斡旋讲情，石川伍一还是在 9 月 20 日被枪决，刘棻被押解市曹公开斩首处决。

这是甲午战前 20 多年日本长期进行间谍活动的一个典型案例，也是日本在甲午战争中对中国展开间谍战的一个案例，但也只不过是一个被公开的明案。事实上，日本在开战前后的间谍活动，已至登峰造极。

——上海报告，“倭人在沪设有日清研究所，约七八十人。五月以前，陆续散去，闻多改作华装及僧服者，分赴北京，津、烟、江、浙、蜀、鄂、闽、台各处”。

——天津报告，驻天津的日本领事每天“派奸细二三十，分赴各营各处侦探，并有改装剃发者”。

——德国商人满德说：“及满德从火车站时，又有一倭人同载……则爱仁、飞鲸、高升载若干兵、若干饷，何人护送，赴何口岸，该倭人无不了彻于胸也。既能了彻，安见不电知上海，由上海电知伊国也。不然，高升船之罹灾，何以若是之速也?”

甲午战争期间，日本还成功破解了清朝的电报密码。1894 年 6 月 22 日，日本外相陆奥宗光致送清朝驻日公使汪凤藻的一件照会，别有用心的将日文译成中文，长达 387 字；第二天，汪凤藻派人将这份照会用密码电报送日本电报局发往总理衙门。两相比对，日本外务省旋即掌握了这套密码的规律，而清朝官员竟然丝毫不知情。甚至，1895 年李鸿章赴日本马关谈判结束战争，竟然还带着这套旧的密码，致使李鸿章在和谈期间与北京的往返密电内容，包括中方割地及赔款的底线等，全部为日方所了解。

呜呼哀哉！如此谍报战，使中国在整个甲午战争中彻底被动，近乎“裸奔”。中国失败的原因，由此可见一斑。

北洋海军的运用与中国的战略文化传统*

从一定意义上说，战争是人类社会发展的动力，因为战争是国家间经济竞争、政治斗争的最高表现。世界上每一种文化传统都包含着关于战争的思想，于是有了战略，其本源含义是指导战争全局性方略。战略思想的发展是一种文化现象，它是一个国家和民族的思想文化与战争指导观的结合，是谓战略文化。不同国家和民族的生存环境和历史发展的差异，决定其社会结构、文化心理结构和哲学思辨传统的区别，从而产生了不同的战略文化特点，并从根本上对各国海军运用理论产生不同的影响。今天，将19世纪末中国北洋海军的运用与中国战略文化传统联系起来思考，进行“扬弃”，是有意义的。

一、中国战略文化传统的理论规定性与北洋海军运用模式的必然性

中华文明诞生于黄河流域的中原腹地，以农耕文明为基本形态。其依附于土地的生产方式，自给自足的自然和人文环境，倍加珍惜天时、地利、人和的社会心理，是导引以“和”为最高价值取向的中国战略

* 本文收录于戚俊杰、刘玉明主编《北洋海军研究》，天津古籍出版社，2006，第169页。

文化产生、发展、形成传统并难以摆脱传统的客观基础和依据。

从传说中的五帝开始，生活在黄河流域文化相对先进的诸夏民族就已经奠定了中华民族的福祉，以中原为中心，华夏族对四周的“夷、狄、蛮、戎”等其他种族和民族，开始了漫长的征服和融和过程。征服与融和必然伴随战争，而战争实践是中国战略文化产生和发展的源泉。夏王朝建立奴隶制国家后，战争成为阶级斗争的最高形式，军队成为国家机器的重要组成部分。历经夏、商、周历史时期的王朝更替，具有中华民族特色的政治思想和军事思想初见端倪，而“服事观”，是为中华民族政治思想的理论奠基。商代有“五服”① 说，周代有“九服”② 说，都是以“天子”居所为中心，每方圆五百里为一“服”实施治理，由内及外，而内附天子是其核心，是谓“溥天之下，莫非王土，率土之滨，莫非王臣”。③ 这一政治理论以“天人合一”为最高境界，“天将降大任于斯人也”，“礼乐征伐自天子出”；以巩固国家社稷和领土为最高目标，以征服扩大陆地领土为功业，从而引申了“华夷”说、“中国中心”说。它进一步导引和产生的战争观，重天命、讲礼义，以“大一统”为理想，以“德治”信条，认为“战法，必本于政胜”，④ 国家安危、山河之固，“在德不在险”。⑤ 因此，尽管至少从夏代开始，古代先民们就对中国“东渐于海，西被于流沙”的自然地理特征有了清楚的认识，但中国的战略文化一开始就进入了一个内涵式的发

---

① 《尚书・禹贡》记载“五服”：甸服、侯服、绥服、要服、荒服。《史记・固本纪》记载“五服”则为：旬服、侯服、宾服、要服、荒服，说“先王之制，邦内甸服，邦外侯服、侯卫宾服、夷蛮要服、戎翟荒服”。

② 《周礼・夏官司马》记载“九服”：以方千里的王畿为中心，其外方每五百里为一服，分别是侯服、甸服、男服、采服、卫服、蛮服、夷服、镇服、藩服。

③ 《诗经・小雅・谷风之什・北山》。

④ 《商君书・战法》。

⑤ 《史记・孙子吴起列传》卷六十五。

展道路：没有必须实施海外扩张的生存需求，没有必须进行海上战争的战略需求，国家运用军队的领域主要在陆上，根本目的是谋统一，求和平。这一根植于中国的民族特性，规定了中国传统战略文化的基本走向。

春秋战国时期，中国由奴隶制向封建制转化，社会处于大动荡、大改革、大发展中，运用军队进行争霸、兼并、统一的战争十分频繁。军事技术、战术、军事制度大发展，促进了战争艺术、军事思想的大发展，对战争的认识明显深化。《左传》说，“夫武，禁暴、戢兵、保大、定功、安民、和众、丰财者也”；《孙子·始计篇》说，“兵者，国之大事也。死生之地，存亡之道，不可不察也”。而这一时期诸子百家的儒、道、墨家学说也不断向军事思想渗透。如，儒家把“仁”“义”“和”等政治和道德概念引入战争理论。孔子主张“仁者爱人”“礼之用，和为贵”，孟子主张“仁政”，荀子主张“先义后利”“舍利取义”，老子认为“兵者，不祥之器，非君子之器，不得已而用之”，墨子提出的“兼爱”“非攻”思想，都对中国的战略文化传统及其价值观念的形成发生了重大的影响，表现在军队的运用上，义战、慎战、守战、谋战的思想理论纷纷浮出水面。

义战。中国的战略文化传统讲究战争的正义性，其核心是保国安民。《吴子·图国》说，“禁暴救乱曰义”；《孙膑兵法·见威王》说，“守而无委，战而无义，天下无能以固且强者”；《司马法·仁本》说，“杀人安人，杀之可也；攻其国爱其民，攻之可也；以战止战，虽战可也”；《吕氏春秋·振乱》主张，“攻无道而伐不义，则福莫大焉”。秦统一以后，“义战”的内涵自然延伸为谋求国家的统一。

慎战，主张理性用兵。《孙子兵法·火攻篇》说，“亡国不可以复存，死者不可以复生。故明君慎之，良将警之，此安国全军之道也”，

“主不可怒而兴师，将不可愠而致战”，而应当以“非利不动，非得不用，非危不战”，“合于利而动，不合于利而止”为用兵原则。

守战，注重防御作战胜于进攻作战。老子提出“吾不敢为主而为客，不敢进寸而退尺”后发制人的战争观，墨子的“非攻”，是最为著名的先守后攻、以守为攻的思想。《孙子兵法·军形篇》说“善战者，先为不可胜，以待敌之可胜，不可胜在己，可胜在敌，不可胜在守，可胜在攻”，强调的是要首先要注重防守，审时度势，打有把握之仗。

谋战，追求在战争中以智谋和方略取胜，以战略取胜。《孙子兵法·谋攻篇》说，“百战百胜，非善之善者也；不战而屈人之兵，善之善者也。故上兵伐谋，其次伐交，其次伐兵，其下攻城”。千百年来，“不战而屈人之兵”的全胜理论，成为中华民族最高境界的战争艺术。

中国战略文化传统由特定的中国地理环境和民族性所派生，呈现了一种不可抗拒的理论规定性，它决定了甲午战争前后北洋海军建设和运用的基本思路和模式。

谋统一，讲义战。鸦片战争后，面对外敌频频海上入侵的“数千年未有之变局”，清廷不得不从“夷夏之防”转向“中外之防”，其“义战”的内涵放大了，但保国安民、谋求统一的核心一以贯之。1874年第一次“海防大筹议”就是来自日本侵略台湾的刺激，这一事件使清廷痛切认识到海防关系紧要，“若再不切实筹备，后患不堪设想”，于是决计海塞防并举，筹建南北洋海军，“以纾目前当务之急，以裕国家久远之图”。[①] 1884年中法战争惨败之后，清廷进行第二次海防大筹议，决定“惩前毖后，自以大治水师为主”，[②] 并集中购买大舰巨炮，先精练一支北洋海军，以抵御外来侵略。进入19世纪80年代，藩属国

① 《筹办夷务始末（同治朝）》卷九十八，第3591—3592页。

② （清）朱寿朋编《光绪朝东华录》第二册，张静庐等校点，第1943页。

朝鲜政局不稳，日本屡屡插手，清廷数次派遣北洋舰队赴朝鲜支援，实施义战。1894 年，日本利用朝鲜东学党农民起义事件挑起甲午战争之初，清廷也是正式宣战并准备“以战止战”的。

求和平、重防守。1874 年第一次“海防大筹议”时，总理各国事务衙门在“原奏”中提出“能守而后能战，能战而后能和”，[①] 凸显了“守”为主，“战”为辅，“和”为目标的思想。李鸿章说得更明白，“我之造船本无驰骋域外之意，不过以守疆土，保和局而已”。[②] 因此，清廷确立“以守为战”的海防战略思想、实施三洋布局的海口防御是必然的。海防大筹议后，清廷决定“先就北洋创设水师一军，俟力渐充，就一化三，择要分布”，[③] 其兵力部署是：北洋在烟台、旅顺口一带，东洋在长江口外，南洋在厦门、虎门；作战设想是：在沿海重要口岸建大威力火炮的炮台，以精练陆军配合守岸；以巨炮铁船为“水炮台”并附设水雷近岸守口；以部分外海水师近海巡弋，实施专守防御。[④] 即使 1885 年后“大治水师”，购买大舰巨炮，精练北洋海军，也仍旧是出于“拱卫京畿”的战略考虑，在兵力运用上，亦不见主动进攻、立足于“战”的运筹。

建威销萌，伐谋伐交。清廷建立了一支远东居首的海军，不能说完全没有运用于海上以战取胜，但更多的是作为威慑力量而进行“伐谋制敌”，用李鸿章的话就是“外交之道与自固之谋相为表里”，[⑤] 认为“百战百胜，未若不战而胜”。[⑥] 两次海防大筹议，其奔走呼号促成购买大舰巨炮，说，“中国即不为穷兵海外之计，但期战守可恃，藩篱可固，

① （清）李鸿章：《李文忠公全书·奏稿》卷三十九，第 30—31 页。
② （清）李鸿章：《李文忠公全书·奏稿》卷十九，第 47 页。
③ 中国史学会主编《洋务运动》一，上海人民出版社，1959，第 146 页。
④ （清）李鸿章：《李文忠公全书·奏稿》卷二十四，第 18 页。
⑤ （清）李鸿章：《李文忠公全书·奏稿》卷二十七，第 4 页。
⑥ （清）李鸿章：《李文忠公全书·朋僚函稿》卷十一，第 10 页。

亦必有铁甲船数只游奕大洋，始足以遮护南北各口，而建威销萌，为国家立不拔之基”。[①] 1881年，中国海军向英国订购的轻型巡洋舰“超勇”“扬威”抵北洋后，便开始在日本、朝鲜实施海上威慑。此后，北洋海军“每年夏秋之间，则驻防操演，巡弋辽东、高丽一带；或率两三舰，往日本口岸，冬春则巡南洋群岛”。[②] 而在海军实施威慑的同时，清廷更着重于伐谋伐交，利用矛盾，以夷制夷，希图达到“不战而屈人之兵”的“全胜”境界。

二、中国战略文化传统的历史局限性与北洋海军的败殁

19世纪60年代后，面对外敌频频海上入侵的“数千年未有之变局”，清廷从“夷夏之防”转向“中外之防”，发起洋务运动。经过30年的努力，建设起一支号称世界第十、亚洲第一的近代化海军。然而，甲午一战，北洋海军灰飞烟灭，全军覆没。究其原因，从中国战略文化传统在特定历史条件下的负面影响，值得反思。

（一）清廷以中国传统的“德治”价值观和“义战”战争观念看待近代海上战争，对新的战争根源、战争形势判断失误

鸦片战争以后发生在中国沿海的中外战争，深层次地看，是中西方文明及其战略文化的直接碰撞。源于地中海的西方文明，从希腊罗马时代起就形成了分裂与扩张的传统，由于土地贫瘠、农耕文明发展空间小，便自然选择了海洋为文明发展的主要方向。航海文明以外向发展和

---

① （清）李鸿章：《李文忠公全书·奏稿》卷三十五，第28—29页。

② 张侠、杨志本、罗澍伟等编《清末海军史料》，海洋出版社，1982，第349页。

商品经济为基本特征，开拓海外市场、抢占殖民地、实施海外扩张是其天然使命。这种具有外张力的战略文化传统，导引了地理大发现的实践。“美洲的发现，绕过非洲的航行，给新兴的资产阶级开辟了新的活动场所”，“使一切国家的生产和消费都成为世界性的了”，[①] 它“揭开了资本的近代生活史”，[②] 导致了工业革命，有更加雄厚的经济和军事实力，进而以世界为对象进行战略运筹，以战争为手段进行世界性扩张，以进攻型的海军为急先锋。于是，19 世纪中叶，西方的“坚船利炮”来到了东方，打败了中国，也打败了日本。

然而，历史上一直以中国为师的日本，从此抛弃了东方战略文化传统，开始尽学西方，展开了明治维新。“开拓万里波涛”，“布国威于四方”，将海军发展作为日本的“当务之急”。尽管日本与中国的近代化海军发展基本同时，但日本一开始就以谋取海外经济、政治利益为目标，确立了与中国完全不同的外向型、进攻型的海防战略，公然提出“强兵为富国之本，而不是富国为强兵之本”的理论，1870 年制造琉球事件，1874 年侵犯台湾，1879 年吞并琉球，1880 年后屡屡侵犯朝鲜。1882 年，日本将中国列为第一假想敌国，1887 年出笼《征讨清国策案》，1894 年挑起甲午战争。反观中国，19 世纪 60 年代后，中国的统治者认识到海上威胁，却从未将海洋作为生财之道，也从未想将海军用于海外扩张，传统的“德治”价值观和“义战”的战争观基本没有改变。李鸿章说，“将来器精防固，亦不宜自我开衅。彼族或以万分无礼相加，不得已而一应之耳”，[③] 恪守后发制人的战争道德可见一斑。更重要的是，从这一点出发，清廷不可能对西方和日本发动战争的根源有

① 中共中央马克思恩格斯列宁斯大林著作编译局编《马克思恩格斯选集》第 1 卷，人民出版社，1974，第 252、第 254 页。

② 马克思：《资本论》第 1 卷，人民出版社，1975，第 167 页。

③ （清）李鸿章：《李文忠公全书・奏稿》卷二十四，第 11 页。

清楚的认识，对入侵者的战争决心及其力量有清醒的认识。因此，虽然清廷对世界的看法有了不少变化，但一叶障目，不可能对整个世界大势、对战争形势有正确的认识和把握。

（二）清廷以中国传统的“守战”理论指导战争，采取了消极的“专守防御”，处处被动，屡失战机

作为一个爱好和平的国家，注重防守并不是错误，问题在于“斤斤自守”。19世纪60年代后，清廷确立了备御外患的战略目标，确立了“无事时扬威海上，有警时仍可收进海口，以守为战”，[①] 实行海口防御的指导方针。为此，清廷引进了一支近代化的北洋海军，以为从此筑起了“海上长城”，却不知近代化海军的优长是海上作战的机动性。而一个不立足于海上作战的海军、一个不懂得进攻的海军，违背了海军的本质属性，也不可能实施有效的防御。甲午战争前后，清廷在建设和运用北洋海军中，逐渐脱出了明代以来“炮台为经，师船为纬”的海上防御的指导方针，但总体上还是承袭了中国传统的儒家、道家和墨家“守战”理论中消极保守的一面。事实上，中国传统的“守战”理论是十分丰富的，其中不乏积极防御的思想。《孙子兵法·始计篇》认为，善战者必须了解和把握全局，“经之以五事，校之以计，而索其情：一曰道，二曰天，三曰地，四曰将、五曰法”。在作战指导上，强调主动、惑敌和因情用兵，提出了“致人而不致于人”“示形”“任势”“兵之情主速”“奇正相生”“避实而击虚”“攻其无备”“因敌而制胜”等基本原则。明代在打击海上倭寇的实践中，提出了“御海洋”，即“哨贼于远洋”“击贼于近洋”的海防思想。清廷在海防大筹议中，也有“能战而后能守，能守而后能和”之说。然而，清廷在30多年的海

① （清）李鸿章：《李文忠公全书·奏稿》卷二十四，第11页。

军建设中，却一直没有脱离“斤斤自守”的指导思想，1888 年北洋海军成军后，便停止了外购舰船的海军经费，认为其海军力量，虽以之攻人不足，但以之自守则有余。北洋海军还重点建设了旅顺和威海两个基地，目的是共扼渤海门户，除了港口建设外，重点加强炮台建设，使之成为“以守为战”的要塞。

1894 年丰岛海战后，清廷担心“海上交锋，恐非胜算”，进而决定“海守陆攻”的战略和“保船制敌”的方针。黄海海战后，更是群集在威海港，避战保船不敢再出海机动，直至陷入束手待毙的绝境。纵观整个中日甲午战争，李鸿章在指导北洋海军进行防御作战的过程中，自始至终没有下达过任何一道战役、战斗的进攻命令，将中国传统的“守战”理论消极防御的一面推向极致，以至于处处被动，屡失战机，最终导致了北洋海军的覆灭。

（三）清廷对中国传统的“谋战”理论运用有失偏颇，重外交而轻军事，重威慑而轻实战

19 世纪七八十年代，李鸿章在提出购置铁甲等船的时候，曾经一度雄心勃勃，希图铁甲舰游弋大洋，“渐拓远岛为藩篱，化门户为堂奥”，“建威销萌，为国家立不拔之基”。1881 年，当中国海军向英国订购的轻型巡洋舰“超勇”“扬威”抵北洋后，清廷运用海上威慑，成功平息了“壬午之变”和“甲申政变”。购进“定远”和“镇远”两艘铁甲舰后，北洋海军在北至朝鲜、日本东海岸及海参崴海域，南至香港、新加坡、西贡及马尼拉等周边国家和地区进行远洋训练、舰队出访等活动，显示武力，认为通过这样的海上威慑，便可以“不战而屈人之兵”。

然而，中国建设近代海军是在“中体西用”的框架下进行的，30

多年过去，传统衣钵如故，不可能学到西方海军建设和运用的真谛。没有外向型发展的需求，就不可能有进一步发展的动力，在其盲目以为北洋海军力量自守有余的时候，便停止了发展。这是中国近代海军的发展与日本的本质区别。以西方海权思想指导发展的日本海军，是一支以夺取制海权为目标的进攻性的海军，建设和作战思想都高中国海军一着，于是很快后来居上。甲午战争前，李鸿章已经有“自十四年（1988年）北洋海军成军以来，至今未添一船，窃虑后难为继”[①] 的危机感，感到中国已不具备足以对日本实施威慑的海军实力，便日益重视外交斡旋，而在兵力运用方面变得日趋保守，对于实战的指导更加消极。

1894年春，朝鲜发生东学党农民起义，日本政府见有机可乘，便别有用心地怂恿中国政府出兵代韩平乱。清军从牙山登陆不久，日军7000人也在仁川完成登陆。接着，日本方面提出了中日共同“改革”朝鲜内政的建议，其侵略野心暴露无遗。清政府断然拒绝后，日本利用中日双方谈判撤兵的时机，继续向朝鲜派遣和部署兵力。其陆军占据了仁川至汉城的所有战略要地，海军军舰进驻仁川港。在日本国内，大本营御前会议做出对中国开战的决定，海军组成了联合舰队，完成了发动战争的一切准备。在这种情况下，集军事、外交大权于一身的李鸿章却拒绝调兵备战，认为：“我再多调，日亦必添调，将作何收场耶？”[②] 他派出少数军舰去进行象征性的威慑，但决不想用军事手段解决问题，而是采取外交斡旋，先后请求俄、英等国出面干预，期望联西洋而制东洋，阻止战争爆发。结果，外交失败，也贻误了中国军队在朝鲜占领先机的时机，在战争之初便处于被动状态。在丰岛海战后的近一个月时间里，北洋海军奉李鸿章的命令，曾先后三次出巡朝鲜洋面，但“惟须

① （清）李鸿章：《李文忠公全书·奏稿》卷七十八，第17页。

② 顾廷龙、叶亚廉主编《李鸿章全集·电稿二》，上海人民出版社，1986，第718页。

相机进退，能保全坚船为妥”，[①]“速去速回，保全坚船为要”，[②]仍没有作战的打算。中日两国正式宣战后，日本海军联合舰队积极寻找北洋海军的主力决战，以实现“聚歼清国舰队于黄海”的作战计划。而李鸿章则认为北洋海军“以之攻人则不足，以之自守尚有余”，仍以“保船制敌为要”而无意实战。他说：“惟不必定与拚击，但令游弋渤海内外，作猛虎在山之势，倭尚畏我铁舰，不敢轻与争锋。”[③]这种“作猛虎在山之势”，实在是自欺欺人。应当说，在甲午战争前后，清廷对中国传统的“谋战”理论运用进入一个误区，对整个战争的指导重外交手段而轻军事手段，对北洋海军的运用重威慑而轻实战，最终导致了北洋海军的败殁。

三、北洋海军运用的辩证思考：中国战略文化传统不应被埋没的一面

一段时期以来，史学界对 19 世纪末中华民族历史上最耻辱、最痛心的一页——甲午海战中北洋海军的覆灭进行了全面的、有突破、有见地的反思。既是反思，则以批判性为主是必然的，也是必要的。毕竟，当是时中国战争思维和战略思维的历史局限性，导致了惨痛的民族灾难。然而，既是历史的局限性，就有客观历史造就的不可抗力因素的缘故。今天，从中国战略文化的角度去思考，北洋海军运用的正面因素应当给以肯定。

马克思告诉我们，“历史不外是各个世代的依次交替”。“历史的每

① 顾廷龙、叶亚廉主编《李鸿章全集·电稿二》，上海人民出版社，1986，第 812 页。

② 同上书，第 836 页。

③ （清）李鸿章：《李文忠公全书·奏稿》卷七十八，第 53 页。

一阶段都遇到有一定的物质结果、一定数量的生产力总和、人和自然以及人与人之间在历史上形成的关系，都遇到有前一代传给后一代的大量生产力、资金和环境，尽管一方面这些生产力、资金和环境为新一代所改变，但另一方面，它们也预先规定新的一代的生活条件，使它得到一定的发展和具有特殊的性质”。[①] 北洋海军作为因应中国“数千年未有之变局”的代表作，容纳了当是时先进的中国人对世界和中国的重新认识，对旧的单纯陆上防御军事传统的否定，以及大胆学习西方的成果。然而，中国特定地缘环境孕育的中华民族，其学习西方有着天然的文化传统、民族特性的鸿沟。其不可能像日本因其岛国的地缘环境和民族特性与西方航海民族的共性那样多。因此，北洋海军作为中国学习西方的第一代成果，本质上的“变异”还是很有限，它只能是中国的北洋海军，不可能是日本的联合舰队。

世界只有一个，但不同文化对同一个世界的理解却差异很大。战略文化传统为决策者提供对战略环境认知和判断的范式，影响战略目标的确定和战争手段的选择。西方近代形成的战略文化传统以“生存竞争”“弱肉强食”作为人之本性和认知世界的基本范式，把社会达尔文主义演绎的竞争和冲突作为生存的基本法则。在这一逻辑下，侵略、扩张、掠夺是合法的，战争是必需的，世界是强者的世界。但中国的战略文化传统对世界则是另一种看法，崇尚“人之初，性本善”，崇尚“和为贵”，将基本战略目标定位于守国土、求统一、保和平，将“不战而屈人之兵”作为战争手段选择的最高境界。尽管这一战略文化传统曾经使中华民族蒙受过诸如北洋海军全军覆没的结局，但中华民族善良平和的民族特性并不会因此而埋没其光辉，中国战略文化传统的优秀一面也

① 中共中央马克思恩格斯列宁斯大林著作编译局编《马克思恩格斯选集》第1卷，人民出版社，1974，第51、第43页。

同样不应当被埋没。

任何事物都有对立统一两个方面：按照西方和日本的战略文化传统的逻辑发展，经过18、19两个世纪，西方资本主义走向了顶点，征服了包括中国在内的所有世界弱小民族，瓜分了整个世界，但同时，也走向了帝国主义战争，以致有了惨绝人寰的一战和二战。战后的世界，人类渴望和平，热战变成了冷战，即使是美苏两个超级大国，也不得不坐在一起，寻求军备控制，传统的战争思维及其战略逻辑发生了改变。冷战后，和平与发展更成为世界性的追求，紧紧抱着诉诸武力的冷战思维不放的美国面临着“9·11”事件和伊拉克战争等新的挑战。而按照自己的战略文化传统历史逻辑运行的中国，既在早于地理大发现近百年的时候，创造了郑和七下西洋和平走向世界的范例，也未能避免19世纪中叶以后屡战屡败、落伍于世界的近代历史。中国不应当不总结迟滞中国发展的这一历史教训，不能不反思中国战略文化传统中的保守、消极的一面。但同时，也不应否定中国战略文化传统的精华部分。中华人民共和国成立以后，中国战略文化传统的优秀一面不断光大，从20世纪50年代的“和平共处五项原则”到冷战后的“新安全观”，中国建立了世界政治大国的地位，中国在“和平崛起”，中国在以一种中国式的战略文化逻辑，引导世界的共同安全。可以说，中国以一以贯之的和平传统从来没有像今天这样辉煌，这是中华民族应当引以为自豪的，即使是在反思甲午战争中北洋海军覆没的命运时，也是不应当以偏概全的。

终将走向蓝水

——新中国海防战略追踪*

从海洋自然地理角度看，接近陆地近岸的海水色浅泛黄，越向深处的海水就越深越蓝，因而有黄水海军、绿水海军和蓝水海军之说，亦成为一种区分海军战略类型和海上作战能力的通俗表述。

伴随解放战争胜利的炮火，人民海军诞生了。它标志着新中国海防战略新阶段的开始。中国海军从走下海岸进入黄水，到改革开放向绿水延伸，是一个实践发展过程，也是一个理论升华过程。中国的海防战略终将走向蓝水，中国海军也必将是一支蓝水海军。

一、走下海岸进入黄水

1949 年新年伊始，在中国这个硕大无朋的“棋盘”上，国共两党的决战性对弈进入了白热化。已经明显占据上风的中国共产党人，不失时机地做出争取组成“一支保卫沿海沿江的海军”① 的决策，将战争运筹的视角，越过 960 万平方公里的陆地方圆前出中国海，也在未来新中

---

* 本文连载于《舰船知识》1996 年第 9、第 10、第 12 期和 1997 年第 1 期，是为知识性普及文章。

① 杨国宇主编《当代中国海军》，中国社会科学出版社，1987，第 10 页。

国的蓝图上落下了海防战略的第一笔。

一个濒海国家海防战略确立的必要性，首先在于国家海洋方向的安全需求。

中华民族繁衍生息在太平洋西岸已经5000年了，这绵延18,000公里的蓝水，曾是国家社稷的一条多么安全的屏障。然而，百年前风云突变，西方的坚船利炮越洋破关屡屡从海上来，将这片蓝水变成中华民族国运逆转、积贫积弱的渊薮。此时此刻，面对即将诞生的新中国的未来，毛泽东说，“中国人民必须建设自己强大的国防，除了陆军，还必须建设自己的空军和海军”。① 百年的历史屈辱告诉中国共产党人，一个濒海国家的国防战略中不能没有海防战略，而海防战略的核心是指导海军兵力建设和运用的方略。

1949年4月23日，人民海军的第一面旗帜在江苏泰州白马庙猎猎升空，由张爱萍领导的中国人民解放军华东军区海军诞生。同年12月，中国人民解放军广东军区江防司令部成立。毛泽东的思路一开始就很明确，“海军应该是一个战略决策机构，是一个军种”，② 海军首先直接运用于保卫沿江沿海的安全，为反对帝国主义侵略、维护祖国统一的高层次海防战略目标服务，并根据海防战略的要求，对本兵种兵力建设和运用做出战略决策。

1949年2月到1950年6月前，是人民解放战争的战略追击阶段。在与国民党军队的最后较量中，中国共产党人屡屡品尝了没有海上力量、缺乏海上作战经验的苦楚。特别是1949年9月、10月间的登步岛和金门岛登陆作战的重大失利，一度迟缓了解放沿海岛屿的战争进程。蒋介石国民党退守台湾，仍盘踞着舟山至海南的300多个岛屿、长达

① 杨国宇主编《当代中国海军》，中国社会科学出版社，1987，第38页。

② 肖劲光：《肖劲光回忆录（续集）》，解放军出版社，1989，第11页。

2200 海里的海区，依据岛链和制海制空权，严密封锁着长江和珠江口航道，其飞机深入大陆沿海沿江地区狂轰滥炸，时刻准备卷土重来。严峻的形势决定了新生的人民海军必须采取“边打边建”的方式发展。所谓“打”，针对的是台湾及其沿海岛屿国民党的当前威胁；所谓“建”，则针对的是防御帝国主义可能侵略的长远需要。它显示了海防战略制定的一条基本规律，即兵力建设和运用必须首先根据形势和任务的要求。

1949 年 8 月，党中央和毛泽东同志定下了“一定要解放台湾”的决心，要求海军“做好准备”，配合陆空军“在最后一战中立一功”。随后，海军司令员肖劲光根据对手实力，对攻台兵力算过一笔账并向党中央做了报告。周恩来总理指示，海军要准备几十万载重吨的船只。[①]因而这一阶段海防兵力建设的基本思路是尽快扩充舰船数量，包括一切可投送兵力的民用船只，重点发展护航和登陆舰船，为渡海作战做准备。至 1950 年 6 月，人民海军的创业者们，通过各种途径，已经聚拢了大小舰船 406 艘、135, 309 吨。其中：俘虏和接收国民党海军舰艇 183 艘、43, 268 吨；接收上海招商局等民用船只 169 艘、64, 856 吨；打捞沉船 5 艘、1715 吨；在香港收购旧船 48 艘、25, 470 吨。[②]

这是一个追求数量的时代。上述舰船中，有清朝末年建造的，有来自美、英、日、法、德、加、奥、荷等各国的舰艇，船况最好的也是在第二次世界大战中下水的，型号复杂，主辅机多达 355 种，实际航速多在 8 节左右。大部分船只需要修理和改装，所谓改装，就是在各种民用船的甲板上安装枪炮，1950 年仅在华东军区改造的 123 艘舰艇上，就

① 肖劲光：《肖劲光回忆录（续集）》，解放军出版社，1989，第 26 页。

② 杨国宇主编《当代中国海军》，中国社会科学出版社，1987，第 59 页。

安装了各类陆战枪炮 799 门（挺）。[①] 相对好一些的，是俘获和接收的国民党海军舰艇和上海招商局拨来的部分商船，如本来就是旧军舰的“中”字号登陆舰。这些舰艇除了被国民党飞机炸毁了一部分外（“重庆”号、“长治”号为躲避国民党轰炸而自沉），大部分成为华东海军第一、二舰队和江防舰队的骨干舰艇。1950 年 4 月 23 日，在华东军区海军建军周年的庆典上，参加舰艇命名的战斗舰艇为 51 艘、16,382 吨；登陆舰艇 52 艘、20,131 吨；辅助舰船 31 艘，43,971 吨。战斗舰艇中，只有 17 艘算得上名副其实，大部分都是 100 吨上下的巡逻艇和 25 吨左右的江防炮艇。广东军区的江防部队则更可怜，1950 年 5 月首战万山群岛垃圾尾的作战舰艇，除了旗舰“桂山”号 358 吨外，全是百吨以下的木壳小艇，立下赫赫战功的“解放”号只有 28 吨。

新中国的海防兵力不能不说是太弱小了，但真的是很可贵。这支初建的海军，一开始就是立足于打进攻性战役的，并且在日后解放万山群岛、舟山群岛以及长江口、珠江口反封锁作战中取得了辉煌战绩。尽管海军主要担任配角，战法很不规范，前出海域纵深不大，对手也并非是外敌，但这段经历却非常重要，因为只有通过这种走向海岸、接近蓝水的作战实践，才能真正触摸到海洋的脉搏，认识海军这个军种的特性、功能和发展的必然性，获得理论升华的基础。从这个意义上说，“边打边建”对于新中国海防战略理论的成长是功不可没的。

1950 年 2、3 月间，毛泽东和周恩来赴苏联谈判军事贷款，并决定将这一笔 3 亿美元贷款的一半给海军买装备。[②] 在此前后，在苏联顾问的帮助下，海军主要领导同志以英美海军为主要对手，结合中国的国情，对人民海军兵力建设和运用的指导方针进行了全面的调研和深入的

---

① 杨国宇主编《当代中国海军》，中国社会科学出版社，1987，第 59—60、第 63 页。

② 肖劲光：《肖劲光回忆录（续集）》，解放军出版社，1989，第 29 页。

思考，初步确立了以毛泽东军事思想为指导，“依托海岸”，实施“战略上防御，战术上进攻”的作战指导思想，以及“以飞（机）、潜（艇）政策为主，配合鱼雷艇，护航驱逐舰组成轻型舰队，加强海岸防御”的装备建设指导思想。1950年4月14日，在海军领导机关成立大会上，肖劲光司令员比较全面的表述了上述指导方针，指出，“我们要建立的是一支自卫的、防御的海军，而不是一支侵略别国的海军”，“这支海军在战略上是防御的，在战术上却是进攻的；我们不建重型舰队，而是要建立起一支轻型舰队”。[①] 它标志着中国海防的主要兵力——海军的建设和运用方略初步形成。

据此，人民海军首批提出的武器装备订单中，主要有飞机、潜艇、鱼雷艇、猎潜艇、扫雷舰和海岸炮。1950年4月，周恩来总理亲自致电布尔加宁，催促这批订货，要求苏联方面“将中国人民海军所需的这些订货，在我们所要求的时间（1950年夏天，至迟1951年春天前）内取得之”。[②] 未出两个月，第一批订购的装备到华，内有31架飞机，战斗机种主要是杜-2水鱼雷轰炸机，其他为教练机；24艘远航鱼雷艇，排水量48吨，航速40节左右；海岸炮，口径多为130和76毫米；还有少量的猎潜艇和扫雷舰，排水量分别在300吨和500吨左右。上述装备，大多是苏联在二战中使用过的旧装备，性能也并不先进，但它们应急，特别是鱼雷艇和飞机的到来，增加了初创时期海军的海上攻击能力。

海水的颜色是有别的，水浅则黄，水深则绿，至深则蓝。世界各国的海防战略是相异的，有近岸、近海和远洋之分，于是便有了黄水海军、绿水海军和蓝水海军的区分。由此观之，诞生之初的人民海军，不

① 肖劲光：《肖劲光回忆录（续集）》，解放军出版社，1989，第14—15页。

② 同上书，第94—95页。

过是刚刚走下海岸，进入黄水。然而，如同一个呱呱坠地的新生儿，其小、其丑、其弱，都是不言而喻的。但是，她所展示的活力，她所预示的未来，她给母亲带来的希望，同样是不言而喻的。

二、海防建设初具规模

1950年6月，台海两岸战云密布，剑拔弩张。

国民党军队连连败北，相继撤出了海南岛、舟山群岛和万山群岛，在台湾岛上引发阵阵恐慌，旨在“摧毁共军制造的海空联合作战”的抗登陆演习频频进行。

人民解放军企图乘胜追击，扩大战果，加紧渡海作战准备。随着第一批购自苏联的武器装备到华，人民海军的作战训练活动全面展开，连苏联海军派遣的首席顾问库兹敏都以“登陆作战”为题，亲自向人民海军的高级将领们授课。

这场似乎笃定要发生的战争没有预期而发，原因是1950年6月25日爆发的朝鲜战争，改变了远东地区的战略态势。蒋介石溃败台湾之初，美国政府一度采取了不干预海峡两岸局势，“等待尘埃落定”的观望政策。中苏友好条约签订后，美国国会内援蒋呼吁甚嚣尘上。此时，以朝鲜战争为契机，美国政府声明重新扶蒋反共。6月29日，美海军第七舰队8艘舰艇进入台湾海峡；7月，麦克阿瑟访台；9月，美国公布“新远东政策”，允诺除继续给予经济援助外，并将给予选择性军事援助，以加强台湾的防卫实力。

毛泽东权衡战争天平，决定暂缓攻台战役，集中财力物力抗美援朝。一方面，新中国面临着极度的经济困难，不可能同时开辟两条战线，只能选择更为重要的战略方向；另一方面，两个战场性质不同，在朝鲜作战主要是陆战场，久经沙场的中国陆军不怕美国人，而攻台主要是海战场，新中国的海上力量还远不是美国第七舰队的对手。毛泽东当然要考虑“投入”和“产出”的效益。总而言之，台湾暂时不打了，原来计划拨给海军购置装备的钱，大部分用于空军购置援朝战争急需的飞机。战争是实力的较量，新中国的海军司令无可奈何地咽下了由于缺乏实力而失去战机的第一颗苦果。或许毛泽东也很不甘心，因为，人民海军虽力量弱小，但已经有了一定的实力，而且用解放军的传统战法与老对手较量，台湾未必攻不下来。毕竟，这是一次统一祖国的“天赐良机”。

对台作战向后推移，并非取消，海军在未来作战中所担负的任务亦无所替代。但是，人民解放战争的战略追击从此结束，整个国防战略转入战略防御。据此，新中国的海防战略必须以防御帝国主义可能的侵略，保卫共和国海洋方向的安全为主要任务进行调整和完善。

1950 年 8 月，“海军建军会议”正式确立了“从长期建设着眼，由当前情况出发，建设一支现代化的、富有攻防能力的、近海的、轻型海上战斗力量。首先组织利用和发挥现有力量，在现有力量的基础上，发展鱼雷快艇、潜水艇和海空军等新的力量，以逐步建设一支坚强的国家海军”① 的海军建设方针，后来更明确提出“以空、潜、快为重点”，②会议还制订了海军装备发展的三年计划。这实际上构成了这一阶段海防战略的主要内容。从渊源上看，它嫁接了苏联“老大哥”从 20 世纪 20 年代开始实行的“小规模战争理论”，同时结合了中国海防的实际需求和可能，它是前一段提出的“攻势防御”“飞潜政策”思想的成熟形

① 肖劲光：《肖劲光回忆录（续集）》，解放军出版社，1989，第 34 页。

② 肖劲光：《肖劲光回忆录（续集）》，解放军出版社，1989，第 35—36 页；杨国宇主编《当代中国海军》，中国社会科学出版社，1987，第 41 页。

态，标志着新中国海防战略已粗成体系。

海防不同于陆防是因为海洋不同于陆地。战场在海上，防卫在海上，是海防的基本特性和规律。规律意味着必然，它是世界上任何国家的海防、包括不同社会性质的海防所要共同遵循的客观的规矩方圆。中国共产党人在认识海防必然性的起步中，不失时机地做出了建立海防、建设海军的决策，而且在短短一年多的时间中确立了兵力建设的重点在海上的指导方针，是很值得称道的。特别是它选择了多兵种的建设方向，把握住了现代化海军水面、水下、空中和陆上相互协同、立体作战的发展趋势，做出了当时中国历史条件下唯一正确的和可能的选择。诚然，认识必然不等于获得自由，但每一次对必然的认识都是向自由的接近。中国共产党人借助于毛泽东军事思想的神力，起步是漂亮的。

8 月建军会议后，人民海军进入了全面展开、重点建设阶段，先后开办学校，培训专业人员，着手组建水面舰艇、潜艇、航空兵、海岸炮兵和陆战队五个兵种的部队。但是，海军的装备发展却困难重重，首先是装备引进不尽如人意。1951 年从苏联进口的 18 艘旧鱼雷快艇，有 5 艘的主机是经过检修的，寿命仅存 200 小时。主机未经检修的 13 艘艇，也大多接近了第一次使用的极限 500 小时，最少的仅余 64 小时（此种主机使用 500 小时就得检修，检修后使用 300 小时就得报废）。引进的其他舰艇和飞机也有类似情况。其次是自造军舰缺乏技术。1951 年研制 40 吨级小巡逻艇，一下水就翻沉了，1952 年获得成功后，又研制 50 吨的巡逻艇获得成功，第一艘航速达 11.5 节，1953 年定型为 53 甲。当时，主机要靠进口，造大舰更是可望而不可即。

1952 年 4 月，海军司令员肖劲光和副司令员罗舜初率团赴苏联谈判新的装备引进计划，准备在引进急需的部分飞机、潜艇和水面舰艇的同时，引进一部分技术和材料自行装配，以逐步培育自己的造船力量。

不料到苏联后，苏联不相信中国的偿还能力，不同意原先商定的以军事贷款的形式订货，且开价高得惊人，部分装备的价格比预计的高 80%。无奈，只得缩减订货计划，以进口技术和材料自造为主。为了保证建设重点，中方坚持快艇、潜艇、飞机的订货不能减少，并坚持引进中国尚且是空白的部分驱逐舰，但苏方总是不甚痛快，在型号的选择上亦是老的、旧的为主。1953 年 3 月，第三次赴苏谈判的罗舜初火了，准备不要这些“废铜烂铁”，请示电报回国。肖劲光急了，连续三封加急电报，“废铜烂铁”也得要，“只要有作战能力和教育作用，总比完全没有好”。1953 年 6 月 4 日，在经过前后三次、历时 14 个月的反复谈判后，中苏双方以两国政府的名义签订了一项海军协定，后来简称《六四协定》。

《六四协定》包括了三个附件：一是关于三年内（1953—1955 年）供应成品舰艇、武器和其他物资的协定；二是关于供应造船材料的协定；三是关于供应技术资料及苏方派造船专家来华和代培中方实习生的协定。事实上，协定中提供的成品舰艇只有 10 艘，其中有 4 艘旧驱逐舰和 4 艘旧潜艇。以此为基础，人民海军建立了第一支驱逐舰部队，填补了我国海上力量的空白。其他都是一并转让技术的造船材料及半成品，有护卫舰、潜艇、大型猎潜艇、扫雷舰和远洋鱼雷快艇 5 个型号，总共制造了 116 艘，4.3 万吨，性能相当于国际上 20 世纪 40 年代末和 50 年代初的水平，大大改善了中国海上力量的结构，提高了海上作战能力。尤其是通过转让制造，培养了自己的技术力量，为自行生产海军战斗舰艇打下了基础。[①]

到 1955 年年底，人民海军先后组建了五大兵种，拥有战斗舰艇 519 艘（含登陆舰 132 艘），辅助船只 341 艘，共计 860 艘；各种飞机 515

① 杨国宇主编《当代中国海军》，中国社会科学出版社，1987，第 106 页。

架；各种口径海岸炮343门；各种口径高射炮336门,[①] 积极协同其他军种登陆作战，解放了除台湾、澎湖、金门、马祖和东沙、南沙以外的全部岛屿。

人民海军已经成长为一支初具规模的海上战斗力量，新中国的海防建设也初具规模。

三、向往绿水眺望蓝水

50年代中期前后，全球笼罩着核威胁的阴云。

在朝鲜战场上惨遭失败的美国抛出了新的“大规模核报复战略”，大肆宣称发展能够携带核导弹的战略航空兵和攻击性航空母舰，向苏联及其社会主义阵营发出了“全面核战争”的叫嚣。面对美国的核讹诈，苏联的国防战略也悄悄地改变了传统的守势，尤其是在海防兵力的建设上，决定大规模地发展远洋导弹核舰队。

朝鲜战争结束后，中国共产党人曾一度调整了国防战略，“力量向前伸”，运用海军兵力横扫了东南沿海国民党盘踞的岛屿，1955年1月中旬，陆、海、空三军协同取得了一江山岛屿登陆作战的胜利。很明白，这一切做的仍是解放台湾的文章。1954年12月2日，美台签订了“共同防御条约”，翌年1月28日，在美国参议院通过“台湾决议案”的当天，第七舰队及航空母舰“中途岛”号驶入台湾海峡，其武力威慑矛头所向当然也很明白。

统一祖国的进程再次被打断，最受刺激的莫过于中国的海军。面对强大敌手，中国海军司令一方面立足于现有装备，提出“海上破袭游

---

① 杨国宇主编《当代中国海军》，中国社会科学出版社，1987，第83页。

击战”的新战法；另一方面，则在殚精竭虑地考虑下一步武器装备发展的方向。因为到 1957 年，按照《六四协定》转让制造的舰艇已经基本完工。

中国海防战略面临着新的抉择。

一个国家海防战略的制定和调整，要受国家战略和国防战略的制约。国家战略和国防战略制定和调整的依据，首当其冲的是对国际战略形势的判断，它并不以人们的观点、意志为转移。此外，为了打破美国的核垄断，毛泽东决定发展“两弹一星”，挤进世界新军事技术的前沿，为中国取得日后发展的战略主动权。于是乎，中国海防战略的发展，也必然要被纳入这一共同的轨道。

1957 年 11 月，以彭德怀为团长的军事代表团赴苏联参加十月革命 40 周年庆典。此时，中苏关系虽有了裂痕，但还没有公开化，各项引进新技术的工作仍在正常进行。根据中央的指示，随团出访的肖劲光与苏联新上任刚刚一年的海军总司令戈尔什科夫进行了谋求海军新技术的会谈，却碰了一个不软不硬的钉子。戈尔什科夫说：海军所使用的导弹问题，苏联自己还没有解决；中国无须发展核潜艇，导弹潜艇也是下一步的问题；驱逐舰不需要发展；建议中国继续发展性能很好的 50 型护卫舰，继续发展 W613 型常规鱼雷潜艇。[①] 然而，会谈外通过各种渠道了解的情况却全然不是那么回事。是时，苏联海军的若干舰艇（包括潜艇、鱼雷艇、猎潜艇）的动力装置和结构已经为新的设计所替代，部分舰艇已加装了导弹，核潜艇也在加紧建造，而 50 型护卫舰和 W613 型鱼雷常规潜艇苏联已经全部停止了生产。以后谈判的艰难程度可以想象。

1958 年，在海军的建议下，中国决定停止发展原来的 5 型舰艇，

① 肖劲光：《肖劲光回忆录（续集）》，解放军出版社，1989，第 176—182 页。

成立海军装备科研机构，立足国内发展海军新型装备。与此同时，派海军政委苏振华率代表团赴苏联继续装备谈判，目标是引进可携带火箭、导弹的潜艇和快艇，及其新装备的设计图纸和资料。经过三个月谈判，终于签订了一份海军技术协定。由于协定签订日是 1959 年 2 月 4 日，所以又称为《二四协定》，其核心部分是苏联政府同意转让中国海军新的五型舰艇（常规动力导弹潜艇、中型鱼雷潜艇、大型和小型导弹艇以及水翼鱼雷艇）和两种导弹（潜对地导弹和舰对舰飞航式导弹）的样品，包括动力装置、雷达、声呐、无线电、导航器材等 51 项设备的设计图纸和资料。[①] 显然，《二四协定》引进的装备是以导弹技术为主的，并把潜艇的发展放在首位，它使中国海军装备性能大大提高，防御纵深也明显加大，进一步缩短了与世界先进水平的差距。

新形势、新装备也呼吁着海防战略的新调整。1959 年 6 月，海军出台了调整后的建设方针，提出今后的海军建设，在发展导弹为主和不断改进常规武器的条件下，以发展潜艇为重点并同时发展水面舰艇、海军航空兵、岸防兵和陆战队，建设一支合成的海上轻型力量。具体来说，潜艇以发展大中型为主，水面舰艇以发展中小型为主，航空兵以发展海军特种飞机为主，岸防兵力以发展导弹和中型火炮为主，陆战队根据技术条件的发展逐步加强现代化装备。同时，还有积极着手大型远洋潜艇和大型水面舰艇的研制工作，并设想分两步走：在第二个五年计划中以潜艇和导弹艇为建设重点，首先建成一支能够执行解放台湾和防御帝国主义侵略的战斗力量；同时完成大型核潜艇、导弹驱逐舰、反潜护卫舰、导弹艇和新型鱼雷的研究，特别是核动力技术的突破，以便五年后，或更多一点时间，即在第三个五年计划中进入制造阶段。这是一个

① 肖劲光：《肖劲光回忆录（续集）》，解放军出版社，1989，第 181—182 页；杨国宇主编《当代中国海军》，中国社会科学出版社，1987，第 229—233 页。

宏伟的新的海防战略设想，用当时最精练的语言概括为“作战海区应由近海到中海，到远海、远洋；舰艇的建造应由中小型到大型”。[①] 前者意味海防兵力使用方针的转变，后者则意味着海防兵力建设方针的转变。按照当时的划分，200 海里为近海，200—600 海里为中海，600 海里以外为远海，如若这一战略设想实现，中国海军将可能在第二个五年计划完成时，走进绿水；而进入第三个五年计划后，开始实施走向蓝水的计划。

1960 年 5 月，海军提出了更大的海军发展规划，计划用八年时间建造共计 60 万吨舰艇，包括潜艇、水面舰艇、导弹艇等。也是在这时候，肖劲光司令员提出了“在海上开辟独立战场，与大陆战场相结合”的问题。这一概念，有了进一步的理论内涵。其一，强调海战场是独立战场，“海”对于“陆”并非是以往提及的战略配合的概念；其二，作战区域已从沿岸海域向海洋的纵深方向延伸。

在当时条件下海军走向中远海的战略设想和规划是否正确，一直没有定论。笔者以为，做简单的肯定和简单的否定都是不可取的。诚然，这一设想和规划在当时接踵而来的自然灾害、国内经济困难、中苏关系破裂以及后来“文化大革命”的情况下，难以实现是事实，但天灾与人祸在整个历史进程中毕竟属于偶然，而走向蓝水的海防战略中所蕴藏的历史必然性是不应当埋没的。

首先，中国的蓝水海防计划并没有改变防御性质，海防的释意是海洋防卫，并非海洋防御，只不过中国的社会主义国家性质决定了其海防的战略防御的性质。防御和进攻是一对矛盾，它构成了海洋防卫的完整内容，没有必备的进攻能力，也就没有有效的防御能力，只是为了加大防御纵深和提高战役战术进攻能力，并非改变战略防御的性质，从根本

① 肖劲光：《肖劲光回忆录（续集）》，解放军出版社，1989，第 188 页。

上说，防卫纵深和防卫性质之间没有必然的联系。

其次，技术决定战术，技术战术影响战略，海防的防卫纵深归根结底是由技术战术决定的。当人类只能用火炮在岸上对海防御时，火炮射程就成为海防战略考虑的最基本的物质因素。但当大舰巨炮在海洋上横行无忌的时候，一个采取海防守势的国家仍旧去发展岸防力量，那么只能意味着被动挨打。而当世界进入了导弹核技术时代的时候，一个国家企图以盾代矛，那么它的盾是否必须与敌之矛相匹配呢？答案当然是肯定的。

最后，“盾”与“矛”的相匹配并非简单的有形装备的数量、质量上的匹配，还包括战略运筹中的思想理论质量，它应当具备超前性和自己国家的特性。中国后来的海防实践证明了走向蓝水计划的历史性作用和初步显露的中国特色。在这个计划的推动下，中国有了核潜艇这一战略威慑力量，有了导弹驱逐舰和导弹护卫舰等中型战斗舰艇，中国海军走进了绿水，它支撑了中国的大国地位，并在世界战略格局中成为一个重要的战略制衡因素，从而也为国家赢得了巨大的安全效益。

四、终将走向蓝水

1960年布加勒斯特会议后，中苏矛盾公开化了。海军武器装备的发展，由于苏联撕毁合同，撤走专家，处于极端困难的境地。然而，从长远发展的角度看，这一事件也并非坏事，它使中国得以彻底摆脱苏联模式的禁锢，走自己的路从而培养起了自己的装备研制技术力量。到1966年，《二四协定》引进的5型舰艇大部分都相继建造出来并交付部队使用。加上我国自行研制的62型、65型护卫舰和037型猎潜艇服役，中国的海防兵力建设又上了一个台阶。核潜艇和中型水面舰艇的预研设计，在停顿了一段时间后也相继上马，并成为1965年编制的第三个五年计划中的主要发展舰种。

事实上，海军装备发展的第三个五年计划在1959年战略设想的基础上做了一定的折中，将发展大型水面舰艇调整为中型水面舰艇，以便需求与可能相一致。此后，中国海防兵力建设顶着“文化大革命”带来的种种压力和干扰，艰难地前进，到70年代初，以09型核潜艇、051型导弹驱逐舰和053型导弹护卫舰为代表的新一代装备先后编入战斗序列，这大大扩展了中国海防的防御纵深，意味着中国海防的主要兵力——海军开始有了穿越绿水进入蓝水的能力。

然而，具备一定的进入蓝水的能力和成为蓝水海军还是两个内涵不同的概念，或者说还有一段相当遥远的路，它表现的是全面（立体）控制蓝水的实力上量的差距，反映的都是海防战略内涵中质的不同。蓝水海军必须有相应的国家战略和国防战略需求的牵引，而此时，中国还处在“文革”的内乱中，国家实行的还是“既无外债、又无内债”的封闭型国家战略，它不可能对海防战略提出进一步走向蓝水的需求。中国海防兵力的发展，只能在原有水平上徘徊，中国的海军在本质上也只能是一支为近岸防御海防战略服务的海军。并且，它在发展中带来的种种装备老化、兵力结构失衡问题也日趋严重。

也就是在这个时候，世界海洋形势发生了大的变化。在美苏两个超级大国争夺的夹缝中，西太平洋崛起了“四小龙”，东盟各国也急起直追，形成了一个举世瞩目的“东亚模式”。这个带来东亚各国和地区经济起飞的模式的实质，就是利用濒临海洋的优势，两头在外、大进大出，在参与国际经济大循环中获得本国和本地区的发展速度。此时此刻不仅东亚在关注和利用海洋，整个世界都在关注和利用海洋；不仅争相利用海洋的通道作用，而且争相利用海洋本身的丰富资源。一个积极扩大生存空间的海洋时代已经来临。

1973 年 12 月 3 日，联合国主持召开旨在建立国际海洋新秩序的第三次海洋法会议，由于会议直接关系各国海洋利益，为世界各国所关注，先后参加会议的有 167 个国家和地区的代表团，还有 50 多个国际组织、民族解放组织等观察员代表出席了会议。会议历时 9 年，代表们你争我论，异常激烈，终于在 1982 年 12 月 10 日通过了《联合国海洋法公约》（以下简称《公约》）。《公约》确立的新的领海、大陆架和专属经济区制度，使世界各沿海国都拥有了向海洋方向延伸的领海、大陆架和专属经济区。《公约》还宣布了国际海底及其资源是人类共同财产的准则，也给了各国参加世界海底资源开发的平等权利。但是，《公约》在一定意义上也加剧了海洋的争夺。由于专属经济区以 200 海里为限，因而相邻相向不足 400 海里的国家就必然带来专属经济区划界方面的纠纷。与此同时，岛屿制度也发生了相应变化，一个具有划界意义的岛屿，理论上可带来 1500 平方公里方圆的管辖海域，由此也成为新的带来海洋权益争议的因素。中国派代表参加了这个会议的全过程，但由于种种原因，中国对这一国际法规所可能带来的机遇和挑战的认识及其行动，都还远远落后于世界。70 年代末，当中国开始实施改革开放政策，把目光投向海洋的时候，一半以上应属于中国管辖海域已经变成了争议海区。改革开放政策使 80 年代的中国充满了活力，中国共产党人和中国人民产生了前所未有的利用海洋、参与国际竞争的冲动，实现了从利用海洋的屏障功能保卫国家到利用海洋的经济价值富强国家的转变。沿海经济首先起飞，对外贸易大幅度增长；中国的远洋商船队驶向世界 150 多个国家和地区的 600 多个港口，中国的远洋渔船队首次出现在西非海岸；海洋油气开发也渐渐展开，产量逐年增长。海洋科学考察更是从海岸带伸向大陆架，伸向包括曾母暗沙在内的南海海域，同时走向太平洋、挺进南极，探索未来海洋开发的后备资源……

中国的国家战略中已经有了明确的海洋战略，中国海洋战略已经开启了名副其实的蓝水行动。由此带来的是国家对海防兵力运用的新需求、新途径。

1980 年 5 月 18 日，新华社播发了中国首次由本土向南太平洋公海海域发射运载火箭的消息。中国海军派出 6 艘驱逐舰、2 艘综合补给船、2 艘远洋打捞救生船，与国家海洋局的 2 艘远洋调查船、交通部的 4 艘远洋拖船，以及国防科委 2 艘主测船，共 18 艘舰船和 4 架直升机，组成特混舰队，海军主要担负对试验海域警戒和打捞数据舱的任务。中国海军横跨了东西 50 个经度、南北 40 个纬度，往返 8000 多海里、途中不停靠码头的行动，震惊了世界。1982 年 10 月 12 日，中国海军潜艇又成功进行了水下发射运载火箭的试验，再次扬了国威。

1984 年 11 月 20 日至 1985 年 4 月 10 日，在国家第一次走向南极进行科学考察的时候，再次使用了海军。在这次行动中，人民海军 J21 远洋打捞救生船的 308 名官兵，伴随“向阳红 10 号”远洋科学考察船，创造了跨越 94 个纬度和 182 个经度、往返近 2. 3 万海里的航行记录，并在南极恶劣的气候条件下开创了舰载直升机的飞行记录和潜水作业记录，为中国南极长城站的建设立下了汗马功劳。

1985 年 11 月 16 日至 1986 年 1 月 19 日，中国首次派出舰艇编队出访巴基斯坦、孟加拉国和斯里兰卡南亚三国，揭开中国人民海军舰艇编队出访的新篇章。1986 年年底，中国海军的核潜艇水下航行万里成功。

国家需要海军频频走向蓝水，新的海防战略已呼之欲出。正是在这个大背景下，80 年代中期，中国提出了“近海防御”的海军战略，中国的海防兵力建设走上了导弹化、电子化、自动化的发展道路，成为一支真正意义上的“绿水海军”。1987 年，海军多舰种合成编队到达曾母暗沙海区，在祖国最南端海域列阵阅兵；1988 年，海军继参加永暑礁建站工作后，胜利进入南沙守礁，为祖国创立着千秋基业；1989 年，中国海军的“郑和”号训练舰穿过西太平洋，访问了夏威夷……

笔者写到这里，还只是说到了 80 年代末，但该说的似乎已经都说了。因为 90 年代比 80 年代只能是向前发展而不可能后退，国家走向海洋、走向蓝水的行动只能顺应世界大趋势而越走越远，而不可能再驻足不前。瞻前思后，应该提醒人们的是“战略的功力”。如果没有 50 年代末“走向中远海”的战略设想，如果没有改革开放拉动的近海防御“海军战略”，中国的海防兵力运用是难以唱响 80 年代的。1996 年 5 月 15 日，当中国人大常委会批准了《联合国海洋法公约》的时候，当中国海洋发展的《21 世纪议程》已经问世的时候，中国海防战略抉择的方向应该尽在不言中了。

中国的海防战略，终将走向蓝水。

中国的海军，终将走向蓝水。

人民海军走向国际舞台的60年历程*

1949年4月23日，江苏白马庙升起了中国人民解放军海军的旗帜。一个甲子的岁月，人民海军已经成为一个走向蓝水的海军，一个愈加开放合作的海军，一个日益国际化的海军。

一、第一个30年：有限的国际交流与合作

中华人民共和国成立后，面对美国等西方国家海上封锁，以及“中国人民一定要解放台湾”的要求，中国共产党和中国人民前所未有地感受到建设一支强大海军的紧迫性。除了接收国民党海军的部分舰船和人员外，新生的人民海军对这样一个国际性的军种没有任何建军的基础和经验，没有技术，没有装备，没有人才。人民海军优先发展与苏联等社会主义国家的军事关系，展开了以“向苏联海军学习”为核心的对外交往。20世纪60年代中苏关系破裂后，人民海军与第三世界国家海军发展友好关系，并为其提供支持和援助。

全面学习苏联海军的建设经验。首先是聘请苏联海军顾问和专家。1949年10月和11月，第一批90名苏联顾问先后到达；1950年12月，

* 本文发表于《兵器知识·防务观察家》2009年第6B期，第28页。

第二批621名苏联顾问来到中国。此后，苏联根据需要不断派遣顾问和专家到中国来，对新生人民海军的组织建设、作战、训练、装备建设、工程建设、后勤保障、学校建设等各方面进行全面帮助。至1960年，来到中国帮助海军建设的苏联顾问和高级专家达到3300余名；其次是选调干部去苏联学习。1951年到1953年，人民海军先后选调166人赴苏联军事院校学习，还选派了275人到驻旅顺的苏联潜艇分队学习专业技术。最后是引进装备。1953年和1959年，中苏先后签订了《六四协定》和《二四协定》，奠定了海军初创时期的骨干装备，并为仿制和自行研制装备奠定了基础。①

为朝鲜、越南等第三世界国家提供专业培训。1953年，人民海军外事工作起步，其重要内容之一是援外，主要是为第三世界国家培训海军指挥和技术人才，援助装备物资，装备修理、工程建设即派遣相关人员出国执行援外任务。从1953到1954年，人民海军集中为朝鲜培训一批舰艇、海岸炮兵指挥军官和专业技术官兵，到1977年，先后为朝鲜、越南、坦桑尼亚、几内亚、柬埔寨、巴基斯坦等13个国家培训海军学员3100余名。②

支援越南和柬埔寨的作战。1964年，美国发动全面侵略越南的战争。中国政府应越南政府请求，派出军队援越抗美。人民海军承担了投送援越装备、援建水线工程、为越南运输船实施后勤装备保障、派高炮部队援越作战等一系列援越抗美的任务。1972年至1973年，为打破美国对越南的全面海上封锁，人民海军派出扫雷工作队，扫除各种水雷46枚，清扫面积201平方公里，支援了越南军民的抗美作战。1976年，

---

① 杨国宇主编《当代中国海军》，中国社会科学出版社，1987，第48、第49页；肖劲光：《肖劲光回忆录（续集）》，解放军出版社，1987，第41—48页。

② 同上。

人民海军执行了援柬排雷任务，为柬埔寨打通了湄公河出海通道。①

这 30 年的人民海军对外军事交流与合作，主要是与社会主义阵营国家的交流与合作，以及对亚非拉第三世界国家民族独立运动的支援，交流与合作的范围很有限。

二、第二个 30 年：全方位的国际交流与合作

1978 年改革开放后，党中央对战争与和平问题做出了“和平与发展是当今时代的主题”的新的战略判断，军队建设和运用由准备“早打、大打、打核战争”的长期临战状态转到和平建设、发展和运用轨道上来。1985 年，人民海军国际交流与合作开始走向繁荣。经过 20 世纪 90 年代的全面推进，逐步形成全方位、多层次、宽领域的发展局面，更加突出“战略性、国际性、综合性”特色，成为海军非战争运用的重要内容。

海军高层交流。改革开放前，人民海军仅派出过 4 个代表团。改革开放后，海军高层互访成为常态，人民海军与各国海军领导人共同探讨国际海洋安全问题，交流建军经验，成为加强相互信任的重要途径。2009 年 4 月 23 日，在人民海军建军 60 周年纪念日，人民海军首次邀请 29 个国家的海军领导人及其代表、14 个国家的 21 艘军舰参与庆典，在中国海域进行了多国舰队检阅式，开展了高层研讨和专业交流等活动，展示了中国海军开放、合作的新形象。

舰艇互访。1985 年，人民海军首次派舰艇编队出访巴基斯坦、孟加拉国和斯里兰卡等南亚三国，开启了舰艇互访的新时代。30 年来，

① 杨国宇主编《当代中国海军》，中国社会科学出版社，1987，第 48、第 49 页；肖劲光：《肖劲光回忆录（续集）》，解放军出版社，1987，第 41—48 页。

人民海军共接待了30多个国家的舰艇访华，派出舰艇编队访问了近40个国家。人民海军舰艇出访覆盖范围越来越大。1997年人民海军首次越过太平洋访问美洲大陆四国，2000年首次横跨印度洋访问非洲，2001年首次访问欧洲，2002年首次实现环球远航，2008年实现中日舰艇互访。今天，舰艇互访已经成为海军最具特色的军事外交活动，成为和平时期海军推进和执行国家外交政策的特殊形式，产生了广泛的影响。

海上联合军事演习。1998年，人民海军首次派员观摩外军海上联合军事演习。2003年，人民海军首次与外军进行海上联合军事演习。迄今为止，人民海军先后利用军舰互访的机会，与巴基斯坦、印度、法国、英国、澳大利亚、泰国、美国等十多个国家的海军进行了非传统安全领域的海上联合军事演习。2005年，人民海军参加了中俄“和平使命-2005”大型联合军事演习。2007年，人民海军舰艇编队参加了巴基斯坦“和平-07”多国海上联合军事演习，并首次使用武器参加实弹演习。2009年，人民海军再赴巴基斯坦参加多国联合军演，载誉归来。十多年来，人民海军海上联合军演经历了“先观摩再参加，先请进再走出，先专项再综合，先双边再多边”的过程，成为人民海军对外军事交流与合作的重要形式。

双边军事磋商和参与多边论坛。1994年，中国与俄罗斯就海空军事安全问题签署了《关于预防危险军事活动的协定》。1998年，中美建立海上军事安全磋商机制，该机制成为中国海军维护国家海上安全利益、加强中美两军理解与合作的重要平台。2005年以来，中越海军根据两国协议建立了北部湾海上联合巡逻机制定期开展海上联合巡逻行动，中韩海空热线开通，中日海上联络机制专家组展开磋商。近十多年来，人民海军还积极参与了西太平洋海军论坛、国际海上力量研讨会等多边论坛及学术活动，参加了扫雷、潜水、潜艇救援等多边专业研讨会。在一些非官方的多边论坛上，中国海军也有积极的表现。

教育训练和军事学术交流。30 年来，人民海军与许多国家建立了教育训练和学术交流机制，互派留学生；派出和接待了多批次教育训练和军事学术代表团，与世界上诸多著名海军院校和学术机构进行深度交流；还结合海军装备技术引进和援外工作进行交流与合作。人民海军先后在海军五所高等院校和舰队训练基地，开展了指挥军官、技术军官和专业舰员多层次外训工作，许多外军学员已在本国海军中担任重要职务。海军还有计划地邀请外国海军专家和驻华海军武官讲学，派出青年军官和学员随外舰训练，参与国际海军文体竞赛活动，多层次、多途径地学习和借鉴外国海军有益经验。

2008 年 12 月 26 日，中国海军根据联合国决议和国家决策，首次派出舰艇编队赴亚丁湾、索马里海域执行护航任务，迈出了赴海外进行实质性国际合作的历史性一步。自 2009 年 1 月 6 日抵达亚丁湾海域以来，首批护航舰艇编队已经顺利完成 35 批 130 艘中国船舶伴随护航任务，并为 38 艘境外国外船舶实施了护航，有效保护了中外船舶和人员安全。4 月 2 日，人民海军第二批护航编队启程赴亚丁湾、索马里海域，标志着海军护航行动进入有序接替、常态化运行阶段。

三、走过 60 年，人民海军的发展加速国际化

人民海军的 60 年，是从近岸走向近海、由近海走向远洋的 60 年，也是人民海军逐步走向国际舞台的 60 年。21 世纪，人民海军将加速国际化进程，主要趋势如下。

国际交流与合作的范围和任务不断拓展。海军是战略性、国际性和

综合性军种，其主要活动空间是海洋，当代国际法又给予军舰特殊的法律地位和航行自由权利，使海军具有代表国家开展军事外交的功能。在全球化的大背景下，中国的国家利益在海上方向迅速拓展，国际安全环境发生了重要变化，这就决定了人民海军必将进一步走向远海、远洋，维护国家海洋权益、维护海上通道安全和国家海外利益。为适应这一变化，未来人民海军的国际交流与合作在任务、形式、范围，以及在深度和广度上都将发生相应变化，进一步拓展到国家利益所在的世界各大洋，拓展到广泛的安全领域，并将应对多种威胁，完成多样化任务，确保国家海洋方向的发展利益，为国家的发展创造有利的海洋战略环境。

非传统领域的交流与合作大大增加。进入21世纪，国际恐怖主义、海盗、海上武装抢劫、走私、贩毒、非法移民等跨国犯罪活动猖獗，地震、海啸等重大自然灾害和海上环境安全等问题频繁发生。这些非传统安全问题，任何一个国家都不能独自应对，也不可能独善其身，从而为世界各国海军加强合作、共同维护海上安全提供了重要机遇。今后，人民海军走出国门执行任务的概率越来越高，包括护航、国际维和、人道主义救灾救援、国外护侨及非战斗人员撤离等，尤其是非传统安全领域双边和多边海上联合军事行动将加速发展，并日趋常态化，这将推进中国海军熟悉国际合作中的海上指挥、通信、信息交流、联合行动规则、后勤保障、国际法规等，进一步提升国际合作能力，加速中国海军的国际化进程。

国际交流与合作的军事外交性质进一步加强。党的十七大重申了中国和平发展、推进建设和谐世界的战略目标。人民海军作为国际性军种，作为联合国安理会常任理事国的大国海军，不仅是国家海上安全利益的保护者，也是国家实施政治外交战略的有力工具。今后，人民海军对外交往的军事外交性质将进一步强化，无论是军舰出访、联合军事演习还是国际救灾救援，无论是战略政策交流还是专业技术交流，都将日益体现中国的国家意志、外交政策以及新时期军事战略方针，在为国家营造和平稳定的海上安全环境、促进世界和地区和平、履行大国义务方面发挥更大作用。

为海军现代化建设服务的功能更加突出。60 年来，人民海军从无到有、由弱变强，但整体建设水平，尤其是信息化建设水平与发达国家的海军相比还有很大差距，核心军事能力还不够强。今后，为适应海军提高打赢信息化条件下海上局部战争核心军事能力的建设要求，建设一支与国家地位相称、与履行 21 世纪新阶段军队历史使命要求相适应的强大海军，人民海军的国际交流与合作将在新型武器装备发展、高级指挥和专业技术人才培养、院校教育和部队训练、后勤装备技术保障、战场建设等方面大力推进，尤其是在执行诸如亚丁湾护航等走向远海的多样化任务的过程中，不但将提高人民海军的国际合作能力和国际化程度，也将同时成为提升其核心军事能力的重要途径。

后　记

本书是笔者从事海军军事学术研究以来公开发表的主要论文和文章辑录，根据内容编为A、B、C、D四个篇章，本书是对我47年军旅生涯的一个总结，期望与同事、朋友、家人共同分享。

40多年前，中国走向蓝水还是一个梦想。1978年以后，尤其是20世纪90年代后，伴随中国改革开放的大潮，中国海军开始了走向蓝水的进程，笔者幸运地成为这一进程的参与者。1980年，中国海军首次远航南太平洋。1982年，执行了远洋潜地导弹发射任务。1985年，中国海军舰艇编队首次出访南亚三国，1989年，“郑和”号训练舰首次抵达美国夏威夷，接下来舰艇编队先后造访美洲、大洋洲、非洲、欧洲大陆，2002年，实现环球航行。1993年，中俄海上军事合作起步。1998年，中美海上军事安全磋商机制建立。此后，海军在2008年参与联合国亚丁湾护航行动，2009年组织了国际舰队检阅活动，2014年主办了西太平洋海军论坛会议并推动通过《海上意外相遇规则》，2015年和2016年《中美关于海空相遇安全行为准则谅解备忘录》指导下的中美两个海空行为准则的签订……伴随这一系列重大事件，中国海军装备从一代向二代、三代的跃升，以航母为代表的大国海军重器登上历史舞台；中国海军的战略理论视野从近岸向近海远洋延伸、国际合作触角从双边向多边拓展，全民族的海洋、海权、海军意识也得到空前提高。

中国走向蓝水，是中国崛起、中华民族伟大复兴历史进程的一部分。海军作为捷足先登者之一，面临诸多新问题，挑战和机遇并存。本书以海洋、海权、海军理论研究为主线，从理论逻辑、实践逻辑、法理逻辑和历史逻辑四个方面，试图对中国走向蓝水的历史必然性和必要性、对中国走向蓝水所面临的法理难题和文化传统制约进行一个全景式的分析解读。笔者是学历史出身，从海军历史和海军战略理论研究入门，而后来结合工作的研究进入国际关系和国际法研究领域。扪心而论，几个领域的研究都不够深入、不够专业。并且，论文发表在不同时段，反映的是当时的认识和学术水平，其中不乏先见，也难以避免谬误。为了还原和尊重历史，除了明显错误，基本观点都没有改动，只对涉及敏感问题做了少许技术性处理。希望大家能够从这些并非很成熟的观点及不断发展的认识中，触摸到中国走向蓝水这一筚路蓝缕的过程，同时也敬请多年来在工作中给予笔者培养、指导、帮助的领导和同志们，以及所有的读者们批评指正。另外，文集在修订注释过程中对实在难以寻找到的资料做了少量替换，也在此说明。同时，由于是论文集，有些观点和内容难以避免重复，也望读者谅解。

本书受到中国人民解放军海军丁一平副司令员的关心指导，丁副司令欣然为本书作序，本人在此深表谢意。书中有篇章是我与同事任筱锋、郑宏、李亚强、方堃、左立平、刘晓博、梁巍等合作的成果，在此向他们致以衷心的感谢。特别要提出的是世界知识出版社的责任编辑，她给予本书的意见和建议、她的工作精神和专业水平，为本书高质量出版提供了保障。还要感谢本书复审崔树森编审给予本书的帮助。

本书得以成书，得到南京大学中国南海研究协同创新中心执行主任、国际关系学院执行院长朱锋教授的鼎力支持，在此致以特别感谢！

作者

2019 年 1 月